超级工程概论

胡文瑞　王基铭　刘　合　唐立新　等　著

科学出版社

北京

内 容 简 介

　　本书以古今中外人类历史上重要的"超级工程"为对象，分析超级工程的建设背景、建设周期、实施运行、科技创新等内容，揭示超级工程的重要内涵，分析超级工程的共性特征与重要经验，阐述超级工程的演化过程和迁移路径，梳理超级工程与科学、技术、社会、管理、经济、生态的重要关系，总结超级工程的重要价值和启示，探讨发展规律和趋势，为国家未来重大战略工程决策提供依据与支持。

　　本书可供土木工程、水利工程、能源矿业工程、运载工程、制造工程、信息通信工程的管理人员、技术人员和研发人员参考，也可作为相关专业师生的参考书，以及喜爱工程建设的广大读者的阅读资料。

审图号：GS 京（2023）1451 号

图书在版编目（CIP）数据

超级工程概论/胡文瑞等著.—北京：科学出版社，2023.12
ISBN 978-7-03-076450-8

Ⅰ.①超… Ⅱ.①胡… Ⅲ.①重大建设项目-概论 Ⅳ.① F282

中国国家版本馆 CIP 数据核字（2023）第 184903 号

责任编辑：吴凡洁　冯晓利/责任校对：王萌萌
责任印制：师艳茹/封面设计：有道设计

科 学 出 版 社 出版
北京东黄城根北街 16 号
邮政编码：100717
http://www.sciencep.com

北京汇瑞嘉合文化发展有限公司 印刷
科学出版社发行 各地新华书店经销
*
2023 年 12 月第 一 版 开本：787×1092 1/16
2023 年 12 月第一次印刷 印张：30 1/4 插页：8
字数：582 000
定价：298.00 元
（如有印装质量问题，我社负责调换）

"超级工程丛书"编委会

顾问：	徐匡迪　朱高峰　何华武　殷瑞钰　翟光明　何继善　袁晴棠 傅志寰　王玉普　汪应洛　陆佑楣　王礼恒　孙永福　许庆瑞
主编：	胡文瑞
副主编：	王基铭　刘　合　唐立新
秘书长：	唐立新（兼）
副秘书长：	王俊仁（执行）　聂淑琴　鲍敬伟　许　特

主要撰写人员：

胡文瑞	王基铭	刘　合	唐立新	卢春房	黄其励	黄维和
丁烈云	戴厚良	孙丽丽	曹建国	杨善林	谢玉洪	陈晓红
范国滨	金智新	凌　文	向　巧	林　鸣	王自力	李贤玉
王俊仁	许　特	方东平	宋　洁	郎　劲	赵国栋	赵　任
聂淑琴	鲍敬伟	王新东	钟　晟	刘清友	梁　樑	祝　磊
罗平平	邵安林	李家彪	黄殿中	孙友宏	张来斌	赵文智
聂建国	杨　宏	王　坚	王金南	杨长风	郭庆新	孟　盈
王显鹏	汪恭书	苏丽杰	吴　剑	宋　光	刘　畅	杜金铭
高　振	许美玲	陈宏志	李开孟	张秀东	张颜颜	宋相满
魏一鸣	贾枝桦	李新创	王慧敏	张家宁	郭振飞	董志明
白　敏	王佳惠	王　尧	马琳瑶	曹思涵	王丽颖	何冠楠
赵伟华	王剑晓	张　磊	杨钟毓	常军乾	吕建中	杨　虹
徐文伟	张建勇	林　枫	曲天威	王　军	李　青	王京峰
何江川	王建华	王安建	王荣阳	李　达	徐宿东	刘泽洪
张来勇	傅　强	王道军	李晓雪	陈晓明	袁红良	邵　茂
王定洪	关中原	何　欣	徐立坤	范体军	李妍峰	罗　彪
翁修震	陈佳仪	张　勇	李　治	王宗宪	钟金红	王　凡
任　羿	冯　强	田京芬	贾光智			

说明：1. 主要撰写人员按参与先后时间及任务权重排序

　　　2. 主要撰写人员 123 位 + 顾问 14 位，合计 137 位

　　　3. 总参与人员 751 人

作者简介 //

胡文瑞

毕业于东北石油大学，中国工程院院士，教授级高级工程师，博士生导师，国务院有突出贡献专家，第十届全国人民代表大会代表，中国共产党第十六次全国代表大会代表。曾任长庆石油勘探局局长、长庆油田公司总经理、中国石油专业公司总经理、中国石油天然气股份有限公司副总裁、中国石油企业协会会长、中国矿业联合会副会长、中国石油和化学工业联合会副会长、中国企业技术创新委员会副主任委员、中国工程院工程管理学部第七届主任。全国企业现代化管理创新成果审定委员会主任。全国五一劳动奖章获得者。主要研究方向是非常规油气勘探开发、新能源、工程管理与造物实践。

王基铭

毕业于华东化工学院，中国工程院院士，教授级高级工程师，博士生导师，炼油、石油化工及工程管理专家。曾任上海石化董事长，上海赛科石油化工有限责任公司董事长，中国石油化工集团有限公司副总经理，中国石油化工股份有限公司副董事长、总裁，中国可持续发展工商理事会执行理事长，中国工程院工程管理学部第五届主任，第十届、第十一届全国政协委员。现任华东理工大学理事会名誉理事长、中国石油化工集团有限公司科学技术委员会顾问、中国企业联合会特邀副会长、中国可持续发展工商理事会会长。中国石化大型装备国产化的杰出推动者和重大贡献者。主要研究方向是炼油化工产业智能化和煤化工产业化。

刘合

毕业于大庆石油学院，中国工程院院士，教授级高级工程师，博士生导师，能源与矿业工程管理专家。曾任大庆油田副总工程师和中国石油勘探开发研究院副总工程师。现任国家油气战略研究中心副主任、国际石油工程师协会（SPE）专家咨询委员会委员、国际燃气联盟（IGU）执委。国家科技进步奖特等奖（1项）、二等奖（4项），国家技术发明奖二等奖（1项）获得者；光华工程科技奖、孙越崎能源大奖获得者。主要研究方向是采油工程技术及装备研发、工程管理创新与实践。

唐立新

毕业于东北大学，中国工程院院士，IEEE Fellow，教授，博士生导师。现为东北大学副校长，第十四届全国人民代表大会代表、东北大学控制科学与工程（工业自动化）国家一级重点学科负责人、智能工业数据解析与优化教育部重点实验室主任、工业智能与系统优化国家级前沿科学中心主任和首席科学家。兼任国务院学位委员会第八届控制科学与工程学科评议组成员、教育部科学技术委员会人工智能与区块链技术专业委员会副主任、国家工业互联网战略咨询专家委员会委员、中国金属学会副理事长、中国运筹学会副理事长兼智能工业数据解析与优化专业委员会主任。2017年获全国五一劳动奖章。主要研究方向为工业智能与系统优化理论方法。

MEGA PROJECTS

总序

工程是人类改造自然的伟大创造，而超级工程就是人类改造自然伟大创造的巅峰之作，是人类社会文明进步的旗帜性标志，堪称皇冠上一颗颗璀璨夺目的明珠。

超级工程历史，可以追溯到人类新石器时期，在那个洪荒世界就诞生了超级工程，标志着人类文明的开启，代表着人类从自然物理世界走向了人工物理世界。

新中国成立以来，中国经济持续七十多年中高速发展，其中改革开放以来的四十多年，GDP 增长了 225 倍。2010年，中国经济总量超过日本，仅次于美国跃居为世界第二位。巨大的经济实力为超级工程建造奠定了坚实基础。同年，中国制造业产值 1.98 万亿美元，占世界制造业总产值的 19.8%（美国占 19.4%），超过美国成为世界第一，截至 2022 年的制造业产值比美国、日本、德国的总和还多。强大的制造业为超级工程建造提供了工程装备和工程技术支撑。旺盛的需求为超级工程建造提供了强劲的动力。

这期间中国人民不屈不挠地进行了人类历史上史无前例、声势浩大、波澜壮阔的工程建设造物活动，中国城乡处处成为热火朝天的"大工地"，成为全球为数不多的蓬勃发展的工程建造"大市场"，诞生了数以万计的社会和民生需要的各类工程，催生了一大批史诗级的令人激动的超级工程和超级工程群。中国城乡到处欣欣向荣、日新月异，祖国大地发生了翻天覆地的变化，国家面貌焕然一新。为此，中国被誉为"基建狂魔"。

2017 年，中国工程院工程管理学部一批关注和热心超级工程研究的院士，提出系统研究超级工程的设想，得到了工程管理学部的全力支持。研究的目标以中国超级工程建造为重点，覆盖国内外超级工程建造，涵盖中国古代、近现代和世界古代、近现代超级工程，时间跨度从人类新石器时期到现代。可谓研究设想宏伟，内容浩大而繁复，学术性、理论性和专业性极强，没有强大的跨学科、跨领域的专业团队，难以完成如此重要的具有现实意义的超级工程研究工作。

2019 年，在两年多的咨询和组织准备的基础上，在中国工程院工程管理学部"工程哲学理论体系"和"工程管理理论"研究取得重大学术成果的鼓舞下，经工程管理学部七届 18 次常委会通过立项，正式设立"超级工程研究"课题，架构为"1+4"，即一个总研究课题为"超级工程研究"课题，四个专题研究课题为"中国古代超级工程研究""中国近现代超级工程研究""世界古代超级工程研究"和"世界近现代超级工程研究"课题，分别于 2019 年、2020 年、2021 年、2022 年立项。

2023 年，为了提升超级工程研究的层次，结合国家战略发展目标，"超级工程研究"由中国工程院"一般项目"升格为中国工程院"重大项目"，项目名为"中国式现代化建设中超级工程发展战略研究"，目的是为建设中国式现代化强国提供重要的科学决策支撑。

为了完成重大的理论性、学术性和战略性研究课题，"超级工程研究"项目组，遵循"友情合作"的原则，先后组建了研究顾问团队、3 个骨干研究团队、43 个"超级工程排行榜"案例撰写团队、10 个研究报告和系列丛书撰写编辑编审团队。参与研究的跨领域、跨专业、跨学科的专家学者 751 人，其中院士 49 位，参与研究的大学 19 所，企业 105 家（其中世界 500 强企业 15 家），堪称学术研究领域里的"超级研究"团队。

"超级工程研究"课题遵循"科学、权威、真实、可用"四项基本原则。一是坚持研究的科学性。对超级工程进行科学的定义、分类，依据、论据充分，数据、知识真实可靠，结果经得起考验和社会评判。二是坚持资料的权威性。资料选自权威文献，由专业机构提供和合法认可，结合现场考察，工程资料信息完整可信，经得起时间的考验。三是坚持案例的真实性。尊重合乎客观实际的工程情况，确保工程数据、人文资料真实，经得起追溯、查证。四是研究成果的可用性。将浩繁的历史资料转变成超级工程研究的工具，从研究中获得认识和启示，从实践中获得宝贵经验，升华到理论，指导超级工程建造实践。研究目的是，

"超级工程研究"为人类工程造物活动提供有价值、有意义、可借鉴的工作指南。

"超级工程研究"课题总体逻辑关系：一是定义。定性分析中国古代、近现代和世界古代、近现代超级工程的共性要素，形成中国古代、近现代和世界古代、近现代超级工程公认的定义。二是特征。挖掘各个历史时期、各个领域中国古代、近现代和世界古代、近现代超级工程普遍存在的价值，获得超级工程的共性特征。三是分类。按"时空四象限方法"分为"古、今、中、外"四大板块；依据工程属性和自然属性分为七大类，从中又分别细化二级分类。四是标准。总体研究设计"定性＋定量化"，制定中国古代、近现代和世界古代、近现代超级工程选取评价指标，最终形成系统的评价体系，选取或筛选超级工程经典案例。

什么是超级工程？"超级工程研究"给出的定义是：特定团体（国家、政府、财阀、企业），为了人类生存和发展，实现特定的目的，运用科学与技术，投入超大规模的人力、物力、财力，有计划、有组织地利用资源，将人类的思考、发明和实践经验，通过人工和自然的选择，采用集成和交叉的方法，建造的具有超大规模的、超复杂技术的、超高风险的、超大影响力的、极具誉谤性和唯一性特征的改变事物性状的实体人造物理工程，称之为"超级工程"。

"超级工程研究"根据超级工程特性所表现的抽象结果，把超级工程的特征分为主体特征（事物的主要部分）、次主体特征和一般特征。一般来讲，特征为表象（外在）的（物质的）东西，而特性为本质（内在）的东西。超级工程的代表性特征主要有：目的性、社会性、规模性、集成性、系统性、复杂性、科学性、文化性、地域性、民族性、誉谤性和唯一性等。如果概括其特征就是"超大"。

"超级工程研究"参考"林奈的生物学分类法"，以"同规则、内相似、外差异、全覆盖、无重叠"为依据，按照工程属性和自然属性，依据功能结构、科技领域、建设性质、投资规模、投资效益、投资来源等，分为"土木工程、水利工程、能源矿业工程、制造工程、运载工程、信息通信工程和其他工程"七大类，在此分类基础上，进一步细化分类，例如"土木工程"，又分为"建筑工程、桥梁工程、公路工程、隧道工程、地铁工程、机场工程"等。

"超级工程研究"采用"定量标准和定性标准相结合的方法"选取超级工程。具体有两种方法：一是采用"比较分析法"，根据工程规模、科技成果等可量化指标，设置超级工程筛选的定量标准；二是采用"专家打分法"，对科技影响、经济影响和社会影响等不可量化的指标，设置超级工程筛选的定性标准，最终依据"工程规模、工程成果、管理创新、科技价值、经济价值、社会价值"等若干方面进行综合评价。在此基础上，进一步细化定性和定量指标，例如"工程规模"，包括"建筑面积、投资金额、设计与建设周期、资源消耗"等；又例如"社会价值"，包括"民生与就业价值效应、生态与环境价值效应、军事战略价值效应、交通辐射价值效应"等。

"超级工程研究"以历史年代时间轴划线。中国古代超级工程和中国近现代超级工程，时间跨度 12000 年，以公元 1840 年第一次鸦片战争为节点，之前为中国古代超级工程，可以追溯到新石器时期，之后为中国近现代超级工程。世界古代超级工程和世界近现代超级工程，时间跨度 4300 ～ 5300 年，以公元 1640 年英国资产阶级革命为节点，之前为世界古代超级工程，可追溯到公元前 3300 ～前 2300 年之前，之后为世界近现代超级工程。

"超级工程研究"课题，技术含金量较高的是对超级工程进行"投资折算"。众所周知，发生在不同时期的超级工程，其投资不可能是一个恒定的数字。把不同时期建造的超级工程投资折算成现在的价值（投资），需采用不同的折算方法。

一是投资占 GDP 比重相对计算方法。主要表明古代某一超级工程在当时的相对投资规模。用某一超级工程的总投资，占该项超级工程建造期间的 GDP 年均值的比重来表明该超级工程对当时经济增长的贡献。

二是米价的折算方法。对于建设年代久远的古代超级工程，考虑历朝、历代的衡制和币制不同，难以通过一种货币衡量其投资额度。为了对超级工程的投资进行归一化处理，采用两千年来一直存在记录的米价，折算超级工程的投资金额。主要是针对有历史记载建造用工总量的超级工程进行折算。

三是重置成本法。对某一时期建造的有明确工程量记载的超级工程，可用同类型单位工程的现行造价进行折算，测算出该超级工程现在所需要的投资额，例如给万里长城作价。对于现代超级工程，也可用"折现法"折算为现在的造价。

投资折算的目的是更清晰地对比判断超级工程的规模。近现代部分超级工程，难以准确折算真实的超级工程投资，则保留在建时期原始投资数据供参考。古代超级工程中的部分超级工程，特别是新石器时期的超级工程，很难准确折算投资，则采用定量估算和定性描述其工程价值作为参考。

"超级工程研究"课题，特别注重超级工程案例的研究。从人类新石器时期到现代（截至 2022 年），在浩如烟海、数以万计的世界重大工程中，严格按照定义、标准和分类要求，共筛选出了具有代表性的 643 项超级工程入选超级工程排行榜，其中 110 项具有标志性的超级工程入选《中国古代超级工程排行榜》，299 项具有地标性的超级工程入选《中国近现代超级工程排行榜》，100 项具有标志性的超级工程入选《世界古代超级工程排行榜》，134 项具有地标性的超级工程入选《世界近现代超级工程排行榜》。

　　"超级工程研究"课题组在完成研究总报告、专题报告、结题报告的基础上，进一步组织专家、学者深化研究，从理论和实践出发，研究超级工程的规律，创新超级工程理论，指导超级工程实践，组织撰写"超级工程丛书"，陆续向社会公开发行具有理论性、学术性和科普性的"超级工程丛书"。出版物主要包括如下三类：第一类是理论和学术著作，包括《超级工程概论》《中国古代超级工程概览》《中国近现代超级工程概览》《世界古代超级工程概览》《世界近现代超级工程概览》《超级工程排行榜名录与时空演化》；第二类是超级工程排行榜，包括《中国古代超级工程排行榜》（共二册）、《中国近现代超级工程排行榜》（共六册）、《世界古代超级工程排行榜》（共二册）、《世界近现代超级工程排行榜》（共三册）；第三类是超级工程图册，包括《中国古代、近现代超级工程排行榜地理分布图》《世界古代、近现代超级工程排行榜地理分布图》《中国古代、近现代超级工程排行榜历史年代时间轴图》《世界古代、近现代超级工程排行榜历史年代时间轴图》等。

　　马克思主义者认为，决定生产力高低的要素有三个：一是劳动者；二是劳动资料；三是劳动对象。"超级工程研究"筛选入列的人类代表性超级工程，不论是中国古代、近现代超级工程，还是世界古代、近现代超级工程，均与当时人类生产力发展水平和文明发展程度息息相关，与当时王朝兴衰、经济发展和技术水平密不可分。例如，世界四大文明古国、中国三大盛世、欧洲文艺复兴时期、英国工业革命、美国罗斯福新政、社会革命、新中国成立和改革开放、民族复兴、世界全球化等，催生了一大批彪炳史册、可歌可泣的超级工程。

　　不论是中国古代、近现代超级工程，还是世界古代、近现代超级工程，均具有"先进、先行、先导、先锋"四大作用；具有"文明迁徙、需求拉动、演化渐进、经济基础（国家或王朝兴盛、物质财富、社会稳定）、科技进步、自然力影响"六大规律；具有"决策者青睐、统治者喜好、时代大势选择、同道模仿与竞争（超高层建造）、民间创造与积累（坎儿井）、贪大求奇"六大特点。

　　超级工程的作用、规律和特点充分体现了超级工程建造的民族文化特征、时代印记和地域特色，成为人们认可、学习、推崇的不朽经典，成为人们永远的记忆，虽被历史时间长河洗刷而不褪色，朝代更替而不倒，这就是超级工程的真正价值所在。

著名冶金学家、中国工程院院士殷瑞钰说："工程是现实的生产力"。那么超级工程也是"现实的生产力"。人们常讲：将科学技术转化为现实的生产力，将知识和技术转化为现实的生产力，将实践产生的宝贵经验转化为现实的生产力，恰恰是超级工程建造最科学的结论。

超级工程集中体现了现实的生产力，体现了知识和技术，体现了宝贵的实践经验。可以说任何一项超级工程，都是知识、技术和实践经验的集大成者，都是那个时代现实生产力的集中表现，都为那个时代留下不可磨灭的痕迹和永久的记忆，都为那个时代刻上了历史的烙印。

"超级工程研究"在中国乃至世界，被誉为是填补空白的一项学术研究，具有重大的现实意义和学术价值。为此，作为超级工程研究团队成员，心情激动，浮想联翩，通过系统的超级工程研究，书写人类社会建造超级工程的辉煌历史，讴歌建造超级工程的伟大时代，歌颂劳动人民建造超级工程的丰功伟绩，赞颂工程技术人员建造超级工程的聪明才智，指导未来超级工程的科学建造。

衷心感谢"超级工程研究"团队和"超级工程丛书"撰写团队的全体专家学者！

特别感谢东北大学、中国石油天然气集团有限公司、清华大学等骨干研究团队的全体专家学者！

胡文瑞

2022 年 3 月 8 日于北京丰和园第一稿

2022 年 11 月 11 日于北京六铺炕第二稿

2023 年 2 月 25 日于三亚鹿回头终稿

前言

　　超级工程是展现人类认识自然、改造自然无畏精神的创新载体，是总结经验、剖析规律、凝练理论的重要研究对象。超级工程的出现，意味着工程相关领域发展的成熟，预示着工程领域发展的重要方向，如何拓展超级工程的外延影响，借鉴宝贵经验，形成超级工程的工程管理理论是现代工程师面临的重要课题。

　　《超级工程概论》撰写的初衷是希望通过对超级工程的剖析，向世人展示工程建设，尤其是超大型工程建设对人类社会的科技、经济、文化等各方面发展产生的深远影响和发挥的重要作用，探讨和挖掘超级工程发展的内生动力和发展规律，为未来重大工程的决策提供我们的认识和思考。但纵观人类历史长河，在人类科技、经济、文化的进步中发挥直接和间接影响的工程数不胜数，如何给出超级工程的定义，并从海量工程中进行选取，最终整理、归纳、分析，形成对超级工程的理解，感受其中的哲学意义和重要启示，本身也是一项"超级工程"。

　　也许正是出于以上原因，尽管国内外我们已经可以看到很多关于超级工程的文章或讨论，但针对超级工程更系统、更全面的研究并形成著作的依然较少。参与本书撰写的作者都是在工程领域有一定经验的、深深热爱和默默关注我国工程建设发展的群体，我们希望借由"工程师"的眼睛去近距离观察超级工程，剖析超级工程，让那些流传于世的工程经验变成"知识"，变成"启示"，为人类科技文明的进步继续发挥重要作用。因此，虽然深知《超级工程概论》的撰写工作是一项艰巨的任务，面临一系列挑战，我们仍然义无反顾。

本书从 2019 年开始立项，在超级工程研究的基础上，经过多次研讨于 2020 年 5 月确定了撰写大纲及主要内容，后经过十几稿的反复迭代与修正，终于在 2023 年初形成初稿。《超级工程概论》针对中国古代、中国近现代、世界古代、世界近现代重大标志性工程建设项目，从各类史料记载中挖掘重大标志性工程的建设始源，运用系统论观点，立足工程技术理论历史演变视角，重点分析超级工程在经济社会发展、科学技术创新与管理制度完善中的历史地位与现实影响，通过运用理性解析与数据解析手段，构建全生命周期的工程观，创新提出超级工程管理理论与方法，为我国开展大科学计划与推动建设重大基础性、战略性、颠覆性科学工程提供启示性工程案例。

由于工程案例较多，内容庞杂，本书的编撰对我们的专业背景和知识储备提出了非常高的要求，我们在撰写过程中也遇到过迷茫和彷徨，好在有来自各行业的专家学者与我们齐心协力，终于将书稿呈现于读者面前。作为本书的主要编著者，心情激动的同时也对多年参与和支持《超级工程概论》出版工作的各位专家学者、各个团队，特别是东北大学团队表示衷心的感谢！

尽管本书已经历经四年多的推敲、论证和修改，但因为涉及的专业和历史资料繁多，也担心由于自身专业背景和知识广度的限制，竭尽全力也难免有疏漏之处，未能全面地展现超级工程的魅力，未能准确表达和传递超级工程的内涵，如有不足之处，请广大读者批评指正！

中国作为当今世界上最具活力的经济体，在工程建设需求、工程建设规模、工程建设能力等方面都占据重要位置，我们希望借由本书抛砖引玉，吸引更多的人关注超级工程、热爱超级工程，也衷心祝愿中国的超级工程建设发展越来越好，更多地造福于民！

作　者

2023 年 10 月

目 录 CONTENTS

插图

第 1 章

概　　述

　　超级工程是超复杂的改变事物性状的实体人造物理工程，是人类文明发展的杰作和不朽经典。

工程是人类为改善自身的生存、生活和生产条件进行的各类造物活动。超级工程是指一类对自然环境、社会发展和人类未来产生特别重大影响的工程。超级工程建设规模大、技术要求高、时间跨度长、参与人员多、决策流程复杂，代表着其所处时代最先进的科学技术和生产力。超级工程的实施具有系统性、综合性和复杂性等显著特征，在战略决策、系统论证、技术方案、组织协调、工程施工、项目交付等各方面均面临巨大挑战，需要在科学、技术、管理等各层面实现大批量和大尺度的创新。从古至今，世界上有许多超级工程，中国古有万里长城、都江堰和赵州桥等，今有载人航天、大庆油田、三峡大坝、青藏铁路、西气东输、南水北调、港珠澳大桥和大兴国际机场等；国外有美国的胡佛大坝、金门大桥、阿波罗登月、曼哈顿计划，英国的英吉利海峡隧道，法国的卢浮宫，这些都是超级工程的典型代表。

超级工程研究受到世界范围内研究机构及学者的高度重视，例如在《牛津超级工程项目管理手册》中提到，超级工程是大型且复杂的商业冒险，通常耗资 10 亿美元甚至更多，需要多年的时间来开发和建设，涉及多个公共和私人利益相关者，具有重要的转型作用，并影响数百万人。然而 10 亿美元不是超级工程的限制因素，一般的定义是"超级工程是临时性的巨大项目，其特点是具有巨大的投资计划，巨大的复杂性，以及对经济、环境和社会的长期影响"。根据欧洲科技合作组织（由德国、英国、意大利等众多学者组成的学术联盟）的研究，超级工程的特点是"极端复杂（无论是技术方面还是组织方面）但长期不产生效益"。由于对社会、环境和经济的巨大影响及高成本，且受到公众的广泛关注，超级工程也可以被定义为"以物理形式存在，非常昂贵和公用的工程举措"。

牛津大学的 Flyvbjerg 教授在超级工程的计划、管理、风险预测等方面提出了很多独特的见解，例如问责制和风险分担机制[1]；帝国理工大学的 Gann 教授和伦敦大学的 Sergeeva 教授等主要关注超级工程的创新管理与政策领域的内容，并探讨了项目的决策者、设计者及相关合作者对推动超级工程创新发挥的重要作用[2]；加州大学洛杉矶分校的 Davies 教授研究大型复杂基础设施超级工程的管理和组织，指出系统集成是超级工程实施中的一个重要挑战[3]；哈佛大学的 Altshuler 教授等则从政策、经济、环境等方面对超级工程进行分析，并指出作为超级工程如果想取得良好的社会价值、经济价值和政治价值，必须在工程发展、生态环境保护和人们价值观之间实现平衡[4]。

国内外研究多从单体角度研究超级工程的投资规模、投资风险决策、运营维护管理等，较少探究超级工程的特征与演变过程，超级工程与人类科技、文明发展的关系，以及超级工程产生的重大影响与哲学启示。本书从工程科技发展和文明演进的角度，提出新思路与新标准，科学定义超级工程，总结超级工程的成功要素与重大影响，研究古今中外超级工程建设的特征与规律，揭示超级工程的哲学内涵与发展趋势。

本书在超级工程研究的基础上，主要对超级工程的建设规律进行分析，并探讨超级工程的管理理论。主要理论体系是研究构建超级工程的基本理论框架，提出超级工程的筛选标准与评价指标体系，形成超级工程研究的案例库。从工程哲学、工程方法、工程知识、工程演化、工程管理、工程价值、工程伦理和工程美学等角度，深入探索超级工程的特征与规律。融合中国系统哲学与西方还原哲学思想，从总体上运用系统思维研究超级工程，从本体上运用分解思维解析超级工程；集成外部视角和内部维度研究方法，从社会、系统、演化的外部视角总体研究超级工程，从生命周期、管理职能和超级工程活动的内部维度解析超级工程。分析超级工程与社会经济、科学技术、生态环境的作用力与反作用力，构建不同领域超级工程之间的关联网络，梳理超级工程在时间维度的演化过程，拟合超级工程在时空维度的迁移路径，揭示超级工程与社会、时间、空间的耦合关系。针对个体案例，按照工程的生命周期分析超级工程的关键管理要素及规律，建立超级工程的知识体系与关联模型，总结超级工程内在与外延的潜在规律，分析超级工程的特征、分布、演进、关联关系、管理要素、工程价值，从而揭示超级工程的发展趋势和启示。本书主要内容概括为以下几个部分。

（1）超级工程的基本理论。

以投入巨大、建设关注度高、作用影响力大三个要素为基本筛选标准，选取各类型重大工程，定性分析其共性要素与特殊性，运用定量分析方法，构建数学模型，形成超级工程的定义、筛选指标、评价体系与共性特征，勾勒出工程建设的宏观图景与整体要素。在此基础上，结合科技与经济发展的显著特征，分析超级工程的特有内涵与外延，提出广义与狭义"超级工程"的定义。

（2）超级工程的案例研究。

围绕超级工程典型案例，从工程管理和系统工程的基本理论出发，挖掘超级工程的关键管理要素，深入分析超级工程的建设背景、建设周期、投资规模、实施运行、科技创新等内涵和外延。从科学、技术、社会、管理、经济、生态等角度深入分析每个案例的工程价值；从工程本体论、工程方法论、工程演化论等维度挖掘每个超级工程个体案例背后的深刻哲学启示,提炼超级工程的科学内涵,梳理超级工程的系统规律,掌握超级工程的核心价值,系统研究超级工程与科技、社会、经济、生态的耦合关系,为超级工程理论方法和理论体系的凝练奠定基础。

(3)超级工程的系统分析。

根据超级工程建设年代和地域对其分布规律进行总结分析,从系统角度出发,形成不同领域工程之间的关联网络、工程在时间维度的演进过程和在时空维度的迁移分布等。不同时期的不同类型超级工程具有技术的延续性和发展性,同一时期的不同类型超级工程具有知识和技术的相关性,刻画超级工程个体在整体超级工程网络中的物质、能量、信息、社会效益传递方面发挥的关键作用。通过对超级工程网络系统的性质进行度量和建模,阐述超级工程网络所表示的系统在形式和功能方面的信息特征,进一步揭示超级工程网络性质与所关心的实际问题,工程立项、工程建设、工程效用、相关政策等之间的联系。

(4)超级工程的发展趋势。

超级工程的演进过程与迁移路径可以影响科技、经济、生态、政治和文化的发展,同时科技、经济等因素也影响和推动着超级工程的发展轨迹与建设方向。一方面,部分科技创新前沿成果在各类超级工程中的规划、设计、建设实施和运行维护中得到实践和应用;另一方面,许多新兴的科技创新前沿成果,成为未来超级工程科技集成的要素,是超级工程未来发展趋势和发展战略部署的重点。与此同时,某个行业和领域的科技创新成果的突出表现,也会带领该行业和领域飞速向前发展,催生出大批推动行业发展的超级工程。因此,研究现代科技创新发展的趋势,预测未来超级工程在行业领域和科学领域的发展前景与趋势,把握未来超级工程建设的方向,揭示科技创新如何推动超级工程发展,如何促进未来科技创新的规律,也是超级工程研究的重要内容之一。

(5)超级工程的科学问题及哲学思考。

人类对生存、安全的需要和社会经济的发展催生了超级工程,超级工程的建设又推动了科学与技术的发展。许多科学发现和技术发明,包括管理水平的提高,都是超级工程建设需要的产物。本书从超级工程的内部维度,即决策、设计、建设、运维的全生命周期出发,研究典型案例及其所在行业的特征,总结超级工程在各阶段中的典型特征和科学问题,挖掘超级工程的建造规律和管理机制;从超级工程的外延研究超级工程与时代发展的耦合关系和规律,揭示超级工程建设的政治价值、社会价值、经济价值、生态价值、科学价值、技术价值和文化价值，归纳超级工程对社会结构和社会变迁的影响范畴，总结超级工程管理特征与方法。

哲学思维是人们认识和改造世界的思维方式，具有辩证性、批判性、实践性和先验性。哲学思想可以增强超级工程管理理论的思辨力，树立正确的工程观、科学观和价值观，从而掌握认识超级工程、建设超级工程的正确方法。通过对超级工程的深入研究，我们认识到，工程三元论指导超级工程，超级工程又诠释了工程三元论；社会发展产生超级工程，超级工程促进社会发展；超级工程支撑经济发展，经济发展成就超级工程；自然支撑了超级工程，超级工程又改造了自然；科技革命催生超级工程，超级工程推动科技革命。在超级工程决策和建造中，必须处理好投资、工期与质量的关系；正确认识超级工程的短期价值和长期价值；超级工程的决策既要注重战略，又要注重细节；超级工程的建造既要关注系统和整体性问题，也要重视个体和局部问题；同时，一定要辩证地看待超级工程建设的利与弊。

纵观人类文明发展历程，不同时期的超级工程具有不同的标准和时代特征，它体现了人类在科技发展、工程技术、工程管理以及文化审美等方面的历史演进过程，也代表了人类各个时期在以上四方面的先进文化、科技和生产力。本书从中国古代超级工程、中国近现代超级工程、世界古代超级工程、世界近现代超级工程四个方面进行分类研究，为未来的超级工程决策和建设提供参考。

未来的超级工程建设必将如同今日的制造业一样，拥有世界范围的供应链，采用跨区域、跨领域、跨国家、跨时空的合作方式。中国将成为超级工程建设的大国与强国，拥有先进的工程科技以及工程管理理论，成为超级工程建设最强有力的竞标者与合作伙伴。因此，从现代最新工程科技视角分析世界近现代超级工程建设的内涵与规律，是中国未来引领世界超级工程建设，确立中国标准、中国工程、中国管理、中国文化的需要。围绕人类文明赓续的大目标，推动超级工程研究和建设的国际合作。随着现代社会经济飞速发展，超级工程将会不断涌现。因此需要我们不断总结超级工程建设规律，创新超级工程管理理论，指导超级工程实践，推进超级工程建设[5,6]。

第 2 章

定义、特征与分类

　　人类为了生存和发展，在特定的环境，运用高超的技术，利用超大规模资源，实现特定的目的，建造的彪炳史册的人造工程。

从人类进化发展的角度看，尽管工程科技的发展速度是缓慢提升的，但在人类改造自然能力的不同阶段都会涌现出一些规模巨大、意义重大、有别于一般工程的"超级工程"，这些工程集中体现了当时人类在征服自然、改造自然时的科技、文化与思想。起初人们没有充分理解和意识到超级工程与一般工程之间的联系与区别，没有刻意区分超级工程与一般工程，然而随着超级工程本身的建设规模和技术不断提升，人们逐渐发现应用于一般工程的相关知识已经无法满足越来越复杂的超级工程建设，因此针对超级工程的系统性和深入性研究开始被更广泛的关注。超级工程属于特殊工程，它既包含一般工程的普遍内涵与特征，同时它也具备自身独有的特征。这些特征可能涉及建设规模、工程技术、工程管理、工程美学等，并且由于工程目标和功能的不同，不同类型的超级工程呈现出不同的规律。这些超级工程的特征是区别于一般工程的重要度量标准，因此首先需要深入研究超级工程的内涵与定义，挖掘超级工程所具备的重要特征，并提炼出科学的定义。在此基础上，对超级工程进行分类，有助于我们更好地理解和研究超级工程，总结超级工程的建设规律，分析超级工程的核心价值，凝练超级工程的重要启示，研究超级工程的哲学思想。

2.1 定义

定义是指对于一种事物的本质特征或一个概念的内涵和外延确切而简要地说明，或是透过列出一个事件或者一个物件的基本属性来描述或规范一个词或一个概念的意义。被定义的事件或者物件叫作被定义项。通常，能清楚地规定某一名称或术语的概念叫作该名称或术语的定义。简单来说，即在不改变目标事物本身的前提下，对概念的内涵和外延或语词的意义所做的简要而准确的描述。定义中的"定"字可以理解为不变、恒定的意思；"义"字则可理解为价值认可和价值象征。定义主要是对既定事物内涵的总结与提炼，旨在界定事物的属性、特征、本质和边界[7]。

2.1.1 工程概念

工程是人类为了生存和发展，实现特定的目的，运用科学与技术，有组织地利用资源，所进行的造物或者改变事物性状的集成性活动。一般来说，工程具有技术集成性和产业相关性。从行业领域工程可以分为土木建设、交通运输、石油、化工、冶金、矿业、电子、通信、计算机、软件、生物、制造、航天、国防、金融等各行各业；从工程性质可以分为建筑类工程、制造类工程、采掘类工程和探索类工程。工程建设不同于一般的商品生产，工程建设规律也有别于一般生产规律，它决定了在研究工程管理科学问题时，必须综合研究对象所处行业的工程技术及相应的管理理论。

从现代文明角度看，工程是直接的生产力，更具体地说，工程是人类运用各种知识（包括科学知识、经验，特别是工程知识）和必要的资源、资金、劳动力、土地、市场等要素并将之有效地集成、建构起来，以达到一定的目的——通常是得到有使用价值的人工产品或技术服务有组织的社会实践活动。随着社会、经济的发展，工程的规模越来越大、复杂性越来越高，工程已成为推动科技进步和社会发展的动力。工程是人类的一项创造性的实践活动，是人类为了改善自身生存、生活条件，并根据当时对自然规律的认识而进行的一项物化劳动的过程，它早于科学，并成为科学诞生的一个源头。工程绝不仅仅是单一学科的理论和知识的运用，而是一项复杂的综合实践过程，它具有巨大的包容性和创新性的特点。

工程必须关注结果和目标的实现，是多学科领域科学技术的集成体。当代社会、经济、民生的发展离不开工程建设的推动作用。每一项突破性的技术发展、新的经济增长点的出现，背后都有多项工程作为基础或者前沿支撑。可以说人类工程的发展历程也是人类科技水平、文化文明的发展历程。中国工程院殷瑞钰院士提出：工程是创造和构建新的社会存在物的人类实践活动。对工程的理解也不能仅仅停留在工程本身，一个完整的工程应当包括工程活动的全过程及其成果，工程过程和工程结果不可分离，最后的成果和产物也是工程过程的组成部分[8]。

2.1.2 超级工程表述

纵观人类文明发展历史，有一类工程从建设初期就备受瞩目，在工程规模、工程价值和工程影响等方面有别于普通工程和重大工程，一些研究机构和专家学者认为把它们称作"超级工程"更为合适，因此也对超级工程的概念从不同角度做出不同表述。

表述 1：大型且复杂的商业投资，通常耗资 10 亿美元甚至更多，需要多年的时间来开发和建设，涉及多个公共和私人利益相关者，并影响数百万人[9]。——《牛津超级工程项目管理手册》

表述 2：超大规模的投资项目，通常花费超过 5 亿欧元，具有极端的复杂性

（包括技术和人文方面），并且长时间内不会产生效益[10]。——《欧洲科技合作组织》

表述 3：投资大，复杂性强（特别是在组织方面），对经济、环境和社会产生长期影响的项目[10]。——《公共事业政策》

表述 4：以物理形式存在，非常昂贵的公用工程，对群体、环境和预算产生重大影响，耗资超过 10 亿美元并吸引了大量公众关注的项目[11]。——《超级工程：城市公共投资的政治变迁》

表述 5：具有规模大、人力劳动投入大、财务成本高的特征，且需要建筑师、工程师、工人、管理人员、政治家等多方共同完成的大型工程[12]。——《工程地球》

表述 6：超级工程是巨象的（colossal）——从工程体量和战略方面来说是巨大的；迷人的（captivating）——因其巨大体量、工程成就及美学设计令人着迷；昂贵的（costly）——工程造价高，往往预估不足；争议性（controversial）——资金、减损、影响及多方交涉；复杂性（complex）——技术和社会复杂性，工程设计、资金、建造过程存在大量风险和不确定性；控制问题（control issue）——关键决策者选定、工程实施[13]。——《超级工程决策》

2.1.3 超级工程定义

通过对已有的超级工程表述进行相关研究，发现超级工程的定义基本上都包括特征、价值和影响三个方面。

超级工程研究团队通过对超级工程内涵和外延的深刻理解，从特征方面考虑了超级工程的主体性质、投资规模及过程和结果属性；从价值和影响方面反映了超级工程对人类生存与文明发展间相互作用的关系。

超级工程是特定团体（国家、政府、巨型财团）策划与组织，为了人类或民族生存和发展，实现特定的目的，运用科学与技术，投入超大规模的人力、物力、财力，有计划、有组织地利用资源，所进行的造物或者改变事物性状的集成性活动，是将人类的思考发明通过交叉、集成方法实现出来的过程，是人工选择和自然选择的结果，是具有超大规模、超复杂技术融合、超高风险、超大影响力的实体工程。

在社会实践中，有些工程没有直观的工程造物结果，或是工程造物极其分散，但是这些工程通常整体投资规模巨大，具备非凡的社会和经济价值，影响了人类社会的进步与发展，我们认为这也属于超级工程的范畴。因此充分考虑超级工程是否存在实体的情况，我们进一步给出广义的超级工程定义，即超级工程是为了保障人类或民族生存和发展，实现特定的目的，运用科学与技术，投入超大规模的人力、物力、财力，有计划、有组织地利用资源，所进行的推动人类社会科技、文化、生活进步的集成性活动，是将人类的思考发明通过交叉、集成方法实现出来的过程，是具有超大规模、超高风险、超大影响力和争议性的实体工程、民生工程、科技或人文工程。

本书研究和论述主要针对实体超级工程。

2.2 特征

所谓特征是指"一个客体或一组客体特性的抽象结果，一般是指事物外表或形式上独特的象征或标志"。特征一般是用来描述概念的，其表征具有众多特性，简单地讲，根据客体所共有的特性抽象出某一概念便成了特征。超级工程是工程的特例，是少数的、重大的、复杂的、具有重要意义的工程。因此超级工程首先必须具备工程的所有特征。通常情况下，工程具备以下七个基本特征。

（1）明确的目标。工程项目以目标为导向，从策划阶段开始，就需要提出明确的最终目标，并在此基础上进行可行性分析与研究。如果没有目标为导向，在可行性分析中对于技术、人员、资金、环境等要素的考察与研究就无法进行，无法围绕一个特定目标进行相关要素的标定，无法给出合理的、科学的、相对完善的研究报告。明确的目标不仅可以减少策划阶段的验证成本，还可以避免前期过多的资源投入和浪费。同时工程以目标为导向，为中间、最终的工程验收提供更科学的评价和判断标准，可围绕工程目标进行合理的评估体系设计。超级工程动辄上百亿元的投资，在工程建设的各个阶段，各种资源的利用、各项管理、各种先进技术都是为终极目标服务的。因此，相关的工程活动都要围绕工程目标展开。

（2）独特的性质。同类别的工程项目虽然在建设周期、技术手段、管理模式等方面具有相似性。但每个工程作为一个单独个体，必有其独特性。这种独特性可能来自工程的自然属性，比如土木工程与水利工程；可能来自工程的技术，比如青藏铁路工程；可能来自工程的外部特征或者建设目标。因此工程的独特性是每个工程区别于其他工程的标志。超级工程的独特性更是显得尤为明显。每项超级工程从策划投资开始，到建设实施运行，都有其独特性。

（3）资源成本的约束性。工程是人类认识自然、改造自然的产物。改造自然的过程中需要大量的资源，包括原材料、人力、能源、技术等。这些资源是构成一项工程的重要组成部分，同时也是一项工程建设成本的重要组成部分。一方面这些资源成就了工程的功能性、独特性；另一方面这些资源也限制了工程的建设规模、功能特性及运营管理方法。重大工程随着人类财富、科学技术、文化素养的不断提高，新能源、新材料、新技术以及新管理方法将会不断创新与发展，可利用的资源也会越来越多，建造成本也可能越来越高，工程的规模与功能也会越来越大，同时也越来越先进。

（4）实施的一次性。这项特征可以理解为对工程建设的一项特殊要求。工程实施必须保证一步到位、一次完成，并且严禁反复修改。因为一旦工程出现返工，其投资成本就会远超最初预算。这也是为什么在工程投资决策的前期阶段，需要花费大量时间来进行可行性论证的重要原因。部分工程因为规模庞大，所以耗费多年时间，分几期完成。但在单个建设周期内，工程的实施仍然是一次性的。由于建设涉及的部门、人员、资源众多，为了能够缩短建设周期，降低成本，所以工程中并行实施的子工程比较多。因此，为了保证工程一次性完成，工程建设的组织管理是工程建设的重中之重。在某些工程中，管理和保证实施的方法与效果甚至比工程本身的技术要难得多。

（5）项目的确定性。随着人类的工程项目建设规模与建设范围的不断扩大，为了保证工程建设的顺利实施与管理，在工程项目明确的目标下，项目的设计方案、技术细节、人员分工、承包合同等都必须有确定性的定论，不能在建设实施过程中留下不确定和不稳定因素。因此，工程在设计阶段要充分考虑工程目标、资源配置、技术储备、建设环境等多方面因素，进行确定性的设计与实施。这种确定性确保了工程实施的顺利进行，同时也要求工程所涉及的科学技术必须是稳定的、可操作的、完备的实践技术。因此，实验室中不稳定性的科学实验结果不建议在工程建设中使用。

（6）特定的委托人。工程建设目标的确定性，工程自身的确定性决定了工程的委托人一定是特定的人群。项目未来的实施运行一定是面向特定人群服务为前提，如水利工程、能源工程等。由于工程建设需要一定的投入且工程具有的复杂性，工程项目的委托人一定是具备一定经济实力、组织管理能力和掌握一定资源的特定团体。目前特大型的工程项目委托人基本以政府机构为主。另外，随着人类认识自然、改造自然能力的不断提升，工程逐渐演变为包括决策、设计、实施、运行等多阶段的复杂活动。在各类型工程发展的推动下，与工程相关的技术、人员、设备与资源分工越来越明确，越来越细致。并且由于工程建设过程的复杂性，导致从事工程建设活动的人员必须是相关领域的专业人士。工程的受托方也一定是特定的专业群体。

（7）结果的不可逆转性。工程实施的一次性特征，其中隐藏更深层次的含义则是工程项目结果的不可逆性。虽然在工程建设过程中，在特定条件下，允许进行工程的修正，然而一旦工程竣工，则整个工程的结果就确定且不可逆转了。这种不可逆转虽然不像资源使用与消耗那么绝对，但也不能随意进行工程的推翻重建。因此，工程结束后，无论工程建设结果成功与否，工程的委托人及建设者都必须要承担这个结果。

工业革命以来，随着现代工程科技迅猛发展，世界范围内涌现出大批规模巨大、决策流程复杂、涉及技术众多、组织结构庞大、历时周期长、参与人员众多的超级工程，这些超级工程除具有上述工程的一般特征外，还具备以下独有的特征。

2.2.1 主体特征

顾名思义是指超级工程的主要特征，通俗地讲是指事物的主要部分。

1. 规模大

超级工程与国计民生息息相关，是不同领域、多项创新性科学技术成果的集中体现。超级工程的设计需要多领域的专业人员共同合作完成。这样的性质决定了超级工程建设规模大、建设周期长、动用资源多。例如中国的南水北调工程（图2.1）涉及人口4.38亿，调水规模448亿 m^3。规划的东线、中线、西线工程形成了中国水资源南北调配、东西互济的合理配置格局。南水北调工程干线总长度达4350km。东线、中线一期工程干线总长为2899km，沿线六省市一级配套支渠约2700km。共有东线、中线和西线三条调水线路，通过三条调水线路与长江、黄河、淮河和海河四大江河的联系，构成以"四横三纵"为主体的总体布局，缓解我国北方地区水资源短缺问题[14]。

图 2.1　南水北调工程

2. 投资大

投资大是超级工程有别于一般工程的重要特征之一。尽管从古至今使用的货币计量单位具有较大差异，但通过使用科学的计算和统计方法，将年代较为久远的超级工程投资规模换算成当今的货币计量单位，就会发现任何一个时期或时代的超级工程都具有庞大的投资规模。这表明，超级工程的总体目标和其他多重目标都必须以超大规模的投资为基础。例如西气东输工程，是中国距离最长、管径最大、投资最多、输气量最大、施工条件最复杂的天然气管道工程，共包括三条输气工程路线，是中国有史以来最为浩大的能源工程，如图 2.2 所示。"西一线"起点是新疆塔里木的轮南，终点是上海市西郊的白鹤镇，总投资约为 1500 亿元；"西二线"西起新疆霍尔果斯口岸，南至广州，投资约为 1420 亿元；"西三线"投资约为 1250 亿元[15]。

图 2.2　西气东输工程

3. 影响大

　　超级工程是在人类历史长河中占有重要地位，对人类社会发展、人类文明和科技进步起到重要推动作用的工程。超级工程无论从社会价值、经济价值、政治价值、文化价值等各方面考察，都应该是顺应时代潮流、反映时代特征、结合当时工程科技成果、并具有一定引领作用的标志性工程。这些工程有力巩固政权的地位，极大影响人类生活习惯和生活质量，积极推动人类社会经济发展，引导某一段时期人类对美的认识和思考，实现军事防御目的，引领工程科技前沿研究。这些影响是长期的、广泛的，有的是经过数百年上千年考验的人类智慧结晶。许多超级工程的影响已经从单一目标拓展到人民生活的方方面面，呈发散性和网状辐射的特点，形成十分强大的多方位效应。例如，1974 年 9 月破土动工的武钢一米七轧机工程，是经毛泽东主席、周恩来总理批准，从联邦德国、日本引进的一项大型钢铁制造工程项目，开创了我国系统引进国外钢铁技术的先河。它是20 世纪 70 年代国家重点建设项目，代表了当时国际钢铁制造先进水平的项目，如图 2.3 所示。武钢一米七轧机工程是中国经济建设中少有的大项目，工程量大，配套项目多，建设工期短，涉及单位多，工程质量要求高。能够在短短几年里建成如此复杂的工程，并且做到了优质、低耗、一次投产成功，这是整个冶金工业建设史上的一个壮举。它的建设为冶金工业的现代化建设和引进工程的建设积累了宝贵的经验，也为中国之后的自主薄板轧制技术的发展和应用奠定了坚实的基础，提供了极其重要的技术支撑，产生了巨大的经济与社会影响[16]。

图2.3 武钢一米七轧机工程

4. 战略性

战略性是超级工程的重要属性，战略性在超级工程的全生命周期都有很突出的体现。首先，在超级工程的决策阶段，建设主体一定是从战略全局出发来确定进行工程建设，例如大庆油田、宝钢等超级工程都是中国发展阶段的战略需要，在国家现代化建设进程中都发挥了重要的作用。其次，超级工程的设计和建设阶段，也具有战略性，超级工程的设计和建设，需要站在全局的角度，既要考虑在建工程与全社会及其他工程的关联关系，又要考虑工程在未来的发展中发挥的作用。只有从战略的高度对超级工程的决策、设计、建设和运维等全周期进行管理，才能够使建设工程符合建设预期以及国家发展需要。美国和苏联两大军事强国在20世纪60～70年代开展了激烈的太空竞赛。太空竞赛就是以导弹为主的核军备竞赛，技术优势不仅能提高竞争地位，还是保障国家安全的需要。太空竞赛取得了开拓性的成果，如向月球、金星、火星发射人造卫星，无人驾驶空间探测器，以及向近地轨道和月球发射载人飞船。20 世纪 60 年代美国实施"阿波罗登月"计划，给全世界人民留下了人类行走于另一个星球的深刻印象，它不仅实现了美国赶超苏联的政治目的，同时也带动了美国经济的快速发展，树立了其在太空探索领域的领导地位。"阿波罗登月"计划充分体现了超级工程的战略性[17]。

5. 长期性

　　超级工程大多是以主功能为主体，其他功能兼备的复杂工程，涉及的行业领域、技术种类和各类人才众多，因此一个超级工程从策划、设计到最后的建设、实施，一定是长期的过程，须经过反复分析和论证，确保设计方案以及建设方案的正确性与准确性。例如，三峡水利工程从 20 世纪初开始进行策划，前后经历了数十年，如图 2.4 所示。1970 年 12 月 30 日正式开工建设作为三峡工程先导试验的葛洲坝工程，从施工开始也经历了 10 年，于 1981 年 12 月正式投产。即便经过多次论证、反复研讨，最终确定了设计与建设方案的超级工程，其施工过程也是极其复杂的，需要多部门、多个类型的设计人员、施工人员以及管理人员相互配合，并依据科学的施工计划，有条不紊地完成施工任务。因此，超级工程的建设期通常超过 10 年、20 年，甚至 30 年，许多超级工程根据建设需要，还会依据工程技术类型、工程建设区域、工程功能等被划分为不同阶段的工程任

图 2.4　三峡水利工程

务。此外，超级工程的长期性也体现在使用周期长。使用周期长是因为超级工程的作用和影响大，如都江堰等有利于社会经济发展的超级工程使用周期长达几千年，金字塔、万里长城等建筑领域超级工程作为一种文化也传承到了现在[18]。

6. 唯一性

"超级工程"具有"唯一性"的特征。所谓唯一性，就是只有一个"解"，没有第二个"解"。"超级工程"通常体现出的是"个人主义"，而不是"集体主义"和"自由主义"。如果说科学规律和技术方法，具有"可重复性"，那么"超级工程"和其他工程一样，"不具有可重复性"，即使可以"复制"，也只是同类工程在数量上另一个唯一性的变化。同类别的工程项目虽然在建设周期、相关技术、管理模式等方面具有相似性，但每个工程作为一个单独个体，必有其独特性。而超级工程作为相关工程领域的典型代表，往往具有唯一性的特征。有些超级工程本身就是人类文明历史从来没有出现过的工程，必然具有唯一性的特点；有些超级工程在具体的领域，采用某一种或多种技术具有原创性，使得工程可以在某一个行业或领域达到"首次"或"第一"。可以说，每项超级工程从策划投资开始，到建设实施运行，都有其与众不同的唯一性质，这种唯一性使得超级工程无法被复制。例如万里长城、圆明园、埃及金字塔等，如图2.5所示，虽然后世许多地方都相继出现了超级工程的仿制品，但由于许多古代建筑的筑造工艺和方法都已

图 2.5 埃及金字塔

失传，复刻出来的"超级工程"仍然无法百分之百地还原当时的工艺手段和建筑神韵，所以我们在面对这些复制品时，永远无法感受到站在真正的超级工程面前时的震撼。因此，不论从人文研究，还是数学推论"唯一性"，"超级工程"的"唯一性"是"独一无二"的。世界上找不到两个相同的工程，这既是超级工程的特征，也是超级工程的规律，而且没有例外。北京圆明园和横店复制的"圆明园"，绝对不是一对相同的工程，更不是北京圆明园第二，即使复制得惟妙惟肖，但它们之间存在时间、空间的区别及建造技术及施工手段的区别。

7. 复杂性

每个超级工程都是在已有的成熟的科学技术基础上进行创新，克服了多项攻坚难题。例如港珠澳大桥建设期间，诞生了四百多项新专利，如图2.6所示。在建设管理、工程技术、施工安全和环境保护等领域填补了多项国内甚至国际空白。每个超级工程的完成，是对一个国家科学技术水平的检验，也是一个国家科研能力的体现，是一种升华和蜕变的结果。超级工程规模巨大、决策流程长、涉及技术种类众多、组织结构庞大、历时漫长、参与人员众多。所以超级工程的决策、计划、组织、指挥、协调与控制相当复杂。超级工程在建造过程中也比一般

图2.6 港珠澳大桥人工岛

工程复杂得多。随着社会经济的发展，超级工程的规模及其复杂性越来越大，工程复杂性的特征愈加突出。复杂性是超级工程的主要特征之一，不仅与工程规模、工程影响有关，还与科技发展、社会进步等因素有关。一项超级工程从决策开始，到最终运行维护，是国家根据经济发展需要、技术积累、资本积累所做出的综合的、复杂的、重大决定。超级工程的决策、设计、建设和运维涉及政治、经济、科技、文化和生态等多种因素，往往是跨区域、跨行业、跨学科的综合性交叉工程。更好地认识超级工程的复杂性，对超级工程有效决策和建设具有特殊意义[19]。

8. 誉谤性

"誉"本义为称赞、赞美。《墨子经》中有言："誉名美也"。"谤"本义为议论或批评别人的过失，《史记·屈原列传》中有言："信而见疑，忠而被谤"。超级工程建设涉及的科学技术复杂，种类繁多，是极具挑战性的改造自然的活动。超级工程在当时的建设条件下，大多是具有重大科技突破的、重要历史使命的开拓性、前瞻性工程，其目的和愿景是美好的，但实现过程却充满各种风险，投资回报周期较长。因此从古至今，一些超级工程在收获各种瞩目、惊叹与荣誉的同时，也会在初期建设阶段或相当漫长的时间内饱受争议。如长江三峡工程，其决策论证时间长达 70 年，而在建设阶段由于生态保护、移民安置等问题饱受争议。部分专家坚决反对建设长江三峡水利工程，认为中国水资源丰富，时空分布合理，没有必要进行水资源的调节；另一部分专家则完全认同三峡的价值，但在"该何时上马"的问题上产生了严重分歧。同时长江流域的生态环境是否会因为三峡水利工程遭到破坏，也是三峡工程被质疑的重要原因之一。经过多轮论证、反复研讨，1992 年 4 月 3 日，第七届全国人民代表大会第五次会议以"赞成票1767、反对票 177、弃权票 664，以及未投票 25"的结果，通过了关于兴建长江三峡工程的决议。三峡水利工程于 1992 年破土动工，总工期长达 15 年，建成后在解决中国东部用电问题上发挥巨大作用。事实证明，在科学决策下，超级工程的建设实施会给人类社会发展带来巨大的动力和潜力，尽管它可能在相当长的一段时间内会同时获得争议与赞誉。任何一项超级工程都无法尽善尽美，人类在改造自然的同时也改变了自然原貌。但用发展的眼光来审视超级工程建设，其积极作用和正面价值仍然值得肯定和发扬，决策者在决策初期受到的争议会随着超级工程发挥的巨大作用而逐步减少甚至转化成赞誉。一项超级工程的决策与建设，往往是由于人们不能理解决策者的战略意图或从局部利益考虑而引起的争议。又往往是因在超级工程建成后发挥出巨大作用，才认识到决策者的英明和超级工程的伟大[18]。

超级工程的誉谤性，体现在争议性，有争议就有进步、有发展，争议是好事，而不是坏事。在超级工程造物的历史实践中，工程存在的瑕疵，或者说存在的争议，虽不影响正常使用，却是工程的遗憾，也一定是下一个工程的完善目标；工程缺陷会影响工程的服务水平，降低工程周期寿命，危及服务安全，也恰恰是进行技术革新的开始。

2.2.2 一般特征

一般特征是指在哲学范畴内超级工程普遍存在的属性，即共性。

1. 集成性

工程是技术要素和非技术要素的集合体，是针对一个新的存在物而进行的集成性活动，因此一般工程都包含集成的过程，技术要素构成了工程的内核，而非技术要素则决定了工程的边界，包含政治、经济、文化等诸多方面。这个过程包含根据工程目标，将不同的资源按照特定的方式进行科学组合，并根据执行计划，对工程的进度进行管理与监督。这种组合与管理就是一种集成过程，它既包含工程技术集成，又包含系统组织等非技术性的集成。超级工程的集成性要比一般工程体现得更明显，且集成的复杂度会因为工程规模和技术难度呈非线性的提升，因为超级工程设计复杂，涉及的资源、人员、技术众多，组合与管理的对象更为庞大，可能出现的集成方式更为多变，所以超级工程的技术和非技术的简单叠加性减弱，相互制约、相互耦合的各类要素会呈现出复杂的非线性特征。了解超级工程的集成性，有助于对超级工程管理进行合理规划，从集成性的角度去分析超级工程中人与人之间、物与物之间的相互关系，能够更好地在超级工程实施中，进行更科学的预判与预测。

2. 公益性

古代超级工程的诞生受当时的经济发展、工艺手段、政治环境等影响，往往成为古代执政者、领导者的权力载体，展现的是掌权者征服自然、彰显力量的雄心。但随着科技的发展、时代的进步，越来越多的超级工程，尤其是中国改革开放之后涌现出的超级工程都给民众带来了极大的便利，不管条件多恶劣多艰苦，都从民生的角度考虑并解决问题。例如，克服高原缺氧严重、生态环境脆弱、多年冻土广布难题的青藏铁路；"汶川地震"中不断发回灾情报告的"北斗一号"终端机，而后运用在交通运输、公共安全、农林渔业、气象预报中的北斗系统；发挥防洪、发电、航运、养殖、旅游、供水灌溉等十大效用的三峡工程。这些"超级工程"规模宏大，投资巨大，受益面宽广，服务年限长，同时都在不知不觉中为民众生活提供了便利，影响深远。由于超级工程投资回报周期长，它们不仅体现出经济性、社会性，更体现出公益性。随着人类与周围环境共生共存的关系越来越密切，未来超级工程的建设目标中，公益性会逐步成为决定要素的重中之重。

3. 时代性

　　超级工程随着时代发展而不断变迁，每个时代都有划时代意义的超级工程，彰显着社会进步与发展。20 世纪 60 年代，中国克服了缺资金、缺物资、缺技术的诸多困难，历时 8 年修建而成的"争气桥"——南京长江大桥，不仅开创了中国"自力更生"建设大型桥梁的新纪元，也成为中国集中力量办大事的代表作之一。在这之后的短短几十年间，中国路、中国桥飞速发展，交通网络连起大江南北，建成了一批超级工程。美国在工业化时期建成了一批如胡佛水坝、福特级航母和国际空间站等超级工程，欧洲在经济高速发展时，建成了如大型强子对撞机、埃菲尔铁塔和英吉利海峡隧道等一批超级工程，如图 2.7 所示。这些超级工程都留下了时代烙印。一个国家，往往在兴盛时期，超级工程就会比较多，在衰弱时期，超级工程就比较少，这些超级工程的类型与时代要求相适应。研究发现，西方古代工程建设通常受到宗教的影响，工程设计往往遵循"宗教教义"，带有浓重的宗教神秘主义的意味；在工程的选址和定向方面，通常使用"光感"作为主要的设计参考；在工程的布局上，通常采用能够体现出秩序的立体性布局，以体现对神的崇敬。西方古代建筑工程是建立在"数理逻辑"基础之上的，体现的是西方人求知求真的理性精神，在人与自然的关系中强调"以人为本"。而"天人合一"是中国古代超级工程建设的中心思想，是古人的伦理观、审美观、价值观和自然观的体现。中国目前所见年代最早的设计著作《周礼·考工记》提出"天有时，地有气，材有美，工有巧，合此四者然后可以为良"。"系统思维"是中国古代超级工程建设中蕴藏的宝贵财富，它反映了古代人类在工程的整体规划、质量管理、标准管理、造价管理等各方面的实践经验和管理思想。宋代的《营造法式》形成了较完整和有效的工程管理模式。

图2.7　埃菲尔铁塔

4. 地域性

　　超级工程的"地域性"特征是一个相对概念，指某类事物局限于某一地理区域的情况。一般是指行政上的地理划分，或者各地理要素形成的单元（如山区、平原、流域、草原之类），主要表现出不同地区的不同特征。在世界的东方与西方，中国的南方与北方，超级工程集中程度都有较大差异。由于地方的不同便产生了地域性的优劣势。地理位置则决定发展程度。如邻海则有海运优势，西北则有资源优势。著名的"胡焕庸线"东部，集中了中国96%的人口和绝大部分财富，也集中了绝大部分"超级工程"和"工程造物活动"[20]。反过来，从超级工程案例研究分析，也会发现从古至今不同地域的资源、文化、经济发展的局限性，相互影响的交互性。尤其在古代，当地地形地貌、建筑材料等的局限性，限制了工程建筑的材料使用，当地文化风俗也影响了工程建筑的风格与外貌。地域性特征既影响了超级工程的发展，也让世界范围内的超级工程呈现出不同特点。

5. 民族性

超级工程民族性特征，其实质是民族文化特征，包括种族性、文化认同民族性，以及语言、文字、历史等。纵观古今中外超级工程，均受民族性的影响，具有深深的民族烙印，如图 2.8 所示。帕特农神庙、圣索菲亚大教堂、埃菲尔铁塔、北京故宫、布达拉宫、福建土楼、鸟巢与水立方、国家大剧院等超级工程在不同的自然条件和社会条件的制约下，展现出自己独特民族审美观念和建筑风格。超级工程的民族性，主要表现在设计和建造的文化观念层面上，反映的是整个民族的心理共性，它们代表不同民族、不同环境，形成不同的超级工程设计和建造的文化观念，直接或间接地影响超级工程设计和建造风格。而这种风格是一个民族在其历史发展的不同阶段的发展过程，经历了文化的叠合、承接、积淀、演化和扬弃，既具有民族特征，又具有时代特征。民族性使得世界范围内的超级工程形态各异、百花齐放，但随着新时代交通的发达、信息技术的快速发展、人们交互范围的扩大，民族性的差异性越来越小，工程在建筑材料、建筑风格、建筑框架等方面呈现趋同性特征。

图 2.8　北京故宫

6. 文化性

一项工程反映了设计者和建造者的审美及文化底蕴，因为工程从本质上来说是人类对于自身思想和情感的一种具象的表现。这种思想和情感积累到一定量就演变成文化。文化，广义上指人类在社会实践过程中获得的物质、精神的生产能力和创造的物质、精神财富的总和，狭义上指精神生产能力和精神产品。超级工程因为其规模性和重要意义，往往凝聚了设计者和建造者非常丰富的精神构想，因此所反映出来的文化内涵更具感染力，更能引起人们的共鸣。我们评价超级工程不能仅仅从工程的功能属性去判断超级工程的价值，还应该从文化层面去剖析一项超级工程在相当长的一段时间内所产生的深远影响。这种影响是潜移默化的，是触动人心的，是人类历史发展的重要缩影。文化的延续是一种精神图腾，超级工程承载的文化性往往由于其规模和复杂性会成为某个时代的特征与标志，随着时间演变，逐渐成为一种精神象征。

7. 统治者决策

我们在超级工程定义中特意强调了超级工程的决策者或者主导者，是因为在研究众多超级工程的形成过程和建造背景中发现，许多超级工程是由当时的统治者做出最终决策的。决策者对超级工程建设的影响尤为重要，尤其在建与不建的摇摆当中，决策者的意志展现得淋漓尽致。决策者对古代超级工程的建设决策起到了至关重要的作用，而古代超级工程的建造目的之一就是展现当时统治者的重要思想和地位，只有到了近现代，这种建造目标才慢慢被功能性和价值性取代，但超级工程的建设决策依然还是由拥有决定权的人最终进行决议。尽管在超级工程建设论证时期，有一些工程专家参与，从科学角度对超级工程建设可行性进行分析与预判，给予重要的科学意见，但最终的建设决定权依然在统治者手中。因此，要善于在充分研讨、论证的基础上，对超级工程进行科学决策。保存下来的超级工程体现了当时决策者的正确判断，体现出决策者的伟大。但在人类历史长河中也有一些超级工程由于决策错误以失败告终。分析超级工程要以史为鉴，辩证地看待统治者决策在工程建设中发挥的作用。

2.3 分类

根据研究对象的特点划分为，一般工程分类和超级工程分类，进而再细化分类。

2.3.1 一般工程分类

工程项目的分类纷繁复杂，从不同维度和视角会有不同的分类标准。通常情况下可以按照工程的自然属性、建设性质、投资作用、投资效益四个方面进行分类。

1. 按照自然属性分类

按照自然属性，工程可分为土木工程和机电工程等多种类型。涵盖房屋建筑工程、铁路工程、公路工程、水利工程、市政工程、煤炭矿山工程、水运工程、海洋工程、民航工程、商业与物资工程、农业工程、林业工程、粮食工程、石油天然气工程、海洋石油工程、火电工程、水电工程、核工业工程、建材工程、冶金工程、有色金属工程、石化工程、化工工程、医药工程、机械工程、航天与航空工程、兵器与船舶工程、轻工工程、纺织工程、电子与通信工程和广播电影电视工程等[21]。

2. 按照建设性质分类

按建设性质，工程可分为新建、扩建、迁建、恢复[22]。新建项目是指按照规定的程序立项，从无到有、"平地起家"的建设项目。扩建项目是指现有企业、事业单位在原有场地内或其他地点，为扩大产品的生产能力或增加经济效益而增建的生产车间、独立的生产线或分厂的项目。迁建项目是指按照国家调整生产力布局的经济发展战略需要或出于环境保护等其他特殊要求，搬迁到异地而建设的项目。恢复项目是指因在自然灾害或战争中使原有固定资产遭受全部或部分破坏，需要进行投资重建来恢复生产能力和业务工作条件、生活福利设施等的建设项目。

3. 按照投资作用分类

按照投资作用，工程可分为生产性建设项目和非生产性建设项目。生产性建设项目是指直接用于物质资料生产或直接为物质资料生产服务的工程建设项目。非生产性建设项目是指用于满足人民物质和文化、福利需要的建设和非物质资料生产部门的建设项目[21]。

4. 按照投资效益分类

按投资效益，工程可分为竞争性项目、基础性项目和公益性项目。竞争性项目主要是指投资效益比较高、竞争性比较强的一般性建设项目。这类建设项目应以企业作为基本投资主体，由企业自主决策、自担投资风险。基础性项目主要是指具有自然垄断性、建设周期长、投资额大而收益低的基础设施和需要政府重点扶持的一部分基础工业项目，以及直接增强国力的符合经济规模的支柱产业项目。公益性项目主要包括科技、文教、卫生、体育和环保等设施，公检法等政权机关以及政府机关、社会团体办公设施、国防建设等。公益性项目的投资主要由政府用财政资金安排[21]。

2.3.2　超级工程分类

基于一般工程的分类方法，本书参考林奈的生物学分类法[23]，针对超级工程建立独特的以阶元分类体系为基础的新分类方法。新分类方法以同规则、内相似、外差异、全覆盖、无重叠为依据，将超级工程根据行业属性、单体功能和建造时间等特征的异同进行分类，从而科学阐明超级工程间的亲疏演化关系和超级工程的系统发展。不同的分类有利于从不同角度研究和认识超级工程，探索超级工程的建造和发展规律。

1. 按照行业分类

随着现代工业的蓬勃发展，工业分工越来越细致，"行业"的概念在不同类型的工业中被广泛使用。依据工程所属行业等方面的特征，可将超级工程分为土木工程、水利工程、能源矿业工程、制造工程、运载工程、信息通信工程及其他工程。

土木工程是指在地上或地下、陆上或海上建造的，直接或间接为人类生活、生产、军事、科研服务的各种工程设施。例如房屋、道路、管道、隧道、桥梁、飞机场等。土木工程的目的是形成人类生产或生活所需要的、功能良好且舒适美观的空间和通道。它既是物质方面的需要，也象征精神方面的需求。随着社会的发展，工程结构越来越大型化、复杂化，超高层建筑、特大型桥梁、复杂的地铁系统不断涌现，满足人们的生活需求，同时也演变为社会实力的象征[24]。

水利工程是以控制和调配自然界的地表水和地下水，达到除害兴利目的而修建的工程。按目的或服务对象可分为：防止洪水灾害的防洪工程；防止旱、涝、渍灾为农业生产服务的农田水利工程，或称灌溉和排水工程；将水能转化为电能的水电站工程；为工业和生活用水服务，并用于处理与排除污水或雨水的城镇供水和排水工程；防止水土流失和水质污染，维护生态平衡的水土保持工程和环境水利工程；保护和增进渔业生产的渔业水利工程；围海造田，满足工农业生产或交通运输需要的海涂围垦工程等。水利工程有很强的系统性和综合性，通常对环境有很大影响[25]。

能源矿业工程是以综合利用能源和矿产等资源，满足社会经济、工业生产、人民生活的资源需求为目的而进行的超级工程项目。能源矿业工程是资源经济活动的载体，是实现资源生产、再生产等经济活动的工程，包括矿山建设、油田建设、核电站建设等。能源矿业工程的作用在于开发利用自然界中各种能量资源并将其转变为二次能源资源。能源矿业工程是国民经济发展的先行工业部门之一。能源矿业工程的发展，对国民经济的发展具有十分重要的作用[26]。

制造工程是为达到预定制造目的而构建的物理组织系统工程，提供制造资源、实体、技术，将原材料变成为产品，实现对生产要素的转变过程。制造工程的门类很多，冶金工程、机械工程、电子工程等均属于制造工程[27]。

运载工程为涉及人、运载工具、环境等运载要素的耦合系统，以运载为目的建设、制造和开发工程项目，包括铁路、航空航天工程、港口工程等[28]。

信息通信工程为致力于新媒体、互联网、物联网、人工智能、艺术与科技等领域的研究与应用的工程项目，包括 5G 通信、大数据平台、大型工业软件工程等。

其他工程主要是指包括农业、林业、医药业等在内的对人类生活环境、物质文化需要、生命健康保障方面建设的大规模的有长期深远影响，涉及范围广泛的工程项目。

2. 按照单体分类

超级工程除了依据自然属性即行业分类之外，还可以根据其单体的功能和用途不同分为多个种类。单体用途的分类更细致，工程彼此之间的界限也更清晰。超级工程根据单体用途的分类可以参考我国《产业结构调整指导目录（2019 年本）》，以及《国民经济行业分类标准》（GB/T 4754—2017）。

我国《产业结构调整指导目录（2019 年本）》中将产业分为 47 个种类，其中与超级工程直接相关的有 24 种。如图 2.9 所示，标注红色的相关产业中具有多项超级工程，例如水利，煤炭，电力，核能，石油、天然气，航空航天，建筑，铁路等[29]。

农林业	船舶	商贸服务业
水利	航空航天	旅游业
煤炭	轻工	邮政业
电力	纺织	教育
新能源	建筑	卫生健康
核能	城镇基础设施	文化
石油、天然气	铁路	体育
钢铁	公路及道路运输	养老与托育服务
有色金属	水运	家政
黄金	航空运输	其他服务业
石化化工	综合交通运输	环境保护与资源节约综合利用
建材	信息产业	公共安全与应急产品
医药	现代物流业	民爆产品
机械	金融服务业	人力资源和人力资本服务业
城市轨道交通装备	科技服务业	人工智能
汽车	商务服务业	

图 2.9 《产业结构调整指导目录（2019 年本）》的产业结构分类

在《国民经济行业分类标准》（GB/T 4754—2017）中，行业共分为 20 类，其中与超级工程直接相关的行业有 9 类，它们分别是采矿业，制造业，电力、热燃气及水生产和供应业，水利、环境和公共设施管理业，农林牧渔业，建筑业，交通运输、仓储和邮政业，信息传输、软件和技术服务业，科学研究和技术服务业[30]，如图 2.10 所示。

根据以上两类标准，结合超级工程的自身特色、用途和功能，我们将超级工程按照单体用途分为以下几种类型，如图 2.11 所示。

3. 按照时间分类

不同地域和时代产生不同的超级工程。我们基于人类发展历史阶段，以超级工程出现的时代作为依据，将超级工程划分为中国古代超级工程、中国近现代超级工程、世界古代超级工程和世界近现代超级工程四类。

中国古代经历了史前原始社会、奴隶社会和封建社会等发展阶段。中国古代

农林牧渔业	房地产业
采矿业	租赁和商务服务业
制造业	科学研究和技术服务业
电力、热燃气及水生产和供应业	水利、环境和公共设施管理业
建筑业	居民服务、修理和其他服务业
批发零售业	教育
交通运输、仓储和邮政业	卫生和社会工作
住宿和餐饮业	文化、体育和娱乐业
信息传输、软件和技术服务业	公共管理、社会保障和社会组织
金融业	国际组织

图 2.10 《国民经济行业分类标准》（GB/T 4754—2017）的行业分类

超级工程分类	
土木工程	公路、建筑、地铁、隧道、机场、桥梁、石窟、陵墓
水利工程	防洪除涝、天然水收集、水资源管理、水电站、公共水利设施、运河
能源矿业工程	矿产、石油、天然气、化工、石化、电力
制造工程	装备制造、冶金、钢铁
运载工程	铁路、港口、航空航天
信息通信工程	
其他工程	

图 2.11 超级工程单体用途分类

超级工程是指从公元前一万多年中国出现第一项超级工程到 1840 年封建社会结束，这期间产生的超级工程。

中国近现代超级工程是指起于 1840 年，至 2022 年，历经 180 余年，在中国建造的超级工程。

世界古代超级工程历史跨度大，追溯到公元前 5000 年左右，亚洲、非洲与欧洲都诞生了不同程度的人类城邦与王朝，一直到 1640 年英国资产阶级革命开始。因此世界古代超级工程是指公元前 5000 年至 1640 年英国资产阶级革命开端期间产生的世界超级工程。

世界近现代的超级工程是指公元 1640 年的英国资产阶级革命开始至 2022 年期间产生的世界超级工程。

第 3 章

筛选标准与选取方法

　　超级工程排行榜，在于书写人类社会建造超级工程的辉煌历史，讴歌建造超级工程的伟大时代，歌颂劳动人民建造超级工程的丰功伟绩，赞颂工程技术人员建造超级工程的聪明才智。

　　超级工程一般是体现国家意志的重大工程，只有满足一定条件的重大工程才能被称为超级工程：除投资与建设规模突出外，还应在科技、经济、文化领域为捍卫国家安全与发展利益作出杰出贡献；应具有领先的创新型科学技术，其影响范围不仅广泛，还应该在社会、经济、行业具有相应的深度。运用科学合理的方法对超级工程进行选取是本书的重点内容之一。一方面，我们可以根据超级工程的投资规模、建设周期、参与人员数量、技术复杂程度等定量指标来区分超级工程与一般工程；另一方面，我们需要考虑在同等规模下，部分工程所承载的工程价值、技术价值、历史价值和文化价值等，在特定历史时期，具有特殊作用的工程也应该被选入超级工程的行列。基于以上考虑，本书采用定性和定量相结合的集成方法来制定超级工程的筛选标准，从而选出具体的超级工程。首先采用专家评议法选定超级工程评价的准则指标，其次采用层次分析法（analytic hierarchy process，AHP）对选定的各准则指标进行重要性比较和权重计算，最后采用定量与定性相结合的方法对各具体超级工程进行打分评价，并根据各超级工程的最终评价分数进行综合选取。超级工程因为建设年代、行业分类等要素的不同，选取标准不尽相同，本书提出的选取方法也是结合各类科学方法，采用综合评价的方式解读和分析超级工程。

3.1　选取原则

　　超级工程选取原则，严格按照定义、标准和最大特征为基本条件。

3.1.1　超大

　　根据超级工程的定义，能够被称为超级工程的工程项目，一定在投资规模、建设规模等方面达到"超大"的程度。只有一定规模以上的工程，才能展现出超级工程定义中提到的重要特征，可能需要更复杂的工程科技，投入更多的资源，实现更科学的工程集成，才能具备更高的社会、经济、文化、政治等方面的综合价值。在前面章节中我们提到，超级工程包含规模大和投资大的主体特征，这是展现超级工程显示度的重要指标，虽然规模不是评价或选取超级工程的唯一标准，但一定是非常重要的衡量指标。

3.1.2 地标

超级工程因为其时代性、地域性、民族性和文化性等重要特征，使其一般会成为当时当地的重要地标性工程，或者在所属行业的同类工程中，具有里程碑式的特征。例如"秦直道""未央宫""隋唐大运河"等中国古代超级工程反映了中国五千年文明的发展变化和巨大成就，提升了民族自豪感，让世界为之惊叹。法国埃菲尔铁塔、美国帝国大厦等超级工程一方面反映了当时工业发展的技术高度，另一方面成为当地重要的地标性和象征性建筑。

3.1.3 第一

人类改造自然的历史由来已久，在历史足迹中留下重要价值的工程数不胜数，作为体现人类非凡智慧的工程，超级工程必须体现出独一无二的属性或价值，才能代表特定历史时期人类工程科技的高度。因此，超级工程作为具有跨时代意义的人类科技载体，必须满足以下条件：在所属行业建设时间最早，具有标志性；工程中的某项重要科学技术在所属领域排名领先，具有典型性；工程中实现了国内外所属领域零的突破，具有开创性。

3.1.4 独特

超级工程作为承载文明印记的载体，凝集了当时人类的智慧结晶和文化瑰宝，其在科技、宗教、文化、社会等各个方面的特征具有明显的地域特色。这些特色使得超级工程更加独特与显著，因此，在选取古代超级工程中，选取最能体现不同地域文化、社会特色的典型工程，从地域科技文化特色角度保证了世界古代超级工程选取的完备性。

3.1.5 引领

评价超级工程价值的其中一个重要指标是其对社会发展的重要贡献，其中一个重要贡献就是是否引领后期相关工程科技的发展，是否引领某个行业的技术提升与跨越。工程中采用的技术、管理方式在所属领域具有典型性，对此后的工程建设具有重大启迪；工程中实现了在所属领域的技术突破，具有开创性；工程具有重大历史价值，具有战略性；工程具有重大经济、社会、环境价值等。

3.2 筛选标准

超级工程研究需要明确研究对象，因此需要根据超级工程定义，依据一定的选取标准确定超级工程，并在此基础上对超级工程的发展规律、管理启示、重要价值等方面进行科学研究。超级工程的选取标准是认识超级工程、分析超级工程的重中之重。

3.2.1 标准确定

标准确定是超级工程选取的重要前提，选取标准包括综合法、分析法、目标分层法等多种方法。

（1）综合法。对已有的一些标准群按照一定的规则进行聚类，使之体系化（适用于对现行评价标准体系的完善与发展）。通过检索国内外各种工程评估研究的相关文献，阅读、分析文献并总结出目前各类工程评估的研究现状，为完善评价标准体系提供学术、理论基础。依据对历史和当前研究成果的深入分析，指出当前的水平、动态、应当解决的问题和未来的发展方向。

（2）分析法。将标准体系的度量对象和度量目标划分为若干个不同组成部分或不同侧面（评价子系统），并逐步细分，形成各级子系统和功能模块，直到每一部分和侧面都可以用具体的统计标准来描述和体现。

（3）目标分层法。首先确定评价对象的发展目标，即目标层。然后在目标层下建立一个或多个较为具体的分目标，称为准则，准则层则由更为具体的标准组成，从而形成标准体系。

（4）标准属性分组法。从标准属性角度构思标准体系中标准的组成（先按动态、静态来分，再按绝对数、相对数、平均数来分）。

（5）条件广义协方差极小法。协方差分析是建立在方差分析和回归分析基础之上的一种统计分析方法。方差分析是从质量因子的角度探讨因素不同水平对实验标准影响的差异。回归分析是从数量因子的角度出发，通过建立回归方程来研究实验标准与一个或几个因子之间的数量关系。但大多数情况下，数量因子是不可以人为控制的。由于超级工程的标准体系是多维的，单一的方差分析不能满足多维视角的需求。协方差方法可以分析定量标准之间的相关性，从而对定量标准的筛选具有辅助作用。

（6）层次分析法。层次分析法是将与决策有关的元素分解成目标、准则、方案等层次，在此基础之上进行定性和定量分析的决策方法。具体过程是将决策问题按总目标、各层子目标、评价准则直至具体的备择方案的顺序分解为不同的层次结构，然后用求解判断矩阵特征向量的办法，求得每一层次的各元素对上一层次某元素的优先权重，最后再用加权求和的方法递阶归并各备择方案对总目标的最终权重。层次分析法的应用可以对每个筛选标准在整个筛选体系中所占比重进行科学、合理化的分析，将定性问题转化为定量问题来进行求解，从而给出超级工程筛选标准的最优比重分布[31]。

除此之外，还有其他筛选方法，包括变异系数法、修正标准权重法、极大不相关法、专家法、聚类分析法、灰色关联聚类法、神经元网络法、粗糙集方法、信息熵方法等。综合各种方法的有效性和适用性，这里主要选取层次分析法来进行评价标准的选取及评估计算。

3.2.2 具体标准

根据超级工程的筛选需要，筛选标准的优化主要从定性和定量两个方面来进行。从科学及公平的角度来审视，定量评估更为合理，可以避免评估中出现的主观随意性，使评估目标更明确、更精准。但是如果评估对象和评估目标较为复杂，很多评估目标在无法用定量的方法进行描述和判断时，就需要通过定性评估来进行补充和完善。因此，超级工程的评估必须采取定性和定量相结合的方法，经过初选和筛选后的评估指标，需要再通过优化方法进行结构优化。定性和定量评估指标在实际操作实施中是由两个不同的程序完成的。定性评估通过历史评价评估的方式进行，定量评估则通过对审核对象规定期限内的审核数据进行评估。

1. 超级工程定量标准和评价方法

首先利用数据解析，阅读国内外相关文献和研究资料，结合超级工程的研究内容和目标，整理重大工程，挖掘项目评价指标数据规律，建立超级工程的筛选标准群；其次通过统计学习，根据评估目标和评估对象将初选的指标进行分类、分层；最后通过标准的属性分组法来设计筛选标准。

定量评估不仅要给出评估的指标和要点，还需要针对每个要点设计更精确的计分规则和方式。这包括统计数据的类别、范围，以及数据计分的相对和绝对方式选择。关于定量评价中的工程投资金额的确定，由于工程建设年代不同，原始投资金额不具备可比性，因此需要采用科学的方法对不同年代的投资进行折算处理。超级工程定量筛选指标体系如表 3.1 所示。

表 3.1 超级工程定量筛选指标体系

指标	指标要点	参考评分项目
工程规模	工程的规模代表了工程建设的复杂度。其中包含工程的建筑面积、投资金额、设计与建设周期及资源消耗	工程的建筑面积
		工程的投资金额
		工程的设计与建设周期
		资源消耗
工程科技	工程科技是超级工程核心科学技术的体现,包含核心科学技术、获得专利等	核心科学技术或标志性成果(具有突破性的、世界领先的、世界首创的、复杂的集成技术)
		国际标准、国家标准和行业标准制定
		获国内外授权发明专利或专有技术

2. 超级工程定性标准和评价方法

根据定性评价指标制定调查问卷,采用打分评议的方法对每个具体的工程案例在工程管理、科技影响、经济影响和社会影响各方面进行评价打分。综合专家的意见,汇总调查问卷的分数,获得各工程案例的综合分数。超级工程定性筛选指标体系如表 3.2 所示。

表 3.2 超级工程定性筛选指标体系

指标	指标要点	参考评分项目
工程管理	超级工程的工程管理必须是规范的、有条理的,且具有高标准	工程管理的科学性
		工程管理模式的创新
科技影响	评估超级工程的核心科学技术在国家重大需求及行业中的价值与引领作用	核心技术的创新性及科学价值
		核心技术在国家重大需求中的贡献
		核心技术在行业中的引领作用
经济影响	评估超级工程建设对区域及行业的经济影响	对区域经济或宏观经济产生的价值效应
		对行业发展产生的经济价值效应
社会影响	评估超级工程对国家、社会、居民生活及生态环境带来的重要影响	对国家安全、军事战略产生的价值效应
		对民生就业产生的价值效应
		对交通、生态环境产生的价值效应

3.3　投资折算

规模大是超级工程的主体特征之一。规模可以用实物量来表达，也可以用货币量表示，即投资规模。投资规模可用于不同类型超级工程的规模比较，因此是超级工程的一个综合性指标。工程项目投资即是工程的建设成本，为建设一项工程支付的全部固定资产和投资费用，一般主要包括设备购置及租赁费、材料及工器具购置费、技术引进费、人工费等。虽然超级工程本身的意义不能简单地用投资规模来衡量，但是投资规模确实反映了超级工程的实物量。为了实现一项重大的、突破性复杂技术的、可以满足人类生活需要的超级工程，必须有一定体量的人力和物力投入。但不同年代的超级工程投资规模千差万别，且随着科技不断进步与发展，人类物质生活需求越来越高，超级工程的投资规模也在逐年增加。如何将不同年代建设的超级工程投资进行重新估算，有利于在同一标准下进行比选是一项重要课题。不同年份的工程项目投入额需要通过科学的方法折算成标准投入，从而评价不同年份的工程项目的投资规模。

根据超级工程的建设时期，以及所掌握的相关资料的局限性，我们可根据不同时期建造的不同类型的超级工程的具体情况设计和提出超级工程投资规模的估算和折算方法。

3.3.1　重置成本法

许多古代超级工程在相关史料记载中是无法确切知道其投资规模的，但如果我们了解到该工程的建设工程量，就可以通过换算的方式进行投资规模的折算。该方法适用于有明确工程量的古代超级工程。例如明长城，我们可以通过工程使用的石、砖、木等材料的数量信息，根据当今同等材料建造的成本进行科学估算。或者我们可以了解到当时参与该工程的人工数量和工时，也可以通过计算人工成本来进行投资规模的估算。这里以明长城为例，用重置成本法为其作价[32,33]。

根据历史记载，明长城东起辽宁虎山，西至甘肃嘉峪关，总长度8851.8km，经过壕堑359.7km，自然天险2232.5km。明长城多为砖砌结构，也有石材砌筑或土夯构筑，综合各种构筑结构和长度，可以将全部明长城折算成为标准的砖长城。我们可以根据现代条件下修建1m标准砖长城的造价来估算长城的投资规模。

据考证，标准长城平均高7.8m，墙基平均宽6.5m，顶宽5.8m；建长度为

1m 的标准长城需要用青砖约 6000 块，白灰砂浆约 7m³。若一块城砖现在造价为 4 元，1m³ 砂浆估价 400 元，加上其他材料费约 2000 元，则 1m 标准长城的材料费估算为 28800 元；若修筑 1m 标准长城需 150 个人工时，每个人工时按现价 200 元计，则人工费估算为 30000 元；因此修筑 1m 标准长城的工程造价估算 58800 元。这样修筑长城的主体部分估价为 5205 亿元。除此之外，长城上的谯楼等数量众多，大概有 6 万个，每个造价 20 万元；烽火台每 5km 一个，按照每个烽火台造价 40 万元估算。因此谯楼和烽火台的总造价为 128 亿元。长城还有嘉峪关、山海关、雁门关等八大关口，以平均每个关口主要建筑的造价为 20 亿元计，长城各关口总造价为 160 亿元。因此长城的总投入换算为当今的造价约为 5493 亿元 [34]。

3.3.2　折现法

现代超级工程由于资料相对较为完整，在充分掌握超级工程的投资规模情况下可用不变价国内生产总值（GDP）进行折算或用通货膨胀率进行折现。不变价 GDP 是把按当期价格计算的 GDP 换算成按某个固定期（基期）价格计算的价值，从而使两个不同时期的价值进行比较时，能够剔除价格变化的影响，以反映实物量变化，反映生产活动成果的实际变动 [35-37]。但这种方法的时效性随着时间推移，准确率下降。通货膨胀率（CPI 增长率）是指一般物价总水平在一定时期内的上涨率，利用通货膨胀率折算超级工程的投资金额，是用当年的投资金额乘以到现在历年来的通货膨胀率即可。这种方法计算简单，且可以对不同时期超级工程的投资额进行换算。该方法适用于近 30 年有投资额度的现代超级工程。假设某一工程，截至 2009 年底建成投产的总投资额为 500 亿元，从 2010 年至 2020 年，中国历年居民消费价格通货膨胀率分别为 3.18%、5.55%、2.62%、2.62%、1.92%、1.44%、2.0%、1.59%、2.07%、2.9%、2.42%，则该工程总投资额如果从 2009 年折算到 2010 年，总金额为 500 亿元 ×（1+2010 年 CPI 增长率），以此类推，最终计算可得该超级工程总投资额折算到 2020 年的现值为 660 亿元。

3.3.3　比例估价法

按投资占 GDP 比重的相对计算方法，主要是表明某一超级工程在当时的相对投资规模。以宝钢主厂区建设为例，宝钢主厂区建设工程是 1977 年 1 月酝酿筹建，1985 年 9 月完成一期工程，1991 年 6 月完成二期工程，年产 671 万 t 钢；

1993 年，宝钢开始了扩大建成千万吨级钢铁企业的第三期工程，三期工程建成投产后，全厂产钢能力超过 1100 万 t。工程总投资 301 亿元；1977 ～ 1991 年中国历年 GDP 不变价如表 3.3 所示，平均为 14.2694 万亿元，2022 年中国 GDP 不变价为 121 万亿元，按照比例估价法估算，折算到 2022 年，宝钢主厂区建设投资为 2554 亿元。

表 3.3　1977 ～ 1991 年中国历年 GDP 不变价

年份	折价 / 亿元
以下按 1970 年价格计算	
1977 年	3221.1
1978 年	3645.2
1979 年	4062.6
以下按 1980 年价格计算	
1980 年	4545.6
1981 年	4891.6
1982 年	5323.4
1983 年	5962.7
1984 年	7208.1
1985 年	9016.1
1986 年	10275.2
1987 年	12058.6
1988 年	15042.8
1989 年	16992.3
以下按 1990 年价格计算	
1990 年	18667.8
1991 年	21781.5

3.3.4　米价法

部分古代或近代超级工程史料记载比较详细，可以看到其劳动投入规模（以银两或交易货币计）。针对这一类的超级工程投资规模估算，可以通过米价或者人均购买能力进行计算 [38,39]。该方法适用于有投入记载的古代、近代超级工程。如清朝的一两银子能够兑换 1000 文铜钱，一担米（约 125 斤，1 斤 = 0.5kg）需要 600 文钱，即 0.6 两银子，现在的米价 3 元一斤，一担米就需要 375 元，也就是说清朝的一两银相当于现在的 625 元。基于米价的折算方法，首先需整理项目建设期间基于不同货币度量单位标示的名义米市场价格；然后依据不同货币之间的数量转换关系，把名义米价整理成米价标准指数；最后基于项目实施期间的平均标准米价将工程总投资折算成标准值。米价的计算方法虽然不复杂，但是不同时期、不同国家间的米价起伏较大，这样利用米价计算的工程投资可能会有较大偏差。有的用过去银两表述的超级工程造价（如布达拉宫主体建筑），可按目前的单位银价直接折算成现价。

综上，超级工程的投资规模折算因为建设年代及所掌握资料的不同，可采用不同方法进行折算。如果掌握资料较为全面，同一项超级工程也可以使用不同方法估算，最后利用多种折算结果进行综合评估。这种方式可以避免由于个别指标的准确性差异导致投资折算的结果偏差较大的问题。超级工程投资折算的目的在于对不同历史时期超级工程的投入进行比较与分析，从中总结出经济发展对超级工程在投资规模方面的影响，同时也可以反映出在特定历史时期的超级工程与现代超级工程之间在体量上的差异，让我们从另一个角度去还原人类历史上具有突出影响力的超级工程原貌。

3.4 选取流程

我们对超级工程的选取分为以下四个过程，首先通过实地调研、召开研讨会及查阅相关权威资料的方式将可能入选超级工程的重大项目进行梳理，针对候选工程进行分类、排序、入选和录取，并最终拟定录取为超级工程，如图 3.1 所示。

分类：先按超级工程的自然属性和行业把超级工程归集为土木工程、水利工程、能源矿业工程、制造工程、运载工程、信息通信工程和其他工程等大类。

排序：根据设计的超级工程评价准则指标，采用专家评议与层次分析法相结合的方法对所选工程进行评分，并以各类别工程评价 / 筛选标准对各个类别的超级工程进行排序。

初选：初步筛选，即根据工程案例的排序情况，确定入选超级工程的比例，并依据该比例获得入选工程。

录取：根据各类别超级工程的入选情况进行综合评价，最终确定各个类别的超级工程。

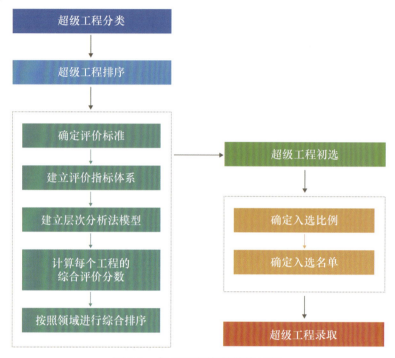

图 3.1　超级工程案例筛选流程

3.5　选取方法

虽然我们依据层次分析法可以对每个候选超级工程按照一定的标准进行打分和排序，但因为涉及的案例数量较大，不同专业背景的专家针对同一行业或同一类型的工程价值评价的角度不同，产生的结果可能存在较大差异，因此，我们在选取的过程中仍然要考虑如何更全面地评价和判断候选超级工程是否可以入选超级工程的最终名单。

3.5.1　认可法

超级工程因为其显示度高，具有地标性和公益性等特征，会成为大众心理认知度较高的工程项目，因此，超级工程选取的方法中可以采用大众认可的方法，将满足超级工程条件且在群众中认可度极高的大型工程选取出来，并进行最终的审定。这类超级工程已经在人民群众中被广泛认可，具有很高的群众基础，在超级工程选取中可以优先考虑，例如古埃及金字塔、万里长城、长江三峡水利工程等都是被大众普遍认可的超级工程案例，在选取过程中会具有更多的优势。

3.5.2 推荐法

某些超级工程虽然在群众中的知名度不高，但在特定行业中是标杆性的、标志性的大型工程，具有重要的历史价值、社会价值、经济价值或者技术价值，也应该由行业专家进行推荐，选出某领域的重要大型工程，并进行最终的审定。这类超级工程由行业专家推荐，经过多种选取方法综合评价后，可入选超级工程。其实在超级工程案例选取过程中，被推荐的超级工程还是占据了相当大的比重。例如 1978 年开始建设的上海宝钢项目，是新中国成立以来投资最多、规模最大的钢铁企业，总投资额为 300 亿元左右。这个投资额等同于当时中国国民生产总值的四分之一左右。上海宝钢的建设对中国钢铁行业的发展起到了至关重要的作用，而上海宝钢也在经历了四十多年的发展变化，逐渐成长为中国目前规模最大的钢铁企业集团。虽然上海宝钢项目不被今天的很多人熟知，但确实是中国近现代具有特殊意义的超级工程。

3.5.3 层次分析法

超级工程的选取按照超级工程不同属性进行分类整理。其中主要有五大工程，即土木工程、水利工程、能源矿业工程、制造工程和运载工程。每个工程大类内又包含了具体的单体分类。首先通过大量的相关资料和文献查找，收集重大工程。以重大工程为基础，针对超级工程筛选所需的各项指标进行数据的收集整理。一方面根据已有数据对定量评估指标进行数学计算，另一方面向专家发放定性指标的调查问卷，从而进行评估。

根据设计的超级工程筛选指标，准则层包含工程规模、工程科技、工程管理、科技影响、经济影响、社会影响六个方面，而每个准则层下又包含对应的指标层。例如，工程规模准则层下包括了建筑面积、投资金额、设计与建设周期等。具体的层次结构如图 3.2 所示。

根据层次分析法的分析计算流程，确认准则层的比较矩阵，即确定工程规模、工程科技、工程管理、科技影响、经济影响、社会影响这六个准则对超级工程评价的重要程度。当然不同类型的超级工程，这些准则在评价中所占的重要程度不尽相同。在某些类型工程中，工程规模的权重要大一些；而在其他类型工程

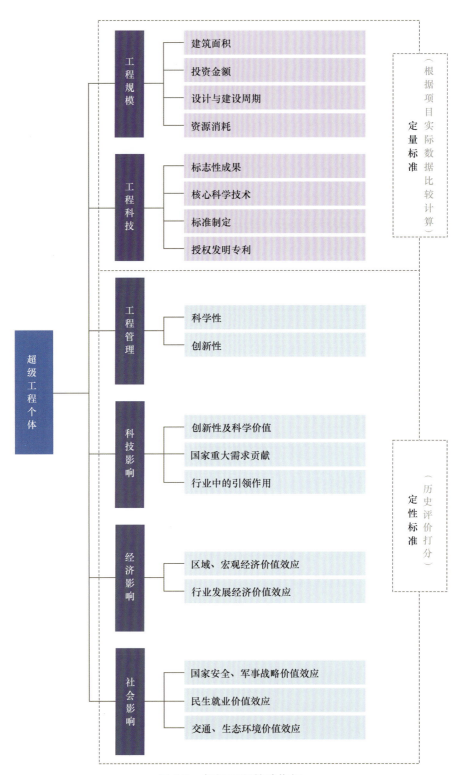

图 3.2　超级工程筛选指标

中，也许科技影响等所占比重要更高。因此，我们需要根据不同类型的超级工程确定不同的比较矩阵，如图 3.3 所示。

图 3.3　准则层比较矩阵（以土木工程为例）

CR 为一致性比率，一般认为，当 CR ≤ 0.1 时，判断矩阵具有良好的一致性

此外，在准则层比较矩阵基础上，我们还需要对每个准则层下的指标层进行两两比较，形成比较矩阵，如图 3.4 所示。

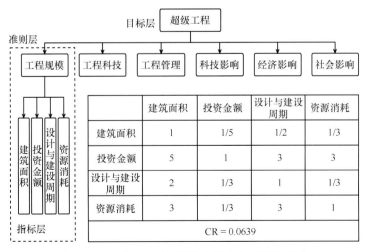

图 3.4　指标层比较矩阵（以土木工程为例）

通过层次分析法的计算，我们可以得到每个指标的权重，即每个指标对超级工程筛选评价的影响程度。如表 3.4 所示，该表将会帮助我们计算每个超级工程的最后评价结果。计算结果是不同类型超级工程的排名，通过筛选，就可以得到最终入围的超级工程名单。根据权重计算结果，对区域经济或宏观经济产生的价值效应、工程管理的科学性，以及核心技术的创新性及科学价值得到的权重分数较高，这意味着在当前的评价标准下，这三个指标占据最重要的位置，超级工程（以土木工程为例）的评价更看重它们对经济的影响、工程管理和科学与技术价值。

表 3.4　超级工程筛选标准权重计算结果（以土木工程为例）

准则	要点	指标项目	权重
工程规模	工程的规模代表工程建设的复杂度。其中包含工程的建筑面积、投资金额、设计与建设周期，以及工程的资源消耗	工程的建筑面积	0.0032
		工程的投资金额	0.0193
		工程的设计与建设周期	0.0051
		资源消耗	0.0584
工程科技	工程科技是超级工程核心科学技术的体现，包含核心科学技术、标志性成果	核心科学技术或标志性成果（具有突破性的、世界领先的、世界首创的、复杂的集成技术）	0.0245
		国际标准、国家标准和行业标准制定	0.0123
		获国内外发明专利授权	0.0062
工程管理	超级工程的工程管理必须是规范的、有条理的，且具有高标准的	工程管理的科学性	0.1808
		工程管理模式的创新性	0.0603
科技影响	评估超级工程的核心科学技术在国家重大需求及行业中的价值与引领作用	核心技术的创新性及科学价值	0.1667
		核心技术在国家重大需求中的贡献	0.0700
		核心技术在行业中的引领作用	0.0441
经济影响	评估超级工程建设对区域及行业的经济影响	对区域经济或宏观经济产生的价值效应	0.2119
		对行业发展产生的经济价值效应	0.0706
社会影响	评估超级工程给国家、社会、居民生活及生态环境带来的重要影响	对国家安全、军事战略产生的价值效应	0.0395
		对民生就业产生的价值效应	0.0105
		对交通、生态环境产生的价值效应	0.0166

我们可以根据这些评价方法选取出的超级工程统计出的相关定量指标，总结出超级工程选取的基本指标值。表 3.5 是以中国近现代超级工程为例，初步确定的中国近现代超级工程选取的最低量化标准。

表 3.5 中国近现代超级工程选取指标

准则		指标项目	土木工程	水利工程	能源矿业工程	制造工程	运载工程	信息通信工程
工程规模		工程的建筑面积	建筑面积 ≥ 10 万 m²	蓄水量 ≥ 100 亿 m³	覆盖面积 ≥ 100km²			
		工程的投资金额	≥ 100 亿元	≥ 300 亿元	≥ 50 亿元	累计投资 ≥ 100 亿元,单体投资 ≥ 1 亿元	每年研发投资 ≥ 10 亿元	≥ 50 亿元
		工程的设计与建设周期	≥ 5 年	≥ 5 年	≥ 5 年	≥ 5 年	研发周期 ≥ 5 年	研发周期 ≥ 5 年
		其他指标		每年发电量 ≥ 1000 亿 kW·h	横跨区域长度 ≥ 10000km		单体售价 ≥ 5000 万元	服务覆盖面积 ≥ 15 万 km²
工程科技		核心科学技术或标志性成果	≥ 1 项	≥ 1 项	≥ 1 项	≥ 1 项	≥ 1 项	≥ 1 项
		国际标准、国家标准和行业标准制定	≥ 5 项	≥ 5 项	≥ 5 项	≥ 5 项	≥ 5 项	≥ 5 项
		获国内外发明专利授权	≥ 10 项	≥ 10 项	≥ 10 项	≥ 10 项	≥ 10 项	≥ 10 项

我们选取中国近现代超级工程需要坚持这些量化标准，同时结合定性指标综合评估进行选取。其他超级工程的选取也比照该方法进行，从而确定最终的古今中外超级工程。

3.5.4　打分法

用层次分析法初选出超级工程后，针对超级工程的重要特征，请各个行业专家对候选超级工程进行打分。

打分表格中各项指标的设计考虑了超级工程特征的不同维度[40,41]，并赋予相应的权重，具体打分指标如下。

中国古代超级工程从工程规模（从建筑面积、投资、建造周期、资源消耗方面评价工程规模）、社会影响（评估工程给国家、社会、居民及生态环境带来的重要影响）、建造难度（从决策、设计、建设、运维方面评价工程建造难度）、建造技术（从材料、建造工艺等方面评价工程的技术水平）四个维度进行评价。

中国近现代超级工程从工程规模（从建筑面积、投资、建造周期、资源消耗方面评价工程规模）、社会影响（评估工程给国家、社会、居民及生态环境带来的重要影响）、建造难度（从标准、规范、建设及管控方面评价工程管理水平）、工程科技（从核心科技、标志性科技成果方面评价工程的科技水平）、经济效益（评估工程对行业及区域的经济推动作用与贡献）五个维度进行评价。

世界古代超级工程从工程规模（从建筑面积、投资、建造周期、资源消耗方面评价工程规模）、世界影响（评估工程给世界、国家、社会、居民及生态环境带来的重要影响）、建造难度（从决策、设计、建设、运维方面评价工程建造难度）、建造技术（从材料、建造工艺等方面评价工程的技术水平）四个维度进行评价。

世界近现代超级工程从工程规模（从建筑面积、投资、建造周期、资源消耗方面评价工程规模）、社会影响（评估工程给世界、国家、社会、居民及生态环境带来的重要影响）、建造难度（从标准、规范、建设及管控方面评价工程管理水平）、工程科技（从核心科技、标志性科技成果方面评价工程的科技水平）、经济效益（评估工程对行业及区域的经济推动作用与贡献）五个维度进行评价。

依据各位专家的打分结果，经过统计计算得到每个超级工程的分值，其得分值在一定程度上代表了该超级工程的地位和影响力，作为超级工程选取的重要依据。各项超级工程的具体分值见 3.6 节中超级工程选取结果表（表 3.6 ~ 表 3.9）。

3.5.5　论证法

世界范围内的大型工程数量是无法想象的，尤其横跨了整个人类历史发展史，因此针对候选工程是否属于超级工程，需要进行充分的论证，论证的方法可以采取专家咨询法或者现场调研法，一一对应工程的特征和特性，实现科学评定。超级工程的选取过程虽然可以使用层次分析法进行排序，但对于同行业规模相当的候选工程，仍然很难进行判断，因此在超级工程选取过程中，需要不断与行业专家进行研讨与论证，结合定性和定量的评价标准进行判断。例如 2010 年之后，中国制造业发展速度惊人，许多大型起重机、盾构机的制造工程层出不穷，新技术新设备不断突破，世界纪录也不断被刷新，经过严格的研讨与论证，最后从众多候选工程中选取了以 ZAT18000H 轮式起重机作为代表起重机的超级工程。

3.6　选取结果

我们从收集、整理的大量的古今中外重大工程中，用前述确定的超级工程选取标准和选取方法，通过大量的指标计算、特征评估、充分论证、专家打分、慎重筛选，最后确定了超级工程的名单。其中选取确定中国古代超级工程 110 项、中国近现代超级工程 299 项、世界古代超级工程 100 项、世界近现代超级工程 134 项。将这些超级工程按古今中外各时期超级工程出现的时间顺序进行排序，形成了古今中外超级工程排行榜。

3.6.1　中国古代超级工程排行榜

中国古代超级工程排行榜时间从原始社会到 1840 年，共诞生了 110 项超级工程（见中国古代超级工程排行榜历史年代时间轴图），其中公元 618 年至 907 年的 290 年间（唐朝）共 12 项超级工程，占 10.91%，衡定了唐朝在建设中国超级工程高峰期的历史地位。陕西省的中国古代超级工程共 17 项，占 15.45%，为古代超级工程建设最多的省份。古代超级工程项目中，土木工程占比最多，共 87 项，占 79.09%，奠定了土木工程在中国古代工程建设的重要地位。而土木工程中建筑相关工程最多，共 62 项，占土木工程的 71.26%，占总项目的 56.36%，如表 3.6 所示。

表 3.6 中国古代超级工程排行榜（按时间排序）

序号	名称	类型	年代	朝代	入选理由	评分
1	万年稻作	其他工程	公元前10000多年[42]	史前	世界稻作起源地，开创了稻作文化的先河	88.52
2	城头山遗址工程	土木工程（建筑）	前4450年[43]	史前	中国目前唯一发现的、时代最早、保护最完整的古城遗址，是"中国最早的城市"	87.09
3	施岙古稻田遗址	其他工程	前4000到前2500多年[44]	史前	中国面积最大的古稻田工程遗址	87.47
4	半坡遗址	土木工程（建筑）	前4000多年[45]	史前	中国有记载的最早村落工程遗址	88.24
5	青城墩遗址	土木工程（建筑）	前3000多年[46]	史前	中国新石器时代起源阶段的典型建筑遗址	87.38
6	良渚古城与水利工程	土木工程（建筑）	前3300年至前2300年[47]	史前	世界人类早期城市文明的古城遗址	88.73
7	三星堆遗址	土木工程（建筑）	前2500至前800年[48]	史前	中国迄今为止在西南地区发现的范围最大、延续时间最长的古城、古国、古蜀文化遗址工程	91.83
8	陶寺遗址	土木工程（建筑）	前2300年[49]	史前	中国已发现的功能最齐全的大型城市遗址工程	86.29
9	石峁遗址	土木工程（建筑）	前2200年[50]	夏朝	中国已发现的龙山晚期到夏早期规模最大、功能最齐全、体系最完整的城防工程遗址	87.67
10	殷墟	土木工程（建筑）	前1319年[51]	商朝	中国古代早期宫殿建筑的先进水平的代表	90.21
11	山西晋祠	土木工程（建筑）	前1099年至前1033年[52]	西周	中国古代现存最早的古典宗祠园林建筑群	87.66
12	平遥古城	土木工程（建筑）	前827年至前782年间[53]	西周	中国古代汉民族地区现存最完整的古城	89.16
13	苏州园林	土木工程（建筑）	前6世纪[54]	春秋	世界造园史上规模最大、具有独特的历史地位和重大文化艺术价值的建筑群	91.63

续表

序号	名称	类型	年代	朝代	入选理由	评分
14	黄河大堤	水利工程（防洪除涝）	前 623 年 [55]	春秋	中国古代黄河下游重要的防洪工程	91.00
15	安丰塘	水利工程（天然水收集）	前 613 年 [56]	春秋	中国古代最早的大型陂塘灌溉工程	86.98
16	花山岩画	土木工程（建筑）	前 5 世纪 [57]	春秋	中国目前发现的单体最大、内容最丰富、保存最完好的一处岩画	85.81
17	广府古城	土木工程（建筑）	前 594 年 [58]	春秋	中国春秋时期开始建设，现保存最完好的带有军事防御工程的古城	85.92
18	古江南河	水利工程（运河）	前 514 年 [59]	春秋	中国大运河中开凿较早、连续运用时间最长的河段	86.61
19	邗沟	水利工程（运河）	前 486 年 [60]	春秋	隋唐大运河最早开凿的河道	87.76
20	曲阜三孔	土木工程（建筑）	前 478 年 [61]	春秋	世界上规模宏大、延续时间最长的家族建筑工程群	88.40
21	阆中古城	土木工程（建筑）	前 314 年 [62]	战国	中国古代现保存完整的巴国蜀国古城	86.61
22	白起渠	水利工程（天然水收集）	前 279 年 [63]	战国	中国古代最早的引水工程	86.46
23	都江堰	水利工程（防洪除涝）	前 256 年 [64]	战国	世界迄今为止年代最久远、唯一留存和使用、以无坝引水为特征的宏大水利工程	94.19
24	秦始皇陵	土木工程（陵墓）	前 247 年 [65]	战国	中国历史上第一座规模庞大、设计完善的帝王陵寝工程	95.18
25	秦始皇兵马俑	制造工程（装备制造）	前 246 年 [66]	战国	世界最早的、规模宏大的兵马俑坑	95.12
26	郑国渠	水利工程（天然水收集）	前 246 年 [67]	战国	中国古代最早在关中建设的大型水利工程	89.66
27	西江千户苗寨	土木工程（建筑）	原型始于战国时期 [68]	战国	世界最大的、中国最早的苗族聚居村寨	86.98
28	万里长城	土木工程（建筑）	前 221 年 [69]	秦朝	中国古代三大工程之一，世界体量最宏伟、分布范围最广、修筑持续时间最长、影响力最大的巨型线性军事防御工程	96.94

续表

序号	名称	类型	年代	朝代	入选理由	评分
29	大秦驰道	土木工程（公路）	前220年[70]	秦朝	中国历史上最早的"国道"	88.83
30	灵渠	水利工程（运河）	前214年[71]	秦朝	中国古代三大水利工程之一，沟通湘江与漓江的人工运河	87.47
31	秦直道	土木工程（公路）	前212年[72]	秦朝	世界上公认的第一条"高速公路"，是世界最早、最直、最长、最宽的历史大道	87.69
32	阿房宫	土木工程（建筑）	前212年[73]	秦朝	世界规模最大的中国古代宫殿遗址建筑群	91.61
33	秦渠	水利工程（运河）	秦朝[74]	秦朝	中国古代黄河流域最早的水利工程古渠	87.38
34	武当山建筑群	土木工程（建筑）	前202年[75]	西汉	中国现存规模最大的道教建筑群	88.25
35	丝绸之路	土木工程（公路）	前202年[76]	西汉	世界古代最早、最长、最重要的东西方文明交流的驿站陆路工程	91.74
36	汉长安城	土木工程（建筑）	前202年[77]	西汉	当时世界规模最大的都市	90.66
37	襄阳护城河	水利工程（防洪除涝）	前201年[78]	西汉	中国古代亚洲最宽护城河	88.05
38	未央宫	土木工程（建筑）	前200年[79]	西汉	中国古代规模最大的宫殿建筑工程，汉长安城的重大标志	89.30
39	岱庙	土木工程（建筑）	前140年[80]	西汉	中国泰山历史上延续时间最长、保存最完整的古建筑群	87.46
40	崂山太清宫	土木工程（建筑）	前140年[81]	西汉	中国古代华东地区最大的道教建筑	85.94
41	茂陵	土木工程（陵墓）	前139年[82]	西汉	中国古代汉代规模最大、陵寝最高、修建时间最长的帝王陵墓群	87.75
42	龙首渠	水利工程（天然水收集）	前120年[83]	西汉	中国古代第一条地下水渠工程	87.12
43	高句丽王城	土木工程（建筑）	前37年[84]	西汉	世界都城建筑史上首次出现的都城与陵寝（7000余座）复合式的王都	86.81
44	六门陂	水利工程（天然水收集）	前34年[85]	西汉	中国古代最早具备排水、蓄水、灌溉相结合的水利工程体系	85.07

续表

序号	名称	类型	年代	朝代	入选理由	评分
45	坎儿井	水利工程（天然水收集）	前 1 世纪[86]	西汉	世界古代规模最大、最复杂的地下水利工程	89.35
46	五台山建筑群	土木工程（建筑）	公元 69 年[87]	南北朝	中国古代现存最早、规模最大的木结构佛教建筑群	88.93
47	鉴湖	水利工程（水资源管理）	140 年[88]	东汉	中国古代人工筑成的最大水库	85.73
48	岳阳楼	土木工程（建筑）	215 年[89]	东汉	中国古代四大名楼之一	89.21
49	天地之中建筑群	土木工程（建筑）	从汉至清[90]	汉朝	中国古代跨度最长、建筑种类最多、规格最高的古代建筑群	88.01
50	黄鹤楼	土木工程（建筑）	223 年[89]	三国	中国古代四大名楼之一	89.03
51	古隆中	土木工程（建筑）	304 年[91]	三国	中国古代最早修建的、保存至今的（殿、堂、祠、亭、廊、坊）园林古建筑群	86.79
52	文庙	土木工程（建筑）	337 年[92]	东晋	中国古代第一所国家最高学府	86.54
53	莫高窟	土木工程（石窟）	366 年[93]	东晋	世界现存规模最大、内容最丰富、历史最悠久的佛教建筑工程，中国四大石窟之首	92.87
54	麦积山石窟	土木工程（石窟）	384 年[94]	后秦	中国古代四大石窟之一，雕塑艺术之最	89.33
55	云冈石窟	土木工程（石窟）	460 年[95]	北魏	中国古代四大石窟之一，规模最大的古代石窟群	91.21
56	悬空寺	土木工程（建筑）	491 年[96]	北魏	世界现存唯一的佛、道、儒三教合一的、建造在悬崖峭壁上的寺庙	89.32
57	龙门石窟	土木工程（石窟）	493 年前后[97]	北魏	世界古代造像最多、规模最大的皇家石窟，中国古代四大石窟之一	91.44
58	嵩岳寺塔	土木工程（建筑）	508 年[98]	北魏	中国现存的古代最早的砖塔工程	87.81
59	鹳雀楼	土木工程（建筑）	557 年[99]	北周	中国古代唯一采用唐代彩画艺术恢复的著名建筑	87.61

续表

序号	名称	类型	年代	朝代	入选理由	评分
60	隋唐长安城	土木工程（建筑）	582 年 [100]	隋朝	世界规模最大、建筑最宏伟、布局最规范的唯一一个有上百万人口的国际都城	90.90
61	关帝庙	土木工程（建筑）	589 年 [101]	隋朝	中国现存规模最大的宫殿式道教建筑群和武庙	87.35
62	赵州桥	土木工程（桥梁）	595 年 [102]	隋朝	世界现存最早、当时跨度最大、保存最完整的单孔石拱桥	89.51
63	隋唐大运河	水利工程（运河）	605 年 [103]	隋朝	世界上里程最长、工程最大的古代运河	92.53
64	洛阳城	土木工程（建筑）	605 年 [104]	隋朝	中国古代沿用时间最长的都城	88.61
65	永济渠	水利工程（运河）	608 年 [105]	隋朝	中国古代 100 多万军民共建的重要调运粮食的渠道	88.31
66	布达拉宫	土木工程（建筑）	7 世纪 30 年代 [106]	唐朝	世界古代海拔最高、规模最大的宫殿建筑群	93.64
67	大明宫	土木工程（建筑）	634 年 [107]	唐朝	世界古代最辉煌壮丽的、面积最大的宫殿建筑群，是唐长安城的重要标志	90.38
68	昭陵	土木工程（陵墓）	636 年 [108]	唐朝	中国古代帝王陵园中规模最大、陪葬墓最多的一座帝王陵墓	88.25
69	大足石刻	土木工程（石窟）	650 年 [109]	唐朝	中国古代西南地区造像最多、规模最大、艺术水平最高的石窟	87.71
70	滕王阁	土木工程（建筑）	653 年 [110]	唐朝	中国古代四大名楼之一	88.46
71	越王楼	土木工程（建筑）	656 年 [111]	唐朝	中国古代唐代高度最高的文化名楼	86.54
72	乾陵	土木工程（陵墓）	684 年 [112]	唐朝	中国古代唐十八陵中保存最完好、规模仅次于昭陵的一座帝王陵墓	87.16
73	大昭寺	土木工程（建筑）	7 世纪 [113]	唐朝	中国古代西藏最早的木结构建筑	87.03
74	乐山大佛	土木工程（建筑）	713 年 [114]	唐朝	世界最高、最大的石刻佛像	90.42
75	白云观	土木工程（建筑）	741 年 [115]	唐朝	中国古代华北地区保存最完整的道观	86.35
76	它山堰	水利工程（防洪除涝）	833 年 [116]	唐朝	中国古代首次使用块石砌筑的重力型拦河滚水大坝	85.46

续表

序号	名称	类型	年代	朝代	入选理由	评分
77	西湖断桥	土木工程 （桥梁）	唐朝[117]	唐朝	中国西湖众多桥梁中名气最大的桥梁	85.52
78	捍海石塘	水利工程 （防洪除涝）	910 年[118]	五代 十国	中国古代最早的、迄今为止保存完整的海塘工程	84.54
79	洛阳桥	土木工程 （桥梁）	1041 年[119]	北宋	中国古代最早的、迄今为止保存完整的跨海梁式石桥	85.85
80	应县木塔	土木工程 （建筑）	1056 年[120]	辽	世界古代现存最古老、最高大的木塔	87.95
81	蓬莱阁	土木工程 （建筑）	1061 年[121]	北宋	中国古代四大名楼之一	86.57
82	福建土楼	土木工程 （建筑）	11 至 13 世纪[122]	北宋	世界最古老和最年轻的土楼都在此土楼建筑群中，共有 46 座土楼	87.74
83	宏村	土木工程 （建筑）	1131 年[123]	南宋	中国古代现存面积最大、保存最整的古村落集群建筑群	86.74
84	安平桥	土木工程 （桥梁）	1138 年[124]	南宋	中国现存古代最长的海港梁式大石桥，世界古代最长的梁式石桥	85.44
85	广济桥	土木工程 （桥梁）	1171 年[125]	南宋	世界古代最早的启闭式桥梁	86.62
86	卢沟桥	土木工程 （桥梁）	1189 年[126]	南宋	中国古代现存最古老的石造联拱桥	87.78
87	永乐宫	土木工程 （建筑）	1247 年[127]	南宋	中国古代现存最大的、保存最完整的道教宫观	87.56
88	元上都 遗址	土木工程 （建筑）	1256 年[128]	南宋	中国古代最早的草原都市遗址	86.92
89	海龙囤 遗址	土木工程 （建筑）	1257 年[129]	南宋	中国古代最早的、保存完好的城堡遗址	86.85
90	丽江古城	土木工程 （建筑）	13 世纪 后期[130]	南宋	中国古代西南地区最早的、规模最大的古城	89.15
91	涉县旱作 梯田	其他工程 （农业）	元代 初期[131]	元朝	中国古代高差最大、石堰长度最长、全人工修建的农业工程	87.60
92	开平碉楼 村落	土木工程 （建筑）	1368 年[132]	明朝	中国古代规模最大的碉楼建筑群	86.10
93	明孝陵	土木工程 （陵墓）	1381 年[133]	明朝	中国古代明朝最大的帝王陵寝	88.15

续表

序号	名称	类型	年代	朝代	入选理由	评分
94	郑和宝船	制造工程（装备制造）	1405 年 [134]	明朝	世界古代最大的海船	89.98
95	北京故宫	土木工程（建筑）	1406 年 [135]	明朝	世界古代现存规模最大、保存最完整的木质结构建筑群	94.50
96	十三陵	土木工程（陵墓）	1409 年 [136]	明朝	世界上保存较完整的陵墓建筑和埋葬皇帝最多的墓葬群	90.51
97	天坛	土木工程（建筑）	1420 年 [137]	明朝	中国古代现存最大的祭坛建筑群	91.82
98	澳门历史城区	土木工程（建筑）	1488 年 [138]	明朝	中国古代现存年代最远、规模最大、保存最完整和最集中的历史城区	87.14
99	明显陵	土木工程（陵墓）	1519 年 [139]	明朝	中国古代明朝帝陵中单体面积最大的皇陵	86.80
100	王家大院	土木工程（建筑）	始建于明末清初 [140]	明朝	中国古代最大的、保存完好的民居建筑群	87.18
101	永陵	土木工程（陵墓）	1598 年 [141]	明朝	中国古代唯一的地上皇陵	86.91
102	沈阳故宫	土木工程（建筑）	1625 年 [142]	明朝	中国古代东北地区唯一的宫殿建筑群	90.14
103	福陵	土木工程（陵墓）	1629 年 [143]	清朝	中国东北地区最大的清朝第一座陵墓	85.94
104	清东陵	土木工程（陵墓）	1661 年 [144]	清朝	中国现存规模最大、保存最完整的帝王陵墓群	87.45
105	承德避暑山庄	土木工程（建筑）	1703 年 [145]	清朝	中国古代现存最大的一座离宫御苑	89.80
106	圆明园	土木工程（建筑）	1707 年 [146]	清朝	中国园林建筑艺术史上的巅峰之作，称之为"万园之园"	93.55
107	清西陵	土木工程（陵墓）	1730 年 [147]	清朝	中国古代现存规模宏大、保存完整、建筑类型最齐全的帝王陵墓建筑群	88.14
108	罗布林卡	土木工程（建筑）	18 世纪 40 年代 [148]	清朝	中国古代西藏规模最大的池苑式宫廷建筑群	87.49
109	颐和园	土木工程（建筑）	1750 年 [149]	清朝	中国古代规模最大、保存最完整的一座皇家行宫御苑	93.88
110	乔家大院	土木工程（建筑）	1756 年 [150]	清朝	中国古代保存完整的城堡式民居建筑群	87.89

永乐宫　　涉县旱作梯田　　郑和宝船　　澳门历史城区　　沈阳故宫　　承德避暑山庄

落集羊建筑羊

84 安平桥 卍
古时代最长的梁式石桥，中国现存古代最长的海港梁式大石桥；世界

85 广济桥 卍
世界古代最早的启闭式桥梁

86 卢沟桥
中国古代现存最古老的石造联拱桥

87 永乐宫 卍
中国古代现存最大的、保存最为完整的道教宫观

88 元上都遗址 卍
中国古代最早的草原都市遗址

89 海龙囤遗址 卍
中国古代最早的、保存完好的城堡遗址

90 丽江古城 卍
中国古代西南地区最早的、规模最大的古城

91 涉县旱作梯田 ⊙
中国古代高差最大、石堰长度最长、全人工修建的农业工程

92 开平碉楼村落 卍
中国古代规模最大的碉楼建筑群

93 明孝陵 卍
中国古代明朝最大的帝王陵寝

94 郑和宝船 ⚙
世界古代最大的海船

95 北京故宫 卍
世界古代现存规模最大、保存最完整的木质结构建筑群

96 十三陵 卍
最多的墓葬群，世界上保存较完整的陵墓建筑和埋葬皇帝

97 天坛 卍
中国古代现存最大的祭坛建筑群

98 澳门历史城区 卍
中国古代现存年代最远、规模最大、保存最完整的历史城区 和最集中的历史城区

99 明显陵 卍
中国古代明朝帝陵中单体面积最大的皇陵

100 王家大院 卍
中国古代最大的、保存完好的民居建筑群

101 永陵 卍
中国古代唯一的地上皇陵

102 沈阳故宫 卍
中国古代东北地区唯一的宫殿建筑群

103 福陵 卍
中国东北地区最大的清朝第一座陵墓

104 清东陵 卍
中国现存规模最大、保存最完整的帝王陵墓群

105 承德避暑山庄 卍
中国古代现存最大的一座离宫御苑

106 圆明园 卍
"万园之园"，中国园林建筑艺术史上的巅峰之作，称之为

107 清西陵 卍
中国现存规模宏大、保存完整、建筑类型

108 罗布林卡 卍
最齐全的帝王陵墓建筑群

金、元（公元960年—公元1368年）　　　　明、清(第一次鸦片战争前)(公元1368年—公元1840年)

| 1138 | 1171 | 1189 | 1247 | 1256 | 1257 | 13世纪后期 | 元代初期 | 1368 | 1381 | 1405 | 1406 | 1409 | 1420 | 1488 | 1519 | 始建于明末 清初 | 1598 | 1625 | 1629 | 1661 | 1703 | 1707 | 1730 | 18世纪40年代 |

卢沟桥

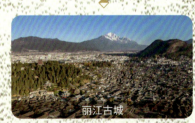
丽江古城

明孝陵

天坛

王家大院

圆明园

关帝庙

布达拉宫

大足石刻

大昭寺

洛阳桥

福建土楼

中国古代唯一采用唐代彩画艺术恢复的著名建筑

60 **隋唐长安城** 世界规模最大、建筑最宏伟、布局最规范的、唯一一个有上百万人口的国际都城 —— 582

61 **关帝庙** 中国现存规模最大的宫殿式道教建筑群和武庙 —— 589

62 **赵州桥** 世界现存最早、当时跨度最大、保存最完整的单孔石拱桥 —— 595

63 **隋唐大运河** 世界上里程最长、工程最大的古代运河 —— 605

64 **洛阳城** 中国古代沿用时间最长的都城 —— 605

65 **永济渠** 中国古代100多万军民共建的重要调运粮食的渠道 —— 608

66 **布达拉宫** 世界古代海拔最高、规模最大的宫殿建筑群 —— 7世纪30年代

67 **大明宫** 世界古代最辉煌壮丽的、面积最大的宫殿建筑群，是唐长安城的重大标志 —— 634

68 **昭陵** 中国古代帝王陵园中规模最大、陪葬墓最多的一座帝王陵墓 —— 636

69 **大足石刻** 中国古代西南地区造像最多、规模最大、艺术水平最高的石窟 —— 650

70 **滕王阁** 中国古代四大名楼之一 —— 653

71 **越王楼** 中国古代唐代高度最高的文化名楼 —— 656

72 **乾陵** 中国古代唐十八陵中保存最完好、规模仅次于昭陵的一座帝王陵墓 —— 684

73 **大昭寺** 中国古代西藏最早的木结构建筑 —— 7世纪

74 **乐山大佛** 世界最高、最大的石刻佛像 —— 713

75 **白云观** 中国古代华北地区保存最完整的道观 —— 741

76 **它山堰** 中国古代首次使用块石砌筑的重力型拦河滚水大坝 —— 833

77 **西湖断桥** 中国西湖众多桥梁中名气最大的桥梁 —— 唐朝

78 **捍海石塘** 中国古代最早的、迄今为止保存完整的海塘工程 —— 910

79 **洛阳桥** 中国古代最早的、迄今为止保存完整的跨海梁式石桥 —— 1041

80 **应县木塔** 世界古代现存最古老、最高大的木塔 —— 1056

81 **蓬莱阁** 中国古代四大名楼之一 —— 1061

82 **福建土楼** 世界最古老和最年轻的土楼都在此土楼建筑群中，共有46座土楼 —— 11-13世纪

83 **宏村** 中国古代现存面积最大、保存最完整的古村 —— 1131

隋、唐、五代十国(公元581年—公元960年)

宋、辽

赵州桥

大明宫

滕王阁

白云观

应县木塔

宏村

汉长安城　　岱庙　　茂陵　　五台山建筑群　　黄鹤楼　　莫高窟　　龙门石窟

36 汉长安城　当时世界规模最大的都市

37 襄阳护城河　中国古代最宽护城河

38 未央宫　中国古代亚洲最大的宫殿建筑工程，汉长安城的重大标志

39 岱庙　中国泰山历史上延续时间最长、保存最完整的古建筑群

40 崂山太清宫　中国华东地区最大的道教建筑

41 茂陵　中国古代汉代规模最大、陵寝最高、修建时间最长的帝王陵墓群

42 龙首渠　中国古代第一条地下水渠工程

43 高句丽王城　中国古代都城建筑史上首次出现都城与陵寝的王都

44 六门陂　中国古代最早具备排水、蓄水、灌溉相结合的水利工程体系

45 坎儿井　世界古代最大、最复杂的地下水利工程

46 五台山建筑群　中国古代现存最早、规模最大的木结构佛教建筑群

47 鉴湖　中国古代人工筑成的最大水库

48 岳阳楼　中国古代四大名楼之一

49 天地之中建筑群　古代建筑群，中国古代跨度最长、建筑种类最多、规格最高的

50 黄鹤楼　中国古代四大名楼之一

51 古隆中　中国古代最早修建的、保存至今的（殿、堂、祠、亭、廊、坊）园林古建筑群

52 文庙　中国古代第一所国家最高学府

53 莫高窟　的佛教建筑工程，中国四大石窟之首，世界现存规模最大、内容最丰富、历史最悠久

54 麦积山石窟　中国古代四大石窟之一，雕塑艺术之最

55 云冈石窟　中国古代四大石窟之一，规模最大的古代石窟群

56 悬空寺　在悬崖峭壁上的寺庙，世界现存唯一的佛、道、儒三教合一的、建造

57 龙门石窟　中国古代四大石窟之一，世界古代造像最多、规模最大的皇家石窟

58 嵩岳寺塔　中国现存的古代最早的砖塔工程

59 鹳雀楼

秦、汉（公元前221年—公元220年）　　　　三国、两晋、南北朝（公元220年—公元581年）

公元前202　公元前201　公元前200　公元前140　公元前140　公元前139　公元前120　公元前37　公元前34　1世纪　69　140　215　从汉至清　223　304　337　366　384　460　491　493前后　508　557

襄阳护城河

高句丽王城

鉴湖

古隆中

云冈石窟

鹳雀楼

苏州园林　花山岩画　曲阜三孔　都江堰　万里长城　秦直道

12 平遥古城
中国古代汉民族地区现存最完整的古城

13 苏州园林
世界造园史上规模最大、具有独特的历史地位和重大文化艺术价值的建筑群

14 黄河大堤
中国古代黄河下游重要的防洪工程

15 安丰塘
中国古代最早的大型陂塘灌溉工程

16 花山岩画
中国目前发现的单体最大、内容最丰富、保存最完好的一处岩画

17 广府古城
中国春秋时期开始建设，现保存最好的带有军事防御工程的古城

18 古江南河
中国大运河中开凿较早、连续运用时间最长的河段

19 邗沟
隋唐大运河最早开凿的河道

20 曲阜三孔
世界上规模宏大、延续时间最长的家族建筑工程群

21 阆中古城
中国古代现保存完整的巴国蜀国古城

22 白起渠
中国古代最早的引水工程

23 都江堰
世界迄今为止年代最久远、唯一留存和使用、以无坝引水为特征的宏大水利工程

24 秦始皇陵
中国历史上第一座规模宏大、设计完善的帝王陵寝工程

25 秦始皇兵马俑
世界最早的、规模宏大的兵马俑坑

26 郑国渠
中国古代最早在关中建设的大型水利工程

27 西江千户苗寨
世界最大的、中国最早的苗族聚居村寨

28 万里长城
中国古代三大工程之一、世界体量最宏伟、分布范围最广、修筑持续时间最长、影响力最大的巨型线性军事防御工程

29 大秦驰道
中国历史上最早的『国道』

30 灵渠
中国古代三大水利工程之一，沟通湘江与漓江的人工运河

31 秦直道
世界上公认的第一条『高速公路』，是世界最早、最直、最长的历史大道

32 阿房宫
世界规模最大的中国古代宫殿遗址建筑群

33 秦渠
中国古代黄河流域最早的水渠工程古渠

34 武当山建筑群
中国现存规模最大的道教建筑群

35 丝绸之路
世界古代最早、最长、最重要的东西方文明交

7世纪)
春秋、战国(公元年前770年—公元前221年)

| 827~782 公元前 | 6世纪 公元前 | 623 公元前 | 613 公元前 | 5世纪 公元前 | 594 公元前 | 514 公元前 | 486 公元前 | 478 公元前 | 314 公元前 | 279 公元前 | 256 公元前 | 247 公元前 | 246 公元前 | 246 公元前 | 战国时期 原型始于 | 221 公元前 | 220 公元前 | 214 公元前 | 212 公元前 | 212 公元前 | 秦朝 | 202 公元前 | 202 公元前 |

广府古城

阆中古城

秦始皇兵马俑

灵渠

武当山建筑群

城头山遗址工程

良渚古城与水利工程

殷墟

中国工程院 Chinese Academy of Engineering

中国工程院重大战略研究与咨询项目
中国石油国家高端智库重点支持项目

中国古代超级工程
排行榜
历史年代时间轴图

以历史年代为顺序（公元前10000多年——公元1840年）

"工程是人类改造自然的伟大创造，而超级工程就是人类改造自然伟大创造的巅峰之作，是人类社会文明进步的旗帜性标志，堪称皇冠上一颗颗璀璨夺目的明珠。"

摘自胡文瑞院士在南京"全国企业现代化管理创新大会"上的报告

中国古代超级工程历史年代时间轴图以"千里江山图"为设计理念。在超过1万年的时间里，110项超级工程就如同一座座大山一样矗立在历史的长河中，层峦叠嶂、美不胜收，构成了中国古代超级工程的"千里江山图"。

CHINA'S ANCIENT MEGA PROJECT TIMELINE

1 **万年稻作** — 世界稻作起源地，开创了稻作文化的先河

2 **城头山遗址工程** — 的古城遗址，是『中国最早的城市』中国目前唯一发现的、时代最早、保护最完整

3 **施岙古稻田遗址** — 中国面积最大的古稻田工程遗址

4 **半坡遗址** — 中国有记载的最早村落工程遗址

5 **青城墩遗址** — 中国新石器时代起源阶段的典型建筑遗址

6 **良渚古城与水利工程** — 世界人类早期城市文明的古城遗址

7 **三星堆遗址** — 时间最长的古城、古国、古蜀文化遗址工程中国迄今为止在西南地区发现的范围最大、延续

8 **陶寺遗址** — 中国已发现的功能最齐全的大型城市遗址工程

9 **石峁遗址** — 中国已发现的龙山晚期到夏早期规模最大、功能

10 **殷墟** — 最齐全、体系最完整的城防工程遗址中国古代早期宫殿建筑的先进水平的代表

11 **山西晋祠** — 中国古代现存最早的古典宗祠园林建筑群

史前(公元前10000多年——公元前2300年) ｜ 夏、商、周(公元前2200—公元...)

公元前10000多年 ｜ 公元前4450 ｜ 公元前4000~2500多年 ｜ 公元前4000多年 ｜ 公元前3000多年 ｜ 公元前3300~2300 ｜ 公元前2500~800 ｜ 公元前2300 ｜ 公元前2200 ｜ 公元前1319 ｜ 公元前1099~1033

土木工程　水利工程　制造工程　其他工程

施岙古稻田遗址

三星堆遗址

山西晋祠

秦始皇兵马俑（陕西）始建于公元前 246 年（秦王政元年），它是世界最早、规模最宏大的兵马俑坑（见表 3.6 中序号 25），是秦王朝不可一世的缩影，显示了一代始皇帝生前的浩荡武功，是封建帝王权力唯心的重要佐证和象征，也是中国文化艺术宝库中的灯塔。

公元前 202 年，世界古代最早、最长、最重要的东西文明交流的驿站陆路工程——丝绸之路（陕西）（表 3.6 中的序号 35），开启了古代东方文明与西方文明的交融交汇，创造了世界地区的大发展，儒家思想、佛教、舞蹈、乐器、语言等中西方文化美美与共、交融碰撞，对各民族思想、感情和政治交流产生深远影响。

公元 605 年，世界上里程最长、工程最大的古代运河——隋唐大运河（浙江）（表 3.6 中的序号 63）开工建设，它是中国古代南北交通大动脉，在中国历史上产生过巨大作用，是中国古代劳动人民创造的一项伟大的水利建筑工程。隋唐大运河不仅在历史上具有保障漕运、促进经济文化交流等重要意义，还在现在的水利资源开发、运河旅游、历史文化研究等方面发挥着相当大的作用，并为今天的我们留下了很多宝贵的文化遗产，具有重要的现实意义。

公元 1406 年，世界古代现存规模最大、保存最完整的木质结构建筑群——北京故宫（表 3.6 中的序号 95）开工建设，其规模之大、构造之严谨、装饰之精美、文物之众多，在中国古建筑中绝无仅有，是世界著名的皇宫建筑群。无论是其平面布局、立体效果，还是形式上的雄伟、堂皇、庄严、和谐，都堪称无与伦比的杰作。它象征着我国悠久的文化传统，显示着 500 余年前我国在建筑艺术上的卓越成就。

3.6.2　中国近现代超级工程排行榜

中国近现代从 1840 年至 2022 年，跨越 182 年，特别是新中国成立之后，超级工程在社会主义现代化建设的发展过程中发挥着重要的作用且产生了重要影响，同时，社会主义现代化促进了超级工程规模、技术水平的提升。中国近现代超级工程见证了不同时期中国政治、经济的发展水平，以及蕴含的国家实力。因此，在中国近现代超级工程排行榜的选取过程中，参考超级工程的选取原则、标准和方法，同时扩展选取了近现代具有时代特征的超级工程，目的是全面展示中国超级工程的发展历程和重要里程碑。中国近现代共选取超级工程 299 项（见中国近现代超级工程排行榜历史年代时间轴图），其中新中国成立后的 70 多年建设了 257 项，占比达到 85.95%。2001 年至 2010 年的 10 年间见证了中国超级工程建设发展的巅峰期，共建设 78 项超级工程，年均 7.8 项，占总数的 26.09%；2011 年至 2022 年 12 年间建设的超级工程数量为 54 项，年均 4.5 项，占总数的 18.06%，为中国近现代超级工程建设第二高峰期，如表 3.7 所示。

表 3.7　中国近现代超级工程排行榜（按时间排序）

序号	名称	类型	建设时间	入选理由	评分
1	安庆军械制造	制造工程（装备制造）	1861 年 [151]	清政府创办最早的以手工制造近代武器的军工作坊，其中诞生了第一艘轮船"黄鹄"号	87.33
2	江南机器制造	制造工程（装备制造）	1865 年 [152]	清政府洋务派开设的中国近代最大的军火制造工程	88.88
3	金陵机器制造	制造工程（装备制造）	1865 年 [153]	中国近代最大的民族军事工业制造群	88.55
4	马尾造船	制造工程（装备制造）	1866 年 [154]	中国近代第一家专业造船厂，为当时远东地区之最，被称为"福建船政"	87.96
5	西兰大道	土木工程（公路）	1872 年 [155]	西北第一条公路，陕甘总督左宗棠征发民工 2 万多人，军民一道筑桥梁 41 座，栽植柳树 26 多万株，被称为"左公柳"	87.59
6	吴淞铁路	运载工程（铁路）	1876 年 [156]	中国第一条营运铁路	88.25
7	开滦煤矿	能源矿业工程（矿产）	1878 年 [157]	拥有当时亚洲第一、世界第二的洗煤厂	90.17
8	金龙桥	土木工程（桥梁）	1880 年 [158]	中国现存最早、最长、跨度最大、桥面最宽、铁链最多的古代铁链桥，为金沙江上第一座桥	87.66
9	旅顺港	运载工程（港口）	1880 年 [159]	中国近代第一大军港，当时世界五大军港之一	91.22
10	唐胥铁路修理厂	制造工程（装备制造）	1881 年 [160]	中国第一家铁路机车车辆工厂	86.34
11	杨树浦水厂	水利工程（水资源管理）	1881 年 [161]	中国供水行业建厂最早，生产能力最大的地面水厂	87.14
12	刘铭传铁路隧道	土木工程（隧道）	1887 年 [162]	中国最早建成的铁路隧道	87.73
13	东清铁路机车制造	制造工程（装备制造）	1889 年 [163]	中国近代最早、规模最大、技术最先进的机车工厂	87.15

续表

序号	名称	类型	建设时间	入选理由	评分
14	汉阳铁厂	制造工程（钢铁）	1890 年 [164]	当时中国第一家，也是最大的钢铁联合企业，被称为"汉阳铁厂"	90.39
15	北京丰台站	运载工程（铁路）	1895 年 [165]	中国国内首个普速，后续建为高速双层大型现代化铁路车站	88.45
16	南通大生纱厂	制造工程（装备制造）	1895 年 [166]	清末创办的最早一家私营棉纺织企业	87.49
17	京汉铁路	运载工程（铁路）	1897 年 [167]	甲午中日战争之后，中国清政府修筑的第一条铁路	89.97
18	陇海铁路	运载工程（铁路）	1904 年 [168]	20 世纪初，中国修建的最早、最长的铁路	89.65
19	京张铁路	运载工程（铁路）	1905 年 [169]	中国首条自主设计和建造的铁路	90.55
20	南苑机场	土木工程（机场）	1910 年 [170]	中国修建的最早机场	88.68
21	石龙坝水电站	水利工程（水电站）	1910 年 [171]	中国第一座水电站、第一座抽水蓄能电站、第一条高电压输电线路起点	89.25
22	杨树浦电站	能源矿业工程（电力）	1911 年 [172]	中国历史上第一个电厂，标志着中国电力工业的起步	88.75
23	国家博物馆	土木工程（建筑）	1912 年 [173]	中国近代世界上单体建筑面积最大的博物馆，是中华文物收藏量最丰富的博物馆之一	89.06
24	抚顺西露天煤矿	能源矿业工程（矿产）	1914 年 [174]	中国近代第一座规模最大的露天煤矿	88.77
25	永利制碱制造	制造工程（装备制造）	1920 年 [175]	中国第一个化工生产基地，开创了中国化学工业的先河	87.48
26	东三省兵器制造	制造工程（装备制造）	1921 年 [176]	中国近代规模最大的兵工厂	89.23
27	耀华玻璃制造	制造工程（装备制造）	1922 年 [177]	中国近代第一家大型玻璃制造企业	87.87
28	抚顺石化工程	能源矿业工程（石化）	1928 年 [178]	中国近代石化工业的"摇篮"	88.97
29	泾惠渠	水利工程（天然水收集）	1930 年 [179]	民国时期最先动工的农田水利工程	86.56
30	上海国际饭店	土木工程（建筑）	1932 年 [180]	中国近代上海最早、最大的饭店，被称为20世纪30年代"远东第一高楼"	87.44

序号	名称	类型	建设时间	入选理由	评分
31	钱塘江大桥	土木工程（桥梁）	1934 年 [181]	中国自行设计、建造的第一座双层铁路、公路两用桥	90.74
32	南京永利铔厂工程	能源矿业工程（石化）	1934 年 [182]	中国第一座化肥厂，当时亚洲最大的化工厂	87.49
33	矮寨盘山公路	土木工程（公路）	1935 年 [183]	中国近代湘西第一条公路，是当时难度最大的盘山公路	88.12
34	二十四道拐	土木工程（公路）	1935 年 [184]	抗战期间，成为盟军中缅印战区交通大动脉，被誉为"抗战的生命线"	86.98
35	独山子石化工程	能源矿业工程（石化）	1936 年 [185]	中国最早的炼油工程	88.01
36	二九八光学仪器制造	制造工程（装备制造）	1936 年 [186]	中国近代第一个国营光学仪器厂，是中国光学工业的摇篮	88.10
37	中央机器制造	制造工程（装备制造）	1936 年 [187]	中国近代机械工业的摇篮	87.78
38	丰满水电站	水利工程（水电站）	1937 年 [188]	当时亚洲最大的水电站，被称为"中国水电之母"	89.20
39	抚顺铝冶炼	制造工程（冶金）	1937 年 [189]	中国第一家有色金属冶炼企业	87.48
40	玉门油田	能源矿业工程（石油）	1937 年 [190]	中国石油工业的摇篮	89.79
41	黄崖洞兵器制造	制造工程（装备制造）	1939 年 [191]	抗战时期华北敌后八路军创建最早、规模最大的兵工厂	88.10
42	鸳鸯池水库	水利工程（天然水收集）	1943 年 [192]	民国时期修建的国内第一座大型土坝蓄水工程	87.22
43	沂沭泗河洪水东调南下工程	水利工程（水资源管理）	1949 年 [193]	中国近代提高防洪标准的战略性骨干工程	88.63
44	河套灌区工程	水利工程（天然水收集）	1949 年 [194]	世界著名灌区，亚洲最大的自流灌区	89.88
45	白云鄂博稀土矿开发工程	能源矿业工程（矿产）	1949 年 [195]	世界最大的稀土矿山，被誉为"稀土之乡"	89.60
46	318 国道	土木工程（公路）	1950 年 [196]	中国最长的国道	89.78
47	大通湖蓄洪垦殖工程	水利工程（防洪除涝）	1950 年 [197]	新中国成立后长江流域建立的第一个蓄洪垦殖工程	88.14

续表

序号	名称	类型	建设时间	入选理由	评分
48	治黄工程	水利工程（防洪除涝）	1950 年[198]	中国历史上规模最大的治理黄河工程	91.97
49	治淮工程	水利工程（防洪除涝）	1950 年[199]	中国历史上规模最大的治理淮河工程	91.01
50	成渝铁路	运载工程（铁路）	1950 年[200]	新中国成立后建成的第一条铁路	90.41
51	小恒山立井	能源矿业工程（矿产）	1950 年[201]	中国自行设计、自行施工的第一对现代化中型立井	87.32
52	苏北灌溉总渠	水利工程（防洪除涝）	1951 年[202]	新中国治淮工程中最早兴建的大型排洪通道和灌溉渠道	87.80
53	歼 -5 飞机研发工程	制造工程（装备制造）	1951 年[203]	中国第一个生产喷气战斗机工程，标志着中国成为当时世界上能够成批生产喷气战斗机的国家之一	90.18
54	荆江分洪工程	水利工程（防洪除涝）	1952 年[204]	新中国治理长江的第一个大型水利工程	87.81
55	宝成铁路	运载工程（铁路）	1952 年[205]	中国第一条电气化铁路，当时难度最大的铁路工程	89.45
56	沈阳重型机器制造	制造工程（装备制造）	1953 年[206]	中国最早建立的重型机器制造厂	88.78
57	长春第一汽车制造	制造工程（装备制造）	1953 年[207]	中国第一个汽车制造工业基地	90.34
58	鞍山钢铁	制造工程（钢铁）	1953 年[208]	中国第一个大型钢铁制造工程	91.92
59	大寨梯田	其他工程	1953 年[209]	中国最具代表性的梯田建造工程，被誉为"不可移动文物"	88.26
60	北京铁路枢纽	运载工程（铁路）	1953 年[210]	新中国最大的铁路枢纽	89.28
61	156 项重点工程	其他工程	1953 年[211]	新中国第一个五年计划重点工程，标志着社会主义建设工程的开始，奠定了中国工业化的基础	89.82
62	北江大堤工程	水利工程（防洪除涝）	1954 年[212]	广州市防御西江和北江洪水的重要屏障	88.08
63	兰州炼油	能源矿业工程（石化）	1954 年[213]	新中国第一个大型炼油生产基地	89.18

序号	名称	类型	建设时间	入选理由	评分
64	吉林石化	能源矿业工程（石化）	1954 年 [214]	新中国第一个大型石油化工基地	89.33
65	武汉长江大桥	土木工程（桥梁）	1955 年 [215]	新中国成立后修建的第一座公路、铁路两用的长江大桥	91.06
66	首都国际机场	土木工程（机场）	1955 年 [216]	新中国首个民用机场，后扩建为世界超大型国际机场	90.56
67	克拉玛依油田	能源矿业工程（石油）	1955 年 [217]	新中国成立后开发建设的第一个大油田	89.34
68	胜利油田	能源矿业工程（石油）	1955 年 [218]	中国第二大油田	90.19
69	茂名石化	能源矿业工程（石化）	1955 年 [219]	中国第一个千万吨级炼油厂	88.70
70	第一拖拉机制造	制造工程（装备制造）	1955 年 [220]	中国第一个拖拉机制造厂	87.61
71	大庆油田	能源矿业工程（石油）	1955 年 [221]	中国第一超大油田，创造了中国石油工业的奇迹	93.15
72	直升机工程	制造工程（装备制造）	1956 年 [222]	中国第一个直升机制造工程	89.32
73	新安江水电站	水利工程（水电站）	1956 年 [223]	新中国自行设计、自制设备、自主建设的第一座大型水力发电站	89.63
74	三门峡水库	水利工程（天然水收集）	1957 年 [224]	黄河上的第一个大型水利枢纽工程	90.80
75	南京苯胺工程	能源矿业工程（石化）	1957 年 [225]	中国第一套 3000t/a 硝基苯加氢还原制苯胺生产装置工程	88.31
76	人民大会堂	土木工程（建筑）	1958 年 [226]	中国同类型最大建筑，面积超 17 万 m^2，十个月建成	90.44
77	丹江口水库	水利工程（天然水收集）	1958 年 [227]	当时亚洲最大水库，被誉为人工"淡水湖"	90.34
78	密云水库	水利工程（天然水收集）	1958 年 [228]	华北最大水源供应地	88.19
79	刘家峡水电站	水利工程（水电站）	1958 年 [229]	中国自行设计和建设的第一座装机容量 1000MW 以上的大型水电站	89.71
80	东风导弹	制造工程（装备制造）	1958 年 [230]	中国成系列近程、中远程和洲际弹道导弹研发与制造工程	92.03

续表

序号	名称	类型	建设时间	入选理由	评分
81	强-5 强击机	制造工程（装备制造）	1958 年[231]	中国出口的第一种作战飞机	90.53
82	酒泉卫星发射中心	运载工程（航空航天）	1958 年[232]	中国创建最早、规模最大的综合型导弹、卫星发射中心	91.34
83	成昆铁路	运载工程（铁路）	1958 年[233]	世界难度最大的铁路工程，被誉为 20 世纪人类征服自然的三大奇迹之一	91.15
84	221 厂	制造工程（装备制造）	1958 年[234]	中国第一个核武器研制、生产、试验基地	88.90
85	万吨水压机	制造工程（装备制造）	1959 年[235]	中国第一台 12000t 水压机，填补了中国重型机械工业空白	89.34
86	596 工程	制造工程（装备制造）	1959 年[236]	中国第一颗原子弹、第一颗氢弹研发制造工程	90.56
87	"东风号" 远洋货轮	制造工程（装备制造）	1959 年[237]	新中国成立后第一艘自行设计建造的万吨级远洋货轮	88.99
88	南京长江大桥	土木工程（桥梁）	1960 年[238]	中国第一座自行设计和建造的双层铁路、公路两用桥梁	91.99
89	红旗渠	水利工程（天然水收集）	1960 年[239]	从太行山腰修建的引漳入林的工程，被称为 "人工天河"	89.31
90	金川镍矿	能源矿业工程（矿产）	1960 年[240]	世界最大的镍矿生产基地，被誉为世界 "镍都"	88.86
91	大庆炼油工程	能源矿业工程（石化）	1962 年[241]	中国当时最大的炼油厂	90.08
92	轰-6 飞机研发工程	制造工程（装备制造）	1963 年[242]	中国最大的轰炸机，被誉为空军轰炸力量的核心	91.17
93	歼-8 飞机研发工程	制造工程（装备制造）	1964 年[243]	中国首个自行研制高空高速战斗机，被誉为中国航空工业发展史上一座重要的里程碑	90.82
94	三线建设	其他工程	1964 年[244]	世界历史上绝无仅有的一次规模巨大的工业迁移建设工程	92.10
95	北京地铁 1 号线	土木工程（地铁）	1965 年[245]	中国第一个地铁建设工程	91.23
96	"东方红一号" 卫星	运载工程（航空航天）	1965 年[246]	中国发射的第一颗人造地球卫星，开创中国航天史的新纪元	92.88

续表

序号	名称	类型	建设时间	入选理由	评分
97	816 地下核工程	能源矿业工程（电力）	1966 年[247]	中国第二个核原料工业基地，号称"世界第一人工洞体"，中国第一台原子能发电厂	88.55
98	燕山石化工程	能源矿业工程（石化）	1967 年[248]	中国华北最大的炼油化工工程	88.01
99	H 动力潜艇	制造工程（装备制造）	1968 年[249]	中国第一个核动力潜艇制造工程	90.93
100	乌江流域梯级水电站	水利工程（水电站）	1968 年[250]	中国第一家流域水电开发工程	88.25
101	抽水蓄能电站工程群	水利工程（水电站）	1968 年[251]	世界最大规模的抽水蓄能电站工程群	89.90
102	"长征一号"核潜艇	制造工程（装备制造）	1968 年[252]	中国自行设计建造的第一艘核潜艇	91.02
103	长庆油田	能源矿业工程（石油）	1970 年[253]	中国第一超大、低渗透油气田，创造了中国非常规油气田开发的先河	91.40
104	运-10 飞机研发工程	制造工程（装备制造）	1970 年[254]	中国自行设计、制造的第一架完全拥有自主知识产权的大型喷气客机	90.33
105	东北"八三工程"	能源矿业工程（石油）	1970 年[255]	中国第一条长距离、大口径输送高凝原油管道	88.62
106	葛洲坝水电站	水利工程（水电站）	1971 年[256]	长江上第一座大型水电站	91.23
107	杂交水稻工程	其他工程	1971 年[257]	中国人发明的杂交水稻，大幅提高了水稻的单产量，其成果享誉世界	93.30
108	广州白云宾馆	土木工程（建筑）	1972 年[258]	第一座突破百米的高楼	87.21
109	上海石化工程	能源矿业工程（石化）	1972 年[259]	中国最大的炼油化工一体化综合性石油化工企业	87.46
110	郭亮挂壁公路	土木工程（公路）	1972 年[260]	世界最险要的公路之一	86.87
111	武钢一米七轧机	制造工程（装备制造）	1975 年[261]	中国第一台一米七轧机，开创了中国系统引进国外钢铁技术的先河，代表了当时国际钢铁制造先进水平	88.16
112	引大入秦水利工程	水利工程（水资源管理）	1976 年[262]	中国规模最大的跨流域自流灌溉工程，被称颂为当代的"都江堰"	89.52

续表

序号	名称	类型	建设时间	入选理由	评分
113	上海宝钢	制造工程（钢铁）	1978 年 [263]	中国最大、最现代化的钢铁联合企业	92.47
114	三北防护林工程	其他工程	1978 年 [264]	世界最大的人工林业生态工程	91.26
115	山西能源重化工基地	能源矿业工程（化工）	1980 年 [265]	中国当时最大的能源重化工基地	88.85
116	引滦入津	水利工程（水资源管理）	1982 年 [266]	新中国第一次跨流域、跨省市大型引水工程	87.66
117	无为大堤工程	水利工程（防洪除涝）	1983 年 [267]	长江流域防洪标志性工程	87.89
118	沈大高速公路	土木工程（公路）	1984 年 [268]	中国最早建设的高速公路，被称为"神州第一路"	88.59
119	平朔露天煤矿	能源矿业工程（矿产）	1984 年 [269]	中国最大的现代化露天煤矿	88.81
120	秦山核电站	能源矿业工程（电力）	1985 年 [270]	中国自行设计、建造的第一座核电站	91.28
121	大秦铁路	运载工程（铁路）	1985 年 [271]	中国首条双线电气化、现代化重载铁路	89.04
122	大柳塔煤矿	能源矿业工程（矿产）	1987 年 [272]	世界第一大现代化煤矿，开创了世界高产、高效矿井建设先河	87.46
123	大亚湾核电站	能源矿业工程（电力）	1987 年 [273]	中国第一座大型商用核电站	90.60
124	补连塔矿井	能源矿业工程（矿产）	1987 年 [274]	世界一矿一井产量最大的井工煤矿	86.05
125	舟山港通道工程	运载工程（港口）	1987 年 [275]	世界最长的连岛高速公路和最大的跨海桥梁群	88.44
126	北仑发电	能源矿业工程（电力）	1988 年 [276]	中国第一座装机容量 500 万 kW 的巨型火电厂	87.78
127	福建炼油工程	能源矿业工程（石化）	1989 年 [277]	中国第一个现代化炼油工程	88.43
128	塔里木油田	能源矿业工程（石油）	1989 年 [278]	中国第三大油气田和西气东输主力气源地	90.38

续表

序号	名称	类型	建设时间	入选理由	评分
129	北京高碑店污水处理工程	其他工程	1990 年 [279]	当时世界最大的再生水厂，中国历史上第一座特大型污水处理厂	86.80
130	黑岱沟露天矿	能源矿业工程（矿产）	1990 年 [280]	中国第一个自主设计、自主建设、独立管理的最大的现代化露天煤矿	87.68
131	五纵七横工程	土木工程（公路）	1991 年 [281]	中国规划建设的以高速公路为主的公路网主骨架工程	90.60
132	东方明珠	土木工程（建筑）	1991 年 [282]	上海标志性工程，浦东开发的第一个重点工程	90.48
133	杨浦大桥	土木工程（桥梁）	1991 年 [283]	世界第一座叠合梁桥	88.89
134	小浪底水利工程	水利工程（水电站）	1991 年 [284]	黄河干流上一座集减淤、防洪、防凌、供水、灌溉、发电等于一体的大型综合性水利工程	90.45
135	无煤柱自成巷开采系列工程	能源矿业工程（矿产）	1991 年 [285]	中国第一个无煤柱自成巷煤炭开采工程	88.02
136	陕京天然气管道	能源矿业工程（天然气）	1992 年 [286]	中国陆上距离最长、管径最大、所经地区地质条件最为复杂、自动化程度最高的输气管道	90.95
137	高效超（超）临界火电工程	能源矿业工程（电力）	1992 年 [287]	中国超临界（及以上）燃煤机组系列工程，居世界领先水平	90.15
138	载人飞船工程	运载工程（航空航天）	1992 年 [288]	中国第一个载人航天飞船工程	93.90
139	长龙山抽水蓄能电站	水利工程（水电站）	1992 年 [289]	华东地区最大的抽水蓄能电站	88.29
140	沪蓉高速公路	土木工程（公路）	1992 年 [290]	中国工程规模最大、建设周期最长、地质最为复杂、施工最为艰难的高速公路	89.28
141	香港国际机场	土木工程（机场）	1993 年 [291]	世界最繁忙的国际机场	89.81
142	引汉济渭	水利工程（水资源管理）	1993 年 [292]	陕西省"南水北调"工程，是陕西省有史以来规模最大、影响最为深远的重大水利工程	89.69
143	京九铁路	运载工程（铁路）	1993 年 [293]	中国第一条一次性建成的最长双线铁路，国家"八五"计划的第一号工程	91.65

续表

序号	名称	类型	建设时间	入选理由	评分
144	塔里木沙漠公路	土木工程（公路）	1993 年 [294]	世界最长的贯穿流动沙漠的等级公路，是中国最早的沙漠公路	88.43
145	三峡水利工程	水利工程（水电站）	1994 年 [295]	世界上最大水利枢纽和发电工程	94.14
146	歼 -10 飞机研发工程	制造工程（装备制造）	1994 年 [296]	中国自行研制，首款具有完备自主知识产权的第三代先进多用途战机	91.82
147	北斗卫星	运载工程（航空航天）	1994 年 [297]	中国首个自行研制的全球卫星导航系统，世界第三个成熟的卫星导航系统	94.04
148	香港昂船洲污水处理厂	其他工程	1994 年 [298]	中国第二大规模污水处理厂	86.49
149	神光 Ⅱ	制造工程（装备制造）	1994 年 [299]	当前我国规模最大的高性能高功率钕玻璃激光装置	86.82
150	托克托发电工程	能源矿业工程（电力）	1995 年 [300]	世界最大的火力发电基地，国家"西部大开发"和"西电东送"的重点工程	88.86
151	西电东送	能源矿业工程（电力）	1996 年 [301]	中国"西部大开发"的标志性工程，西部大开发中工程量最大、投资额最多的重点工程	93.12
152	浦东国际机场	土木工程（机场）	1997 年 [302]	中国华东区域第一大枢纽机场	89.48
153	铁路大提速	运载工程（铁路）	1997 年 [303]	中国铁路最具影响的铁路工程，创造了世界铁路既有线提速的规模和速度之最	91.13
154	长江口深水航道整治工程	运载工程（港口）	1998 年 [304]	20 世纪 90 年代中国最大的一项水运改造工程	88.22
155	苏里格气田	能源矿业工程（天然气）	1999 年 [305]	中国最大非常规整装天然气田，是"西气东输"和"陕气东送"主力气源	89.48
156	99A- 坦克	制造工程（装备制造）	1999 年 [306]	中国自主研发的主战坦克	89.40
157	河钢家电板涂覆新材料建设工程	制造工程（钢铁）	1999 年 [307]	中国第一条两涂两烘家电涂覆卷带生产线	87.65
158	秦沈客运专线	运载工程（铁路）	1999 年 [308]	中国自主设计、施工的第一条客运专线，是铁路客货分线运输的先驱者	91.98

续表

序号	名称	类型	建设时间	入选理由	评分
159	村村通工程	其他工程	1999 年 [309]	人类历史上最伟大的惠民系统工程，使中国广大农村历史性地实现了路通、电通、水通（包括饮用水）、网通等	90.05
160	张家界百龙天梯	制造工程（装备制造）	1999 年 [310]	中国首个最高户外电梯，被载入吉尼斯世界纪录	87.90
161	上海白龙港污水处理厂	其他工程	1999 年 [311]	中国第一大污水处理厂，亚洲最大的污水处理厂	86.18
162	广州白云机场	土木工程（机场）	2000 年 [312]	中国第二大航空港，国内三大航空枢纽之一	89.24
163	长江重要堤防隐蔽工程	水利工程（防洪除涝）	2000 年 [313]	长江堤防建设施工难度最大、技术含量最高的工程	88.72
164	澜沧江流域水电开发工程	水利工程（水电站）	2000 年 [314]	世界级高坝工程群，被誉为中国高坝大水库的博览馆	90.23
165	西气东输	能源矿业工程（天然气）	2000 年 [315]	中国当时距离最长、管径最大、投资最多、输气量最大、施工条件最复杂的天然气管道工程	92.77
166	中亚天然气管道	能源矿业工程（天然气）	2000 年 [316]	中外合资修建的第一条长距离跨国天然气管道	90.13
167	东方超环	制造工程（装备制造）	2000 年 [317]	世界上第一个全超导非圆截面托卡马克核聚变实验装置	87.36
168	国家大剧院	土木工程（建筑）	2001 年 [318]	亚洲最大的剧院，中国国家表演艺术的最高殿堂	88.67
169	终南山公路隧道	土木工程（隧道）	2001 年 [319]	中国自行设计施工的世界最长双洞单向公路隧道，创造了中国高速公路隧道建设之最	89.02
170	青藏铁路	运载工程（铁路）	2001 年 [320]	世界上海拔最高、线路最长、穿越冻土里程最长、克服了世界级困难的高原铁路	94.22
171	北京夏季奥运工程	土木工程（建筑）	2002 年 [321]	第 29 届夏季奥运会的建筑群，以鸟巢、水立方为代表的世界独一无二的大型单体建筑	91.53
172	南水北调	水利工程（水资源管理）	2002 年 [322]	中国最大的跨流域战略性惠民水利工程	92.77

续表

序号	名称	类型	建设时间	入选理由	评分
173	北煤南运	运载工程（铁路）	2002 年 [323]	中国最大的北煤南运战略性铁路工程	90.32
174	蛟龙号	制造工程（装备制造）	2002 年 [324]	中国第一艘深海载人潜水器	91.57
175	赛科乙烯工程	能源矿业工程（石化）	2002 年 [325]	中国最大的中外合资乙烯工程	87.64
176	陕北能源化工基地	能源矿业工程（化工）	2003 年 [326]	中国唯一国家级能源化工基地	88.33
177	杭州湾跨海大桥	土木工程（桥梁）	2003 年 [327]	中国当时最长的跨海大桥	89.76
178	苏通长江公路大桥	土木工程（桥梁）	2003 年 [328]	中国当时建桥史上工程规模最大、综合建设条件最复杂的特大型桥梁工程	89.52
179	白马发电机组	能源矿业工程（电力）	2003 年 [329]	自主研发建成的世界首台 600MW 超临界循环流化床燃煤发电机组	87.67
180	神舟五号	运载工程（航空航天）	2003 年 [330]	中国载人航天工程发射的第五艘飞船，第一艘载人航天飞船	94.20
181	有机发光半导体基板工程	制造工程（装备制造）	2003 年 [331]	中国最大的阴极射线显像管装备生产工程	89.59
182	兖矿国泰气化炉工程	能源矿业工程（化工）	2003 年 [332]	中国首个自主研发的大型煤化工示范工程	87.85
183	三门核电站	能源矿业工程（电力）	2004 年 [333]	世界最先进的第三代先进压水堆核电站	90.58
184	海南炼化工程	能源矿业工程（石化）	2004 年 [334]	中国当时首个原油综合加工能力 800 万 t/a 的炼厂	88.07
185	北京正负电子对撞机	制造工程（装备制造）	2004 年 [335]	中国第一台高能加速器	91.25
186	嫦娥工程	运载工程（航空航天）	2004 年 [336]	中国实施的第一个探月工程	93.80
187	和谐号	制造工程（装备制造）	2004 年 [337]	中国铁路全面实施自主创新战略取得的重大工程，标志着中国铁路客运装备的技术水平达到了世界先进水平	91.67
188	中央电视台总部大楼	土木工程（建筑）	2004 年 [338]	中国首座独特的电视台大楼，被美国《时代周刊》杂志评选为 2007 年世界十大建筑奇迹之一	88.24

续表

序号	名称	类型	建设时间	入选理由	评分
189	"先行号"盾构机	制造工程（装备制造）	2004 年 [339]	中国第一台国产盾构掘进机	89.74
190	中哈原油管道	能源矿业工程（石油）	2004 年 [340]	中国的第一条战略级跨国原油进口管道	90.39
191	神华煤直接液化工程	能源矿业工程（化工）	2004 年 [341]	世界上第一个百万吨级煤炭直接液化生产清洁油品的商业化工程	89.23
192	上海光源	制造工程（装备制造）	2004 年 [342]	中国首台第三代中能同步辐射光源	87.65
193	广州电视塔	土木工程（建筑）	2005 年 [343]	世界上最高的广播电视观光塔	87.84
194	翔安海底隧道	土木工程（隧道）	2005 年 [344]	中国第一条规模宏大的跨海隧道	88.53
195	太行山高铁隧道	土木工程（隧道）	2005 年 [345]	中国铁路隧道的重大工程，号称建设史上的重要里程碑，标志着石太铁路客运专线建设取得了重大进展	88.36
196	农村饮水安全工程	水利工程（水资源管理）	2005 年 [346]	解决了 5.2 亿农村居民和 4700 多万农村学校师生的饮水安全问题	89.35
197	二滩水电站	水利工程（水电站）	2005 年 [347]	中国当时建成的最大的水电站	89.69
198	辽宁舰	制造工程（装备制造）	2005 年 [348]	中国第一艘航母	92.59
199	首钢京唐	制造工程（钢铁）	2005 年 [349]	中国第一座沿海邻港的现代化钢铁企业	88.54
200	洋山深水港	运载工程（港口）	2005 年 [350]	世界单体规模最大、全自动的现代化港口	89.38
201	布尔台煤矿	能源矿业工程（矿产）	2006 年 [351]	世界上一次设计、连续施工、单井设计生产能力最大的井工煤矿	87.75
202	虹桥综合交通枢纽工程	其他工程	2006 年 [352]	集聚轨、路、空三位一体，被称为世界上最复杂的综合交通枢纽	89.14
203	青岛炼油工程	能源矿业工程（石化）	2006 年 [353]	中国"十一五"期间建成投产的第一套现代化单系列大型炼化工程	87.68
204	特高压交流输电工程	能源矿业工程（电力）	2006 年 [354]	世界级特高压交流输电重大创新工程	90.75

续表

序号	名称	类型	建设时间	入选理由	评分
205	±800kV 特高压直流输电工程群	能源矿业工程（电力）	2006 年 [355]	中国首创的远距离、大容量、低损耗的现代输电技术，是大规模能源传输的高速通道	91.53
206	柔性直流输电工程	能源矿业工程（电力）	2006 年 [356]	中国首个世界首创柔性直流输电系列工程	89.91
207	镇海乙烯工程	能源矿业工程（石化）	2006 年 [357]	中国迄今规模最大、最具有国际竞争力的炼化一体化生产基地	89.21
208	18500t 自由锻造油压机	制造工程（装备制造）	2006 年 [358]	世界当时最大的 18500t 自由锻造油压机	87.90
209	河西"风电走廊"	能源矿业工程（电力）	2006 年 [359]	中国西部最大的风电建设工程	89.75
210	京港高铁	运载工程（铁路）	2006 年 [360]	世界开通最长的高铁线路，世界上第一条运营速度达到每小时 350km 的高速铁路	90.87
211	上海 11 号线地铁	土木工程（地铁）	2007 年 [361]	世界上最长的贯通运营的地铁线路，中国第一条跨省地铁线路	89.02
212	八万吨模锻液压机	制造工程（装备制造）	2007 年 [362]	中国自主设计研制的世界最大模锻液压机	88.06
213	运 -20 飞机研发工程	制造工程（装备制造）	2007 年 [363]	中国研究制造的新一代军用大型运输机	91.45
214	SWDW165 航道钻机	制造工程（装备制造）	2007 年 [364]	目前国际最先进的水上航道钻机	87.65
215	徐州矿区生态修复工程	其他工程	2007 年 [365]	中国超大型采煤塌陷地生态修复工程	87.58
216	川气东送	能源矿业工程（天然气）	2007 年 [366]	中国西南第一条天然气输送管道	90.08
217	钦州炼油	能源矿业工程（石化）	2008 年 [367]	中国西南地区最大的现代化炼油厂	88.82
218	上海中心大厦	土木工程（建筑）	2008 年 [368]	中国当时第一高的摩天大楼，也是世界上最高的钢结构建筑	88.98
219	117 大厦	土木工程（建筑）	2008 年 [369]	中国钢结构第一高楼，世界钢结构第二高楼	88.01
220	WK-55 型超级电铲	制造工程（装备制造）	2008 年 [370]	中国自主设计研制的世界最大级别的矿用电铲	87.22

续表

序号	名称	类型	建设时间	入选理由	评分
221	1号盾构机	制造工程（装备制造）	2008 年 [371]	中国第一台具有自主知识产权的复合式盾构机	88.26
222	海洋石油 981	制造工程（装备制造）	2008 年 [372]	中国首座自主设计、建造的最大深水半潜式钻井平台	90.32
223	"大鹏昊"运输船	制造工程（装备制造）	2008 年 [373]	中国自主设计与建造的第一艘 LNG 专用船	88.37
224	ZCC3200NP 履带起重机	制造工程（装备制造）	2008 年 [374]	中国起重能力最强的移动式起重机	87.68
225	黄陵煤矿智能开采工程	能源矿业工程（矿产）	2008 年 [375]	全球第一个运用全地面控制采煤的智能成套开采工程	88.39
226	京沪高铁	运载工程（铁路）	2008 年 [376]	世界上一次建成线路最长、标准最高的高速铁路	92.24
227	稳态强磁场实验装置	制造工程（装备制造）	2008 年 [377]	世界五大稳态磁场实验室之一，刷新了混合磁体产生稳态磁场强度的世界纪录	88.52
228	平安金融中心大厦	土木工程（建筑）	2009 年 [378]	中国第二高楼，深圳标志性建筑	88.08
229	港珠澳大桥	土木工程（桥梁）	2009 年 [379]	世界超大型集桥、岛、隧于为一体的超大型跨海通道，被誉为现代世界七大奇迹之一	93.19
230	黄桷湾立交桥	土木工程（桥梁）	2009 年 [380]	中国最大、最高、功能最复杂的立交桥	88.48
231	中俄原油管道	能源矿业工程（石油）	2009 年 [381]	中国与俄罗斯合作修建的第一条国际原油管道	90.65
232	IGCC 电站	能源矿业工程（电力）	2009 年 [382]	中国自主研发、设计、建设、运营的技术示范工程	88.70
233	"三北"风电工程	能源矿业工程（电力）	2009 年 [383]	世界开发规模最大的陆上风力发电工程	89.95
234	中沙乙烯工程	能源矿业工程（石化）	2009 年 [384]	中外合资第一套百万吨乙烯工程	88.51
235	HBT9050CH 超高压混凝土输送泵	制造工程（装备制造）	2009 年 [385]	世界泵送混凝土最高（620m）输送泵	87.28
236	暖核一号	能源矿业工程（电力）	2009 年 [386]	世界最大的核能热电联产机组	89.55

续表

序号	名称	类型	建设时间	入选理由	评分
237	中缅油气管道	能源矿业工程（天然气）	2010 年 [387]	中国西南第一条油气输送跨国管道	89.72
238	海上风电集群	能源矿业工程（电力）	2010 年 [388]	中国最大的沿海风电工程群	89.55
239	西北风光储输工程	能源矿业工程（电力）	2010 年 [389]	世界规模最大的集风电、光电、储能及智能输送的新能源综合性示范工程	89.41
240	青藏超高压输变电工程	能源矿业工程（电力）	2010 年 [390]	世界海拔最高、环境最复杂、建设难度最大的高原超高压输变电工程	90.75
241	C919 工程	制造工程（装备制造）	2010 年 [391]	中国首款自主研制的大型干线客机	89.75
242	隧道钻爆法施工智能成套装备	制造工程（装备制造）	2010 年 [392]	全球首套钻爆法智能化成套装备	88.27
243	瓯飞围垦工程	水利工程（公共水利设施）	2010 年 [393]	中国单体最大的围垦工程	86.86
244	中老铁路	运载工程（铁路）	2010 年 [394]	首次以中国标准建设、中老共同运营，与中国铁路网直接连通的跨国铁路工程	89.72
245	中国空间站	运载工程（航空航天）	2010 年 [395]	中国第一个、世界第三个空间站，正在运行的两个空间站之一	94.50
246	北京中信大厦	土木工程（建筑）	2011 年 [396]	北京最高的地标建筑	88.23
247	五代战机	制造工程（装备制造）	2011 年 [397]	中国自主研制的第五代重型隐形战斗机	90.77
248	天宫一号	运载工程（航空航天）	2011 年 [398]	中国第一个实验性的空间站	93.22
249	伊犁新天煤制天然气工程	能源矿业工程（天然气）	2011 年 [399]	世界单系列产能最大的煤制天然气工程	88.05
250	空警 -500 工程	制造工程（装备制造）	2011 年 [400]	中国自主研制的第三代预警机	88.83
251	FAST 工程	制造工程（装备制造）	2011 年 [401]	世界口径最大、灵敏度最高的单口径射电望远镜	90.00
252	振华 30 号	制造工程（装备制造）	2011 年 [402]	世界最大的海上起重船	88.13

续表

序号	名称	类型	建设时间	入选理由	评分
253	WK-75 型矿用挖掘机	制造工程（装备制造）	2011 年 [403]	世界当时最大的挖掘机	87.40
254	墨子号	运载工程（航空航天）	2011 年 [404]	中国研制的首颗空间量子科学实验卫星	89.74
255	中国散裂中子源	制造工程（装备制造）	2011 年 [405]	中国首台散裂中子源，填补了国内脉冲中子源及应用领域的空白	87.1
256	京新高速	土木工程（公路）	2012 年 [406]	世界上穿越沙漠最长的高速公路	88.45
257	国家会展中心	土木工程（建筑）	2012 年 [407]	世界上面积第二大的建筑单体和会展综合体	88.72
258	青海光伏电站工程	能源矿业工程（电力）	2012 年 [408]	世界最大的光伏电站群	88.40
259	复兴号	制造工程（装备制造）	2012 年 [409]	中国自主研发、具有完全知识产权的新一代高速列车	93.16
260	22000t 龙门吊	制造工程（装备制造）	2012 年 [410]	中国自主研制的截至 2015 年世界上最大的龙门吊	87.14
261	石岛湾核电站	能源矿业工程（电力）	2012 年 [411]	全球首个并网发电的第四代高温气冷堆核电工程	89.05
262	DZ101 号掘进机	制造工程（装备制造）	2012 年 [412]	中国首台自主知识产权的岩石隧道掘进机	87.92
263	山东舰	制造工程（装备制造）	2013 年 [413]	中国首艘自主研制的全国产化航空母舰	90.86
264	宁夏煤炭间接液化工程	能源矿业工程（化工）	2013 年 [414]	中国最大的煤制油和煤基烯烃加工生产基地	88.39
265	南海岛礁工程	土木工程（建筑）	2013 年 [415]	中国建造的规模最大的岛礁工程	90.39
266	北盘江第一桥	土木工程（桥梁）	2013 年 [416]	世界第一高桥	89.67
267	阿里云平台	信息通信工程	2013 年 [417]	世界上第一个对外提供 5K 云计算服务能力的平台	88.90
268	白鹤滩水电站	水利工程（水电站）	2013 年 [418]	中国第二大水电站工程	89.81

续表

序号	名称	类型	建设时间	入选理由	评分
269	嘉华燃煤机组超低排放改造工程	能源矿业工程（电力）	2013 年[419]	世界上最大规模的超低排放清洁煤电改造工程	88.08
270	小保当智慧矿山	能源矿业工程（矿产）	2013 年[420]	中国第一个大规模的智慧煤矿	87.45
271	蓝鲸 1 号	制造工程（装备制造）	2013 年[421]	世界作业水深最深、钻井深度最大、设计理念最先进的半潜式钻井平台	89.60
272	长江黄金水道改造工程	运载工程（港口）	2013 年[422]	中国规模最大长江黄金水道改造工程	88.82
273	大兴国际机场	土木工程（机场）	2014 年[423]	世界规模单体最大、施工技术难度最大、无结构缝一体化航站楼，被评为新世界七大奇迹榜首	91.29
274	惠州石化工程	能源矿业工程（石化）	2014 年[424]	世界首座集中加工海洋高酸重质原油炼油工程	88.40
275	川藏铁路	运载工程（铁路）	2014 年[425]	中国在建首条高原电气化铁路，世界铁路建设史上地形地质条件最为复杂的工程	92.85
276	华龙一号	制造工程（装备制造）	2015 年[426]	中国自主研制的第三代压水堆核电技术工程，被誉为"国家名片"	89.62
277	贵州国家数据中心	信息通信工程	2015 年[427]	中国首个灾备数据中心	88.49
278	海尔工业互联网平台	信息通信工程	2015 年[428]	中国具有自主知识产权、全球首家引入用户全流程参与体验的工业互联网平台	89.14
279	10.5 代液晶显示工程	制造工程（装备制造）	2015 年[429]	全球首条高世代生产线	88.11
280	±1100kV 特高压直流输电工程	能源矿业工程（电力）	2016 年[430]	中国首创，世界远距离、大容量、低损耗的现代输电工程，被誉为"国家名片"	90.45
281	雪龙 2 号	制造工程（装备制造）	2016 年[431]	中国第一艘自主建造的极地科学考察破冰船，世界第一艘采用船艏、船艉双向破冰技术的极地科考破冰船	89.62
282	天鲲号	制造工程（装备制造）	2016 年[432]	亚洲最大的重型自航绞吸挖泥船	88.61
283	天问一号	运载工程（航空航天）	2016 年[433]	中国首个火星探测器	92.43

续表

序号	名称	类型	建设时间	入选理由	评分
284	深中通道	土木工程（隧道）	2016 年 [434]	世界级在建的"桥、岛、隧、地下互通"集群工程	89.60
285	5G 移动通信	信息通信工程	2016 年 [435]	世界最前沿的通信技术工程	93.13
286	冬奥场馆工程	土木工程（建筑）	2017 年 [436]	世界最大最先进的冬季奥运会绿色体育场馆群，代表性的建筑有冰立方、冰丝带和雪游龙等	89.99
287	中俄东线天然气管道	能源矿业工程（天然气）	2018 年 [437]	中国与俄罗斯合作修建的第一条国际天然气管道	89.00
288	唐钢超低排放工程	制造工程（装备制造）	2018 年 [438]	中国污染物和碳排放最低的大型长流程钢铁企业	87.97
289	湄洲湾跨海大桥	土木工程（桥梁）	2018 年 [130]	中国首座最大跨海高铁矮塔斜拉桥	89.45
290	轮探 1 井工程	能源矿业工程（石油）	2018 年 [440]	亚洲陆上第一深井	87.97
291	陵水 17-2 深水气田	能源矿业工程（天然气）	2019 年 [441]	中国最大的海洋深水天然气气田	88.76
292	SW1422 移动焊接平台	制造工程（装备制造）	2019 年 [442]	世界首台直径 1422mm 管线野外移动焊接平台	87.94
293	24000 标准箱超大型集装箱船	制造工程（装备制造）	2019 年 [443]	世界装箱量最大的集装箱船，被誉为海上"巨无霸"	88.26
294	火神山、雷神山医院	其他工程	2020 年 [444]	中国应对新冠疫情快速建成的规模最大的方舱医院	87.02
295	SCC98000TM 履带起重机	制造工程（装备制造）	2020 年 [445]	世界起重能力最大（4500t）的履带起重机，被誉为"全球第一吊"	87.51
296	W12000-450 超大型平头塔机	制造工程（装备制造）	2020 年 [446]	世界首台超万吨米级的上回转超大型塔机	86.84
297	SWDM1280 旋挖钻机	制造工程（装备制造）	2020 年 [447]	世界动力头扭矩最大、施工孔径最大、施工能力最强的旋挖钻机，被誉为"国之重器"	87.69
298	ZAT18000H 轮式起重机	制造工程（装备制造）	2020 年 [448]	中国自主研制世界最强全地面起重机	87.93
299	爱达·魔都号	制造工程（装备制造）	2020 年 [449]（下船坞）	中国自主设计建造的国产首艘大型邮轮，开创了中国建造大型邮轮的先河	89.35

1992

140.沪蓉高速公路

中国工程规模最大、建设周期最长、地质最为复杂、施工最为艰难的高速公路

1993

141.香港国际机场

世界最繁忙的国际机场

1993

142.引汉济渭

陕西省"南水北调"工程，是陕西省有史以来规模最大、影响最为深远的重大水利工程

1994

145.三峡水利工程

世界上最大水利枢纽和发电工程

1994

146.歼-10飞机研发工程

中国自行研制，首款具有完备自主知识产权的第三代先进多用途战机

1994

147.北斗卫星

中国首个自行研制的全球卫星导航系统，世界第三个成熟的卫星导航系统

1995

150.托克托发电

世界最大的火力发电
"西部大开发"和"
的重点工程

歼-1战斗机

浦东机场

1993

143.京九铁路

中国第一条一次性建成的最长双线铁路，国家"八五"计划的第一号工程

1993

144.塔里木沙漠公路

世界最长的贯穿流动沙漠的等级公路，是中国最早的沙漠公路

1994

148.香港昂船洲污水处理厂

中国第二大规模污水处理厂

1994

149.神光 II

当前我国规模最大的高性能高功率钕玻璃激光装置

1996

151.西电东

中国"西部大开
志性工程，西部
工程量最大、投
的重点工程

工程

电站
电站

工程院重大战略研究与咨询项目
石油国家高端智库重点支持项目

 土木工程 能

超级工程
榜
时间轴图
0年——2022年）下

工程
基地，国家
电电东送"

 19
1
中

 19
1
中
程，
提

造，而超级工程就是人类改

社会文明进步的旗帜性标

珠。

"国企业现代化管理创新大会"上的报告

 改革开放（1

类工程
"的标
大开发中
额最多

1983

117.无为大堤工程

长江流域防洪标志性工程

1984

118.沈大高速公路

中国最早建设的高速公路，被称为"神州第一路"

1985

120.秦山核电站

中国自行设计、建造的第一座核电站

1985

121.大秦铁路

中国首条双线电气化、现代化重载铁路

1987

125.舟山港通道工程

世界最长的连岛高速公路和最大的跨海桥梁群

1988

126.北仑发电

中国第一座装机容量500万千瓦的巨型火电厂

1989

128.塔里木油田

中国第三大油气田和西气东输主力气源地

1990

129.北京高碑店污水处理工程

当时世界最大的再生水厂，中国历史上第一座特大型污水处理厂

1991

131.五纵七横工程

中国规划建设的以高速公路为主的公路网主骨架工程

1991

132.东方明珠

上海标志性工程，浦东开发的第一个重点工程

1991

133.杨浦大桥

世界第一座叠合梁桥

1992

136.陕京天然气管道

中国陆上距离最长、管径最大、所经地区地质条件最为复杂、自动化程度最高的输气管道

1992

137.高效超（超）临界火电工程

中国超临界（及以上）燃煤机组系列居世界领先水平

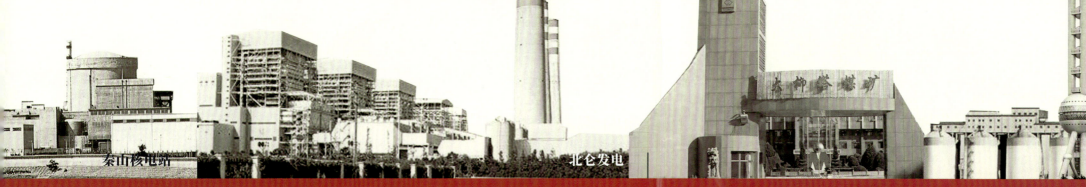

秦山核电站　　　　　　　北仑发电

年—)

1984

119.平朔露天煤矿

中国最大的现代化露天煤矿

1987

122.大柳塔煤矿

世界第一大现代化煤矿，开创了世界高产、高效矿井建设先河

1987

123.大亚湾核电站

中国第一座大型商用核电站

1987

124.补连塔矿井

世界一矿一井产量最大的井工煤矿

1989

127.福建炼油工程

中国第一个现代化炼油工程

1990

130.黑岱沟露天矿

中国第一个自主设计、自主建设、独立管理的最大的现代化露天煤矿

1991

134.小浪底水利工程

黄河干流上一座集减淤、防洪、防凌、供水、灌溉、发电等于一体的大型综合性水利工程

1991

135.无煤柱自成巷开采系列工程

中国第一个无煤柱自成巷煤炭开采工程

1992

138.载人飞船工程

中国第一个载人航天飞船

1992

139.长龙山抽水蓄能

华东地区最大的抽水蓄能

2000

166.中亚天然气管道

中外合资修建的第一条长距离跨国天然气管道

2000

167.东方超环

世界上第一个全超导非圆截面托卡马克核聚变实验装置

1999

161.上海白龙港污水处理厂

中国第一大污水处理厂，亚洲最大的污水处理厂

2000

162.广州白云机场

中国第二大航空港，国内三大航空枢纽之一

2000

163.长江重要堤防隐蔽工程

长江堤防建设施工难度最大、技术含量最高的工程

2002

171.北京夏季奥运工程

第29届夏季奥运会的建筑群，以鸟巢、水立方为代表的世界独一无二的大型单体建筑

2002

172.南水北调

中国最大的跨流域战略性惠民水利工程

2002

173.北煤南运

中国最大的北煤南运战略性铁路工程

2003

176.陕北

中国唯一国家

2003

177.杭州

中国当时最

2003

178.苏通

中国当时建桥合建设条件最

2001

168.国家大剧院

亚洲最大的剧院，中国国家表演艺术的最高殿堂

1999

159.村村通工程

人类历史上最伟大的惠民系统工程，使中国广大农村历史性地实现了路通、电通、水通（包括饮用水）、网通等

1999

155.苏里格气田

中国最大非常规整装天然气田，是"西气东输"和"陕气东送"主力气源

1999

160.张家界百龙天梯

中国首个最高户外电梯，被载入吉尼斯世界纪录

1999

156.99A-坦克

中国自主研发的主战坦克

浦东国际机场

东区域第一大枢纽机场

铁路大提速

路最具影响的铁路工
造了世界铁路既有线
规模和速度之最

张家界百龙天梯

1998

154.长江口深水航道整治工程

20世纪90年代中国最大的一项水运改造工程

1999

157.河钢家电板涂覆新材料建设工程

中国第一条两涂两烘家电涂覆卷带生产线

1999

158.秦沈客运专线

中国自主设计、施工的第一条客运专线，是铁路客货分线运输的先驱者

2000

164.澜沧江流域水电开发工程

世界级高坝工程群，被誉为中国高坝大水库的博览馆

2000

165.西气东输

中国当时距离最长、管径最大、投资最多、输气量最大、施工条件最复杂的天然气管道工程

2001

169.终南山隧道

中国自行设计施工的世界最长双洞单向公路隧道，创造了中国高速公路隧道建设之最

2001

170.青藏铁路

世界上海拔最高、线路最长、穿越冻土里程最长、克服了世界级困难的高原铁路

2002

174.蛟龙号

中国第一艘深海载人潜水器

2002

175.赛科乙烯工程

中国最大的中外合资乙烯工程

2003

179

自主研
瓦超临
组

2003

180

中国
艘飞船

1963
92.轰-6飞机研发工程
中国最大的轰炸机,被誉为空军轰炸力量的核心

1966
97.816地下核工程
中国第二个核原料工业基地,号称"世界第一人工洞体",中国第一台原子能发电厂

1964
93.歼-8飞机研发工程
中国首个自行研制高空高速战斗机,被誉为中国航空工业发展史上一座重要的里程碑

1964
94.三线建设
世界历史上绝无仅有的一次规模巨大的工业迁移建设工程

1967
98.燕山石化工程
中国华北最大的炼油化工工程

1968
100.乌江流域梯级水电站
中国第一家流域水电开发工程

1968
101.抽水蓄能电站工程群
世界最大规模的抽水蓄能电站工程群

1968
102."长征一号"核潜艇
中国自行设计建造的第一艘核潜艇

1970
105.东北"八三工程"
中国第一条长距离、大口径输送高凝原油管道

1971
106.葛洲坝水电站
长江上第一座大型水电站

1971
107.杂交水稻工程
中国人发明的杂交水稻,大幅提高了水稻的单产量,其成果享誉世界

1972
110.郭亮挂壁公路
世界最险要的公路之一

1975
111.武钢一米七轧机
中国第一台一米七轧机,开创了中国系统引进国外钢铁技术的先河,代表了当时国际钢铁制造先进水平

1978
113.上海宝钢
中国最大、最现代化的钢铁联合企业

1978
114.三北防护林工程
世界最大的人工林业生态工程

1980
115.山西能源重化
中国当时最大的能源重化

211厂

杂交水稻工程

改革开放（19

1965
95.北京地铁1号线
中国第一个地铁建设工程

1965
96."东方红一号"卫星
中国发射的第一颗人造地球卫星,开创中国航天史的新纪元

1968
99.H动力潜艇
中国第一个核动力潜艇制造工程

1970
103.长庆油田
中国第一超大、低渗透油气田,创造了中国非常规油气田开发的先河

1970
104.运-10飞机研发工程
中国自行设计、制造的第一架完全拥有自主知识产权的大型喷气客机

1972
108.广州白云宾馆
第一座突破百米的高楼

1972
109.上海石化工程
中国最大的炼油化工一体化综合性石油化工企业

1976
112.引大入秦水利工程
中国规模最大的跨流域自流灌溉工程,被称颂为当代的"都江堰"

1982
116.引滦入津
新中国第一次跨流域、大型引水工程

2004
186.嫦娥工程
中国实施的第一个探月工程

2004
187.和谐号
中国铁路全面实施自主创新战略取得的重大工程，标志着中国铁路客运装备的技术水平达到了世界先进水平

2003
181.有机发光半导体基板工程
中国最大的阴极射线显像管装备生产工程

2004
188.中央电视台总部大楼
中国首座独特的电视台大楼，被美国《时代周刊》杂志评选为2007年世界十大建筑奇迹之一

2003
182.兖矿国泰气化炉工程
中国首个自主研发的大型煤化工示范工程

2004
189."先行号"盾构机
中国第一台国产盾构掘进机

2005
193.广州电视塔
世界上最高的广播电视观光塔

2005
194.翔安海底隧道
中国第一条规模宏大的跨海隧道

2005
195.太行山高铁隧道
中国铁路隧道的重大工程，号称建设史上的重要里程碑，标志着石太铁路客运专线建设取得了重大进展

2005
198.辽宁舰
中国第一艘航母

2005
199.首钢京唐
中国第一座沿海邻港的现代化钢铁企业

2005
200.洋山深水港
世界单体规模最大、全自动的现代化港口

2006
203.青岛炼油工程
中国"十一五"期间建成投产的第一套现代化单系列大型炼化工程

2006
204.特高压交流输电工程
世界级特高压交流输电重大创新工程

原化工基地
能源化工基地

跨海大桥
跨海大桥

工公路大桥
土工程规模最大、综杂的特大型桥梁工程

青藏铁路

北煤南运

杭州湾跨海大桥

2004
183.三门核电站
世界最先进的第三代先进压水堆核电站

2004
184.海南炼化工程
中国当时首个原油综合加工能力800万吨/年的炼厂

2004
185.北京正负电子对撞机
中国第一台高能加速器

2004
190.中哈原油管道
中国的第一条战略级跨国原油进口管道

2004
191.神华煤直接液化工程
世界上第一个百万吨级煤炭直接液化生产清洁油品的商业化工程

2004
192.上海光源
中国首台第三代中能同步辐射光源

2005
196.农村饮水安全工程
解决了5.2亿农村居民和4700多万农村学校师生的饮水安全问题

2005
197.二滩水电站
中国当时建成的最大的水电站

2006
201.布尔台煤矿
世界上一次设计、连续施工、单井设计生产能力最大的井工煤矿

2006
202.虹桥综合交通枢纽工程
集聚轨、路、空三位一体，被称为世界上最复杂的综合交通枢纽

马发电机组
建成的世界首台600兆循环流化床燃煤发电机

舟五号
航天工程发射的第五第一艘载人航天飞船

200
中国的炼

20
世界

20
中国

200
世界一条高速

21
世界一条高速

2006
205.
中国首创大规模能

2006
206.柔
中国首个

1955
68.胜利油田
中国第二大油田

1955
69.茂名石化
中国第一个千万吨级炼油厂

1955
70.第一拖拉机制造
中国第一个拖拉机制造厂

石化
个大型
地

又长江大桥
立后修建的第一
铁路两用的长江

1956
72.直升机工程
中国第一个直升机制造工程

1956
73.新安江水电站
新中国自行设计、自制设备、自主建设的第一座大型水力发电站

1958
76.人民大会堂
中国同类型最大建筑，面积超17万平方米，十个月建成

1958
77.丹江口水库
当时亚洲最大水库，被誉为人工"淡水湖"

1958
80.东风导弹
中国成系列近程、中远程和洲际弹道导弹研发与制造工程

1958
81.强-5强击机
中国出口的第一种作战飞机

1958
82.酒泉卫星发射中心
中国创建最早、规模最大的综合型导弹、卫星发射中心

1958
84.221厂
中国第一个核武器研制、生产、试验基地

1959
85.万吨水压机
中国第一台12000吨水压机，填补了中国重型机械工业空白

1960
88.南京长江大桥
中国第一座自行设计和建的双层铁路、公路两用桥

1960
89.红旗渠
从太行山腰修建的引漳入工程，被称为"人工天河"

1960
90.金川镍矿
世界最大的镍矿生产基地被誉为世界"镍都"

酒泉卫星发射中心

1955
66.首都国际机场
新中国首个民用机场，后扩建为世界超大型国际机场

1955
67.克拉玛依油田
新中国成立后开发建设的第一个大油田

1955
71.大庆油田
中国第一超大油田，创造了中国石油工业的奇迹

1957
74.三门峡水库
黄河上的第一个大型水利枢纽工程

1957
75.南京苯胺工程
中国第一套3000吨/年硝基苯加氢还原制苯胺生产装置工程

1958
78.密云水库
华北最大水源供应地

1958
79.刘家峡水电站
中国自行设计和建设的第一座装机容量1000兆瓦以上的大型水电站

1958
83.成昆铁路
世界难度最大的铁路工程，被誉为20世纪人类征服自然的三大奇迹之一

1959
86.596工程
中国第一颗原子弹、第一颗氢弹研发制造工程

1959
87."东风号"远洋货轮
新中国成立后第一艘自行设计建造的万吨级远洋货轮

1962
91.大庆炼油工程
中国当时最大的炼油厂

海乙烯工程

规模最大、最具有国际竞争力
本化生产基地

3500t自由锻油压机

最大的18500吨自由锻造油压机

西"风电走廊"

最大的风电建设工程

港高铁

最长的高铁线路，世界上第
速度达到每小时350千米的

2007
215.徐州矿区生态修复工程
中国超大型采煤塌陷地生态修复工程

2007
211.上海11号线地铁
世界上最长的贯通运营的地铁线
路，中国第一条跨省地铁线路

2007
212.八万吨模锻液压机
中国自主设计研制的世界最大模
锻液压机

2007
216.川气东送
中国西南第一条天然气
输送管道

2008
219.117大厦
中国钢结构第一高楼，世界钢结构第二高楼

2008
220.WK-55型超级电铲
中国自主设计研制的世界最大级别的矿用电铲

2008
223."大鹏昊"运输船
中国自主设计与建造的第一艘
LNG专用船

2008
224.ZCC3200NP履带起重机
中国起重能力最强的移动式起重机

2008
225.黄陵煤矿智能开采工程
全球第一个运用全地面控制采煤的
智能成套开采工程

2009
228.平安金融中
中国第二高楼，深圳

2009
229.港珠澳大桥
世界超大型集桥、岛、
大型跨海通道，被誉为
迹之一

2009
230.黄桷湾立交
中国最大、最高、功

三门核电站

改善水质造福百姓

农村饮水安全工程

青

千伏特高压直流输电工程群

距离、大容量、低损耗的现代输电技术，是
输的高速通道

直流输电工程

首创柔性直流输电系列工程

2007
213.运-20飞机研发工程
中国研究制造的新一代军用大型
运输机

2007
214.SWDW165航道钻机
目前国际最先进的水上航道钻机

2008
217.钦州炼油
中国西南地区最大的现代化炼油厂

2008
218.上海中心大厦
中国当时第一高的摩天大楼，也
是世界上最高的钢结构建筑

2008
221.1号盾构机
中国第一台具有自主知识产
权的复合式盾构机

2008
222.海洋石油981
中国首座自主设计、建造的
最大深水半潜式钻井平台

2008
226.京沪高铁
世界上一次建成线路最长、标准最
高的高速铁路

2008
227.稳态强磁场实验装置
世界五大稳态磁场实验室之一，刷
新了混合磁体产生稳态磁场强度的
世界纪录

2009
231.中俄原油管
中国与俄罗斯合作修

2009
232.IGCC电站
中国自主研发、设计、

2009
233."三北"风
世界开发规模最大的风

1936

35.独山子石化工程

中国最早的炼油工程

1936

36.二九八光学仪器制造

中国近代第一个国营光学仪器厂，是中国光学工业的摇篮

1936

37.中央机器制造

中国近代机械工业的摇篮

1937

40.玉门油田

中国石油工业的摇篮

1943

42.鸳鸯池水库

民国时期修建的国内第一座大型土坝蓄水工程

1949

43.沂沭泗河洪水东调南下工程

中国近代提高防洪标准的战略性骨干工程

1949

44.河套灌区工程

世界著名灌区，亚洲最大的自流灌区

1949

45.白云鄂博稀土矿开发工程

世界最大的稀土矿山，被誉为"稀土之乡"

1950

49.治淮工程

中国历史上规模最大的治理淮河工程

1950

50.成渝铁路

新中国成立后建成的第一条铁路

1950

51.小恒山立井

中国自行设计、自行施工的第一对现代化中型立井

1952

54.荆江分洪工程

新中国治理长江的第一个大型水利工程

1952

55.宝成铁路

中国第一条电气化铁路，当时难度最大的铁路工程

1953

59.大寨梯田

中国最具代表性的梯田建造工程，被誉为"不可移动文物"

1953

60.北京铁路枢纽

新中国最大的铁路枢纽

1953

61.156项重点工程

新中国第一个五年计划重点工程，标志着社会主义建设工程的开始，奠定了中国工业化的基础

1954

64.

新中国石油化

19

6

新座大

永利制碱制造

钱塘江大桥

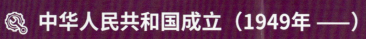

玉门油田老一井

318国道
3800

治黄工程

🔧 中华人民共和国成立（1949年 ——）

1937

38.丰满水电站

当时亚洲最大的水电站，被称为"中国水电之母"

1937

39.抚顺铝冶炼

中国第一家有色金属冶炼企业

1939

41.黄崖洞兵器制造

抗战时期华北敌后八路军创建最早、规模最大的兵工厂

1950

46.318国道

中国最长的国道

1950

47.大通湖蓄洪垦殖工程

新中国成立后长江流域新建的第一个蓄洪垦殖工程

1950

48.治黄工程

中国历史上规模最大的治理黄河工程

1951

52.苏北灌溉总渠

新中国治淮工程中最早兴建的大型排洪通道和灌溉渠道

1951

53.歼-5飞机研发工程

中国第一个生产喷气战斗机工程，标志着中国成为当时世界上能够成批生产喷气战斗机的国家之一

1953

56.沈阳重型机器制造

中国最早建立的重型机器制造厂之一

1953

57.长春第一汽车制造

中国第一个汽车制造工业基地

1953

58.鞍山钢铁

中国第一个大型钢铁制造工程

1954

62.北江大堤工程

广州市防御西江和北江洪水的重要屏障

1954

63.兰州炼油

新中国第一个大型炼油生产基地

2009

234.中沙乙烯工程

中外合资第一套百万吨乙烯工程

2009

235.HBT9050CH超高压混凝土输送泵

世界泵送混凝土最高（620米）输送泵

2009

236.暖核一号

世界最大的核能热电联产机组

2010

240.青藏超高压输变电工程

世界海拔最高、环境最复杂，建设难度最大的高原超高压输变电工程

2010

241.C919工程

中国首款自主研制的大型干线客机

2010

242.隧道钻爆法施工智能成套装备

全球首套钻爆法智能化成套装备

2010

245.中国空间站

中国第一个、世界第三个空间站，正在运行的两个空间站之一

2011

246.北京中信大厦

首都最高的地标建筑

2011

247.五代战机

中国自主研制的第五代重型隐形战斗机

2011

250.空警-500工程

中国自主研制的第三代预警机

2011

251.FAST工程

世界口径最大、灵敏度最高的单口径射电望远镜

2011

252.振华30号

世界最大的海上起重船

2012

256.京新高速

世界上穿越沙漠最

2012

257.国家会展

世界上面积第二大单体和会展综合体

平安金融中心大厦

陵水17-2深水气田

2010

237.中缅油气管道

中国西南第一条油气输送跨国管道

2010

238.海上风电集群

中国最大的沿海风电工程群

2010

239.西北风光储输工程

世界规模最大的集风电、光电、储能及智能输送的新能源综合性示范工程

2010

243.瓯飞围垦工程

中国单体最大的围垦工程

2010

244.中老铁路

首次以中国标准建设、中老共同运营，与中国铁路网直接连通的跨国铁路工程

2011

248.天宫一号

中国第一个实验性的空间站

2011

249.伊犁新天煤制天然气工程

世界单系列产能最大的煤制天然气工程

2011

253.WK-75型矿用挖掘机

世界当时最大的挖掘机

2011

254.墨子号

中国研制的首颗空间量子科学实验卫星

2008

255.中国散裂中子源

中国首台散裂中子源，填补了国内脉冲中子源及应用领域的空白

201

25

世界

201

25

中国
识产

1912

23.国家博物馆

中国近代世界上单体建筑面积最大的博物馆，是中华文物收藏量最丰富的博物馆之一

1932

30.上海国际饭店

中国近代上海最早、最大的饭店，被称之为20世纪30年代"远东第一高楼"

1897

17.京汉铁路

甲午中日战争之后，中国清政府修筑的第一条铁路

1910

20.南苑机场

中国修建的最早机场

1914

24.抚顺西露天煤矿

中国近代第一座规模最大的露天煤矿

1922

27.耀华玻璃制造

中国近代第一家大型玻璃制造企业

1934

31.钱塘江大桥

中国自行设计、建造的第一座双层铁路、公路两用桥

1887

12.刘铭传铁路隧道

中国最早建成的铁路隧道

1904

18.陇海铁路

20世纪初，中国修建的最早、最长的铁路

1910

21.石龙坝水电站

中国第一座水电站、第一座抽水蓄能电站、第一条高电压输电线路起点

1920

25.永利制碱制造

中国第一个化工生产基地，开创了中国化学工业的先河

1928

28.抚顺石化工程

中国近代石化工业的"摇篮"

1934

32.南京永利铔厂工

中国第一座化肥厂，当时亚最大的化工厂

1889

13.东清铁路机车制造

中国近代最早、规模最大、技术最先进的机车工厂

1890

14.汉阳铁厂

当时中国第一家，也是最大的钢铁联合企业，被称为"汉阳铁厂"

1895

15.北京丰台站

中国国内首个普速，后续建为高速双层大型现代化铁路车站

1905

19.京张铁路

中国首条自主设计和建造的铁路

1921

26.东三省兵器制造

中国近代规模最大的兵工厂

1930

29.泾惠渠

民国时期最先动工的农田水利工程

1935

33.矮寨盘山公路

中国近代湘西第一条公是当时难度最大的盘山

1895

16.南通大生纱厂

清末创办的最早一家私营棉纺织企业

1911

22.杨树浦电站

中国历史上第一个电厂，标志着中国电力工业的起步

1935

34.二十四道拐

抗战期间，成为盟军中缅印战区交通大动脉，被为"抗战的生命线"

2012
260.22000吨龙门吊
中国自主研制的截至2015年
世界上最大的龙门吊

2012
261.石岛湾核电站
全球首个并网发电的第四
代高温气冷堆核电工程

2012
262.DZ101号掘进机
中国首台自主知识产权的岩
石隧道掘进机

2013
266.北盘江第一桥
世界第一高桥

2013
267.阿里云平台
世界上第一个对外提供5K云
计算服务能力的平台

2013
268.白鹤滩水电站
中国第二大水库电站工程

2013
271.蓝鲸1号
世界作业水深最深、钻井深度最大、
设计理念最先进的半潜式钻井平台

2013
272.长江黄金水道改造工程
中国规模最大长江黄金水道改造工程

2014
273.大兴国际机场
世界规模单体最大、施工技术难度最大、无结构
缝一体化航站楼，被评为世界七大奇迹榜首

2015
276.华龙一号
中国自主研制的第三代压水堆核电
技术工程，被誉为"国家名片"

2015
277.贵州国家数据中心
中国首个灾备数据中心

2015
278.海尔工业互联网平台
中国具有自主知识产权、全球首家
引入用户全流程参与体验的工业互
联网平台

2016
280.±1100千伏特高压
中国首创，世界远距离、大容量
输电工程，被誉为"国家名片"

2016
281.雪龙2号
中国第一艘自主建造的极地科学
破冰船，世界第一艘采用船艏、
双向破冰技术的极地科考破冰船

2016
282.天鲲号
亚洲最大的重型自航绞吸挖泥船

惠州炼化

速公路

筑

青海光伏电站工程

大的光伏电站群

夏兴号

主研发、具有完全知
的新一代高速列车

2013
263.山东舰
中国首艘自主研制的全国产化航空母舰

2013
264.宁夏煤炭间接液化工程
中国最大的煤制油和煤基烯烃加工生产基地

2013
265.南海岛礁工程
中国建造的规模最大的岛礁工程

2013
269.嘉华燃煤机组超低排放改造工程
世界上最大规模的超低排放清洁煤电改造工程

2013
270.小保当智慧矿山
中国第一个大规模的智慧煤矿

2014
274.惠州石化工程
世界首座集中加工海洋高酸重质
原油炼油工程

2014
275.川藏铁路
中国在建首条高原电气化铁路，世界铁路
建设史上地形地质条件最为复杂的工程

2015
279.10.5代液晶显示工程
全球首条高世代生产线

中国首个

285.5C
世界最前沿的

中国近现代超级工程
排行榜
历史年代时间轴图

以历史年代为顺序　（1840年——2022年）上

> 工程是人类改造自然的伟大创造，而超级工程就是人类改造自然伟大创造的巅峰之作，是人类社会文明进步的旗帜性标志，堪称皇冠上一颗颗璀璨夺目的明珠。

摘自胡文瑞院士在南京"全国企业现代化管理创新大会"上的报告

中国近现代超级工程历史年代时间轴图以"星汉灿烂"为设计理念。在182年时间里，撷取299项超级工程，它们犹如一颗颗星辰，如此遥远，却缀满了夜空，照亮了文明。它们是中国式现代化的"若出其里"，是中华文明伟大复兴的"星汉灿烂"。

CHINA'S MODERN AND CONTEMPORARY MEGA PROJECT TIMELINE

1866
4.马尾造船
中国近代第一家专业造船厂，为当时远东地区之最，被称为"福建船政"

1876
6.吴淞铁路
中国第一条营运铁路

1880
8.金龙桥
中国现存最早、最长、跨度最大、桥面最宽、铁链最多的古代铁链桥，为金沙江上第一座桥

1861
1.安庆军械制造
清政府创办最早的以手工制造近代武器的军工作坊，其中诞生了第一艘轮船"黄鹄"号

1878
7.开滦煤矿
拥有当时亚洲第一、世界第二的洗煤厂

1880
9.旅顺港
中国近代第一大军港，当时世界五大军港之一

金龙桥

⚙ 晚清时期（1840年——1911年）

1865
2.江南机器制造
清政府洋务派开设的中国近代最大的军火制造工程

1865
3.金陵机器制造
中国近代最大的民族军事工业制造群

1872
5.西兰大道
西北第一条公路，陕甘总督左宗棠征发民工2万多人，军民一道筑桥梁41座，栽植柳树26万多株，被称为"左公柳"

1881
10.唐胥铁路修
中国第一家铁路机车

1881
11.杨树浦水厂
中国供水行业建厂最生产能力最大的地面

重流输电工程

，低损耗的现代

考察
船艉

2017

286.冬奥场馆工程

世界最大最先进的冬季奥运会绿色体育场馆群，代表性的建筑有冰立方、冰丝带和雪游龙等

2018

289.湄洲湾跨海大桥

中国首座最大跨海高铁矮塔斜拉桥

2018

290.轮探1井工程

亚洲陆上第一深井

2019

292.SW1422移动焊接平台

世界首台直径1422毫米管线野外移动焊接平台

2019

293.24000标准箱超大型集装箱船

世界装箱量最大的集装箱船，被誉为海上"巨无霸"

2020

295.SCC98000TM履带起重机

世界起重能力最大（4500吨）的履带起重机，被誉为"全球第一吊"

2020

296.W12000-450超大型平头塔机

世界首台超万吨米级的上回转超大型塔机

2020

297.SWDM1280旋挖钻机

世界动力头扭矩最大、施工孔径最大、施工能力最强的旋挖钻机，被誉为"国之重器"

24000标准箱超大型集装箱船

16
号
器

2016

284.深中通道

世界级在建的"桥、岛、隧、地下互通"集群工程

16
信

工程

2018

287.中俄东线天然气管道

中国与俄罗斯合作修建的第一条国际天然气管道

2018

288.唐钢超低排放工程

中国污染物和碳排放最低的大型长流程钢铁企业

2019

291.陵水17-2深水气田

中国最大的海洋深水天然气气田

2020

294.火神山、雷神山医院

中国应对新冠疫情快速建成的规模最大的方舱医院

2020

298.ZAT18000H轮式起重机

中国自主研制世界最强全地面起重机

2020

299.爱达·魔都号

中国自主设计建造的国产首艘大型邮轮，开创了中国建造大型邮轮的先河

纵观中国近现代超级工程排行榜，特定的历史时期孕育了特定的超级工程。1861 年的第一个超级工程是安庆军械制造工程，标志着我国近代军事工业和工程史的开始；1949 年新中国成立后第一个超级工程是内蒙古的河套灌区工程，为新中国的恢复生产奠定粮食基础；改革开放的第一个超级工程是 1978 年上海的宝钢工程，是实现我国社会主义现代化建设进程中的第一个特大工程。近现代超级工程排行榜中单年超级工程建设数量前五名分别为 1958 年建设超级工程 9 项，2003 年、2005 年、2007 年和 2009 年各建设超级工程 10 项。从新中国成立初加强社会主义基础建设，到改革开放中期加速现代化建设，超级工程的发展史直观地反映出不同历史时期中国国家、经济和社会发展的特征和趋势。

3.6.3　世界古代超级工程排行榜

世界古代涌现了许多令人惊叹的超级工程，这些工程不仅展示了古代人类的技术能力，还留下了持久的历史和文化遗产。

在《世界古代超级工程排行榜》中，时间从公元前 4450 年到公元 1640 年的近 6000 年间，共诞生了 100 项超级工程（见世界古代超级工程排行榜历史年代时间轴图）。其中公元前建造的超级工程 44 项，占比 44%；公元 50 年到 1640 年为 56 项，其中 10 世纪期间入选超级工程 25 项，11 世纪至 1640 年间入选超级工程 31 项，如表 3.8 所示。

表 3.8　世界古代超级工程排行榜（按时间排序）

序号	名称	类型	年代 （建设时间）	国家	入选理由	评分
1	城头山遗址工程	土木工程 （建筑）	公元前 4450 年 [43]	新石器时代 （中国）	中国目前唯一发现时代最早、保护最完整的古城遗址，被誉为"中国最早的城市"，城内有世界现存最早的灌溉设施完备的水稻田工程遗迹	88.00
2	良渚古城与水利工程	土木工程 （建筑）	前 3300 年至前 2300 年 [47]	新石器时代晚期 （中国）	人类（世界）早期代表城市文明的古城遗址，世界最早的水坝，中国最早的大型水利工程	88.18
3	亚述古城	土木工程 （建筑）	前 3000 年 [450]	亚述国 （伊拉克）	公元前中亚地区最宏伟的都城，规模最大的城市之一	88.50
4	异教徒坝	水利工程 （防洪除涝）	前 2650 年 [451]	古埃及 （埃及）	世界上第一座挡水坝，迄今为止所知的最古老的大型水坝工程	87.79

序号	名称	类型	年代（建设时间）	国家	入选理由	评分
5	埃及金字塔	土木工程（陵墓）	前2580年[452]	古埃及（埃及）	世界规模最大的金字塔建造工程，世界古代七大奇迹之一	93.87
6	三星堆遗址	土木工程（建筑）	前2500至前800年[48]	古蜀国（中国）	中国西南地区发现的范围最大、时间最长的古城遗址，世界青铜文明的重要代表	91.01
7	巨石阵	土木工程（建筑）	前2300年左右[453]	石器时代（英国）	世界建筑最复杂的史前石圈工程	89.86
8	石峁遗址	土木工程（建筑）	前2200年[54]	龙山晚期（中国）	中国已发现的龙山晚期到夏早期规模最大的城市遗址，拥有世界古代功能最齐全、体系最完整的城防工程	87.97
9	科迪勒拉水稻梯田	其他工程	前2000年至前1000年[454]	伊富高部落（菲律宾）	世界最大规模梯田，世界最大的人造灌溉系统	88.32
10	玛雅金字塔	土木工程（陵墓）	前1800年[455]	玛雅古国（墨西哥）	世界仅次于埃及金字塔的著名金字塔，玛雅文明的巅峰之作，被誉为世界新七大奇迹之一	91.67
11	科菲尼引水坝与引水渠	水利工程（防洪除涝）	前1300年[456]	古希腊（希腊）	古希腊最早的水利工程，世界最早的水利工程之一	87.65
12	阿布辛贝神庙	土木工程（建筑）	前1300年至前1233年[457]	古埃及（埃及）	古埃及最早人工劈凿构建的神庙	87.08
13	恰高·占比尔	土木工程（建筑）	前1250年[458]	埃兰国（伊朗）	古波斯美索不达米亚平原保存最完整、最大的神庙	86.79
14	迦太基古城遗址	土木工程（建筑）	前814年[459]	古迦太基（突尼斯）	北非当时仅次于古罗马的第二大古城，地中海最大的商港，北非最著名的古建筑群	89.89
15	罗马古城	土木工程（建筑）	前753年[460]	古罗马（意大利）	当时世界规模最大的城市，世界最古老的城市之一，世界著名的历史文化名城，古罗马帝国的发祥地	93.30
16	马里卜水坝	水利工程（防洪除涝）	前7世纪中期[461]	赛伯王国（也门）	阿拉伯半岛历史上规模最大、最坚固、存在时间最长的水利工程，当时世界上最宏伟的水坝之一	89.08
17	古巴比伦空中花园	土木工程（建筑）	前6世纪[462]	巴比伦王国（伊拉克）	世界最早采用立体造园方法建于高平台上的花园，具有当时世界最先进的供水系统，世界古代七大奇迹之一	91.89

续表

序号	名称	类型	年代（建设时间）	国家	入选理由	评分
18	苏州园林	土木工程（建筑）	前 6 世纪 [54]	春秋（中国）	世界造园史上规模最大、具有独特的历史地位和重大文化艺术价值的园林建筑群	89.61
19	雅典卫城	土木工程（建筑）	前 580 年 [463]	雅典（希腊）	古希腊最杰出的古建筑群，世界最古老、最著名的城市之一	90.31
20	阿尔忒弥斯神庙	土木工程（建筑）	前 550 年左右 [464]	吕底亚王国（土耳其）	世界最早的全部用大理石兴建的建筑之一，世界古代七大奇迹之一	89.68
21	狄奥尼索斯剧场	土木工程（建筑）	前 5 世纪 [465]	古希腊（希腊）	世界上最古老的露天剧场，希腊第一个剧场，欧洲戏剧的发源地	87.18
22	曲阜三孔	土木工程（建筑）	前 478 年 [61]	鲁国（中国）	世界规模最大、延续时间最长的家族建筑工程群	88.00
23	奥林匹亚宙斯巨像	土木工程（建筑）	前 457 年 [466]	雅典（希腊）	当时最大的室内雕像，被誉为世界古代七大奇迹之一	90.30
24	帕特农神庙	土木工程（建筑）	前 447 年 [467]	雅典（希腊）	世界古代最早最完美使用"视觉矫正"技术的建筑工程，古希腊最高建筑成就的代表	90.14
25	摩索拉斯陵墓	土木工程（陵墓）	前 353 年 [468]	卡利亚王国（土耳其）	人类古代历史中建设最精美、影响巨大的陵园之一，被誉为世界古代七大奇迹之一	88.22
26	罗马大道	土木工程（公路）	前 4 世纪中期 [469]	罗马共和国（意大利）	西方古代规模最大、最完善的石制驰道	89.93
27	亚历山大港口	运载工程（港口）	前 4 世纪 [470]	亚历山大帝国（埃及）	当时世界两个最大的贸易港之一	89.93
28	佩特拉古城	土木工程（建筑）	前 312 年左右 [471]	厄多姆国（约旦）	世界古代雕刻在岩壁上规模最庞大的古建筑群，连接欧亚的通商要道，当时世界最大的贸易中心，被誉为世界新七大奇迹之一	88.89
29	罗马高架渠	水利工程（防洪除涝）	前 312 年 [472]	罗马帝国（意大利）	当时世界规模最大的水利设施，被称为世界古代最伟大的奇观之一	85.04
30	亚历山大灯塔	土木工程（建筑）	前 300 至前 280 年 [473]	古埃及（埃及）	世界第一座灯塔，被誉为世界古代七大奇迹之一	89.32

序号	名称	类型	年代（建设时间）	国家	入选理由	评分
31	罗德岛太阳神巨像	土木工程（建筑）	前292年左右[474]	古希腊（希腊）	当时世界最高的神像，被誉为世界古代七大奇迹之一	89.29
32	都江堰	水利工程（防洪除涝）	前256年[64]	战国（中国）	世界迄今为止年代最久远、唯一留存和使用、以无坝引水为特征的伟大水利工程	94.07
33	秦始皇陵	土木工程（陵墓）	前247年[65]	战国（中国）	世界规模最大、结构最奇特、内涵最丰富的帝王陵墓工程之一	93.48
34	万里长城	土木工程（建筑）	前221年[69]	秦朝（中国）	世界规模最大的超巨型军事防御工程，被誉为世界新七大奇迹之一、中国古代三大工程之一	94.54
35	灵渠	水利工程（防洪除涝）	前214年[71]	秦朝（中国）	世界最古老的运河之一，中国古代沟通湘江与漓江的人工运河	88.66
36	秦直道	土木工程（公路）	前212年[72]	秦朝（中国）	世界最早、最直、最长、最宽的道路工程，被誉为古代第一条"高速公路"	89.00
37	阿房宫	土木工程（建筑）	前212年[73]	秦朝（中国）	世界规模最大的宫殿遗址工程建筑群	90.25
38	丝绸之路	土木工程（公路）	前202年[76]	西汉（中国）	世界古代最早、最长、最重要的东西方文明交流的驿站陆路工程	92.71
39	汉长安城	土木工程（建筑）	前202年[77]	西汉（中国）	当时世界规模最大的城市	90.66
40	阿旃陀石窟群	土木工程（石窟）	前2世纪[475]	古印度（印度）	世界最早的佛教石窟，印度最大的石窟遗址	89.18
41	茂陵	土木工程（陵墓）	前139年[82]	西汉（中国）	中国古代汉代规模最大、陵寝最高、修建时间最长的帝王陵墓群	88.35
42	龙首渠	水利工程（天然水收集）	前120年[83]	西汉（中国）	中国历史上的第一条地下渠，首创井渠法	87.35
43	罗马万神庙	土木工程（建筑）	前27年[476]	古罗马（意大利）	世界第一个大穹顶建筑	89.45
44	坎儿井	水利工程（天然水收集）	前1世纪[86]	西汉（中国）	世界古代最大、最复杂的地下水利工程，被誉为中国古代三大工程之一	89.85

续表

序号	名称	类型	年代（建设时间）	国家	入选理由	评分
45	嘉德水道桥	水利工程（天然水收集）	公元50年[477]	罗马帝国（法国）	世界现存最大的古罗马引水渠和最高的高架引水桥	88.27
46	古罗马斗兽场	土木工程（建筑）	72年[478]	罗马帝国（意大利）	世界现存唯一一座四层斗兽场，古罗马建筑最杰出的代表，现代体育场设计的源头，被誉为世界中古七大奇迹之一	92.34
47	阿克苏姆巨石柱	土木工程（建筑）	200年至400年[479]	阿克苏姆王国（埃塞俄比亚）	人类有史以来建立的最大的独石建筑之一	87.66
48	巴米扬石窟	土木工程（石窟）	3世纪[480]	贵霜帝国（阿富汗）	世界现存规模最大的佛教石窟群	89.70
49	圣索菲亚大教堂	土木工程（建筑）	325年[481]	拜占庭帝国（土耳其）	当时世界最大的教堂，拜占庭式建筑艺术的最杰出代表	90.99
50	君士坦丁堡	土木工程（建筑）	330年[482]	罗马帝国（土耳其）	当时世界最大的城市之一，欧亚文明的交汇点	89.76
51	莫高窟	土木工程（石窟）	366年[93]	东晋（中国）	世界现存规模最庞大、内容最丰富、历史最悠久的佛教建筑工程	92.62
52	巴米扬大佛	土木工程（建筑）	4至5世纪[483]	贵霜帝国（阿富汗）	世界第二大佛，当时世界最高的古代佛像	89.05
53	悬空寺	土木工程（建筑）	491年[96]	北魏（中国）	世界现存唯一的佛、道、儒三教合一的，建造在悬崖峭壁上的寺庙	88.88
54	龙门石窟	土木工程（石窟）	493年前后[97]	北魏（中国）	世界上造像最多、规模最大的皇家石窟，中国四大石窟之一	91.51
55	赵州桥	土木工程（桥梁）	595年[102]	隋朝（中国）	世界现存最早、当时跨径最大、保存最完整的单孔石拱桥	89.29
56	隋唐大运河	水利工程（运河）	605年[73]	隋朝（中国）	世界上里程最长、工程最大的古代运河	92.36
57	法隆寺	土木工程（建筑）	607年[484]	飞鸟（日本）	世界现存最古老的木造建筑群	87.15
58	麦加大清真寺	土木工程（建筑）	7世纪初[485]	阿拉伯帝国（沙特阿拉伯）	世界伊斯兰教第一大圣寺	90.41

续表

序号	名称	类型	年代 （建设时间）	国家	入选理由	评分
59	布达拉宫	土木工程 （建筑）	7 世纪 30 年代 [106]	吐蕃王朝 （中国）	世界古代海拔最高、规模最大 的宫殿建筑群	94.37
60	大明宫	土木工程 （建筑）	634 年 [107]	唐朝 （中国）	当时世界最辉煌壮丽的、面积 最大的宫殿建筑群，唐长安城 的重大标志	90.03
61	圆顶清真寺	土木工程 （建筑）	687 年 [486]	阿拉伯帝国 （以色列）	最早由穆斯林建造的宗教建筑， 现存世界最古老的清真寺之一	89.40
62	阿克萨 清真寺	土木工程 （建筑）	705 年 [487]	阿拉伯帝国 （以色列）	世界伊斯兰教第三大圣寺，西 方历史学家誉为"地球上最豪 华最优美的建筑物和历史遗产"	88.42
63	乐山大佛	土木工程 （建筑）	713 年 [114]	唐朝 （中国）	世界最高、最大的第一大石刻 佛像	90.38
64	东大寺	土木工程 （建筑）	743 年 [488]	奈良 （日本）	世界最大的木造建筑	87.98
65	婆罗浮屠塔	土木工程 （建筑）	750 至 850 年 [489]	夏连特拉 王国（印度 尼西亚）	世界最大的古老石头佛塔	88.90
66	萨马拉大 清真寺	土木工程 （建筑）	848 年 [490]	阿拉伯帝国 （伊拉克）	迄今为止世界最大的伊斯兰教 寺院	88.95
67	柏威夏寺	土木工程 （建筑）	9 世纪 [491]	高棉古国 （柬埔寨）	高棉古国最具有代表性的大型 石宫建筑工程	86.90
68	威斯敏斯特 教堂	土木工程 （建筑）	960 年 [492]	西萨克森王 朝（英国）	当时世界上最大的哥特式建筑， 英国地位最高的教堂	90.62
69	博亚纳教堂	土木工程 （建筑）	10 世纪 末 [493]	东罗马帝国 （保加利亚）	东欧中世纪最完整、保存最完 好的建筑之一，以壁画而闻名， 全世界首批 57 项世界文化与自 然遗产的项目之一	87.34
70	拉安斯欧克 斯梅多国家 历史遗址	土木工程 （建筑）	1000 年 左右 [494]	北美 （加拿大）	欧洲人在北美的第一处居住地	87.12
71	施派尔 大教堂	土木工程 （建筑）	1030 年 [495]	神圣罗马 帝国 （德国）	欧洲最大罗马式建筑教堂	87.70
72	应县木塔	土木工程 （建筑）	1056 年 [120]	辽国 （中国）	世界古代现存最高大的木塔	87.88

续表

序号	名称	类型	年代 （建设时间）	国家	入选理由	评分
73	福建土楼	土木工程 （建筑）	11 ~ 13 世纪 [122]	北宋 （中国）	世界最古老和最年轻的土楼都在该土楼建筑群中，共有 46 座土楼	87.68
74	伦敦塔	土木工程 （建筑）	1067 年 [496]	英格兰 （英国）	英国中世纪诺曼式建筑要塞，英格兰最早的石制建筑	89.59
75	温莎堡	土木工程 （建筑）	1070 年 [497]	英格兰 （英国）	世界现存最大的一座尚在使用的古堡式建筑，英国规模最大、最负盛名的古堡	90.33
76	安平桥	土木工程 （桥梁）	1138 年 [124]	南宋 （中国）	世界中古时代最长的梁式石桥，中国现存最长的海港大石桥	87.24
77	吴哥窟	土木工程 （建筑）	12 世纪 中叶 [498]	吴哥王朝 （柬埔寨）	世界最早最大的高棉式佛教建筑	91.53
78	克里姆林宫	土木工程 （建筑）	1156 年 [499]	基辅罗斯 （俄罗斯）	当时世界最大的宫殿建筑群之一，现今俄罗斯最大的宫殿建筑群	91.82
79	巴黎圣母院	土木工程 （建筑）	1163 年 [500]	法兰克王国 （法国）	世界第一座哥特式教堂	92.61
80	广济桥	土木工程 （桥梁）	1171 年 [125]	南宋 （中国）	世界最早的启闭式桥梁	87.79
81	比萨斜塔	土木工程 （建筑）	1173 年 [501]	西西里王国 （意大利）	世界最著名的建筑过程中就发生倾斜且依然屹立的建筑，被誉为世界中古七大奇迹之一	90.94
82	拉利贝拉岩石教堂	土木工程 （建筑）	12 世纪 后期 [502]	扎格王朝 （埃塞俄比亚）	世界最大的整体式独石教堂（Biete Medhane Alem），在此岩石建筑群中，共有 11 座教堂，均完全凿建在山体岩石内的独石建筑群	88.71
83	夏尔特大教堂	土木工程 （建筑）	1194 年 [503]	法兰克王国 （法国）	世界当时玻璃面积最大的哥特式建筑巅峰代表	89.07
84	卢浮宫	土木工程 （建筑）	1204 年 [504]	法兰克王国 （法国）	欧洲最大最壮丽的宫殿建筑，世界最大的博物馆	92.75
85	亚眠大教堂	土木工程 （建筑）	1220 年 [505]	法兰克王国 （法国）	世界古代一次性建成的 13 世纪最高最大的教堂，开创了建筑史上采光的新阶段	88.11

续表

序号	名称	类型	年代（建设时间）	国家	入选理由	评分
86	科隆大教堂	土木工程（建筑）	1248 年 [506]	神圣罗马帝国（德国）	世界古代建造时间最长、高度最高的哥特式建筑教堂	90.10
87	阿尔罕布拉宫	土木工程（建筑）	13 世纪中期 [507]	格拉纳达王国（西班牙）	世界古代现存阿拉伯式的庭院式最美建筑群之一	88.85
88	佛罗伦萨大教堂	土木工程（建筑）	1295 年 [508]	意大利（意大利）	世界第一个无梁木框架支撑建造的圆顶教堂	90.62
89	姬路城	土木工程（建筑）	1346 年 [509]	南朝（日本）	日本城堡建筑的巅峰之作	88.66
90	米兰大教堂	土木工程（建筑）	1386 年 [510]	米兰公国（意大利）	世界最大的哥特式教堂	90.40
91	郑和宝船	制造工程（装备制造）	1405 年 [134]	明朝（中国）	世界古代最大的海船	90.74
92	北京故宫	土木工程（建筑）	1406 年 [135]	明朝（中国）	世界古代现存规模最大、保存最为完整的木质结构建筑群	92.62
93	十三陵	土木工程（陵墓）	1409 年 [136]	明朝（中国）	世界现存规模最大、帝后陵寝最多的皇陵建筑群	91.43
94	古劳马	土木工程（建筑）	1422 年 [511]	芬兰共和国（芬兰）	北欧最大的古木建筑群，芬兰最古老的港口之一	87.21
95	马丘比丘	土木工程（建筑）	15 世纪 [512]	印加帝国（秘鲁）	世界古代当时最先进建造技术的石制古城，被誉为世界新七大奇迹之一	88.14
96	圣彼得大教堂	土木工程（建筑）	1506 年 [513]	法兰克王国"教皇国"（梵蒂冈）	世界第一大教堂	91.69
97	罗马耶稣会教堂	土木工程（建筑）	1568 年 [514]	神圣罗马帝国（意大利）	世界第一座巴洛克建筑	89.39
98	胡马雍陵	土木工程（陵墓）	1570 年 [515]	莫卧儿王朝（印度）	世界现存最早的莫卧儿式陵墓工程	87.65
99	三十三孔桥	土木工程（桥梁）	1599 年 [516]	萨非王朝（伊朗）	伊朗古代最大的集桥梁与水坝于一体的水上工程	87.82
100	泰姬陵	土木工程（陵墓）	1631 年 [517]	莫卧儿王朝（印度）	印度最大的伊斯兰陵墓工程，被誉为世界新七大奇迹之一	91.42

 曲阜三孔
 罗马大道
 亚历山大灯塔
 秦始皇陵
 阿房宫
 阿旃陀石窟群

21 狄奥尼索斯剧场（希腊）
大奇迹之一
世界最早的全部用大理石兴建的建筑之一，世界古代七
剧的发源地
世界上最古老的露天剧场，希腊第一个剧场，欧洲戏

22 曲阜三孔（中国）
世界规模最大、延续时间最长的家族建筑工程群

23 奥林匹亚宙斯巨像（希腊）
当时最大的室内雕像，被誉为世界古代七大奇迹之一

24 帕特农神庙（希腊）
古希腊建筑成就最高的代表
世界古代最早最完美使用『视觉矫正』技术的建筑工程，

25 摩索拉斯陵墓（土耳其）
被誉为世界新七大奇迹之一
人类古代历史中建设最精美、影响巨大的陵园之一，

26 罗马大道（意大利）
西方古代规模最大、最完善的石制驰道

27 亚历山大港口（埃及）
当时世界两个最大的贸易港口之一

28 佩特拉古城（约旦）
被誉为世界新七大奇迹之一
连接欧亚的通商要道，当时世界规模最大的古建筑群

29 罗马高架渠（意大利）
伟大的奇观之一
当时世界规模最大的水利设施，被称为世界古代最

30 亚历山大灯塔（埃及）
世界第一座灯塔，被誉为世界古代七大奇迹之一

31 罗德岛太阳神巨像（希腊）
当时世界最高的神像，被誉为世界古代七大奇迹之一

32 都江堰（中国）
世界迄今为止年代最久远、唯一留存和使用、以无坝引水为特征的伟大水利工程

33 秦始皇陵（中国）
工程之一
世界规模最大、结构最奇特、内涵最丰富的帝王陵墓

34 万里长城（中国）
新七大奇迹之一，中国古代三大工程之一
世界规模最大的超巨型军事防御工程，被誉为世界

35 灵渠（中国）
的人工运河
世界最古老的运河之一，中国古代沟通湘江与漓江

36 秦直道（中国）
代第一条『高速公路』
世界最早、最直、最长、最宽的道路工程，被誉为古

37 阿房宫（中国）
世界规模最大的宫殿遗址工程建筑群

38 丝绸之路（中国）
陆路工程
世界古代最早最长最重要的东西方文明交流的驿站

39 汉长安城（中国）
当时世界规模最大的都市

40 阿旃陀石窟群（印度）
世界最早的佛教石窟，印度最大的石窟遗址

41 茂陵（中国）
帝王陵墓群
中国古代汉代规模最大，陵寝最高、修建时间最长的

42 龙首渠（意大利）（中国）
中国历史上的第一条地下渠，首创井渠法
罗...丁神庙（意大利）

公元前500年—公元元年

| 5世纪 公元前 | 478 公元前 | 457 公元前 | 447 公元前 | 353 公元前 | 4世纪中期 公元前 | 4世纪 公元前 | 312左右 公元前 | 312 公元前 | 300~280 公元前 | 292左右 公元前 | 256 公元前 | 247 公元前 | 221 公元前 | 214 公元前 | 212 公元前 | 212 公元前 | 202 公元前 | 202 公元前 | 2世纪 公元前 | 139 公元前 | 120 公元前 |

 弥斯神庙
 帕提农神庙
佩特拉古城
 都江堰
万里长城
茂陵

程
章图
（540年）

是人类改

旗帜性标

会"上的报告

三星堆遗址

石峁遗址

阿布辛贝神庙

罗马古城

良渚古城与水利工程

① 城头山遗址工程（中国）
溉设施完备的水稻田工程遗迹，被誉为『中国最早的灌溉设施』遗迹，城内有世界现存时代最早、保护最完整的古城遗址，中国目前唯一『发现时代最早、保护最完整的古城遗址，

② 良渚古城与水利工程（中国）
的水坝，中国最早的大型水利工程，人类（世界）早期代表城市文明的古城遗址，世界最早

③ 亚述古城（伊拉克）
公元前中亚地区最宏伟的都城，规模最大的城市之一

④ 异教徒坝（埃及）
水坝工程，世界上第一座挡水坝，迄今为止所知的最古老的大型

⑤ 埃及金字塔（埃及）
世界规模最大的金字塔建造工程，世界古代七大奇迹之一

⑥ 三星堆遗址（中国）
世界青铜文明的重要代表中国西南地区最大、时间最长的古城遗址，

⑦ 巨石阵（英国）
世界建筑最复杂的史前石圈工程

⑧ 石峁遗址（中国）
拥有世界古代功能最齐全、体系最完整的城防工程中国已发现的龙山晚期到夏早期规模最大的城市遗址，

⑨ 科迪勒拉水稻梯田（菲律宾）
世界最大规模梯田，世界最大的人造灌溉系统

⑩ 玛雅金字塔（墨西哥）
的巅峰之作，被誉为世界新七大奇迹之一世界仅次于埃及金字塔的著名金字塔。玛雅文明

⑪ 科菲尼引水坝与引水渠（希腊）
古希腊最早的水利工程，世界最早的水利工程之一

⑫ 阿布辛贝神庙（埃及）
古埃及最早人工劈凿构建的神庙

⑬ 恰高·占比尔（伊朗）
古波斯美索不达米亚平原保存最完整、最大的

⑭ 迦太基古城遗址（突尼斯）
的商港，北非最著名的古建筑群北非当时仅次于古罗马的第二大古城，地中海最大

⑮ 罗马古城（意大利）
世界著名的历史文化名城，古罗马帝国的发祥地当时世界规模最大的城市，世界最古老的城市之一，

⑯ 马里卜水坝（也门）
水利工程，当时世界上最宏伟的水坝之一阿拉伯半岛历史上规模最大、最坚固、存在时间最长的

⑰ 古巴比伦空中花园（伊拉克）
世界古代七大奇迹之一世界最早采用立体构造园方法建于高平台上的花园，具有

⑱ 苏州园林（中国）
文化艺术价值的园林建筑群世界造园史上规模最大、具有独特的历史地位和重大

⑲ 雅典卫城（希腊）
古希腊最杰出的古建筑群，世界最古老、最著名的城市之一

⑳ 阿尔忒弥斯神庙（土耳其）
古希腊最先进的供水系统，世界最古老、最著名的城市之一

公元前5000年—公元前1000年 | 公元前1000年—公元前500年

| 4450公元前 | 3300~2300公元前 | 3000公元前 | 2650公元前 | 2580公元前 | 2500~800公元前 | 2300左右公元前 | 2200公元前 | 2000~1000公元前 | 1800公元前 | 1300公元前 | 1300~1233公元前 | 1250公元前 | 814公元前 | 753公元前 | 7世纪中期 | 6世纪公元前 | 6世纪公元前 | 580公元前 | 550左右公元前 |

土木工程　水利工程　制造工程　运载工程　其他工程

埃及金字塔

玛雅金字塔

苏州园林

阿尔

ELINE

威斯敏斯特教堂

应县木塔

温莎堡

克里姆林宫

比萨斜塔

亚眠大教堂

佛罗伦萨大教堂

69 博亚纳教堂（保加利亚）
世界首批57项世界文化与自然遗产的项目之一东欧中世纪最完整、保存最好的建筑之一，以壁画而闻名，全世界

70 拉安斯欧克斯梅多国家历史遗址（加拿大）
欧洲人在北美的第一处居住地

71 施派尔大教堂（德国）
欧洲最大罗马式建筑教堂

72 应县木塔（中国）
世界古代现存最高大的木塔

73 福建土楼（中国）
共有46座土楼，世界最古老和最年轻的土楼都在此土楼建筑群中，规模最大最负盛名的古堡

74 伦敦塔（英国）
英国中世纪诺曼式建筑要塞，英格兰最早的石制建筑

75 温莎堡（英国）
现存世界最大的一座尚在使用的古堡式建筑，英国

76 安平桥（中国）
世界中古时代最长的梁式石桥，中国现存最长的海港大石桥

77 吴哥窟（柬埔寨）
世界最早最大的高棉式佛教建筑

78 克里姆林宫（俄罗斯）
殿建筑群，当时世界最大的宫殿建筑群之一，现今俄罗斯最大的宫

79 巴黎圣母院（法国）
世界第一座哥特式教堂

80 广济桥（中国）
世界最早的启闭式桥梁

81 比萨斜塔（意大利）
世界最著名的建筑之一，被誉为世界中古七大奇迹之一的建筑，世界最著名的建筑过程中就发生倾斜且依然屹立

82 拉利贝拉岩石教堂（埃塞俄比亚）
岩石内的独一石建筑在此岩石建筑群中，共有11座教堂，均完全凿建在山体岩石内，世界最大的整体式独石教堂（Biete Medhane Alem），

83 夏尔特大教堂（法国）
世界当时玻璃面积最大的哥特式建筑巅峰代表

84 卢浮宫（法国）
欧洲最大、最壮丽的宫殿建筑，世界最大的博物馆

85 亚眠大教堂（法国）
世界古代建造时间最长、高度最高的哥特式建筑教堂

86 科隆大教堂（德国）
开创了建筑史上采光的新阶段世界古代一次性建成的13世纪最高最大的教堂，

87 阿尔罕布拉宫（西班牙）
世界古代现存阿拉伯式的庭院建筑最美建筑群之一

88 佛罗伦萨大教堂（意大利）
世界第一个无梁木框架支撑建造的圆顶教堂

89 姬路城（日本）
日本城堡建筑的巅峰之作

90 米兰大教堂（意大利）
世界最大的哥特式教堂

91 郑和宝船（中国）
世界古代最大的海船

92 北京故宫（中国）
世界古代现存规模最大、保存最完整的木质结构建筑群

公元1000年—公元1640年

施派尔大教堂

福建土楼

安平桥

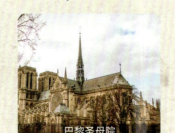
巴黎圣母院

卢浮宫

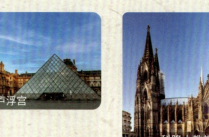
科隆大教堂

米兰大教堂

古罗马斗兽场

巴米扬大佛

龙门石窟

布达拉宫

乐山大佛

萨马拉大清真寺

44 坎儿井（中国）
古代三大工程之一
世界古代最大、最复杂的地下水利工程，被誉为中国

45 嘉德水道桥（法国）
世界现存最大的古罗马引水渠和最高的高架引水桥

46 古罗马斗兽场（意大利）
现代体育场设计的源头，被誉为世界中古七大奇迹之一
世界现存唯一一座四层斗兽场，古罗马建筑最杰出的代表，

47 阿克苏姆巨石柱（埃塞俄比亚）
人类有史以来建立的最大的独石建筑之一

48 巴米扬石窟（阿富汗）
世界现存规模最大的佛教石窟群

49 圣索菲亚大教堂（土耳其）
当时世界最大的教堂，拜占庭式建筑艺术的最杰出代表

50 君士坦丁堡（土耳其）
当时世界古代最大的城市之一，欧亚文明的交汇点

51 莫高窟（中国）
建筑工程
世界现存规模最庞大、内容最丰富、历史最悠久的佛教

52 巴米扬大佛（阿富汗）
世界第二大佛，当时世界最高的古代佛像

53 悬空寺（中国）
上的寺庙
世界现存唯一的佛、道、儒三教合一的，建造在悬崖峭壁

54 龙门石窟（中国）
世界上造像最多、规模最大的皇家石窟，中国四大石窟之一

55 赵州桥（中国）
世界现存最早、当时跨径最大、保存最完整的单孔石拱桥

56 隋唐大运河（中国）
世界上里程最长、工程最大的古代运河

57 法隆寺（日本）
世界现存最古老的木造建筑群

58 麦加大清真寺（沙特阿拉伯）
世界伊斯兰教第一大圣寺

59 布达拉宫（中国）
世界古代海拔最高、规模最大的宫殿建筑群

60 大明宫（中国）
安城的重大标志
当时世界最辉煌壮丽的、面积最大的宫殿建筑群，唐长

61 圆顶清真寺（以色列）
的清真寺之一
最早由穆斯林建造的宗教建筑，现存世界最古老

62 阿克萨清真寺（以色列）
最豪华最优美的建筑物和历史遗产
世界伊斯兰教第三大圣寺，西方历史学家誉为『地球上

63 乐山大佛（中国）
世界最大的第一大石刻佛像

64 东大寺（日本）
世界最大的木造建筑

65 婆罗浮屠塔（印度尼西亚）
世界最大的古老石头佛塔

66 萨马拉大清真寺（伊拉克）
迄今为止世界最大的伊斯兰教寺院

67 柏威夏寺（柬埔寨）
高棉古国最具代表性的大型石宫建筑工程

68 威斯敏斯特教堂（英国）
当时世界上最大的哥特式建筑 英国地位最高的教堂

公元元年—公元500年

公元500年—公元1000年

圣索菲亚大教堂

莫高窟

赵州桥

麦加大清真寺

大明宫

柏威夏寺

世界古代的第一个超级工程——良渚古城与水利工程（中国）（表 3.8 中的序号 2），建造于公元前 3300 年至前 2300 年，土木工程类超级工程是世界古代的主要工程类型。良渚古城与水利工程是人类（世界）早期代表城市文明的古城遗址，是世界最早的大型水利工程。

世界规模最大的超巨型军事防御工程——万里长城（中国）（表 3.8 中的序号 34），建造于公元前 221 年，属于土木工程类超级工程，被誉为世界中古七大奇迹之一，中国古代三大工程之一。它横跨中国的北方边境，起于中国东部的山海关，止于中国西部的嘉峪关，总长度约为 21195km（13170mi），是世界上最长的人工建筑。

世界最大的木制建筑超级工程——东大寺（日本）（表 3.8 中的序号 64），公元 743 年，土木工程类超级工程，东大寺最著名的建筑是大佛殿（Daibutsuden），它是世界上最大的木制建筑，高达 48.2m（157.8ft）。东大寺的南大门（Nandaimon），这是一座庄严壮观的守门大殿，门前有两尊巨大的金刚力士雕像，被认为是世界上最大的木雕像。

3.6.4 世界近现代超级工程排行榜

从 1640 年到 2022 年的 383 年间，共诞生了 134 项世界近现代超级工程（见世界近现代超级工程排行榜历史年代时间轴图）。其中现代（1917 年至 2000 年）时间跨度 84 年间建设超级工程 73 项，占 54.48%；2001 年到 2022 年，22 年间共建超级工程 44 项，年均 2 项，占 32.84%，奠定了世界近现代超级工程建设高峰期的历史地位。1970 年至 2000 年 31 年间诞生超级工程 43 项，年均 1.39 项，为世界近现代超级工程建设的第二高峰期，如表 3.9 所示。

表 3.9 世界近现代超级工程排行榜（按时间排序）

序号	名称	类型	年代（建设时间）	国家	入选理由	评分
1	圣保罗大教堂	土木工程（建筑）	1675 年 [518]	英国	世界近现代第一大圆顶教堂	89.67
2	白金汉宫	土木工程（建筑）	1703 年 [519]	英国	英国最知名的地标建筑之一，英国国家庆典和王室欢迎礼举行场地之一	90.87
3	圆明园	土木工程（建筑）	1707 年 [146]	清朝（中国）	世界当时最大的博物馆式的园林，被誉为"万园之园""一切造园艺术的典范"	92.15

续表

序号	名称	类型	年代 （建设时间）	国家	入选理由	评分
4	爱丽舍宫	土木工程 （建筑）	1718 年 [520]	法国	法兰西共和国最著名、最具有政治意义的建筑	89.62
5	阿巴拉契亚煤田	能源矿业工程 （矿产）	1750 年 [521]	美国	世界当时产量最大的煤田	89.44
6	伦敦大英博物馆	土木工程 （建筑）	1753 年 [522]	英国	世界历史最悠久、规模最宏伟的综合性博物馆	90.89
7	冬宫	土木工程 （建筑）	1754 年 [523]	俄国 （俄罗斯）	俄国新古典主义建筑艺术最伟大的建筑	85.28
8	凯旋门	土木工程 （建筑）	1806 年 [524]	法国	世界最大的圆拱门	87.62
9	新加坡港	运载工程 （港口）	1819 年 [525]	新加坡	世界第一大转运港口，世界最大的集装箱港口之一	89.41
10	苏伊士运河	水利工程 （运河）	1859 年 [526]	埃及	世界历史最悠久、通航船舶吨位和货物运量最大、效益最显著的海运河	93.25
11	巴黎歌剧院	土木工程 （建筑）	1861 年 [527]	法国	世界当时最大的歌剧舞台	90.46
12	圣家族教堂	土木工程 （建筑）	1882 年 [528]	西班牙	世界上唯一一座还未完工就被列为世界文化遗产的建筑	89.68
13	埃菲尔铁塔	土木工程 （建筑）	1889 年 [529]	法国	世界当时最高建筑，法国文化象征之一、巴黎城市地标之一	91.90
14	西伯利亚大铁路	运载工程 （铁路）	1904 年 [530]	俄国 （俄罗斯）	世界当时最长的铁路	91.90
15	奥林匹克号邮轮	制造工程 （装备制造）	1908 年 [531]	英国	世界第一艘邮轮	88.64
16	福特汽车生产线	制造工程 （装备制造）	1913 年 [532]	美国	世界上第一条生产流水线	90.82
17	巴拿马运河	水利工程 （运河）	1914 年 [533]	巴拿马	连接太平洋和大西洋航运要道的"世界桥梁"	88.64
18	百眼巨人号航空母舰	制造工程 （装备制造）	1917 年 [534]	英国	世界第一艘航空母舰	90.69
19	克莱斯勒大厦	土木工程 （建筑）	1926 年 [535]	美国	世界最高砖造建筑物，汽车制造帝国的标志	90.26

续表

序号	名称	类型	年代（建设时间）	国家	入选理由	评分
20	帝国大厦	土木工程（建筑）	1931 年[536]	美国	美国纽约的地标式建筑，是保持世界最高建筑地位最久的摩天大楼	87.77
21	胡佛大坝	水利工程（防洪除涝）	1931 年[537]	美国	美国最大的水利大坝工程	89.37
22	旧金山金门大桥	土木工程（桥梁）	1933 年[538]	美国	世界大型悬索桥工程的杰出代表，美国旧金山的象征	90.82
23	曼哈顿工程	制造工程（装备制造）	1942 年[539]	美国	世界上第一次核爆炸研制工程	93.10
24	鹿特丹港	运载工程（港口）	1947 年[540]	荷兰	世界当时第一大港口，有"欧洲门户"之称	91.32
25	雪山调水工程	水利工程（水资源管理）	1949 年[541]	澳大利亚	世界当时大型跨流域、跨地区调水工程	88.82
26	治黄工程	水利工程（防洪除涝）	1950 年[198]	中国	世界历史上规模最大的治理黄河工程	91.15
27	治淮工程	水利工程（防洪除涝）	1950 年[199]	中国	世界历史上 300 多万人参与的规模最大的治理淮河工程	89.20
28	加瓦尔油田	能源矿业工程（石油）	1951 年[542]	沙特阿拉伯	世界上产量最大的油田	88.37
29	大迪克桑斯坝	水利工程（防洪除涝）	1953 年[543]	瑞士	世界最高的混凝土重力坝，欧洲最高的水坝	89.29
30	卡拉库姆运河	水利工程（运河）	1954 年[544]	苏联（土库曼斯坦）	世界最大的灌溉及通航运河之一	91.56
31	大庆油田	能源矿业工程（石油）	1955 年[221]	中国	世界最大的陆相油田，中国第一超大油田，创造了中国石油工业的奇迹	90.11
32	荷兰三角洲工程	水利工程（防洪除涝）	1956 年[545]	荷兰	世界最大型的海上防洪工程	88.78
33	加利福尼亚州调水工程	水利工程（水资源管理）	1957 年[546]	美国	世界最大调水工程之一	93.16
34	卫星号运载火箭	运载工程（航空航天）	1957 年[547]	苏联（俄罗斯）	人类历史上第一枚运载火箭，把世界第一颗人造地球卫星送入轨道	88.88

序号	名称	类型	年代 （建设时间）	国家	入选理由	评分
35	成昆铁路	运载工程 （铁路）	1958 年 [223]	中国	世界难度最大的铁路工程，被誉为 20 世纪人类征服自然的三大奇迹之一	89.09
36	悉尼歌剧院	土木工程 （建筑）	1959 年 [548]	澳大利亚	澳大利亚地标式建筑，被誉为大洋洲乃至于南半球最著名的公共建筑	90.11
37	丘吉尔瀑布 水电站	水利工程 （水电站）	1960 年 [549]	加拿大	世界最大的地下电站之一，北美最大的土木工程项目	89.71
38	沙皇炸弹	制造工程 （装备制造）	1961 年 [550]	苏联 （俄罗斯）	世界体积、质量和威力最强大的炸弹	88.76
39	东方号宇宙 飞船	运载工程 （航空航天）	1961 年 [551]	苏联 （俄罗斯）	世界第一艘载人飞船	91.47
40	东方号系列运 载火箭	运载工程 （航空航天）	1961 年 [552]	苏联 （俄罗斯）	世界第一种载人航天运载工具，也是世界上发射次数最多的运载火箭系列	90.44
41	古里水电站	水利工程 （水电站）	1963 年 [553]	委内瑞拉	世界当时第一大水电站	88.89
42	日本新干线	运载工程 （铁路）	1964 年 [554]	日本	世界第一个投入商业运营的高速铁路系统	90.74
43	阿波罗号宇宙 飞船	运载工程 （航空航天）	1966 年 [555]	美国	世界首次把人类送上月球的航天运载工程	93.01
44	波音 747 大型 商用宽体 运输机	制造工程 （装备制造）	1966 年 [556]	美国	世界首架载客量超过 400 人的大型客机	91.99
45	土星 5 号运载 火箭	运载工程 （航空航天）	1967 年 [557]	美国	人类历史上使用过的自重最大、推力最大的运载火箭	91.85
46	萨扬－舒申斯 克水电站	水利工程 （水电站）	1968 年 [558]	苏联 （俄罗斯）	世界最高的重力拱坝	88.67
47	抽水蓄能电站 工程群	水利工程 （水电站）	1968 年 [251]	中国	世界最大规模的抽水蓄能电站工程群	88.58
48	阿斯旺高坝	水利工程 （防洪除涝）	1970 年 [559]	埃及	世界当时一座大型综合利用水利枢纽工程	90.16
49	长庆油田	能源矿业工程 （石油）	1970 年 [253]	中国	世界最大的非常规油气田	89.35

续表

序号	名称	类型	年代 （建设时间）	国家	入选理由	评分
50	科拉超深井	能源矿业工程 （矿产）	1970 年 [560]	苏联 （俄罗斯）	世界上最深的参数井，井深 12263m	89.78
51	图 160	制造工程 （装备制造）	1970 年 [561]	苏联 （俄罗斯）	世界最大的可变后掠翼超音 速战略轰炸机	89.30
52	古里核电站	能源矿业工程 （电力）	1972 年 [562]	韩国	世界目前在运行的最大核 电站	89.32
53	北海油田	能源矿业工程 （石油）	1973 年 [563]	英国、 挪威、 丹麦、 荷兰、 德国	世界当时最大的海上油田， 著名的石油集中产区	89.66
54	美国世贸大厦	土木工程 （建筑）	1973 年 [564]	美国	美国纽约最高的摩天大楼， 世贸中心一二号大厦"Twin Towers"（双子大厦）在 "9·11"事件中被撞毁	90.49
55	罗贡坝	水利工程 （防洪除涝）	1975 年 [565]	苏联 （塔吉克 斯坦）	世界最高的土石坝，也是世 界最高坝	87.94
56	伊泰普水电站	水利工程 （水电站）	1975 年 [566]	巴西与 巴拉圭	世界当时装机容量第二大、 发电量第二大水电站	88.25
57	柏崎刈羽核能 发电站	能源矿业工程 （电力）	1975 年 [567]	日本	世界当时发电能力最大的核 电站	88.32
58	诺克·耐维 斯号	制造工程 （装备制造）	1976 年 [568]	新加坡	世界当时最大的原油运输船	89.42
59	"和平号" 空间站	运载工程 （航空航天）	1976 年 [569]	苏联 （俄罗斯）	世界首个人类可长期居住的 空间站	88.89
60	法国 TGV	运载工程 （铁路）	1976 年 [570]	法国	世界最高时速铁路干线，时 速达到了 574.8km	88.78
61	941 型战略核 潜艇	制造工程 （装备制造）	1977 年 [571]	苏联 （俄罗斯）	世界目前已知建造和服役过 体积最大、排水量最大的核 潜艇	88.80
62	三北防护林 工程	其他工程	1978 年 [264]	中国	世界最大的人工林业生态 工程	92.78
63	杰贝勒阿里港	运载工程 （港口）	1979 年 [572]	阿拉伯联 合酋长国	世界最大的人工港	89.93

续表

序号	名称	类型	年代（建设时间）	国家	入选理由	评分
64	格拉沃利讷核电站	能源矿业工程（电力）	1980 年 [573]	法国	世界首座压水堆核电站	88.10
65	Alta 风能中心	能源矿业工程（电力）	1980 年 [574]	美国	当时世界最大、目前第二大陆上风电场	89.27
066	哥伦比亚号	运载工程（航空航天）	1981 年 [575]	美国	世界第一架正式服役的航天飞机	91.50
67	大人工河	水利工程（运河）	1984 年 [576]	利比亚	世界最大规模人工从沙漠地下取水调运工程	89.48
68	扎波罗热核电站	能源矿业工程（电力）	1985 年 [577]	苏联（乌克兰）	世界第三大核电站，欧洲最大的核电站	88.08
69	国际热核实验反应堆	制造工程（装备制造）	1985 年 [578]	法国	世界第一个实验型热核反应堆	89.64
70	英法海底隧道	土木工程（隧道）	1986 年 [579]	英国、法国	世界海底段最长的铁路隧道及第二长的海底隧道	90.43
71	安 225	制造工程（装备制造）	1986 年 [580]	苏联（俄罗斯）	世界起飞重量最大的运输机，载重量达 250t 以上，长程飞行的载重纪录保持者	88.38
72	哈桑二世清真寺	土木工程（建筑）	1987 年 [581]	摩洛哥	世界近现代建造的最大清真寺，可同时容纳 10 万人祈祷	88.08
73	大柳塔煤矿	能源矿业工程（矿产）	1987 年 [272]	中国	世界第一大现代化煤矿，开创了世界高产高效矿井建设先河	90.24
74	能源号运载火箭	运载工程（航空航天）	1987 年 [582]	苏联（俄罗斯）	世界至今仍保持推力最强纪录的运载火箭	90.97
75	明石海峡大桥	土木工程（桥梁）	1988 年 [583]	日本	世界跨径最大的悬索桥	89.49
76	GE90 航空发动机	制造工程（装备制造）	1990 年 [584]	美国	世界上推力最大的在役航空发动机	89.62
77	德国 ICE	运载工程（铁路）	1991 年 [585]	德国	世界最早的高速铁路系统工程	88.62
78	国际空间站	运载工程（航空航天）	1993 年 [586]	美国、俄罗斯等共 16 个国家	世界最大的空间站工程	94.69

续表

序号	名称	类型	年代 （建设时间）	国家	入选理由	评分
79	阿拉伯塔酒店	土木工程 （建筑）	1994 年 [587]	阿拉伯联合酋长国	世界第一个七星级酒店，即帆船酒店	89.03
80	三峡水利工程	水利工程 （水电站）	1994 年 [295]	中国	世界最大水利枢纽和发电工程	94.49
81	MQ-9 无人机	制造工程 （装备制造）	1994 年 [588]	美国	世界单机飞行时间记录最长的无人机	89.32
82	"欧洲之星"高速列车	运载工程 （铁路）	1994 年 [589]	英国	世界首条跨国、跨海高速列车	91.27
83	托克托发电工程	能源矿业工程 （电力）	1995 年 [300]	中国	世界最大的火力发电基地	89.86
84	空客"大白鲸"超级运输机	制造工程 （装备制造）	1995 年 [590]	法国	世界上仅次于安 225、货舱容积第二大的货运飞机	89.95
85	圣哥达基线隧道	土木工程 （隧道）	1999 年 [591]	瑞士	世界上最长、最深公铁隧道	93.00
86	美国罗切斯特煤矿	能源矿业工程 （矿产）	1999 年 [592]	美国	世界可开采量最大的煤矿	88.91
87	西气东输	能源矿业工程 （天然气）	2000 年 [315]	中国	世界等级最高、输气量最大的长距离输气管道	91.49
88	空客 A380	制造工程 （装备制造）	2000 年 [593]	法国	世界最大的远程商务客机	88.45
89	本田 ASIMO 机器人	制造工程 （装备制造）	2000 年 [594]	日本	世界当时最先进的类人机器人	89.85
90	东方超环	制造工程 （装备制造）	2000 年 [317]	中国	世界上第一个全超导非圆截面托卡马克核聚变实验装置	87.36
91	布什号航空母舰	制造工程 （装备制造）	2001 年 [595]	美国	世界现役攻击力最强的航空母舰	93.85
92	青藏铁路	运载工程 （铁路）	2001 年 [320]	中国	世界海拔最高、线路最长、穿越冻土里程最长的高原铁路	92.53
93	北京夏季奥运工程	土木工程 （建筑）	2002 年 [321]	中国	第 29 届夏季奥运会建筑群，以鸟巢、水立方为代表的世界独一无二的大型单体建筑	91.94

续表

序号	名称	类型	年代（建设时间）	国家	入选理由	评分
94	南水北调	水利工程（水资源管理）	2002 年 [322]	中国	世界最大的跨流域战略性水利工程	89.44
95	杭州湾跨海大桥	土木工程（桥梁）	2003 年 [327]	中国	世界当时最长的跨海大桥	93.72
96	神舟五号	运载工程（航空航天）	2003 年 [330]	中国	使中国成为世界第三个拥有载人航天飞船的国家	89.78
97	哈利法塔	土木工程（建筑）	2004 年 [596]	阿拉伯联合酋长国	世界第一高楼	90.67
98	神华煤直接液化工程	能源矿业工程（化工）	2004 年 [341]	中国	世界上第一个百万吨级煤炭直接液化生产清洁油品的商业化工程	89.36
99	洋山深水港	运载工程（港口）	2005 年 [350]	中国	世界单体规模最大、全自动的现代化港口	88.80
100	"福特"号航空母舰	制造工程（装备制造）	2005 年 [597]	美国	世界最大的航空母舰，也是排水量最大的航母	90.97
101	特高压交流输电工程	能源矿业工程（电力）	2006 年 [354]	中国	世界首项特高压交流输电重大创新工程	96.07
102	±800kV 特高压直流输电工程群	能源矿业工程（电力）	2006 年 [355]	中国	世界首项特高压直流输电重大创新工程	90.73
103	上海中心大厦	土木工程（建筑）	2008 年 [368]	中国	世界第二、中国第一高楼	88.95
104	大型强子对撞机	制造工程（装备制造）	2008 年 [598]	瑞士	世界最大、能量最高的粒子加速器	90.52
105	京沪高铁	运载工程（铁路）	2008 年 [376]	中国	世界一次建成线路最长、标准最高的高速铁路	87.77
106	"大鹏昊"运输船	制造工程（装备制造）	2008 年 [373]	中国	世界最大的极寒浅水航道LNG 专用船	91.37
107	港珠澳大桥	土木工程（桥梁）	2009 年 [379]	中国	世界集桥、岛、隧于一体的超大型跨海通道	88.58
108	"三北"风电基地	能源矿业工程（电力）	2009 年 [383]	中国	世界规模最大的陆上风力发电工程	92.72

续表

序号	名称	类型	年代（建设时间）	国家	入选理由	评分
109	中亚天然气管道	能源矿业工程（天然气）	2009 年 [599]	中国、土库曼斯坦、乌兹别克斯坦、哈萨克斯坦	世界最先进、输气量最大的陆上跨国天然气管道	88.69
110	西北风光储输工程	能源矿业工程（电力）	2010 年 [389]	中国	世界规模最大的集风电、光电、储能及智能输送的新能源综合性示范工程	89.22
111	中国空间站	运载工程（航空航天）	2010 年 [395]	中国	世界第三个空间站，正在运行的两个空间站之一	86.93
112	伦敦阵列	能源矿业工程（电力）	2011 年 [600]	英国	世界当时最大的海上风电工程	94.69
113	Sadara 项目	能源矿业工程（石化）	2011 年 [601]	沙特阿拉伯	世界规模最大的化工工程	88.94
114	重型猎鹰火箭	运载工程（航空航天）	2011 年 [602]	美国	世界现役运载能力最强、发射成本最低的重型火箭	89.62
115	萨尔马特导弹	制造工程（装备制造）	2011 年 [603]	俄罗斯	世界最大的洲际弹道导弹	88.98
116	FAST 工程	制造工程（装备制造）	2011 年 [401]	中国	世界口径最大、灵敏度最高的单口径射电望远镜	91.17
117	Bertha 盾构机	制造工程（装备制造）	2012 年 [604]	美国	世界当时最大型号的盾构机	89.02
118	青海光伏电站工程	能源矿业工程（电力）	2012 年 [408]	中国	世界最大的光伏电站群、世界最大的单体电站	90.44
119	沙特延布炼油	能源矿业工程（石化）	2012 年 [605]	沙特阿拉伯	世界第三大炼油工程	87.88
120	复兴号	制造工程（装备制造）	2012 年 [409]	中国	世界最先进、现代化程度最高的新一代高速列车	88.95
121	22000t 龙门吊	制造工程（装备制造）	2012 年 [410]	中国	世界起重能力最大的龙门吊	89.39
122	北盘江第一桥	土木工程（桥梁）	2013 年 [416]	中国	世界第一高桥	92.09

续表

序号	名称	类型	年代 （建设时间）	国家	入选理由	评分
123	布兹奥斯油田	能源矿业工程 （石油）	2013 年 [606]	巴西	世界当时最大的海上油田	88.13
124	蓝鲸 1 号	制造工程 （装备制造）	2013 年 [421]	中国	世界作业水深最深、钻井深度最大、设计理念最先进的半潜式钻井平台	89.99
125	大兴国际机场	土木工程 （机场）	2014 年 [423]	中国	世界规模单体最大、施工技术难度最大、无结构缝一体化航站楼	88.64
126	苹果飞船总部大楼	土木工程 （建筑）	2014 年 [607]	美国	世界有史以来智能化程度最高的建筑，具有最大的碳纤维独立屋顶	89.90
127	5G 移动通信	信息通信工程	2016 年 [434]	中国	世界覆盖面最广、最成熟、最先进的通信技术	92.33
128	Hornsea One 海上风电场	能源矿业工程 （电力）	2018 年 [608]	丹麦	当时世界最大的海上风电场	87.83
129	北溪二号	能源矿业工程 （天然气）	2019 年 [609]	俄罗斯	世界最长、输气量最大的海上跨国天然气管道	88.67
130	海洋奇迹号	制造工程 （装备制造）	2019 年 [610]	法国	世界最大最豪华的邮轮	87.71
131	24000 标准箱超大型集装箱船	制造工程 （装备制造）	2019 年 [443]	中国	世界装箱量最大的集装箱船，被誉为海上"巨无霸"	87.90
132	SCC98000TM 履带起重机	制造工程 （装备制造）	2020 年 [445]	中国	世界起重能力最强（4500t）的起重机	88.30
133	W12000-450 超大型平头塔机	制造工程 （装备制造）	2020 年 [446]	中国	世界首台超万吨米级的上回转超大型塔机	87.30
134	SWDM1280 旋挖钻机	制造工程 （装备制造）	2020 年 [447]	中国	世界动力头扭矩最大、施工孔径最大的旋挖钻机，被誉为"国之重器"	87.15

圣保罗大教堂（英国）为世界近现代的第一个超级工程（见表3.9中序号1）。1675 年，土木工程类超级工程仍旧是世界近现代初期的主要工程类型，在资产阶级革命和工业革命的双重影响下，英国的综合国力达到前所未有的高度。

1960

37.丘吉尔瀑布水电

世界最大的地下电站之一
土木工程项目

1957

33.加利福尼亚州调水工程(美国)

世界最大调水工程之一

1961

38.沙皇炸弹(苏

世界体积、重量和威

1947

24.鹿特丹港(荷兰)

世界当时第一大港口，
有"欧洲门户"之称

1951

28.加瓦尔油田(沙特阿拉伯)

世界上产量最大的油田

1957

34.卫星号运载火箭(苏联(俄罗斯))

人类历史上第一枚运载火箭，把世界上第
一颗人造地球卫星送入轨道

1961

39.东方号宇宙

世界第一艘载人飞舟

1949

25.雪山调水工程(澳大利亚)

世界当时大型跨流域、跨地区调水工程

1953

29.大迪克桑斯坝(瑞士)

世界最高的混凝土重力坝，
欧洲最高的水坝

1955

31.大庆油田(中国)

世界最大的陆相油田，中国
第一超大油田，创造了中国
石油工业的奇迹

1958

35.成昆铁路(中国)

世界难度最大的铁路工程，被誉为20世纪
人类征服自然的三大奇迹之一

金山金门大桥(美国)

型悬索桥工程的杰出代表，
金山的象征

1950

26.治黄工程(中国)

世界历史上规模最大的治理黄河工程

1954

30.卡拉库姆运河(苏联(土库曼斯坦))

世界最大的灌溉及通航运河之一

1956

32.荷兰三角洲工程(荷兰)

世界最大型的海上防洪工程

1961

40.东方号系列运载

世界第一种载人航天运载
次数最多的运载火箭系列

942

3.曼哈顿工程(美国)

世界上第一次核爆炸研制工程

1950

27.治淮工程(中国)

世界历史上300多万人参与的规模最大
的治理淮河工程

1959

36.悉尼歌剧院(澳大利亚)

澳大利亚地标式建筑，被誉为大洋洲
乃至于南半球最著名的公共建筑

站(加拿大)

，北美最大的

1963

41.古里水电站(委内瑞拉)

世界当时第一大水电站

苏联(俄罗斯)

力最强大的炸弹

1964

42.日本新干线(日本)

世界第一个投入商业运营的高速铁路系统

飞船(苏联(俄罗斯))

1967

45.土星5号运载火箭(美国)

人类历史上使用过的自重最大、推力最大的运载火箭

1968

46.萨扬—舒申斯克水电站(苏联(俄罗斯))

世界最高的重力拱坝

1968

47.抽水蓄能电站工程群(中国)

世界最大规模的抽水蓄能电站工程群

1970

50.科拉超深井(苏联(俄罗斯))

世界上最深的参数井，井深12263米

1970

51.图160(苏联(俄罗斯))

世界最大的可变后掠翼超音速战略轰炸机

1973

53.北海油田(英国、挪威、丹麦、荷兰、德国)

世界当时最大的海上油田，著名的石油集中产区

1973

54.美国世贸大厦(美国)

美国纽约最高的摩天大楼，世贸中心一二号大厦 "TWIN TOWERS"(双子大厦)在"9·11"事件中被撞毁

旧金山金门大桥　　　　　　　　　　加瓦尔油田

火箭(苏联(俄罗斯))

战工具，也是世界上发射

1966

43.阿波罗号宇宙飞船(美国)

世界首次把人类送上月球的航天运载工程

1966

44.波音747大型商用宽体运输机(美国)

世界首架载客量超过400人的大型客机

1970

48.阿斯旺高坝(埃及)

世界当时一座大型综合利用水利枢纽工程

1970

49.长庆油田(中国)

世界最大的非常规油气田

1972

52.古里核电站(韩国)

世界目前在运行的最大核电站

1975

55.罗贡坝(苏联(塔吉克斯坦))

世界最高的土石坝，也是世界最高坝

1975

56.伊泰普水电站(巴西与巴拉圭)

世界当时装机容量第二大、发电量第二大水电站

1975

57.柏崎刈羽核能发电站(日本)

世界当时发电能力最大的核电站

制造工程　　运载工程　　信息通信工程　　其他工程

1750
5.阿巴拉契亚煤田(美国)
世界当时产量最大的煤田

1753
6.伦敦大英博物馆(英国)
世界历史最悠久、规模最宏伟的综合性博物馆

1754
7.冬宫(俄国(俄罗斯))
俄国新古典主义建筑艺术最伟大的建筑

1819
9.新加坡港(新加坡)
世界第一大转运港口，世界最大的集装箱港口之一

1859
10.苏伊士运河(埃及)
世界历史最悠久、通航船舶吨位和货物运量最大、效益最显著的海运河

(中国)
...的博物馆式的园
"万园之园"、
术的典范"

1882
12.圣家族教堂(西班牙)
世界上唯一一座还未完工就被列为世界文化遗产的建筑

1889
13.埃菲尔铁塔(法国)
世界当时最高建筑，法国文化象征之一、巴黎城市地标之一

1908
15.奥林匹克号邮轮(英国)
世界第一艘邮轮

1913
16.福特汽车生产线(美国)
世界上第一条生产流水线

1917
18.百眼巨人号航空母舰(英国)
世界第一艘航空母舰

1926
19.克莱斯勒大厦(美国)
世界最高砖造建筑物，汽车制造帝国的标志

1933
22.旧
世界大
美国旧

大教堂

1718
4.爱丽舍宫(法国)
法兰西共和国最著名、最具有政治意义的建筑

1806
8.凯旋门(法国)
世界最大的圆拱门

1861
11.巴黎歌剧院(法国)
世界当时最大的歌剧舞台

1904
14.西伯利亚大铁路(俄国(俄罗斯))
世界当时最长的铁路

1914
17.巴拿马运河(巴拿马)
连接太平洋和大西洋航运要道的"世界桥梁"

1931
20.帝国大厦(美国)
美国纽约的地标式建筑，是保持世界最高建筑地位最久的摩天大楼

1931
21.胡佛大坝(美国)
美国最大的水利大坝工程

中国工程院
Chinese Academy of Engineering

中国工程院重大战略研究与咨询项目
中国石油国家高端智库重点支持项目

土木工程　能源矿业工程　水利工程

世界近现代超级工程
排行榜
历史年代时间轴图

以历史年代为顺序（1640年 —— 2022年）

工程是人类改造自然的伟大创造, 而超级工程就是人类改造自然伟大创造的巅峰之作, 是人类社会文明进步的旗帜性标志, 堪称皇冠上一颗颗璀璨夺目的明珠。

摘自胡文瑞院士在南京"全国企业现代化管理创新大会"上的报告

世界近现代超级工程历史年代时间轴图以"星汉灿烂"为设计理念。382年间, 134项超级工程群星闪耀, 每一项都是科技进步的不朽功勋, 每一颗都是人类文明的星汉灿烂。

WORLD MODERN AND CONTEMPORARY MEGA PROJECT TIMELINE

1707
3.圆明园
世界当时最大园林, 被誉为"一切造园"

1675
1.圣保罗大教堂(英国)
世界近现代第一大圆顶教堂

圣保罗

1703
2.白金汉宫(英国)
英国最知名的地标建筑之一, 英国国家庆典和王室欢迎礼举行场地之一

2013

122.北盘江第一桥(中国)

世界第一高桥

2013

123.布兹奥斯油田(巴西)

世界当时最大的海上油田

2013

124.蓝鲸1号(中国)

世界作业水深最深、钻井深度最大、
设计理念最先进的半潜式钻井平台

2016

127.5G移动通信(中国)

世界覆盖面最广、最成熟、
最先进的通信技术

2018

128.Hornsea One海上风电场(丹麦)

世界当时最大海上风电场

2020

132.SCC98000TM履带起重机(中国)

世界起重能力最强（4500吨）的起重机

2020

133.W12000-450超大型平头塔机(中国)

世界首台超万吨米级的上回转超大型塔机

2020

134.SWDM1280旋挖钻机(中国)

世界动力头扭矩最大、施工孔径最大的旋挖
钻机，被誉为"国之重器"

苹果飞船总部大楼

2014

125.大兴国际机场(中国)

世界规模单体最大、施工技术难度
最高、无结构缝一体化航站楼

最高的

2014

126.苹果飞船总部大楼(美国)

世界有史以来智能化程度最高的建筑，
具有最大的碳纤维独立屋顶

(中国)

门吊

2019

129.北溪二号(俄罗斯)

世界最长、输气量最大的海上跨国天然气管道

2019

130.海洋奇迹号(法国)

世界最大最豪华的邮轮

2019

131.24000标准箱超大型集装箱船(中国)

世界装箱量最大的集装箱船，被誉为海上"巨无霸"

2009

109.中亚天然气管道
(中国、土库曼斯坦、乌兹别克斯坦、哈萨克斯坦)

世界最先进、输气量最大的陆上跨国天然气管道

2012

117.Bertha盾构机(美国)

世界当时最大型号的盾构机

2008

105.京沪高铁(中国)

世界一次建成线路最长、标准最高
的高速铁路

2010

110.西北风光储输工程(中国)

世界规模最大的集风电、光电、储能及智
能输送的新能源综合性示范工程

2012

118.青海光伏电站工程(中国)

世界最大的光伏电站群、世界最大的
单体电站

2006

101.特高压交流输电工程(中国)

世界首项特高压交流输电重大创新工程

2008

106."大鹏昊"运输船(中国)

世界最大的极寒浅水航道LNG专用船

2010

111.中国空间站(中国)

世界第三个空间站,正在运行
的两个空间站之一

2011

114.重型猎鹰火箭(美国)

世界现役运载能力最大、发射
成本最低的重型火箭

2006

102.±800千伏特高压直流输电工程群(中国)

世界首项特高压直流输电重大创新工程

2012

119.沙特延布炼油(沙特阿拉伯)

世界第三大炼油工程

2008

103.上海中心大厦(中国)

世界第二、中国第一高楼

2009

107.港珠澳大桥(中国)

世界集桥、岛、隧于一体的
超大型跨海通道

2011

112.伦敦阵列(英国)

世界当时最大的海上风电工程

2011

115.萨尔马特导弹(俄罗斯)

世界最大的洲际弹道导弹

的现代化港口

2012

120.复兴号(中国)

世界最先进、现代化程度
新一代高速列车

空母舰(美国)

是排水量最大的航母

2008

104.大型强子对撞机(瑞士)

世界最大、能量最高的粒子加速器

2009

108."三北"风电基地(中国)

世界规模最大的陆上风力发电工程

2011

113.Sadara项目(沙特阿拉伯)

世界规模最大的化工工程

2011

116.FAST工程(中国)

世界口径最大、灵敏度最高的
单口径射电望远镜

2012

121.22000吨龙门

世界上起重能力最大的力

1994

79.阿拉伯塔酒店(阿拉伯联合酋长国)

世界第一个七星级酒店，即帆船酒店

1994

80.三峡水利工程(中国)

世界最大水利枢纽和发电工程

1994

81.MQ-9无人机(美国)

世界单机飞行时间纪录最长的无人机

1995

83.托克托发电工程(中国)

世界最大的火力发电基地

1995

84.空客"大白鲸"超级运输机(法国)

世界仅次于安225、货舱容积第二大的货运飞机

2000

87.西气东输(中国)

世界等级最高、输气量最大的长距离输气管道

2000

88.空客A380(法国)

世界最大的远程商务客机

2000

89.本田ASIMO机器人(日本)

世界当时最先进的类人机器人

2000

90.东方超环(中国)

世界上第一个全超导非圆截面托卡马克核聚变实验装置

2002

93.北京夏季奥运工程(中国)

第29届夏季奥运会建筑群，以鸟巢、水立方为代表的世界独一无二的大型单体建筑

2002

94.南水北调(中国)

世界最大的跨流域战略性水利工程

2004

97.哈利法塔(阿拉伯联合酋长国)

世界第一高楼

2004

98.神华煤直接液化工程(中国)

世界上第一个百万吨级煤炭直接液化生产清洁油品的商业化工程

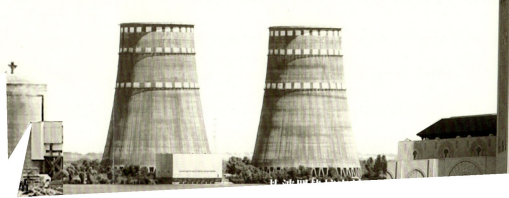

北海油田

、俄罗斯等共16个国家)

1994

82."欧洲之星"高速列车(英国)

世界首条跨国、跨海高速列车

1999

85.圣哥达基线隧道(瑞士)

世界上最长、最深公铁隧道

1999

86.美国罗切斯特煤矿(美国)

世界可开采量最大的煤矿

2001

91.布什号航空母舰(美国)

世界现役攻击力最强的航空母舰

2001

92.青藏铁路(中国)

世界海拔最高、线路最长、穿越冻土里程最长的高原铁路

2003

95.杭州湾跨海大桥(中国)

世界当时最长的跨海大桥

2003

96.神舟五号(中国)

使中国成为世界第三个拥有载人航天飞船的国家

2005

99.洋山深水港(中

世界单体规模最大、全

2005

100."福特"号航

世界最大的航空母舰，

诺克.耐维斯号(新加坡)

当时最大的原油运输船

"和平号"空间站(苏联(俄罗斯))

首个人类可长期居住的空间站

法国TGV(法国)

最高时速铁路干线，时速达到了574.8千米

1978

62.三北防护林工程(中国)

世界最大的人工林业生态工程

1979

63.杰贝勒阿里港(阿拉伯联合酋长国)

世界最大的人工港

1981

66.哥伦比亚号(美国)

世界第一架正式服役的航天飞机

1984

67.大人工河(利比亚)

世界最大规模人工从沙漠地
下取水调运工程

1986

70.英法海底隧道(英国、法国)

世界海底段最长的铁路隧道及第二长的海底隧道

1986

71.安225(苏联(俄罗斯))

世界起飞重量最大的运输机，载重量达250吨以上，
长程飞行的载重纪录保持者

1988

75.明石海峡大桥(日本)

世界跨径最大的悬索桥

1990

76.GE90航空发动机(美国)

世界上推力最大的在役航空发动机

1991

77.德国ICE(德国)

世界最早的高速铁路系统工程

美国罗切斯特煤矿

941型战略核潜艇(苏联(俄罗斯))

目前已知建造和服役过体积最大、排水量
核潜艇

1980

64.格拉沃利讷核电站(法国)

世界首座压水堆核电站

1980

65.Alta风能中心(美国)

世界当时最大、目前第二大陆上风电场

1985

68.扎波罗热核电站(苏联(乌克兰))

世界第三大核电站，欧洲最大的核电站

1985

69.国际热核实验反应堆(法国)

世界第一个实验型热核反应堆

1987

72.哈桑二世清真寺(摩洛哥)

世界近现代建造的最大清真寺，可同时容纳10万人祈祷

1987

73.大柳塔煤矿(中国)

世界第一大现代化煤矿，开创了世界高产高效矿井建设先河

1987

74.能源号运载火箭(苏联(俄罗斯))

世界至今仍保持推力最强记录的运载火箭

1993

78.国际空间站(美国

世界最大的空间站工程

百眼巨人号航空母舰（英国）为第一次世界大战转折期的第一个超级工程（见表 3.9 中序号 18）。1917 年，世界大战爆发迫使各国展开军备竞赛，第一艘航空母舰的诞生对后续世界制造业产生了深远影响。

西气东输（中国）为 21 世纪世界第一个超级工程（见表 3.9 中序号 87）。2000 年，西气东输是世界等级最高、输气量最大的长距离输气管道，是中国 21 世纪之初"西部大开发"标志性工程，与青藏铁路、西电东送、南水北调并称中国 21 世纪四大基础设施工程，是中国自主建造的世界级天然气管道。

第 4 章

分布与演化

　　超级工程是人类历史长河中留下的瑰宝，令人惊奇的是超级工程集中建造地域与人类文明地域、辉煌的时代高度重合，折射出人类社会发展的千古不变的历史规律。

本书从中国古代、中国近现代、世界古代和世界近现代四个部分对超级工程进行分析与研究，横跨了整个人类历史，囊括了各种特色鲜明、类型各异的超级工程。这些超级工程由于所属的时代不同、使用的技术不同、所处的地域不同，呈现出在工程功能、内在文化、建设过程、管理理念等方面的显著差异。因此本章从时间和空间角度分析超级工程在不同国家、地区和时间内的分布特点，针对某一类型的超级工程分析其工程技术、工程规模、工程管理的演化过程，探讨不同类型的超级工程在人类不同历史时期的分布和演化规律，还原超级工程在人类认识自然和改造自然的历史中的演化足迹，分析超级工程在人工物理、科学技术等方面的演化过程。此外，由于超级工程的复杂性，一个典型超级工程的建设需要承载不同的功能，涉及不同类型工程技术和人员，因此，不同类型的超级工程存在技术和人员的交叉，形成立体网状的连接形式。本章针对超级工程间的关联关系进行系统分析，挖掘不同超级工程之间的关联性和相互作用。如果我们把超级工程比作一种生命体，可以看到这种生命体从诞生到发展的所有过程，它也经历了地理上的迁徙，经历了个体上的发展变化，同时这种超级工程生命体之间相互影响，伴随着各种生命要素的连接与交换，完成了一次次在科技、规模、文化等多方位的演变与升华。

4.1　分布

主要包括中国古代、近现代和世界古代、近现代超级工程排行榜地理分布图和历史年代时间轴图。

4.1.1　地理分布

1. 中国古代超级工程地理分布

1）总体分布

入选中国古代超级工程的有 110 项。在地理位置上主要分布在陕西省（17 项超级工程）和中原地区（42 项超级工程）（见中国古代超级工程排行榜地理分布图）。

如果按照当代行政省份划分对中国古代超级工程地理分布进行分析和数量排序，陕西省内建立了最多的超级工程，共 17 项，中国古代工程按省份统计结果如图 4.1 所示。

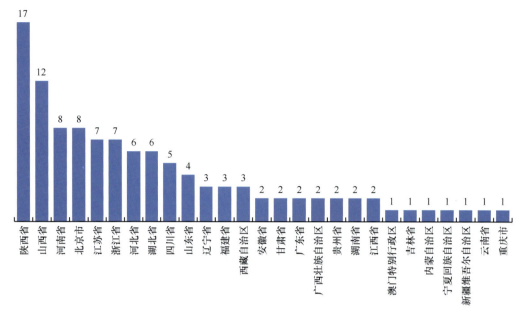

图 4.1 各省份中国古代超级工程数量统计

中国古代超级工程按地理区域分布划分为北部地区、西部地区、中部地区、南部地区、东部地区和跨区域的工程。按照地理区域对中国古代超级工程进行分析和数量排序为，中部地区 42 项、西部地区 30 项、东部地区 23 项、南部地区 10 项、北部地区 5 项。中国古代超级工程在不同地区分布的占比情况如图 4.2 所示。

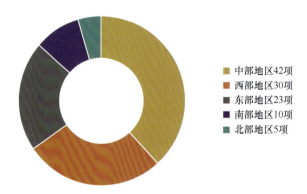

图 4.2 中国古代超级工程地区分布图

2）区域分布

（1）北部地区。

北部地区包括的省级行政区共 4 个，其中有 3 个省级行政区包含中国古代超级工程项目的起始地点，分别是吉林省（1）、辽宁省（3）、内蒙古自治区（1），共计土木工程 5 项，包括建筑 3 项、陵墓 2 项，如表 4.1 所示。

表 4.1 北部地区省份工程类别

省份	类型		数量
吉林省	土木工程	建筑	1
辽宁省	土木工程	建筑	1
		陵墓	2
内蒙古自治区	土木工程	建筑	1

（2）西部地区。

西部地区包括的省级行政区共 8 个，其中有 7 个省级行政区包含中国古代超级工程项目的起始地点，分别是陕西省（17）、四川省（5）、西藏自治区（3）、甘肃省（2）、重庆市（1）、宁夏回族自治区（1）、新疆维吾尔自治区（1），共计 30 项工程。包含土木工程 24 项（建筑 14 项，陵墓 4 项，公路 3 项，石窟 3 项）、水利工程 5 项（防洪除涝 1 项、运河 1 项、天然水收集 3 项）和制造工程 1 项，如表 4.2 所示。

表 4.2 西部地区省份工程类型

省份	类型		数量
甘肃省	土木工程	石窟	2
宁夏回族自治区	水利工程	运河	1
陕西省	水利工程	天然水收集	2
	土木工程	公路	3
		建筑	7
		陵墓	4
	制造工程	装备制造	1
四川省	水利工程	防洪除涝	1
	土木工程	建筑	4
西藏自治区	土木工程	建筑	3
新疆维吾尔自治区	水利工程	天然水收集	1
重庆市	土木工程	石窟	1

（3）中部地区。

中部地区有6个省级行政区，分别是北京市（8）、河北省（6）、河南省（8）、湖北省（6）、江西省（2）和山西省（12），共计42项超级工程。包含土木工程35项（建筑27项，陵墓4项，桥梁2项，石窟2项）、水利工程5项（防洪除涝2项，天然水收集2项，运河1项）和其他工程2项，如表4.3所示。

表4.3　中部地区省份工程类型

省份	类型		数量
北京市	土木工程	建筑	6
		陵墓	1
		桥梁	1
河北省	土木工程	建筑	2
		陵墓	2
		桥梁	1
	其他工程		1
河南省	水利工程	防洪除涝	1
		天然水收集	1
		运河	1
	土木工程	建筑	4
		石窟	1
湖北省	水利工程	防洪除涝	1
		天然水收集	1
	土木工程	建筑	3
		陵墓	1
江西省	土木工程	建筑	1
	其他工程		1
山西省	土木工程	建筑	11
		石窟	1

（4）东部地区。

东部地区有6个省级行政区，其中有5个省级行政区包含中国古代超级工程项目的起始地点，包括安徽省（2）、福建省（3）、江苏省（7）、山东省（4）和浙江省（7）共计 23 项工程。包含土木工程 14 项（建筑 10 项，陵墓 1 项，桥梁 3 项）、水利工程 7 项（防洪除涝 2 项，水资源管理 1 项，运河 3 项，天然水收集 1 项）、装备制造 1 项和其他工程 1 项，如表 4.4 所示。

表 4.4 东部地区省份工程类型

省份	类型		数量
安徽省	水利工程	天然水收集	1
	土木工程	建筑	1
福建省	土木工程	建筑	1
		桥梁	2
江苏省	水利工程	运河	2
	土木工程	建筑	3
		陵墓	1
	制造工程	装备制造	1
山东省	土木工程	建筑	4
浙江省	水利工程	防洪除涝	2
		水资源管理	1
		运河	1
	土木工程	建筑	1
		桥梁	1
	其他工程		1

（5）南部地区。

南部地区有 7 个省级行政区，其中有 6 个省级行政区包含中国古代超级工程项目的起始地点，包括澳门特别行政区（1）、广东省（2）、广西壮族自治区（2）、贵州省（2）、湖南省（2）、云南省（1），共计 10 项工程。包含土木工程 9 项（建筑 8 项，桥梁 1 项）、水利工程（运河）1 项，如表 4.5 所示。

表4.5 南部地区省份工程类型

省份	类型		数量
澳门特别行政区	土木工程	建筑	1
广东省	土木工程	建筑	1
		桥梁	1
广西壮族自治区	水利工程	运河	1
	土木工程	建筑	1
贵州省	土木工程	建筑	2
湖南省	土木工程	建筑	2
云南省	土木工程	建筑	1

从中国古代超级工程的地区分布情况可以看出，中国文明的起源和发展中心都位于农耕文明地区，北到辽河流域、南到珠江和红河流域、西到河西走廊、东到大海。这些区域的气候温和甚至炎热，降雨丰富，是典型的季风性气候，因此十分适合农业的发展。但是这些地区内部的差距也比较大，总体上可以分为北方地区和南方地区。

中国古代北方地区的森林覆盖较少，大部分地区都是茂盛的草地、草原。因此黄河流域的开发难度较小，成了中华文明的主要起源地。南方地区主要包括长江流域和珠江流域。南方的气候更加温暖，降雨量更加丰富，但是由于森林密布、地形崎岖，增加了开发的难度。因而，历史上中国农业的开发是从北方开始，逐渐向南方扩张。到了唐宋之后，南方的潜力发挥了出来，逐渐成了中国的经济重心。

南北方的地理条件使得中国成了一个传统的农业大国。但是南北方都属于典型的季风性气候，容易出现洪涝和干旱，需要强大的国家力量来组织修建大型的水利工程进行救灾以及抵御外患。长此以往，中国就形成了集权式的政体。这说明，中国古代集权主义、专制主义是建立在中国农耕经济基础之上的。

因此，中国古代农耕经济发达地区出现的超级工程较多，在专制王权贵族聚居的地区出现超级工程也较多。

2. 中国近现代超级工程地理分布

1）总体分布

入选中国近现代超级工程的有 299 项，按地理分布排序依次为北京市、上海市、广东省、甘肃省、陕西省、新疆维吾尔自治区、湖南省、江苏省、辽宁省、山东省、浙江省、内蒙古自治区、四川省、湖北省、山西省、河北省、河南省、云南省、福建省、黑龙江省、安徽省、海南省、贵州省、青海省、吉林省、西藏自治区、重庆市、广西壮族自治区、江西省、天津市、香港特别行政区、宁夏回族自治区、台湾省（见中国近现代超级工程排行榜地理分布图）。中国近现代超级工程在不同省份的分布情况如图 4.3 所示。

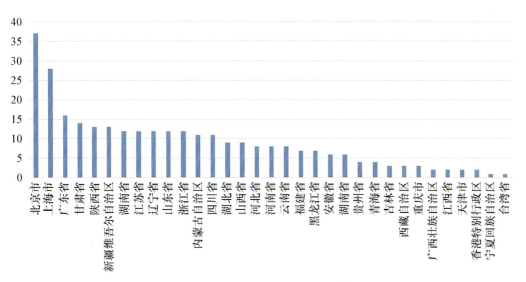

图 4.3　中国近现代超级工程省份分布图

中国近现代超级工程按地理区域分布划分为华东地区、华北地区、西北地区、西南地区、华中地区、东北地区、华南地区、港澳台地区以及其他跨区域的工程。华东地区、华北地区和西北地区工程所占比例较高，分别为 27%、22% 和 15%。西南地区、华中地区所占比例居中，各占 10%。华南地区、东北地区和港澳台地区所占比例较低，分别为 8%、7% 和 1%。

2）区域分布

（1）华东地区。

华东地区自然环境条件优越、物产资源丰富、商品生产发达、工业门类齐全，是中国综合技术水平最高的经济区。轻工、机械、电子工业在全国占主导地位。铁路、水运、公路、航运四通八达，是中国经济文化最发达地区，如图4.4所示。

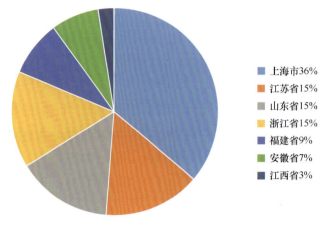

图4.4 华东地区超级工程分布

分布在华东地区的超级工程有：杭州湾跨海大桥——连接浙江宁波和上海市，是世界上最长的跨海大桥之一；上海中心大厦——位于上海市中心，是中国第二高的摩天大楼，也是目前世界上最高的钢结构建筑。

中国华东地区作为经济发达地区，具有较为先进的建设技术和强大的资金支持，同时地理位置也决定了该地区需要修建大量的基础设施，此外，华东地区拥有众多的河流和海岸线，需要建设大量的桥梁、隧道、码头和海岸防护设施等，因此土木工程超级工程在该地区占据了重要地位。

上海、山东、江苏和浙江地区在经济、技术、地理、政策和人口等方面都具备了建设超级工程的条件，因此建设的超级工程也相对较多。同时，其他省份在不同的领域也有着自己的超级工程建设，如湖北的三峡水利枢纽工程、广东的港珠澳大桥等，各具特色，为中国的发展和进步作出了重要贡献。

（2）华北地区。

华北地区的北京是我国的首都，是我国政治、经济、文化中心，有着非常重要的地位和影响力。因此，为了适应城市的发展和提升城市的形象，北京在超级工程方面的投资和建设相对较多，其超级工程分布如图4.5所示。

华北地区的超级工程包括许多大型的基础设施项目，如水利工程、交通运输、能源、环保等方面。华北地区超级工程有：大兴国际机场——位于北京市大兴区，是中国规模最大、功能最全面的国际机场；南水北调工程——起源于江苏

才智，描绘了波澜壮阔的历史画卷，创造了同期世界历史上极其灿烂的物质文明与精神文明。此次中国古代超级工程筛选发现在奴隶社会与封建社会中建立了属于每个朝代独特作用和意义的超级工程，如万里长城、隋唐大运河、明清故宫等超级工程，无不反映出高超的生产技术和古代人民的劳动智慧，这些工程从各个方面大大推动了人类社会的发展。

2. 中国近现代超级工程时间分布

1840年以来，中国经历了从无到有的工业化进程，建设了大量的超级工程，这些工程涉及土木工程、水利工程、能源矿业工程、制造工程、运载工程和信息通信工程等领域。这些超级工程具有以下规律和特点：

（1）1840年至1948年：这一时期是中国"早期现代化"阶段，以资本主义现代化为主体。中国的超级工程建设主要集中在制造工程、土木工程领域。从工业化进程看，军事工业超前，民用工业滞后。如清政府创办最早的以手工制造近代武器的军工作坊安庆军械制造，清政府洋务派开设的中国近代最大的军火制造工程江南机器制造，中国近代最大的民族军事工业制造群金陵机器制造，中国第一家、也是当时最大的钢铁联合企业汉阳铁厂等。中国除了最早的近代大型机械化煤矿开滦煤矿之外，运输工程建设也得到重视，如吴淞铁路、刘铭传铁路隧道、京汉铁路、陇海铁路、京张铁路等。由于中国在这一时期受到列强的侵略和掠夺，经济和技术水平相对较低，因此建设规模相对较小，但这一时期的超级工程建设为中国的经济发展奠定了基础。

（2）1949年至1977年：这一时期，从新中国成立到改革开放前夕，党领导人民完成社会主义革命，消灭一切剥削制度，实现了中华民族有史以来最为广泛而深刻的社会变革，实现了从一穷二白、人口众多的东方大国大步迈进社会主义社会的伟大飞跃。中国的超级工程建设进入高峰期，建设规模和数量大幅增加，主要集中在制造工程、水利工程和能源矿业工程等领域。1964年10月16日，我国第一颗原子弹爆炸成功，罗布泊上空的蘑菇云振奋了全中国。1970年，中国发射了第一颗人造地球卫星东方红一号。国家集中力量治理了淮河和修建了荆江分洪、黄河下游防洪工程等骨干项目，初步改变了旧中国江河堤岸年久失修、水患频繁的状况。同时遵循"经济要发展、电力要先行"的发展理念，我国非化石能源发电蓬勃发展。水电方面，"自主设计、自制设备、自己建设"的第一座大型水电站——新安江水电站。

（3）1978年至2012年：这一时期，改革开放和社会主义现代化建设的伟大成就举世瞩目，我国实现了从生产力相对落后的状况到经济总量跃居世界第二的历史性突破，实现了人民生活从温饱不足到总体小康、奔向全面小康的历史性跨越，推进了中华民族从站起来到富起来的伟大飞跃。日益雄厚的经济实力，是建设超级工程的底气；蓬勃发展的科学技术，是建设超级工程的动力。这一时期，中国的超级工程建设进入高速发展阶段，注重提高工程项目的技术水平和质量，主要集中在水利工程、能源矿业工程、制造工程和运载工程等领域。如实现中国特色社会主义现代化进程中的第一个特大工程——上海宝钢、中国自行设计建造的第一座核电站——秦山核电站、中国第一座装机容量500万kW的巨型火电厂——北仑发电厂、世界第一大井工煤矿——补连塔矿井、世界上最大水利枢纽工程——三峡水利工程、中国距离最长的西气东输工程、世界上海拔最高的铁路——青藏铁路、中国最大的跨流域战略性惠民水利工程——南水北调工程等。

（4）2013年至2022年：这一时期，中国特色社会主义进入新时代。行进在中华民族伟大复兴的历史征程上，中国人民书写下极不寻常、极不平凡的时代篇章。新时代的伟大变革中，一项项重点工程、一个个国之重器、一次次创新突破，不同维度的独特标识记录下中国的非凡十年。中国的超级工程建设进入新的发展阶段，注重提高工程项目的创新能力和国际竞争力，主要集中在能源矿业工程、制造工程、运载工程和信息通信工程等领域。如世界单体规模最大、施工技术难度最大的无结构缝一体化航站楼——北京大兴机场，中国首创、远距离、大容量、低损耗的现代输电工程——±1100kV特高压直流输电工程，世界最前沿的通信技术工程——5G移动通信，世界口径最大、灵敏度最高的单口径射电望远镜——FAST工程和中国空间站等。

总体来说，中国近现代超级工程建设经历了从制造工程到多领域全面发展的过程，建设规模和技术水平不断提高，为中国的经济社会发展作出了重要贡献，同时也为世界工程技术的发展提供了宝贵的经验和借鉴。

3. 世界古代超级工程时间分布

世界古代超级工程年代分布在整个研究时间跨度内呈现出5个具有不同特征的阶段。第一阶段：公元前300万年至前4500年，各超级工程散落分布，建筑实践活动较少，无建筑史记载；第二阶段：前4500年至前1000年，建筑类型增多，原始宗教建筑和宫殿建筑为主流，出现了以两河流域和尼罗河流域为代表的早期城市建设和建筑实践；第三阶段：前 1000 年至公元元年，超级工程在年表中的密度提高，出现了在年表中的第一次高潮期，以古希腊城邦建设为主，庙宇和公共建筑兴建；第四阶段：公元元年至 1000 年，基督教建筑开始发展，前期以古罗马为主要代表的城市建设和建筑实践繁荣，后期以东罗马帝国、西罗马帝国和伊斯兰国家为三大阵营，兴建的宗教建筑各成一派；第五阶段：1000 年至 1750 年，基督教建筑占据主要地位，与此相关的艺术形式与题材也在数量上占绝对优势。天主教压迫下产生了新教，为新教建筑的变革提供了契机。此时在西方先后出现了三种风格类型的建筑，巴洛克式、洛可可式、古典主义建筑分别在不同区域流行开来。

4. 世界近现代超级工程时间分布

我们将世界近现代按照近代（1640 年至 1917 年）、现代（1918 年至今）两个时间段对世界近现代超级工程的时间分布进行分析。总体上说，近代超级工程主要集中于土木工程行业；现代超级工程主要集中于运载工程和能源矿业工程，现代超级工程主要集中于运载工程、能源矿业工程和制造工程。

1640 年，英国资产阶级革命爆发，建立了以资产阶级和土地贵族联盟为基础的君主立宪制度。资产阶级利用国家政权加速推行发展资本主义的政策和措施，促进了工业革命各种前提条件的迅速形成。这一时期的超级工程仍然围绕建筑工程展开，虽然第一次工业革命让机械化大生产成为可能，从纺织到汽车生产，人类生产方式进行了快速迭代升级，为后续多类型超级工程的发展奠定了非常重要的基础。

俄国十月革命后的 1922 年，一个近代历史上非常重要的国家诞生——苏维埃社会主义共和国联盟，这是人类历史上第二个无产阶级政权（第一个是巴黎公社无产阶级政权）和由马克思主义政党领导的第一个社会主义国家——俄罗斯苏维埃联邦社会主义共和国。这一时期，第一次工业革命所带来的生产力提升，终于开始开花结果，多种类型的大型工程逐渐涌现，人们利用机器生产的大型机械工具开始对自然资源进行进一步的挖掘和采掘，同时制造工具质量和功能的提升，促进了工程建造工艺的飞速发展。人们开始围绕能源矿业、水利、运载和制造等建设多项超级工程。而 1960 年左右开始的第二次工业革命，以及逐渐成长起来的计算机技术，更是推动着现代时期大量超级工程发展和涌现，苏联和美国的冷战，也促使多个军事装备和航空航天领域的超级工程诞生。

2000年后，能源和制造成为社会发展的两大重要主题，世界范围内的能源矿业工程和制造工程得到了前所未有的关注和发展，尤其在中国土地上制造工业的快速发展，大型的轮船、盾构机成为21世纪超级工程的产出成果。我们通过不同时代超级工程所在地区的分布，可以看到世界近代超级工程主要集中于欧洲，现代当代超级工程中亚洲和北美洲占比逐步上升。欧洲是资产阶级革命、工业革命的发源地，因此工业生产的变化节奏尤为明显，近代（1640年至1917年）所诞生的超级工程主要出现欧洲。但随着美国的崛起，第二次世界大战的爆发，欧洲经济发展的速度逐渐下降，而超级工程项目建设实施需要依靠大量资源和人力，因此这一阶段的超级工程主要集中在北美洲和亚洲，尤其是2010年开始，超级工程在中国大地上井喷式增长，诞生了许多对中国乃至世界经济发展做出巨大贡献的各类型超级工程。

4.1.3　行业分布

（1）中国近现代超级工程。

中国近现代超级工程按行业分为土木工程、水利工程、能源矿业工程、制造工程、运载工程、信息通信工程和其他工程七大类。制造工程和能源矿业工程占比最高，分别占28%和27%，总占比超过50%；其次是土木工程、水利工程和运载工程，分别占17%、12%和11%；其他工程和信息通信工程占比较低，分别为4%和1%，如图4.12所示。

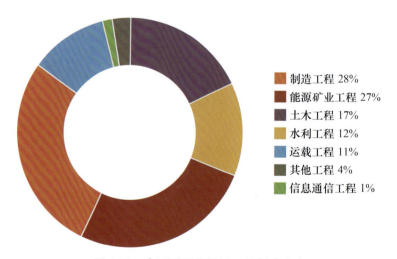

制造工程 28%
能源矿业工程 27%
土木工程 17%
水利工程 12%
运载工程 11%
其他工程 4%
信息通信工程 1%

图4.12　中国近现代超级工程行业分布

对各个行业进行进一步的细分，制造工程中，装备制造占据了超过 90% 的比例，材料制造占比近 10%；能源矿业工程中，电力工程占比最大，其次是石化工程，矿产、石油和天然气工程也占有重要的比重；土木工程中，建筑、桥梁和公路是比重较大的部分，还包括机场、隧道和地铁；水利工程中，水电站占比最大，超过 30%，天然水收集工程、水资源管理工程和防洪除涝工程各占比超过 20%；运载工程中，铁路工程占比超过一半，其次是航空航天工程，然后是港口，如图 4.13 所示。

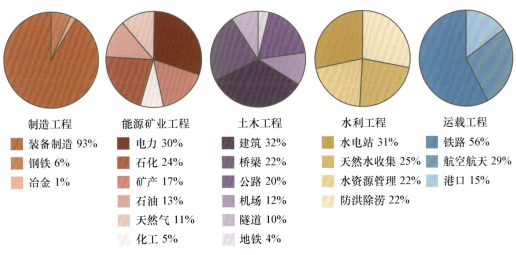

制造工程	能源矿业工程	土木工程	水利工程	运载工程
■ 装备制造 93%	■ 电力 30%	■ 建筑 32%	■ 水电站 31%	■ 铁路 56%
■ 钢铁 6%	■ 石化 24%	■ 桥梁 22%	■ 天然水收集 25%	■ 航空航天 29%
■ 冶金 1%	■ 矿产 17%	■ 公路 20%	■ 水资源管理 22%	■ 港口 15%
	■ 石油 13%	■ 机场 12%	■ 防洪除涝 22%	
	■ 天然气 11%	■ 隧道 10%		
	■ 化工 5%	■ 地铁 4%		

图 4.13　中国近现代超级工程各行业单体工程分布

（2）世界近现代超级工程。

世界近现代超级工程在土木工程、水利工程、能源矿业工程、制造工程、运载工程等各领域的典型性和具有代表性的超级工程数量分布较为平均，分别占 21%、15%、21%、24% 和 18%。从世界范围来看，随着科学技术的发展，特别是航空航天技术和高速铁路技术的发展，运载领域的超级工程在逐步增加。从同一领域的不同行业来看，超级工程数量的分布呈现不均匀的现象。以土木工程为例，建筑在人类发展历程中占据重要的地位，因此建筑行业的超级工程在土木工程领域占据较大的比例。各个工程领域和工程行业在世界范围内的超级工程数量统计如表 4.6 和图 4.14 所示。

中国古代超级工程和世界古代超级工程按照自然属性分类多属于土木工程，行业类型较为单一，因此中国古代超级工程和世界古代超级工程的行业分布将在后续的系列丛书中做具体分析。

表 4.6 世界近现代超级工程行业分布表

工程领域	工程行业	超级工程数量
土木工程	建筑	20
	桥梁	5
	隧道	2
	机场	1
水利工程	防洪除涝	7
	水电站	6
	运河	4
	水资源管理	3
能源矿业工程	电力	13
	石油	5
	矿产	4
	天然气	3
	石化	2
	化工	1
制造工程	装备制造	32
运载工程	航空航天	12
	铁路	8
	港口	4
信息通信工程		1
其他工程		1

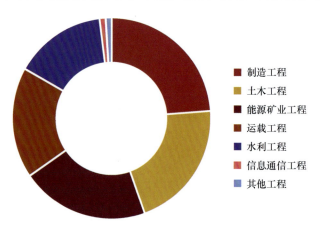

- 制造工程
- 土木工程
- 能源矿业工程
- 运载工程
- 水利工程
- 信息通信工程
- 其他工程

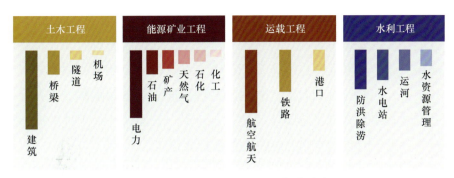

图 4.14 世界近现代超级工程行业分布图

4.2 演化

超级工程的演化过程受到当时当地的科技、经济、文化的发展制约与影响，是一种发展的历史轨迹，同时也反映了科技、经济和文化的演进过程。本节从超级工程的发展历史、技术领域、建设区域、关键要素、相互关系等微观角度总结超级工程的迁移路径和发展变化，主要包括关键要素演化、地理变迁演化、年代时间演化、科学技术演化和造物关联演化。

4.2.1 关键要素演化

超级工程的形成与发展，是人类在工程领域智慧与经验的积累。从表面上看是各类工程技术的演化与流动，是个体工程中订单流、人员流、资金流、设备流、物料流与信息流组织运动的结果，可以看作是一个动态系统，系统动力学是研究复杂动态系统的有效方法，由福瑞斯特（Forrester）教授于 1958 年为分析生产管理及库存管理等企业问题而提出，最初叫工业动态学，是一门分析研究信息反馈系统的学科，也是一门认识系统问题和解决系统问题的交叉综合学科。系统动力学将组织中的运作，以六种"流"来加以表示，包括订单流、人员流、资金流、设备流、物料流与信息流，这六种"流"归纳了组织运作所包含的基本结构。如果我们把每个超级工程中的基本要素如资金、信息、技术、人才等都看作可流动的元素的话，每个超级工程间是通过许多"流"建立联系和网络的。这种元素的流动从更宏观的角度来分析就可以看到工程基本元素的迁移路径。这种迁移可以是建设区域、建设领域，也可以是某一类科学技术与组织形式。

从深层次看，不同超级工程间的科学、技术、工程、管理知识的流动与迁移，也充分反映了系统动力学的特征。有别于个体工程中的元素流动，超级工程间的元素流动，更多地体现在资金流、技术流、人员流、信息流四个主要方面。超级工程的迁移主要是资金流、技术流、人员流、信息流随着时间在各超级工程间的流动与变迁。这种迁移过程，受到工程本身及科学、技术、管理知识的发展的推动和制约，同时还受到政治、社会与经济发展的引导和限制。一方面，周边环境的各种因素综合影响了超级工程的发展；另一方面，超级工程的迁移过程也反映了时代背景下的政策方向、经济发展与社会进步。

一项超级工程从计划开始到最终运行维护，大多是国家政府的意志和决策结果，是国家政府根据经济发展需要、技术水平积累、资本积累所作出的综合的、复杂的重大决定。因为一项超级工程所涉及的投资规模、物资规模、人员规模都不是一个企业或者一个团体所能承载的。它要比想象中复杂得多。随着人类社会经济发展不断加速，超级工程的数量也逐年剧增。如果按照系统动力学方法，将资金流、技术流、人员流、信息流作为超级工程间流动的主要元素，我们可以分析出超级工程迁移的一种阶梯式结构。这种阶梯式迁移过程是超级工程发展的必然结果，反映了人类在工程建设、工程管理领域的重要成果。有别于一般的工程或者重大工程，超级工程的投资规模巨大、建设周期较长、数量相对较少，因此以时间维度来考察超级工程的出现频率会发现，超级工程的出现以工程科学、工程技术的发展速度为基础，呈阶段式和跳跃式的发展趋势。这种发展趋势是超级工程阶梯式迁移过程的必然体现。

根据系统动力学原理，我们可以在超级工程的发展过程中清晰地看到资金流、技术流、人员流、信息流对超级工程发展的深刻影响及它们的流动过程。从资金流、技术流、人员流、信息流角度看，超级工程由最初的劳动密集、技术基础、资金投入少但意义重大的工程，过渡到资金雄厚、技术先进、国内外领先的工程建设项目，最后发展为今天的海量资金投入、拥有世界顶尖的工程技术，并实现了世界首创的超级工程，完成了阶梯式的迁移过程。这个迁移过程反映了超级工程的发展轨迹，同时也是不同阶段经济发展的缩影。这种阶梯式迁移过程，包含着各种信息数据、科学技术、管理方法、人才培养等多个"流"的流动和迁徙情况，如图 4.15 所示。

下面从超级工程相关要素来分析超级工程的演化。

1）工程投入方面

虽然工程投入的总金额并不能完全反映一个超级工程建设的重要意义和复杂程度，但投资规模确实是衡量超级工程的一个重要指标。超级工程阶梯式的迁移过程，首先就是投资规模的不断增大与增强。例如中国近现代超级工程中，2003 年投资建设的杭州湾跨海大桥的投资规模在 400 亿元左右，而 2009 年投资建设的港珠澳大桥工程的投资规模就已经达到 1269 亿元。这种阶梯式的跃进或者迁移反映了该项工程的复杂度和规模，同时也体现了中国综合国力

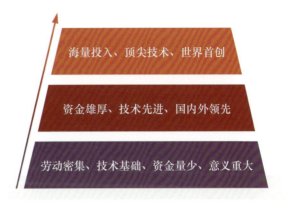

图 4.15　超级工程阶梯式迁移结构

的逐步提升，政府在基础设施建设方面投入力度的逐步增强。

2）工程技术方面

工程技术在近现代呈阶梯式的跃进方式迅速成长并壮大起来。世界近现代中的资本主义初期，由于工业的发展，促使建筑科学有了很大的进步，新的建筑材料、结构技术、设备、施工方法不断出现。建筑材料从初期的生铁结构，发展到铁和玻璃的结合，最后发展为钢架结构。被公认为"第一个现代建筑"的英国水晶宫是钢铁玻璃结构，而巴黎世界博览会的埃菲尔铁塔成为当时钢架结构建筑的典型代表。

此外，工程勘探设计方面，航拍遥感、物探判识和高速地质钻机的综合使用，使得地质及水文资料的信息量大大增加、准确度大幅提升。地球卫星定位系统（GPS）的采用不仅使野外勘测工作的效率翻倍、费用减少，还提高了控制精度等级。地质预报方面，地质描述、物探与钻探相结合，长短期预报相结合，预报资料与地质分析相结合使得预报的准确度大幅提高。设计方面，尽管在隧道及地下工程设计理论与方法上没有大的创新与突破，但在围岩荷载、水压力取值和岩体微观力学行为等方面做了大量的研究与探索。在设计图方面引入了三维图，特别是近年应用技术将空间结构、物料特性、工艺设计、全生命周期管理融于一体进行了探索并进行了试点性应用。施工方面从浅埋暗挖技术、盾构 /TBM 装备与施工技术、熔岩隧道处理技术到沉管隧道技术等均已达到世界领先水平。

3）工程管理方面

科学合理的组织模式为超级工程的成功建设提供了基础，而组织模式受到经济体制、工程管理体制和项目本身等因素的影响。典型的工程管理组织模式包括：

（1）工程指挥部。

工程指挥部为组织协调某项建设工程而设置的临时性议事协调机构，通常由政府相关部门提出计划，从相关部门抽调人员组建工程指挥部，指挥部发挥跨部门议事协调作用。工程指挥部模式是非法人模式的典型代表。

（2）政府主导＋企业参与型。

该模式工程建设的主导者仍为代表政府意志的工程指挥部，项目公司往往与指挥部"合二为一""一套班子，两块牌子"。管理过程仍以行政协调为主，遵循的是权威治理、以职权链接为主导，结合经济契约，引入市场机制。

（3）政府主导＋企业主体型。

该模式中，政府成立相应的临时机构对工程前期的立项决策进行论证，进入项目建设阶段后成立相应的项目法人，由项目法人负责全过程的项目建设及建设完成后的运营。项目的各项决策权仍保留在政府相关派出机构，而项目的实施权则交给项目法人，如港珠澳大桥建设。

（4）项目法人制。

该模式设立有限责任公司或股份有限公司，对项目的筹划、资金筹措、建设实施、生产经营、债务偿还和资产的保值增值等，实行全过程负责。项目法人制的提出，明确了政府投资项目建设过程中的责、权、利关系。

4）质量管理方面

超级工程的质量管理包含工程质量、工序质量和工作质量三个方面的内容。工程质量指的是超级工程以及超级工程施工过程中的各分项工程的质量满足设计文件、相关标准、规范以及客户要求的程度。工序质量指的是超级工程施工过程中的工作环节或建设工序步骤的合规程度。工作质量指的是相关的工作对超级工程质量的作用程度，它是确保前二者顺利实施的基础。随着超级工程建设经验的不断累积，质量管理模式也在进行不断地演进和变化。

（1）法国模式。

政府主管部门不直接参与工程项目的质量监督检查，主要运用法律和经济手段，促使建筑企业提高工程质量。法国的质量检查公司在营业前必须取得由政府有关部门组成的委员会审批颁发的证书，且每2～3年须经发证机构复审一次。

（2）美国模式。

政府主管部门直接参与工程项目质量的监督和检查。质量监督检查的人员分为两类：一类是政府自己的检查人员；另一类是政府临时聘请或要求业主聘请的专业人员。监督检查人员直接参与每道重要工序和每个分部分项工程的检查验收。

（3）德国模式。

政府部门对工程项目的质量监督实行间接管理。主要采取由州政府建设主管部门委托或授权，由国家认可的质监工程师组建的质量监督审查公司，代表政府对所有新建工程和涉及结构安全的改建工程的质量实行强制性监督审查。

4.2.2　地理变迁演化

1. 世界古代

在人类历史长河中，我们能够证明和已知的，曾经诞生过西亚文明、埃及文明、希腊文明、罗马文明、印度文明、华夏文明、美洲文明。这些文明的产生、发展、演化伴随着许多超级工程的诞生，世界古代超级工程的区域迁移路径，可以说是人类文明史的变迁过程，例如巴比伦空中花园（公元前 6 世纪）、埃及金字塔（前 2580 年）、古希腊帕特农神庙（图 4.16）（前 312 年）。

图 4.16　古希腊帕特农神庙

世界古代文明后期出现以中国文明和欧洲文明为代表的两个中心区域，而两个区域的超级工程呈现出完全不同的建筑特色。中国出现了以都江堰、万里长城等大量开创历史先河的超级工程；欧洲则出现了夏尔特大教堂（图 4.17）、科隆大教堂等以宗教用途为中心的建筑类型。

图 4.17　夏尔特大教堂

继古罗马文明之后，欧洲失去强有力的统治政权，频繁的战争造成科技和生产力发展停滞，超级工程不复出现；而同时期在政治稳定的中国，则有隋唐大运河等超级工程兴起和出现，如图 4.18 所示。

图 4.18 隋唐大运河

总体来看，世界古代超级工程的区域演变随着人类文明历史的发展而演变，文明兴起，则超级工程集中诞生；文明消亡，则超级工程也随之没落。

2. 世界近现代

英国资产阶级革命后，英国逐步确立起君主立宪制的资产阶级民主政治制度，即资产阶级掌握了国家政权，这对推动资本主义经济和工业革命的开展起到了至关重要的作用。而工业革命是英国乃至欧洲经济快速发展的重要起因和标志。由于新技术、新材料和新工艺的研究与开发，使得工程建设的方式发生了根本性变化，因此，这一时期超级工程在欧洲迅速涌现，出现了例如法国巴黎万神庙（图 4.19）、英国国会大厦、法国巴黎歌剧院等典型的超级工程。

在资本主义初期，由于工业大生产的发展，建筑科学有了很大的进步。新的建筑材料、结构技术、设备、施工方法不断出现。工业革命后人口剧增，城市环境和面貌遭到了破坏，为了缓解城市矛盾进行过一些有益的探索。

俄国十月革命后，世界经济进入现代发展的新里程。1928 年到 1940 年，苏联的工业生产保持年均 21% 的增长速度，位列世界第二大工业强国，跃居欧洲第一位。世界经济发展重心由欧洲开始向北美洲倾斜，20 世纪 50 ～ 60 年代，

图 4.19　巴黎万神庙

以美国为首的西方发达国家凭借着科技革命的强劲东风，使工业生产能力和生产效率突飞猛进地向前发展，形成了 50 ~ 70 年代的工业高速发展。该时期诞生了如胡佛大坝、纽约帝国大厦、旧金山金门大桥（图 4.20）等超级工程。

图 4.20　旧金山金门大桥

随着中国改革开放，以及 2008 年全球金融危机的爆发，世界经济发展的中心也在逐步发生变化，而这期间，中国超级工程的数量不断增加且质量逐年提高，在 2000 年之后迎来了发展建设的蓬勃时期。

　　总体来看，自英国资产阶级革命以来的世界近现代超级工程，随着相关科技的发展步伐，呈现出多样和复杂的变化轨迹。如果把超级工程抽象为一个种群，这个种群会随着科技发展的地域性变化，以及经济发展的地域性变化，在不同的国家或地域进行"迁移"。工业革命之后，超级工程建设在英国为首的欧洲进入百花齐放的阶段；而随着第二次世界大战结束，美国出现了诸多高质量的超级工程；进入 21 世纪后，中国经济和科技的腾飞，造就了大批量世界闻名的超级工程。世界和平、国家稳定为超级工程的建造提供了有力支撑。

3. 中国古代

　　中国是四大文明古国之一，也是唯一一个文化传承了 5000 年的国家，中国的超级工程在世界中占有举足轻重的地位。中国古代超级工程的区域迁移特征是伴随着中国古代各朝代交替、文化演化及经济发展而呈现的。春秋战国时期，城市规模逐渐扩大，陶瓦和彩绘技术得到广泛应用，中国古代工程建筑初具规模。到了秦汉时期，进入开拓时期，尤其秦始皇统一六国后，国力强盛，动用大量人力、物力和财力修建了阿房宫、万里长城、秦始皇陵、秦直道这四大超级工程。经过文景之治的汉朝，开始了大规模营造建筑时期，夯土、制瓦、木架结构的建筑工艺已经日趋成熟，建筑风格变化多样，以宫殿、陵墓、驰道为主要工程对象，如图 4.21 所示。

图 4.21　秦直道

到了两晋南北朝时期，由于战争不断，经济发展受到严重影响，宫殿等类型的建筑无法超越之前的规模，但这时期宗教文化逐步盛行，佛教发展迅速，于是留下了许多规模较大的寺庙、塔和石窟，如图4.22所示。

图 4.22　云冈石窟

隋唐国力强盛，经济发展的良好态势促使中国工程建筑走向成熟阶段，诞生了例如石家庄赵县的赵州桥等著名的超级工程。宋辽金时期，由于连年征战，大型工程建筑的建设数量明显下降，但这时期的北宋，颁布了《营造法式》，标志着中国工程技术和工程管理迈向了一个新的高度。明清时期，国力逐渐恢复，在清中期达到鼎盛，诞生了宫殿建筑，例如北京故宫、圆明园（图4.23）等。国力

图 4.23　圆明园

强盛时期，超级工程建造的数量就会增加；国力衰弱时期，超级工程建造的数量就会减少，甚至已建成的还有可能遭到破坏。

4. 中国近现代

1）1840 ~ 1948 年

中国幅员辽阔，区域经济发展的差异性自古有之。1840 年到 1949 年中华人民共和国成立期间，这种区域经济发展的差异性主要与外资区域分布有密切关系，虽然有部分工业设施从东部沿海迁移到西部地区，但区域经济发展的差异仍然不可避免。

2）1949 ~ 1978 年

新中国成立初期的中国，农业、工业、商业等各行各业都处于重建状态。而同时，世界政治舞台上两极格局对峙也处于异常激烈的阶段。资本主义阵营对身处社会主义阵营的中国进行政治孤立、经济制裁与军事封锁，导致与战后重建的其他国家相比，中国根本无法在资源和技术上同资本主义阵营国家进行有效交换。好在苏联与一些东欧国家以资金与技术援助的形式积极支持中国的经济建设，在中国工业化的进程中起到了重要作用。面对来自世界各方的贸易封锁及质疑之声，中国唯有迅速发展基础工业和农业才能一方面解决国民温饱，一方面解决工业化中的供需问题。因此中国政府在当时提出了第一个五年发展规划，集中财力与精力主要建设和发展重要的工业项目。而第一个五年计划建设工程项目成为中国现代化工业建设和布局的雏形。

第一个五年计划的主要任务有两点：一是集中力量进行工业化建设；二是加快推进各经济领域的社会主义改造。在工业化建设方面，"一五"期间的基本任务是：集中主要力量，进行以苏联帮助中国设计的 156 个建设项目为中心、由限额以上（一般指总投资额大于或等于 300 万元的项目）的 694 个建设项目组成的工业建设。苏联帮助中国建设的 156 个建设项目，到 1957 年底，有 135 个已施工建设，有 68 个已全部建成和部分建成投入生产。五年内，新建铁路 33 条，恢复铁路 3 条，新建、修复铁路干线、复线、支线共约 1 万 km。宝成铁路、鹰厦铁路、武汉长江大桥（图 4.24）等超级工程先后建成。到 1957 年底，全国公路通车里程达到 25 万多千米，比 1952 年增加 1 倍[610]。

"一五"期间的工程项目建设计划主要分布在东北地区（共 59 项）及西北地区（共 45 项）。这两个地区的建设项目总和占全部工程项目的三分之二。诚然，

图 4.24　武汉长江大桥

这一百多项工程并非都是超级工程，但在这区域产生超级工程的比例确实要比其他省市区大得多。可以说，"一五"计划的 156 项重点工程项目为中国后续现代化工业的发展奠定了扎实的基础，解决了中国工业从无到有的难题，实现了全面的历史性的突破，在后续超级工程的诞生过程中，起到了关键性的基础作用，如表 4.7 所示。

表 4.7　"一五"期间的工程项目在各地区分布情况

省份	项目数量	省份	项目数量	省份	项目数量
辽宁	24	河北	8	云南	5
吉林	8	湖南	6	四川	11
黑龙江	22	湖北	9	陕西	24
内蒙古	5	山西	7	甘肃	10
北京	3	江西	3	新疆	3
河南	13	安徽	1	宁夏	1

在"一五"计划期间建设的限额以上的 694 个建设项目，其中 472 个分布在内陆，占总数的 68%；222 个分布在沿海地区，占总数的 32%。"三五""四五"

计划期间，中央向内地投资高达 631.21 亿元，占全国基本建设投资的 64.7%。1953 ~ 1985 年，中西部基本建设投资累计达到 5544.26 亿元，占全国基本建设投资总额的 51.7%，超过了东部基本建设投资。这种政策性的经济建设和投资倾向，使得 20 世纪 80 年代之前，东北地区和中西部地区发展迅速，大批超级项目在该区域内启动，产生了大量的超级工程。例如，鞍山钢铁公司三大重点工程——新型大型轧钢厂、无缝钢管厂、长春第一汽车制造厂等都是在这个时期建设的。这个时期，以中西部地区为基地的中国氢弹和原子弹的研究取得了巨大成功。

3）1979 ~ 2012 年

改革开放以后，中国经济建设进入了一个新的历史时期，从计划经济向市场经济转型，区域经济发展战略也发生了改变。其间共制定和施行了 6 个五年计划，即 1981 ~ 2009 年间制定和实施的"六五""七五""八五""九五""十五"计划和"十一五"规划。中国的经济和社会发展开始从过去单一以公有制和计划经济为基础转变为多种经济成分并存和市场经济为基础；从优先发展重工业的倾斜战略转变为农轻重并举的均衡发展战略；从完全立足国内的自我积累、进口替代战略转变为积极利用外资和国外市场的"两个利用"战略；从过分注重区域生产力布局和区域均衡发展转变为"两个大局"为标志的梯度发展。

"六五"计划提出，"积极利用沿海地区的现有经济基础，充分发挥它们的特长，带动内地经济进一步发展"，先后建立了深圳、珠海、厦门、汕头 4 个经济特区，14 个港口城市，3 个三角洲及 2 个半岛地区。至此，东部沿海地区的经济发展达到了前所未有的高峰，伴随着经济的发展，超级工程的建设也从东北地区和中西部地区向东部沿海地区迁移。以上海为中心的长江三角洲，以及以深圳为代表的经济特区和港口城市都迎来了超级工程的蓬勃发展期。在"六五""七五"期间涌现了一批超级工程项目，如三北防护林的一二期工程、上海宝钢的一二期建设工程（图 4.25）、秦山核电站等。

从"八五"规划开始，中国近现代超级工程便如雨后春笋般涌现。例如，中国有史以来最浩大的能源工程——西气东输工程、中国开发和建设的最大天然气田——苏格里气田工程、实现了"中国创造"和"中国引领"的——中国特高压工程、世界上装机容量最大的水电站——三峡水利工程、国家"八五"重点建设项目——黄河小浪底水利工程、世界上海拔最高且线路最长的高原铁路——青藏铁路等。这些超级工程从地域分布来看，整体上以西部和中部为主，并呈现出跨省、跨市的大型综合性工程。例如西气东输工程，仅一线供气范围东西横贯9个省区，全长4200km。

图4.25　宝钢主厂区

由于工程类型和目标的差异，超级工程建设区域会呈现不同特征。能源矿产类的超级工程因为需要紧邻能源资源，最小化采掘与运输成本，所以多位于能源富集区。而水利工程则以防止水患、开发水能源为主要目标，所以多分布在水资源附近，但其影响和覆盖面逐步向中部和东部靠近。整体来说，东北重工型工业发展的稳定及后期的衰退，导致其重大工程成长趋势放缓。而东部沿海地区由于改革开放及市场建设的完善，逐步呈现出更大的活力。重大工程也逐步向其靠拢，因此产生超级工程的概率也在逐年提高。

4）2012～2022年

党的十八大以来，我国在新的发展理念指引下，进一步加快了交通等基础设施、民生工程和环保工程的建设，特别是国家促进区域协调发展，建设投资向西部倾斜、向新兴产业倾斜，超级工程也在全国各地，特别是西部和长江三角洲涌现出大量超级工程。例如，青海光伏电站工程、嘉华燃煤机组超低排放改造工程、唐钢超低排放工程等超级工程的建设实施，标志着国家从新能源开发和确立"双碳"目标开始进一步加大力度减少对不可再生能源的依赖，降低工业生产对环境的破坏。贵州国家数据中心、海尔工业互联网平台、阿里云平台以及5G

移动通信等超级工程的建设实施，体现了计算机、电子通信等新兴产业的快速发展，也催生出有别于传统意义的实体超级工程，关注对象由可触摸的资源能源转变为电子信号等不可触摸的新领域。天问一号、中国空间站等超级工程的飞速发展，则将改造自然的对象由地球扩展到太空，且短短 10 年间，航空航天领域的超级工程已经成为中国科技发展的重要名片。京新高速、北盘江第一桥、京港高铁、川藏铁路等超级工程的建设实施，再次充分体现了国家在加强基础设施建设、改善民生条件方面始终如一的决心和魄力。例如北盘江第一桥的建成结束了宣威与水城不通高速的历史，两地行车时间从四个多小时缩短至一小时之内，对构建快进快出高速公路网络具有重大推动作用。

综上所述，超级工程建设区域的迁移路径与国家对某些地区的投资计划有关，与市场经济推动下地区的经济发展幅度和速度有关。由于超级工程投资规模大，涉及的人员与行业众多，新中国成立初期只有依靠政府行为计划、协调、整合，才能推动空白领域的工程发展，这是当时历史条件所决定的，也是当时经济环境所驱使的。因此，在新中国成立初期计划经济占主导的机制和政策下，国家向中西部地区和东北地区的工程投资规模要远超过东部地区。在这种大资金投资的支持和带动下，产生了大量的重大规模工程项目，并涌现出一批超级工程。其实直到今天，一个成功的超级工程依然需要政府进行策划、引导和协调。虽然工程建设中间涉及的科学技术、施工方法、工程管理等内容是由具体的不同属性的企业来完成，但总体的框架把握仍然是由政府来完成的。这是由超级工程本身的属性和性质所决定的。

改革开放之后，中国经济发展的投资和重心在地区上发生了迁移。这种迁移受到了计划经济和市场经济的双重影响。在国家引导政策的驱动下，东部沿海地区经济发展迅速，对外贸易频繁。新的科学理念和技术被逐步引进中国，这些新的技术与传统工业产生的碰撞，加速了中国在各领域科学研究的突飞猛进。因此，超级工程在东部地区涌现的频率开始增加。尤其以上海为中心的长江三角洲是超级工程建设最为活跃的区域。这些超级工程的出现，同时也带动了周边地区相应产业的快速发展，使得大量科学研究得到应用实践，促进了中国工程管理水平的提高。

4.2.3 年代时间演化

超级工程随着年代时间的演化过程，也是人类工程从原始的手工劳作、机械化、自动化到智能化的演化过程。这个动态发展的过程大致分为两个重要阶段。

（1）在1万多年前，人类进入新石器时代，并逐渐过渡到青铜时代和铁器时代。也正是从这时开始，人类使用新工具对自然改造的能力逐渐增强，且日益成熟和突出，工程呈现出新的特征，并拓展了新的领域，人们对石头、土、木、黏土、金属等材料使用成熟度的提升，也影响了工程建设，例如，建筑类型、建筑风格等的发展历程。尤其是在新石器时代晚期和青铜时代早期，在大量人类改造自然的工程中出现了极具代表性的超级工程，例如巴比伦的空中花园、古埃及的金字塔等，这些工程的建设方法、使用材料和工程科技无一不是当时人类科技发展的最高水平。亦是从这个时期开始，宗教性的建筑成为人类工程的重要组成部分，欧洲中世纪到1250年，西欧大概有250座雄伟宏大的教堂落成，这些宗教场所很多在今天依然是人们朝圣时的重要目的地。中国作为唯一留存至今的四大文明古国，中华文明5000年传承，诞生了大量影响中国工程史，甚至是世界工程史的大量超级工程，例如都江堰、万里长城。其中都江堰在2000多年后的今天依然发挥着当初水利工程的作用，在这么长的时间内造福了历代人民。古代超级工程横跨的时间最久，跟今天的工程科技相比，受到资源、材料、技术等条件的制约，发展相对缓慢，但这并不能阻碍人类征服自然的决心，古埃及金字塔的建筑方式至今仍然是许多考古学家和科学家争论的焦点，古代人类在有限条件下展现的工程建设智慧仍然值得我们学习和敬畏。

（2）从1640年资产阶级革命到现在，这一阶段时间跨度比世界古代时期短了很多，因为工业革命的出现，人类在科学技术方面的发展达到了前所未有的高度，因此对大型结构的工程建设产生了革命性的触动和影响。这一时期的工程力学、电磁学、混凝土技术、机械技术得到了快速发展，钢铁、水泥和机械技术的大量使用，使得工程建设的服务领域发生了翻天覆地的变化。与古代工程多面向宗教信仰不同，此时的工程开始向电站、矿山、机场、码头、公路、铁路、工厂等服务民生的工程类型演化，因此出现了大量如西伯利亚大铁路、巴拿马运河等众多超级工程。在这一时期，工程设计和工具得到系统使用，工程科技在工程中的应用越来越受到重视，同时，工程所产生的负面影响也得到了人们的关注。20世纪初开始，重工业的发展开始兴盛，为推动工业发展，人类对地球自然资源的获取达到了一个新的高度，能源矿业类的超级工程逐渐增多，例如沙特阿拉伯的加瓦尔油田。同时，桥梁的发展因为钢铁使用的成熟度和精确度的提升而迎来了新的蓬勃时期，如美国旧金山金门大桥等。而20世纪后半叶发生的切尔诺贝利和日本核泄漏等事件，也让人们开始认识到，过度地索取自然资源会带来很多负面影响，这些影响如果不加以控制，很可能会让人类陷入生存窘境。20 世纪中叶，计算机技术的出现带来了人类历史上的第三次技术革命，人类的沟通方式、生存方式和生活方式都发生了巨变，由于计算能力的提升，更复杂的科学演算、科学理论可以借助计算机进行推演和证明，控制理论和管理理论得到了空前发展，人们越来越不满足于在地球进行探索，把目光转向了宇宙、太空，航空航天等代表着新一代工程领域的行业诞生，人们借助先进的资源、材料、技术组织更多的人力、物力进行服务民生的工程建设，诞生了大量的新时代超级工程。21 世纪倡导人类命运共同体理念，突显合作共赢的重要性，和平与协作对超级工程的发展产生积极的影响。

4.2.4 科学技术演化

具备核心技术的科技领域，其对应的科技工程的发展就迅速，超级工程的数量就多。相反，某一科技领域核心技术缺失，超级工程必然出现得较少，或者发展较为迟缓。因此，超级工程的迁移路径可以看作是人类科技发展轨迹的重要呈现。以技术含量较高的制造和交通领域的典型超级工程为例，对其演化发展过程进行梳理，以明确其各个演化发展阶段，进而为发展动力的分析奠定基础[611,612]。

1. 制造领域

1）演化过程

钢铁冶金是典型的制造过程，该领域超级工程的发展是随着重要的冶炼技术创新和冶炼工程系统的集成而不断演化发展的，其工程演化发展过程可以按照技术创新的发展分为以下几个阶段[613,614]，如图 4.26 所示。

（1）18 世纪前：木炭冶炼。

18 世纪之前，无论西方还是东方，钢铁冶炼加工均以一定规模的冶炼手工作坊的形式存在，在冶炼过程中主要使用木炭进行冶炼。

（2）18 ~ 19 世纪初期：冶炼原料与送风方式的技术创新为高炉冶炼的发展提供重要的物质基础和技术支撑。

进入 18 世纪以后，英国作为当时世界上的产铁大国，木炭的大量需求导致森林遭到严重砍伐。后来，英国政府禁止砍伐森林，使得许多高炉停产。虽然曾经尝试使用煤代替木炭进行冶炼，但是效果不佳，直到 1718 年才成功使用焦炭代替木炭。18 世纪中后期，焦炭这种新燃料的出现为高炉的发展提供了重要的物质基础。

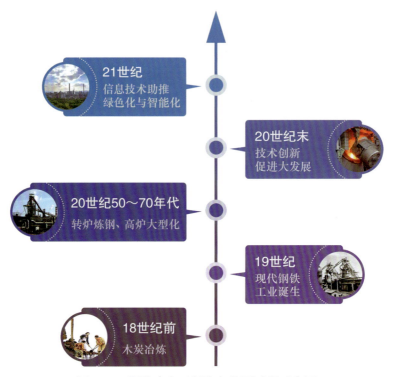

图 4.26　钢铁冶金工程演变发展过程示意图

早期的高炉在冶炼中使用的主要是冷风，忽视了空气湿度的影响。1828 年，苏格兰的高炉实现了高炉冶炼由冷风向热风的转变，这一送风方式的技术创新为高炉冶炼提高生产力、降低能源消耗提供了重要的技术支撑。

（3）19 世纪第一次工业革命带来的社会需求促进了炼钢工艺的技术革命。

进入 19 世纪之后，第一次工业革命的发生开创了以机器代替手工劳动的新时代，社会经济获得极大发展，带动了铁路、轮船等的工业、交通、运输行业发展，使得社会对钢铁的需求量空前增大，因而对炼钢工艺提出了更高的要求，有力地促进了炼钢工艺的技术革命。

19 世纪 50 ~ 60 年代，英国人贝塞麦根据炼钢过程的化学热力学计算方法，创新性地提出了转炉炼钢方法，即贝氏炼钢法，使得炼钢工艺的生产力获得极大提升，开创了炼钢史上第一次重大的技术革命，为大规模的现代钢铁工业的形成奠定了基础。此后，1864 年提出了西门子－马丁炼钢法，即平炉炼钢法，获得了更高的钢水质量。接着，通过与 1875 年所提出的采用碱性炉衬和碱性炉渣的托马斯炼钢法相结合，碱性平炉炼钢工艺得到快速发展，成为 19 世纪后期占统治地位的炼钢工艺。同时，随着钢材加工材料应用范围的不断扩大，开始出现了轧机等钢铁加工机械设备，轧机的轧制工艺也由可逆轧制逐渐转变为连续轧制，这种连续轧制技术的进步为钢铁企业的大型化创造了有利条件。

（4）19 世纪末生产流程的集成促成现代钢铁超级工程的诞生。

19 世纪末，随着钢铁生产能力的不断提高，以钢铁冶炼为核心，形成了高炉—平炉炼钢—铸锭—开坯—轧钢—热处理等工艺集成的近代钢铁生产流程。这一集成生产工艺流程生产规模大，能够有效降低生产成本、提高产品质量，能够满足当时社会经济发展对钢铁产品的需求。由此可见，工业革命有力促进了近代钢铁工业的发展，进而促成了现代钢铁联合企业的诞生。这些钢铁超级工程有力支撑了人类社会的工业化进程，也为当时世界上超级工程的建设提供了新材料方面的有力支持。

（5）20 世纪的技术创新推动了钢铁工业的快速发展。

在 20 世纪初期，电力的引入使全世界的钢铁产量从 1900 年的 2850 万 t 快速增加到 1906 年的 5000 万 t。第一次世界大战后，1927 年全世界钢产量超过 1 亿 t；第二次世界大战后，战后重建和经济发展对钢铁的需求发生了显著的变化，基础设施建设用钢对性能好、价格低的结构材料和功能材料的需求越来越迫切。由此钢铁制品进入所有的制造业和工程领域，并大量进入居民家庭。

（6）21 世纪的新一代信息技术的应用将全面提升现代钢铁生产水平。

进入 21 世纪，随着数字化技术、计算机技术、网络技术、通信技术等组成的信息技术在新一代钢厂的全流程控制、能量流控制、环保控制等方面的广泛和深入应用，将对全面提升现代钢铁生产的水平发挥重要作用。

（7）环境保护和自然资源对钢铁工业的超级工程提出了新的要求。

21 世纪以来，环保要求使得钢铁工业超级工程在演化的过程中不断增加新的优化目标，同时在规划和建设过程中对环境友好和安全性的要求也更高。

以上钢铁冶金等超级工程的演化过程如表 4.8 所示。

表 4.8　钢铁工业超级工程的演化过程

演化过程	时间	社会需求	技术创新	结果
手工作坊	18 世纪前	工具、武器	木炭冶炼	手工业发展 大量砍伐森林

续表

演化过程	时间	社会需求	技术创新	结果
近代钢铁	18～19世纪初	生产生活工具	焦炭原料 热风冶炼	为高炉冶炼的发展提供重要的物质基础和技术支撑
	19世纪	工业革命使工业、交通运输行业的发展对钢铁的需求量空前增加	贝氏炼钢法 碱性平炉炼钢 连续轧制	社会需求促进了炼钢工艺的技术革命
现代钢铁	19世纪末	社会需求不断增加	近代钢铁生产流程形成	现代钢铁超级工程的诞生（规模较小）
	20世纪	各种现代工业的快速发展急剧增加了对钢铁的需求量	40年代的氧气转炉炼钢技术	促进了钢铁工业的大发展
			60年代的高炉大型化	提高了高炉生产水平和劳动生产率，降低了能耗
			烧焦工艺的技术创新和焦炭质量的提高	对20世纪钢铁工业的大发展发挥了巨大作用
			炼钢工序功能的集成	提高了生产效率和钢水质量，降低了消耗，使钢铁制造工艺流程的优化前进了一大步
			电炉炼钢流程的兴起	促进了废钢的循环利用
			连铸技术的大规模发展	推动了大型钢铁联合企业的结构调整
	21世纪	需求量稳定增加、环境友好	新一代信息、人工智能技术	提升现代钢铁的生产水平

在世界钢铁冶金行业，代表各年代世界水平的钢铁制造工程汉阳铁厂、鞍山钢铁、武钢一米七轧机、上海宝钢、河钢家电板涂覆新材料建设工程、首钢京唐被选入中国或世界近现代超级工程，它们引领着世界钢铁制造的发展方向。

2）演化特点

18世纪以来的钢铁工业的演化过程可以看出，钢铁工业的发展是伴随着资源、能源、环境、科技、经济和社会发展需求拉动的结果，而从技术层面上讲，是钢铁制造工艺的技术创新史和钢铁制造流程的集成演进史。

其演化发展过程中充分体现了超级工程的"动态性"和"多目标"特点，主要体现在优化目标和工程约束两个方面，其中社会需求的变化是引导钢铁超级工程发展的主要拉动力，而新技术和新材料等技术创新是推动钢铁超级工程不断发展的重要推动力，如图 4.27 所示。

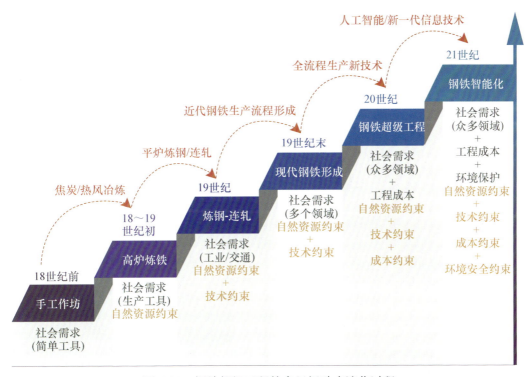

图 4.27　钢铁超级工程的多目标动态演化过程

（1）从钢铁工业超级工程规模发展的视角来看，钢铁工业超级工程优化目标的演化发展是一个多目标动态过程。这些超级工程的规模在演化发展过程中主要是受到社会需求的牵引而不断发展壮大。

（2）从制约钢铁工业超级工程发展的约束条件视角来看，钢铁工业超级工程约束条件的演化也是一个动态过程，并且在这个过程中，技术创新和新材料的发现等对约束条件的动态变化起到了显著的推动作用。

（3）从钢铁工业超级工程发展过程中的技术创新视角来看，钢铁工业超级工程的发展与技术创新密不可分。从 20 世纪中期开始，钢铁制造技术的一系列创新显著推动了钢铁工业的快速发展，并使得钢铁工业成为世界性的重要产业。

2. 交通领域

　　桥梁是运输线路的重要组成部分，在世界发展历史上，每当交通运输工具或者社会经济发生重大变化，就会对桥梁的载重、跨度等方面提出新的要求，便推动了桥梁超级工程技术的发展和演化[615]。

1）演化过程

桥梁的演化过程可以分为以下几个阶段：18世纪前的石桥和木桥阶段，这个阶段的桥梁主要是以石头和木材作为原材料；18～19世纪初的铁路桥阶段，此时桥梁的建造材料出现了质的变化；19世纪的混凝土桥与钢桥，此时的桥梁在新型材料混凝土和钢材的助推下取得了极大发展；20世纪的悬索桥和斜拉桥进入发展成熟阶段，实现了跨大江的交通；21世纪进入复合轻型结构桥阶段（图4.28）。

图4.28　桥梁演变发展过程示意图

（1）18世纪及以前。

在18世纪以前，造桥所用的材料以石材和木材为主，铸铁和锻铁只是偶尔使用。

①木桥。

公元前2000多年前，巴比伦曾在幼发拉底河上建石墩木梁桥；1756～1766

年，瑞士建成跨度为 52～73m 的三座大木桥；1815 年在宾夕法尼亚州建成的跨越萨斯奎汉纳河的麦考尔渡口桥，跨度达到 110m。木拱桥在亚洲出现在秦朝，秦朝建都咸阳，西汉建都长安（今陕西西安），那时分别修建了渭河桥、灞河桥等木桥；日本岩国市至今保存的 5 孔锦带木拱桥，跨度为 27.5m，始建于 1673 年，该桥的设计图样来自中国；中国清朝嘉庆七年（1802 年）修建的浙江云和梅漾木拱桥的跨度达到了 33.4m。

②石桥。

在法国阿维尼翁，1177～1187 年建成一座跨越罗讷河的 20 孔石拱桥，跨度为 30m 左右；英国在 1176～1209 年建成跨越泰晤士河的伦敦老桥，是当时伦敦的交通要道；1308～1355 年在法国卡奥尔建成瓦伦悌桥，为 6 孔石拱桥，跨度 16.5m；在欧洲文艺复兴时期，威尼斯于 1588～1592 年修建了里亚尔托桥，跨度达到 27.0m；在中国，隋朝开皇十五年至大业元年（595～605 年），建成净跨 37.02m、历 1300 多年而无恙的赵州桥。

③铸铁拱桥。

随着钢铁工业中采用焦炭作为燃料，大型铸件开始能够生产出来并应用于桥梁建造，推动了铸铁拱桥的出现。英国 1779 年在科尔布鲁克代尔首次建成一座主跨约 30.5m 的铸铁肋拱桥。

（2）19 世纪。

有了铁路以后，木桥、石桥、铁桥和原来的桥梁基础施工技术就难以适应需要。随着现代钢材在欧洲出现，土木工程实现了质的飞跃；同时，新的社会经济发展需求使得桥梁向新的方向演化，桥梁结构形式及规模有了突破，例如美国的布鲁克林大桥、英国的伦敦塔桥、法国的米拉波桥，以及中国当时最长的铁路大桥——滦河大桥和金龙桥等。这一时期的桥梁建设主要包括：

①锻铁桥。

19 世纪 40 年代，英国要修建一座跨越梅奈海峡的大跨铁路桥，铸铁拱桥满足不了海军对桥下净空的需求，而悬索桥的刚度不够。因此，桥梁设计师用结构试验的方法，用锻铁成功建造了这座不列颠箱管式锻铁梁桥。

②钢桥。

19 世纪 50 年代以后，钢材料代替了传统的铸铁材料，静定钢桁架梁的内力分析方法也逐步被工程界所掌握。1880～1890 年，英国建成了跨度达 521.2m 的福斯湾铁路桥，桥梁的总长达到了空前的 1620m；1869～1883 年，美国建成布鲁克林桥。它是一座跨度达 487m 的城市悬索桥，至今仍被使用。

（3）20 世纪初到中叶。

19 世纪末叶，由于结构力学的弹性内力分析方法普遍用于超静定承重结构的桥梁设计，为创造长跨纪录的工作提供有力的科学依据。同时，钢材的大量供应、气压沉箱应用技术的成熟，也使铁路桥梁工程获得迅速发展。

①钢桥。

这一时期的铁路桥主要包括加拿大于 1918 年建成（双向通车）主跨 548.6m 的魁北克铁路桥，美国于 1916 年建成的主跨 298m 的纽约鬼门两铰桁架拱桥等；公路桥主要有澳大利亚于 1932 年建成的跨度 503m 的悉尼钢桁拱桥，美国于 1931 年建成的跨度 1066.8m 的纽约乔治·华盛顿悬索桥，以及 1937 年建成的跨度 1280.2m 的旧金山金门悬索桥等。

②钢筋混凝土桥。

1900 年前后，钢筋混凝土作为一种新的建筑材料逐渐受到桥梁界的重视，开始被用在拱桥和梁式桥中。在应用过程中，钢筋混凝土拱桥的跨度纪录不断被刷新，从起初的跨度 100m，逐渐演化为 1943 年建成的跨度为 264m 的瑞典斯特罗姆桑德桥。

（4）20 世纪中叶至 20 世纪末。

随着预应力混凝土研制成功，开始了预应力混凝土桥梁结构的时代，结构开始向大跨度结构发展：20 世纪 50 年代斜拉桥结构得以初现光芒并很快影响世界桥梁工程界。近十年，中国建成了代表当今世界桥梁最高发展水平的一大批斜拉桥。步入 21 世纪，以碳纤维为代表的高级复合材料、光纤传感技术、智能化施工等新技术逐步渗透到桥梁工程领域之中，各种组合结构、轻型结构异军突起。

①钢桥。

第二次世界大战后，联邦德国 1948 年在科隆—多伊茨复建莱茵河桥，由于采用了新技术，使得钢铁材料的用量节省了约 40%；1951 年正交异性钢桥面板用于杜塞尔多夫—诺伊斯莱茵河桥时，使钢实腹梁桥跨度达到了 206m；1974 年巴西修建的瓜纳巴拉湾桥跨度达到 300m；现在的钢筋混凝土斜拉桥和钢斜拉桥跨度已分别达到 440m 和 404m。

②预应力混凝土桥。

联邦德国于 1950 年在巴尔杜因施泰因的兰河（Lahn River）修建了主跨为

62m 的预应力混凝土桥；在 1952 年及 1964 年，联邦德国又采用此法建成沃尔姆斯桥和本多夫桥，其主跨分别达到 114.2m 及 208.0m；1962 年在委内瑞拉马拉开波湖上首次建成了主跨 235m 的预应力混凝土桥，目前这种桥的跨度已发展到 400m 以上。

（5）21 世纪。

进入 21 世纪之后，随着科学技术和工程技术的飞速发展，复合轻型结构桥成为新的桥梁形式。其中，港珠澳大桥作为一座世界级的跨境、跨海通道，港珠澳大桥涵盖了路、桥、隧、岛等各项工程，正在不断突破各种限制条件，如跨度、载重、水深、基础、桥墩、地理、地质，实现了一次又一次的跨越，是中国乃至世界交通业最具挑战性的超级工程项目之一。从中国桥梁的历史演化过程来看，港珠澳大桥就是在历经了上述不同阶段的桥梁演变过程，精心设计的宏伟超级工程，不同时期的桥梁发展对港珠澳大桥的成功建设均具有深远的影响。在国外顶尖桥梁专家眼里，港珠澳大桥无疑是"全球最具挑战的跨海项目"。港珠澳大桥项目所体现的不仅仅是中国过去几十年建桥技术的积累，同时也在重新定义中国制造未来的方向。

在世界范围内各年代建造的各种桥梁中，旧金山金门大桥、明石海峡大桥、杭州湾跨海大桥、港珠澳大桥等被选为世界超级工程，它们是世界建筑史上的典型代表。

2）演化特点

从以上桥梁超级工程的演化过程可以看出，桥梁的发展也是社会经济发展需求拉动的结果。从技术层面上讲，是桥梁施工工艺的技术创新、建筑材料创新和桥梁结构创新的集成演进史。桥梁的演化过程也充分体现了超级工程的"动态性"和"多目标"特点，与钢铁超级工程类似，也可以归结为一个"多目标动态优化问题"，主要体现在优化目标和工程约束两个方面，如图 4.29 所示。从图中可以看出，在桥梁超级工程的演化过程中，社会需求是动态变化的，从 18 世纪之前对一般小型河流的跨度需求，逐步发展到对大江大河，甚至是跨近海的交通需求；同样，在桥梁超级工程的设计和建设过程中，约束条件也是动态变化的，从一般的技术约束逐步演化为对工程成本、自然资源、技术和环境安全方位的更高的约束条件。

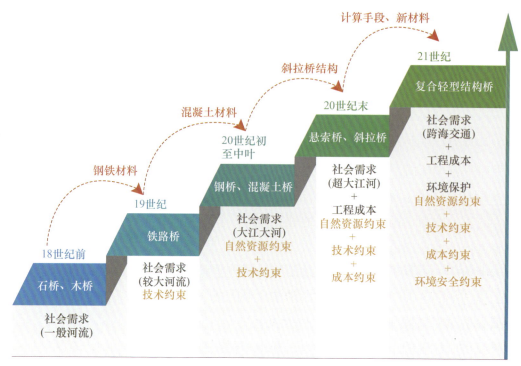

图 4.29　桥梁超级工程的多目标动态演化过程

4.2.5　造物关联演化

以超级工程为对象的研究是一个典型的复杂系统，由众多在时间与空间上相互紧密联系、相互影响、相互制约的不同领域大型工程项目所构成，同时涉及数量众多且关系复杂的项目参与方。随着需要考虑的超级工程项目任务数量及组织规模的增加，以及相互关系复杂性的急剧增加，如何描述各工程之间、各组织参与方之间、不同工程与组织参与方之间的相互作用关系，如何在复杂的关系分析中对超级工程项目所构成的大型复杂系统进行有效的建模，如何在各种不确定条件下从数量众多且关系繁杂的超级工程项目系统中甄别出关键要素以进行重点管理，进而为优化项目资源配置、提高管理效率提供科学的管理和决策依据，成为超级工程项目管理亟须探讨、分析、解决的问题。本节将从系统角度出发，以定性定量相结合的综合集成方法论为指导，通过系统分析方法建立超级工程项目系统的网络分析模型。

在整个超级工程系统内，各工程项目与所涉及的地域环境之间，以及各工程项目之间会存在资源的交换、技术的转移、信息的传递、知识的共享等相互影响、相互依赖的共生关系，从而形成知识流、资源流以及信息流等，而这些"流"的渠道是否通畅，以及周转速度的快慢都会直接影响整体系统的行为。这些复杂的相互关系形成了网络型的资源共享和协同配合关系体系[616]。以网络化形式呈现的超级工程系统的有序运转，依靠其内部的信息流与物质流，这也是各个超级工程项目节点之间联系的纽带。在节点之间传送的知识，可以是相关工程建设的理论方法、工程实践经验、专利技术、管理理念等知识流；在节点之间传送的资源，可以是人员、原材料、设备、资金等资源流；在节点之间传送的信息，可以是法律合同、商业信用、商机、指令等信息流。超级工程网络的系统动力就是这些流，各项目主体之间从事的活动是交互作用的，可以说它们是超级工程网络体系的生命。"流"的传递与交互的非线性使得超级工程网络系统呈现出复杂性特征。"流"是各实体超级工程项目间以及工程项目与环境之间联结的桥梁，各工程项目之间及工程项目与环境间的物质流、信息流、资金流等将独立的工程项目实体连接成网络，组建知识、技术和信息交流的平台，提供信息沟通和资源共享的通道。超级工程网络体系中实体工程项目间传递的"流"是多样的、并行的，所有这些"流"，经过工程项目之间所形成的非线性作用，呈现出耦合效应和再循环效应；"流"的传递，对工程项目间的联结形式和强度有重大影响，工程项目间的关联随宏观管理、市场导向等社会、经济需要而发生动态变化。信息、物质、能量的交换存在于整个超级工程系统内部，还与各工程所处的环境有着密切的关系。通过各工程项目之间不断地进行交换，各个工程项目的知识、资源与信息储备逐步提高，因此网络化的超级工程系统形成了一个开放的、动态的自组织系统。

1. 网络拓扑模型

网络不仅是复杂系统的结构形态，还可作为系统拓扑特性的模型[617]。复杂网络理论方法描述网络结构的工具是数学中的图论，在该领域的表示与描述方法框架下，任何一个网络都可以看作是由一些节点按照某种方式连接在一起而构成的一个系统。网络的抽象图表示，就是用抽象的点表示具体网络中的节点，并用节点之间的连边来表示具体网络中节点之间的连接关系，在有些网络中，其至可以给节点之间的连边赋予权值与方向。近年来，随着网络科学的蓬勃发展，不仅可以用数学上图论的语言、符号和理论精确而简洁地描述网络，还可以利用数学理论以及统计物理等诸多现代科学作为理论研究基础。因此，一方面，网络建模能够为超级工程项目网络提供描述语言和平台，将复杂的工程项目实体与相互关系以简化与直观的方式展现，并且网络研究中的许多研究成果、结论和方法都可应用到超级工程网络建模中来；另一方面，复杂网络理论经过发展，已经提炼出了许多成熟的网络结构测度指标，因此可以通过网络指标的计算来度量网络中节点的个体属性以及整体网络的拓扑结构属性，超级工程关联分析调研问卷如表 4.9 所示。

表 4.9　超级工程关联分析调研问卷

您好！

　　非常感谢您能抽出时间协助回答本研究的调研问卷。本问卷不涉及项目相关技术秘密等细节信息，所有的结果将用于学术研究，您的答案将会被严格保密。请您根据实际情况如实填写，感谢您的配合！

1. 您所代表的项目名称：＿＿＿＿＿＿
2. 您在项目中所承担的角色：＿＿＿＿＿＿
3. 您对该项目的熟悉程度：

　　（A）非常熟悉，全面掌握项目信息　　　（B）比较熟悉，掌握绝大部分信息

　　（C）基本熟悉，了解项目基本信息　　　（D）一般熟悉，了解部分项目信息

　　下面的题目，请根据项目的实际情况，在相应的表格中填入 0 ~ 10 的数字，代表每个项目与您所代表项目在某一方面的实际关联情况的符合程度。例如，0= 完全无关，2= 基本无关，4= 关系很小，6= 有一定关系，8= 比较相关，10= 非常相关。如有表中未列出的其他关联，请您于最后一列描述二者之间的具体关联关系。

项目名称	资源交换	技术转移	信息传递	知识共享	能量供应	管理控制	其他
项目 A	1	2	3	4	5	6	
项目 B	8	4	7	9	3	1	
项目 C	6	5	4	9	9	0	
项目 D	3	3	9	3	6	2	
……							
项目 X	9	3	5	4	1	4	

　　通过深入调研与细致分析，不仅可以利用复杂网络方法简单、直观地描述超级工程项目网络，还可以通过网络指标的计算来分析网络的拓扑结构属性，有助于更好地理解超级工程项目的系统复杂性，并加强对超级工程项目复杂系统的管理[618]。于是，通过对超级工程项目系统进行调研分析，探索其体现出的网络化特征，能够运用复杂网络理论的方法对超级工程项目建立网络模型。在网络模型

中，超级工程系统的结构可以抽象为网络，研究对象抽象为网络节点、各种相互作用抽象为节点之间的连接边，如图4.30所示。

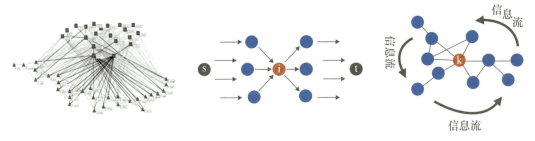

图4.30 网络结构属性

以工程项目关联网络为例，该网络是超级工程项目系统的一种功能子系统的抽象，是用来描述各个超级工程项目之间关联的系统。现实生活中建设的各工程项目之间是存在相互联系的，例如，能源传输工程和土木建设工程：一方面，前者是保证后者正常运行的能量供应；另一方面，后者可以为前者的基础设施建设提供保障。任何一类工程的功能失效都会影响另一类项目功能的正常发挥，并产生级联效应。此外，大量基础设施建设工程，如天然气传输、交通网络、燃料和发电工程都存在相互作用和影响。以各工程项目为节点，以工程项目之间的相互依赖关系为边，可构建工程项目关联网络。这样就可以运用图论和网络分析的理论、方法和工具进行系统结构的拓扑特性研究，以中国近现代超级工程京沪高铁为例，关联网络的研究如表4.10和图4.31所示。

表4.10 中国近现代超级工程调研问卷示例（京沪高铁）

您好！
　　非常感谢您能抽出时间协助回答本研究的调研问卷。本问卷不涉及项目相关技术秘密等细节信息，所有的结果将用于学术研究，您的答案将会被严格保密。请您根据实际情况如实填写，感谢您的配合！

1.您所代表的项目名称：　　京沪高铁　　
2.您在项目中所承担的角色：　　工程师　　
3.您对该项目的熟悉程度：
　　（A）非常熟悉，全面掌握项目信息　　　　（B）比较熟悉，掌握绝大部分信息
　　（C）基本熟悉，了解项目基本信息　　　　（D）一般熟悉，了解部分项目信息

　　下面的题目，请根据项目的实际情况，在相应的表格中填入0～10的数字，代表每个项目与您所代表项目在某一方面的实际关联情况的符合程度。例如，0=完全无关，2=基本无关，4=关系很小，6=有一定关系，8=比较相关，10=非常相关。如有表中未列出的其他关联，请您于最后一列描述二者之间的具体关联关系。

续表

项目名称	资源交换	技术转移	信息传递	知识共享	能量供应	管理控制
港珠澳大桥	0	5	0	6	0	N
大兴国际机场	8	8	8	9	0	8
上海中心大厦	7	4	8	5	0	0
三峡水利工程	3	2	3	3	2	1
南水北调	5	2	3	5	6	2
小浪底水利工程	5	2	3	2	3	2
西气东输	5	0	3	1	7	1
苏里格气田	2	0	2	1	3	1
秦山核电站	2	0	4	0	6	N
上海宝钢	8	8	4	6	2	0
武钢一米七轧机	2	8	2	5	0	0
中国空间站	0	2	0	0		
洋山深水港	7	7	5	5	5	5
青藏铁路	5	10	4	8	0	4
神舟五号	0	2	0	0	0	0
三北防护林工程	2	0	0	0	0	2

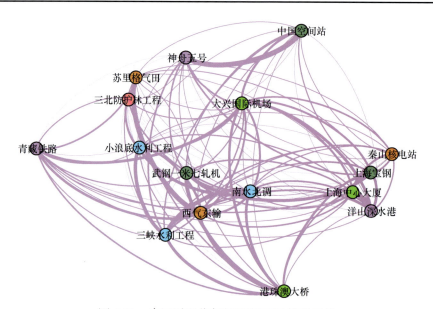

图 4.31　中国近现代超级工程项目关联网络

借鉴相关的网络建模理论与方法，可以从系统、整体的角度辨识和分析对超级工程项目系统具有重要影响的关键工程项目与组织节点等。为分析超级工程项目网络拓扑结构中关键路径的影响，通过深入调研，分析所获得的关于超级工程网络的结构数据，探索超级工程项目网络的节点关键性指标度量方法，调研对比网络节点的入度、出度、介数、流度等网络指标与超级工程项目网络关键路径的相关性，如表 4.11 所示。

表 4.11　超级工程网络参数统计指标

项目名称	入度	出度	介数	流度	……
项目 A	0	1	0.000	1.000	
项目 B	1	3	0.034	1.000	
项目 C	1	1	0.020	0.333	
项目 D	3	3	0.146	1.000	
项目 E	1	3	0.024	0.333	
项目 F	1	1	0.007	0.111	
……					
项目 X	5	3	0.238	1.000	

在社会网络中，包含着多种特征参数，比如中心性、密度、距离、聚合系数等。其中，应用较多的为中心性分析。中心度测量的是个体在整个网络结构中的权力、重要性及影响力；中心势测量的是网络整体的紧密程度，即网络的中心度。常用的中心性测度有度数中心度、中间中心度、接近中心度。

某节点的度数中心度定义为在网络中与该节点相连接的其他节点的个数。对超级工程网络而言，如果两个项目存在相互关联，则相连。度数中心度越高表示项目相关的对象越多，影响力越大。为了让度数中心度能够在不同规模的网络间进行比较，Freeman 提出了标准化度数中心度（以下简称"Ndegree"）[619]，它等于某点的度数中心度与网络中最大可能的度数之比。度数中心势是描述 Ndegree 在整个网络中不均衡程度的指标。在超级工程网络中，度数中心势越大，表明各项目间关联情况的差距越明显。

某节点的中间中心度定义为在网络中其他点对经过该点的路径数目与所有路径数目之比。中间中心度越高，表示某项目的"中介能力"越强，即将没有关联的项目联系到一起的能力越强。标准化的中间中心度（以下简称

"Nbetweenness")等于某点的中间中心度与网络中最大可能的中间中心度之比。中间中心势是描述 Nbetweenness 在整个网络中不均衡程度的指标,在超级工程关联网络中,中间中心势越大,表明各项目中介能力的差异越大。

某节点的接近中心度定义为该点与网络中其他各点的距离之和的倒数。接近中心度越高,表示某点距离其他点的距离越近,那么该项目在规划、建设、使用过程中越不容易受到其他项目的影响。标准化的接近中心度(以下简称"Ncloseness")可以用在不同规模的网络间进行比较。接近中心势是描述 Ncloseness 在整个网络中不均衡程度的指标,在超级工程网络中,接近中心势越大,表明各项目不受控能力的差异越大。

通过网络度量指标的计算与分析,对网络中节点的重要性进行排序,能够找到超级工程网络中具有重要作用的核心节点。依据网络拓扑结构和系统相互作用关系,刻画核心超级工程项目在整体超级工程网络的物质、能量、信息、社会效益传输及保持弹性方面发挥的关键作用,为宏观项目管理者进行关键节点管理提供决策辅助。

2. 关联网络图谱

在超级工程项目系统中,可以利用相互作用网络刻画不同类型超级工程构成的子系统之间的联系,形成不同领域工程之间的关联图谱。超级工程网络是由若干工程项目节点通过网络联结方式构成的有机组织系统,在信息流的驱动和协调机制的保证下,网络组织得以正常运作。为了适应不断变化的环境,网络系统内部的节点可调整、重组,各个项目通过交流与协作实现优化资源配置、协同创新、相互辅助的系统建设目标。对超级工程网络化系统的研究不仅要分析各项目的知识、资源、信息流动对该项目本身的影响,还要研究各个项目与其环境的相互关系。事实上,超级工程网络系统的动态演化是内在动力与外在环境共同作用的结果。超级工程网络体系是一个开放的复杂系统,是内部工程项目节点间相互合作及与外部经济、社会环境的不断作用中演化发展的,节点项目在建设过程中是通过不断学习、调整以适应新的历史环境,才能使整个超级工程系统充满生机。

因此,对相互依赖、相互作用的不同系统进行网络建模和分析,进一步正确认识复杂系统的动力学过程和本质规律,把超级工程项目中的各要素集成起来,综合考虑工程项目与组织之间的相互作用关系。

超级工程网络中的项目,根据各自在资源交换、技术转移、信息传递、知识共享、能量供应、管理控制等方面的关联性，对于各个统计量进行加权计量，按照层次划分进行等级评价，可以评定各项目之间的关联度，利用网络邻接矩阵来定义相互关系，其中任意一个元素代表两个项目之间关联度的大小。通过计算邻接矩阵的最大特征值、项目层级连接数构成的对角矩阵等，对超级工程网络进行划分。

针对中国超级工程，通过层次划分，将复杂的超级工程网络关联关系，聚类为由几个联系更为密切的项目团簇所形成的网络超图。在技术、知识、资源、能源、管理方面有更多联系的项目基本划分在一个子网中，如图4.32所示，由相同颜色刻画的项目之间有着更多的技术迁移、信息交换、能源供应等密切联系，而不同颜色的团簇中的项目间的相互关系则稍弱。这种对于超级工程项目的划分，与各项目所属的工程类别具有较好的对应关系。例如，大兴国际机场、上海中心大厦、港珠澳大桥同属土木工程；三峡水利工程、南水北调、小浪底水利工程同属水利工程；西气东输、苏里格气田、秦山核电站同属能源矿业工程等。

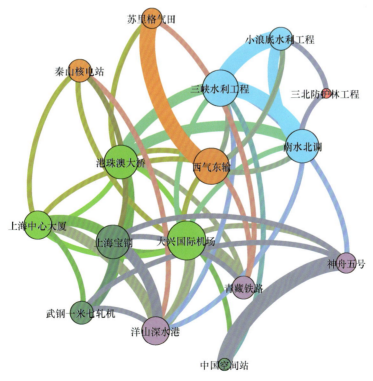

图4.32 超级工程相互作用关系

利用网络理论中的各种网络指标，进一步对超级工程项目组织和工程任务节点的重要性进行综合衡量和动态评价。其中，西气东输、南水北调、特高压交流输电工程等全国大范围能源调配项目，由于其在众多项目建设过程中所提供的能源保障、资源输送、技术支持等重要功效，在超级工程网络中处于不可或缺的关键核心位置。此外，新时代所建设的港珠澳大桥、北京大兴国际机场等建设项目，由于充分吸收借鉴了此前众多超级工程项目的技术、知识和管理经验，在超级工程关联网络中也处于较为中心的连接位置。

数量众多的参与主体及其非线性关联导致了超级工程组织的结构复杂性。超级工程系统结构是具有层次性群组特征的网络结构。超级工程系统的多元主体及其多样的联系使得其结构在横向上呈现出网络性，纵向上呈现出层次性、嵌套性等复杂的结构特征。还有一些跨区域，甚至跨国家工程，工程组织由不同区域主体共同组成，呈现地域复杂性。

传统的项目组织结构无法用来描述超级工程系统的结构。超级工程系统结构在水平层面上呈现出节点众多，交互频繁且多样化，既有规则的交互，又有随机的交互。垂直层面上，超级工程系统结构具有层次嵌套性。整个超级工程系统由多个相互关联的子系统构成，而各子系统又进一步由众多项目构成，通过层层分解的结构层次，其结构复杂性对超级工程系统的沟通、控制与协调提出了挑战。水平层面主体数量的增多以及主体的多样性加大了分析其关联性的难度，垂直层面的层级嵌套结构加大了解耦各子系统的难度。以信息流动的角度为例，在横向层次上，同一层次的项目主体越多，信息在这个层次上传递的准确性越低；在纵向层次上，由于信息逐层传递，信息传递需要时间，纵向层次越多，信息传递的时效性越差。

针对世界超级工程，通过层次划分，将世界超级工程间的网络关联关系聚类为由几个项目团簇所组成的网络关联图谱。聚类指出，同一分类中的项目在技术、知识、资源、能源、管理等方面有更为密切的联系。如图 4.33 所示，用相同颜色刻画的项目之间有着更多的技术迁移、信息交换、应用属性等密切关系；而不同颜色的团簇中的项目间的关联关系则稍弱。这种对于世界超级工程项目的划分，与各项目所属的应用工程类别具有较好的对应关系。例如，巴拿马运河、荷兰三角洲工程、胡佛大坝、英法海底隧道等同属民用土木水利工程；国际空间站、大型强子对撞机同属高科技工程；航空母舰则属军事工程等。

利用复杂网络理论中的各种网络指标，进一步对世界超级工程项目组织和工程任务节点的重要性进行综合衡量和动态评价。其中，国际空间站、大型强子对

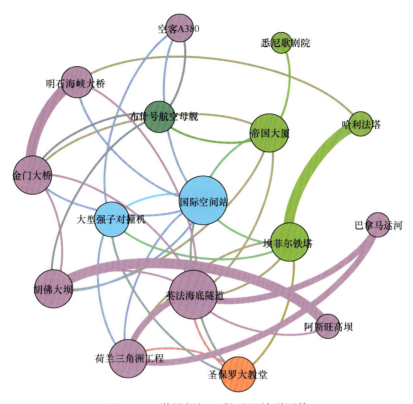

图 4.33 世界超级工程项目关联网络

撞机、英法海底隧道等跨国项目，由于其参与国家的覆盖面广，在项目建设过程中所涉及的能源保障、资源输送、技术支持等重要资源需求，在超级工程网络中处于关联密度较大的关键中心位置。此外，19 世纪末所建设的埃菲尔铁塔等著名地标建筑项目，由于为后世众多超级工程项目的技术、知识和管理提供了样板及经验，在超级工程关联网络中也处于核心位置。

　　超级工程项目参与主体多元化、多学科技术交叉、项目环境多变不确定，工程组织管理的复杂性急剧增加。针对超级工程组织的复杂系统，在显性的复杂管理问题背后需要揭示隐性的复杂机理。通过对超级工程网络关联图谱的研究，可以弥补传统的关键路径法、计划评审技术在项目任务分析中存在的不足，阐述超级工程网络所表示的系统在形式和功能方面的信息，通过对超级工程组织进行系统分析，识别组织复杂性，对工程组织系统的属性、要素、结构、功能进行分析，然后对其结构复杂性、行为复杂性及认知复杂性进行分析，从而揭示超级工程组织的隐性复杂规律，进一步揭示网络性质与所关心的工程立项、工程建设、工程效用、相关政策等实际问题的联系。

第5章

发展动力分析

　　超级工程发展动力来自人类需求与时代大势助推；决策者青睐与统治者喜好往往起决定性作用，而工程技术人员始终是创造与建造的主体；贪大求奇、竞争超越则又推动着超级工程迭代进步。

工程活动一直伴随着人类历史的发展而不断发展，人类历史上建设了许多规模不一、类型各异的超级工程。这些超级工程也有自己的演化方式与规律，伴随人类历史共同发展。而人类历史在经济、社会、科学、技术不断演进的同时，超级工程的发展形式、管理方式和生产模式也在不断创新和变化[612]，是一个不断变化、逐步进化的"动态发展过程"。同时，超级工程在发展过程中由于受到自然资源的限制，在超级工程的建造模式、工程技术、管理制度等各个环节，需要同时考虑社会需求、建造成本、环境保护等多个不同的优化目标，而这些优化目标之间则呈现出相互冲突的特点，是一个"多目标优化过程"。例如：为了更好地满足社会需求，在超级工程的选址和建造，以及环境保护方面就需要作出一定的妥协；同样地，在满足社会需求的前提下，为了更好地保护环境，就势必要相应地增加建造成本。因此，这些目标之间是可能相互矛盾，也就是说，在更好地满足其中一个目标时，其他的目标就可能做出调整，就会有主要目标和次要目标之分。

此外，在超级工程活动和发展过程中存在着不以人的意志为转移的因果性客观规律，超级工程的创新必须顺应超级工程发展的客观规律。合理的决策和成功的战略都是建立在深刻认识和把握超级工程发展规律基础之上的，违背超级工程发展规律的决策都可能导致失败。

超级工程的"演化性"[620]以及演化发展过程中所具有的"动态性"和"多目标性"，决定了必须要从多目标和动态的视角对超级工程的发展过程进行深入分析。通过对各类型超级工程的发展历史以及科学技术发展史的梳理来研究超级工程的发展过程，从多目标和动态视角分析探究超级工程发展的内涵、目的、特点，能够对超级工程发展进程、发展路径、发展动力、发展形式、变化特征及其影响因素有更深刻的认识，理解超级工程的来历、形成过程、现实状况及未来走向，能够更好地认识和把握超级工程发展的规律，具有重要的理论意义和实践价值[621]。

5.1 发展过程特征

超级工程的发展过程与基于自然选择的生物进化之间具有诸多相似之处，具体表现如表 5.1 所示[622]。

表5.1 超级工程演化发展与生物进化之间的相似性

演化发展要素	生物进化	超级工程演化发展
演化主体	个体和物种	超级工程共同体
基本单元	遗传基因	经验、方法、管理、技术等
遗传性	基因复制	对以往超级工程的继承
变异性	渐变与突变	超级工程创新
变异方向	适应环境	满足社会需求和自然环境的约束（资源等）
中断	物种绝灭	某一领域或产业被社会淘汰
选择机制	自然选择	自然选择与社会选择的统一
演化发展动力	遗传与变异矛盾、自然选择与适应矛盾	继承与创新的矛盾、超级工程与自然约束、社会需求之间的矛盾
演化发展进程	自然选择与适应	适应与变革的复杂动态进程
演化发展方式	个体与物种进化	系统演化、系统与环境（自然、社会）协同演化
演化发展特征	开放性、不确定性	开放性、不确定性、目的性
演化发展趋势	简单到复杂、低级到高级、种类由少至多	简单到复杂、单一到综合、小范围到大区域—跨区域—超时空

5.1.1 遗传与变异

遗传是指在生物进化的过程中，在亲代所表现出来的特征在其子代个体中又表现出来的现象。与生物进化中遗传现象相似，在超级工程的发展过程中，相似领域的超级工程在实践中会逐渐创造并积累相关经验、工程方法、管理方法、工程技术等，这些知识性成果能够在以后的超级工程实践中进行复制、传播和扩散，从而表现出遗传的特点。

在生物进化过程中，经常会发生基因变异现象，即子代个体获得与亲代个体差异较大的特征，使得同种生物世代之间不同个体之间的性状产生差异，有遗传的变异和不遗传的变异之分，变异往往会使新的个体能够更加适应环境。与基因变异相似，在超级工程的演化发展过程中，因为超级工程环境的复杂性以及工程实践所要解决问题的独特性，所以在超级工程活动中不存在一成不变的工程理论、知识和经验，必须结合具体时间空间条件和当下情境及其各种现实约束条件，在原有知识、相关经验与传统基础上进行必要的调整与变革，特别是在技术水平突破边界条件之后，随着新材料、新技术的涌现，超级工程的实践必须进行与之对应的调整与变革，使超级工程的发展呈现出变异的特点，也称为超级工程创新。超级工程创新是超级工程演化发展过程的常态，也是超级工程演化发展的灵魂。创新与超级工程遗传特点（超级工程传统）之间的矛盾构成了超级工程发展的内在动力。

5.1.2 进化与退化

生物学中的进化与退化是普遍的生物学现象：进化指的是生物个体在演化过程中某一器官不断演变为新的形态、向前发展的过程；退化指的是生物体某一或某些器官在进化过程中全然消失，或部分残留成为痕迹器官的现象。在超级工程的演化发展过程中也存在相似性，随着社会与科技的发展，超级工程也在不断演变、进步与发展，使得超级工程的类型不断增多，结构日趋复杂，功能不断完善，即表现出进化特点；同时，一些超级工程的技术、类型等则会因为产业的没落而不断表现出退化特点。

5.1.3 新生与灭绝

在生物进化过程中，由于遗传与变异，将会在一定概率下产生新的物种或者个体，如果这些新的物种或个体能够更加适应自然环境，那么它们通过自然选择将会获得更大的发展空间；同样地，一些物种由于进化速度较慢，难以适应自然环境的变化，那么它们将会被自然淘汰，逐渐灭绝。在超级工程的演化发展过程中也同样存在着工程新生与工程衰亡现象，随着科学技术突破原有的边界条件，即在工程变异的情况下，将会产生新的超级工程类型与形态；而相应地，随着一些不适应经济社会发展的某类超级工程逐渐被淘汰，某些超级工程的形态也会消失。

5.1.4 选择与适应

生物进化中的选择主要指自然选择，适应指生物对环境的适应，即能够适应当前自然环境的物种将会留存下来，而不能适应当前自然环境的物种将被淘汰，自然界通过选择与适应实现物种的不断发展和演化。超级工程活动是具有主动性的主体实践活动，其演化发展是由有智慧、有追求的人在选择，人是工程系统演化中具有自觉性和能动性的一方，它是在可能性空间中进行主动选择的。社会需要是超级工程选择的内在动力，价值目标是超级工程选择的坐标参照系。因此，超级工程的选择与生物进化中的选择不同，它既是一种自然选择，也是一种社会选择，是自然选择与社会选择的统一。从适应角度看，超级工程作为一种建构新的人工实体的活动，充分体现了人的主观能动性和主体创造性。因此，超级工程对自然环境和社会环境既有适应的一面，也有适度改造与主动变革的一面。所以，超级工程的演化发展过程是一个面向自然与社会的选择与建构、适应与变革、系统重组与协同作用的复杂动态进程。

5.2　演化动力学模型构建

在本节中，针对超级工程的发展过程与基于自然选择的生物进化之间的相似之处进行了介绍。这些相似性使得针对超级工程动力学模型的构建，除了传统动力学模型中所考虑的推力、拉力和制动力之外，还需要结合超级工程自身演化过程所具有的与生物进化之间的相似性，从演化动力学的视角，对超级工程的"演化性"以及演化发展过程中所具有的"动态性"和"多目标性"进行深入的分析，从而能够更好地认识和把握超级工程发展的规律。因此，本节将首先概述传统的超级工程动力学模型，进而从多目标演化视角给出超级工程的演化动力学模型。

5.2.1　传统动力学模型

根据殷瑞钰院士提出的工程演化理论，超级工程演化动力系统的力学模型由推力、拉力、制动力和筛选力构成[623]，如图 5.1 所示，从图中可以看出：

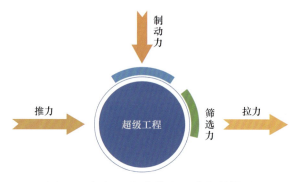

图 5.1　超级工程演化发展动力学模型

（1）推力主要包括由于新工艺、新材料、新装备、新资源、新资本所带来的技术进步，这些技术进步会使超级工程在规模和形式等方面获得长足的进展，突破以往的制约，进而能够支撑并推动超级工程的发展。

（2）拉力主要包括市场需求、产业需求、环境需求和社会需求等，这些需求会对超级工程产生引导作用。为了满足新的需求，超级工程在规模和工艺技术等方面就需要进行相应的变化，使得它们能够拉动超级工程不断演化和前进。

（3）制动力类似于"阻力"，又不完全等同于阻力，它主要包括土地供应、资源供应、能源供应等对超级工程所造成的强劲制约，也就是说必须在满足这些约束条件的情况下超级工程才能演化发展，这些影响因素对超级工程的演化发展会起到阻碍、减缓的作用。

（4）筛选力主要包括由于社会文化、环境容量、工程标准、科学规律对超级工程演化发展所具有的自然淘汰力，实施优胜劣汰的技术选择，使超级工程演化获得进化或退化。

5.2.2 动态多目标动力学模型

从制造业超级工程和交通运输业超级工程的演化发展过程以及它们在演化发展过程中所表现出的特点可以看出，超级工程的演化过程可以看作是一个动态多目标优化问题，它具有"动态性"和"多目标"的特点。

演化发展过程是以当前已有的超级工程为基础，可以将其看作进化过程中的种群；种群的进化是以社会需求为牵引的，在其拉动作用下，相似领域内的各超级工程之间相互借鉴，进行技术的复制和传播，可以将其看作进化过程中的交叉；经过交叉获得的新型超级工程，会同时受到新材料、新技术等创新成果的影响，当这些技术创新达到超级工程的临界点后，将会使超级工程发生质的变化，可以将其看作进化过程中的变异；经过交叉和变异后的新超级工程将会在多目标框架下进行选择，能够更好地适应社会需求、环境需要、工程造价等的超级工程将被保留下来，进入到下一轮进化过程。

需要指出的是，在选择的过程中，随着社会经济的发展，种群进化的优化目标是动态变化的，会出现新目标的加入以及旧目标的退出等。例如，在经济发展难以满足社会需求时，超级工程的目标通常是以满足社会需求为主，而较少考虑环境影响；然而，随着经济社会的发展，环境影响逐渐引起越来越多的重视，进而成为超级工程演化的新目标。同时，在进化过程中的交叉和变异阶段，新的超级工程的产生还会受到许多约束条件的限制，包括自然资源、成本约束、安全约束等，而这些约束条件也同样会随着社会经济的发展而进行与时俱进的调整。

下面我们以桥梁超级工程演化发展过程为例，对图 5.2 中所示的动态多目标演化动力学模型进行分析。这里将 18 世纪及以前的石桥和木桥看成已有的超级工程，这些桥通常归于梁桥类，一般建在具有一定跨度、水域较浅处，由桥柱和桥板组成，物体重量从桥板传向桥柱。它们其实提供了桥梁最基本的结构和建筑工艺，能够满足当时通过跨度较小的一般河流的社会需求。后来，随着 18 世纪以后欧洲进入工业社会，社会需求发生了重大变化，即需要通过跨度较大的大型河流。在这一社会需求的牵引下，开始进行大规模的铁路桥梁建设，这是现代桥梁的开端。这些桥梁的建设过程既从原来的桥梁建设中继承了经验，又可以相互进行交流学习，从而助推桥梁的结构设计不断优化，这一过程可以看作是超级工程演化发展过程中的"交叉"。同时，19 世纪，波特兰水泥、现代钢材在欧洲出现，土木工程实现了质的飞跃，桥梁结构形式及规模有了突破，混凝土桥和钢桥的发展获得了空前的发展。这些新材料与新技术的发展可以看作是演化发展过程中的"变异"。后来，随着社会需求向跨江、跨海的需求发展，不同桥梁超级工程之间不断交叉和借鉴经验，同时预应力混凝土、高级复合材料、超强钢等新材料的变异也不断助推桥梁向斜拉桥等组合结构和轻型结构发展，它们使得桥梁的跨度进一步增大。在这些新型桥梁结构中，决策者需要从更多的目标来进行选择，例如需要同时把握社会需求、建造成本和风险、环境保护、经济发展等更多

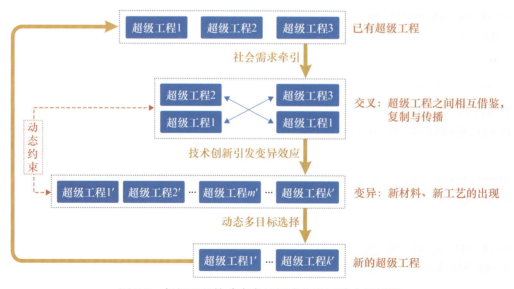

图 5.2　超级工程的动态多目标演化发展动力学模型

的优化目标，从而诞生出新型的桥梁超级工程，这一过程正是图 5.2 中的"动态多目标选择"过程。

需要指出的是，某一超级工程经过自然环境条件、科技因素、社会因素以及政治文化因素等的选择，使得它在一个历史时期内得以保存，在以后类似的超级工程中通过遗传被"复制"下来，并通过不同超级工程之间的借鉴等"交叉"作用进行传播；但是随着新技术、新工艺、新材料等科技创新的出现，这样的超级工程又可能会在后来的演化过程中逐渐被淘汰。例如，在钢铁工业超级工程的演化中，炼钢法就经历了贝塞麦酸性底吹转炉法、西门子－马丁的平炉法、氧气转炉法以及电炉炼钢法等，这是一个不断的选择与淘汰的过程，在这个过程中，每一种炼钢工艺通常都被遗传和"复制"过，它们也并不是突然就被淘汰的，而是经历了一个长时间的演化过程。像平炉炼钢，就经历了多年的演化过程，20 世纪 40～50 年代是它的兴盛期，随后 60 年代由于氧气顶吹转炉等新技术的崛起，这种炼钢工艺就开始逐渐走向衰退，最后随着电炉炼钢这一更高效工艺技术的出现，平炉炼钢在 80 年代以后基本已被淘汰 [624]。因此，在演化的过程中，超级工程通常都会经历选择过程，当能够适应当时的环境和社会需求等多个目标时，就能够获得更多的遗传机会，并不断发展壮大；相反，则可能会在新的工艺技术或材料出现时，开始逐渐走向被淘汰的过程。

5.3 外部效应分析

外部效应又称为溢出效应、外部影响、外差效应，指一个人或一群人的行动和决策使另一个人或一群人受损或受益的情况。经济外部性是经济主体（包括厂商或个人）的经济活动对他人和社会造成的非市场化的影响。即社会成员（包括组织和个人）从事经济活动时其成本与后果不完全由该行为人承担，如图 5.3 所示。外部效应分为正外部性（positive externality）和负外部性（negative externality）。正外部性是某个经济行为个体的活动使他人或社会受益，而受益者无须付出代价；负外部性是某个经济行为个体的活动使他人或社会受损，而造成负外部性的人却没有为此承担成本。

从经济学的角度来看，外部性的概念是由马歇尔和庇古在 20 世纪初提出的，是指一个经济主体（生产者或消费者）在自己的活动中对旁观者的福利产生了一种有利影响或不利影响，这种有利影响带来的利益（或者说收益）或不利影响带来的损失（或者说成本），都不是生产者或消费者本人所获得或承担的，是一种经济力量对另一种经济力量"非市场性"的附带影响。

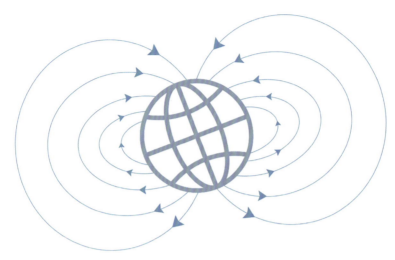

图 5.3　外部效应

我们在超级工程的研究过程中引入外部效应的概念。因为超级工程的迁移路径，无论是建设区域还是建设领域，都受政治、经济、文化等因素的影响。这些因素就相当于外部效应，其变化影响了超级工程的建设区域和领域的变化。超级工程就相当于处于一个外部环境内，不同时间内随着周围环境的变化而发生变化。外部效应的存在既然无法通过市场机制来解决，政府就应当负起这个责任。政府可以通过补贴或直接的公共部门的生产来推进外部正效应的产出；通过直接的管制来限制或遏制外部负效应的产出，如政府可以通过行政命令的方式硬性规定特定的污染排放量，企业或个人必须将污染量控制在这一法定水平之下，或者政府征收排污税等方式来治理企业或个人的环境污染问题。

不同国家、地区的政治、经济、文化等因素形成了包围在超级工程周围的各种"场"。每个场对超级工程影响的方向和角度都不尽相同，同样，超级工程在各种场作用下所表现出的特征也有所区别。当然，超级工程的出现也会引起周围场的变化。例如，超级工程的维护对环境的影响可能会促生相关政策法规的出台，而超级工程的运营管理阶段，很大程度上会带动周边相关产业的发展，促进当地就业岗位的增加，同时带动相关产业文化发展。场与工程之间是相辅相成的关系。现将超级工程所处的外部环境与超级工程的相互影响做如下分析，如图 5.4 所示。

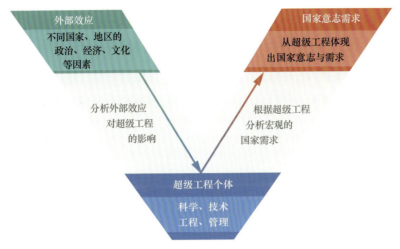

图 5.4　超级工程外部效应的"V"字形结构

5.3.1　政治环境

　　由于超级工程投资规模巨大，其背后的主要决策与委托者大都是政府或者相等权力机关。因此政治场对超级工程在决策阶段的影响力非常大，它直接影响超级工程的决策发起与推动。具体来说，政治场代表着超级工程所建设区域的政策法规导向。一种是与自然环境的和谐共处，例如治理水患、植树造林、改变恶劣的生态环境等。这类超级工程需要政策法规的全力支持，需要相关部门在制定地区发展规划时，有强烈和明确的政策导向和扶持计划。这些新的政策法规，需要保证超级工程从决策、设计、建设到运维所有工程阶段的顺利进行，同时需要在吸引人才、技术、资金方面给予极大的辅助与支撑。如果没有国家政府和当地政府的决策决断，无法以最有效的方法和最高的效率完成，例如水利工程，自古以来就是国家或中央的利民利国工程，无数次在中国境内的大江大河中上演。与此同时，超级工程的建设实施，也会反过来促进相关政策法规的制定。另一种是重要支柱性产业的高质量发展，不同时期的政策导向，具有不同的时代特征。新中国成立初期，政策法规对经济发展的导向主要集中于扶持支柱性基础工业的发展，因此各地方政府在响应国家发展需求的前提下，结合自身区域内产业特点，进行相关项目的落地与启动，像当时在东北和西北地区迅速成长起来的钢铁、制造、资源等大型工业项目。这种政策上的倾斜与支持，会催生一定数量的相关工业产业项目落地，有了这些工业基础，重大工程甚至超级工程就会随着时间和资本的积累而出现。

5.3.2 社会环境

社会环境有狭义和广义之分，狭义指组织生存和发展的具体环境，具体而言就是组织与公众的各种关系网络；广义则包括政治环境、经济环境、文化环境和心理环境等大的范畴，它们与组织的发展也是息息相关的。社会环境分析，就是对我们所处的政治环境、经济环境、法治环境、科技环境、文化环境等宏观因素的分析。因为社会环境是一个综合多方面要素的环境表达，探究社会环境对超级工程的影响效应，就要综合社会政治、经济、法制、科技、文化等方面分析其作用和权重。几种要素要均衡或者达成某种平衡，才能建造出价值斐然的超级工程，相反，如果某一种要素权重明显高于其他要素，例如政治要素的权重大于其他要素，很可能降低该超级工程在科学层面的正确性或者可行性。

5.3.3 经济环境

区域经济发展状况是推动和制约超级工程项目计划与落地的重要因素之一。同时，超级工程项目的计划与实施，必定对周边区域的经济和产业发展产生重要影响。两者是相辅相成的。通常情况下，经济环境是指企业营销活动的外部社会经济条件，包括消费者的收入水平、消费者支出模式和消费结构、消费者储蓄和信贷、经济发展水平、经济体制、地区和行业发展状况、城市化程度等多种因素。市场规模的大小不仅取决于人口数量，还取决于有效的购买力，购买力又受到经济环境中各种因素的综合影响。

影响超级工程的外部经济环境，相对体现在当地 GDP、当地政府财政收入，以及当地工业产业链的发展状况。工程项目外部环境的大小与范围，可以大致划分为洲、国家、省，甚至市县级区域。但超级工程由于其规模和复杂性的限制，外部环境泛指洲、国家和省。如果在洲、国家这种级别的区域范围来考察，那么该地区的 GDP 和相关产业链的完整性一定对超级工程的策划、实施有极其重要的影响。超级工程涉及的人力物力众多，尤其是相关的工程技术难题，通常是超级工程项目面临的最重要课题之一。此外，工程规模庞大，需要运用系统工程知识将工程进行科学合理地分解，然后分包给不同专业领域的企业或者相关单位。一方面，工程技术需要突破；另一方面，工程的复杂性增加了工程协调组织的难度。因此良好完整的产业链环境会对超级工程的实施建设起到至关重要的支撑作用。这种支撑作用在工程的组织协调实施建设过程中体现得最明显。良好的经济环境一方面会辅助支撑超级工程的策划实施，另一方面良好的经济环境也必然有升级转型、向上发展的动力需求。而建设超级工程是非常好的拉动产业升级、提高工程技术、实现经济飞跃的重要手段之一。

5.3.4 文化环境

通常文化环境是指影响一个社会的基本价值、观念、偏好和行为的风俗习惯和其他因素。人们成长于特定的社会中，社会塑造了人们的基本信仰和价值观，确定他们与周围人们关系的世界观也随之形成。文化特征能够影响营销决策。影响超级工程发展的外部文化环境包含价值、观念、偏好和行为习惯，如同地域同一时期的建筑风格都有着截然不同的独有特征。此外，不同地区的人民对文化的保护与创新的不同态度，也影响着当地超级工程的实施建设，也必然会导致超级工程发展方向的不同。比较保守的地区，对于工程的态度较为谨慎，因此发展速度和步调相对较缓；而对其他文化包容兼并的地区，则更能接受和推动创新型超级工程落地与实施。

5.4 动力分析

从超级工程演化发展规律的研究分析可以看出，一项超级工程的出现是由多因素拉动、推动和支撑的结果。

5.4.1 社会需求拉动了超级工程

超级工程的本质属性决定了它是社会需求的产物，因而社会的发展需求是超级工程演化发展的拉动力。例如：秦朝的万里长城是在当时保家卫国的社会需求之下建造的；都江堰等水利工程也是从满足农业生产发展的需求出发设计和建造的；现在的港珠澳大桥的建设是为了满足珠三角地区的发展需求。

随着人类社会的发展，对物质、能量、信息有了新的需求，因此相关领域涌现出一批超级工程。具体来说，为了满足中国北方的粮食需求，人类开凿了方便漕运的京杭大运河[625]；对香料、茶叶等的需求促使欧洲开启大航海时代，随即诞生了远洋贸易与大型运河[626]；工业对原材料的需求促使超大型矿山和重型运载工具的出现。从能量角度，一个国家的工业化程度与能源需求量直接相关。中国东部的海量工厂对能源的需求推进了西电东送、西气东输以及跨国天然气管道建设；为了实现碳中和的远景目标，清洁能源成为世界各国的关注点，风力发电、水力发电甚至是抽水蓄能等领域大量的超级工程建设落地。在信息层面，社会的进步催生了大量的信息传输网络建设。19世纪人们为了欧洲大陆与英国的通信铺设了人类第一条海底电缆，20世纪信息产业的高速发展与经济全球化使得环球海底光缆建设成功，21世纪大数据与云计算的发展催生了中国政府及微软等大型公司在贵州的大数据中心的建设。

5.4.2 经济发展推动了超级工程

超级工程作为国家经济建设的重要组成部分，其产生和发展往往与一国的经济发展阶段和经济实力相关联。建造超级工程需要动用大量的人力、物力和财力，超级工程也是一国经济实力的集中体现。古今中外，只有经济强盛的国家才有能力建造超级工程。从超级工程的地理分布图可以看出，世界古代超级工程大都出现在经济繁荣的欧洲和中国，世界近现代超级工程大都出现在经济发达的欧洲、美国和中国。这表明一国经济发展好，经济实力强，产生的超级工程就多。这也充分体现了国家经济发展对超级工程的推动作用。

5.4.3 科学技术支撑了超级工程

在超级工程的演化发展过程中，科技进步对超级工程的演化发展产生了重要影响。世界上很多超级工程都是通过先进的科学技术来完成的。

首先，超级工程的设计、建造和运营都需要先进的科学技术支撑，比如，高速公路建设离不开土木工程、交通运输和信息技术；港口、机场和能源工程需要先进的自动化技术。其次，科学技术的进步使得新材料和新工艺不断涌现，为超级工程的设计和建造提供了广阔的空间，使得超级工程的类型也不断发展，超级工程的设计、建造的理论和方法不断创新和完善，质量和性能都不断提高，规模日益宏大。纵观中国现代化和工业化过程，高性能材料、先进的工艺、快速可靠的信息传输技术为超级工程提供了源源不断的动力。以高性能材料为例，晶体管的发明让占地面积巨大的电子管计算机成为历史，取而代之的是微小的集成电路芯片[627]。从平面CMOS发展至FinFet，芯片集成越来越高，体积更小而性能更高的芯片被广泛应用。在芯片领域，台积电每年提供千万片的芯片应用于世界各地的电子设备；中国高达180EFLOPS的总规模算力为上百次的航天器发射轨道预测等提供了强有力的支持。在石油领域，勘探技术的不断发展，甚至突破以页岩油气为代表的开采技术：水平井分段压裂技术、水平井同步压裂技术、无水压裂技术和高速流道水力压裂技术，使得许多大型油田雨后春笋般诞生。美国的三大页岩油盆地：二叠盆地、威利斯顿盆地、西墨西哥湾盆地，产出了 3 亿余吨原油，占美国原油总产量的 60%[628]。焦炭等新型冶炼原料的出现、新型冶炼工艺的发明等，都极大促进了当时钢铁工业的发展，也催生了一批钢铁领域的超级工程。科技进步对超级工程的演化发展提供了重要支撑，也成就了一批超级工程。

第6章

案例分析

　　标志性的超级工程充分展示了其在推动人类生产力发展上的巨大作用，为那个时代留下不可磨灭的痕迹和永久的记忆，为那个时代刻上永不褪色的历史烙印。

纵观古今中外，每个时代都有代表性的超级工程，这些超级工程成为其所在年代的标志性符号，与时代紧密相连。它们是推动人类文明发展的不竭动力，体现了人类高超的智慧和创造力。本章遵循超级工程的筛选标准与选取方法，参考超级工程的分布与演进规律，选取石峁遗址、万里长城、都江堰、港珠澳大桥、青藏铁路、西电东送工程、埃及金字塔、古巴比伦空中花园、摩索拉斯陵墓、圣保罗大教堂、西伯利亚大铁路和荷兰三角洲工程十二项标志性超级工程进行案例分析。选取案例在时间上涵盖了古代和近现代超级工程，地理上涵盖了亚洲、欧洲等。

案例分析首先明确了超级工程案例的撰写模板，该模板适用于各类超级工程案例的撰写，为"超级工程排行榜"确定撰写标准；其次详细说明了超级工程标志性案例的分析要点，包括超级工程的工程简介、工程成果和工程启示等内容；最后依据确定的编写提要和分析要点，对上述十二项标志性工程进行全方位的探讨和分析，以展现超级工程对国家和世界的经济、社会和科技发展方面的推动作用。

6.1　案例撰写模板

为了全方位介绍超级工程涵盖的所有内容，更全面地展现超级工程背后的故事，呈现超级工程的重要价值，对超级工程案例进行全方位整理和撰写。超级工程案例的整理和撰写主要包含工程简介、工程背景、工程价值和工程启示四部分内容，并在此基础上拟定了案例撰写框架，为超级工程案例撰写者提供参考依据。

6.1.1　工程简介模板

工程简介部分主要是向读者展示超级工程的概况，要求简明、可读，将超级工程的重要内容进行展示，体现工程为何称为"超级工程"。

工程简介

［第 1 自然段］：超级工程名称（不出现在自然段，下同）。

包括全称、简称，以及其他演化的名称，外文名称。超级工程案例名称，一般采用简称，例如：三峡工程。

［第 2 自然段］：简述超级工程地位。

古代、近现代超级工程的地位，例如：当时人类或世界第一、中国第一；

当时人类或世界、中国最大、最早等。同时，描述工程性质及分类，如能源、电力、土木、制造等，最好引用权威机构或社会公认的评语，例如"世界古代、近现代七大奇迹之一，或十大奇迹之一"等。

[第 3 自然段]：简述超级工程建设时间。

最早什么时候提出，什么时候开始设计论证；从哪一年动工建设到哪一年建成，中间停工时间等；时间通用阿拉伯数字表示。古代超级工程建造时间以公元计年（括弧标注朝代及农历年代）。

[第 4 自然段]：超级工程规模，投入的人力、物力和财力。

可以证明超级工程建造的规模，包括工程总投资额（包含直接和间接投资），投入的人力（反映参与人员数）、物力（水泥、钢铁、沙石等）、财力等。其中投资规模，古代投资以米价折算；中国近现代按照基于 GDP 的方法进行折算；世界近现代以美元折算。同时说明投资来源，是国家投资，还是民间投资，或其他投资，所有资料都要标注来源。

[第 5 自然段]：超级工程建造者。

包括决策者、策划者（单位）、设计者（著名设计师）及工程组织者或单位、工程批准机构或单位、工程施工者单位（一般都是几十家或几百家企业参与）、工程甲方单位和工程隶属单位等。

[第 6 自然段]：超级工程影响力。

简要概括超级工程在科技、经济、环境等方面所产生的重要影响。例如对区域经济发展、工业产业、居民生活等方面的直接或间接影响及支撑作用。

上述六个方面的自然段，为"超级工程"案例必不可少的组成部分，必须简明扼要、可读，使读者看后，认可这就是"超级工程"。

6.1.2 工程背景模板

工程背景部分主要介绍超级工程建设的目的与意义，以及工程建设的立项、设计到施工的时间进程等内容，具体包含内容如下。

结合超级工程的性质和特点，简述工程背景和当时的环境条件。有些工程背景比较复杂，也比较敏感，从尊重客观现实的原则出发，尽可能实事求是地描述。

特别注意挖掘超级工程背后的人文价值、人文故事，梳理超级工程从策划到建设中经历的重大和关键性事件。例如在筹划和建造期间，领袖、伟人、统治者、名人曾经给予的重要指示、讲话、关注、评价及考察、视察等情况。

注意中国超级工程建造背景，如古代中国所处朝代的历史背景。中国近现代，如洋务运动、新中国成立、改革开放、举国体制、大会战形式、四面八方支援、人海战术、动员能力、人民的热情以及当时的政治背景、国际背景等。

6.1.3　工程价值模板

工程价值部分主要说明超级工程在科学、技术、管理、社会、生态和文化方面对国家和世界的贡献以及获奖情况。工程价值内容要紧密结合工程自身进行挖掘，展现工程的核心价值内容。

工程主要成果：包括获得发明专利数量、国际著名奖项。中国超级工程获得国家级三大奖项（自然科学奖、科技进步奖、技术发明奖）以及获得鲁班奖、何梁何利基金奖等其他国家级行业大奖项的情况。

工程主要技术：针对工程难度的挑战，工程重要技术的突破与创新，或原创性的技术，或技术发明，或者说人们利用现有事物形成新的事物，或者是改变现有事物功能、性能的方法。

工程管理创新：要描述和总结超级工程在建设管理方面的创新成果。

工程科学价值：挖掘工程建造过程，发现（自然界）客观存在的事物或规律，或者前人没有看到的事物和没有找到的规律。

工程社会价值：充分反映超级工程给经济、社会、民生、环境带来的辐射效应。特别注意描述经济价值。

工程生态价值：根据各自工程自然生态环境特点，对工程的生态方面的价值进行描述。

工程文化价值：结合各自工程的特点对其文化价值进行表述。

6.1.4　工程启示模板

工程启示部分是从宏观层面对超级工程进行深入挖掘，剖析超级工程取得成功的关键因素，揭示工程的哲学启示和立国思考，提出工程对未来工程的发展指导。

成功关键因素：从管理创新、科技创新、交叉融合创新、社会、经济、生态等多角度分析成功要素。

工程哲学启示：从工程认识论、工程价值论、工程本体论、工程演化论、工程方法论等方面进行启示性分析；特别注意古代超级工程的启示，从工程哲学层面挖掘与失败相关的教训和启示。

工程立国思考：路甬祥院士说，"第二次世界大战后，美国依靠科学立国，日本依靠技术立国，中国依靠工程立国"。从国家的层面思考超级工程的价值和启示。

未来发展指导：对未来超级工程的规划、设计、实施、运营等方面的指导，展望结合信息技术、人工智能等技术的应用和前景。

6.2 撰写要点

超级工程的案例撰写模板确定后，需要对其各项内容的分析要点进行说明，表6.1给出了超级工程案例分析要点。要分别从工程简介、工程背景、工程价值和工程启示四个方面进行分析。案例撰写要求为未来的超级工程撰写者提供了参考依据，具体内容如下：参照以上提纲撰写，要求内容翔实、清晰，层次分明，标题突出；要在相应部分加入最能反映该项超级工程的数张经典照片，不宜多，但不能没有；所使用的单位量词要根据国际或国内标准进行统一；专有学术名词或行业专用名称需在第一次使用处进行解释说明；重要数据来源要注明出处，并对参考文献进行整理；工程价值和工程启示部分，可以采用图文并茂的形式进行解释说明，有利于人们对工程的复杂性、创新性和工程难度等方面加深理解。超级工程案例撰写着重突出工程在某个或某几个领域（工程技术、经济效益、民生人文、环境保护等）的领先性、开创性、突破性。

表 6.1　超级工程案例分析表

	具体内容	分析要点	备注
工程简介	工程简况：该部分旨在说明项目符合超级工程标准	（1）工程概况：国家、时代； （2）工程地位：标志、地位； （3）工程投入：财力、人力、物力、时间； （4）工程影响概括	涉及定量部分应列出准确数字
	工程地位：简要描述工程取得的重要地位和影响	（1）科技、人文、环境； （2）重要影响	定量与定性相结合
工程背景	工程背景：简要描述背景、建造过程、意义	（1）建造背景及目的； （2）建造过程； （3）建造意义	图文并茂

续表

	具体内容	分析要点	备注
工程价值	工程技术：从工程方法、工程知识等角度分析工程的价值，简述超级工程取得的重要创新	（1）关键难点； （2）重要创新	图文并茂，可附技术原理图
	工程成果：工程所取得的重大科技成果，从侧面分析超级工程的重要地位	（1）国际奖项； （2）国内奖项	针对每段时期内的工程管理活动及职能进行描述和分析，可缺项
	工程价值：从管理、科技、社会、经济、生态五个方面对超级工程的内涵和外延进行系统分析	（1）工程与管理的关系； （2）工程与经济的关系； （3）工程与科技的关系； （4）工程与生态的关系； （5）工程与社会的关系	分别从时间、空间、系统的角度分析超级工程
工程启示	成功关键因素	从管理创新、科技创新、社会、经济、生态等多角度分析成功要素	可以从成功、失败两个角度进行分析
	科学与哲学启示	从认识论、价值论、方法论三个角度进行启示分析	工程本体论、工程方法论等思想分析
	未来指导	对未来超级工程的规划、设计、实施、运行的指导	宏观上可以从建设领域、区域分析，微观上可以从全生命周期的过程分析

6.2.1　总体撰写要求

超级工程研究涉及的案例数量较大，撰写人员跨行业、跨领域，因此要做到内容与质量双高，必须符合一些基本要求。

首先，严格执行按案例撰写模板要求，并参考案例示范篇撰写，做到形式与风格的统一，尤其是前面6个自然段的撰写是重点，其刻画了超级工程的主体轮廓。其次，要达到内容与质量双高的水平。对于超级工程的描述与刻画，基本要求是内容翔实、可读性强、逻辑清晰；同时又要达到整体行为流畅、层次分明、标题突出。篇幅上以3000～5000字为宜。低于3000字不足以描述一项超级工程之所以为超级工程；超过5000字，则篇幅过长、可读性不强。个别著名的超级工程字数可以超过5000字，但不能超过6000字。

撰写中有四个敏感问题，即排行榜时间、投资折算、地位评价、资料来源。

有两个容易雷同的问题，即工程价值、工程启示。

在撰写过程中，要注意以下细节。首先是引用的参考文献与资料要注释清楚。每项案例撰写援引的资料来源，都要有清晰的参考文献标引。引用的内容涉及内部资料（不含保密），同样需要注明来源。此外，专有学术名词或行业专用名称，如第一次使用，要有解释性说明；重要数据、资料来源必须注明清晰可追踪的参考文献。

工程描述中所使用的单位统一采用国际标准单位。描述古代超级工程的各种单位要通过折算换算成现在的标准单位。另外，在撰写过程中注意选择最能反映该项超级工程的代表性经典照片，一般一张为宜，特殊工程可选 1 ~ 3 张。

撰写完成后需提交文字稿和电子文档稿各一份。对于国外的超级工程，可以聘请外籍专家、学者参与。

总体上，超级工程案例选择截止日期，以 2022 年完工的工程为止。极个别 2022 年未完成的超级工程是否列入需要商定。

6.2.2　工程简介撰写要求

工程简介部分是整个超级工程案例的提纲挈领的内容，应该对工程内容进行整体分析，提炼工程的亮点，解释是什么原因让该工程成为超级工程，使任何知识背景的读者都对工程概况有详细的了解。工程简况部分需要强调工程符合超级工程标准，通过定量数字说明工程投入量，同时说明工程在国家和世界范围内的影响力。工程地位部分需要简要描述工程在科技、人文和环境方面占据的重要地位和产生的重要影响，重点强调工程是否具有"第一""首次""最大"等重要标识。

6.2.3　工程背景撰写要求

工程背景部分需要重点介绍工程建造的目的和意义，结合建设时期的历史背景，讲述超级工程从决策、设计、建设到运维过程中的重要历史事件、人文轶事。通过对超级工程背后故事的解剖，说明超级工程建设对历史进程是否有足够的影响力，通常超级工程的建设与国家的需求和挑战是相关的，需要说明在特定的背景下应对的具体问题和目标。

6.2.4 工程价值撰写要求

主要是从工程的技术和成果，以及在社会、经济、生态等多维度的工程价值。工程技术主要关注超级工程所使用的前沿、领先和特殊工程技术，重点分析超级工程的重要难点和"卡脖子"问题，以及如何解决问题的过程；工程成果部分主要从微观层面对超级工程案例进行分析，对超级工程在工程价值、管理内涵分析和系统解析方面进行概述，使相关领域具有一定工程和管理知识基础的读者对工程所具有的价值有深入的认识；工程价值部分从工程方法、工程知识、工程美学等角度分析工程的价值，说明超级工程取得的重要创新。管理内涵分析部分则是分析工程的决策、设计、实施、运维全生命周期过程，深入剖析超级工程的管理活动及管理职能，挖掘工程在管理层面的重要创新内容，并从管理、科技、社会、经济、生态五个方面对超级工程的内涵和外延进行系统分析，包括工程与管理的关系、工程与经济的关系、工程与科技的关系、工程与生态的关系和工程与社会的关系。

6.2.5 工程启示撰写要求

工程启示部分主要从宏观层面对超级工程案例进行分析，对工程的成功关键因素、科学与哲学启示和未来指导三个方面进行深入研究。成功关键因素部分主要从管理创新、科技创新、社会、经济、生态等多角度分析成功要素，可以结合相似类型的失败工程进行对比分析，挖掘为何超级工程取得最后的成功。科学与哲学启示部分需要以工程本体论、工程方法论为指导，对超级工程进行深入分析，从认识论、价值论、方法论三个角度进行启示分析。未来指导主要是该工程对未来超级工程的决策、设计、建设、运维的借鉴和指导意义。宏观上可以从建设领域、区域角度进行分析，微观上可以从全生命周期的过程进行分析。

6.3 典型案例分析

6.3.1 石峁遗址

一般称为"石峁遗址"，全称为"陕西神木县石峁遗址"，英文名称为"Shimao Site"。

石峁遗址是中国当下已知规模最大的龙山晚期到夏早期遗址，被誉为"石破天惊"的重大考古发现[629]，并入选"2012 年十大考古新发现""世界十大田野考古发现"及"21 世纪世界重大考古发现"。石峁遗址于 2019 年 5 月被列入《中国世界文化遗产预备名单》，其外城东门遗址被专家誉为"华夏第一门"，面积 2500 多平方米，现在已经面向游客开放[50]。此外，为加强对石峁遗址的保护，国务院于 2006 年将石峁遗址列为第六批全国重点文物保护单位，国家文物局于 2021 年 10 月 12 日将其列入"十四五"时期大遗址。

石峁遗址出土于陕西省榆林市神木县西南约 40km 处的高家堡镇。考古学界认为，石峁城址始建于公元前 2200 年前后，毁弃于前 1800 年前后，距今约 4000 年。目前，已出土的石峁遗址的占地面积已达 400 万 m²[630]，如图 6.1 所示。

图 6.1　石峁遗址

石峁遗址中的石砌城垣总长约 10km，平均宽度超过 2.5m，以现出土的最大高度 5m 计算，外城和内城的外围城墙所消耗的石料约为 12.5 万 m³。以新石器时代晚期聚落的生产力而言，修筑一座规模宏大的城池，需要消耗巨大的劳动力资源。但是由于缺乏一般等价物，后人甚至无法粗略估计其造价。

石峁遗址面积广阔且建筑结构复杂，包含了庞大的城池和居住区，是中国目前发现的最大、最重要的新石器时代遗址之一。通过对石峁城址中城墙走向及陶片分布密度变化的分析，可以确定石峁遗址是一处以"皇城台"为中心，包括内城、外城及城内聚居区的巨大石头城。其具备清晰的城垣轮廓，城防设施较为完备且保存良好。且随着考古研究的深入，还在城址外围发现了类似于"瞭望塔"的石头构筑的预警设施。此外，遗址内城中共发现十余处集中居住区，这些聚居区分散于以天然沟壑为界划分出的 16 个梁峁上，呈现出"大聚居、小散居"的形态[631]。

由石峁遗址的结构可见，其是一处新石器时代末期的都邑性聚落。其中"皇城台"是聚落统治者、高级贵族所居住的区域，已经具备后世皇宫的基本特征，即居于整座城市中心的地位以及固若金汤的围护石墙。除此之外，出土于"皇城台"的文物往往为该时期象征身份地位的"奢侈品"，或能够代表该时期技术进步的器物，也佐证了"皇城台"在这个聚落中拥有无上的地位。

石峁遗址在中国现存的新石器时代晚期遗址中具有极高的地位。以其发现的超大规模石砌城址，及出土的数量巨大且风格独特的新石器时代晚期至夏时期的文物，引起了考古界的高度关注。石峁遗址的发现和深入研究，有助于研究该时期的社会形态、聚落演变、生活方式以及人地关系变化，也为研究华夏民族的族源、族属及各民族融合的进程提供了宝贵的参考资料。

1. 工程背景

石峁遗址是一处史前文化遗存，主体时期为龙山晚期和夏早期，存在年代约为公元前 2200 年至前 1800 年，时间跨度约为 400 年。遗址中出土的玉器表明，其在一定程度上受到了周邻的客省庄文化以及齐家文化的影响，与陶寺文化有着族群、经济和文化上的互动，并与西北方向文化有一定相似性。

20 世纪 20 年代以前，石峁遗址以流散在海外的大量玉器而闻名，由于石峁遗址所出土的玉器数量巨大、器型独特、玉质优秀，成了全球收藏家以及玉器研究者所关注的焦点，如图 6.2 所示[632]。

图 6.2　石峁遗址出土的玉环（神木市博物馆馆藏）

1958 年，陕西省展开第一次文物普查，调查队通过实地调查以及分析陶片等标本，认为在石峁一带存在一处龙山时期文化遗址，并大致划定了遗址分布的范围。当时记录为"石峁山遗址"，也就是今天的石峁遗址。这也是石峁遗址首次被考古学者所关注。

1963 年，考古学者沿榆林—神木—府谷一线长城踏勘时，再次记录了石峁遗址，确定石峁遗址为龙山文化遗存，遗址面积约为 10 万 m² [631]。

1975 年，考古学者戴应新对其征集的大量玉器进行了分类研究，确定这些玉器大都属于龙山文化的遗存。对石峁遗址的大规模发掘和研究由此发端[633]。

1981 年，陕西省西安市半坡博物馆对石峁遗址进行了发掘和研究。考古学者认为，石峁遗址至少包含两种不同时期的文化，但是石峁遗址规模、遗址性质等问题尚待解决[631]。

1986 年，考古学者吕智荣通过分析采集到的陶片、石器以及玉器标本，提出生活在石峁遗址的史前先民的生产方式以农业为主，兼有一定比例的牧猎经济[634]。

2010 年之后，随着大量精美的陶器、玉器出土，石峁遗址获得了陕西省考古研究所的高度重视。2011 年，石峁遗址的考古研究全面启动。2012 年，石峁遗址的考古发掘工作获国家文物局批准。

2015 年开始，这座中国最大的史前城址备受关注，逐渐苏醒的古迹讲述着悠久的历史与文化，而这些奇迹发现的背后少不了考古队员们的努力[635]。

2018年，国务院新闻办公室发布会宣布，石峁与良渚、陶寺、二里头文化遗址一起成为"中华文明探源工程"重要成果，相关内容编入中学教材。

2021年12月，由陕西省地方志办公室与陕西省文物局联合编纂、方志出版社出版的《石峁遗址志》全面系统记录了石峁遗址的考古成果。该书的出版发行实现了方志文化和考古文化的协同传播，让历史复活起来，为古老的石峁遗址插上腾飞的翅膀，走向世界；也为方志园地增添了一部独特优秀的文物志[636]。

至今，对石峁遗址的考古研究已逾十年。十年间石峁遗址出土了大量精美且具有文化象征意义的文物，研究工作亦取得了堪称"石破天惊"的重大收获，为研究华夏民族起源、先民生活方式、史前聚落形态及其演变作出了重大贡献。而石峁遗址从发现到发掘的研究历程，也为其他史前遗址的发掘和研究提供了宝贵的经验。

2. 工程价值

石峁遗址作为华夏民族先民的居所，其本身具备双重价值。对于先民而言，石峁遗址的价值主要体现为聚落载体；而对于当代研究者和大众而言，其价值主要体现在考古方面。

1）聚落载体

聚落起源于旧石器时代早期的人类群聚现象，随着以农业和牧猎业为代表的自然经济占据主导地位，人们除了需要与自然抗争以保证自身的安全外，还需要防止以土地为代表的生产资源不被掠夺，因此规模更大的聚落逐渐发展起来。

新石器时代发展起来的聚落既是当时人类社会的普遍组织形态，也是先民的主要生活方式。聚落为生存在聚落中的先民提供生产生活的空间、政治生活的舞台和保护自身安全的武器，为不同区域文明的存续和融合提供了基本条件。

2）考古价值

自石峁遗址被大规模发掘以来，出土的大量文物为考古学者研究史前文明的存续提供了数量不菲的资料。目前考古学界从以下六个方面对石峁遗址展开了细致的研究。

（1）石峁遗址的年代及文化属性。

目前，考古学界普遍认为石峁遗址的主体时期大致为龙山晚期至夏早期，争论的焦点在于石峁遗址的详细分期。研究人员将石峁遗址中出土的陶器、石器以及玉器等文物，与已知文化遗址中具有代表性的文物进行对比，可以将石峁遗址存在的这段时间细分为若干个阶段。目前学界讨论较为热烈的包括"三期说""三期四段五组说"等。此外，考古学者观察到一个普遍现象：在大河套区域，就是广义上的北方区域，内蒙古的中南部、山西的西北部、陕西的北部大概10 万 km² 这个范围内，从距今 4000 年前后发展到 3800 年前后，整个前期遗址里的人突然都消失不见了，石峁人也不例外。一群来自"蛇纹鬲遗存"的人，占据了石峁人生活的地方。石峁人的消失很可能跟气候变化，或者是资源的日趋紧张、战争因素有关[637]。

（2）石峁遗址与周边文化遗址的关联。

通过比对石峁遗址出土文物与周邻文化遗址所出土的文物，发现石峁遗址文物与周边各类文化均有一定的关联，体现了早期文明之间的相互影响。

对于石峁遗址的起源，考古界一般认为石峁遗址发源于本地的地区文化，并且在发展过程中受到了同期其他文化的影响。而关于其主要受到哪些文化的影响，目前考古学界存在两种主流说法，一种是"北部起源说"，认为石峁遗址在发展过程中接受了南下的老虎山文化等的影响；另一种是"南部起源说"，认为石峁遗址受到了北上的客省庄文化、杏花文化等的影响。

（3）石峁遗址出土玉器的研究。

20 世纪 70 年代至 21 世纪初，由于未对石峁遗址展开直接发掘，可供研究的玉器标本主要来自征集和购买，因此考古界研究的焦点主要是玉器的年代和来源。

2012 年以后，随着系统性的考古发掘逐步推进，学界对玉器的研究转向以下三个方面：一是玉器的用途、特点和出土背景；二是不同文化玉器的跨区域比较，例如，将石峁遗址所出土的玉器与年代相似的二里头文化中发现的玉器进行比较，以分析石峁玉器技术的沿革；三是从宏观层面分析史前玉器加工技术的发展。

对石峁玉器的研究，有助于了解史前文化对于玉器这一类象征权力的资源的分配方式，进而了解当时社会的生活状态。

（4）石峁遗址出土石墙的研究。

石峁遗址的外城东门址是目前我国所见最早的史前门址，由于其结构明晰、设计精妙且运用了当时大量的先进技术，为我国的史前建筑史提供了重要的研究资料。其中最具代表性的便是外城东门遗址，该遗址所展现的内外瓮城结构以及附属于城墙的马面表明，石峁遗址的城墙防御体系已经具备了后世城墙的基本特征。放眼世界建筑史，石峁遗址的城墙也是设计布局最复杂、功能最全面、控制性最强的防御体系之一。

（5）聚落社会学研究。

石峁遗址提供了一个窥见史前时期聚落演变情况的窗口。随着聚落规模的扩张、聚落内部社会关系越发复杂以及各聚落之间竞争的加剧，石峁遗址逐步发展成为一种多层级的聚落系统，并有了王权国家的雏形，也具备了早期城市的主要因素。

（6）史前人类体质、生产方式以及生存环境的研究。

史前聚落的生产力较为低下，抵抗环境变化的能力较弱，因此通过分析出土的人骨、动植物标本，可分析出该时期先民主要从事的生产方式。

研究表明，由于发生于龙山晚期的降温事件，使农业在聚落生产中所占的比重逐步下降，而畜牧业逐步崛起。这一生产方式变化所带来的人类聚合一定程度上促进了类似于石峁遗址的早期王权国家的诞生。

（7）石峁遗址的族属研究。

石峁遗址作为龙山晚期最大的城址，一经发现便引起了学者从各个角度的解读。关于石峁遗址的性质，目前考古学界众说纷纭，有学者认为石峁遗址是黄帝部族居所，也有人认为其是尧帝居所、上古西夏国都邑等。

然而，目前还没发现明确证据可以佐证上述任何一种说法。但是可以确认的是，石峁遗址所展现出来的社会功能与一般的原始聚落不同，已经跻身早期邦国都邑的行列。将其定性为"公元前2000年前后的北方区域某个政体的中心"较为恰当。

3）艺术价值

石峁遗址规模大、等级高，历史价值突出，但作为一处大型土遗址，从观赏性角度出发，较难符合当代大众审美[638]。观赏性不高，并不能磨灭其作为石峁先民艺术创作、反映石峁先民审美趣味、展现当时典型风格的实物见证的价值。从石峁遗存城址布局来看，可分为内城和外城两部分，其中内城最高处筑有象征权力中心的皇城台，体现了当时城址建设的布局规划思想；从皇城台的规模来看，皇城台是石峁遗址的核心区域，为大型宫殿及高等级建筑基址的核心分布区，周边砌筑阶梯坚固雄厚，体现出修建者在追求本体固若金汤的同时，凸显其威仪感和震慑力的设计理念；从石峁遗址出土实物资料来看，"藏玉于墙"的构筑方式为首次发现，遗存出土了大量精美的玉器，兽面纹和神面纹石雕也代表了石峁先民独特的审美风格，彰显着石峁遗址鲜明的艺术价值。

4）科学价值

石峁遗址是以皇城台为中心，内城和外城以石砌城垣为周界的一座罕见的大型石城，砌筑方式具有极高的科学研究价值。通过对石峁外城东门址的复原，发现这种双台双墙双门塾式结构在世界城建史中属于布局最复杂、控制性最强的设计。石峁的建筑技术包括夯土、砌石、瓮城马面三种不同的传统，其中还显露出西方文化因素，是多元建筑文化交流的成果。

5）社会价值

石峁遗址的发掘为神木市从资源密集型城市向全域旅游城市转型创造了良好的条件，在红碱淖、二郎山、天台山和高家堡古城的基础上进一步丰富了神木市的旅游资源，创造了巨大的社会和经济价值。

同时，石峁遗址早在发掘之前就受到了当地居民的重视，关于石峁城的民间故事与石峁遗存的重大发现，均使当地居民产生了历史文化的自豪感，增强了社会凝聚力，具有较高的社会价值。

3. 工程启示

作为古城遗迹，石峁遗址为后人带来的启示更多是考古研究和遗产保护方面的。回望石峁遗址从发现到系统性发掘，这段近一个世纪的历史，为之后古遗迹的研究和保护提供了宝贵的经验教训。

1）注重理念和方法的创新

石峁遗址发掘过程中，研究人员广泛利用了数字化测绘、无人机航拍以及激光扫描等新兴技术，完成了遗址的数字化记录，为后续的研究、保护和利用奠定了基础。

2）文物利用及文化宣传

石峁古城的时代得以确认，其历史地位得以确立，再回顾中国几千年的文明史，不难发现，这一现象是有规律可循的，即新石器时代首先在北方的农牧交错地带产生和发展了中华文明的高级形态；至青铜器时代，则促进了中原地区文明中心的形成；随着铁器时代社会生产力的进一步提高，又推动了江淮流域的开发，从而使中国经济中心开始了逐渐南移的过程[639]。文物和遗址昭示着华夏民族和华夏文明沿革的历史，而考古工作者则是最了解遗址所蕴含的文化底蕴的人。在充分研究的基础上，应当将遗址的文化内涵展示于大众视野中，以宣扬华夏文明的悠久历史。这也是文物最好的归宿。

3）世界文明起源研究

石峁因其独特的地理位置，其与欧亚大陆其他地区同期文明的比较研究具有得天独厚的资源优势。此外，其所在地理位置与传说中黄帝活动的地域相一致、与黄帝所属姬姓白狄族活动的地域亦相一致[640]。石峁古城的发现与考古发掘以及周边大大小小数十个新石器时代石城聚落的发现，充分说明了新石器时期今陕晋蒙毗邻地区文化发展的繁荣与文明发展的高度，甚至要超过我们传统观念中文明产生的摇篮——中原地区[641]。此外，绵羊动物骨骸的发现说明欧亚草原畜牧文化和中国北方地区农业文化之间开始出现交流，形成半农半牧性质的生业形态，为狭义北方地区晚商以后成为畜牧文化区奠定了基础[637]。我们将以石峁案例丰富文明构成要素、社会组织形态、社会治理体系、发展演化的模式，探索中国文明多元一体格局形成的过程与规律，比较中国文明与世界文明起源、发展模式，揭示中国文明对世界文明的贡献。

6.3.2 万里长城

统称之为"长城"，英文名称为"The Great Wall"，全称为"万里长城"，还称为"战国长城""秦长城""汉长城"和"明长城"等。

万里长城，在"世界新七大奇迹"中名列第一，是世界体量最宏伟、分布范围最广、修筑持续时间最长、影响力最大的巨型线性文化遗产。1961年3月4日，被国务院公布为第一批全国重点文物保护单位[642]。1987年，联合国教科文组织正式将万里长城定为世界文化遗产[643]。2020年11月26日，国家文物局发布了第一批国家级长城重要点段名单[644]。

万里长城的修建持续了2000多年，始修筑于西周时期，在春秋战国时期修筑了一些，但长度较短，公元前221年秦灭六国统一天下后，秦始皇开始连接和修缮长城，始有万里长城之称，到了明朝，长城才修缮完成，也就是今天人们所看到的万里长城[643,645,646]。至于明代，地理位置属中国北方。根据2012年国家文物局和测绘部门对全国性长城资源的调查结果，总长度21196.18km，其中明长城总长度为8851.8km，秦汉及早期长城超过10000km；河北省境内长度2000多千米，陕西省境内长度1838km。现存长城文物本体，包括长城墙体、壕堑、界壕、单体建筑、关堡、相关设施等各类遗存，总计43721余处（座/段），主要分布在现今河北、北京、天津、山西、陕西、甘肃、内蒙古、黑龙江、吉林、辽宁、山东、河南、青海、宁夏、新疆这 15 个省区市 [647-652]。

万里长城，修筑年代较为久远，可以根据现代条件下修建 1m 标准砖长城的造价，来估算明长城在当前条件下的投资规模。长城标准城墙平均高 7.8m，墙基平均宽 6.5m，顶宽 5.8m；建长度为 1m 的标准长城需要用青砖约 6000 块，白灰砂浆约 7m³。若一块城砖现在造价为 4 元，1m³ 砂浆估价 400 元，加上其他材料费约 2000 元，则 1m 标准长城的材料费估算为 28800 元；若修筑 1m 标准长城需 150 人工时，每个人工时按现价 200 元计，则人工费估算为 30000 元；因此修筑 1m 标准长城的工程造价估算 58800 元。这样修筑长城的主体部分估价为 5205 亿元。除此之外，长城上的敌楼大概有 6 万个，每个造价 20 万元。烽火台每 5km 一个，每个烽火台造价 40 万元。因此敌楼和烽火台的总造价为 128 亿元人民币。长城还有嘉峪关、山海关、雁门关等八大关口，以平均每个关口主要建筑 20 亿元人民币计算，长城各关口总造价为 160 亿元。因此长城的总投入换算为当今的造价约为 5493 亿元。

万里长城，是中国古代的军事防御工程，是一道高大、坚固而且连绵不断的长垣，用以阻隔敌骑的行动。长城不是一道单纯孤立的城墙，而是以城墙为主体，同大量的城、障、亭、标相结合的防御体系。据史料记载，万里长城是在秦始皇的指挥下，由中国古代近百万的劳动力修建，占当时全国总人口的二十分之一，还有二十多个诸侯国家和封建王朝也参与修建，凡是统治着中原地区的朝代，几乎都要修筑长城。若把各个时代修筑的长城加起来，有 10 万里（1 里 =500m）以上，其中秦、汉、金、明几个朝代所修建的长度都超过了 1 万里 [645,653]。

万里长城、大运河、坎儿井为中国古代三大工程，是中国古代劳动人民用无与伦比的智慧创造的凿空拓荒的伟大工程，是古代中国工程造物活动的旷世代表作，是中华文明、中国文化的象征。中国古代三大工程建造规模之大、开建之早、持续时间之长、技术之复杂、组织之繁复、智慧之高超、实用价值之大，在人类世界使用至今，实属罕见。长城划定了农耕文明与草原文明分界线；大运河是南北经济纽带、交通动脉；坎儿井是地上与地下水利工程的典范。三大工程开创了世界伟大工程造物活动的先河，也是人类创造的物质世界的"人工物理世界"，或者说是人类"人造物世界"的无双经典作品，如图 6.3 所示。

图 6.3　中国万里长城

1. 工程背景

秦始皇二十六年（公元前 221 年），秦吞并六国，统一天下，建立了中国历史上第一个统一的多民族中央集权制国家。为了维护和巩固空前统一的超大帝国的安全，秦始皇陆续采取了一系列国防建设和边防守备的重大战略措施，其中之一就是大规模修建万里长城。秦始皇三十二年（公元前 215 年），大将蒙恬率 30 万大军北击匈奴，取河南地（今内蒙古），其后筑起"西起临洮（今甘肃山尼县），东至辽东（今辽宁省），蜿蜒一万余里"的长城。自秦始皇筑长城之后，始有"万里长城"之称。

汉武帝登基后，连续发动多次对匈奴的战争，将其驱逐至漠北，修复了蒙恬所筑的秦长城，又修建了外长城，筑成了一条西起大宛贰师城（今新疆）、东至鸭绿江北岸、全长近一万千米的长城。此时战国时期的秦、赵、燕长城才被放弃，其军事防御作用也随之终结。魏晋南北朝、隋、唐、宋、元时期多次新筑或修缮长城。

秦长城主要分为西、中、东三段：西段起于甘肃岷县西，向东北经临洮、渭源、宁夏固原、甘肃环县、陕西吴旗、靖边，至内蒙古准格尔旗东北；中段除部分利用原赵国长城外，新建了由宁夏经固阳县北部、武川县南部，沿大青山北过集宁、从兴和县北部进入河北境内，在围场县境内与燕长城相接；东段自内蒙古化德县以东，经河北康保县，内蒙古正蓝旗、多伦，至河北围场县北部，向东穿过内蒙古赤峰市，经奈曼旗、库伦旗南部进入辽宁阜新县东部。秦朝修筑长城有效防止了北方的匈奴、林胡、楼烦的南侵。

长城是世界古代史上最伟大的军事防御工程，它并非简单孤立的一线城墙，而是由点到线、由线到面，把长城沿线的隘口、军堡、关城和军事重镇连接成一张严密的安全网，形成一个完整的防御体系。墙身由整齐的条石砌成，内部填满泥土、石块，非常坚固。军堡、关城和军事重镇这个防御体系具有战斗、指挥、观察、通信、隐蔽等多种功能，并配置有长驻军队的点线结合防御工程整体[654]。

从建筑结构来看，长城并不只是一道单独的城墙，而是由城墙、敌楼、关城、墩堡、营城、卫所、镇城烽火台等多种防御工事所组成的一个完整的防御工程体系，如图6.4所示。

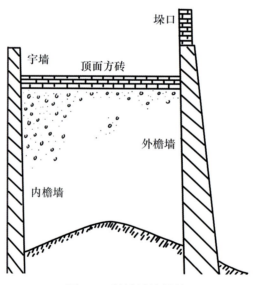

图6.4　长城城墙结构

长城的城墙是这一防御工程中的主体部分。它建于高山峻岭或平原险阻之处，根据地形和防御功能的需要而修建，凡在平原或要隘之处修筑得十分高大坚固，而在高山险处则较为低矮狭窄，为节约人力和费用，甚至一些最陡峻之处无法修筑的地方便采取了"山险墙"和"劈山墙"的办法，在居庸关、八达岭和河北、山西、甘肃等地区的长城城墙，一般平均高7～8m，底部厚6～7m，墙顶宽 4～5m。在城墙顶上，内侧设宇墙，高 1m 余，以防巡逻士兵跌落，外侧一面设垛口墙，高 2m 左右，垛口墙的上部设有望口，下部有射洞和擂石孔，以观看敌情和射击、滚放擂石之用。有的重要城墙顶上，还建有层层障墙，以抵抗万一登上城墙的敌人。到了明代中期，抗倭名将戚继光调任蓟镇总兵时，对长城的防御工事做了重大的改进，在城墙顶上设置了敌楼或敌台，以住宿巡逻士兵和储存武器粮袜，使长城的防御功能得以极大地加强[654]。

烽燧（烽火台）作为情报传递系统设在大漠深处，作为发出警讯的最前线向沿线传递情报。由长城通往京师的系列烽火台与王朝中央联系，还有一组烽火台与长城所在地附近的地方政府和驻军联系。长城既是农耕民族的防御前线，也是向游牧民族发动反击的前沿阵地。在长城后方深处配备着机动部队，以备战争之需，长城还不是防御的最前线，而是攻击起始线和交通线。在长城前方部署的观察哨深入到极远处，前线在长城以北 1000km。在古代，游牧骑兵虽然有优良的机动能力和强大的攻击力，但是对于城垣防御体系却无能为力。长城是世界古代史上最伟大的军事防御工程，它并非简单孤立的一线城墙，而是由点到线、由线到面，把长城沿线的隘口、军堡、关城和军事重镇连接成一张严密的网，形成一个具有战斗、指挥、观察、通信、隐蔽等多种功能的防御体系，并配备了一支与整个防御体系工程相结合的长驻军队。

明朝时期，修筑的明长城，是我国最后一道万里长城，也是世界上最长的长城。东起鸭绿江，西到甘肃嘉峪关，沿着河西走廊北侧，东行经沙漠和黄土高原的交接处，再循内蒙古高原和冀北山地交错带，蜿蜒在燕山和太行山山岭的脊背上，随山势而转，直抵大海边缘，途经甘肃、宁夏、陕西、山西、内蒙古、北京、河北、天津、辽宁、吉林、黑龙江等省市区的 156 个县域，总长度为 8851.8km。其中，人工墙体的长度为 6259.6km，壕堑长度为 359.7km，天然险的长度为 2232.5km。现存敌台 7062 座、马面 3357 座、烽火台 5723 座、关堡 1176 座、相关遗存 1026 处[655]。经粗略统计，如果用修筑长城的砖石土方来修筑一道高 5m、厚 1m 的大墙，或是铺筑一条宽 5m、厚 30cm 的马路，那么这道墙可环绕地球十几周，这条马路可环绕地球三四十周。

2. 工程价值

万里长城的工程价值，主要体现在边带发展、民族融合、军事价值、文化意义四个方面。

1）边带发展

万里长城是分隔两国经济和文化的重要分界线。它还将两种经济和文化联系在一起。经济以农业经济为基础，畜牧业是农业的重要补充。两国经济相互依存，优势互补。文化以农耕文化为主，农牧两种文化相互渗透，相互吸收，不断交汇、辐射。在历史发展过程中，农业首先在黄河中下游地区发展起来，成为中国农业经济文化的心脏地带，成为全国经济文化交流的中心。在整个畜牧业经济区，从兴安岭以西至阴山以北，内蒙古草原以其独特的条件发展成为畜牧业经济文化的心脏地带。长城位于这两个经济和文化心脏的自然交汇处，是经济发展一定基础的产物。从秦汉时期到明清时期，长城沿线的许多关口都成为农业和畜牧业这两大经济文化体系的国家交易场所或中心。再加上特殊情况下民族间的抢夺，农牧产品沿长城一线分布，长城一线成为中国最大的贸易市场和物资供需集散基地。在历史发展的过程中，许多关口逐渐发展成为长城沿线的重要城镇。可见，长城不仅保证了农业经济文化和畜牧业经济文化的正常发展，还为两者的交流和互补提供了场所和便利。它对两国经济的协调，以及使农牧经济向相互合作的方向发展也起着重要的作用[654,656]。

2）民族融合

长城极大地促进了国家的多民族融合，在中华民族多元一体格局的形成和发展上起到了重要作用。汉宣帝甘露三年（公元前51年），南匈奴归汉，实现了中原农业区的华夏汉族与北方畜牧民族的融合，这便是中华民族的形成之始。新中国成立以后，在内蒙古阴山一带汉代城堡遗址的考古发现，汉与匈奴的和平往来并没有完全被万里长城和军事堡垒所遮断。唐代，唐太宗大破突厥军后，令数十万降众居住在边境长城沿线一带，设置六个都督府，任命突厥人为都督。突厥人接纳了汉族先进的经济和文化，进一步加速了民族融合的步伐。金元时期，雁门关外由起初的"不植桑榆不种麻"，到后来的"生民何处不桑麻"，正反映了这一历史的规律。明朝在长城沿线开放的"马市"，表现了汉蒙互相依存、渐趋融合的密切关系。清政府采取怀柔政策，进一步促进了长城一带的民族大融合[654,657]。

3）军事价值

长城是一个完整的防御体系，有当时最先进的军事预警方式——烽火台，长城不仅具有防御方面的作用，还有一个很重要的作用就是进攻，秦始皇打匈奴时以长城为依托，打赢了就推进，打输了就回长城，使游牧民族根本不敢在长城附近活动。此外，长城还可以运兵。以砖石铺面的长城较宽，连接范围较广，相当于部队的高速公路，在发生险情时，可以从附近迅速调兵[658,659]。

4）文化意义

长城建成后，以长城为中心，南北文化的交流始终没有停止过。战国时期，赵武灵王修建赵长城，号召国人学习"胡服骑射"，进行南北文化交流。秦汉时期，长城南北文化进行了空前的对话与交流，在长城沿线发现的秦权、诏版，内蒙古和林格尔汉墓壁画、单于和亲瓦当，还有闻名遐迩的昭君墓等，均是南北文化交流融合的见证。在长城地区的文化带里，遗留下来众多的名胜古迹，诸如敦煌，云冈石窟，麦积山石窟，万佛堂石窟壁画、雕塑，元代居庸关云台，金代的卢沟桥以及金中都遗址，元大都遗址与出土的文物等，都体现了文化交流的特点，同时也记载着中华民族历史上文化的辉煌[654]。

几千年来，在沿着长城形成的这条古道上，中外文化在此融合、交流，至今仍在发挥着作用。许多外国人知道中国是从长城开始的，长城是世界上其他国家了解中国历史、中国文化、中华民族最好的切入点。万里长城这一凝结着中华民族几千年智慧与力量的宏伟建筑，是人类宝贵的历史文化遗产[658]。

长城以其雄伟的气势和深厚的文化内涵，吸引了历代著名的文人和国际人士。许多中国墨客以长城为题材创作了大量的文学作品，如诗歌、艺术、音乐等，其中唐代的"边塞诗"尤为典型。如李白的"长风几万里，吹度玉门关"，王昌龄的"秦时明月汉时关，万里长征人未还"，王维的"劝君更尽一杯酒，西出阳关无故人"，岑参的"忽如一夜春风来，千树万树梨花开"等名句，千载传颂。孟姜女送寒衣的歌词广为传唱。在宋、元、明、清及近代，有许多词人和诗人经过或游览过长城，并从长城的建筑和功能以及长城两岸壮丽的河山中获得灵感，写出了著名的作品，这些作品至今仍广为流传，极大地丰富了长城文化的宝库[645]。

3. 工程启示

在科技水平远远不及今天的古代，修建长城确实需要较高的技术和建造水平，主要有以下几点。

1）因地形，用险制塞

为了起到军事防御的目的，修建长城就特别强调"因地形，用险制塞"原则，也就是要根据不同的地形、地貌来科学地施工。例如，长城上的关城隘口，其选址十分讲究，或选在两山峡谷之间，或选在河流转折之处，或选在陆地往来的必经之处。之所以选择在险要之地建关城隘口，目的就是易守难攻，这就要求懂得军事技术。此外，修筑长城还要充分地利用地形、地貌，例如，居庸关、八达岭这些地段的长城，都是沿着山脊修建的，充分利用山势做天然屏障[660]。

2）就地取材、因材施用

修建长城时，建筑材料和建筑结构方面也要很好地贯彻"就地取材、因材施用"的原则。例如，长城的建筑用料，有的地段是夯土，有的地段是块石，甚至在沙漠地段，还有用红柳枝条、芦苇等作为建筑材料的。将不同的建筑材料，用不同的结构方式构筑成一个整体，在横贯万里的空间上能建成如此巨大的工程，这在2000多年前绝非易事，需要极高的建筑技术。长城的成功修建，充分证明了中国古代的平原筑城技术和山地筑城技术已经达到了极高的水平[661]。

3）超强的黏合剂——"糯米砂浆"

万里长城为何千年不倒，其中蕴藏了中国古人的智慧。古代的建筑工人通过将糯米汤与标准砂浆混合，发明了超强度的"糯米砂浆"。这种砂浆比水泥还要牢固，而且防水性能非常好，科学家称，"万里长城千年永不倒"就归功于它。在中国古代，糯米砂浆一般用于建造陵墓、宝塔、城墙等大型建筑物，使用这种砂浆建成的一些建筑存在至今，有些古建筑物非常坚固，甚至现代推土机都难以推倒，还能承受强度很大的地震。糯米砂浆或许是世界上第一种使用有机和无机原料制成的复合砂浆。中国科学家张冰剑称，糯米砂浆是历史上最伟大的原创性技术创新之一，它比纯石灰砂浆强度更大，更具耐水性[662]。

万里长城自构筑的那天起，就成为中华民族大一统的象征，2000多年来，没有人可以分割万里长城，没有人可以割裂中华民族。孙中山先生称之"古无其匹，为世界独一之奇观"。长城对中国人来说，是意志、勇气和力量的标志，象征着中华民族伟大意志和力量。《义勇军进行曲》的长期传唱，使长城在人们心目中已升华为勤劳、智慧、百折不挠、众志成城、坚不可摧的民族精神和意志，增强了中华民族的自豪感、自信心和爱国热情。长城，巍峨峻拔，气势磅礴，纵横十万余里，是中华民族勤劳智慧的历史结晶，是世界历史文化奇迹，见证和伴随了中华民族的历史更替和荣辱变迁，凝聚了中华民族自强不息的奋斗精神和众志成城、坚韧不屈的爱国情怀，表现出伟大的民族创造力，已经成为中华民族的代表性符号和中华文明的重要象征，全人类都将从这份宝贵的文化遗产中得到益处[663]。

长城像一条巨龙，蜿蜒在中国北方，它的地理走向看似杂乱无章，实则大有玄机。进入现代社会之后，当人们用科学的方法再次审视考察长城的时候，有了一个惊人的发现：长城的走向竟然与 400mm 等降水量线高度吻合。400mm 等降水量线是半湿润地区与半干旱区地区的分界线，也是农耕和游牧两种生产方式的分界线。这条等量降水线以南的地区适宜农耕，而这条等量降水线以北的地区就无法农耕，只能游牧。如此一来，我们可得出这样的结论：长城这座中国古代规模最大的军事工程，恰好建在了农耕文明和游牧文明的地理分界线上。它既是上天借秦始皇之手画出的一条气候之线，也是农耕民族与游牧民族之间的攻守之线。正因如此，长城沿线的许多关口也就成了农耕民族和游牧民族贸易往来和文化交流的重要城镇。可以这么说，在漫长的历史进程中，长城既刻画出了农耕文明与游牧文明或草原文明之间的地理界线，同时也为双方的经济交往和文化交流提供了场所和方便[664]。

长城的构筑充分利用了地形条件和所在地的自然资源，建造长城所需的材料均按"因地制宜"的原则就地取材解决。在筑城技术方面，利用地理天险御敌，既达到了防守的目的，又可以节省建筑材料。明长城则广泛运用了石砌法、砖砌法、砖石混砌法，从横切面之观察更含三角学上的应用，特别在陡坡上的巩固方面起到了作用。万里长城从来就不是一道孤立的城墙，而是随着一代代不断修筑，形成了由大量建筑组成的严密体系[665]。

建造长城，显示了中国人与中华民族先祖恢宏的气派与无比的毅力，敢在连绵万里的崇山峻岭、沙漠与黄河等地带建造永久性防御工事，这种设想就十分惊人。中华民族先祖以无穷的智慧与毅力完成了人类历史上最伟大的工程，以历史的眼光保卫了中华文明长期的繁荣与传承，守护了华夏大地长久的和平安宁，从地理上确认了中华民族的生活范围，从民族心理上构筑了中华民族共同的精神家园。

万里长城，以伟大工程凝聚了伟大精神，以伟大工程推动了强大国家建设，从这个层面上讲，长城成为人类重大工程造物活动，体现了人类社会的创造力与改造自然的能力，为中华民族伟大复兴奠定了精神文化基础。

6.3.3 都江堰

全称：都江堰，英文名称为"Dujiangyan"。建堰初期，都江堰称为"湔堋"，后又称"都安堰""金堤""犍尾堰"等。

都江堰水利工程位于四川省成都市都江堰市城西，是全世界至今为止，年代最久、唯一留存、以无坝引水为特征的宏大水利工程[666]。

都江堰于秦昭王末年（约公元前256年～前251年）始建，后经历代整修沿用至今，如图6.5所示。

图6.5　都江堰

都江堰水利工程是一个系统工程，三大主体工程组成了都江堰的枢纽部分，三位一体、首尾相连、前后呼应、道法自然。除了枢纽部分之外，遍布灌区的渠系，实现都江堰的灌溉与滋润。它包括内江总干渠、江安河、杨柳河、牧马山灌渠、走马河、徐堰河、清水河、沱江河、府河、东风渠总干渠、毗河、柏条河、蒲阳河、青白江、人民渠、黑石河、沙沟河、三合堰、西河、通济堰等20条渠系，37条干渠、总长达3550km的分干渠60条；还有灌溉面积在万亩①以上的支渠272条，总长达3627km，灌溉面积在千亩至万亩的斗渠2848条，总长达11847km，灌溉面积在千亩以下的农渠34868条，总长23172km，灌区面积达23000多平方千米[667]。

———————————

①　1亩 ≈ 666.7m²。

200

秦昭王后期，蜀郡守李冰总结了前人治水的经验，组织岷江两岸人民，修建都江堰。都江堰水利工程充分利用当地西北高、东南低的地理条件，根据江河出山口处特殊的地形、水脉、水势，乘势利导，无坝引水，自流灌溉，使堤防、分水、泄洪、排沙、控流相互依存，互为体系，保证了防洪、灌溉、水运和社会用水综合效益的充分发挥[668]。

都江堰水利工程变害为利，造福农桑，将成都平原变成"水旱从人，不知饥馑，时无荒年"的"天府之国"。都江堰建成初期，以航运为主、灌溉为辅。《史记·河渠书》记载，"穿二江成都之中，此渠皆可行舟，有余利用溉浸，百姓飨其利"。岷江和长江因之得以通航，岷江上游盛产的木材还可以漂运成都，使成都从秦朝时起便成为蜀地交通的中心。不仅如此，今天全世界水利工程都为之困扰的泥沙排放问题，早已在2000多年前的都江堰水利工程中得到了最为精妙的处理，沙石的排除率最高竟可达98%[669]。随着科学技术的发展和灌区范围的扩大，从1936年开始，都江堰担负着四川盆地中西部地区7市（地）36县（市、区）1003万余亩农田的灌溉、成都市50多家重点企业和城市生活供水，以及防洪、发电、排水、水产、养殖、林果、旅游、环保等多项目标综合服务，是四川省国民经济发展不可替代的水利基础设施[670]。

1. 工程背景

在这样一个伟大工程建立之前，号称"天府之国"的成都平原曾是一个水旱灾害十分严重的地方。李白在《蜀道难》这篇著名的诗歌中"蚕丛及鱼凫，开国何茫然"的感叹和惨状，就是那个时代的真实写照。这种状况是由岷江和成都平原恶劣的自然条件造成的。

岷江是长江上游水量最大的一条支流，流经的四川盆地西部是中国多雨地区。发源于四川与甘肃交界的岷山南麓，分为东源和西源，东源出自弓杠岭，西源出自郎架岭。都江堰以上为岷江上游，以漂木、水力发电为主；都江堰市至乐山段为中游，流经成都平原地区，与沱江水系及众多人工河网一起组成都江堰灌区；乐山以下为下游，以航运为主。岷江有大小支流90余条，上游有黑水河、杂谷脑河；中游有都江堰灌区的黑石河、玛河、江安河、超河、柏条河、蒲阳河等；下游有青衣江、大渡河、马边河、越溪河等。主要水源来自山势险峻的右岸，大的支流都是由右岸山间岭隙溢出，雨量主要集中在雨季，所以岷江之水涨落迅猛，水势湍急。岷江出岷山山脉，从成都平原西侧向南流去，相对整个成都平原是地道的地上悬江，而且悬得十分厉害。成都平原的整个地势从岷江出山口玉垒山，向东南倾斜，坡度很大，都江堰距成都 50km，而落差竟达 273m。在古代，每当岷江洪水泛滥，成都平原就是一片汪洋；一遇旱灾，又是赤地千里，颗粒无收。岷江水患长期祸及西川，鲸吞良田，侵扰民生，成为古蜀国生存发展的一大障碍。

此外，都江堰的创建又有其特定的历史根源。战国时期，刀兵峰起，战乱纷呈，饱受战乱之苦的人民，渴望中国尽快统一。恰巧，经过商鞅变法改革的秦国一时名君贤相辈出，国势日盛。他们正确认识到巴蜀在统一中国中特殊的战略地位，"得蜀则得楚，楚亡，则天下并矣"（秦相司马错语）。在这一历史大背景下，战国末期秦昭王委任知天文、识地理、隐居岷峨的李冰为蜀国郡守。但是，当时的蜀地水旱灾害十分严重，李冰就任后，经过一番仔细的勘察发现，要想治理好水旱灾害，首先得根治岷江的水患。但是刚刚上任郡守的李冰根本没有能力完成这样浩大的基建工程，遂决定上奏秦王。当时，秦昭王在为备战而没足够的粮草忧虑心烦，此时要完成这样一个大工程无疑是火上浇油。所以他如此向秦昭王提议，只要能把蜀地的水患治好，就可以保证，以后您打仗有用不完的粮草。秦昭王听后大喜，决定全力支持李冰的治水工作[671]。

最后，当都江堰修建成功后，李冰也开始顺利展开治理水旱灾害的问题，大力种植灌溉粮食，最终李冰完成了对秦昭王的承诺，让秦国有用不完的粮草，这为以后的秦国统一六国提供了最为坚强的后盾。在古代作战中，素有"兵马未动，粮草先行"的说法，为秦国统一中国创造雄厚的物质基础。

但是，都江堰能够历经 2000 多年的沧桑巨变依然发挥重要作用离不开历代的整修和有效管理。汉灵帝时设置"都水掾"和"都水长"负责维护堰首工程；蜀汉时，诸葛亮设堰官，并"征丁千二百人主护"（《水经注·江水》）。此后各朝，以堰首所在地的县令为主管。到宋朝时，制定了施行至今的岁修制度。

2. 工程价值

清同治年间（公元 1862 ～ 1874 年），德国地理学家李希霍芬（Richthofen，1833 ～ 1905 年）来都江堰考察，以行家的眼光，盛赞都江堰灌溉方法之完美世界各地的水利工程都无与伦比。都江堰水利工程的创建是中国古代人民的智慧的结晶，其意义早已远超水利工程本身范畴。

1）科技与创新的智慧

都江堰主要通过选址和修筑鱼嘴分水堤、飞沙堰溢洪道、宝瓶口三处主要设施及精妙布局与总体目标上的异曲同工作用，充分利用自然地形，因势利导地完美解决了一个大型水利工程中面临的局部与整体、近期与长远、疏导与堵截、运行与维护、安全与可靠、投入与收效等一系列系统总体的技术关键和决策难题。全面且创造性地在两千多年前生产力水平极为低下、现代科技远未萌芽的情况下，就能成功创建具有系统总体最优化和极强可靠性的大型无坝水利工程，其智慧之高，古今中外，绝无仅有[672]。

20世纪70年代，成都科学技术大学（现四川大学）水利系，与水利部门合作，建立了一套1：60的都江堰现代水力学定床实验模型，对都江堰水力学流态和水、沙、洪等运行状况进行了精确测定。准确验证了都江堰实现"水旱从人"境界的科学性，并且完全符合现代水力学的运行原理和规律，而现代水力学成为水利科学中一门独立分支学科的历史，至今不到三百年，可见都江堰水利工程的科学水平之高，实属罕见。

2）对经济、社会、文化的重大贡献

都江堰建成后使蜀地发生了翻天覆地的变化，为成都平原经济、社会、文化的发展奠定了坚实的基础，为秦朝建成我国第一个统一的封建制度国家以及推动中华文明的发展均作出了巨大贡献。成都平原也随之成为全国的鱼米之乡，通过都江堰这条水道，使当地的岷山大竹、木材、中药材、蜀锦等各种特产和重要物资得以与各地交流，使成都很快成为四川甚至我国西南地区经济、文化、交通等的中心枢纽，长江上游农业文明的发祥地，全国工商业和交通极为发达的大城市。据载，汉朝时期成都人口仅次于京都长安，唐朝时期向京都供应大米。成都的蜀锦在三国蜀汉时期就开始驰名中外，不仅城内城外家家有人织锦，还在城西专门设立锦官以利官营织锦业的发展，其所在地称为锦里，附近洗锦的河道则称为锦江。明末清初时，由于长期的战乱、破坏，成都人口减员近90%，只剩下几万人，清政府采取果断措施，强力推动全国17个省市向成都地区大量移民，这些移民在都江堰的滋润下，才逐渐使成都恢复元气，也迎来了成都在文化上再一次海纳百川的大交流、大融合。抗日战争时期，四川作为抗战的大后方，不仅接纳各方人士，为全国提供20%以上的兵员，还向非沦陷区提供了大量的粮食援助，都江堰在此期间发挥了重要的作用[671]。

3）生态价值

都江堰建成以后，从根本上改变了蜀地的风貌，把原来水旱灾害严重的地区，变成"沃野千里"的天府之国，农业经济发展迅速。在历史学家眼中，正是因为都江堰催生的天府之国，支持秦国开创统一大业。

21 世纪以来，都江堰不断续写新的辉煌。通过建设水源工程紫坪铺水利枢纽，实施灌区续建配套与节水改造，人民渠、东风渠两大"高速水道"基本形成，北、中、南三大扩灌区陆续建成，高标准的骨干工程水网初具规模[670]。2019 年 12 月 1 日，《求是》杂志发表了习近平总书记重要文章《推动我国生态文明建设迈上新台阶》，充分肯定了都江堰作为大型生态水利工程所起到的巨大作用。近年来，都江堰每年平均向灌区提供了 50 亿 m^3 的农业水和 17.7 亿 m^3 的生态用水，通过都江堰的供水和灌溉系统，灌区在涵养水源、净化水质、巩固堤岸、防止土壤侵蚀、削减洪峰方面作用明显。都江堰灌区通过水资源高效利用、水环境保护与治理、生态系统恢复与重构、水景观与水文化建设、灌区生态环境建设及监测管理等多方面的生态调控措施，逐渐形成了农、林、牧、草、渔等协调发展的都江堰灌区复合型生态系统[673]。

3. 工程启示

都江堰作为我国乃至世界无坝引水工程的典范，不仅养育了成都平原，造就了"天府之国"的美誉，其中还蕴含了经久不衰的科学理论和人文思想。在水利工程与人类环境及生态理念关系日益突出的今天，都江堰更应该引起人们对水利工程甚至人类发展模式的反思。

1）因势利导，实现自然与社会和谐发展

"因势利导，因地制宜"是都江堰建造设计的核心理念，也是其发展历程的高度凝练，其价值内涵是在自然的禀赋能力之内谈发展，把水资源作为最大的刚性约束，从而做到以水定城、以水定地、以水定人、以水定产。

都江堰地势高于下游成都平原和川中丘陵，李冰充分利用山形地势优势设置渠首，使处于入口的都江堰在以较高地势控制整个成都平原灌溉用水的同时，又能扼制住水力坡降较大的岷江来流直泻下游灌区，从而达到防洪、分水、排沙、引水的目的。另外，"兴利除弊"的治水导向则体现了民生对经济社会发展的"指南针"作用，堰务昌盛与人民幸福相互牵动、互为基础，这是都江堰历经 2275 年仍然发挥效益的动因。都江堰在建设之初就以服务民生为理念，其修建

保障了成都平原的灌溉用水，降低了四川的防洪风险，发展了岷江的航运交通，极大改善了人民生活。新中国成立后经过全方位的修缮和改造，都江堰成为全国第一个实灌面积突破 66.7 万 hm^2（1000 万亩）的特大型灌区，同时还拓展了生活、工业、生态等多目标供水服务功能，并逐步提升了自身的世界遗产、公共景区、旅游基地等文化价值。都江堰以"因势利导"为原则，把顺应自然、改造自然和利用自然巧妙地融为一体，保护了"绿水青山"，也开凿了满足社会发展的"金山银山"，达到了人与自然、人与人之间的和谐，这对今天的中国在水资源开发、利用、保护方面仍具有重大的指导意义[673]。

2）系统思维，形成技术原始创新

时至今日，都江堰仍然保持了作为水利工程的基本属性，维系了灌区数千万群众生存发展。李冰组织修建都江堰是对"功成不必在我，功成必定有我"的成功诠释，这受益于其原理的创新、设计方案的精巧、岁修制度的完整。都江堰渠首三大件——鱼嘴分流工程、飞沙堰工程及宝瓶口引水工程分别承担调节水流、泄洪排沙及控制流量的功能，然而在实际应用中，三者的功能在时间和空间上是相互关联、统一协调的。实际上，以分水功能为主的鱼嘴工程也处于局部蜿蜒河道里，其通过弯道环流作用实现了第一层次的排沙。相似地，飞沙堰与宝瓶口的衔接在进一步排沙的同时，也起到了分流作用。都江堰渠首工程展现了阶梯联动式的调水调沙思想，将上游流速大、含沙多的岷江水流转变为流量平稳、沙量较小的灌溉用水进入成都平原，由此实现了防洪、灌溉、航运等综合效益。

都江堰的可持续发展不仅在于设计之初系统的顶层设计，还在于其后久久为功的长效管理。秦朝完成了都江堰的建设开发，其后历代逐步扩大灌区，并以"岁修"为主要方式进行维护。自宋朝制定"旱则引灌，涝则疏导"等管理制度与维修方法后，都江堰的工程管理趋于规范化、系统化。新中国成立以来，通过对都江堰的闸坝、输水河渠及水库管理的完善，进一步调整了都江堰的空间布局，使之充分适应经济社会发展格局、生态保护任务、城镇需水结构和资源环境承载能力。以系统论设计蓝图，不毕其功于一役，使都江堰具备了历史跨度长、发挥效益久的重要特点。

3）与时俱进，创新引领发展

都江堰的创新之处分为三个层次："因势利导，因地制宜"的理念创新，"四六分流、取清排浑"的理论创新，以及渠首"三大件"、岁修"三字经"等技术创新，这三个层次的创新都以原始创新模式为主，体现了中国古代水利工程蓬勃的创造力。都江堰建造的时代缺乏科学基础且盛行迷信盲从，李冰却力排万难，经过实地考察与严谨思考，以发展与保护辩证统一的新理念指导主流摆动、弯道环流、泥沙冲淤等新理论，采用杩槎截流、竹笼挡水和淘滩岁修等新技术修造了前无古人的都江堰。不仅如此，汉晋以来，都江堰岁修都沿用竹笼卵石筑堰，该法虽"不与水敌"、工简费省但不耐久，因此元代李秉彝和吉普当则提出了将建筑材料更新为铸铁和条石的技术改革，我国的堰工技术、铸铁技术正是在这样的不断创新中逐渐发展起来。清朝雍正年间，巡抚宪德则改革了岁修经费的征收办法和劳力摊派办法，将"计块出夫""按粮派夫"等办法改为按照田亩大小、得水先后及用水多少摊收，并设专门的水利同知以统管都江堰灌区水系的维修管理工作，这是都江堰制度管理的一大创举。在漫长的历史进程中，都江堰始终在社会需求的推动下更新理念、创新技术、革新制度，以此保持与时俱进[666]。

6.3.4　港珠澳大桥

港珠澳大桥，原称伶仃洋大桥，港珠澳大桥位于中国广东省珠江口伶仃洋海域，连接香港特别行政区、珠海市和澳门特别行政区。大桥南起香港特别行政区元朗区，经深圳市大鹏湾西部海域，向西北跨越伶仃洋，北至珠海市金湾区，全长 55km，其中桥梁和隧道工程长约 35.6km。

港珠澳大桥从施工到建成验收历时 7 年，被英国《卫报》称为"现代世界七大奇迹"之一，是集桥、岛、隧于一体的超大型跨海通道，设计使用寿命 120 年[674]。

港珠澳大桥的设想可以追溯到 1983 年，当时珠江三角洲的经济发展迅速，区域内城市之间的交通需求日益增长。1997 年，香港回归中国，为了进一步加强香港、珠海和澳门之间的经济联系和交流，港珠澳大桥的设想逐渐成为现实。2003 年，国务院批准了港珠澳大桥的建设；2009 年 12 月 15 日，大桥正式开工建设；2018 年 10 月 24 日，港珠澳大桥正式通车[675]。

港珠澳大桥工程总投资约 1200 亿元。其中，主体工程造价约 480 亿元，由中央政府支持的资金加粤港澳三地政府投入的资本金共 204 亿元，另有 276 亿元则以银团贷款解决。大桥主体采用"政府全额出资本金，资本金以外部分由粤港澳三方共同组建的项目管理机构通过贷款解决"的融资方式，待大桥建成后实行收费还贷。三地口岸及连接线建设则由粤、港、澳三方政府投资完成[676]。

孟凡超率领团队最早从 2004 年介入可行性研究，历经 15 年，是参与港珠澳大桥时间最长的设计者之一。大桥初步设计由中交公路规划设计院有限公司完成。设计与施工咨询方面主要由上海市政工程设计研究总院（集团）有限公司负责，约50个单位负责港珠澳大桥相关的施工、咨询、检测、管理等工作。

港珠澳大桥是国家高速公路网中京港澳高速（G4）及珠三角环线高速（G94）的部分路段，同时作为连接粤港澳三地的跨境大通道，将在大湾区建设中发挥重要作用。港珠澳大桥被视为粤港澳大湾区互连互通的"脊梁"，可有效打通湾区内部交通网络的"任督二脉"，从而促进人流、物流、资金流、技术流等创新要素的高效流动和配置，推动粤港澳大湾区建设成为更具活力的经济区，成为宜居、宜业、宜游的优质生活圈和内地与港澳深度合作的示范区，打造国际高水平湾区和世界级城市群[677]，如图6.6所示。

图6.6　港珠澳大桥

1. 工程背景

20世纪80年代初，香港、澳门与内地之间的陆地运输通道虽不断完善，但香港与珠江三角洲西岸地区的交通联系因伶仃洋的阻隔而受到限制。1983年，香港的建筑师胡应湘最早提出了伶仃洋大桥（即港珠澳大桥前身）的想法。90

年代末，受亚洲金融危机影响，香港特别行政区政府认为有必要尽快建设连接港珠澳三地的跨海通道，以发挥港澳优势，寻找新的经济增长点。

港珠澳大桥的建设主要是出于对粤港澳大湾区建设的需求，这个区域是中国最富有活力和发展潜力的地区之一，由广东、香港和澳门三个城市组成，拥有超过6700万人口和超过4万亿美元的经济总量。

2. 工程价值

1）工程主要成果

港珠澳大桥工程具有规模大、工期短，技术新、经验少，工序多、专业广，要求高、难点多的特点，为全球已建最长跨海大桥，在道路设计、使用年限以及防撞防震、抗洪抗风等方面均有超高标准。在外海造岛、沉管对接、索塔吊装和隧道开挖等重点工程方面，前后实施了300多项课题研究，发表论文逾500篇（科技论文235篇）、出版专著18部、编制标准和指南30项、软件著作权11项；创新项目超过1000个、创建工法40多项，形成63份技术标准、创造600多项专利（获中国国内专利授权53项）；先后攻克了人工岛快速成岛、深埋沉管结构设计、隧道复合基础等十余项世界级技术难题，带动20个基地和生产线的建设，形成拥有中国自主知识产权的核心技术，建立了中国跨海通道建设工业化技术体系。

2）工程技术价值

港珠澳大桥的建设过程中涉及众多的创新技术，为我国桥梁建设和隧道建设领域的发展积累了宝贵的经验。首先，大桥采用世界上最先进的沉管隧道技术，成功实现了海底隧道的建设。其次，大桥采用创新的沉管设计，有效地提高了隧道的安全性能。最后，大桥的建设还涉及多项创新技术，如预应力混凝土斜拉桥、钢箱梁悬索桥等，为我国桥梁建设技术的发展积累了宝贵经验。

伶仃洋上航道密集、气象多变、海底环境复杂，施工面临极大挑战。为支撑大桥建设，港珠澳大桥项目被列入"十一五"国家科技支撑计划，切实围绕工程需求开展课题研究。港珠澳大桥的建成是无数科研工作者的结晶，建设过程中产生大量的创新性、先进性的科学技术，许多技术方法都是国际首例、世界之最，例如岸上预制海上拼装。如果当时亲临港珠澳大桥的施工现场，你会发现这里没有机器轰鸣，没有水泥飞溅，施工现场平静而有序。整个工地根本不像一个施工场，更像一个组装场。港珠澳大桥的所有构件，大到隧道沉管、钢桥箱梁，小到逃生门板、污水过滤盖，全部在岸上工厂预制，然后运至海上，像"搭积木"一样拼装在一起。这些巨型"积木"的搭建并没有说起来那么简单。高度达106m、质量超3000t的钢塔在海上"空中转体90°"，再以高精度安装，国内外建桥史上前所未有；单节标准隧道沉管管节近8万t，相当于一艘航空母舰，在海底环境对接安放，难度堪比航天器交会对接。

相比桥梁工程，我国在沉管隧道建设方面的技术储备和实践经验相对不足，而在水下近50m建设深埋沉管隧道，在国际上也被视为"技术禁区"。沉管隧道建设的技术研究成为科研攻关的重中之重。通过相关课题研究，港珠澳大桥建设的研究者揭示了深埋沉管结构体系受力及变形机理，创新提出"半刚性"沉管新结构，能够确保深埋沉管隧道工程得以成功实施并做到不漏水，形成了具有自主知识产权的外海沉管安装成套技术，全面解决了外海浮运、沉放、测控定位、对接等难题，创造了一年安装十节沉管的"中国速度"。此外，每个参与工程实施建设的企业，也都通过技术革新和创新不断地为工程的实施建设输送稳定又先进的材料和技术支撑，例如沉管预制工厂通过开发混凝土全断面浇筑及控裂、8万t沉管顶推等成套技术，创造了100万 m³ 混凝土浇筑不开裂的纪录；钢箱梁预制工厂引进焊接机器人，通过自动化控制，成倍提升焊接效率的同时有效保证焊接质量[678]。

3）工程管理创新

港珠澳大桥是"一国两制"背景下的一项重大跨境基础设施工程，是由中央政府领导、三地政府在工程建设方面深度合作的重大典范。其工程决策问题涉及面之广、决策过程之曲折、决策难度之大，在国内外都十分罕见。粤港澳三地在工程建设领域所涉及的社会文化、法律法规、技术标准、程序等方面存在着差异；另外，港澳两地拥有充分的自治权，中央政府无法对其直接干预和命令[679]。三地政府则倾向于从各自社会经济利益出发，进行工程方案、融资方式、管理模式等选择，使协调难度剧增。"一国两制"下，港珠澳大桥项目面临着"三法系"的深刻影响。港珠澳大桥投资各方财产权益保障、工程管理法规程序等存在依据法系不同的现实考验。此外港珠澳三地在工程设计的具体计算方法、实验方法、技术参数等方面存在显著差异[680]。

通过回顾港珠澳大桥项目协调决策的实践历程可以总结出："中央政府适当承担协调职责，三地充分沟通""适用属地法律""协商一致""按决策事项基本属性，建立多层次协调决策架构"已经成为港珠澳大桥项目协调决策体系设计与优化的重要原则，保障了大桥项目的顺利进展。由此，"依法""分类""民主""自治"构成协调决策体系的灵魂，在此基础上非常有效地降解了"跨境""重大"工程决策的复杂性，提高了决策系统应对系统不确定性和动态环境变化的柔性，值得在重大跨境工程中推广[681]。

4）工程社会价值

（1）交通价值。

港珠澳大桥的建成对区域内的交通发展具有重大意义。首先，大桥的建成有效地缩短了香港、珠海和澳门之间的距离，使得原本需要3h以上的航程缩短到30min，极大地提高了区域内的交通效率。其次，大桥的建成对珠江三角洲的一体化发展具有重要作用，有助于进一步推动广东、香港、澳门大湾区的经济发展。最后，大桥的建成还将有助于推动珠江三角洲地区的旅游业发展，吸引更多的游客到访[682]。

（2）经济价值。

港珠澳大桥的建成对区域经济的发展具有重大意义。首先，大桥的建成将有助于推动珠江三角洲地区的经济一体化，提高区域内的经济活力。其次，大桥的建成将有助于推动珠江三角洲地区的产业升级，促进产业结构的优化。最后，大桥的建成还将有助于吸引外资，促进对外经济合作。

港珠澳大桥所连通的粤港澳大湾区中的两个特别行政区（澳门、香港）与广东九市，整体融合后将会形成一个规模庞大的超级大城市，港珠澳大桥对于大湾区而言，可以说是其支柱，广东经济发展，需要新的结构转型。大湾区各地在人才与产业上的潜在互补性，需要通过更高效的物流与沟通才能激发出来。城市之间的联动，需要更密切、更高效、更快速，最好就像城市内部的区与区之间的关系一样迅捷畅通。未来包括香港、澳门两个特别行政区和广东省的广州、深圳、珠海、佛山、中山、东莞、肇庆、江门、惠州九市将组成一个整体的大湾区城市群。整体发展的协同效应，就会越来越像在一个城市内部那样高效协调，资源互补，功能强大。而港珠澳大桥成为此项经济发展规划的重要"桥梁"[682]。

（3）社会价值。

港珠澳大桥总共拥有四个人工岛，每个人工岛都集交通、管理、服务、救援及观光于一身。人工岛填海后经过地基处理加固，能防御珠江口300年一遇的洪潮。此外，人工岛上还设有两座大型停车场，可提供逾5500个车位给区外车辆使用。香港国际机场东面的人工岛还有一个功能，即港珠澳大桥的出入境管理站。管理站将与深港两地的机场共享，每日可以为多达17万名人次办理出入境手续。旅客可进入珠海口岸旅检大楼三楼，前往港珠澳出境检验厅，在完成查验后到一楼出境大厅，即可乘坐交通工具前往香港或者澳门。

广东、香港、澳门都属于粤语区，地缘相近、文缘相连、商缘相通，历来都交流沟通繁多。但在100年前，这种亲密的血缘关系遭到毁灭性破坏，给各地区之间的人们带来不小的隔阂。通过大桥的建成，可以更快推动各地之间相互理解、沟通。可以说，这座桥不仅是交通枢纽，更是民心相系的要道，也是全球华人对祖国认同的一个典型标志工程，社会效益明显。

（4）文化价值。

港珠澳大桥的建成对弘扬中华民族的民族精神具有重要意义。首先，大桥的建设过程中充分体现了中国人民的勇敢、智慧和团结精神。其次，大桥的建设过程中展现了中国工程建设者的敬业精神和技术创新精神。最后，大桥的建设过程中还充分体现了中华民族的自强不息、追求卓越的精神风貌[682]。

3. 工程启示

1）成功关键因素

港珠澳大桥建设难度极大，项目启动之初，就让世界各国的桥梁专家望而生畏。在经历了技术空白、资金紧缺、外国合作方漫天要价的重重困难后，港珠澳大桥的建设者依靠自主创新，完成了这项史无前例的世纪工程！为了打造一个超级精品工程，工程师刻苦钻研，大桥在建设过程中，新材料、新工艺、新设备、新技术层出不穷，仅专利授权就达400项之多，在多个领域填补了空白，造出了世界上最难、最长、最深的海底公路沉管隧道。港珠澳大桥的设计者一直把工程质量作为项目的核心之一。港珠澳大桥主体桥梁作为世界上最大的钢结构桥梁，仅主梁钢板用量就达到了42万t，相当于10座鸟巢或者60座埃菲尔铁塔的重量。港珠澳大桥地处海面，因此长期处在高温、高湿和高盐的环境中，如何做好防水、防锈和防腐显得尤为重要。根据设计要求，大桥沥青混凝土路面使用寿命要达到15年，是普通高速公路路面使用寿命的3倍。要想铺设桥面的沥青混凝土特别坚固密实，石料的精度等起到了决定性作用。石料越细分就越能发挥沥青的功能，沥青混凝土越密实，桥面也就越坚固耐久。据了解，港珠澳大桥石料加工粒度就达到了75μm，相当于平日大家吃的面粉。此外，为确保沉管隧道火灾情况下的人员安全，他们经过一年多选址，在福建漳州专门修建了150m长的足尺沉管隧道实验平台，利用三年时间对大巴、中巴、小汽车，多次进行燃烧实验。在世界上首次获取了火灾中隧道内的温度、烟雾流速、厚度等第一手数据，形成了港珠澳大桥沉管隧道防灾减灾的成套关键技术[683]。

大桥在设计理念、建造技术、施工组织、管理模式等方面进行一系列创新，开创了"从无到有""从有到精"的新局面，标志着我国隧岛桥设计施工管理水平走在了世界前列，诸多创新成果为中国桥梁行业带来了重要启示。

2）工程哲学启示

（1）技术创新的重要性。

港珠澳大桥的建设过程中涉及众多的创新技术，这些技术的成功应用为我国桥梁建设和隧道建设领域的发展积累了宝贵的经验。这充分说明在工程建设中，技术创新具有重要的意义。只有不断进行技术创新，才能提高工程建设的质量和效率，为我国工程建设的发展创造更多的可能性。

（2）国际合作的重要性。

港珠澳大桥的建设过程中，充分体现了国际合作的重要性。在大桥的建设过程中，我国与多个国家的企业和专家进行了广泛的合作，共同攻克了一个又一个技术难题。这充分说明了在工程建设中，国际合作具有重要的意义。只有加强国际合作，才能更好地推动我国工程建设的发展，提高我国工程建设的国际竞争力。

（3）绿色发展的重要性。

港珠澳大桥的建设过程中，充分体现了绿色发展的理念。在大桥的建设过程中，采取了一系列的环保措施，有效地降低了工程对环境的影响。这充分说明了在工程建设中，绿色发展具有重要的意义。只有坚持绿色发展，才能实现工程建设与环境保护的和谐发展，为我国工程建设的可持续发展创造有利条件。

（4）人才培养的重要性。

港珠澳大桥的建设过程中，培养了一大批工程技术人才。这些人才在大桥的建设过程中发挥了重要作用，为我国桥梁建设和隧道建设领域的发展做出了重要贡献。这充分说明了在工程建设中，人才培养具有重要的意义。只有加强人才培养，才能为我国工程建设的发展提供有力的人才支持。

总之，港珠澳大桥工程的建设是一项具有重大意义的工程。它不仅对区域内的交通、经济发展具有重要价值，还为我国桥梁建设和隧道建设领域的发展积累了宝贵的经验。从港珠澳大桥工程中，我们可以深刻认识到技术创新、国际合作、绿色发展和人才培养在工程建设中的重要意义，为我国工程建设的发展提供有力的启示。

3）未来发展指导

港珠澳大桥有诸多技术创新，但它的最大意义是一种启示：它深刻画出了大湾区引领中国改革开放的历史轨迹。它首次实现了珠海、澳门与香港的陆路连接，极大地缩短了三地间的距离。这对提升珠江三角洲地区的综合竞争力，保持港澳的长期繁荣稳定，打造粤港澳大湾区具有重要战略意义[684]。

港珠澳大桥突破种种困难，解决航道问题，解决机场限航高度问题，解决淤泥冲刷问题，解决沉管问题，最终建设成功，给我国跨海交通建设奠定了基石，也可以给台湾海峡的相通提供参考。港珠澳大桥的建成预示了我国修建跨海大桥的技术是不容置疑的。考虑到台风、海峡水深等因素，港珠澳大桥的桥梁与隧道的组合就是一个很好的例子，人工岛也是很好的节点，这些都是连接台湾海峡的好办法。台湾海峡一旦连通，跨越台湾海峡的陆路交通将在约 4h 的海运交通基础上大为缩短。中国大陆和台湾的经济与文化的交流会更加密切。

6.3.5 青藏铁路

全称：青藏铁路，外文名称：The Qinghai-Tibet Railway。

青藏铁路是通往西藏腹地的第一条铁路，是世界上海拔最高、穿越冻土区最长的高原铁路。青藏铁路是实施西部大开发战略的标志性工程，也是当今世界高原最具挑战性、最富创造性的宏伟工程，于 2013 年入选由国际咨询工程师联合会（FIDIC）评选的"全球百年工程"。青藏铁路建设过程中，攻克了"多年冻土、高寒缺氧、生态脆弱"等世界性工程技术难题，胡锦涛总书记在青藏铁路通车庆祝大会上给予了高度评价："青藏铁路建成通车，是我国社会主义现代化建设取得的又一个伟大成就"，"这不仅是中国铁路建设史上的伟大壮举，也是世界铁路建设史上的一大奇迹"[①]。

青藏铁路全长 1956km，分两期建成：一期工程西格段东起青海省西宁市，西至格尔木市，全长 814km，于 1958 年 9 月开工建设，1984 年 5 月建成通车；二期工程格拉段东起青海省格尔木市，西至西藏自治区拉萨市，全长 1142km，于 2001 年 6 月 29 日开工，2006 年 7 月 1 日全线通车[685]。格拉段工程总投资 330.9 亿元，线下工程按照国家 I 级干线铁路标准设计，全线最小曲线半径

---

① 在青藏铁路通车庆祝大会上的讲话.（2011-09-30）[2023-07-01]. http://www.71.cn/2011/0930/633508.shtml.。

大于 1200m 的路段超过曲线总长的 70%。全线设计的运行速度为：冻土地段 100km/h，非冻土地段 120km/h。全线海拔 4000m 以上的线路长达 960km，多年冻土地段长达 550km。唐古拉车站海拔 5072m，是世界铁路海拔最高点。

青藏铁路一期工程由铁道兵七师和十师承担。青藏铁路二期工程项目业主、建设单位为青藏铁路公司，建设总指挥部为其派出单位，总经理兼指挥长卢春房。总体设计单位为中铁第一勘察设计院集团有限公司，设计总师为李金城；单项工程设计单位为原铁道第三勘察设计院集团有限公司和中国建筑设计研究院；施工单位 23 家，包括中国铁路工程总公司所属的 10 个工程集团公司、中国铁道建筑总公司所属的 11 个工程集团公司，以及原武警水电部队等地方单位；科研单位包括中国铁道科学研究院等科研院所以及西南交通大学等高校；监理单位包括北京铁城建设监理有限责任公司、西安铁一院工程咨询监理有限责任公司等 10 个单位。

为顺利推进青藏铁路工程建设，成立了国家青藏铁路建设领导小组和铁道部青藏铁路建设领导小组，合署办公，负责统筹建设工作并协调解决建设中的重大问题。原铁道部副部长孙永福负责领导小组办公室工作。青藏铁路的建成通车，结束了西藏不通火车的历史，对加快实施西部大开发战略、促进青藏两省区经济社会发展、增进民族团结以及巩固祖国西南国防，都具有十分重大的意义。

1. 工程背景

建设青藏铁路是几代中国人梦寐以求的，也是几代领导人非常关心并着力解决的重大问题。新中国成立以来，国家十分关心和重视修建进藏铁路。按照中央要求，1955 年，铁道部首次对修建青藏铁路可行性进行实地调研；1956 年，铁道部开始组织开展线路勘测设计工作。1958 年 9 月，青藏铁路西宁至格尔木段开工建设，1961 年 3 月因工程技术水平和经济原因停工缓建。1973 年，毛泽东在会见尼泊尔国王比兰德拉时提到，要修建青藏铁路。1974 年青藏铁路恢复建设，1979 年西宁至格尔木段铺通，1984 年正式通车运营。

1994 年 7 月，时隔十年后，根据第三次西藏工作座谈会关于加快进藏铁路建设前期工作的要求，铁道部积极响应，并立即组织勘测设计人员进行大面积选线，提出了青藏、甘藏、川藏、滇藏铁路 4 个进藏铁路方案。在专家多次论证的基础上，铁道部提出了首先修建青藏铁路格尔木至拉萨段的建议。

进入 21 世纪，党中央从推进西部大开发、实现各民族共同发展繁荣的大局出发，作出了修建青藏铁路格尔木至拉萨段的重大决策[686]。2000年12月，国家计委召开了青藏铁路立项报告汇报会，会后向国务院上报了青藏铁路项目建议书。2001年2月，国务院总理办公会审议了青藏铁路建设方案，批准青藏铁路建设立项。2001年6月29日，举世瞩目的青藏铁路开工建设，时任国务院总理朱镕基在格尔木宣布青藏铁路全线开工，如图6.7所示。

图6.7　青藏铁路

2. 工程价值

工程价值主要包括工程技术成果、管理创新、科学价值、经济及社会价值、政治价值等方面。

1）工程主要成果

青藏铁路工程建设面临"三大难题"的严峻挑战。一是多年冻土。线路经过连续多年冻土区长达550km，占线路总长48%。二是高寒缺氧。沿线地处雪域高原，线路位于海拔4000m以上地段960km，占线路总长的84%，大部分属于生命禁区和无人区。三是生态脆弱。由于特殊的地理环境和严酷的气候条件，生态环境一旦受到扰动破坏，短期内极难恢复，甚至根本无法恢复。通过自主创新，先后攻克了多年冻土、高寒缺氧、生态脆弱等世界性工程建设难题，形成具有自主知识产权的系统创新成果，总体技术达到国际领先水平。青藏铁路形成行业标准、省部级和国家级工法多项，获得专利授权770项（其中发明专利453项），发表论文近3700篇，出版专著79本，荣获第七届"国际隧道与地下空间协会"大奖（被称为全球隧道行业的"奥斯卡"）、2008年度国家科学技术进步奖特等奖、中国铁道学会科学技术奖（120余项）、2007年度中国建筑工程鲁班奖、第二届"国家环境友好工程"奖等多个奖项。

一是在深化多年冻土分区标准、查明沿线多年冻土分布规律的基础上，通过大量试验研究和理论分析，突破传统冻土工程的设计理念，确立了"主动降温、冷却地基、保护冻土"的设计思想，实现了对冻土环境由静态分析转变为动态分析，对冻土保护由被动保温转变为主动降温，对冻土治理由单一措施转变为多管齐下、综合施治的"三大转变"[687]。以调控热传导、辐射、对流为理论基础，以降低地基冻土温度、保持冻土热稳定性为根本前提，系统总结出片石气冷路基、通风管路基、（碎石）片石护坡或护道、热管、片石气冷加片碎石护道、铺设保温材料等冻土路基措施，桥梁采用旋挖钻机干法成孔灌注桩基础，隧道设置防水保温层等措施。对特别复杂的高温高含冰量冻土地段采取"以桥代路"措施，即采用桥梁通过，有效确保了冻土工程的稳定可靠。

二是在建立完善高原卫生保障制度、保障体系和保障机制基础上，针对性研制了防治急慢性高原病的关键技术及装备。在世界上首次进行海拔4905m以上地区人工制氧科学研究，研制出每小时生产24m³高纯度氧气的高原医用制氧设备，创造性地实现了风火山隧道掌子面弥漫供氧和工地氧吧车供氧，隧道内空气含氧量相当于降低海拔1200m，有效改善了作业环境。在海拔4500m至5100m的高度创造性地运用高压氧舱，填补了国内外医学空白。研究应用高原病早期预防、早期发现、早期治疗、低转下送综合救治技术，推广使用一氧化氮治疗仪、"高氧液体"等新技术。生活上推行低海拔区加工面食上送、职工宿舍集中供暖等措施，为职工健康提供保障。

三是大力创新高原植被保护、保护野生动物自由迁徙、遏制沿线水土流失、防止江河湖泊污染的有效措施。通过研究，系统地提出青藏高原海拔4000m以上高寒草原、高寒草甸区取土场及路基边坡等裸地植被恢复的成套技术，填补了该领域的空白。系统开展藏羚羊、藏野驴、藏原羚等野生动物迁徙习性研究，首创了我国重大工程设置野生动物通道的先例，建立长期的观测系统，确保野生动物迁徙和列车运营"双安全"。研究提出了一套集成创新的污水处理工艺技术，处理后能达到生活饮用水水源水质标准，有效保护了铁路沿线江河源水环境，填补了我国高寒缺氧地区低温污水深度处理技术空白。通过在宜于植草地段的路基边坡大量采用草皮防护，不宜于植草地段采用干砌片石或混凝土预制块方格形骨架护坡进行防护，或采用挂网喷射混凝土防护等措施，实现了对铁路沿线水土的有效保护。

此外，青藏铁路还研制采用了世界一流的高原铁路技术装备，研制了适应海拔4000m以上高原、进行长距离铺架施工的JQ140G型架桥机，研制了高原型客车，实现车内供氧和适应高原特殊环境的电气系统等多项技术创新。首次在高海拔地区研究采用了SF6气体绝缘开关柜和SF6负荷开关，研制了高原型35/0.4kV环氧树脂浇注式干式电力变压器，成功采用了先进的电力运动设备。全线采用GSM-R数字移动通信系统、光传输系统，实现了我国铁路首个全数字化铁路通信系统；首次实现车站无人值守，首次与铁路综合业务移动网实现无缝结合，完成无线车次号校核、机车联控，实现了调度命令车—地双向通信功能。

2）工程管理创新

一是首次对公益性铁路工程项目实行法人负责制。青藏铁路是典型的公益性工程项目，铁道部没有采用传统的由政府成立指挥部的管理模式，而是首次在青藏铁路工程实施法人负责制，经报请国务院批准，成立了既管建设又管运营的国有独资企业——青藏铁路公司，为建设运营一体化管理进行了有益探索。

二是建立"五大控制"目标管理体系。围绕实现"建设世界一流高原铁路"的总目标，建立了以工程质量、环境保护、职业健康安全、工期、投资为主要内容的"五大控制"目标管理体系，总体上体现了新的建设理念。特别是把职业健康安全列为建设管理目标，纳入管理体系，改变了传统工程建设中忽视职业健康安全的状况。按施工年度、工程类别、施工单位进行目标分解、责任分解，自上而下层层展开，实现了全员化参与、全方位落实、全过程控制。提前在安多建设铺架基地，通过公路运输机车和铺架设备，即汽车驮着火车跑，实现三个铺架作业面同时施工的局面，首创施工组织的新方法，为提前建成青藏铁路起到决定性作用。

3）工程科学价值

青藏铁路探索形成了高原极端环境下工程与自然相互协调的规律。工程建设中，研究认识了青藏高原的自然规律、环境特点、生态特征，通过技术攻关和科学管理，在工程建设过程中将防止污染、保护环境与生态再造、美化环境相结合，形成环境保护不影响工程建设，工程建设促进环境保护的科学方法。青藏铁路解析了冻土演化机理。根据青藏高原冻土形成条件和全球气温变化趋势，分析预测今后冻土发展变化的趋势以及对冻土工程的影响，形成数学模型，为"主动降温、冷却地基、保护冻土"的设计思路提供了理论依据。青藏铁路的科学探索成果为后续国家重大工程建设提供了经验。

4）工程经济及社会价值

一是显著改善了青藏高原地区的交通条件。长期以来，西藏运输主要依靠公路，后来修建了拉萨贡嘎等民航机场，并建设了格尔木至拉萨输油管道。但由于多种因素制约，进出藏的公路、航空、管道三种运输方式能力有限，造成了"出国容易进藏难"的局面，严重影响了西藏的经济社会发展。青藏铁路的建成通车，结束了西藏没有铁路的历史，使西藏形成"以铁路为骨干、航空、公路、管道等多种运输方式并存，相互促进发展、补充完善"的综合交通运输体系，缓解了运输瓶颈制约状况，大大降低了进出藏物资运输成本，使青藏两省区的投资环境改善，人民生活成本降低，生活物资大为丰富。

二是加强了青藏高原的生态保护。青藏高原煤炭资源匮乏，相当一部分城镇居民和农牧民主要依靠砍伐对生态平衡具有重大影响的植物根茎作燃料，对原本脆弱的生态环境造成了不可低估的破坏作用。青藏铁路通车后，大量煤炭、石油等能源运进西藏，减轻了各族群众对生物能源的依赖，改变了能源消费的结构。此外，过去西藏城镇居民和农牧民基本生活主要依赖牛羊肉，导致要扩大牛羊饲养规模，人口的增多和牛羊饲养规模的扩大，又使草场负荷超过承载能力，导致草场退化，形成恶性循环。青藏铁路通车后，粮食、蔬菜等大量日用物品通过铁路运输到沿线城镇和农牧区，使城镇居民和农牧民的食物消费方式多样化，减轻了过重依赖牛羊肉造成的生态压力，有效保护了生态环境。

三是促进了地区间的文化交流。青藏高原自然景观原始奇特，人文景观特色鲜明，宗教文化形态神秘，旅游资源得天独厚、极其丰富，对国内外游客具有很强的吸引力。过去由于交通落后，严重阻碍了外界对藏族文化的了解和认识。青藏铁路的通车，为拓展藏文化交流渠道、扩大藏文化认知范围、促进藏文化弘扬光大提供了有力支持，起到了推动作用。同时，众多藏族群众乘坐火车外出参观学习和相互交流，把各种文化产品带到祖国各地，加速了藏民族传统文化与现代文明的有机融合。

5）工程政治价值

西藏自古以来就是中国领土不可分割的重要组成部分。由于特殊的自然地理环境，西藏的疆域完整与政权巩固很大程度上受制于交通条件。青藏铁路的通车，为更好落实中央援藏重大决策、安全可靠运送援藏物资和人员等，提供了便利的交通运输条件，使西藏更加完好地与祖国大家庭融为一体，极大地增强了藏族人民的凝聚力和向心力，对维护国家主权和领土完整具有重大作用。

6）文化价值

经过几万名建设者、运营管理者艰辛努力和无私奉献，创造了"挑战极限、勇创一流"的青藏铁路精神。这一精神的内涵包括：不辱使命的责任意识，以人为本的建设理念，顽强拼搏的奉献情操，务实创新的科学态度，勇攀高峰的攻坚品格[688]。"挑战极限"，不仅是挑战地理、气候和生存方面的极限，还指对技术和基础理论方面的挑战；"勇创一流"，不但是建设一流工程，而且在装备制造、运营管理、人才培养上同样要创世界一流。青藏铁路精神第一批纳入"中国共产党人精神谱系"，也是铁路系统唯一纳入该精神谱系的代表。青藏铁路精神是中华民族的一笔宝贵财富，最具传承性，不仅在青藏铁路适用，在其他铁路工程乃至国家重大工程建设项目上均可适用，已经产生巨大的精神力量，其文化价值在历史长河中将得到充分体现。

3. 工程启示

青藏铁路的工程启示主要包括成功关键因素、工程哲学启示和未来发展指导三个方面。

1）成功关键因素

青藏铁路能够建设成功，主要是由于具备以下关键因素：

第一，坚持走自主创新道路。青藏铁路的建成是中国铁路自主创新的重大成果，是中华民族富于创新精神的又一例证。面对高原铁路建设的多项世界性难题，青藏铁路建设者从工程客观要求出发，发扬尊重客观规律、认识客观规律的科学探索精神，加强基础理论研究，依靠大量工程试验，成功总结创新出成套冻土工程措施，创新高原人工制氧技术和设备，创新高原环保管理模式和生态保护技术，开创了铁路建设项目管理新模式，取得了巨大成功。

第二，充分发挥集中力量办大事的制度优势。青藏铁路的建成，是党中央、国务院亲切关怀的结果，是国家各有关部门和青藏两省区大力支持的结果，是铁道部精心组织的结果，是全体建设者团结奋战的结果。青藏铁路建设工程，凝聚了来自全国各科研院所数千名科研和工程技术人员、各施工单位数以万计的建设者乃至全国亿万人民的智慧和力量，铁道部加强顶层设计、统筹管理，全体工程技术和管理人员上下一心、团结协作，攻克了一个个工程技术难关，解决了一系列建设管理难题。应该说，发挥制度优势，集中力量办大事，是实现技术和管理创新，成功建设青藏铁路的关键所在。

2）工程哲学启示

青藏铁路作为人类自觉地改造客观世界的伟大生产实践活动，从哲学的视域审视其工程本质和建造规律，主要有以下工程哲学启示。

一是坚持客观规律性与主观能动性的统一。青藏铁路在工程建造中汲取公路建设和铁路线路勘探的经验教训，将人放到工程实践的第一位，充分发挥第一生产力的作用，攻克高寒缺氧难关[689]。以人的智能的巨大能量克服人的体能的种种制约，实现工程作业的连续性；通过相对低海拔作业替代相对高海拔作业，实现常规化施工；通过以相对富氧小环境代替相对缺氧大环境，实现全过程的富氧作业。充分发挥人的主观能动性，有效协调好人的主观能动性与客观规律性的有效统一，在尊重客观规律的基础上使人的主观能动性得以充分发挥。

二是坚持科学管理与人文关怀的结合。"以人为本"是青藏工程质量和进度的保障。以人为本，一方面是强调人的生命只有一次，人是最可贵的；另一方面是强调生命的有效保障是生产实践活动的前提，人们从事工作是需要条件的。青藏工程突出了以人为本的理念，实现了"高原病零死亡、非典疫情零传播、鼠疫疫情零发生"的"三无"目标，一流的人文关怀是与一流的工程质量相统一的。

3）未来发展指导

青藏铁路的建成，改变了青藏两省区交通落后状况，在青藏两省区综合交通体系中发挥了骨干作用，加速了青藏两省区旅游产业的发展，使青藏两省区能够发挥铁路沿线中心城市及城镇的聚集功能和扩散、辐射作用，加强了城市间协作与联合，实现了经济互补，推动了青藏两省区经济社会的全面发展和人民生活水平的不断提高，进一步缩小了与内地在经济社会发展等方面的差距，促使青藏两省区的经济增长方式由外延、粗放型向内涵、集约型发展。青藏铁路工程实践使我国掌握了世界领先的高原铁路建设成套技术，为实施多年冻土工程、发展高原医学事业、保护生态环境积累了宝贵经验。

此外，青藏铁路对巩固祖国边防起到了重要的战略作用。青藏铁路建成通车，填补了我国在西藏自治区的铁路军事运输空白，使我国西藏自治区的军事运输网络更加完备健全，军用物资运输更加安全可靠，后勤保障供给更加快捷迅速，军事组织调度更加便利及时。

6.3.6 西电东送工程

全称：西电东送工程。外文名称：West-East Power Transmission Project。

西电东送，是指把我国西部省区丰富的煤炭、水能、风能和光能资源转化成电力，通过高压（特高压）输电线路输送到电力紧缺的中东部地区，以解决我国能源中心与负荷中心逆向分布问题的国家级战略工程[690]，建设规模和投资巨大、覆盖地域广阔、时间跨度长、技术难度高、经济社会效益显著，被誉为"中国新世纪四大工程"之一。

"西电东送"概念的提出背景是，20世纪80年代受限于当时国家的经济实力和技术水平，西电东送难以大规模实施。1988年能源部成立后开始有计划地实施跨区域联网的研究和建设工作，1999年中央作出西部大开发的战略决策，为西电东送大规模实施提供了历史机遇。2000年4月国家发展计划委员会向国务院报送了实施西电东送战略的请示，11月8日西电东送工程开工典礼在贵州省乌江洪家渡水电站举行[691]。2001年3月第九届全国人大第四次会议通过"十五"计划纲要，其中明确提出："建设西电东送的北、中、南三条大通道，推进全国联网"。从此，西电东送工程开始大规模实施，建设项目延绵至今，内涵不断延展，照引着当前和未来。

西电东送工程规模史无前例，纵观世界电力史从未有过。2000年至今，西电东送工程共建成500kV交流输电工程超过20回，1000kV特高压交流输电工程4回，500kV直流输电工程12回，±660kV直流输电工程1回，±800kV特高压直流输电工程17回，±1100kV特高压直流输电工程1回，形成输电能力超过2亿kW，总投资估算超过1万亿元。参与工程建设的有关行业的科研、设计、制造、施工、大专院校等方面的专家学者、工程技术人员和广大建设者超过千万人次。

西电东送工程提出至今已历时四十余载，在国家和地方各级党委政府指导支持下，先后有包括50余位院士在内的1万多名科研人员和工程技术人员以及国内外数十家机构组织参与西电东送的论证和实施。国内主要电力科研、设计单位和40余所大学参与西电东送规划、特高压技术研发。600多家建设单位、300

多家设备厂家参与设备研制和供货，数十家电力设备制造企业成功上市开展国内外融资，最终形成了政府支持、企业主导、产学研联合、社会各界共同参与的"大兵团"联合作战格局，形成巨大合力，保障了西电东送工程的顺利实施。

西电东送工程构建了横跨中国版图的输电大通道，不仅满足了中东部持续高速增长的用电需求，还有力支撑了西部大开发战略，促进了西部欠发达地区的经济发展[692]，减轻了一次能源运输和环境保护日益增长的压力，显著提高了能源资源在全国范围内的优化配置效率，带动了我国电力技术和电工装备制造技术的跨越式发展[693]。经过几代电力人不断努力，我国在特高压输电、百万千瓦级水轮发电机组、超超临界火力发电机组、特大型复杂电网安全稳定技术等方面取得了举世瞩目的成就，通过充足安全稳定的电力供应为经济社会长期高速持续发展提供了坚强的能源保障。西电东送工程如图6.8所示。

图 6.8　西电东送工程

1. 工程背景

我国能源资源与用能中心呈逆向分布，2/3以上的煤炭资源分布在西北部，80%的水能资源分布在西南部[694]，适合大规模开发的风能、太阳能资源分布在西部和"三北"地区，而70%的用电负荷集中在中东部人口稠密、经济发达地区，二者之间的距离为1000～3000km，因此中国从西向东的能源输送是必然的。实施西电东送工程，是综合统筹考虑经济社会可持续发展诸要素后，基于中国基本国情作出的重大战略决策。

改革开放以来，我国经济社会持续快速发展，电力供应出现缺口。20世纪90年代，北京、广州等地受缺电困扰，频繁出现大规模限电，成为全国缺电较为严重的地区。与此同时，二滩等西南水电存在消纳困难问题，华北地区大量煤炭运输给交通和环保带来越来越大的压力。"十五"计划纲要明确提出"建设西电东送的北、中、南三条大通道"。北通道是从晋陕蒙能源金三角送京津地区，现在则包括从新疆和河西走廊、宁夏向华北、华中、华东送电；中通道是从三峡输往华东地区，现在加上金沙江和川渝水电送华东电网；南通道是将云南、贵州水电送珠江三角洲[695]。

2. 工程价值

1）工程主要成果

21世纪以来，在西电东送工程带动下，我国的发电技术、电力传输技术从最初落后于世界水平提升到领跑全球，2005年以来电网规模稳居世界第一，有力支撑了经济社会持续高速发展。

在国家创新发展战略引领下，我国在特高压、智能电网、柔性直流输电、大电网安全控制、新能源并网、超超临界燃煤发电、百万千瓦级水电机组等领域取得了世界领先成果。依托工程实践，我国建成了世界一流的试验研究体系，全面掌握了特高压等先进输电核心技术，大幅提升了我国电网技术、装备制造的水平和自主创新能力[696]，国际大电网委员会（CIGRE）和国际电气电子工程师协会（IEEE）先后成立由我国主导的8个工作组。多个工程项目被授予国家科技进步奖（其中特等奖2项）、国家级企业管理现代化创新成果奖、中国工业大奖、国家优质工程金质奖、"国家重大工程标准化示范"、中国标准创新贡献奖等重要奖项和荣誉，获得的发明专利授权等数以千计。

2）工程技术价值

一是自主掌握了远距离、大容量输电技术。西电东送需要跨越我国地理三级阶梯，输送距离最远超过3000km，为支撑西电东送战略构想落地，我国自主研发了超/特高压交、直流输电技术，围绕系统设计、设备研制、电磁环境、工程建设、运维管理等一系列关键技术问题开展攻关研究，在电气、能源动力、机械、材料、电子、通信等各行业和专业领域取得了全面突破，实现了特高压输电自主设计、自主制造、自主建设和自主运行，推动了我国电气技术和电力工业的蓬勃发展。特高压交流、直流工程的顺利投运，标志着我国成为第一个实现特高压输电技术大规模商业运营的国家，形成了世界上电压等级最高、联网规模最大、输电能力最强、技术水平最先进的特大型交直流混合电网[696]。

二是推动了电工装备制造业的跨越式发展。西电东送战略构想变为现实，电网是关键，设备是基础。西电东送的宏大发展规划为电力设备制造产业提供了巨大的市场需求和广阔的发展空间，国内骨干电工设备制造企业借此对高端电工装备的设计、制造、试验进行转型升级，形成核心竞争力，掌握国内市场主导权，并全面进军国际市场，实现了高端产品出口零的突破，改变了中国在电气设备制造领域长期从发达国家"引进技术、消化吸收"的发展模式，取得了从基础研究到工程实践的全面突破，实现了"中国创造"和"中国引领"[690]。

3）工程管理创新

一是统筹构建电力工业生态。西电东送工程承担着研发世界先进输电技术并率先实现商业应用的重任。在西电东送工程实施过程中，国家电网有限公司、中国南方电网有限责任公司等用户单位准确把握科技革命与产业变革发展趋势，积极顺应能源革命的发展要求，积极组织开展科研技术攻关，加大科研投入力度，完善科研平台体系，储备顶尖科技人才，形成了突出的自主创新能力。在此基础上，牵头成立创新联盟，重点推动对装备、技术和服务带动力强的项目，带动电力工业产业链上下游产业协同发展，在电网装备制造、工程建造方面形成了巨大的带动能力，为贯彻落实国家战略部署、谋划重大战略举措提供了有力保障。

二是坚持以科学规划为导向的工程建设。西电东送工程在党中央、国务院的高度重视和亲切关怀下，投入大量人力物力财力，多次对能源资源赋存进行普查和复查，准确摸清了全国能源资源的分布情况。通过科学规划和布局，逐步形成了以清洁能源开发为主要目标、以特高压输电为骨干网架的电力发展格局，促进了能源资源的高效开发和利用，促进了我国电力事业的可持续发展。

4）工程社会价值

一是促进西部经济发展。通过开发西部能源实现电力外送，既可以在当地增加就业、积累资金、提高居民人均收入，又可以在向东部输电的同时，利用剩余电力，结合当地资源，如广西、贵州、云南交界处的红水河流域有丰富的有色金属、贵金属和稀有金属资源，进行矿产资源的开采和粗加工，发展有色冶金业和相关产业，迅速带动了西部交通、水泥、钢材、机电制造等行业的发展，形成一个产业链，通过横向和纵向经济联系，带动地区经济走上自我发展的良性循环，加快西部地区脱贫致富和工业化的步伐，促进教育、科技、文化等各项社会事业的进步。

二是促进东部地区经济发展。西电东送工程向东部地区输送了经济、高效、清洁的电力，不仅满足了东部地区日益增长的电力需求，又平抑了东部省份过高的电价，还可以减轻东部发电地区日益严重的环保压力，从而给东部地区的经济社会发展带来巨大的经济效益[697]。从2009年12月至2022年6月，用于西电东送的世界首条 ±800kV 特高压直流——云南至广东 ±800kV 直流（简称"云广直流"）已累计向广东珠三角负荷中心输送云南清洁水电超3000亿 kW·h，相当于1.5亿户普通家庭1年的用电量。2019年，向家坝—上海、锦屏—苏南、溪洛渡—金华三条 ±800kV 特高压直流输电工程主力通道向江浙沪地区送电1008.46亿 kW·h，相当于上海全年用电量的64.3%。此外，通过西电东送工程建设，促进了西部地区的发展和开发，推动了东部地区的能源工业、特色产业和高新技术产业的快速发展。这一举措不仅有助于缓解我国能源短缺的问题，同时也促进了区域间的协调发展，加速了我国的现代化进程。

三是促进江河治理。西南地区的水电站大多位于长江、珠江干支流上，不仅具有发电效益，还有防洪、供水、灌溉、航运等综合效益，通过西电东送工程建设开发西南水电，可以促进江河治理，缓解防洪压力，改善航道条件，推动江河资源可持续开发[697]。

四是促进生态环境的改善。西电东送工程为西部地区的风、光、水等清洁能源开辟的外送通道，带动了西部地区清洁能源的电源建设，从2005年到2020年，我国的火电装机容量占总装机容量的百分比从75.1%下降到53.7%，减缓了我国二氧化碳排放量持续增长的趋势，促进了我国生态环境的改善。

3. 工程启示

1）成功关键因素

一是"西电东送"是符合国情的科学战略方针。基于我国资源分布与生产力布局的客观要求，"西电东送"成为开发西部，将西部能源资源优势转化为经济优势，促进东西部地区经济共同发展的重要举措。与其他西部开发战略的标志性工程相比，西电东送工程最大的特点是，它不仅是西部的工程，也是东部的工程，充分体现了党中央提出的"东西部协调发展、共同富裕、共同进退"的战略构思，以及在宏观把控上的前瞻性和系统性。

二是坚持全国一盘棋，集中力量办大事。新中国成立后，我国电力工业十分落后，在党和国家的统一指挥下，在较短时间里就建立起独立的比较完整的体系。改革开放以来，我国电力工业在大踏步赶上时代的历史进程中，既充分发挥市场在资源配置中的决定性作用，又注重发挥政府统筹全局、宏观调控的作用，集中力量建设了一批由西向东的电力高速公路，有力支撑了东部地区的经济建设和西部大开发。西电东送工程这一超级工程，横跨数省区，建设内容包括水电、火电等电源建设，也包括长距离高压交直流输电工程，是一个系统工程[691]，放到任何一个省份，交由任何一家公司，都不可能完成这样史诗级的工程建设。以直流输电为例，单条 ±800kV 特高压直流工程需要投入 3 万余人参与建设，开辟 1000 多个建设工地，建设周期超过 1 年，因此，面对西电东送工程巨大的工作量，工程建设必须要充分发挥社会主义制度集中力量办大事的优越性，发动沿线地方各级政府和人民群众的力量，才能确保西电东送工程的顺利推进。实践充分证明，坚持全国一盘棋、集中力量办大事，是中国发展进步、弯道超车的根本制度保障和关键方法。

三是坚持创新驱动发展。以电力需求为导向，充分发挥举国体制和国内超大规模市场优势，以创新驱动发展，着力解决制约电力发展的核心技术问题，是实现西电东送、推动电力工业发展进步的重要保障。在中央领导下，我国牢牢把握电力科技创新规律，在长期工作中总结形成了依托工程推动重大电气技术装备自主创新这一行之有效的重要"法宝"，建立技术研发、装备研制、示范工程、创新平台"四位一体"的电力技术创新体系，实现了电力科技创新从以"跟跑、并跑"为主，向"创新、主导"加速转变。

四是遵循客观规律科学决策。在"西电东送"工程规划和建设实施过程中，中央政府和地方政府特别注重决策的科学性、资源的合理配置以及广大建设人员的积极性，建立了一套涵盖计划决策、勘察设计、组织施工、验收投产等遵循技术规律的总体工作思路和各环节工作方法，保证了西电东送工程建设的顺利实施。

五是敢于突破极限。由于西电东送工程横跨中国版图，地理环境复杂多变，部分地区海拔超过 4700m，重覆冰区覆冰厚度达到 80mm，地震烈度达到 9 度，铁塔最高 320m，工程建设经受了各种复杂严酷的自然地理环境的挑战。电力科研工作者敢于突破极限，先后建立了西藏羊八井高海拔特高压试验站等一批极端环境试验基地，自主研发了输电线路融冰技术、抗震防灾技术，为极端环境下实现安全稳定可靠输电提供了技术支撑。输电线路需要穿越山区、河流、公路、铁路以及自然生态保护区，必须架设塔高超过 320 余米的大档距的输电杆塔进行跨越。为了突破地理极限，工程建设者充分利用直升机、卫星地图等现代作业工具进行杆塔架设，打破了塔高、跨距、施工高度、地基深度等多项世界纪录，彰显了大国工匠精神。

2）工程哲学启示

一是人与自然的和谐发展的工程自然观。"西电东送"是时间、历史和人的智慧共同作用的结晶。在整个工程的建设过程中，既涉及能量的形式转换与空间转移等科学原理，又涉及竞争与协作等人的因素。从思想和认识方面看，它既集中而又广泛地反映和凝结了人类在自然科学、社会科学、技术科学、工程科学、工程技术、工程设计、工程管理、工程施工、工程经济和其他许多有关领域和方面的知识和智慧。从哲学上看，我们承认作为客观存在的自然界和人类社会是可知的，实际上，工程造物活动就是建立在"可知论"的思想基础之上的。西电东送工程的建设者对西电东送的认识和实践从来没有结束，历史在前进，人类的认识和实践都在发展。每一代电力建设者在实践中不断深化和提高对自然与技术的认识能力，工程建设能力才能不断提高，工程理念才能不断升华，工程与自然和社会的关系才能在越来越和谐的道路上不断前进。

二是满足人民对美好生活向往的工程价值观。工程决策人和设计者的价值观是影响工程价值的最主要因素，工程价值观决定了工程建设者看重什么、轻视什么、依据什么、追求什么，从而去做什么、放弃什么。西电东送工程从调研到论证经历了漫长的过程，其间有国家发改委、国家能源局、中国科学院、中国工程院、中国电机工程学会、中国机械工业联合会等单位开展专项论证，也有电力、机械等相关行业的企业、研究所和高校参与研究论证，每一条决策都从全民族的利益出发，通盘考虑、慎重决策，所用的技术工艺、所做的工程决策无不遵循着客观和科学的基本规律。在中华民族追求美好生活的主观愿望的驱动下，在资源与人口呈逆向分布这一客观矛盾的推动下，催生了"西电东送"这一功在当代、利在千秋的超级工程。

4. 未来发展指导

实现"双碳"目标，是党中央统筹国内国际两个大局作出的重大战略决策，是贯彻新发展理念、构建新发展格局、推动高质量发展的内在要求[698]，是一场广泛而深刻的变革，要加大力度规划建设以大型风光电基地为基础、以周边清洁高效先进节能的煤电为支撑、以稳定安全可靠的特高压输变电线路为载体的新能源供给消纳体系[699]。西电东送工程建设了连接我国西北部能源中心和中东部经济中心的电力传输高速公路，发挥了巨大的经济和社会效益。"十四五"期间，"三交九直"特高压工程纳入国家规划，"西电东送"工程将承担更加重要的使命。

6.3.7 埃及金字塔

埃及金字塔是古埃及君主的陵墓，分布在埃及大陆各地，目前已经发现的金字塔110座。基座为正方形，四面是四个相等三角形，侧影类似汉字"金"，故汉语称为金字塔。

埃及金字塔，是人造建筑的世界奇迹，是至今最大的古建筑群之一，是古埃及文明最有影响力和持久的象征之一。其中，位于尼罗河三角洲吉萨的吉萨金字塔群是古埃及金字塔最成熟的代表，主要由胡夫金字塔、哈夫拉金字塔、孟卡拉金字塔组成，周围还有许多玛斯塔巴与小金字塔。在这之中，胡夫金字塔，又名吉萨大金字塔，英文名称 Pyramid of Khufu，是世界上最大、最高的埃及金字塔，居古代世界八大奇迹之首。

埃及金字塔，始建于第三王朝的左塞尔法老时期，并持续辉煌发展至第四王朝，主要流行于古王国时期，在此之后，埃及国力衰退使得后期金字塔的规模和质量都不能和前期金字塔相比，直至第十八王朝，终结了金字塔的建造。最为著名的胡夫金字塔即始建于堪称"金字塔盛世"的第四王朝，约建于公元前2580年，完工于公元前2560年，建造周期为20年。

埃及金字塔，其规模和复杂性至今仍让人瞩目。其中，最著名的胡夫金字塔塔高146.59m，因年久风化，顶端剥落10m，现高136.5m，相当于40层大厦高，是埃及发现的110座金字塔中最大规模的金字塔，在公元516年（北魏熙平元年）永宁寺塔（塔高147m）建成之前，一直是世界上最高的建筑物；底座每边长230多米，三角面斜度51°，塔底面积5.29万 m^2；塔身大约由230万块石块砌成，外层石块约11.5万块，大小不等的石料重达1.5t 至15t[700]，塔的总质量约为684万 t；根据金字塔修建流程，考古、历史学家根据现代模拟大致推算修建大金字塔的劳动力规模:据古希腊历史学家希罗多德的记述"10万人每年3月交替1次",那么修建胡夫金字塔每年至少需要用工20万人。

埃及金字塔,属于埃及的国家项目,通常以法老为决策者和策划者,召集诸多工匠、画家、学者、神父、艺术家为设计者和参与者,几乎整个国家都会全力投入到金字塔工程中,采取征集制度和轮流制度[701]作为工作制度。例如,胡夫金字塔即被认为是法老胡夫为自己修建的陵墓。

埃及金字塔是代表国王权力与力量的超级陵墓类建筑符号:一方面体现了古埃及人民的智慧与创造力;另一方面也成为法老专制统治的见证,一定程度上解决了古埃及官方文献匮乏的问题,推动了古埃及历史研究。其建筑风格具有明显的平面性、纪念性、表现性和符号性等典型的古埃及艺术特征,影响了希腊艺术和罗马艺术等许多后来的艺术和建筑流派。胡夫金字塔作为埃及古王国时期最主要的艺术成就,如图6.9所示。

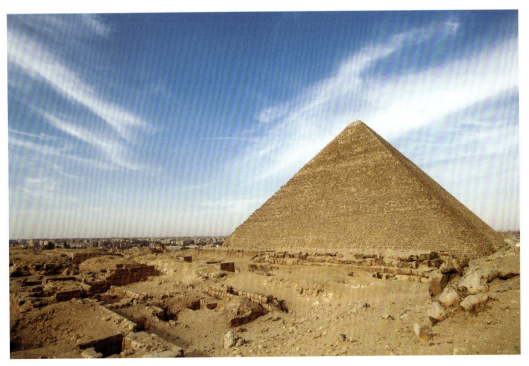

图6.9 胡夫金字塔

1. 工程背景

古埃及是宗教意识最强烈、最浓厚的文明古国之一,早在基督教和伊斯兰教传播之前，古埃及人就形成了自己所信仰的神话体系与宗教，形成了独特的古埃及宗教文化和神话。古代埃及人对神的虔诚信仰，使其很早就形成了一个根深蒂固的"来世观念"，认为冥世是尘世生活的延续。基于死而复生的来世观，古代埃及人想尽办法来保存尸体的不朽，并为尸体建造陵墓。

法老是古埃及的君主，拥有极大的权力和极高的地位，不仅是国家的政治领袖，还是宗教和文化生活的中心。从宗教发展的角度来看，古埃及的宗教演变从自然崇拜开始，逐渐出现了动植物崇拜，后续衍生出人格化的神，直至出现化身为人的神，可见法老崇拜是古埃及宗教的重要主题，同时也是古埃及宗教的发展趋势的最后阶段。法老崇拜兼具神明崇拜和英雄崇拜，同时又是王权崇拜，突出了法老的神圣地位。古埃及人对法老的造神活动是在宗教神学上进行的，希望创造法老与神明之间的对应关系，从而证明法老拥有永久的神性，因此法老的墓葬便成了死去的法老亡灵复生与新法老继位的关键地点[702]。基于死而复生的来世观和法老崇拜的宗教思想，古埃及人热心于为法老修建巨大辉煌的金字塔陵墓，以此方式来避免去世法老的尸体和灵魂受到伤害，使法老的亡灵享受舒适且永恒的生活方式，也使他们自己继续获得保护。

法老的墓葬形式有着漫长的发展历程，从马斯塔巴墓到阶梯金字塔，直到终于建成举世闻名的金字塔。纵观古代埃及历史，这种金字塔式的墓葬多用于法老，是献给作为现世神和来世神法老的永久居所[703]。第一王朝和第二王朝的法老通常将自己的陵墓修建为梯形平顶的样式，这座墓葬形式被称为"马斯塔巴"（Mastaba），马斯塔巴的大部分空间位于地底，并环绕大量殉葬坟墓。随后，在第三王朝的左塞尔法老时期，"宰相"伊姆霍特普（Imhotep）设计出往上层叠的阶梯式坟墓，通过六层的石头阶梯式叠起，高达60m，形成后期金字塔的雏形。本质上，阶梯形金字塔只是马斯塔巴的堆叠。发展至第四王朝的斯尼夫鲁法老时期，将金字塔的阶梯式递推变为了平滑的坡面，但由于工程技术原因，人们无法按照原计划把顶部建成直线，使得它呈现了弯曲的形状，形成了折线形金字塔。在此基础上，第四王朝的胡夫法老时期正式形成了三角锥形金字塔，平面呈正方形，四个面都是等边三角形，自此开启了古埃及的"金字塔盛世"。第四王朝以后，埃及地方势力越来越强大，开始挑战皇族的统治，虽然法老依然建造了许多金字塔，但规模和质量都不能和上述金字塔相比，至阿赫摩斯一世（Ahmose I）重新统一埃及，建立第十八王朝，终结了金字塔的建造。

其中，最为著名的是胡夫金字塔即建于堪称"金字塔盛世"的第四王朝，是世界上最大、最高的埃及式金字塔，居古代世界八大奇迹之首。从历史背景的角度，第四王朝属于古王国时期，埃及国家统一，社会安定，国力昌盛，几乎每个法老都会投入毕生的精力去修建自己的金字塔。从宗教背景的角度，为了凸显法老地位的神圣，胡夫大金字塔王殿的通气孔对准猎户座，说明了金字塔与奥西里斯复活神话的联系[704]。此外，胡夫金字塔修建工程浩大，即使在科技发达的今天，其难度也是相当高的，而如此巨大的工程的主要劳动力并不是奴隶，而是大量的古埃及臣民。同时，胡夫金字塔周围还发现了属于法老亲属和官员的小型墓葬，表示现世为法老服务的人在死后仍然希望可以追随侍奉法老。胡夫金字塔的独特性以及神圣性，还有建设过程中广泛的社会参与和动员能力，都从侧面验证了当时法老崇拜的宗教背景。

2. 工程价值

1) 促进农业发展

农业是古埃及经济发展的基础，为金字塔的修建提供了原料和食物，同时金字塔大规模的修建也促进了农业的发展。

庞大的劳动力规模和繁重的劳动强度需要丰实的粮食保证。根据操作流程，修建金字塔大致包括四个步骤：采集塑造石头；将石料运至工地；建造斜坡；放置石头以及其他非劳动密集型的步骤。在此基础上，以胡夫金字塔为例，考古、历史学家根据现代模拟进行推算，胡夫金字塔修建20年共需要采石工匠、搬运石匠、放置工人、斜坡建造工人等约八千名，再算上外遣贸易人员，工人数量就会增到万人。在此基础上，基于斯密斯根据经验法则估算负责基本供应的人员和监督人员，金字塔修建大约需要两万人。同时，根据金字塔修建实行轮休制度，每隔3个月需要进行工人轮回变动，而金字塔工地的工人们每天的工作报酬就是食物，其支付量根据技术和官员的等级而不同。由此可见，如此庞大的劳动力规模一定需要巨额的粮食供应量[451]。

古埃及时期，尼罗河是经济发展的重要基础，对古埃及农业发展起着至关重要的作用。尼罗河提供了大量的淡水和物质资源，同时河水定期泛滥，淹没河流两岸的土地，冲刷泥土中多余的盐分，沉积从上游带下来的肥沃淤泥，使埃及人能够种植庄稼并获得更好的收成，这为古埃及富饶的农业经济奠定了基础[705]。然而，农业本质还是靠天吃饭，例如：不稳定的洪水也可能带来灾难性的影响，过多或者不足的洪水都会对农业产生负面的影响，一旦尼罗河洪水不能按时到来，埃及就会发生农业歉收和大饥馑的现象。因此，为了能够稳定提供修建金字塔所需要的粮食等物资，法老必须通过政府机构、水利、人力、勘测提高农业管理水平，增加粮食产量，一方面确保权力的至高无上，另一方面确保陵墓的顺利修建。例如：国家储备一定量的种子，在旱灾或者洪灾时发给农民，以此保证下一季的播种；法老在全国各地分设粮仓，在丰收的季节，国家从农民手里征集和交换粮食，以备灾荒年使用，在灾荒年时，国家发放储备的粮食，既可以保证修建金字塔的工人薪酬，又可以防止饥荒的出现，维护了法老的统治和国家的稳定。

稳定的农业经济在很大程度上决定了古埃及政治制度的相对稳定，维持了古埃及自始至终的神圣王权制度，使得法老的神圣权力得以长期实施，与金字塔工程的建造相辅相成。

2）促进采石业的发展

建筑材料的选用是古埃及人对生死观的表达。埃及是一个拥有丰富石材资源的国家。在东西夹峙尼罗河的山脉中有石灰岩、雪花石膏、砂岩、花岗岩、石英石、闪绿岩、玄武岩和大理石等多种类的石材。由于金字塔是一种石砌建筑，所以它从诞生的那一天起就和采石业有着密不可分的关系。吉萨的三座金字塔作为金字塔建筑的巅峰之作，伴随它的修建，这一时期的采石业迅速发展，主要表现在采石对象和采石技术上。

在古代埃及，不但没有钢筋水泥，而且埃及本土木材短缺且不适合做大型建筑。于是，大金字塔修建的地理位置使得位于尼罗河谷两侧丰富的石灰岩资源成为法老的首选。石灰岩作为修建金字塔的主要材料，具体原因如下：第一，古王国时期生产技术水平比较低，选择修建大型工程的材料必须易于开采，而石灰岩大多分布于尼罗河的两岸，分布范围广，且呈水平分布，分布深度比较浅，有的仅仅是几米，方便开采；第二，金字塔多分布于沙漠高原地带，风沙大且气候干旱，而石灰岩岩性致密，抵抗风化的能力比较强。所以金字塔外部用石灰石堆砌是一个必然的选择。于是，两百万块的石灰岩取材于吉萨金字塔附近的采石场，接近十万块的金字塔外层的白色石灰石来自尼罗河对岸的图拉（直到今天，石灰石也产于此地）。

金字塔的修建大部分使用的是石灰岩，但还有一种岩石也比较普遍地使用于金字塔的修建中——花岗岩。花岗岩用于金字塔修建中同样是因为其岩性致密，能够抵抗风化。花岗岩之所以没有像石灰岩一样应用广泛是因为在当时的工具和技术条件下花岗岩的开采难度比较大。古埃及人亦懂得"物尽其用"的道理，所以花岗岩大都使用在重要的部位结构中，例如，胡夫金字塔的墓室顶部使用了400多吨的花岗岩，目的是承受墓室上方122m高的巨石负荷。还有，花岗岩还常常被放在金字塔的顶端作为压顶石，也是由于其抵抗风化的性能比较优越。总之，花岗岩一般使用在像金字塔顶端的盖顶石、金字塔内部墓室和走廊以及金字塔建筑群的石柱和门梁等这些地方，用来承受来自其他方向的荷载。

此外，在金字塔的建筑群中也会出现像玄武岩之类等其他种类的岩石，修建金字塔所使用岩石主要也是由其性能和特点决定的。石灰岩和玄武岩之所以可以作为金字塔修建的辅助材料也是根据其性能和开采难度决定的。它们常常被用作在堤道的铺面上。总之，运输条件是否便利、石材性能是否适合用于沙漠、石材的开采难易程度如何是金字塔修建时选择石材主要考虑的问题。

金字塔的修建是一个巨大的工程，需要耗费大量的人力、物力、财力和时间。金字塔工程集中了埃及最先进的工匠，这对工具的研发和技术的提高产生了促进的作用。采石用的工具主要包括凿子、锯、楔子、无柄锤、镐头、锤子、钎子等。这些工具中大多数为铜制工具，还有一些是用坚硬的岩石制作而成的，如花岗岩、玄武岩等。据古希腊历史学家希罗多德考证，建造金字塔所用的巨石采自当地的采石场，工匠对采石场岩石的开采技术大致分为两种。第一种是开采石灰岩所使用的技术，它利用的是热胀冷缩的原理。首先工人们利用金属工具在石山上打出一个洞孔，然后把木楔敲入洞孔内，再向孔内注水，使插入洞孔的木楔膨胀，冲击岩石裂缝成为小块岩石。第二种是开采坚硬的岩石所使用的技术，例如花岗岩。首先工人们在石山上打若干个洞，其次打入金属钎子，然后用锤子敲击钎子，直到石块从石山上脱落下来。这种技术属于物理敲击，易在开采场留下遗迹。所以在阿斯旺的古采石场，考古学家至今还能找到这种开采石料的遗迹。

3）促进建筑业的发展

金字塔工程作为世界建筑的瑰宝，对建筑业也产生了重大的影响，其中包括墓建形式、民居和宫殿、建筑审美和风格。金字塔作为一种墓建形式，并非一开始就是正角锥体的，而是经历了一个不断演进的过程。导致金字塔出现的一个重要的原因是人们宗教观念的转变，人们开始想象去世的法老要想升天必须踩着阶梯，于是开始不断追求墓地的占地面积，开始不断地追求墓建的高度，这种高度并不是要求直线上升的高度而是一种不断上升有层次的概念。这种变化和过渡促使它日趋发展成为真正金字塔建筑，并影响着埃及法老时代的建筑形体。胡夫金字塔的设计者召集了工匠、画家、学者、神父、艺术家以及服务于斯尼夫鲁神庙的前辈，通过研究之前的金字塔商讨它们哪里成功、哪里失败、哪里应该改进、哪些错误是应该避免的，制定了一套可行的设计方案和补救方案，最终呈现出近乎完美的设计。

金字塔修建所储备的工具、积累的建造技术对法老宫殿的修建和改造起到了积极的影响。金字塔的修建对民居产生了一定的影响。首先，在修建金字塔过程中，工匠村的工匠把金字塔修建时废弃的材料带回家中，制造成家具等生活用品；其次，受金字塔的影响，民居的修建也注重主次、布局和轴线的等级思想，这样一来民居对外封闭、对内开敞的院落式结构也与金字塔的布局一致；最后，金字塔的修建实行的是征集制，这种制度后来在乡村演变流行起来。每到哪家修建房屋时，村里其他的人都会过来帮忙，有的人出粮食，有的做饭，有的烧水，这种分工合作的精神直到今天在埃及的偏远地区依旧保留着。

金字塔的修建推动了古埃及建筑技术的进步。古王国第四王朝胡夫法老的大金字塔在建筑规模和建筑精度方面展现了古埃及建筑的超高水平。胡夫大金字塔由人力建筑完成，其基座为 $756ft^2$ [1]，整个建筑由大约 230 万块石头建成，石块平均质量可达 2.5t[706]，建筑规模之大至今仍属罕见。如此庞然大物，其建筑精度更是令人称奇 [707]。为了确保金字塔建筑的稳定性，石块的建筑精度是相当高的。据英国考古学家弗兰德斯·皮特里先生的测量，金字塔建筑的北面没有超过 $0.2in^2$ 宽的缝隙，这个庞大建筑物长度和角度上的建筑误差小到可以用人的手指遮盖住；建筑石块连接处缝隙极小，甚至连一根筷子都难以插入。从另一方面来看，金字塔南北侧剖面误差仅为 0.09%，东西面更是低至 0.03%；整个金字塔在同一个平面上，相对角之间的水平误差仅为 0.004%[706]。总之，金字塔的美主要体现在两个方面：第一，灵魂与强化皇权的等级观念相互影响、相互渗透，由此呈现出崇拜感、秩序感、和谐感；第二，强调高大、刚劲、宏伟、庄严、明晰而简练的程式化造型呈现出永恒和稳重感；第三，金字塔布局具有象征美，大小金字塔的有序排列，预示着法老在来世仍然要像现实一样显示他的地位、权力和威严 [708]。

3. 工程启示

1）技术启示

金字塔在石料的采集上表现出的智慧让人叹为观止，巧妙地运用热胀冷缩

---

① 1ft=0.3048m。

② 1in=2.54cm。

原理以及应力集中知识分别对石灰岩和花岗岩的精确分割无不体现着劳动人民的聪明才智，这可能是人类最早的将断裂力学应用到工程实际中的案例。金字塔的石块堆积和搬运难度也非常大。虽然在人力消耗和运输成本等方面，长城的耗费量和难度更大，但在建筑技术上，金字塔所需难度会更大一些，尤其是金字塔的建造还比长城早了近 2500 年。金字塔以石头为主要建筑材料，整体结构都是用非常笨重的巨大石块堆积而成。除此之外，最难的就是如何使用技术，将这些石块一层层堆积成金字塔状的结构，还是在几千年前完全依靠人力的古代。没有起重机，没有专业机器设备，要将重达 60t 的石块，堆叠到一百多米高金字塔的上方，其中的技术难度不容小觑。所以从技术这一方面来看，金字塔的建造难度还是很大的，也不得不佩服那个时代劳动人民的无限智慧。建立如此庞大的四棱锥体建筑物，在技术层面上需要保障非常重要的环节包括：塔基的稳定性和塔基正方形 4 个边都必须在同一水平上；在以后的砌筑工程中始终保持层面的正方形和各个层面的水平和外墙面的斜度；保持金字塔 4 个棱边的棱角线的角度和 4 个棱角线相交于顶点的向上直线。在没有精密测量仪器的 4500 年前，古埃及人用他们的智慧建造的金字塔留给人们无尽的感叹。

2）社会启示

金字塔的修建将开采业纳入到了国家经济的范围。开采业是国家经济的重要组成部分。开采一般由国家负责，从事开采业的人员都受国家管理。这些人按照国家指令进行开采活动，必要时，国家甚至会派出军队协助开采或者保护开采。胡夫在位时就下令工人和军队共同到图拉、阿斯旺、哈林、西奈等地区开采石灰石、花岗岩条纹大理石和奇异宝石等，这些地方也都是古王国时期重要的石料开采地。总之，为了保护用于金字塔修建的石材，法老通过向开采地派出开采工人、官员并配备军队保护的方法保证了石料的安全顺利大规模开采。因此，国家通过开采和管理这些资源，增加了社会财富总量，推动了金字塔时代产业经济的发展。

此外，基于现存的许多古埃及的墓葬壁画和神庙壁画遗迹，现代埃及学界一致认为，事实上金字塔、神庙等大型公共建筑并不是奴隶的作品。他们指出，古埃及人在建造这些巨石公共建筑时与其他地方的人一样，他们为自己能参与并建造巨大的公共建筑感到无比骄傲。既然怀揣坚定的宗教信念，那么他们在工作中必然会表现出高涨的热情与虔诚的态度。在尼罗河泛滥的几个月时间里，无法在田间耕作的农民把他们的大部分时间用在建造公共工程上，既解决了就业问题，又避免了闲暇时间无业游民可能造成的社会问题，并且修建巨石建筑需要强大的后勤保障，这在某种程度上成为拉动经济的重要手段。金字塔建筑是埃及法老时代的巨大公共工程，通过修建这些大型工程政府把埃及人从一盘散沙的村民转变为具有向心力的高度集中的民族，国家的力量由此显现[707]。一方面原始国家创造了金字塔建筑这一大型工程；另一方面在举国上下齐心协力以及普遍抱着对太阳神虔诚信仰的基础上创建金字塔的过程又塑造了国家，彰显了金字塔建筑作为社会的公共工程具有如此巨大的凝聚人心的社会功能。

6.3.8　古巴比伦空中花园

全称古巴比伦空中花园，又称悬苑，外文名称：Hanging Gardens of Babylon。

据史料记载，古巴比伦的空中花园地处现在的伊拉克境内，是世界古代两河流域文明的产物。和古巴比伦文明中的其他伟大建筑一样，空中花园随着岁月的迁移早已淹没在历史的滚滚黄沙之中，但这并不影响它在人们心中的重要地位。公元前2世纪拜占庭的腓隆首次编制了世界七大奇迹清单，古巴比伦空中花园被列入其中[709]。希腊学者也将其列入古代世界七大奇迹之一[710-713]。

空中花园最早记载于公元前3世纪巴比伦祭司贝罗索斯的一本讲述巴比伦历史文明的书籍中，它是由公元前6世纪巴比伦君主尼布甲尼撒二世为其王妃安美依迪丝而建造的。整个空中花园远远望去，像是由泥砖塑成的绿色高山，在城市中央升起，似乎是悬挂在半空中，因此又被称为"悬苑"。巴比伦城中的民众能够看到空中花园的城楼上那金色屋顶在阳光照耀下闪闪发光，整座空中花园美轮美奂，令人惊叹不已[712-716]。

空中花园是由数万名能工巧匠修建而成，采用了当时比较新颖的立体式造园方法，整个建筑建于高高的平台上[710]。空中花园共分为上中下三层，每一层都用大石柱支撑，层层盖有殿阁。希腊历史学家狄奥多罗斯描述空中花园约120m宽、120m长、24m高。空中花园具体规模还存在争议，根据与埃及大金字塔的尺寸对比，得出空中花园总质量约700万t[710-715]，如图6.10所示。

当时的人们无不为高耸入云的空中花园所惊叹，特别是在这广袤贫瘠的土地上能够看到一方充满生意的绿洲，欣赏到各种奇花异草和树木，以及随风飘来的异国花香，使人感觉仿佛置身在仙境之中[711-713]。然而，有一点值得强调，那就是流传至今的所有关于空中花园的记载，几乎全都出于古希腊、古罗马作家及历史学家之手，因此古巴比伦空中花园是否真实存在于古巴比伦时代，还没有确切依据。书籍中记载道，在公元前 3 世纪，迦太基人安提巴特曾慕名前来，见到了心仪已久的巴比伦空中花园。虽然，此时的空中花园已经花草凋零，蜂蝶散尽，没有了昔日的"容光"，但是安提巴特依然将空中花园与埃及的胡夫金字塔、亚历山大城灯塔等宏伟建筑相提并论，足见空中花园昔日的风韵[712-718]。

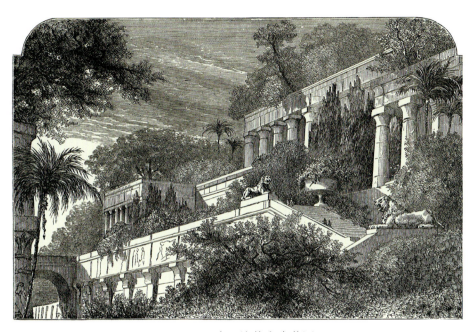

图 6.10　古巴比伦空中花园

1. 工程背景

在公元前 7 世纪下半叶，亚述帝国因内乱和外敌入侵而迅速衰落。公元前 612 年，居住在巴比伦地区南部的迦勒底人在他们的领袖纳波普拉沙尔的领导下，与来自北方的米底人一起占领了亚述的首都尼尼微，摧毁了亚述。那波帕拉沙尔成为新巴比伦王国的第一位国王。尼布甲尼撒二世是新巴比伦开国君主那波帕拉沙尔之子，新巴比伦王国第二任君主[709-713]。

在尼布甲尼撒二世统治时期，新的巴比伦王国享有相对稳定的政治局势和繁荣的社会经济。他组织领导建造和修复了许多建筑，以显示其在文化、治理和艺术方面的技能，包括马多克斯神庙、巴比伦的外墙、著名的伊丝塔尔门等。在文学作品中，空中花园是尼布甲尼撒二世为了安美依迪丝王妃建造的。王妃是出身于北方山地国家麦迪亚的公主，从小在苍翠茂盛的国度中长大，因为政治联姻嫁给了尼布甲尼撒二世。她无法忍受住在巴比伦，那里几乎没有雨水，土地贫瘠。尼布甲尼撒二世模仿麦迪亚迷人的景色建造了古巴比伦空中花园[709-718]。

2. 工程价值

古巴比伦空中花园的工程价值主要体现在工程技术价值、艺术与人文价值两方面。

1）工程技术价值

巴比伦空中花园的技术价值包含建筑设计、供水系统和防渗保护技术。

（1）精美的建筑设计。空中花园留给人们无限的遐想。它实际上是一个阶梯式金字塔形状的巨大庭院，之所以如此命名，是因为从远处看，它似乎悬在空中，俯瞰着一望无际的平坦土地。这座在巴比伦王宫广场上景色迷人的摩天花园，底部为边长 120m 的正方形，其上由众多拱形露台层层叠加而成。露台均由石柱支撑，由下往上逐层缩小，相互用石梯相连。每层高数米，顶部露台面积约 $60m^2$。每层露台就是一个花园，上面铺有芦苇和沥青的混合物，台阶种有全年翠绿的树木。露台上开辟了幽静的林间小路，小路旁是潺潺溪流和数不清的奇花异草，还有瀑布、长廊和亭阁[710-714]。

（2）巧妙的供水系统。古巴比伦花园最令人惊奇的是它的供水系统。为了供水，古巴比伦空中花园使用了当时巴比伦工程师建造的精密灌溉系统。水从伊甸河流入花园，并通过一系列管道和喷泉供给植物。这种灌溉系统是当时技术的杰作，显示了巴比伦人的工程技能和水利管理的高度发展。因为古巴比伦很少下雨，所以需要幼发拉底河附近的水来维持植物的生命。这意味着把水转移到空气中，然后让它流过梯田，从上到下给植物浇水，这可以通过"链式泵"来完成。链式泵由两个上下转动的大轮子组成，由一条链条连接，链条上悬挂着许多桶。车轮的底部是一个蓄水池，当车轮转动时，水桶被浸入水池中并装满水，然后被输送到上面的车轮。灌溉是通过倾斜水桶并将水泵入上面露台上的水池来完成的。水泵下面的一个轮子连着一个轴和一个手柄，由一些奴隶转动手柄为水泵提供动力[710-719]。

（3）防渗保护技术。由于石头在美索不达米亚并不常见，所以空中花园是用砖块建造的。然而，花园经常被水冲刷和灌溉，砖块容易受到水的侵蚀，必须加以保护。根据希腊历史学家西奥多罗斯（Theodorus）的说法，支撑花园的梯田是由巨大的石块组成的，上面覆盖着芦苇、香脂和瓷砖，以防止水进入。铅也被放置在外面，以防止水分损坏基础。与现代种植屋面的施工体系相比，空中花园的砖可作为屋面结构层，沥青相当于防水层，而铺设铅可解释为具有防水作用的刚性保护层或根阻力层，芦苇相当于过滤层[714-719]。由此可见空中花园防渗保护技术的科学合理。

2）艺术与人文价值

空中花园是世界古代七大奇迹中唯一尚未确定位置的。这是因为现存的巴比伦的文献中没有提到空中花园，且在巴比伦也没有发现确凿的考古证据和可靠的历史记载。为了发展旅游业，伊拉克政府于1978年制定并实施了巴比伦遗址重建计划，仿古重建了巴比伦遗址和巴格达的空中花园。但关于空中花园遗失的部分，才是空中花园的灵魂，也是后世建筑工匠单凭技术无法仿建出的精髓所在。历史学家评论说："空中花园的规模和广度显然无法与尼布甲尼撒二世神庙或巴别塔相比，但它的美丽、优雅和不可抗拒的魅力是任何其他建筑所无法比拟的。"我们只能通过文献来想象它的惊人之美。但是，曾经辉煌美丽的空中花园，在几千年的历史中依然熠熠生辉[710,720-722]。

对古巴比伦空中花园的美好想象启发了许多壁画和其他形式的艺术品，这些艺术品会给人穿越时空、置身其中的美妙错觉。当人们欣赏这些宏伟的作品时，也会感受到一种非同一般的宁静和幸福。或许正是由于没有古巴比伦空中花园的确切资料流传下来，它的宏伟壮观才没被局限与框定。人们可以充分发挥想象去构建心目中的那个独一无二的空中花园，去传达它的美丽和优雅。古巴比伦城包括空中花园在内的众多建筑，代表着一个民族的生产力水平，且承载着一个民族的精神世界。梦幻之城"空中花园"，代表了古巴比伦的繁荣，以及在民族精神上的智慧与成功[722-726]。

3. 工程启示

工程启示主要有建筑生态启示、文化传承启示两个方面。

1）建筑生态启示

（1）屋顶绿化，方兴未艾。

空中花园在每一层都培上肥沃的土壤，种植了许多来自异国他乡的奇花异草，可能包括橄榄、贴梗海棠、梨、无花果、杏仁、葡萄藤、枣椰树、柽柳、阿特拉斯山乳香树等[710,718,722]。这些植物为空中花园增添了生机和活力，也体现了建筑与生态的和谐之美。

城市绿化的概念在我国已然落实多年。如今国内大部分城市地面绿化工作实现得较好，但屋顶绿化的概念还存在一定的上升空间。屋顶绿化，在视觉上"城市秃顶"，不但影响美观，而且是城市热岛效应的重要因素。根据加拿大国家研究中心的数据，无绿色屋顶的房屋空调能耗为 6000 ~ 8000kW·h，有绿色屋顶的房间空调能耗为 2000kW·h，节能 70%。一方面，绿色植物本身的功能和特性降低了屋顶表面和室内温度，减少了空调的使用；另一方面，绿色植物能够有效降低空气中的有害漂浮物，净化空气，因此屋顶绿化也被称为城市空气的清新剂。

据估算，如果将整个城市的屋顶都进行绿化，那么城市二氧化碳要降低 85%。试验表明，在上海酷暑时节，屋顶绿化可使顶层房间日均室温降低 2 ~ 4℃，节约空调耗电量 20% ~ 40%。屋顶绿化是节约土地、节能环保、美化城市的一个好法子，也是城市热岛效应和空气中有害浮尘的强劲杀手，其理念始于古巴比伦的空中花园。如今，许多国家都在广泛应用，其做法值得借鉴，我们有理由期待！

（2）垂直农业，高效环保。

美国哥伦比亚大学 Dickson Despommier 教授提出了"垂直农业"的概念，也被称为"摩天大楼农业"。他希望在城市中种植当地的食物，不是在屋顶花园或块试验田，而是在由玻璃和钢铁制成的光线充足的建筑中——这与传说中的巴比伦空中花园的概念有些不谋而合，这个大胆而新鲜的创意也引起了很多科学家的关注。

在"垂直农业"的设想中，要循环利用建筑物内所有的水。植物不使用堆肥，而是使用特配的营养液；甲烷被收集起来转化为热量使用；水池喂养鳟鱼等淡水鱼，也可以用来灌溉水果。植物通过本地的蜜蜂授粉，牲畜被喂养在不同楼层，且动物们排泄的废料成为能源的来源等。"垂直农业"可以使城市不断换新颜，每层建筑物可以开办一个农副产品超市，提供更多的工作机会和新鲜健康的食物。其支持者说，城市农业可以养活地球上越来越多的人、净化空气、减少为了争夺自然资源而引发的战争。

Despommier 谈到，将森林变成农田可能会释放和传播传染性疾病，并且传统农业中施肥和杀虫剂已经污染了水源。最近研究发现，施肥和杀虫剂的使用使美国表土层被破坏的速度是自然恢复速度的 10 倍，印度等发展中国家则是 30 ~ 40 倍。因此，"垂直农业"能够给"伤痕累累"的土地以喘息的机会，其作为一种未来产业，必将给城市的变革与发展带来一次重要契机。

2）文化传承启示

（1）科学考古，探索求真。

时至今日，学者从未放弃对空中花园历史真相的追求。20世纪之前，学术界主流相信贝罗索斯的记录，即空中花园是尼布甲尼撒二世修建。直到1995年，牛津大学的亚述学家达利博士发表了一系列研究，认为美索不达米亚山谷的空中花园并不在南部城市巴比伦，而是在北部城市尼尼微，亚述帝国的首都，而花园的建造者是亚述帝国的国王西纳赫雷布。例如，许多访问或了解巴比伦的古典作家都没有提到那里有一个宏伟的空中花园；提到巴比伦空中花园的古典作家依赖二手资料，经常将巴比伦与尼尼微混淆；巴比伦王尼布甲尼撒三世的许多铭文已经被发现并被解读，他多次谈到巴比伦的建筑工程，但从未谈到他自己的空中花园；德国考古队在发掘巴比伦城遗址时，很难找到与古典作家描述相符的空中花园遗址[726-731]。

此外，美国从1960年开始解密的卫星照片显示，伊拉克境内有一条60mi长的运河遗迹，有些地方比苏伊士运河还深，这条运河肯定是由国家修建的。它位于古代亚述，据推测与空中花园有关。尽管有如此多的间接证据表明空中花园可能在尼尼微，但它仍有待确认。考古学家仍然对空中花园充满好奇。

中国古代史上也有许多未知的领域，考古工作任重道远。例如，对夏朝历史的研究还有很多空白。"三皇五帝"等史前人物是神话还是真人？考古工作也需要找到答案。要完善考古工作规划，聚焦一些重大历史问题，不断取得新突破。同时，现代技术不断应用于考古领域，帮助揭示历史真相。

（2）遗产保护，传承文化。

空中花园的遗迹早已淹没在黄沙之下。对于巴比伦的空中花园仅仅存在了几十年就消失的原因，考古学界一直争论不休。有人认为空中花园的毁灭是源于战火。亚历山大大帝死后，战事频发，巴比伦城受到很大破坏，也许就是这些战争破坏了空中花园。但也有学者认为战火毁灭的可能性不大，因为交战双方没有必要去毁坏一座与政权更换无关的园林。园林的毁灭可能是战争时期，空中花园的供水系统被停止运转，使得院内植物不可避免地走向衰亡，最终成为一座废弃的园林，随着时间的变迁自然消亡。空中花园的消亡启示了全世界重视文化遗产保护。

我国是世界四大文明古国之一，用浩如烟海的文献典籍记录了中国3000多年的历史，同时在甲骨文发明以前在中华大地还有 1000 多年的文明发展史，这些历史遗迹见证了中华民族悠久的历史和灿烂的文化[732]。我国从文明古国走向现代化文化强国，不能割裂过去、凭空跃进，应当在吸收历史积淀、继承文化遗产中接续发展。考古遗迹和历史文物是历史的见证，我们要把历史文化遗产保护放在第一位，同时要合理利用，使其在提供公共文化服务、满足人民精神文化生活需求方面充分发挥作用[733]。

6.3.9　摩索拉斯陵墓

全称：摩索拉斯陵墓，英文名称为 Mausoleum at Halicarnassus。

摩索拉斯陵墓是古代艺术成就最高的建筑群之一，是世界古代七大奇观之一。该陵墓是古代波斯帝国——阿契美尼德帝国卡里亚地区总督摩索拉斯和其妻子的墓室。

摩索拉斯逝于公元前 353 年，其陵墓大约也始建于该年[734]。摩索拉斯陵墓是一个整体呈矩形的陵园，长 40m、宽 30m、高 45m，占据了一个庞大的区域，并建在一个高起的平台上。陵墓的底座是一个矩形平台，长约 39m（128ft）、宽约 32m（105ft）。它装饰着雕塑浮雕和装饰元素，展示了当时精湛的工艺。在底座上方，有一系列阶梯状的层次，装饰着柱子、雕像和其他装饰特色。陵墓位于土耳其博德鲁姆，在古代属于古希腊哈利卡纳苏斯地区。陵墓在石台底座上由呈金字塔形的上层建筑，被由 36 根柱子组成的柱廊环绕。陵墓顶部的空间里有 4 座大理石马车，以及包括国王、王后形象在内的多座雕像，四周布满了精美的浮雕装饰。整座陵墓的建设花费了王国大量的税款，聘请了数百名工匠。由于历史久远，其具体花费没有详细记录，但是仅园内现在存放于大英博物馆里的雕塑艺术就堪称无价。建筑材料的使用，如高品质大理石和其他珍贵石材，必然增加了成本。此外，陵墓的规模和宏伟程度需要大量的资源和人力才能完成。考虑到结构的规模和复杂性，以及著名艺术家的参与，可以肯定摩索拉斯陵墓的建造成本在当时是相当可观的。不幸的是，关于其具体造价的数字或估算并未在历史记录中保留下来。

摩索拉斯在去世前就对自己死后陵墓展开了精致的规划，主要由其妻子皇后阿尔特米西亚开展建设。陵墓的设计由希腊建筑师萨蒂罗斯（Satyros）和皮提乌斯（Pythius）负责[734]。此外，皇后还请来了希腊当时最具才华的四位艺术家，莱奥哈雷斯、布赖亚斯、斯珂帕斯和提摩太来负责园内的雕塑、浮雕等装饰

的建设 [735]。

摩索拉斯陵墓是人类古代历史中建设最为精美的陵园之一，对后世影响巨大。摩索拉斯的名字——Mausoleum 已经成为英语中"陵墓"一词，专指建设宏伟精美的坟墓 [736]。摩索拉斯陵墓能入选古代七大奇迹，并非因为建筑规模多么宏伟，而是由于其建设精美，陵墓装饰艺术水平之高令人啧啧称奇，对后来的建筑艺术影响深远 [737]。

1. 工程背景

摩索拉斯陵墓是阿契美尼德帝国一地区王国卡里亚总督摩索拉斯和其王后的陵墓。陵墓的设计与古希腊神庙很像，区别仅在于围墙的高度低一些。公元前4 世纪，陵墓所在的哈利卡纳苏是小亚细亚西海岸阿契美尼德帝国内的一个小型地区王国卡里亚的首都，摩索拉斯正是卡里亚的国王。摩索拉斯在其任内将卡里亚的领土扩展到了安纳托利亚的西南海岸。在这一过程中，摩索拉斯入侵了利西亚（现如今土耳其安塔利亚和费特希特之间），利西亚以境内诸多纪念性墓碑而著名，在入侵过程中看到的这些墓碑可能对摩索拉斯日后规划自己的陵墓起到了重要影响 [735]。

摩索拉斯是卡里亚当地居民后裔，但是他对希腊文化非常欣赏。在统治期内，摩索拉斯在卡里亚设计了许多希腊式的城市，并鼓励希腊的民主社会方式。公元前 353 年，摩索拉斯去世，留下其妻子（同时是其妹妹）阿尔特米西亚独自统治卡里亚王国。摩索拉斯为自己规划了一座宏伟的陵墓，并由皇后和其后人开展建设。

阿尔特米西亚皇后在丈夫去世后三年内也去世了。作为一种祭祀仪式，大量动物尸体被放在通往坟墓的楼梯上，然后用石头和瓦砾填满楼梯，封住通道。根据历史学家老普林尼的说法，由于工程设计极其精美华丽，即使在皇后去世前陵墓的建设也没能完全完工，但是工匠们决定在他们的雇主去世后留下来以完成这项工作。一方面他们觉得参与这个项目的建设对自己的名声有益，另一方面也想把陵墓打造成完美的艺术品。

可惜的是，与世界七大奇观中除胡夫金字塔的另外五个工程一样，摩索拉斯陵墓在时间的长河中也慢慢变为无人问津的废墟，最后埋于地下。现在留下的遗迹是后来考古挖掘出的建筑残骸。对于摩索拉斯陵墓究竟是什么时候和如何变成废墟的并没有权威的研究。摩索拉斯陵墓应该并非毁于战争，公元前 334 年该城被亚历山大大帝攻陷时，陵墓并没有被损坏。公元前 62 年和公元前 58 年城市被海盗袭击后，陵墓仍然没有受到破坏，即使城市本身已经满目疮痍。尤斯塔修斯在 12 世纪写的《伊利亚特》注释中说："它过去和现在都是一个奇迹"（此处的它即指摩索拉斯陵墓）。由此推出这一时期的陵墓应该还大体上保持完好。基于这些材料，历史学家弗格森得出结论：1402 年间发生的一场地震可能最终摧毁了摩索拉斯陵墓 [735]。彼时，耶路撒冷的圣约翰骑士团来过这里，在文字中记录了此处已是一片废墟，并用废墟中的石头和浮雕来建立骑士团在博德鲁姆的城堡。

到 19 世纪时，陵墓原址上只剩下地基和一些破碎的雕塑。英国考古学家唐纳森教授指出该处遗址的历史价值，之后英国政府派出了一支考察队，开展了持续三年的考察。考古期间学者发现，盗墓者闯入并破坏了地下墓室，好在墓室被挖掘出来时，仍有足够的遗迹可以确定墓室的布局，如图 6.11 所示。

图 6.11　摩索拉斯陵墓

2. 工程价值

摩索拉斯陵墓的价值主要体现在工程主体价值、工程社会价值和工程文化价值三个方面。

1）工程主体价值

摩索拉斯陵墓的工程主体价值可以从建筑结构价值和建筑艺术价值两方面进行讨论。

建筑结构方面，摩索拉斯陵墓可以划分为坟墓、柱廊、屋顶和四马双轮战车雕塑（位于整个建筑的顶部），按照由低到高的顺序组成的。坟墓的主体像是被水平截断的金字塔的下半部分。屋顶部分是呈 24° 的金字塔形建筑，底部有一排石狮。陵墓毁于 15 世纪的连续地震，因此关于结构细节缺乏翔实的材料，但是仍然留下不少资料与遗迹供我们推测其原貌，这对分析古代陵墓建筑有重要价值。

建筑艺术价值方面，摩索拉斯陵墓整体建设风格近似古希腊神庙，唯一的区别就是陵墓的围墙相对更高。整座墓园内充满着精美的雕像与浮雕，展示着半人马与拉皮斯人的战斗，以及希腊人与亚马逊人的战斗等神话故事。院内还有 20 多个狮子雕像，都有 1.5m 高左右，略大于真实尺寸。建筑物的屋檐、立柱上建设了雕塑门楣和小型雕像，柱廊的每对柱子之间都站着一尊雕像，而柱廊后面则有类似穹顶结构的建筑物来承载结构重量。金字塔形上部结构的不同平面上都有着独立的人物雕像。顶部则有四匹大理石马拉着的战车，上面有国王和王后的雕像。陵园四周角落还有石雕战士，作为保护陵园的象征。

2）工程社会价值

摩索拉斯陵墓是古代世界七大奇观之一，其自身的影响力也超过了陵寝式建筑的局限，而是成了建筑艺术的丰碑，对后续许多建筑都产生了影响。虽然摩索拉斯陵墓建成已有 2000 多年，但是其宏伟华丽的建筑设计和装饰风格，在现代、当代的许多建筑中都可以看到影子，比如辛辛那提的第四和藤塔、圣路易斯的民事法庭大楼、新泽西纽瓦克的国家纽瓦克大楼、纽约市的格兰特墓和百老汇 26 号、洛杉矶市政厅、墨尔本的纪念祠、伦敦的圣乔治教堂的尖顶、伦敦的布鲁姆斯伯里、印第安纳波利斯的印第安纳战争纪念馆（以及 Salesforce 大厦）、华盛顿特区的圣殿之家、东京的国会，以及匹兹堡的士兵和水兵纪念馆[737]。几个世纪以来，摩索拉斯陵墓遭受了地震和战争的破坏。在 15 世纪，圣约翰骑士团，也被称为圣约翰军团，使用陵墓的遗迹来加固他们在博德鲁姆的城堡。如今，原始建筑的残骸仅存一些碎片，该遗址成为博德鲁姆的热门旅游景点，展示了古代世界的历史和建筑意义。

3）工程文化价值

工程文化价值方面，摩索拉斯陵墓具有很高的历史价值和宗教文化研究价值。历史价值方面，摩索拉斯陵墓出土了大量很有历史价值的文物，其中最具有代表性之一的就是薛西斯一世的罐子。罐上有旧波斯语、埃及语、巴比伦语和埃兰语的铭文，是研究古代中亚文明非常好的素材。该文物的罐式源自埃及，对阿契美尼德王朝来说是非常珍贵的礼物，被历史学者认为是薛西斯想给迦太基王朝阿尔特米西亚一世的礼物，因此，该文物也是证明迦太基与阿契美尼德密切联系的历史证据。宗教文化方面，摩索拉斯陵墓的柱子、墙壁上有许多精美的浮雕、壁画，其上记载的内容一方面是描述历史的史实材料；另一部分内容则描述阿契美尼德文化的神话，如与半人马的战斗等，这对我们了解分析公元前波斯神话有着重要价值（阿契美尼德是波斯文明建立的帝国）。

3. 工程启示

摩索拉斯陵墓对于超级工程建设的启示可以分为三个方面，主要包括工程运维、工程人才培养和跨国合作交流三个方面。

1）工程运维

摩索拉斯陵墓作为世界七大奇观之一，尽管相对于其他五个工程而言存在时间较长，但最终也被埋没于土地之下，消失得无影无踪。如果古代人们对超级工程有更强的运维保护意识，将这些遗迹保存得更为完好，或许今天我们就能够了解摩索拉斯陵墓或巴比伦空中花园的真实面貌，并理解它们的建设理念。这些超级工程不仅具有极高的历史价值，对于人类而言也是巨大的精神财富。

超级工程的保存对于了解人类历史和文明的发展具有重要意义。它们是过去时代的见证者，承载着丰富的历史信息和文化内涵。通过对超级工程进行良好的保护和运维，我们可以向后人展示这些工程的伟大和精湛，同时传承和弘扬人类的智慧和创造力。因此，对于超级工程的保护和运维应当被视为一项重要任务。通过细致的保养、定期的检查和修复工作，我们可以确保这些工程的保存和传承，让它们持久地存在于人类历史的舞台上，为后代提供无尽的启示。

2）工程人才培养

摩索拉斯陵墓之所以成为世界七大奇观之一，与阿契美尼德帝国培育的杰出工程师密不可分。在修建这座陵墓时，建设者意识到需要迅速完成，并且确保其质量和艺术性。为了实现这一目标，他们聘请了数百名领域内的工匠，工匠的辛勤工作使摩索拉斯陵墓能够在短时间内以令人惊叹的速度和卓越的质量建成。

这些工匠包括建筑师、雕塑家、石匠、浮雕艺术家和其他各种专业工人。他们熟练掌握石雕、浮雕、建筑和装饰艺术等领域的技术，并将这些技术应用于陵墓的建造过程中。他们运用精湛的技艺，创造出了陵墓上那些华丽的浮雕、精细的雕塑和细致的装饰。建设者还采用了先进的工程技术和创新的建筑方法。他们设计了坚固的基础和结构，以抵御地震和其他自然灾害的影响。同时，他们运用了精确的测量和规划，确保各个部分的精确拟合和整体协调。这些工匠和建筑师的努力使得摩索拉斯陵墓得以快速而完美地建成。他们的技艺和奉献精神，为后世留下了一座令人叹为观止的陵墓，成为世界七大奇观之一，展示了人类在古代所取得的建筑杰作和工程成就。

3）跨国合作交流

在摩索拉斯陵墓的修建过程中，建设者出于对希腊文明的欣赏，采取了一项重要举措，即聘请了当时希腊最负盛名的四位雕塑艺术家来设计陵园的浮雕和雕塑。摩索拉斯作为波斯阿契美尼德帝国一方王国的统治者，怀着开放的精神，积极借鉴希腊的先进建筑艺术，这为摩索拉斯陵墓在建筑和雕塑艺术上取得了极高的成就。聘请希腊艺术家的决策显示出建设者对希腊文化和艺术的崇敬和欣赏。这种国际的学术交流和跨文化的合作为摩索拉斯陵墓注入了希腊建筑艺术的精华，使其成为融合了波斯和希腊元素的杰出建筑作品。

这个例子向我们传达了一个重要的启示：在建设超级工程时，积极进行国际上的学术交流，学习国外先进的科学技术和设计理念是非常有益的。通过与其他国家的专家和艺术家进行合作，可以汲取各种文化和技术的精华，提升项目的质量和价值。这种开放的心态和跨文化的合作有助于推动建筑和工程领域的创新，为人类创造更加壮丽和独特的建筑遗产。

6.3.10 圣保罗大教堂

全称：圣保罗大教堂，又名英国伦敦教堂，英文名称：Saint Paul's Cathedral。

圣保罗大教堂是英国圣公会伦敦教区的主教座堂，是世界著名的宗教圣地，位列世界第五大教堂、英国第二大教堂。圣保罗大教堂有着欧洲最大的地下室，是仅次于威斯敏斯特教堂的国家陵墓。作为巴洛克建筑的代表，圣保罗大教堂以其壮观的圆顶而闻名，是世界第二大圆顶教堂，直到 20 世纪末，圣保罗大教堂都是伦敦最高的建筑。

圣保罗大教堂在历史上曾几度重建，现今的教堂，是 1666 年大火烧毁后，由英国建筑大师克里斯托弗·雷恩（Christopher Wren）设计并建造的。由于雷恩的设计超越时代，委员会无法接受，导致工程不断延宕，直到大火之后近九年——1675 年 6 月 21 日，才铺下第一块石头。在雷恩精心的统筹与策划下，1688 年英国爆发的"光荣革命"带来的社会动荡，以及国会在 1700 年停收煤炭费带来的经费问题，都没能影响圣保罗大教堂的施工进度。1710 年，崭新的圣保罗大教堂终于竣工[738,739]。

圣保罗大教堂是当时英国造价最高的建筑物，总成本超过 804000 英镑，相当于现在的 15 亿美元，建筑经费大部分来自国会对家用燃料——煤炭的征税。建造大教堂需要大量的石材，而石材的供不应求也是导致大教堂工程长达 35 年的重要原因。普通块石每吨 10 先令 2 便士，而使用量最大的波特兰石材的费用高达 37927 英镑，所有石材的总费用高达 90314 英镑。由于教堂跨度大，需要用两根中间衔接的木材做成横拉杆，只此过程，便用了 48 根 150 年的大橡树[738,739]。

圣保罗大教堂是英国国王查里二世委托天文学家、数学家克里斯托弗·雷恩设计建造的，是为数不多的由一人同时担任设计与建筑的大教堂，也是西方唯一一座在建筑设计师有生之年完成的大教堂。

圣保罗大教堂是伦敦最美的地标建筑之一，它的建成使伦敦也有了一座可以比肩圣彼得大教堂的教堂，是伦敦凤凰涅槃的最好象征，极大地鼓舞了伦敦乃至全英国人民。在第二次世界大战期间，圣保罗大教堂被认为代表了首都的韧性，因为它在两次德军的闪电战中幸存下来。自其建成以来，圣保罗大教堂一直是英国政府和王室举行重大国事活动的地方，如首相丘吉尔的国葬、查尔斯王子和戴安娜王妃的婚礼等。同时，圣保罗大教堂的地下室内有许多民族英雄和艺术名人的坟墓和纪念碑，教堂的设计者雷恩死后也被埋葬于此，如图 6.12 所示。

1. 工程背景

1)"老圣保罗"大教堂

历史上的"老圣保罗"大教堂，不只是伦敦最重要的教堂，也是国家荣耀的焦点。它是当时最独特的建筑之一，堪称欧洲最大规模的建筑之一，是庆祝军事胜利的地方。在伦敦人的日常生活中，这栋伟大的建筑也扮演了重要角色。教堂的中央广场被称为"保罗步行街"，是一个聚会场所，也是人们买卖商品的地方。圣保罗大教堂同时也是一个文化中枢。在圣保罗大教堂的庭院里，绘画业蓬勃发展。

图 6.12　圣保罗大教堂

　　传说在圣保罗教堂的位置上，有一座戴安娜神庙。但真正的历史始于 7 世纪早期，肯特国王埃塞尔伯特（Ethelbert）在此建造了大教堂。这座建筑在 1087 年被大火烧毁，重建的大教堂历时 200 年才完成修缮，结合了诺曼式、过渡期和早期英国风格，有最高的尖顶，可能是当时世界最大的基督教教堂。在 20 世纪左右，它的构造再一次损坏，伊尼戈·琼斯（Inigo Jones）对其进行了修复。直到 1666 年 9 月 2 日，一个周日深夜，伦敦老城区布丁巷（Pudding Lane）的一家面包作坊意外失火。原本只是一起寻常的火灾，却因为长期的干旱和突发的狂风导致火势逐渐失控。大火直到四天之后才被扑灭。这场史无前例的大火灾几乎毁灭了伦敦三分之一地区，圣保罗大教堂也未能躲过此劫，在这场大火后埋于灰烬之中。然而，它的中世纪骨架仍然存在，所以，现今圣保罗教堂的十字形平面图仍显示了它的中世纪血统[517]。

2）超前的设计理念

　　大火后，国王查里二世委托克里斯托弗·雷恩重新设计圣保罗大教堂。当时，文艺复兴和巴洛克风格的视觉艺术对英国文化影响很小，传统的英国大教堂偏好哥特式风格。然而雷恩认为哥特式建筑相当粗糙野蛮，出自文明程度较低的时代。同时，作为数学家，雷恩坚信，只有规律的几何图形和数学上的对称，才能创造真正的建筑之美。雷恩认为，古希腊罗马的古典建筑体现的几何之美比哥特式建筑更胜一筹。在意大利和法国，巴洛克建筑师得到天主教会的赞助，基于法古希腊罗马古典建筑的新式建筑蓬勃发展，他们的设计和巨大穹顶深深激起了雷恩的创作热情。然而，英国皇室委员会代表中的新教神职人员，对天主教充满敌意，这也导致了雷恩的设计惨遭拒绝。

雷恩提交了第一份设计图后，由英国国教主教和宫廷朝臣组成的大教堂重建委员会，认为雷恩过于考虑经费问题，建筑风格平淡无奇，缺少亮点，最终并未采纳。雷恩提交的第二份设计图堪称完美，也获得了国王查理二世的批准。但是，委员会里的国教主教对此不以为意，要求他重新设计。1673 年，雷恩交出了第三份设计图，为了向皇室委员会推销他的古典理想，雷恩决定赌一把，委托工匠照他的设计，制作价格不菲的比例尺模型——圣保罗大教堂最终与此模型特别相近，且这个模型至今还放在圣保罗大教堂楼上供人参观。雷恩保留了第二次设计图的基本构思，并在自身崇尚的现代几何形式与主教习惯的传统哥特式十字之间寻找平衡。遗憾的是，主教对于雷恩的苦心不仅视而不见，还质疑雷恩的设计有点"政治不正确"。

第三次被拒之后，向来冷静沉稳的雷恩也忍不住掉下了眼泪，这也是他唯一一次在公众场合落泪。在抹干眼泪后，他选择了妥协。在 1675 年，雷恩提交了后来被称为"授权设计"的图纸。这是一份怪异的设计，混合了各种不属于任何时代或哲学的风格。用他自己的话说就是"尽可能把哥特式风格调和转化，变成较佳的建筑模式"。委员会完全赞同。不久之后，国王正式颁发了授权书。可是，雷恩从未打算照章办事，那份"授权设计"的图纸只是一个为了通过委员会审核的谎言。因为查理二世在他被拒稿时曾颇为同情地安慰他说："你可以根据需要，随时对装饰做些许改动。"雷恩决定"拿着鸡毛当令箭"，在授权设计之外预备了秘密方案——他的野心是修建一座英国前所未有的巨大穹顶 [517]。

3）跌宕的建筑过程

1675 年 6 月 21 日，新的圣保罗大教堂举行奠基仪式，终于铺下了第一块石头。雷恩已经下定决心，他要违背委员会的意思，依照大模型，设计大教堂的平面图。

大火之后，同时重建城市和宏伟的新教堂带来了巨大的财政负担。建造大教堂的经费，大部分来自国会对家用燃料——煤炭的征税。皇室委员会要求大教堂分段施工，从东侧开始，逐一兴建，这样可以让市民进入东侧的诗班席，开始举行礼拜，教堂部分仍是一片空地。但雷恩担心国会不愿意负担大教堂的成本，可能在大教堂落成之前停止施工。为了实现自己为伦敦建造一个完美穹顶的梦想，雷恩打定主意整栋建筑同时施工，他认为国会不会让盖了一半的大教堂停工，在市中心留下一个丑陋的建筑物。

1688年，英国又爆发了"光荣革命"，所幸政治动荡只是加重了经费问题，并没有影响圣保罗大教堂的施工进度。1696年，教堂重建委员会提醒雷恩，国会制定的教堂建造基金煤炭税将在1700年停收，同时雷恩始终坚持同步进行整座建筑的建造工程惹恼了委员，虽然最终委员说服国会重新获得了工程所需的经费，但是要求暂扣雷恩一半的薪水，以便督促他尽快完工。1701年，詹姆斯二世（查理二世的继任任者）的最小女儿安妮成为女王。安妮女王是虔诚的新教徒，正是在她的关照下，雷恩终于看到了圣保罗大教堂顺利竣工的希望。

1710年，圣保罗大教堂终于修建完成。当防水帆布和脚手架被逐渐剥除时，伦敦人目睹了奇迹的诞生。用当时一位诗人的话说，重建后的圣保罗大教堂是"伦敦之荣，岛屿之光"[517]。

2. 工程价值

工程价值主要体现在工程主要技术、工程科学价值、工程文化价值三方面。

1）工程主要技术

在建筑穹顶时，二十多年前铺设的地基已经出现轻微坍陷。雷恩必须寻找出一种办法，在保证穹顶高度的同时，使巨大压力分散到整栋建筑上，尽量减轻柱子的承重。为此，雷恩借鉴了双层穹顶设计，双层穹顶设计是用一个细长的石造内圆顶，支撑木制的、更宏伟气派的外层圆顶。但雷恩决心在他的圆顶上加上抢眼的石造顶塔，和罗马的圣彼得大教堂媲美。然而顶塔重850t，远非木造圆顶所能支撑。最终雷恩采用的方法是史上首创的隐藏式第三圆顶。它由内圆顶、在其正上方的外圆顶和一个隐藏在内外两层圆顶之间由砖石建造的圆锥体组成。圆锥体从内部穹顶的底部往上接到外部穹顶的顶端，直接支撑外层穹顶上的顶塔。这一设计的最大优点是外部穹顶沦为一个装饰性构件，无须承重，所以可以采用质量更轻的材料，大幅度减轻自身重量。同时，严格遵循标准弧度的圆锥体也尽可能采用较薄的砖头砌成，实现自我支撑。

2）工程科学价值

雷恩关于穹顶的设计灵感来源于好友胡克的重要研究。身为皇家学会的实验员，胡克用实验证明，最理想的拱形结构应该是顺着"推力线"来建造。"推力线"是手持一条铁链的两端，铁链自然下垂形成的曲线。只要将这条下垂的曲线向上翻转180°，便是最理想的拱形结构，其弧度可以让从上到下的压力平衡，将张力减到最小。当铁链下系上重物，铁链就会向中间收紧，正是支撑顶塔的圆锥体的弧度。雷恩正是凭借好友的启发，大胆尝试，建造了内外两层穹顶和支撑顶塔圆锥的完美弧度[740,741]。

3）工程文化价值

圣保罗大教堂的建成标志着英国建筑风格新风向标的形成，它是伦敦最美的地标建筑之一，是可以比肩圣彼得大教堂，成为伦敦浴火重生的精神象征，极大地鼓舞了伦敦乃至全英国人民。在第二次世界大战期间，德国轰炸机大规模轰炸伦敦，燃烧的炸弹纷纷洒向大教堂，有些刚好落在圆顶上，然而大教堂却奇迹似的平安无事。因此，圣保罗大教堂也被认为代表了伦敦的韧性。

自建成以来，圣保罗大教堂一直是英国政府和王室举行重大国事活动的地方。第二次世界大战中，曾领导英国人英勇抗击法西斯的首相丘吉尔的国葬就是在此举行的。1981年查尔斯王子和戴安娜王妃的婚礼也是在教堂后面的高坛上举行的。高坛是在原来的维多利亚式的供坛装饰屏被炸毁后重建的现代建筑，用于纪念在两次世界大战中死难的英国公民。

圣保罗大教堂的地下室内有许多英雄和艺术名人的坟墓和纪念碑，如英国历史上著名的海军上将纳尔逊、1815年在滑铁卢大败拿破仑的惠灵顿将军以及青霉素的发明者亚历山大·弗莱明。此外，这里也是英国著名画家、音乐家及众多艺术家的坟墓，教堂的设计者雷恩死后也被埋葬于此。时至今日，圣保罗大教堂以其辉煌的装潢和壮丽的穹顶，仍不断出现在绘画、影视作品中[742,743]。

3. 工程启示

工程启示主要有成功关键因素、工程立国思考两个方面。

1）成功关键因素

圣保罗大教堂的建成，离不开建筑师雷恩对设计的执着，对工程的合理统筹与规划及其智慧的头脑。虽然超前的设计未能让委员会接受，但雷恩并未放弃修建一座英国前所未有的巨大穹顶的野心。在得到"授权设计"后，他仍坚持依照大模型来设计平面图。当被要求将工程分段实施时，雷恩担心国会难以承担经费的压力，仍坚持整个工程同时施工，这也是圣保罗大教堂得以在雷恩有生之年建成的重要原因。在地基凹陷无法支撑穹顶时，身为科学家的雷恩大胆创新，借鉴好友胡克的发现，首创了隐藏式第三穹顶的设计，巧妙地解决了这一技术难题[744-746]。

2）工程立国思考

圣保罗大教堂高雅、纯洁，壮丽的穹顶堪称伦敦天际线的焦点，作为伦敦的地标性建筑，在艺术作品中反复出现。这无疑增加了英国人民的认同感、归属感及国家荣誉感。圣保罗大教堂是皇室举行大型国事活动的场所，是埋葬科学家、艺术家、民族英雄的国家公墓，这赋予了大教堂国家历史博物馆的身份和地位。

雷恩曾经思考过一个建筑师的终极问题：建筑何为？他提出这样一个假设，"建筑有其政治目的：公共建筑是国家的装饰物，它的构建吸引民众和商业，使人爱自己的国家。"

6.3.11　西伯利亚大铁路

全称：西伯利亚大铁路，又称第一亚欧大陆桥，英文名称：Transsibirskaya Magistral，俄语名称：Транссибирская магистраль。

西伯利亚大铁路，是目前世界上最长的铁路干线，其穿越乌拉尔山脉，将俄罗斯的欧洲部分、西伯利亚、远东地区连接起来。线路起自莫斯科，经梁赞、车里雅宾斯克、新西伯利亚、伊尔库茨克、哈巴罗夫斯克（伯力）等地，讫于符拉迪沃斯托克（海参崴），总长 9332km，其中欧洲部分约占 19%，亚洲部分约占 81%[747]，共跨越两大洲、8 个时区、14 个联邦主体、87 座城市，沿途设 1000多个车站，铁路最初设计时速为 80km，从莫斯科到达符拉迪沃斯托克需要七天七夜的时间[529]。

西伯利亚大铁路横跨欧亚两大洲，其中位于欧洲部分的莫斯科至车里雅宾斯克铁路干线，于 19 世纪中叶建成；1891 年开始长达 7587km 的亚洲主体工程建设，分三期完成。亚洲部分的第一期工程于 1891 年动工，1898 年完成，线路长 3696km，包括西西伯利亚线（车里雅宾斯克—鄂毕）、中西伯利亚线（鄂毕—伊尔库茨克）和南乌苏里线（符拉迪沃斯托克—格拉弗斯卡亚）；第二期工程于 1895 年动工，1898 年完成，线路长 1446km，包括北乌苏里线（格拉弗斯卡亚—哈巴罗夫斯克）和外贝加尔线（梅索瓦亚—斯列坚斯克）；第三期工程于1897 年动工，1916 年完成，线路长 2445km，包括贝加尔环线（伊尔库茨克—梅索瓦亚）和阿穆尔线（斯列坚斯克—哈巴罗夫斯克）。此后，于 20 世纪 30 年代完成全部复线工程，40 年代开始改建电气化铁路，到 70 年代中期，从车里雅宾斯克到赤塔以东的卡雷姆斯科耶全部实现电气化[748]。

西伯利亚大铁路是建设难度和施工强度均史无前例的铁路，主体工程建设工期长达十余年，全线铁路共雇用了近 90000 名建筑工人，土石方工程 1000 多万立方米，砌石 24 万 m³，修建桥梁 86km，建造了大约 50 个防止滑坡的保护廊、39 条隧道和 14km 的支撑墙。铁路修建总成本达 1472585591 卢布。

作为横贯俄罗斯东西的铁路干线，西伯利亚大铁路具有重要的经济、文化和战略意义。该铁路的修建带来了人口聚集和城市繁荣，给俄罗斯带来了巨大的经济效益，成为该国陆地运输的主要通道。同时，它还是连接欧亚文明的纽带，对俄罗斯乃至欧亚两大洲的经济、文化交流产生举足轻重的影响。此外，西伯利亚大铁路的修建对当时的远东国际局势也产生了重大影响，特别是第二次世界大战期间，这条铁路为苏联打败德日法西斯作出了卓越的贡献，如图 6.13 所示。

图 6.13　西伯利亚大铁路

1. 工程背景

从 16 世纪开始，俄国疯狂地在亚洲扩张领土，攫取了整个西伯利亚地区的土地面积达 1200 多万平方千米，占亚洲陆地面积近 1/3。这里有一望无际的森林和草原、肥沃的土壤以及丰富的矿产资源，很多人将其称为"金窖"。但由于距离俄国的欧洲部分太过遥远，西伯利亚在几百年里都无法得到开发，自 16 世纪末以来，一直被作为苦役的流放地。

19 世纪末，俄国开始进入工业化时期。英美日等在远东国际舞台上的激烈角逐将西伯利亚的战略地位突显出来。为发展国内经济，牢占西伯利亚这片远离欧洲的土地，俄国决定修建一条贯通整个西伯利亚的大铁路。

早在 19 世纪中期，有关部门就已为修建铁路进行了大量论证工作。在 19 世纪 50 ～ 70 年代，专家们设计了在西伯利亚修建铁路的许多新方案，但都未得到政府支持。直到 19 世纪 80 年代，政府才开始解决修建西伯利亚铁路的问题。

1890 年，亚历山大三世正式颁发命令，决定首先从最东端的符拉迪沃斯托克动工，修建西伯利亚铁路。1891 年 5 月，皇储尼古拉亲临符拉迪沃斯托克主持铁路奠基仪式。1892 年 7 月，铁路工程从车里雅宾斯克往东修建。俄国政府自始至终对该工程高度重视，并于 1892 年成立西伯利亚大铁路特别管理委员会，皇储尼古拉亲自出任主席。

西伯利亚铁路的设计过程可以划分为三个时期：

第一时期是 19 世纪上半期，产生了最早的铁路设计方案，涌现出许多宝贵的思想，设计者更多地考虑已经成熟的海上贸易和乌拉尔采矿业的需求。受当时刚刚开始的工业革命影响，俄国铁路建设快速发展。这一时期寻找通往西伯利亚地区铁路的最佳方案成为热议问题，但因农奴制改革很快便停止了争论。

第二时期是 19 世纪 50 ～ 70 年代，俄国经济形势发生很大变化，出现众多西伯利亚铁路修建方案。在讨论过程中提出乌拉尔—西伯利亚铁路的 3 个基本走向：北线满足乌拉尔北部地区矿场和伊尔比特集市贸易的需求；中线为彼得堡和彼尔姆建立与中亚市场及国外的联系；南线旨在发展西伯利亚当地贸易。在此基础上，主要提出两种建设方案：一是直达太平洋岸的连贯铁路，二是一条水陆联运道路。但这些方案都是在资料非常匮乏的情况下制定出来的，因此具有片面性，说服力不强。

第三时期是 19 世纪 80 ～ 90 年代初，继续探讨铁路走向的各种方案，并在

1891 年大臣委员会上，政府放弃了修建水陆联运铁路的构想，决定用十多年的时间来修建通往西伯利亚的铁路线，并确定了铁路的最终走向 [749]。

2. 工程价值

工程价值主要体现在工程技术成果和工程社会价值两个方面。

1）工程技术成果

西伯利亚铁路是世界最长的铁路干线，因此被载入吉尼斯世界纪录。

西伯利亚铁路跨越 16 条欧亚河流，它最引人注目的成就之一是在西伯利亚地区的大河上建造桥梁。其中建于 1913 ~ 1916 年间的横跨阿穆尔河的哈巴罗夫斯克大桥被称为"阿穆尔奇迹"，该桥高 64m、长 2.6km，共 18 跨、每跨 127m，左岸栈桥 200m。从车里雅宾斯克到符拉迪沃斯托克铁路段上，克拉斯诺亚尔斯克段附近的叶尼塞河上的桥梁依照欧洛斯·库里亚科夫方案建设，荣获 1900 年巴黎世界博览会大奖。

西伯利亚大铁路延伸距离长，途经地区地形地貌复杂，气候恶劣，建设难度和施工强度空前。为此，西伯利亚大铁路在规划设计、施工建设等方面采取了多种解决方案。

（1）规划设计因地制宜。西伯利亚铁路设计时，从当地实际情况出发，最大限度地利用当地的水文地理特点开展规划设计。工程师列别捷夫在设计西伯利亚大铁路的火车站等建筑设施时，结合西伯利亚河流流向自南向北等特点，精确选择车站、机车库及铁路车间的建设位置，保证施工和铁路后期运营期间这些建筑物不影响当地村庄和城市的水源。

（2）制定冬季施工措施。由于气候寒冷，西西伯利亚段铁路的施工通常情况下只能在夏季施工，但西伯利亚地区每年的夏季只有 120 天左右，为缩短工期，建筑者探索出了在冬季建设桥梁及其他设施的方法，确保冬季仍然可以施工 [749]。

（3）针对气候恶劣、多年冻土等问题，采取了相应的解决措施。在修建乌苏里铁路时，从俄国欧洲地区初到滨海省的建筑工人难以适应当地多雨的气候条件，面对七八月份多频次和大强度的集中降雨，建筑工人在水利专家的指挥下，把雨水分流到田间，既保证了施工的顺利开展，又灌溉了农田。西伯利亚大铁路修建过程中遇到的最严峻的问题是如何在永久冻土上施工，当时人们对永久冻土了解甚少，更不知如何在上面铺设钢轨，特别是在外贝加尔地区，永久冻土层非常深，即使在夏天也仅有 2 ~ 3m 深的土壤解冻。为解决冻土问题，当时采取了先用炸药炸开冻土，并手工开挖路基，清除掉全部冻土层，再进行基础施工等措施[749]。

此外，在修建西伯利亚铁路时，俄国政府部门采取了简化铁路修建技术标准，减少路基宽度，减少每千米铺设的枕木数量，加大车站与车站之间的距离等方法，从而降低建设成本。

2）工程社会价值

（1）领土稳固意义。西伯利亚大铁路使西伯利亚地区成为俄国稳固的领土。从16世纪开始，俄国在亚洲扩张吞并整个西伯利亚地区，但恶劣的交通条件使得俄国难以与其快速连接并进行有效统治。西伯利亚大铁路的建成，改善了俄国欧洲部分与西伯利亚地区之间的交通条件，促进向西伯利亚地区的移民，使得原本荒无人烟的西伯利亚地区迅速增加人气，沿线的居民点也被连接起来，从而加强了俄罗斯政府对这一地广人稀地区的有效管理和控制统治，巩固了扩张成果[750]。

（2）国防建设意义。二战期间西伯利亚成为大后方，西伯利亚铁路发挥重大作用。1941年6月22日，希特勒撕毁《苏德互不侵犯条约》，发动对苏联的战争，仓促应战的苏联红军一溃千里。面对西部工业区的沦丧，远在后方不易受攻击的西伯利亚成为苏联的希望。苏联运用西伯利亚铁路将西部地区的大量工厂、设备、人员等迅速地运往西伯利亚地区，又从西伯利亚快速补充兵员、武器到西部前线，使得前线的苏联红军能够快速补充军队，防御力量得到不断加强，为战争胜利起到至关重要的作用[751]。

（3）国土开发意义。西伯利亚大铁路带动了西伯利亚地区经济的飞速发展。西伯利亚地域辽阔、资源丰富，但其恶劣的自然环境和交通条件使得西伯利亚地区人口稀少，而西伯利亚大铁路的建成，加快了俄罗斯欧洲地区居民向西伯利亚迁移的步伐，随着劳动力、技术和资本的输入，带动了地区的经济开发。一方面，西伯利亚地区农业、畜牧业产量大增，使其成为俄罗斯重要的农牧业基地；另一方面，推动了工业的发展，促进了西伯利亚地区的商业繁荣，新兴工业部门相继出现，在一定程度上改变了西伯利亚地区昔日闭塞、荒凉的面貌，对其开发和发展具有积极意义[752,753]。

3. 工程启示

工程启示主要有成功关键因素和工程哲学启示两个方面。

1）成功关键因素

（1）基础设施建设服务国家地缘政治利益。西伯利亚大铁路的建设出发点更多是出于地缘政治因素的战略考虑。俄罗斯政府认为，不能单从狭隘的经济角度来评价西伯利亚大铁路的意义，而应将地缘政治因素作为其最主要因素。西伯利亚大铁路的修建是一个世界性的战略部署，在军事上可以为俄在太平洋发展海军舰队提供良好环境，保障俄舰队得到一切必需品，以便在欧洲和亚洲东部出现政治纷争时，可以在太平洋各港口掌控所有的国际贸易活动。此外，修建横贯东西的铁路干线，将远东地区与欧洲部分连接起来，有利于加强俄罗斯政府对远东地区的管理与控制，强化俄罗斯政府在远东的政治影响力。

（2）重大基础设施建设需要举全国力量。西伯利亚大铁路是举全国财力、人力修建的一项庞大工程，俄罗斯政府克服了重重困难，采取强力措施推进建设工程。西伯利亚大铁路途经东部地区许多联邦主体，在修建期间各地行政机构有义务协助施工完成，但不能对其指手画脚。西伯利亚大铁路建设速度惊人，施工纪律非常严格，无论以何种原因造成的施工延期都要受到惩罚。当时俄政府征调了成千上万的贫苦农民、士兵以及服苦役者参与施工，很多人因劳累致死。为修建西伯利亚大铁路，作为欧洲经济比较落后的国家，当时的俄罗斯几乎是倾尽国力才承担起惊人的费用，仅在1891年至1901年间，就为西伯利亚大铁路花费了14.6亿卢布，远远超过了同期的军费开支[754,755]。

2）工程哲学启示

西伯利亚大铁路的建成，体现了重要工程建设需要辩证处理好国家安全和经济发展两者之间的关系。西伯利亚大铁路促进了西伯利亚地区的人口迁移，带动其经济的飞速发展，从而使西伯利亚地区的防御能力不断提升，成为战争中俄罗斯的大后方，为保障国家安全作出了重大贡献。同时，西伯利亚大铁路加强了俄罗斯的国防力量，为国家经济活动有序进行提供了坚实保障。由此可见，发展与安全是相辅相成、辩证统一的关系，国家安全是经济发展的前提，经济发展是国家安全的保障。把握经济发展与国家安全的辩证关系，必须坚持发展与安全并重，既要营造有利于经济发展的安全环境，又要在经济发展中更多地考虑国家安全因素，从而实现高质量发展和高水平安全的动态平衡。

6.3.12　荷兰三角洲工程

全称：荷兰三角洲工程，英文名称：Delta Works；也称之为荷兰三角洲挡潮闸工程，英文名称：Delta Storm Surge Barriers Project in the Nether-lands。

荷兰三角洲工程是位于荷兰三角洲地区（莱茵河、马斯河和斯海尔德河的入海口，面积达 4000km²）的一个由堤防闸坝组成的庞大防潮抗洪系统。荷兰三角洲工程是全世界至今最大型的防洪工程，被选为世界七大工程奇迹之一。

1953 年 2 月 1 日，荷兰发生的重大水灾促成了庞大的三角洲治理计划的实施。荷兰政府成立了三角洲委员会指令其为西南三角洲制定防洪计划。三角洲委员会制定《三角洲法案》，该法案于 1957 年正式获得批准，1961 年三角洲委员会完成了报告最终版。整个工程于 1954 年开始设计，1956 年动工，20 世纪 70年代初针对开始修建的东斯海尔德河水坝因入海口是否封闭的问题的斗争愈演愈烈，1974 年政府下令停止了该工程。经内阁会议讨论决定，公共工程及水管理局应将剩余 4km 设计一个可移动的风暴潮屏障后恢复施工。新的屏障是一项革命性的设计，终结了水利工程师的主流观点，即只有完全封闭入海口才能确保最佳的防洪效果。1986 年宣布竣工并正式启用，1986 年 10 月 4 日，贝娅·特丽克丝女王为东斯海尔德水闸揭幕。建设跨度长达 30 年。

荷兰政府称其三角洲工程为世界最大的防洪工程，工程堤防总长约1650km，其中主堤长 240km，副堤长 1410km；有大小建筑 30 座。三角洲使荷兰海岸线缩短了 70km，围垦土地 1500km²，并开发出一个面积为 85km² 的淡水湖[756]，还包括 5 处挡潮闸坝和 5 处水道控制闸。其中哈灵水道挡潮闸、东斯海尔德挡潮闸，以及鹿特丹新水道挡潮闸令世人瞩目。河口地区洪泛降为 4000年一遇，内陆地区降为万年一遇。

（1）东斯海尔德（Eastern Scheldt）闸坝。该闸坝横跨东斯海尔德河，是一座挡潮坝。河口被小岛分居 3 个口门，宽度分别为 180m、1200m 和 2500m，最大深度 45m，大坝全长 9km。三个挡潮闸共长 2800m，共设 63 孔，每孔宽45m，于 1986 年竣工。

（2）费尔瑟（Veerse）挡潮闸。该闸位于东斯海尔德闸坝之南，东面有赞德克列克（Zandkreek）闸坝。两闸坝之间形成一个 22km 的淡水湖。赞德克列克闸坝设有泄水闸排泄洪水。两座闸坝分别于 1961 年和 1969 年竣工。

（3）布劳沃斯（Brou Wers）挡潮闸。该闸位于赫雷弗灵恩河口，上游有赫雷弗灵恩（Grevelingen）闸坝，两闸坝之间形成 110km 的封闭水域。这两座闸坝分别于 1978 年和 1983 年竣工。

（4）哈灵水道（Haringvliet）挡潮闸坝。该闸坝位于哈林水道河口，口门宽

4.5km，坝长 3.5km，闸长 1km，共设 17 孔，每孔宽 56m，于 1971 年竣工。

（5）荷兰艾瑟尔（Hollandse Ijssel）挡潮闸。该闸位于鹿特丹新水道的支流荷兰斯艾瑟尔河口，为单孔闸，跨度为 80m，装有垂直提升闸门。另还设有一座船闸，以维持关闸挡潮时通航。该挡潮闸于 1958 年竣工。

荷兰三角洲水道上的其他 3 座闸坝是沃尔克拉克（Volkerak）闸坝，由一座 4 孔节制闸和 3 座 22m×300m 的船闸组成，1970 年竣工；菲利浦（Philips）闸坝，1986 年建成；牡蛎（Oester）闸坝，1986 年建成，设有船闸 [757]。

荷兰三角洲委员会最初作出的预算为 18 亿荷兰盾（按今汇率为 10 亿美元）但最终成本为 120 亿荷兰盾（按今汇率为 66.5 亿美元），其中的 70 亿荷兰盾（按今汇率为 39 亿美元）用于东斯海尔德河屏障的建设 [758]。

荷兰三角洲工程是由荷兰政府主导的工程，政府动用国库大批资金修建，为此政府成立了三角洲委员会负责制定防洪计划，即《三角洲法案》。《疏浚、排水及围垦：民族的艺术》一书作者约翰·范文（Johan van Veen）担任三角洲委员会秘书，经济分析局局长、经济学家简·丁伯根（Jan Tinbergen）兼三角洲委员会委员，他的观点在该计划的政治决策中发挥了关键作用。公共工程及水管理局成立三角洲总部负责设计及施工 [758]。

荷兰三角洲工程使荷兰自 1953 年以来平安度过了 60 多年漫长的无大洪水时期。在过去 1 千年中，荷兰从未在如此漫长的时间里免受严重洪灾的威胁 [758]，如图 6.14 所示。

1. 工程背景

在荷兰的历史发展中，水一直扮演着重要的角色。一方面，航运贸易和捕鱼业为荷兰带来了无数的财富；另一方面，频繁的水灾也给这个国家造成了巨大的损失。今天，水对于荷兰依然举足轻重。荷兰地处四条大河交汇的三角洲地区，地理位置优越，为开展远洋贸易和沟通其他欧洲内陆国家创造了条件。通过围海造田、围湖造田，荷兰的国土面积几乎翻了一番。也正是由于这样的造地工程，荷兰 40% 的国土低于海平面，其中包括西部如阿姆斯特丹和鹿特丹这样人口密度大、经济发达的地区。各种排水设施保证了这些低地不受水涝之扰。

然而由于沿海地区地势较低，三角洲地区经常遭受风暴和洪水的袭击。1953 年 2 月 1 日夜晚的那场灾害至今让人难忘。当晚，春潮与风暴同时冲击着日兰德省泽兰的海岸，最终海水冲垮了堤防，导致海水倒灌，淹没了荷兰 5.7% 的国土，

图 6.14 荷兰三角洲

10 万人被疏散，1835 人死亡，4.7 万座房屋被摧毁，土地被水淹没，损失高达
10 亿荷兰盾。这次惨痛的创伤激起了公众的社会情绪，政府也决心避免悲剧的
再次发生。

　　1953 年 2 月 21 日，大水灾后的 20 天，一份成立三角洲委员会的动议被正
式提出。三角洲委员会就提高三角洲地区的安全出谋划策。三角洲委员会的任务
是极富挑战性的，它需要制定一份在保证安全的同时不影响北海航道和西斯海尔
德河航运的方案，以保证鹿特丹港和安特卫普港正常经贸运输。1955 年 10 月
18 日，三角洲委员会最终发布了共五条意见的"三角洲计划"。三角洲计划预计
需要 25 年完成，总预算约 15 亿至 20 亿荷兰盾（约合 6.8 亿欧元至 9 亿欧元）。
1959 年，《三角洲法》颁布，以确保堤坝的建设质量。由于三角洲工程的各组成
部分无法同时完工，荷兰国家水利和公共工程局为此确定了"从小到大、从易到
繁"的顺序。水利和公共工程局也兼顾了尽快实现抵御洪涝功能的问题。

2. 工程价值

荷兰三角洲工程入选世界七大工程奇迹，其中东斯海尔德水道闸坝是三角洲工程 13 座闸坝中规模最大、耗资最多、建设难度最高的工程，被荷兰人称作世界第八大奇迹。2013 年三角洲工程被国际咨询工程师联合会宣布为世界上最负盛名的水管理项目。国际专业文献中对荷兰在该领域的工作给予了极大关注。其工程价值体现在以下几个方面：

1）工程技术价值

三角洲工程是一项浩大的水利工程，荷兰的水利工程师设计和实施了大量新的工程技术，建成了让人惊叹的水利设施。针对大坝截流这样一个难题，水利工程师使用了"凤凰一体化沉箱"和钢索船技术来实现封闭河道。费尔瑟大坝、布劳沃斯大坝的建设中运用了"凤凰一体化沉箱"技术。布劳沃斯大坝的建设依靠了钢索船技术。

东斯海尔德河大坝是为人所称道的工程，同时也是三角洲工程的转折点。反对的声音提出——尽管安全有了保障，但东斯海尔德河流域独特的咸水生态环境会因此遭到严重破坏。1976 年一项替代方案诞生了，原规划中的"东斯海尔德大坝"将改建成一座水闸，仅在出现极端气候条件时才关闭。流域内的咸水生态环境、贝类、牡蛎养殖业和潮汐将得以保存。全长 3km 的防潮闸由 65 根预制混凝土柱组成，柱之间共安装 62 根钢闸。由于河床底层土质过于松滑，为了加固这层底土，人们实施了包括用砂石填充物铺垫底层等在内的一系列工程。

混凝土柱是水闸最重要的组成部分。每根柱长 30.35m 至 38.75m，重 1.8 万 t。混凝土柱的安放是一项对精度要求极高的工作，并且只能趁着潮汐转向，即水流平缓的时候进行。通过分块堆垒，混凝土柱被顺利地安放到位。东斯海尔德水闸是全球最大的防潮闸。建造费用达 25 亿欧元，远远超过了原先设想的大坝的费用。1986 年 10 月 4 日，贝娅特丽克丝女王为东斯海尔德水闸揭幕。

然而，三角洲工程仍在继续完善中，人们一开始以为，随着东斯海尔德水闸的竣工，三角洲工程的建设也将告一段落。但是，北海航道两岸风暴堤的高度尚不足以确保包括鹿特丹等城市在内的沿岸地区的安全。为此，荷兰交通和水利部向社会招标，在北海航道上再建设一座浮体闸门。北海航道是通往鹿特丹港最重要的水路枢纽，这就要求新的水闸不能妨碍船只的正常通行，仅在特殊情况下闸门才可以关闭。最终中标的设计方案是两扇架在河床上的钢结构弧形门设计。马斯朗特水闸是全世界唯一一组拥有如此大型可活动部件的防潮水闸，每扇闸门长240m，高22m。正常情况下，闸门完全打开，隐藏在设于河岸边的坞体内，这样通往鹿特丹的航路便畅行无阻。风暴潮来临时，闸门闭合。闸门的弧形设计保证了风暴期间闸门能够抵抗海水的冲击力。1997年5月10日星期六，北海航道水闸竣工启用仪式在荷兰角举行。这座水闸保护了南荷兰省超过100万的居民免于海水的威胁。

2）工程经济价值

荷兰三角洲工程的经济价值体现在以下几个方面。首先，工业和农业现代化项目取得巨大成功。1963年鹿特丹港已成为世界最大的港口。仅仅几十年时间使荷兰成为一个现代化的工业国家。建设艾瑟尔湖圩田不但使荷兰实现自给自足，而且经过几十年使荷兰成为世界第二大农产品出口国。荷兰经济从边缘地位发展成世界上最成功的经济体系之一。

荷兰三角洲工程有效地把排放河水和海岸防护变成一个工业体系，使之几乎用监管制造业的方式进行监管。淡水资源管理得到大幅改善，对内河航运起了推动作用。

荷兰三角洲工程推动地区旅游休闲和自然生态的发展。尽管一些天然生态区受到无可挽回的影响，但其他地方却因此创造和维持了其自然价值。

荷兰三角洲工程是世界上以人类和环境安全为核心的技术发展的典范。荷兰也因此拓宽了对生存安全问题和水资源的视野。三角洲工程是生存安全、经济发展、旅游休闲和生态保护之间一种独特的妥协。经济政策分析局局长兼三角洲委员会成员简·丁伯根教授表示此计划还会带来一些无法用经济来衡量的其他利益。首先，该计划具有国家级重要性。其次，该计划可以推动水利工程理论和实践的发展，大大提高荷兰水利部门的国际声誉，由此带来参加国际重大项目的机会。最后，实施该计划将对民族自豪感产生积极影响。

3）工程环保价值

海岸综合治理必须遵循与时俱进的思想，即使是成功的经验，也要接受时间的考验，要随着科学的发展和认识的深化不断发展和更新。兴建水利工程的观念从"与水抗争"已转变成"与水共筑"和"与自然共建"。体现出水利工程与环境保护相辅相成的关系。荷兰海岸带防治从筑坝到填沙到输沙的转变就是最生动的例子。荷兰海岸带治理的经验表明，在海岸地区输沙具有以下优点：

（1）与修建沿岸堤坝或防浪堤相比，海岸输沙的花费更少；因为海沙较便宜，尽管输沙活动可能要在某一岸段周期性重复进行。

（2）海岸输沙与海岸本身的自然特征相协调，不会破坏海岸带的自然变化规律，因此对周围地区没有负面影响；而海岸堤坝的建设常常会对周围的环境产生始料未及的不良效应。

（3）海岸输沙比较灵活、简单，又能有效防止海岸的侵蚀，几乎适用于所有地方。

4）国家决策和组织对超级工程的价值

荷兰三角洲工程实施跨度达 30 年，实际上至今仍在完善中。制定详尽的规划是这样一个巨大的系统工程成功的前提，《三角洲法案》于 1953 年提出，直到 1957 年才获得正式批准，1961 年完成包含整个三角洲计划的具体技术和财务细节的《三角洲计划》。计划从提出到完成经历了近 8 年的时间，但却是值得的[758]。

国家或政府在此类超级工程中的决策和组织起着关键作用，同时也需要得到当地居民的支持。换句话说：人们越来越关注当地政府、居民组织和非政府的环保组织的社会韧性和自组织能力。

3. 工程启示

与荷兰的围海造陆相比，我国海岸线绵长，围海造陆活动主要是为经济发展服务。1949 年以来，我国掀起过三次围海造陆的热潮。第一次是新中国成立初期进行围海晒盐；第二次是 20 世纪 60 年代中期至 70 年代，围垦海涂，扩展农业用地；第三次是 20 世纪 80 年代中后期到 90 年代初，进行滩涂围垦，发展养殖。21 世纪以来，我国经济增长速度加快，土地资源又持续紧缩，新一轮大规模的围海造陆热潮正在兴起[759]。通过荷兰三角洲围海造陆活动的专题研究，能为我国当前的围海造陆工程提供以下启示：

（1）大型水利工程要从国家层面进行全面规划和布局，坚持与时俱进。荷兰三角洲工程有一整套系统、科学的规划设计，且经历了漫长的建设期。尽管存在着地势低洼，河道纵横等困难，建设过程中抗洪挡潮的任务也极其艰巨，但是荷兰人民从一开始就呈现出了惊人的耐心和毅力。他们以严谨务实的态度，按总体规划，逐年分期一步一个脚印地付诸实施，科学规范有序地完成了预期目标。作为一个长期的动态发展的工程规划，由于人类理性认识的有限性，不可能一开始就尽善尽美，需要根据情势变化不断调整既定方案。在荷兰三角洲工程的建设过程中，为了较好地适应社会上关于加强水坝工程生态保护的呼声，政府果断停止原来的设计方案，不惜延长工期和追加预算，有效地协调了人力、财力、技术、生态环境保护等问题同防洪总目标之间的矛盾，并尝试将社会保险、保障、财富、福利、意识、制度等与工程收益有机地交融在一起，因而取得了成功。拦海大坝工程和三角洲工程的工程规模巨大，难度极高，用到了大量先进的新工艺、新技术和新方法，为其他国家的海岸工程的设计和施工提供了可资借鉴的经验。这些填海造陆活动取得了非凡的成就，不仅给人民增加了安居之地、劳作之地和休闲之地，提高了国民生活水平，还在推动国民经济快速发展，促进社会稳定进步，维持国民安居乐业，及增强公民的国家和民族意识方面都取得了显著的绩效，成为世界各国向海洋发展，谋求海洋开发的典范。荷兰人都由衷地为自己的国家拥有须德海大堤和三角洲工程这举世闻名的成就而感到自豪和骄傲[545,760-762]。

（2）创新的工程技术和理论对于超级工程不可或缺。单纯使用所谓成熟技术和理论是无法完成超级工程的。荷兰三角洲工程采用了"风险是概率与后果的乘积"这个未曾在水利工程中使用过的指导原则，防洪第一次被定义为财政和经济问题。这种新的风险计算方法是基于概率计算和利用比例模型研究洋流和波浪爬高的动态。这是科学解决水管理问题的重大飞跃，最终摆脱了盛行至 19 世纪末的试错法。重视理论研究和技术水平的提高，避免低水平的重复建设。尤其在水利工程理念上要跟上时代。科学理论和技术的提高可以将水利工程的整体效益大大提高。同时可以降低施工难度，缩短建设时间、节约投资。提升国家的整体科技水平和国际竞争力[763,764]。

（3）坚持"绿水青山就是金山银山"的思想，重视环境保护，避免区域及周边生态环境造成不可逆转的破坏。从"与水抗争"转变成"与水共筑"和"与自然共建"。

第 7 章

价 值 评 估

　　超级工程的价值在于能够对人类社会具有重大影响力并发挥作用，不但代表着人类的科技发展水平和工程建设能力，而且更能体现人类的文明、智慧和实践力。

　　超级工程的评价需要考虑项目的特点及建设的环境,其建设的价值是一个多目标问题,它承载的不仅是单一维度的价值趋向,还是多个维度的价值目标。一项超级工程的建设可能带来经济价值,同时也提供相关的就业机会,影响社会发展,展现了设计师的艺术美感,因此,如何正确评价超级工程,挖掘超级工程的重要意义,是超级工程研究中的重要内容之一,对未来超级工程建设决策与评估起到重要的启示作用。因此,科学评估超级工程的价值,对正确认识超级工程、促进超级工程的决策与建造都具有十分重要的意义。

　　本章从政治、社会、经济、生态、科学、技术和文化等多个方面对超级工程进行价值评估。超级工程的政治价值体现在国家安全、国际影响和国内政治稳定方面。超级工程建设对社会也有着重要的影响,如提高市民的生活质量、改善城市环境、增强国家形象等。评估社会效益需要考虑超级工程建成后对人民生活带来的改善程度,以及对社会稳定和谐的影响。此外超级工程的建设需要投入大量资金,因此必须考虑其带来的经济效益,评估经济效益需要考虑超级工程建成后对相关产业的带动效应,如能否促进区域经济发展、增加就业机会、提高生产效率等。超级工程建设对环境的影响也需要进行评估,包括对生态环境、资源利用等方面的影响。评估环境效益需要考虑超级工程建成后对环境的影响程度,以及对环境保护和可持续发展的影响。超级工程的建设需要运用许多前沿的科学技术,这些技术的使用将会带来科学的进步和创新,超级工程建设中的科学问题和技术难题的解决,也将会推动一些科学领域的研究和进步。超级工程建设需要涉及多种技术和工程领域,因此也需要考虑其对技术创新的促进作用。评估技术创新需要考虑超级工程建设过程中是否有创新性技术的应用,以及对相关领域技术发展的推动作用。最后超级工程的建设可以帮助传承文化,塑造文化形象,促进文化交流,同时也彰显文化价值,因此很多超级工程也具有一定的文化价值。

7.1　政治价值评估

　　超级工程从客观层面代表着一个国家、一个政府在具体发展阶段中的政治组织力和资源管理能力,是综合国力和时代的鲜明标识。超级工程具有较高的政治价值,主要包括国家安全、国际影响和国内政治稳定等。

7.1.1 国家安全的价值

很多超级工程的建设目标就是维护国家安全和国家主权完整，如中国古代的万里长城，中国近现代的"两弹一星"、载人航天和空间站，美国近现代的"阿波罗"计划、航空母舰等工程直接或间接为国家安全带来了重要的影响，在国家发展和安全保障方面发挥着重要作用，表现出重要价值。20 世纪 50 ~ 60 年代对中国是极不寻常的时期，当时面对严峻的国际形势，为抵制帝国主义的武力威胁和核讹诈，以毛泽东同志为核心的第一代党中央领导集体，根据当时的国际形势，为了保卫国家安全、维护世界和平，高瞻远瞩，果断地作出了独立自主研制"两弹一星"的战略决策。对于中国而言，"两弹一星"是在非常艰苦、没有外援的环境下奋斗出来的成果，对我国的国家安全产生了重大的影响。

7.1.2 国际影响的价值

当今世界的国际竞争从原本的资本、军事、人口、资源竞争转向对未来发展的引领能力竞争，随着人类认识能力的进一步扩大，工程成为人类把握规律、认识世界的工具性属性更加凸显。同时，超级工程建设过程中的政治决心、资源消耗、整体协调反映着一个国家在工程建设中的领导力与号召力。每一项超级工程的兴建与完工背后，直接体现一个国家的政治优势、制度优势、文化优势与经济优势。考虑未来发展，各国对超级工程的需求都不断扩大，一个个更大、更广、更强的超级工程后面，体现的是不同国家对未来发展的谋划与预判。由此，超级工程已经从属性本体走向功能引领，也成了国家综合国力的鲜明体现。

超级工程代表着国家意志、时代需要，由此决定了超级工程的公共属性。作为公共产品，超级工程能否由国家投资、兴建成为超级工程能否成功的关键。反观人类历史中超级工程成功和失败的案例，最重要的结论在于是否形成了举国体制下的经济号召力。当今社会，人类需要更加大型、更加先进、更加环保、更加长寿的工程，也就决定了在整体的国家经济体制中，围绕超级工程进行经济全领域的布局与实施是经济结构调整的关键。同时，市场经济下的资本自由流动、资源竞争分配、人才分散布局等直接影响着看得见的手与看不见的手之间的协同关系，而超级工程的成功需要凝聚资源、科技、人才，从而深层次表现国家的经济体制优势。

7.1.3　国内政治稳定的价值

超级工程的建设对国内政治稳定具有重要意义，通过超级工程的建设，可以彰显国家政治制度的优越性，提高人民群众的爱国热情。例如，古埃及金字塔正是为了维护法老的神权统治政治体制而建的。在神权政治体制下，法老组织兴建祭神的建筑物来昭示自己与神的联系以维护统治的正统性与权威性。又如美国近现代兴建的世界第二长的人工运河——伊利运河，让纽约从一个港口小城变成了世界级大都市，也加速了当时刚独立不久的美国向西部扩张的步伐。中国近现代在东南部地区建设的超级工程，如港珠澳大桥等，展现了我国的技术经济实力，对区域经济发展具有较高的带动作用；在中西部地区建设的超级工程，对加快中西部地区经济发展、保持中西部地区政治和社会稳定具有重大的战略意义。西气东输工程就是贯彻落实党中央西部大开发战略的重要举措，是把西部地区资源优势转变为经济优势的重大工程。

7.2　社会价值评估

社会价值表现为对社会需求的满足和对社会进步的贡献。不同时期与地区的超级工程，例如美国胡佛大坝，法国巴黎埃菲尔铁塔，美国帝国大厦，英法海底隧道，以及中国的上海中心大厦、海上巨型风机等都在向国际社会展现着各个国家的强大国力和勃勃生机。在当前全球经济格局深刻调整、国家经济发展进入新常态的时代背景下，超级工程为每个国家和地区都带来了巨大的社会效益和强大的生命力。随着现代经济的快速发展，工程活动的综合社会价值问题，特别是从社会影响的角度思考工程活动的效益，确保工程符合"全面、协调、可持续"的科学发展要求变得非常重要，因此如何合理地评估超级工程的社会价值具有重大现实意义。

7.2.1　改善社会环境

超级工程建设对当地社会经济环境产生影响。例如，中国现代港珠澳大桥的建成，不但使港、珠、澳之间的 4h 陆路车程缩短为仅仅 30min，而且港珠澳大桥所连通的粤港澳大湾区中的两个特别行政区（澳门、香港）与广东九市，整体融合后将会形成一个规模庞大的超级大城市群，高效协调，资源互补，促进区域经济发展进入新的结构转型。世界近现代早期，阿巴拉契亚山脉阻隔了美国东西部的交流与往来，不仅是经济上，政治上东西部的割裂也存在巨大隐患。当时刚刚纳入美国领土的西部地区大量白人居民是法裔，对美国的认同感不强，而伊利运河的兴建与运营使得美国东西部通过水路相连，促进了东西部人们的往来，改善了社会环境。

7.2.2 促进区域发展

超级工程的建设能够极大地促进和带动区域社会发展，增加当地就业，改善当地人民的生活。如南水北调工程，动用了大量的人力、物力，所经之处，吸纳了大量当地劳动力，产生了较好的社会效益。超级工程的社会价值不仅是改善人民的生产、生活条件，让百姓获得感更足、幸福感更强，更能促进区域经济发展和社会进步，体现出多重维度的社会价值。

7.3 经济价值评估

超级工程的经济意义是其对时代经济所产生的难以估量的强力助推作用，以及后续催发的一系列深刻产业变革。

7.3.1 带动作用

从工程建设短期来看，超级工程一次性投资巨大，会对多个相关产业形成带动作用，包括能源产业、制造业、运输业在内的一批与工程建设联系紧密的产业带会随之发展，继而带来可观的经济效益[765]。以中国现代的港珠澳大桥为例，相关数据显示，大桥建设涉及粤港澳三地、4 家业主单位和 30 多家参建单位，联动珠三角 300 多家港航单位、航运企业辅助建设。单是桥梁工程上部结构的用钢量便达 40 多万吨，足以建造 60 座埃菲尔铁塔。港珠澳大桥是世界级湾区的标配，巨大"时空压缩效应"，促成粤港澳 1h 黄金经济圈的形成。大桥建成后，从珠海到香港仅需 30min。粤港澳圈将涵盖 2 亿人口，经济效益可达几万亿元甚至几十万亿元。

7.3.2 辐射作用

超级工程投入运营之后，如同"造血干细胞"一样发挥强大的再生造血功能：开启国内庞大的潜在内需市场，带动周边的人流、物流、资金流的高效流通，产生极强的聚集效应，提供大量的就业机会。与此同时，相关基础设施建设空间也会得到有效扩展，形成完善、安全、高效、互连互通的现代基础设施网络，为整个社会的经济运行提供重要的基础供应，全面配合和支撑经济高速发展的需求。运行满 5 年的京沪高铁，已向全国各地运送超过 2.15 亿人次的旅客，不仅实现了高铁运营公交化，成功地将优质、便捷的高铁服务融入千家万户的旅行生活之中，还成为连通两大一线城市的大动脉，经济贡献极为显著。

7.3.3 推动作用

世界近现代超级工程中的西伯利亚大铁路是连接欧亚文明的纽带，对俄罗斯乃至欧亚两大洲的经济发展和文化交流产生过举足轻重的影响。特别是第二次世界大战期间，这条铁路为苏联取得战争的胜利作出了很大贡献。

三峡水利工程在为我国东部地区的发展提供充足的清洁能源的同时，其本身也产生了巨大的经济效益。能源超级工程中的"西电东送""西气东输"，资源和能源分配得到了跨区域的综合平衡，对我国经济的可持续发展起着至关重要的作用。世界经济格局正在发生深刻变化，为了塑造新的竞争优势、抢占新一轮竞争的制高点，不少国家已纷纷将超级工程的建设作为助推经济跨越发展的重要引擎。有理由相信，我国超级工程不仅会成为服务民生的惠民工程，还会成为助力中国经济实现腾飞的引领工程。

7.4 生态价值评估

生态环境是个体、种群、群落和生态系统的综合，包括水、土、空气、资源、能源及其他生物等。超级工程项目通常对一定区域政治、经济、社会、文化、生态、环境等有重要的影响。

7.4.1 观念转变

在早期的超级工程建设中，科技进步和资本主义生产方式催生了"征服自然"的工程观，许多超级工程的建设对生态影响估计不足，工程的生态负效应逐步显现且备受诟病。随着社会的发展，生态环境的重要性日益提高，人类生态环境意识不断增强，生态影响在决策中的重视程度越来越高，人们越来越不能够容忍以牺牲生态环境为代价来获取短期的经济利益。为了保护生态环境，需要采取有利于生态环境系统的方案和措施。从工程本体论转向工程生态论的认知转变中，超级工程从最初只关注工程具体意义、风险、效用与建设周期转向同时关注工程在整个社会与人类生活中的生态作用。随着社会工程认知的发展，当前的超级工程从设计、建设到运行阶段的整个工程生命周期都要秉持对国家和环境的责任感，最大限度地趋利避害，与生态环境相互依存、平衡发展，促进人与自然的可持续发展。

7.4.2 价值体现

2200 多年前的都江堰工程因地制宜、因势利导，巧妙地利用岷江的自然环境，实现了"天人合一"。都江堰工程的位置、形态及方向，都与岷江河床走势、不同季节上游的来水来沙变化等相互结合，达到巧妙引水、分水、泄洪、排沙等目的，顺应自然，保护生态环境，造福人类、荫及子孙[766]。

三峡水利工程在防汛、发电、航运、补水和生态等方面给国家带来了巨大的社会和经济效益。工程改变了长江水资源的时空分布和原有水流状态，改善了鱼类和水生生物的生存环境。长江三峡电站每年所发电量，相当于每年节约燃煤 5000 万 t，减少二氧化碳排放 1 亿 t，减少二氧化硫排放 100 万 t，减少氮氧化合物排放 37 万 t，为生态保护作出了巨大贡献。

西气东输工程面对西部十分脆弱的生态环境，将环境保护、水土流失控制和管道安全联系起来，重视管道建设对周围环境的影响，强调工程完工后地貌恢复，科学评估环境、安全、地质灾害、地震、水土保持影响，制定风险防范和削减措施，促进了西部地区能源结构气化，有效缓解了植被破坏带来的环境压力；改变了东部地区以煤为主的能源结构，提高了清洁能源的使用比例，工程每年相当于减少 360 万 t 有害物质、2.64 亿 t 二氧化碳酸性气体排放，入选 2005 年国家环境友好工程[767]。

京沪高铁在建设过程中因地制宜地利用太阳能、风能、地热能等可再生能源，提高能源、资源的利用效率，减少污染；坚持统筹规划，在满足运输生产和安全防护要求的基础上，节约集约用地，少占耕地；重视保护生态环境、自然景观和人文景观；重视水土保持，生态环境敏感区的保护、防灾减灾及污染防治工作[768]。

三北防护林工程走出一条生态效益和经济效益并重的具有中国特色的防护

林建设之路，在农田保护、水土保持、防风固沙等方面的研究及新技术的推广上，都处于世界领先地位。1995 年，森林覆盖率由原来的 5.05% 提高到 8.28%，12% 沙漠化土地得到治理，有 1/3 的县农业生态环境开始走向良性循环。2020 年，森林覆盖率达到 12%。

特高压工程的建设解决了我国西部能源基地与东部负荷中心距离远、清洁能源发电大范围消纳的问题。坑口电站的电力通过特高压输送到中东部负荷中心，在减少居民用电费用的前提下，还减少了煤炭燃后的污染排放，是立足于民生的生态工程。

荷兰三角洲工程是荷兰政府实施的一项大型防洪工程，旨在保护生活在荷兰低地地区的人民免受洪水侵袭。在三角洲工程实施之初，工程师采取了大规模的填海造田和河口封堵措施，以扩大圩田面积并防止海水侵蚀。但这些措施导致河口消失、潮汐减弱、淡水变为海水、生物多样性减少等问题。为了解决这些问题，荷兰政府开始采取生态保护措施。例如采取措施恢复河口和潮汐，降低河床高度、拓宽河流等，以促进河水与海水的交流，并恢复湿地、保护野生动植物栖息地、加强监测等。

从民生角度看，超级工程应该是立足于民生的生态工程，以保证当地居民和社会舆论的稳定，减少社会矛盾；从环境角度看，超级工程应与生态环境相协调，工程活动必须顺应和服从生态运动规律，最大限度地减少对生态环境的不良影响，并且在认识生态运动规律的基础上去改善和优化生态环境[769]。

7.5 科学价值评估

超级工程是举国家之力的工程，工程的工期长、难度大，因此在工程的建设过程中必然会带来技术的创新，技术需要科学原理来支撑，因此每个超级工程都是科学原理直接应用的产物。与此同时，超级工程也对科学的发展产生深远的影响，甚至决定一个学科的发展方向。超级工程是我国科技应用的沃土和科技创新的推动器。

超级工程是国家科技、工业、国防实力的重要体现，是对技术应用要求非常高的工程，本节以几个典型的超级工程为例，阐述超级工程为科学领域带来的推动作用。

7.5.1 飞行力学

　　航空航天产业是高技术集成的产业，包括材料技术、动力技术、新型控制机床技术、新一代电子技术等。近年来，各国大力发展航天航空领域，伴随着航天器多功能的发展，其面临的发射和运行环境也更加恶劣。飞行力学是研究飞行器在空中飞行时所受到的力和运动轨迹，用于解决发射过程中的多场耦合、非线性等问题，飞行力学正逐步发展为一门飞行器设计领域的系统、综合性学科。

　　航天器在发射过程中经历复杂的力学环境，随着航天器向大承载、多级间发展，新的动力学问题也不断涌现。发射过程中首先需要面对的便是耦合动力学问题，大气层中的摩擦使航天器处于严酷的热环境中，热固耦合带来的交变激励使航天器结构面临挑战。同时携带更多的液体燃料，对航天器发射过程的飞行稳定性也提出了要求。如横向低频（1Hz左右）振动引起火箭燃料箱内液体强烈晃动，导致发射失败；1998年美国国家航空航天局发射的NEAR探测器在驶向"爱神433"小行星途中，因液体晃动姿态失稳导致一个推进系统失效延迟任务13个月[770]。因此飞行器发射过程中的稳定性需要利用液固耦合动力学的理论解决。在航空航天领域的超级工程中，大量地应用了成熟的力学理论，但与此同时也向力学理论提出了一些新的课题，带来了新的挑战，为力学的发展提供了新的机遇。

　　美国航空航天局（NASA）自成立以来就开展了大范围空间技术的研究，涵盖了军民领域的各类飞行器，研究类型包括基础研究、应用研究和演示验证，其研究成果体现在流体力学的复杂计算、风洞设计的改进等领域，直接推动了力学理论和计算的发展。我国航空航天领域中产生了北斗卫星导航系统、神舟五号飞船工程、嫦娥工程（中国探月工程）等超级工程，这些工程对力学的发展产生了巨大的影响。力学在航空航天事业发展中的地位也越来越重要，可以说没有力学理论的不断发展，就没有当今的航空航天事业，力学理论的不断发展和完善，促进了航空航天事业的不断发展与进步，对航空航天的事业发展有着非常重要的意义。同样的，在促进航空航天事业不断发展的同时，飞行动力学也在这样的过程中，发现问题，解决问题，发现自身理论的不足之处然后进行完善，这也是对力学理论的促进与发展[771]。

7.5.2 材料学

材料理论应用在材料的制备和新材料的发现上，超级工程中大量地使用新材料、新工艺、新技术。新型高分子塑料模板应用在港珠澳大桥建造的人工岛跃浪沟上；超高分子量聚乙烯纤维应用在大桥的缆绳、金属材料的防腐涂层上等。根据不同的应用场景，例如耐磨损、防腐蚀、强度高，对材料的力学性能有不同的要求。水面上及桥面上的部件一旦发生劣化则需要维修甚至更换；钢管桩作为深埋在水面下数十米的桥梁根基，一旦发生损坏给桥梁带来的危害也是无法估量的。相关科研人员通过大量的实验及模拟计算，最终采用高性能防腐涂层阳极保护的联合防护方法来确保钢管桩的服役可靠性，创造性地摒弃了阴极保护的传统方式，大胆采用在海水区中安装牺牲阳极以保护泥下区的新方法，以此解决海泥中更换钢管桩难度过大的问题。但是，这样的技术路线是否真的能够起到切实的防护效果，并无先例可循，相关的理论基础也需要重新确立。在钢管桩 120 年的设计寿命中，前 70 年将采用以高性能涂层防护为主、牺牲阳极式阴极保护为辅的联合防护进行腐蚀抑制；后 50 年则以牺牲阳极保护和钢管预留腐蚀余量为主、高性能涂层防护为辅的联合防护方式保证耐久性。专家鉴定认为，高性能涂层钢筋的性能超过现有国内外相关涂层钢筋的技术指标，在同类产品中处于国际领先水平，可满足港珠澳大桥工程需求。超级工程对材料耐腐蚀性的需求提高了防腐技术的标准，促进了防腐基础理论的研究，海泥中牺牲阳极的相关研究也完善了防腐理论，促进了该领域防腐科学的发展[772]。

7.5.3 管理运筹学

超级工程体量大、影响面广、影响时间长，运行的过程中会涉及各种类型的问题，因此超级工程的管理有别于其他工程，进而对管理科学提出了新的要求。以港珠澳大桥为例，超级工程项目需要多技术领域、多学科专业队伍的协同配合，需要综合集成密集的复杂新技术，有效配置从研制生产到试验验证各环节的资源保障，准确识别和科学应对大量不确定性风险，还注重科学与技术并举、协同发展推进，并通过"品牌建设"扩大工程影响力，更好地履行超级工程项目肩负的使命。此类任务的特点集中体现为大协作、高技术、高投入和高风险，系统科学的观点和方法贯穿于其研究、设计、试验和生产等相关的全部技术过程与管理过程[773]。

以大兴国际机场为例，工程从设计到建造过程一直面临严峻挑战，包括投资主体多、规模大、综合性强、工期紧、业主单位和参建单位众多、运营筹备及运营专业化支持单位多、界面交叉复杂等，这为进度管控工作带来了很大难度。经过充分调研，运用关键线路法、经验法和比较法控制关键性节点，随后不断优化，该项目的进度管控团队编制了《总进度综合管控计划》，对机场建设与运营筹备工作进度进行科学管控。通过对工程项目总进度做出精确的测量，可准确反映各项节点工作进度偏离目标的程度及相关问题，用以支持各级领导和决策者对工程进度精确判断和精确调度。2018 年，北京大兴国际机场建设项目获得 2018 年度国际卓越项目管理（中国）大奖金奖。项目团队结合进度管理的基本要求，对大型工程项目进度管控的科学方法进行改进，各层面参与方对项目进行系统性分析和实施科学化管理，完善了大型机场建设管理的理论，推动了管理科学进一步发展。

7.5.4　高能物理

大部分超级工程都是在应用的过程中通过技术创新间接完善了科学的某个研究理论，或者推动了某个科学的发展，而有一类超级工程就是担负着推动科学发展的使命。这里以大型强子对撞机为例，大型强子对撞机（large hadron collider，LHC），是一座位于瑞士日内瓦近郊欧洲核子研究中心（CERN）的粒子加速器与对撞机，供国际高能物理学研究之用，即强子对撞机是物理学的实验设备，是由粒子加速器和粒子探测器组成。利用强子对撞机进行 6 个物理学中重要的实验：超环面仪器实验、紧凑渺子线圈实验、大型离子对撞机实验、LHC 底夸克实验、全截面弹性散射侦测器实验和 LHC 前行粒子实验，积累大量的数据。截至 2018 年，已经产生了 2000 余篇论文。强粒子对撞机和我们的生活没有直接的关系，但是它可以推动人类科学的进步。到目前为止，强粒子对撞机已经取得的最重要成果是 2013 年物理学家证实希格斯玻色子的存在，其质量约为 126GeV，相当于 126 个光子质量总和。强子对撞机还担负着新物理学发现的使命，近半个世纪的时间里，科学家已经对亚原子物质有了目前主流的理论理解。这种理解被称为粒子物理学的标准模型，但是这个理论不能解释夸克和轻子似乎存在于三个看似不同、却又几乎相同的类别中，物理学家期望强子对撞机能给出正确的答案 [774]。

中微子共有三种，是组成物质世界的十二种最基本粒子中性质最为特殊，被了解得最少的。它不带电荷，几乎不与物质相互作用，物理研究中中微子混合角 θ_{13} 是一个具有重大物理意义的参数，广东省的大亚湾核电站与岭澳核电站是进行这一实验的最佳场所。大亚湾反应堆中微子实验是一个在中国本土进行的、有重要国际影响的大型国际合作项目，是中美两国目前在基础科学研究领域最大的合作项目之一，2011 年建成，2020 年 12 月 12 日完成科学使命，正式退役。大亚湾中微子实验于 2012 年发现了一种新的中微子振荡，并测量到其振荡概率。这一在我国本土诞生的重大成果一经发布，立即在全球科学界引起热烈反响，并入选美国《科学》杂志评选的 2012 年度十大科学突破，获得了 2016 年基础物理学突破奖和 2016 年度国家自然科学技术奖一等奖 [775]。该成果是由中国科学院高能物理研究所提出原创性实验方案，经过 8 年的准备，建成了具有国际领先水平的中微子实验站，完成了高质量的数据获取和物理分析基础上取得的。大亚湾实验使得我国的中微子科学研究一步跨入国际先进行列，并将继续保持领先地位。

　　大部分超级工程的建设需要解决若干个关键的技术问题，而这些关键技术涉及很多领域。超级工程的建设促进了技术的发展，而技术的发展又带动了相关学科的基础研究，还有一小部分超级工程就是为科学研究服务的，因此它们直接推动了科学的发展。从这两个角度来看，超级工程的建设促进了相关科学领域的发展，也引领了某一些领域发展的方向，科学的发展又反哺超级工程的发展，形成良性循环。

7.6　技术价值评估

　　超级工程中的技术是指运用科学原理和方法，结合某些巧妙的构思和经验，开发出一系列工艺方法、生产设备、仪表仪器、信息处理 – 自动控制系统等"工具性"手段，是一类经过"开发""加工"的知识、方法与技能体系。超级工程中的科学注重公共知识、公共目标，与科学不同，技术在很大程度上有其经济属性和产业特征，是由大量的资金开发出来的有经济目的、社会目的的知识系统，特点在于发明与创新。超级工程中的技术主要包含不同领域中总结出的共性关键技术和世界领先技术，对超级工程的技术价值评估主要从上述两个方面进行评估。

7.6.1 共性关键技术

不同领域的超级工程都会采用诸多相同和相似的技术，这类技术称为共性关键技术。对超级工程的技术价值评估而言，这部分技术的使用与否会对超级工程的技术价值产生一定的影响，使用的共性技术越多，超级工程的技术价值就越高。超级工程中主要使用了以下共性关键技术。

1）基于机理模型的模拟仿真技术

超级工程施工过程复杂，工程规模巨大，工程材料需大批量生产。在施工之前，为了保证工程设计方案在施工过程中的可行性，工程人员广泛采取基于机理模型的模拟仿真技术，用以模拟真实的施工过程，确定安全可行的施工方案，以保证施工过程的可行性。

2）安全性检测技术

超级工程涉及人员众多、社会影响巨大，其安全性是工程成功与否最重要的前提保障，因此，对于超级工程的任何一个细节，都需要进行严格的安全性检测，如材料的质量、焊接的质量和钢筋水泥的耐热性等，大量先进的安全性检测技术被广泛使用，以保证工程的万无一失。

3）精细化技术

超级工程虽然都是规模和尺度巨大的工程项目，但是在一些技术环节和施工要求上却是十分精细化的，在一些尺寸精度要求上，甚至达到了微米级别。

4）信息化综合应用技术

在施工图设计和项目开展阶段，可采取 3D 建模的方式，利用计算机模拟技术对项目用料、建筑结构预制加工。运用计算机优化加速技术，生成轻量化模型，可通过移动设备在现场实时查看。建立项目协同管理平台，用于实施过程中各参与方协同工作，各参与方将相关的施工资料通过协同管理平台进行传输与共享，确保项目信息及时有效地传递。

5）地质勘测技术

地质选线和高危选线，实际上是一种风险的合理转移，把隧道的不确定风险有效地转移到高中大跨桥梁的确定性风险。某些超级工程地处特殊板块，存在种种地质灾害，地质勘测技术尤为重要。挖掘隧道时，其受力包括围岩受力、支护受力、衬砌受力，这些力之间如何耦合，也是地质勘测需要考虑的问题。

超级工程中使用的共性关键技术如图 7.1 所示，同时，通过具体超级工程案例说明单个超级工程与共性关键技术的对应关系如表 7.1 所示。

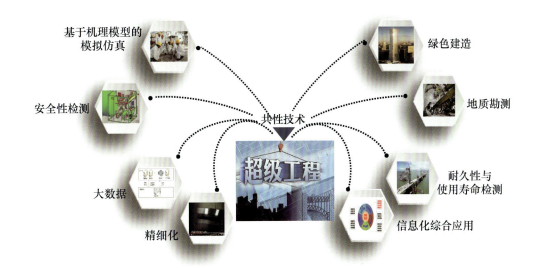

图 7.1　超级工程共性关键技术

表 7.1　部分超级工程案例与共性关键技术对应关系

超级工程名称	基于机理模型的模拟仿真	安全性检测	大数据	精细化	信息化综合应用	耐久性与使用寿命检测	地质勘测	绿色建造
西气东输	√	√	√		√	√	√	√
三峡水利工程	√	√		√	√	√	√	√
港珠澳大桥	√	√	√	√	√	√	√	√
京沪高铁	√	√	√	√	√	√	√	√
上海宝钢	√	√			√			
中国载人空间站	√	√	√	√	√	√		
苏格里气田	√	√			√	√	√	√
"大鹏昊"运输船	√	√		√	√	√		
大兴国际机场	√	√	√	√	√	√		√
上海中心大厦	√	√	√	√	√	√		√

7.6.2　世界领先技术

　　超级工程中，真正决定其技术价值的应该是其是否开发和使用了在世界上处于领先地位的创新性技术。因此，在超级工程的建设中，采用了世界领先的创新性技术的超级工程，其技术价值会大大提升。下面举例说明有关行业的超级工程采用的世界领先技术。

1）港珠澳大桥沉管隧道建设技术（土木工程）

港珠澳大桥工程为全球已建最长跨海大桥，因其超大的建筑规模、空前的施工难度以及顶尖的建造技术而闻名世界。港珠澳大桥地处外海，气象水文条件复杂，工程所处海床面的淤泥质土、粉质黏土深厚，下卧基岩面起伏变化大，平日涌浪暗流及每年的南海台风都对高难度和高精度的桥隧施工有极大影响。经过多年的研究，港珠澳大桥建设者提出了沉管隧道技术，减少大桥和人工岛的长度，就是在海床上浅挖出沟槽，然后将预制好的隧道沉放至沟槽，再进行水下对接。沉管隧道技术是港珠澳大桥科研攻关的重中之重。

建设者根据深埋沉管结构体系受力及变形机理，创新性采用半刚性沉管新结构，确保深埋沉管隧道工程得以成功实施并做到120年内不漏水，形成了具有自主知识产权的外海沉管安装成套技术，全面解决了外海浮运、沉放、测控定位、对接等难题，创造了一年安装十节沉管的"中国速度"。

2）三峡水利工程截流技术（水利工程）

三峡水利工程坝址位于葛洲坝水利枢纽水库内，截流最大水深达60m，居世界首位，工程规模大、工期紧、施工强度高。根据三峡水利工程度汛安全要求，截流后的基坑抽水、围堰填筑、混凝土防渗墙施工均需在一个枯水期完工，因此，大江截流无法按常规选择在来水最枯时段进行。同时，明渠正式通航前，船舶仍需从主河道束窄口门通行，进一步增加了截流施工的难度。设计者考虑了深水抛投稳定、航运和施工强度等问题，确定了平抛垫底后上游单戗堤立堵截流方案。为防止截流戗堤堤头坍塌，通过截流整体和局部动床模型试验研究多种方案，确定汛前河床垫底高程40.0m，汛后垫至45.0m的方案。截断长江水流的工程共有三期，工程的第一步是在长江主流的侧面，修建一条引流渠，功能便是在主流区被截断后充当应急通道，将江水引导至下游。随后在三峡大坝建设地点的右岸缓流区填充出一块陆地，这是截断主流区的桥头堡，通过这块跳板，施工单位才能将大石块投入江水中，利用平抛垫底、深水变浅的方案让石块顺利到达预定江心位置。下一步便是要连通左岸，彻底截断长江主流区，当左岸和"桥头堡"连通后，便可以开始修建左岸发电坝体和中间泄洪坝体，当这些工程都修建好时，永久船闸也开通，同时关闭临时船闸，开始修建右岸发电坝段，截断引流渠，整个工程便大体完工。

3）特高压电网电压控制技术（能源矿业工程）

特高压电网的最高运行电压是电网设计和设备选型的基础，在工程开展之前，确定最高运行电压是工程顺利开展的大前提。对特高压输电最高运行电压的选择，国际上曾有1050kV、1100kV、1200kV和1600kV这4种方案。针对上述4种电压方案选择，设计者进行了大量的试验研究，对最高运行电压对电网运行特性、网损及电晕损失、高海拔下设备外绝缘、输电能力和暂态稳定水平、特高压设备制造难度和造价等一系列因素的影响进行了方案比选。通过研究团队的大量研究结果显示：采用1100kV的最高运行电压，电网系统的稳定水平、运行灵活性、资源配置能力均高于1050kV，输电综合损耗、单位功率投资成本都低于1050kV；同时，在绝缘设计难度、高海拔下的适应性、设备国产化可行性这几方面上，明显优于1200kV和1600kV。因此，设计者提出了特高压电网标称电压1000kV、最高电压1100kV的电压标准，相当于我国超高压电网标称电压500kV、最高电压550kV的2倍，两者是匹配的。目前，我国提出的特高压电网电压已经成了国际电工委员会（IEC）的标准电压，使我国的特高压输电技术实现了"中国创造"和"中国引领"[776]。

7.7 文化价值评估

超级工程除了能对某一地区的社会经济产生重要的影响和推动作用之外，还将能够显著影响这一区域甚至是全国的文化发展，特别是对多民族国家的文化融合，具有非常重要的意义。

以青藏铁路超级工程为例，分析青藏铁路对西藏地区文化发展以及多民族文化融合的重要价值。青藏铁路是中国政府作出的伟大战略决策，已经被证明是我国各族人民共同团结奋斗、共同繁荣发展的光辉实践和典范，也是我们伟大祖国日益强大、国力昌盛的具体体现，更是各族人民在"世界屋脊"创造的又一奇迹。2006年7月1日，青藏铁路全线建成通车，为西藏政治、经济、社会、文化的全面发展创造了巨大的历史机遇。青藏铁路全线通车对西藏经济社会发展的巨大影响是不言而喻的，同时这一超级工程对西藏传统文化的影响也具有十分深远的意义和价值。

7.7.1 民族文化

从某种意义上说，青藏铁路不仅将改变外部世界对西藏文化的某些神秘的认知，还会改变西藏人民对外部世界的进一步认知，从而为西藏提供原生态的文化模式与外界各民族文化进行交流和融合的契机。随着青藏铁路的通车，西藏的文化艺术更有条件走向全国甚至走向世界，而同时国内外的文化艺术院团也能够走进高原，这将有利于西藏加强对国内外先进的管理模式、领先的文化理念的学习和借鉴，扩大西藏对外文化交流的空间与规模，提升对外文化交流的层次和水平。

此外，青藏铁路的通车更有利于增加我国各民族文化之间的相互联系与了解，增进各民族文化的交流与融合，增强西藏民族文化与祖国其他文化、世界文化的交流，推动西藏和谐文化建设，使其民族文化更具有新时代的气息。同时，也能够增进民族团结，进一步巩固平等团结互助的新型民族关系，加强西藏民族文化在多民族文化中的发展。

7.7.2 地域文化

青藏铁路开通，大幅降低了进出西藏的成本，进一步促进西藏传统文化的对外开放和交流，从而加快西藏本地特色文化的发展，扩大其影响力。同时，随着交通的便利，西藏的非物质文化遗产成为吸引进藏人员的新亮点，进而受到了更多的关注，使得更多的资金转向对西藏非物质文化遗产的开发和保护中，促进了西藏民族文化的继承保护与开发利用，获得了良好的社会效益。

7.7.3 艺术文化

悉尼歌剧院是世界近现代著名的建筑之一。它以独特的建筑设计、卓越的艺术表现和重要的文化意义，对世界艺术文化产生了深远的影响。许多著名的歌剧、芭蕾舞剧、音乐会和戏剧都在这里上演，吸引了来自世界各地的观众和艺术家前来观赏和参与，使得悉尼歌剧院成为了一个国际文化交流的重要场所，促进了不同文化之间的了解和交流。悉尼歌剧院的建筑设计也是其艺术文化影响的重要组成部分。建筑师约恩·乌松的设计灵感来自于帆船和贝壳，创造出了一个既具有现代感又与自然和谐共存的建筑。这种独特的建筑设计风格不仅为建筑界带来了新的思考，也为艺术和文化领域注入了新的活力。悉尼歌剧院也是澳大利亚文化认同和国家形象的重要象征，它代表了澳大利亚在艺术和文化领域的创新和独特性，成为了国家标志性的存在。悉尼歌剧院的艺术文化影响深远而广泛，涵盖了建筑设计、表演艺术、国际文化交流和国家文化认同等多个方面。它是澳大利亚艺术文化领域的重要代表，也是世界文化遗产的重要组成部分。

7.7.4　美学文化

超级工程的发展推进了全球不同文化的交融与发展，例如，因为地圆学说的逐渐成熟，为跨洋航行提供了重要的理论支撑。古代的航海工程逐渐脱离了以往重大工程的实体建筑模式，将全世界分散独立的文明以全新的工程方式连接在一起，推动了人类文明的交流融合与整体发展。在近现代，随着全球化的不断发展，在建筑超级工程领域，西方建筑设计思想不断引入中国，西方建筑文化是对我国现代建筑文化的一种启迪，这种东西方文化的融合对我国的超级工程设计有着深远的影响。西方文化逻辑体系保证了其相对地位和优越性，已成为国际通用的设计语言。然而，我国传统文化底蕴深厚，也应该应用到建筑设计之中，因而我们如今的主题是将中国建筑文化在建筑设计中传承与发展，尤其是在迎合人们审美取向的同时更能够将相关的文化元素进行传播，展现出东西方文化融合的魅力[777]。

7.7.5　时代文化

超级工程的建设和发展也充分体现出对古代传统文化的传承，是对当时文化的集中体现。例如，建筑与自然之间的和谐是我国传统建筑非常注重的一点，我国传统建筑十分讲究均衡与对称，对于各种细节要求都非常高。许多现代建筑类超级工程通常都会受到古代传统文化的影响，且与传统建筑设计之间有着不可分割的联系。在传统建筑设计中，重视文化理念的融入是一个重要特征。传统建筑的发展在我国历史上有着深厚的基础，使得在每个历史时期的建筑类超级工程的设计中都会融入相当多的文化元素。在对古代文化传承的基础上，近现代的超级工程同样也会充分考虑当前社会发展的需求以及文化特点，是近现代文化的集中体现。也正是这些文化元素使我国建筑类超级工程的设计发展更具有鲜明的中国文化特色。

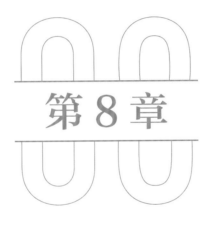

第 8 章

建造与运维

　　万里长城永不倒，古今中外众多超级工程之所以能任凭风吹浪打，跨越历史时间长河而不倒，自有其规律，在于科学设计、高质量建造及穿越时空的运维。

工程建设通常包含决策、设计、建设与运维四个主要过程，每个过程既相互关联，又拥有自身的功能目标，受到投资成本、技术成熟度、人员配置、资源配置等各方面条件的约束与限制，形成了一定的工程建造与运维方法和规范。超级工程的特征决定了它的建造和管理与一般工程有明显的差异，一般工程的建设与管理方法已经无法满足超级工程的建设标准与要求。本章主要研究总结近现代超级工程的建造和运维，特别通过对超级工程决策特点、设计难点、建设重点和运维要点的系统总结分析，以期对未来新的超级工程的建造与管理起到借鉴作用。

8.1 决策

超级工程决策是指决策者（政府和相关机构）针对拟建设的超级工程项目组织进行系统的可行性研究，并通过不同建设方案进行比较、分析和判断，最终对超级工程是否建造以及建设方案作出选择的行为。从已有的不同领域超级工程的建设案例中可以看出，决策贯穿于超级工程建设的全过程，是超级工程建设管理的核心要素之一。虽然决策在超级工程的全生命周期过程中只是一个环节，但是决策对超级工程成败的影响却是全局性和决定性的，并且对区域、社会和国家的发展进程也具有重要的影响。因此，科学的工程决策是实现超级工程建设目标和效率的根本保障。

我国正处于社会、经济深刻变革与转型期，虽然我国在超级工程组织实施、工程战略资源整合等方面积累了丰富的经验并取得了举世瞩目的成就，但是随着超级工程建设开放性、主体多元化以及技术集成性等所造成的工程复杂性日益突出，我国超级工程的决策正面临着一系列挑战。并且，我国超级工程具有较强的中国情景，所碰到的问题和国外也显著不同，传统工程决策管理理论在中国情景下具有较为显著的不适应性，需要在多方面进行突破性创新。

8.1.1 决策特点

1. 超级工程是政府战略意志的体现

超级工程多是为了解决国家或地区发展过程中某一领域的重大制约问题，或者为了在某一领域获得前瞻性的重大突破而提出的，在该领域的发展历史上具有里程碑的意义。超级工程决策主体是政府，在一个国家或地区的某一发展时期，超级工程往往成为中央政府或地方政府制定经济、科技或军事等中长期发展计划的重要组成部分，体现了国家经济社会发展的战略意志[778]。对大量超级工程的案例研究表明，一个国家建造超级工程，往往是由一国的国家元首提出和最终决策的。由于信息不对称，在超级工程提出初期大多不被大众所理解，决策时遇到来自不同方面的阻力。正是由于在复杂环境下艰难地做出重大决策，并在超级工程建成后取得巨大成功，才更显决策者的伟大。

2. 政府在超级工程决策中起主导作用

在超级工程的不同决策阶段，政府发挥着不同的作用。在超级工程的可行性论证阶段，论证工作开展由相关领域的专家来完成，政府的职能是组织协调不同部门的统一运作，并保证论证专家工作的独立性，一般情况下，政府不干预专家论证工作的进行。在决策阶段，政府则发挥主导作用。在专家论证结果的基础上，政府需要从宏观和微观上综合权衡长远利益和短期利益、国家利益和地方利益，以及社会、经济、科技甚至军事的发展需要等各种因素，最终确定工程是否立项实施，以及何时组织实施，而专家的可行性论证对政府的决策则起到支持和咨询的作用。在超级工程的实施阶段，政府主要发挥协调和监督的作用，为工程的顺利实施提供服务。但在工程实施的过程中发生任何重大事件，政府都需要及时获取相关情况信息。

3. 公众舆论力量强大

超级工程的永久公益性特征使得其决策和实施引起了公众的广泛关注，而且，一般公益性重大项目的部分投资来源于公众税收，公众对超级工程的决策应有知情权，因此，形成了强大的公众舆论力量。这体现了公众参与公共决策和管理社会的政治诉求，公众舆论的方向对政府的决策会产生重要的影响。对于大型水利水电工程、大型铁路项目和公路项目等民用超级工程，其组织实施常常涉及土地征用、移民等问题，这需要公众的参与和配合才能顺利开展。因此，超级工程的决策需要考虑和关注公众的舆论，尊重公众的知情权[779]。

4. 决策的复杂性

超级工程的决策问题异常复杂，主要体现在以下几个方面：首先，超级工程的构成要素中不仅有各种物理设备等硬因素，还包括技术、经济、环境、社会等软要素，使得其内部结构复杂，同时各组成要素还通常都与外部存在广泛联系，因而是一个复杂的巨系统；其次，超级工程的决策过程通常会受到政治、经济、技术、自然环境等多方面的影响，这些影响因素具有动态不确定性；最后，超级工程的决策过程通常涉及多个部门、不同群体的利益，既有经济效应，又有社会效应和生态效应，这将给超级工程决策带来许多困难。

5. 决策目标多元性

超级工程的决策追求的是系统总目标的最优，总目标通常由社会、经济、政治、技术、环境等多个大目标构成，其中每个大目标中又包含多个能够使用定量工具进行衡量的小目标，它们之间既有从属关系，又具有相互冲突性，使超级工程决策过程中的目标协调变得十分困难。

6. 决策群体冲突性

超级工程的决策涉及不同群体的多方利益，各决策主体在设计和选择建设方案时通常会带有主观倾向性，使得他们对问题的认识、判断和评价出现差异。此外，超级工程作为一个巨系统，其包含的信息量极大，当决策者难以掌握所需要的全部决策信息时，也可能导致不同决策者对同一问题产生不同的判断。以上这些因素都会导致不同的决策群体之间出现决策冲突。

7. 决策风险巨大

超级工程决策是关系到区域、社会和国家的发展进程的重大决策，对于超级工程的成败具有决定性影响。科学和正确的决策将会产生巨大的经济和社会效益，有力促进区域、社会和国家相关领域的快速发展；相反，错误和失败的决策也将产生巨大的经济损失，甚至延缓区域经济和社会的发展速度。因此，超级工程的决策存在巨大的风险性，是一项艰巨而重大的决策任务。

8. 决策组织难度大

由于超级工程的决策涉及众多部门、影响因素众多、目标多元、群体之间相互冲突，并且决策体系中既有纵向层次结构，又包括横向协作关系，使得超级工程的决策组织、协调和管理变得十分复杂和困难，只有从决策机制、多主体协同、多维度解析等方面进行深入分析，科学地制定相关决策方法，才能够有效组织决策。

由于超级工程对区域经济和国家创新发展具有举足轻重的作用，在超级工程的决策过程中要综合考虑超级工程建设过程中的技术、经济、环境、社会等各方面的问题。其中，决策方案所涉及的技术问题能否有效解决，对于超级工程是否能够立项的决策具有重要影响，因而面向这些技术难题的新技术、新工艺等科学技术的进步，对超级工程的决策也具有重要的推动作用。

随着当前互联网、物联网、大数据、人工智能等新一代信息技术的发展，先进科学技术将会对超级工程的决策起到更大的支撑与推动作用。通过互联网技术，超级工程中不同决策主体之间将能够进行更加有效的实时共享和交流；通过数据分析技术，可以对超级工程所涉及的不同要素数据进行深度挖掘与分析，将能够对今后超级工程的决策提供更多的先验知识和指导；通过人工智能、计算机仿真和优化技术，将可以对超级工程的全生命周期进行仿真和优化，分析不同决策方案的实施效果，从而形成更加合理和优化的智能决策方案，为超级工程的决策提供科学指导。

8.1.2 可行性研究论证

超级工程体现的是国家意志，其规模宏大，对区域和社会经济发展影响重大，决策主体包括多个部门，涉及多个不同群体的利益，其决策过程通常会受到政治、经济、技术、自然环境等多方面的影响，而这些影响因素又具有动态变化的特点，使超级工程的决策变得非常复杂和困难。

可行性研究是为提高超级工程投资的有效性，避免盲目性，减少工程风险而设计的一套科学、系统的投资管理制度和风险防御机制，是超级工程建设前期工作的重要步骤，是超级工程建设项目是否上马实施决策的重要依据。可行性研究阶段如果出现失真现象，将对超级工程项目的投资决策造成严重损失。因此，在进行可行性研究前超级工程的多个决策主体要明确可行性研究的重要性，确保可行性研究报告的客观性、公正性、科学性，这样才能使可行性研究发挥作用。

我国现行的多数超级工程项目的决策流程通常是在借鉴西方国家经验的基础上形成的，主要包括工程意向、工程建议书、可行性研究、工程立项审批、初步设计、施工图设计。从它的流程可以看出，这种决策流程是一种开环的单向传递方式。由于超级工程规模宏大且技术复杂、决策主体众多，这种方式在超级工程项目决策程序上存在重大弊端。因此，针对我国超级工程决策中的可行性分析研究，需要在以下方面进行创新，以有效降低超级工程决策风险，保证能够达到超级工程的预期目标。

1. 引入可行与不可行的双向分析论证机制

超级工程可行性分析和论证过程的程序化、合理化是保障超级工程可行性和科学化的重要保证。超级工程的可行性论证必须按照法定程序进行，不能因为个人因素而违反或随意更改论证程序。目前，我国在超级工程决策中越来越多地采取了专家论证的做法[780]，在论证方式上多是采用可行性论证，对超级工程在技术上是否可行、经济上是否合理、财力上是否能够承担等核心问题给出明确的答案。嫦娥工程、杭州湾跨海大桥、港珠澳大桥等工程，正是建立了比较完善的论证机制，经过了科学的和充分的论证，从而为保障工程的顺利实施创造了先决条件[780]。

但是，由于超级工程的宏大规模和技术复杂性，以及它对国家和地区经济和社会发展的战略性和全局性影响，为了保证超级工程论证的科学性和充分性，在论证方式上还需要采用可行与不可行的双向论证机制，即需要分别从正向的可行性论证和逆向的不可行性两个相反的方向对超级工程在技术、资源、地域上是否可行进行深入论证。其中，超级工程的不可行性论证就是利用逆向思维，找出超级工程在组织实施过程中或实施后，可能存在的技术、资源、地域上的不确定性和风险性因素，以及可能导致的后果，为超级工程进行决策提供双向的和有价值的参考。只有通过可行性与不可行性的双向论证，才能对建造超级工程做出科学正确的决策[778]。

2. 引入基于可行性分析的信息反馈机制

针对传统单向开环决策过程的缺陷，在超级工程的决策过程中，需要将可行性分析的信息进行及时的反馈，形成一个基于信息反馈机制的闭环决策机制，从而有效降低超级工程的决策风险[781,782]。基于可行性分析的信息反馈机制，超级工程的闭环决策过程如图 8.1 所示。

从图 8.1 中可以看出，在这种闭环反馈机制下，超级工程决策过程的每一阶段能够得到真正的检验和及时的修正，实现超级工程决策的动态管理，同时也能够为决策主体提高超级工程项目的决策水平提供理论和实践方面的经验。

3. 充分考虑国际技术封锁的不确定性影响

由于超级工程规模宏大，其所涉及的技术和设备的数量和种类也是惊人的，而一些关键的技术和设备通常需要从国外购置。但有时候国外会对一些关键核心技术进行封锁，这对相关领域的超级工程建设势必会造成巨大的风险和困难。因而在超级工程的决策过程中，还需要将超级工程建设周期内的国际形势进行深入分析，进而形成对超级工程所涉及的关键技术和设备可能受到的技术封锁的风险分析，从而对超级工程的可行性进行更加准确的评估。

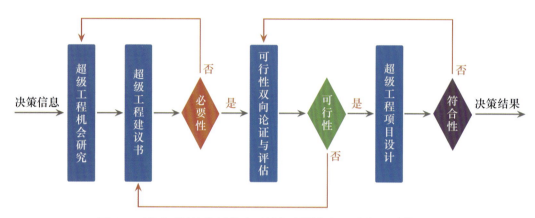

图8.1 基于可行性分析信息反馈机制的超级工程闭环决策流程

8.1.3 决策风险与应对

由于超级工程的建设过程具有长周期性，其决策过程中由于超级工程的复杂性、决策信息的不完备性、社会发展的不确定性、潜在影响因素认知的有限性、决策主体的多样性等原因，使超级工程的决策过程存在很大的风险性，一旦决策失误，将会给一个国家或地区带来难以弥补的巨大损失。例如，空客 A380 投产时是世界上载客量最大的喷气式客机，曾经被称为是"世界第八大奇迹"，具有当时世界上远程飞机中最低的能耗，是国际飞机制造史上的超级工程。A380 是一个计划总投资 107 亿美元的庞大项目，四年的开发周期其实相当紧张，空客在立项之初就低估了整个项目的难度，决策者对于全球供应链的技术优势过于乐观，在工程决策阶段对风险认知不足。空客 A380 所有零件由全球 40 多个国家的数百家工厂生产，而每家工厂又具有自己的供应链，复杂庞大的组织架构导致同一项目的不同项目成员之间难以开展有效的沟通，项目整个开发周期不断延长，埋下了发生技术风险的严重隐患，最终空客 A380 的很多订单都无法按期完成。相反，在京沪高铁和港珠澳大桥等超级工程中，由于在工程决策中充分考虑了社会、文化、环境、技术、政治、外交等多方面的因素和影响，在决策机制上形成了中央政府、地方政府、特区政府等多元决策主体构成的不同层级的决策体系，建立了较为完善的决策机制，从而保证了工程决策的科学性，有效促进了这些超级工程的建设进展，实现了超级工程建设的各项预期目标。

因此，为了有效应对超级工程中的决策风险，在超级工程的决策过程中，需要在国家战略层面上，建立和完善超级工程的决策机制，提高工程决策的科学化、民主化、制度化水平[778]，以有效应对超级工程决策和建设过程中的各种动态不确定性等风险因素，避免超级工程决策出现重大失误，降低超级工程的决策风险，更好地满足国家经济和社会发展需求。具体的措施包括以下几个方面：

1. 制定超级工程决策的法律法规，以决策的制度化降低决策风险

超级工程是国民经济相关领域中国家战略意志的反映，其决策过程必然要遵循国家相关政策和法律法规的约束。通过制定和完善专门针对超级工程领域的相关法律法规，形成超级工程决策的法律体系，对超级工程的决策原则、决策机制、决策程序、决策主体等从法律法规的角度进行科学界定，将能够为超级工程决策的合法性提供法律依据。同时，超级工程决策的法制化不仅可以实现工程决策的制度化，还可以保障重大工程决策和实施的稳定性和连续性，避免因政策改变、社会经济发展变化等重大因素的干扰而迫使超级工程的实施出现停滞，甚至项目下马，从而有效降低超级工程决策的风险性[778]。

例如，意大利为了获得第二次世界大战后重建所必需的电力供应，决定在意大利东北部阿尔卑斯山区修建一座坝身高达 230m 的瓦依昂大坝。如果瓦依昂大坝建造成功，则将是当时世界上最高的大坝，大坝于 1956 年正式动工。由于没有严格按照工程建设的决策机制执行，部分意大利政客好大喜功，决策过程中通过政治的高压手段严重干扰了工程决策的最终结果，凌驾于科学之上，为了满足少数集团利益，无视决策程序，忽视科学计算，将瓦依昂大坝高度从初始的 230m 增加到 264.6m，结果建设过程中生态环境造成严重破坏，试验性蓄水时周围岸坡发生严重位移。1963 年 10 月 9 日夜晚，一块超过 2.7 亿 m^3 的巨大山体以上百公里的时速砸进了大坝，洪水在几分钟的时间里彻底摧毁了一个市镇和五个村庄，近 2000 人在事故中丧生。

因此，鉴于目前专门针对超级工程决策领域的明确的法律法规还没有形成完整的法律体系，需从法律层面对超级工程的决策机制、决策程序、决策主体等环节给出明确的法律规定，从而为超级工程的科学决策和民主决策提供政策指导，为降低超级工程决策的风险提供有效保障。

2. 制定超级工程决策的论证机制，以决策的科学化降低决策风险

由于超级工程的建设承载着国家战略目标，需要综合考虑政治、经济、社会、生态环境等多种影响因素，具有建设周期长、决策和建设过程复杂等特征，并且除超级工程的相关技术瓶颈之外，还需要面对经济社会发展的动态不确定性。这些动态不确定性使超级工程在实施过程中会面临技术风险、成本风险、经济风险、社会风险、政治风险等多种风险。鉴于超级工程项目对国家、地区经济和社会发展的重要支撑作用和战略意义，在批准开展预可行性研究、批准项目立项、批准可行性研究报告、批准开工等各论证环节中均需要始终在国家层面由中央进行把控，实行更为严格的论证程序，最大限度地减少动态风险给超级工程带来的损失和影响，保障超级工程决策的科学性和正确性，进而降低超级工程的决策风险。

在我国三峡水利工程的决策过程中，由于内在决策机制、国内国际经济、政治和军事环境的动态变化，以及相关领域科学技术的不断发展，其建设方案不断修正，使得其决策过程是一个动态演化过程，前后共历时 70 余年。在此过程中，由于各种因素与建设方案相互作用、相互耦合，使得在决策过程中需要充分的论证[779]。例如，针对三峡水利工程带来的环境生态问题、资源保护与开发问题、泥沙淤积处理问题、地质地震问题、经济结构问题等，由于无法对社会环境、技术发展水平、资源的变化、非物质成本和效益等因素进行有效的量化，使得从事专门研究的专家之间的意见分歧较大，甚至对立。而针对三峡水利工程的防洪效益，持支持意见的专家认为三峡水利工程能够带来巨大的防洪效益；持反对意见的专家认为三峡水库大量拦洪后，泥沙淤积情况会很严重，对航运也可能产生不利影响。事实证明，正是决策者在项目决策过程中采取了谨慎的态度，通过严格的论证程序对不同的意见和方案进行科学对比和分析，最后采取相对可行的决策方案，才做到了如今三峡水利工程的顺利投产及正常运行。

因此，需要在总结以往超级工程决策的经验成果基础上，研究并解决超级工程决策中论证程序的制度化构建问题，以制定国家层面的超级工程决策机制，将能够有效保证论证程序的科学性和稳定性，从而降低超级工程决策中的风险。

3. 完善超级工程决策的专家遴选机制，以决策的民主化降低决策风险

超级工程由于需要高度集成不同专业背景的尖端技术，科学研究、科学试验、设备设施研制、建设相关条件准备等将贯穿超级工程决策和实施的全过程，

因而其决策过程的涉及面非常广泛，需要不同部门、不同技术背景的专家等共同参与决策。

例如，在京沪高铁的决策期间，国家铁路建设各主管部门，众多科研、设计、制造单位，相关铁路局，相关领域的科技学会、协会和高等院校等，以及国家相关部委、中国科学院、中国工程院、中国社会科学院、中国国际工程咨询有限公司、沿线各省市，都广泛参与了决策和建设过程。不同参与主体在专业、经历、背景上的差异，往往会形成不同的意见。在京沪高铁决策过程中，有些部门和专家提出了反对意见，这些反对意见在决策过程中也受到了同等的尊重，并且对相关问题进行研究解决，在决策过程中这些反对意见对相关决策的优化起到了良好的促进作用。

因此，超级工程决策的专家遴选机制要在国家层面不断完善，实现对各种不同意见甚至反对意见的兼容并包和同等尊重，使得各种意见得到充分的表达、论证和试验，切实促进超级工程决策的民主化，从而为超级工程的决策提供更加客观的科学依据，进一步降低超级工程的决策风险。

8.2 设计

工程设计是连接工程决策与工程建设施工之间的重要环节，同时工程设计贯穿于工程的全生命周期。所有工程决策阶段的构想与目标，都需要在工程设计阶段进行详细的分解与计划。工程设计是对总体任务目标的分解，也是对建设施工阶段的指导。工程设计阶段需要对工程总体目标有深刻的认识，需要明确各方利益体的需求，需要考虑工程技术的选择使用，同时又要考虑建设施工阶段的资源、人员等的管理协调。因此，工程设计阶段在工程建设的全生命周期中地位显著。

超级工程的设计是在其论证决策建设的情况下，对建设方案的进一步细化并设计施工图，作为超级工程建设和具体施工的遵循和依据。在超级工程设计中，设计的重点是对建设规模的反复论证，确定合理的规模；对建设地点的细致勘察和反复比选；对实现目标功能的路径和方案反复比较，选出较优方案；对采用的技术反复验证，采用先进适用技术；对功能和所需资源反复优化，力争降低造价；对安全性反复计算，确保长期安全；对工程的系统性反复测试，确保一次建设投用。超级工程的设计阶段不能跨越只能强化，至少要包括总体设计、初步设计和施工图设计，同时要根据超级工程的不同类型增加其他辅助设计，在各设计阶段既要体现上述设计重点，更要精细设计，确保设计满足决策要求，达到高质量和高水平。

8.2.1 总体设计重点关注的问题

超级工程总体设计包含明确的工程建筑范围及设计规模，并针对工程建设选址进行优化设计。因此需要确定能够满足使命任务需求的工程建设及类型，明确工程的任务目标、投资、建设规模，建立可供选择的工程建设地址和区域列表，在多目标、多尺度下优化选取工程建设地址。其中要注意几点内容：

（1）超级工程总体设计阶段的选址直接影响工程是否能够满足与实现超级工程的目标。选址问题就是在超级工程的项目设计中，需要给工程选定合适的地点，在满足工程要求、特点、利益、安全、环境以及人文等前提条件下，如何从多个备选的地理位置方案中选出最终超级工程的优化建设位置方案。超级工程的位置直接影响工程的建设难度、建造成本以及建设周期等，工程建成之后也直接影响超级工程的运行成本、居民生活、社会和环境影响等方方面面，因此超级工程的选址问题是超级工程的一个重要的设计问题，对超级工程的建设目标和建设成败具有重要影响。

（2）充分考虑建设的约束条件。超级工程的设计有许多制约条件，包括要求建设费用最小化、经济效益最大化、环境污染最小化和社会效益最大化等。在总体设计时要充分考虑这些约束条件，反复优化设计方案，最大限度满足超级工程建设和决策要求。

（3）特别注重技术路线的优选和技术创新。超级工程通常是多种技术的集成，技术路线和具体技术和设备的选用，既要考虑实用性、安全性、耐久性，同时要考虑功能性和先进性。要优先选用现有成熟技术，又要大胆使用先进技术。有的超级工程需要的技术需要集中攻关、自我创新，这些在总体设计中都要明确。

8.2.2 初步设计重点关注的问题

超级工程的初步设计主要包括工程地质、工程布置及主要建筑物、设备选型、配套工程及安全、消防和环保设计、编制设计概算等。在初步设计阶段，需明确各分级采用的设计规范和标准，统筹各系统设计内容和衔接，确定超级工程的具体设计方案，充分论证和验证采用技术的可靠性。要对安全和环境做出具体评价结论。要注重设计概算的编制，通过设计的反复优化，必须将概算控制在决策时确定的计划造价之内。

在初步设计中要对工程地质进行深入的研究和分析。工程地质是指与工程建设相关联的地质条件和问题，如地质构造、地下水、岩土工程等。对工程地质的认识和评价对超级工程建设至关重要，直接影响超级工程的施工难度、工期和工程质量等方面。因此，在初步设计阶段，需要对工程地质进行详细的勘察和分析，了解地质情况的特点，通过模拟分析、数值计算等手段来预测和评估可能存在的地质灾害和地质风险，并根据这些信息，开展工程布置及主要建筑物的设计和选型工作。

在初步设计中还需要进行设备选型和配套工程的设计。超级工程的设备种类繁多，如建筑材料、机械设备、电气设备等，需要根据具体的工程需求来选取合适的设备。同时，在设备选型时需要考虑其可靠性、安全性、使用寿命等因素，确保选取的设备能够满足超级工程的要求。此外，还需要进行配套工程的设计，如给水、排水等，以便为超级工程提供必要的服务。

在初步设计中，超级工程的安全、消防和环保也是需要考虑的重要问题。要先对超级工程的安全进行评价结论，并提出相应的安全措施；再对消防和环保进行设计，如确定灭火系统、废水处理系统等，以确保超级工程满足相关的法律法规和标准。

编制设计概算也是初步设计中不可忽视的一环。设计概算是对超级工程总造价的预估和控制，通过对各项费用的详细分类和分析，可以确保超级工程的建设过程中不出现过度浪费的情况。在编制设计概算时，需要充分参考先前的方案和经验，考虑到各个方面的花费，确保概算能够控制在决策时确定的计划造价之内。同时，在设计概算的编制过程中，也需要进行反复优化，以确保概算尽可能地准确和合理。

超级工程的初步设计是超级工程建设中至关重要的一环。在初步设计阶段，需要对各项相关问题进行详细的研究和分析，以便为超级工程的后续工作提供可靠的基础和依据。通过充分论证和验证采用技术的可靠性，注重安全、消防和环保等方面的设计，以及制订合理的概算预算，可以确保超级工程的建设进展顺利，达到设计预期的效果和质量要求。

8.2.3 施工图设计阶段重点关注的问题

超级工程的施工图设计依据的是审定的初步设计，是对初步设计的进一步细化，并把建设方案和要求落实到蓝图上，作为超级工程施工建设的依据，并指导建设。由于超级工程规模大、相当复杂，统筹做好施工图设计，任务非常艰巨。在设计采购施工（EPC）合同模式下，虽然完成某一部分工程的具体施工图设计由承包商负责，但在多个设计单位设计的情况下，保证完成高质量的施工图难度更大。施工图的设计必须严格按照初步设计的要求，要能充分满足已经明确的基本功能和技术要求；超级工程项目的组织者需要与各设计单位充分协调，保证形成完整设计；要在对超级工程现场进行详细勘查的基础上进行设计，确保设计符合现场实际情况和现场施工要求；施工图设计要反复确认设计参数，确保设计满足和达到设计参数要求；施工图设计要更加注重系统性和配套设计，确保不漏项、不重叠；施工图设计要注重施工预算的研究和编制，确保施工预算不超过设计概算；项目组织者要组织各方面专家对施工图进行审查，要求设计系统、完整、可靠，防止在施工过程中出现不必要的设计变更和返工。

8.3 建设

超级工程由于涉及的因素多、范围广，在建设过程中的各要素具有多重目标耦合与相互支撑的特点，如何实现有效组织和管理十分重要。有效的组织机构、高效的管理模式会带来工程建设效率的提升。由于超级工程建造过程的多元参与及复杂支撑体系，加强工程控制管理是超级工程施工管理的基本要求。控制管理的主要目的是通过制订合理的管理计划和执行方案，对工程建设过程中的各个环节进行有效的监督和控制，以确保工程建设按照预定的目标、质量、进度和预算要求实现。超级工程项目建设周期的最后一道程序是竣工验收与交付。

8.3.1 建设管理要求

从超级工程建设的管理特点来看，超级工程的大型化、高质量和低成本要求对超级工程的施工管理提出更高要求。一是从工程建设的单次性特征出发，要求工程管理必须拥有满足工程管理和运作的相关资源，并尽可能使资源得到高效利用，即实现工程过程资源的整合，实现安全、质量、进度、成本等的高效管理；二是依据工程的特定约束条件，统筹实现技术约束条件、管理约束条件、工程项目间的相互约束条件、时间约束条件和空间约束条件，坚持最优化方式，确保工程在规定时间和限定的成本范围内完成建设项目并达到预定质量标准；三是基于工程综合性和施工组织特殊性的统筹协调，推动工程建设过程中多种专业、多种技术和多种手段的协调配合。同时，对超级工程施工需要系统管理、精细管理和科学管理。

超级工程施工需要实施系统管理。实施系统管理可以协调各类管理要素，确保整体目标的实现。除此之外，还需要注重以下几个方面：第一，要加强施工过程中的信息化建设。通过建立信息化管理系统，可以实现工程建设的数字化、信息化和智能化，提高施工效率和质量。信息化建设包括施工现场的信息化管理和远程监控等方面。第二，要加强对供应链的管理。超级工程的建设需要大量的材料和设备，因此，对供应链的管理尤为重要。通过优化供应链，可以降低成本，提高供货效率，并且减少因供应链问题而导致的工程延误。第三，要注重环境保护。超级工程的建设过程中，需要考虑环境保护的问题。通过制订环保措施和监测方案，可以最大程度地减少对环境的影响，保护生态环境的稳定。第四，要加强危险源管理。施工现场存在很多危险源，如高空作业、火灾、电气等，需要采取相应的管理措施，确保工程建设过程的安全性。危险源管理包括危险源的识别、评估、控制和监督等方面。

超级工程施工需要精细管理。这是保证工程质量和工期的关键，第一，要对施工的每个环节进行细致分析。通过对每个施工环节的分析，可以深入了解各个环节的细节和问题，并且可以制订出更加详细、科学的施工方案。同时，也可以预测施工中可能出现的问题，提前制订应对方案，避免问题的发生。第二，要严格按照设计组织施工。超级工程的施工需要高质量的设计支持，因此，必须严格按照设计要求进行施工，确保工程质量符合设计标准。同时，还需要按照施工计划和进度表组织施工，确保工程按时完成。第三，要加强施工过程中的监督。通过对施工过程中的监督，可以及时发现和纠正问题，保证工程质量和进度的控制。监督的重点包括施工现场的安全、环保、文明施工等方面。超级工程施工需要科学管理。科学制订施工计划，统筹优化和调度施工力量和资源，有序安排各项施工的施工顺序。用科学有效的管理方法组织施工，提高施工质量和效率。

8.3.2 施工建设计划的制订

超级工程建造过程的多元参与及复杂支撑体系必然带来工程管理中出现

一定程度的无序性和资源浪费，加强工程控制管理是超级工程施工管理的基本要求。

工程控制管理的目的是要从成本、进度、质量、安全等层面，把超级工程建造好。成本控制管理需要合理预算、详细规划和严格审核，做到明确到位，不可浪费。建造过程中，要根据总的项目计划制订季度以及月份的进度安排，并定期结合协调和监理对工程实施进展进行全面跟踪。

超级工程建设计划过程涉及环节要素多、流程链条长，为科学合理制订超级工程建设计划，我们推荐采用网络计划法。网格计划法是一种用于规划和控制工程建设过程的项目管理方法。它将工程建设过程划分为一系列的网格单元，以便更好地管理和监督工程建设过程，确保工程能够按时、按质量和按预算完成。下面将介绍工程建设过程中网格计划法的实施过程。首先，需要将整个工程建设过程划分为一系列的网格单元。网格单元的划分应该根据工程项目的实际情况，按照时间、空间和功能等因素进行划分。例如，在桥梁建设项目中，可以将工程划分为桥台、桥墩、桥面等单元。在每个单元内，还可以进一步细分为多个网格单元。其次，需要制订每个网格单元的工作计划和预算。根据工程项目的实际情况，制订每个网格单元的工作计划和预算，包括工作内容、完成时间、预算和资源需求等。同时，还需要根据每个网格单元的工作计划和预算，制订整个工程项目的总体计划和预算。因此，借助于网格计划法，它可以通过绘制工程网络计划图来标记系统内各工序及前后关联关系，并计算时间参数和选择关键线路，编制形成一张网络计划图，如图 8.2 所示。网络计划图具有直观、可标记关键路线、可进行分析优化等特点，在超级工程等大规模工程建设计划制订过程中有广泛应用。

超级工程的建设工期和消耗资源均具有超大规模的特征，为在保证工程质量的前提下缩短工期、减少资源消耗，往往需要对工期、资源等要素进行科学合理优化。工期优化方法通过调整项目的组织逻辑关系和工作时间安排，来合理调整网络和关键路线来缩短工期。为进一步解决超级工程中各工序间的资源供需矛盾，需要分别针对资源有限工期可变以及工期规定资源均衡两种场景制订资源约束条件下的项目计划，以进行资源优化。科学规范的网络计划图编制及优化是超级工程高效高质建设的必要保证。通过网络技术的优化，可以形成工期短、质量好、成本低、资源利用率高的建设计划方案。

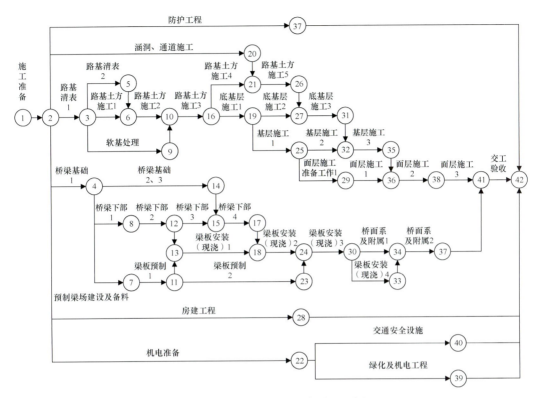

图 8.2 超级工程网络计划图示例

8.3.3 施工中的控制管理

超级工程施工中的控制管理是超级工程管理非常重要的一环，主要包括三个方面，即控制工程的工期、质量、投资。首先，控制管理需要建立完善的管理体系。通过建立完善的管理体系，制订规范的工作流程和标准操作程序，明确各项工作任务和责任，并建立完善的信息反馈机制，以便及时发现和解决问题。其次，控制管理需要实施计划管理。制订合理的工程建设计划，并根据实际情况进行调整和优化。在制订计划时，需要考虑到各种因素，如时间、质量、成本、人力、物资等，并确保计划的可行性和合理性。同时，需要建立计划执行的监督机制，确保计划的顺利执行和达成目标。以下将分别从工期、质量、投资三个角度来介绍控制管理的含义。

1. 工期控制

超级工程建设项目往往由若干个单项工程或单位工程组成，从而形成项目群。除了主要工程之外，还有许多辅助、附属工程，只有协调施工、相互配合，才能够保证总体工程投产使用，在建设项目施工之前应该首先要做好控制性施工总进度计划的制订工作，以保证施工总进度目标得以按期实现。计划前期要综合考量各种影响工期的因素，留出时间裕量，避免突发情况发生时不能即刻应对；计划中期要做好时间资源合理分配工作，计划执行期要紧密监督计划的执行情况，严格按照时间进度安排进行施工，确保按期完工。

2. 质量控制

超级工程项目投资和耗费的人工、材料、能源都相当大，若工程质量差，即使一个很小的零件出现质量问题都会使得整个工程不能发挥其建设的效用，甚至影响国计民生和社会安全，因此工程质量控制十分重要。除在决策和设计时考虑质量问题外，在施工过程中要切实质量管理和控制；要建立质量管理和控制的标准和体系，配置质量监督人员，采用有效质量控制方法；要坚持引入独立第三方监督；可以将传统的质量监控方法和数字可视化、远程视频监控、关键时间捕捉、质量事故预测等现代化技术结合起来，有效避免人为因素。

3. 投资控制

在超级工程的建设管理中，投资控制是重要的目标任务之一。总的建设投资预算确定后，在建设中必须把最终完成投资控制在总预算之内。一般工程经常出现超投资现象，对复杂而巨大、建设周期长的超级工程来说，投资控制的难度就更大，必须采取更加有效的办法。一是要根据工程内容对总投资预算进行分解，制订详细的分预算控制目标和计划，并落实责任；二是切实组织好各部分工程建设和设备采购的招投标工作，通过市场竞争，在保证质量的前提下降低采购成本；三是严格控制实际变更，确实有必要增加的工程量，就需在其他方面优化减少工程量，确保总投资不增加；四是充分考虑通货膨胀和汇率的影响，提前做好规避风险预案，有效应对。有的超级工程虽然确定了总投资额，但实施下来投资超了很多，使得建成投运后达不到预期效益，有的甚至给政府造成沉重的财政负担。因此，评价一个超级工程不仅要看是否能按期高质量建成，还要看是否控制住了投资，否则不能算是一个成功的建造工程。

8.3.4 验收与交付

超级工程竣工验收与交付是超级工程项目建设周期的最后一道程序，是超级工程项目管理的重要内容和终结阶段的重要工作。实行竣工验收制度，是全面考核超级工程，检查超级工程是否符合设计文件要求和超级工程质量是否符合验收标准，能否交付使用、投产、发挥投资效益的重要环节。超级工程不同于传统的工程项目，往往涉及多个工程领域和技术范畴，因此工程的验收与交付更为复杂、工作要求更高。

超级工程竣工验收与交付的依据主要包括：国家和有关部门颁发的施工规范、质量标准、验收规范，上级主管部门的有关竣工验收的文件和规定，批准的设计文件、施工图纸及说明书，签订的施工合同、技术说明书、有关的协议书，外资工程依据我国有关规定提交的竣工验收文件。超级工程项目竣工验收应符合《建设工程项目管理规定》，即设计文件和合同约定的各项施工内容已经施工完毕；有完整并核定的工程竣工资料，符合验收规定；有勘察、设计、施工、监理等单位签署确认的工程质量合格文件；有工程使用的主要建筑材料、结构配件和设备出厂的证明及实验报告。

工程竣工验收要坚持验收标准，即合同规定的超级工程质量标准、单位工程质量竣工验收的合格标准、单项工程达到使用条件或满足生产要求、建设项目能满足建成投入使用或生产的各项要求。

超级工程项目竣工验收工作，通常可分为三个阶段，即准备阶段、初步验收、正式验收与交付。

（1）竣工验收的准备工作。参与超级工程的各方应做好竣工验收的准备工作。

（2）初步验收。当超级工程项目达到竣工验收条件后，施工单位在自检合格的基础上填写好工程竣工报验单，并将全部资料报送监理单位，申请竣工验收[783]。

（3）正式验收与交付。超级工程项目主管部门或建设单位在接到监理单位的质量评估和竣工报验单后，经审查，确认符合竣工验收条件和标准，即可组织正式验收与交付。具体来说，首先，需要组织验收人员进行现场检查和测试。验收人员需要对超级工程项目的各项技术指标和功能进行测试和评估，确认其能够满足设计要求和使用要求。其次，需要对项目的设计、施工、监理等各个方面进行全面评估。评估需要从多个角度出发，对项目的各个方面进行评估，包括项目设计的合理性、施工质量的可靠性、监理的有效性等。再次，需要根据评估结果做出决策。根据项目评估结果，对超级工程项目是否符合竣工验收条件和标准进行判断，以便做出相应的决策。最后，需要将项目移交给运维单位。在正式验收合格后，超级工程项目需要交付给投资单位组织运维。这意味着运维单位将会负责项目的后续管理和维护工作，确保项目能够稳定运行并获得其预期效益。超级工程一般是由国家组织最终验收，是项目建设程序的最后一个环节，是全面考核项目建设成果、检查设计与施工质量、确认项目能否投入使用的重要步骤[784-786]。在正式验收合格后，超级工程项目需要交付给投资单位组织运维。这意味着运维单位将会负责项目的后续管理和维护工作，确保项目能够稳定运行和发挥出其预期效益。

8.4 运维

从全生命周期视角来看，建设阶段是超级工程的"价值形成"阶段，通过材料、资金、人力等外部要素的输入形成工程实体；而运行阶段则是工程产品"消费"阶段和"价值实现"阶段，是功能、本质属性和价值的集中体现，是决策、设计和建设的目的。在运行阶段，维护是指对超级工程本体进行经常性的检查、维护和必要维修等活动，其目的是保持超级工程良好的工作状态，使其正常地发挥功能作用。超级工程的运行和维护活动密切相关，维护为超级工程的安全运行提供保障和提升效率。

从系统科学的视角来看，任何一项超级工程在本质上都是一类巨大复杂的人造系统，其运行维护过程也兼具系统性和复杂性特征。超级工程的运行阶段的管理工作是一种综合性管理，运维的要点是明确有效的运维体制机制、做好超级工程的日常运行管理和实现投资效益。在超级工程运行维护过程中，要合理地处理主体与客体、内部与外部、投资与回报、使用与维护等多个维度间的关系，更好地发挥超级工程的价值，实现长期有效运营。

8.4.1 运维体制与机制

由于投资建设的主体的不同，超级工程运行阶段的组织模式也呈现多样性特征。从世界近现代超级工程来看，运营组织模式包括政府垄断性运营模式、政府主导竞争性运营模式、公私合作运营模式、企业私人运营模式等。①政府垄断性运营模式的超级工程通常是盈利可能性小、运营收入不能抵偿运营成本、完全依赖政府的补贴的基础设施领域的超级工程。以法国巴黎地铁工程为代表，由法国政府投资建设，由非营利性的公共团体代表政府进行日常运营管理。②政府主导竞争性运营模式的超级工程通常由政府出资建设，并委托国有企业运营，通过招投标的方式获得相关项目的经营权。在竞争运营模式下，政府行为促使运营公司的市场竞争带有计划性质。③公私合作运营模式的超级工程是由政府负责投资建设，制订运营水平和相关规则，通过与私人公司签订租借合同授予其经营权，但不干涉运营公司收入，也不对其进行补贴。④企业私人运营模式的超级工程，其建设和运营活动都是由私人公司负责，私人企业通过与政府签订特许权协议取得建设与运营管理的权利，政府无权干预，这种模式能够最大程度地激发私人投资者的兴趣，但在收益管理等敏感问题上政府与私人投资者需共同协商。

随着经济社会的发展，中国近现代超级工程运营模式也在不断发生变化。

政府投资、建管合一。政府直接参与运营是我国在计划经济时代常用的管理模式。我国早期的铁路超级工程大部分都采用的是政府投资、建管合一的运营模式，其特点在于按照项目法人责任制组建项目法人，项目法人既负责铁路的筹资、建设及列车的采购，又负责线路维护、运营和还贷，对高速铁路的经营管理具有完整性。这类运营模式的缺点在于如果没有政府大比例投资的有力支持，铁路项目法人对建设和运营的巨额资金筹集有较大的难度，巨额的沉没成本给法人带来巨大的财务压力和经营风险。

投建运分离模式是随着时代发展而衍生的新运营模式[787,788]，这类模式特点是建设阶段实行代建总承包制，在建设阶段进行专业化运作和适度竞争，组建总承包公司并引入多家建设管理公司；运营阶段选择两到三家运营公司，打破由一家公司垄断运营的格局。这类模式优点在于实行合作、建设、运营分离，引入市场竞争机制，可以降低运营成本，加强综合开发，提高合作效益。在我国的铁路运营管理方面，网运分离正是投、建、运分离模式的一个代表。网运分离就是把具有市场竞争性的客货运输经营和具有自然垄断性的铁路路网基础设施建设分离开。实行网运分离后，可以使政府集中精力管好路网公司，把需要铁路承担的公益性建设和宏观调控任务，集中交由路网公司负责落实。同时，放开搞活客货运公司，让他们按照市场经济要求自主经营，公平竞争。投资主体由单一的政府改变为政府、企业，实现投资机构的多元化。

超级工程运行阶段的制度建设是指超级工程为发挥其特定的系统功能，对运行和维护过程涉及的管理问题所做出的全局性总体管理决策与规划。制度建设是保障超级工程安全稳定运行，持久释放经济价值、社会价值的先决条件，是经营管理活动赖以进行的基础，也是一系列管理规则及其相互间有机联系所组成的复杂动态体系。同时，运行制度建设的目的是支持和完成超级工程的总体战略目标服务的。超级工程运行过程中，难免会受到外部自然环境、社会环境、人文环境及生态环境等因素影响，同时也会受工程相关部门及内部条件制约。因此，有必要对工程运营过程中所处的状态进行全面、系统、准确的分析，从而根据结果制订和调整完善相应的运营策略。

引入外部竞争机制是促使超级工程持续发展的原动力。超级工程通常都具有外部性强的特点，竞争机制能够有效调节超级工程本体同外部环境的交互作用，实现资源的优化配置。以京沪铁路为例，通过招投标建立委托运输管理工作市场的竞争机制，通过选择将京沪高速铁路委托运输管理工作整体打包给一个铁路运输企业、分拆给多个铁路运输企业，或按工种分拆给多个专业公司实行专业化管理，设定管理标准，遴选优质经营方法；建立合同退出标准要求，实现优胜劣汰，以最大限度地激发经营方活力[789]。

倡导内部协调机制是保障超级工程整体运行效率的有效手段。由于超级工程项目涉及行业和部门多，运营管理任务繁重，管理界面十分复杂，管理主体和客体层面和种类都很多，需要各部门厘清各自职责的同时，建立联动协作机制，保障工程项目的运营安全，并提升安全应急保障能力。

加强约束监督机制是促使超级工程主体履行职责的重要依据。在超级工程经营过程中，单位之间、经济实体之间通过签订合同的方式，明确各自的权、责、利，努力建立起符合市场经济规则、符合公司治理需要、产权清晰、权责明确、管理科学的体制和机制。

推广运行反馈机制是实现超级工程稳定有序运行的基础。超级工程通常是一个开放的大系统，由众多的分系统和更细的子系统构成。按照系统工程理论，有效的反馈机制，将管理工作中各种资源信息、工作信息、效果信息及外部作用信息通过各种手段，例如现代化计算机网络手段及时反馈给管理行为主体，由管理主体作出科学灵敏反应并采取正确管理措施，从而实现超级工程的高效运行。

推行风险预控制度是提升安全运行整体预控能力，遏制重特大事故的坚强基础。一是对工程运行阶段的安全隐患进行分级管理，定期进行安全风险调度、安全检查，全方位提升安全意识，强化安全管控。二是建立质量预警机制。对工程质量运营情况定时分析，系统解剖分析工程质量状况及其运营情况，及时纠偏扶正。对运营阶段中出现的安全质量、经济指标、突发事件等进行分析，强化红线预警，做好提前防范，对偏差过大的项目，可成立督导组，及时督导纠偏。三是积极推广新技术、新系统、新管理理念的应用与实践，制订标准化管理流程，确保运营安全受控。

8.4.2 运行管理

超级工程的体量通常非常庞大，涉及众多问题，因此在后期的运行管理中需要面对多元化、多方位等问题。超级工程的运营管理主要可以分为内部管理和外部管理两个方面。内部管理主要是保证工程正常运行或发挥作用，包括运行管理制度、内部组织和人员、资金来源和工程维护等方面的管理。外部管理则主要关注工程对社会和自然环境的影响，与利益相关方协调沟通，保护生态环境，促进产业发展，创造良好的运营环境。

内部管理中，确保超级工程正常运行是首要任务。为了保障工程的安全、高效运营，需要制订运行管理制度，明确各系统的运行要求、流程和责任。例如，对于水电工程，需要制订严格的调度和操作规程，确保水库水位、流量、发电机组等的合理调度和管理。然后，要建立相应的内部组织和管理团队，明确运行管理的职责和权限，包括工程的运行、监测、维护和修复等方面的工作。最后，要确保运行资金的来源和使用。超级工程通常需要大量的投资进行建设和运营，因此需要确保运行资金的稳定来源，包括从政府、企业或其他渠道获取资金，并且合理规划和使用资金，保障工程的正常运行和维护。

超级工程的外部管理主要是关注工程对社会和自然环境的影响，并与利益相关者进行沟通和合作。首先，与地方政府的沟通合作至关重要。超级工程通常需要在特定地区建设或运营，因此需要与当地政府保持密切联系，遵循当地法律法规，获取必要的许可和审批，同时协调解决工程运营中的相关问题。与地方政府建立互信和合作关系，共同推动超级工程的可持续运营。其次，与居民和其他相关利益相关者的沟通合作也是外部管理的重要内容。超级工程的建设和运营可能会对当地居民产生影响，例如环境污染、土地征用、生活方式变化等。因此，与居民进行充分沟通，听取他们的意见和反馈，并采取措施解决潜在问题，是外部管理的重要部分。最后，外部管理还需要关注超级工程对自然环境的影响。超级工程通常涉及大规模土地利用、水资源利用、能源消耗等，可能对生态环境产生一定的影响。因此，在运营管理中要注重生态环境的保护，采取科学的环境保护措施，减少对自然环境的负面影响，推动绿色可持续发展。

8.4.3 效益实现

超级工程投资大，见效慢，因此，经济效益是实施超级工程的重要目标之一。超级工程的类型不同，投资回收的方式也不同。对于三峡水利工程这类超级水利工程，建设和运营主要由政府出资，通过财政拨款、国家发展基金等方式投入资金，并通过水资源开发、电力发电、水费计收等方式实现投资回收。由于政府投资占据主导地位，这类工程具有较强的社会公益性，其投资回收涉及多个领域和多个层面，需要从经济、社会和环境角度进行全面评估，确保其可持续发展和实现长期的经济效益。对于公路这样的基础性超级工程，可通过设立收费机制，如过路费、通行费、停车费等，向使用者收取费用，从而回收投资；也可以通过将运营权出售给合作伙伴或第三方，从而获得收入。对于京沪铁路这类超级铁路工程，可通过货运和客运收费来回收投资，这也是最主要的投资回收方式；另外还可以通过其他方式如广告、赞助、租赁等回收投资。对于能源工程，在投资建设决策时就有投资回报的要求，运营中要有收益，实现期望的投资回收。对于一些古代的超级工程，现在也作为旅游点，在几百年或几千年后获得可观收入，不仅具有文化价值，还体现出经济价值。因此，对于超级工程的运维，要把实现投资回收和回报作为运维者重要的目标任务。

超级工程的建设和运营会对社会产生重大的影响，因此超级工程具有重要的社会效益。超级工程需要大量的投资和资源，会带动相关产业的发展，从而创造大量的就业机会，提高当地的经济水平。例如，中国的南水北调工程为当地经济的稳定增长做出了重要贡献。同时，超级工程通常涉及水利、交通、能源等基础设施领域，其建设和运营能够有效提升当地的基础设施水平和服务能力，改善人民的生活环境和生活质量。例如，中国的高速公路建设和运营为人们的出行提供了更加便捷的条件，改善了人民的生活。

超级工程对提高环境质量和生态保护具有重要的作用，环境效益也是超级工程的重要组成部分。超级工程的建设和运营可以有效地改善生态环境，保护生态系统的完整性和稳定性，为可持续发展做出贡献。例如，中国的青藏铁路的建设和运营充分考虑了生态保护的问题，实现了生态环境和铁路建设的协调发展。

超级工程的效益实现是多方面的。实现投资回收和回报是超级工程建设和运维的重要目标任务，同时，超级工程在实施过程中应该努力找到经济效益、社会效益及环境效益之间的平衡点，通过科学合理的规划，可以最大限度地实现经济效益、社会效益及环境效益的协调，既确保工程的经济可行性，又保障社会的可持续发展。

第 9 章

认识与启示

　　"天人合一"是中国传统哲学思想的重要理念，是指天与人的关系实现了和谐统一，天地万物形成了一个整体，也是认识超级工程、建造超级工程的思想基础。

工程是人类认识自然和改造自然的载体，超级工程是这些载体中的重要财富，承载着人类在认识自然和改造自然中的智慧。对超级工程的充分认识亦是对人类文明发展演化的认识。任何事物都是在不断发展变化的，认识也在不断深化，这种认识的变化与深化过程在超级工程中都可以体现出来。例如，超级工程的建筑风格体现出人类不同时期、不同地域文化的传承与变化过程；超级工程的材料使用体现出人类科技发展的变化过程。虽然一般工程也能展现人类的文明发展，但超级工程的特征更明显、技术更复杂，所能展现的内容也就更丰富。通过对超级工程的研究，我们总结特征、分析案例、寻找规律，更重要的是深化认识。深化对超级工程认识的过程是对超级工程本身的内在属性的深度剖析，而针对事物基本和普遍问题的研究就是哲学。因此，我们在探究超级工程的特征、分类、建造过程、价值体系等问题之后，应该从哲学分析的角度对超级工程的认识从具体到抽象、再从抽象到具体，从而更好地指导未来超级工程的建设与发展。本章以相关工程理论为指导，结合超级工程特点和规律，从工程认识论、工程方法论、工程本体论、工程伦理、工程价值论、工程美学等方面深化对超级工程的认识，并在此基础上总结超级工程的哲学与管理启示。

9.1　从工程认识论视角认识超级工程

中国传统哲学中，认识与实践的关系表述为"知"与"行"的关系，知是行之始，行是知之成。对工程的认识是工程实践的基础和前提。工程认识论主要任务是寻找其属性和特征，便于更好地刻画工程，指导实践。认识是反复的、无限的，工程也是一个重复和无限的过程。超级工程在认识论中实现了三个转变：一是实现由解决区域发展问题向回应人类重大问题转变；二是实现从工程本体论向工程生态论的认知转变；三是实现从工程归属评价向工程意义考察的价值转变[790]。

9.1.1　从解决区域发展问题向回应人类重大问题转变

从解决区域发展问题向回应人类重大问题的转变中，超级工程不仅关注一个区域、一个国家发展过程中具体的、现实的需要，更面向人类共同面对的科技问题、生存问题与发展问题，以工程方式回应人类生存发展大问题，从而表现出超级工程在解决重大疾病、重大灾害、消灭饥饿与推动人类共同发展的政治、经济、文化、科技的多重效用。由此，超级工程不仅体现在对具体区域、领域的现实作用，更体现出对人类共同问题的时代价值与历史意义。古代超级工程的重要价值中明显体现出政治价值和经济价值，用以稳固当时执政者的政治或宗教地位。但随着人类文明的不断发展，世界文化的相互融合与交叉，人们在改造自然的同时也逐步意识到肆意破坏自然必然会得到反噬，违背自然规律的超级工程建设，最终都走向了失败。因此，超级工程建设目标中，从解决区域发展问题逐步演变为回应人类重大问题，如生态环境问题，太空探索问题等。许多超级工程新材料和新技术的使用都帮助人类更好地与自然环境进行和谐共生，这也是"天人合一"的中心思想。

9.1.2 从工程本体论向工程生态论的认知转变

超级工程是人类适应自然，改造自然，求以生存的造物载体，但造物活动与保护自然环境存在着天然的矛盾，人类文明发展的进程始终都是这两个矛盾目标博弈和平衡的过程。当人类意识到必须要实现"天人合一"的协调统一，从解决区域发展问题向回应人类重大问题的转变时，超级工程就从工程本体论向工程生态论的认知转变，即超级工程从最初关注工程具体意义、风险、效用与建设周期转向关注工程在整个社会与人类生活中的生态作用。这种转变是人类科技发展、文明进步的必然过程，是人类保护生存环境、维护文明延续的必要手段。从本体论转向生态论，实现了从工程的单项考察转向工程的宏观把握，构建了工程从历史的时空观到地理的空间观，并推动产生了工程生态学的新型知识形态与知识组织方式。

9.1.3 以工程归属评价向工程意义考察的价值转变

超级工程的价值是多维且复杂的，既包含政治价值、经济价值，也包含科学价值、技术价值、生态价值、文化价值等。从工程归属评价向工程意义考察的价值转变中，超级工程不再单独作为意识形态下国家综合国力或是经济发展水平的代表，更体现出以工程所代表的一定时期中人类认知水平、科技水平与改造自然能力。超级工程建造过程中体现出了世界不同技术水平、人员的相互合作与借鉴，以及超级工程在使用中的开放性与共享性特点，更彰显出人类对工程从原先归属评价走向意义考察。随着国家的经济技术发展，为了展示国家实力或改善人民生活等，需要建设超级工程。为了建设好超级工程，需要具有强烈的热情和动力才能把工程建设好，而且只有对人民生产生活或社会经济科技发展有利的工程才会给国家带来更多的发展和收益。只是为了展示实力，没有其他社会经济价值的超级工程，对经济、社会、文化等文明发展起不到太大的作用，也造成国家有限资源的浪费。

9.2 从工程方法论视角认识超级工程

方法论是近代大工业和自然科学蓬勃发展中诞生出来的，是人们认知世界、改造世界的方法。本体论和认识论解决了"什么是工程决策"的问题，方法论解决了"如何建造工程"的问题。方法论具体指普遍适用于相关科学并起指导作用的原则、理论、方法和手段的总和。从方法论角度看，超级工程活动中无疑也使用了许多科学方法，特别是技术方法。同时，超级工程活动中更运用了数不胜数、千变万化、因地制宜的"工程方法"的内容，这些是科学方法、技术方法所不能涵盖的，这就使工程方法论成为一个与科学方法论、技术方法论并列的研究领域[791]。

现代方法论衍生出很多派系，如数学方法、系统论、控制论等。当代工程方法论应该在继承、扬弃和发展以往方法论思想成就的基础上，总结当代工程方法的实践，深化和升华为开放的、动态的、系统的整体方法论。现代工程方法论应该从整体结构、整体功能、效率优化和环境适应性、社会和谐性等的要求出发，特别注意研究工程整体运行的原理和过程、工程的整体结构、局部技术/装置的合理运行窗口值和工序、装置之间协同运行的逻辑关系，研究工程系统的组织机制和重构优化的模式等复杂多元、多尺度、多层次过程的动态集成和建构贯通。工程决策的方法具体繁杂，囊括了数学方法在内的很多方法论，因此工程决策的方法论需要从方法的另一个本质出发，即方法的理性或经验属性。超级工程的决策非常复杂，在实施过程中也会遇到很多问题，需要通过有效的方法加以解决。下列这些方法运用在超级工程中会取得很好效果。

9.2.1 经验法

超级工程使用经验法的频率要远高于一般工程，这是由超级工程采用复杂的工程技术，组织多方人员共同参与，使用多种资源能源导致突发状况发生频率高所决定的。例如在施工建设阶段，经常由于道路封堵或者坍塌导致物料不能及时送达，严重影响施工进度，需要管理者快速地对施工方案和计划进行重新设计和决策，就是工程决策动态性的最好实例。由于问题的突发性和临时性，解决这类动态性问题一般需要管理者根据实际经验迅速作出反应和决策，采用的多是经验，要求建设者和组织者有丰富的经验，及时处理相关问题。

虽然经验法在超级工程建设中起到了重要作用，尤其当突发状况发生时，经验法往往会帮助决策者或者建造者快速做出反应或者找到解决途径，但经验法更多情况下属于辅助方法，我们需要将许多工程经验进行总结归纳，形成工程建设过程中的执行规则和执行标准，才能更科学地提早预防，利用科学方法解决动态决策问题。

9.2.2 理性处理法

超级工程建设过程中的突发状况除采用经验法外，在决策阶段还需要采用理性处理法。由于涉及大量的人力物力且建设过程不可逆，科学理性的决策对超级工程尤为重要。例如超级工程项目，在风险预测阶段，对在特定区域可导致工期延后的天气是不可预知的，会影响最初决策导向结果的达成率。但这种对于气候参数的不确定性，可以通过对相关数据分析，找到气候变化的规律，确定影响参数波动的范围，然后通过控制将影响决策结果摆动的最小参数范围选定，达到控制决策结果摆动范围的目的。这种工程决策方法就是典型的理性处理方法，在对问题的分析和数学建模的基础上寻求最佳方案。

9.2.3 经验法 + 理性法

超级工程的复杂性导致在特定情况下，单纯的经验法或单纯的理性处理法都不能解决实际问题，需要通过两者结合进行决策与执行。例如我国的三峡水利工程，在投资决策阶段，就要考虑工程对周围居民社区生活环境和生活质量的影响，对周围地区经济发展和生态环境的影响，以及移民后居民生活环境的选择、就业等问题。这些考量要素已经不仅是简单的经济或者价值问题，而是复杂的社会问题。在决策时，必须采用仿真模拟或机器学习的方法，在类似工程经验的基础上进行演化推理，这是典型的经验主义加理性主义的方法。

9.2.4 有限理性法 + 均衡法

任何涉及人的活动，都会产生大量的博弈问题。超级工程由于其规模性特征，多主体在超级工程决策、设计、建设、运维阶段所带来的多方博弈问题要比一般工程更复杂、更多元。超级工程本身的立体化及多角度化，使得工程决策问题也是多维化的。例如解决实施建设决策问题时，从管理者角度是组织协调调度问题，从投资者角度是成本转化成收益问题，从分包承包商角度是资源有效分配问题。因此这类问题需要从多角度进行深入剖析，采用有限理性和均衡主义的原则，利用博弈论的方法对各个利益相关者负责，寻找最优决策方案。

9.3 从工程本体论视角认识超级工程

本体论是研究"存在的本质特性"的哲学理论，是探究天地万物产生、存在、发展变化的根本原因和根本依据的学说。哲学上的本体论分析基础是自然界的辩证运动，所谓自然界的辩证运动不仅是天然自然的运动，还包括天然自然向人化自然的转化、天然自然或人化自然向人工自然的转化、人工自然向产业自然的转化、产业自然向社会自然的转化等。工程是人与自然、社会之间进行物质、能量和信息交换的载体，其核心是将二维生成三维、方案变为实体或存在物的建造活动。通过实践创造对象世界，改造无机界，人证明自己是有意识的类存在物。在工程实践中，人在改造客观世界的同时，也在改造自己的主观世界，工程反映了人的主观能动性与客观规律的统一。工程本体论主要就工程的涵义、本质和特点，工程的分类，工程的划界，工程与科学、技术的关系，工程结构与功能，工程要素和工程系统，工程的地位与作用，工程与人、自然和社会之间的关系等方面的问题进行探讨和分析[792]。

9.3.1 集成性

工程活动自人类社会形成以来一直存在，并且随着经济发展不断地演变。工程本体论认为工程是现实的、直接的生产力，工程有自身存在的根据，有自身的结构、运动和发展规律，有自身的目标指向和价值追求，绝不能简单地将工程看成是科学或技术的衍生物、派生物。超级工程活动会通过选择—集成—建构而实现在一定边界条件下要素—结构—功能—效率优化的人工存在物——工程集成体。超级工程的构成要素从性质上看是多元、多层次的异质、异构的事物群，具有集成性、群体性、动态性等特征。超级工程活动的这些活动过程及其结果就反映了科学技术工程一体化，即工程与科学技术的融合，统一及互动作用。

9.3.2 技术集成体

超级工程是技术的集成体，技术是超级工程基本的内涵。技术知识、技术方法、技术手段、技术设备构成了工程活动的必不可少的前提和基础；超级工程在工程化、产业化上的新发展，进一步不断推动新的科技进步。科学是超级工程知识性的重要支撑因素，超级工程应用科学原理通过技术工程转化为现实生产力。在面对实际场景中，超级工程又对科学新方向和新问题提出新的需求，以达到更优质高效的工程设计、建造和运行。科学技术与工程随着经济发展不断地发展和演化，相互渗透和相互作用性日益加强。

9.3.3 系统集成方法

超级工程是人与自然、社会之间进行物质、能量和信息交换的载体，是综合集成科学，技术，经济、社会等各要素的工程整体，其工程体量、技术精度、作业难度等方面在当时的环境和条件下都达到了前所未有的高度。因此，为了能够更好地完成复杂的超级工程建设，必须运用系统集成的工程科学技术，以工程的结构优化、功能优化、效率优化、环境友好为目标，反复整合、集成，把复杂的超级工程系统综合集成起来形成稳定的结构并使其成功运行。系统集成的方法需要渗透到超级工程从策划到建成的全过程全方位的管理中，使工程从前期方案到设计到施工的环节紧密结合、无缝衔接、持续改进，使设计图纸更完善、造价更加合理，为品质工程创建打下基础。系统集成是超级工程建设过程中使用的重要方法，同时也是超级工程的本体特征，本体论在超级工程中体现得更全面、更深刻、更实际。

9.4 从工程价值论视角认识超级工程

价值论是关于社会事物之间价值关系的运动与变化规律的科学。工程作为社会性活动，其本质也是寻找价值运动规律，考察和评价工程行为在个人、组织、社会发展变化中产生的意义。工程活动作为一种专业行为，是运用科学知识、技术知识与工程知识，转化为现实的人工物世界。超级工程的价值是可以进行定性和定量评价的。对工程进行价值分析，其本质是考察和评价工程行为在个人、社会、自然发展变化中产生的意义。工程的价值定义在以往的工程领域内基本以经济效益为准绳。但随着工程决策主体范围的扩大和补充，工程的社会属性逐步被认识，工程内在的价值内容开始呈多元化发展，如何达到科学价值、经济价值、社会价值及生态价值的和谐统一，是工程决策的核心问题 [793]。

9.4.1 价值体系的多维性

超级工程的价值不同于一般工程，一般工程以经济效益为主要目标，超级工程既有经济性也有社会属性，因此超级工程的价值具有多维性。一方面，超级工程作为科学与技术的结合与再创造，其本身对科技发展的科学价值不言而喻。同时，随着工程社会责任问题的持续升温，超级工程核心价值内容已从简单的经济价值问题，逐步向社会责任、环境保护、可持续性发展、企业价值、企业文化等多元化的社会价值问题过渡。另一方面，超级工程的目标也追求人、自然、社会在工程中的和谐与稳定，追求尊重人性为本的价值理念。超级工程的价值体系应包括：科学价值、社会价值及人文价值等。

9.4.2 价值评估的合理性

超级工程评估需要对工程价值进行定量和定性的估计，以便根据特定的约束条件，对工程进行决策。超级工程价值评估的三个角度缺一不可。一是对工程绝对价值的评估，所谓绝对价值，是指工程满足其对人类福祉的贡献程度，这既涉及工程自身目标的合理性，又涉及其与其他相关工程的匹配关系；二是对相对价值的评估，即基于设计功能目标，分析工程技术功能指标的完成情况和最终功能效果的实现情况，评估工程活动的投入产出效率，强调资源投入的优化配置；三是动态价值评估，主要分析工程价值在生命周期不同阶段的分布情况，从而对其与需求的匹配程度做出判断，评估工程的可持续性。例如，在决策程序中，超级工程体现出民主决策与科学决策的价值包容；在建造过程中，超级工程体现合作与共享的价值分享；在运营管理上，超级工程体现出本体价值与次生价值的价值多元。

整体看来，超级工程从体现国家综合国力的象征价值发展为价值包容、价值共享与价值多元的整体价值观，形成了超级工程全生命周期过程中的价值体现。价值包容要求民主决策与科学决策，价值共享要求开放、合作管理，价值多元要求全生态考察超级工程意义。构建超级工程价值论，立足决策过程的主体价值，融合建设过程的管理价值，凝练工程的实用价值，整体构建超级工程价值论。

9.5 从工程美学视角认识超级工程

如果说科学是求"真"，人文是讲"善"，艺术是追求"美"。那么超级工程就体现真善美。工程本身既体现文化，又体现艺术，工程岂能不"善"，工程岂能不"美"。这就是超级工程的魅力所在，也是工程令人陶醉的特征所在。建筑工程美学有十大法则，即统一、均衡、比例、尺度、韵律、布局中的序列、规则的和不规则的序列设计、性格、风格、色彩。这才是工程的灵魂所在，但关键是设计的灵活运用。从某种程度上讲，超级工程因文化艺术而存在，因文化内涵而长久被人们记忆和崇敬。综合自然环境、使用功能、人文内涵和科技要素，工程的各个建构物的体态和空间细节，运用最普通的材料、极简的元素、精湛的工艺，在满足最大使用功能的基础上最大限度地发挥其景观效果，也是工程的最大追求。超级工程美学是超级工程建设的灵魂[794]。

超级工程在建造过程中，不仅要运用科学、技术，考虑经济、社会和环境，还要寻求工程的和谐之美。超级工程在建造过程中，一般需要经过决策、设计、建设和运维四个阶段，工程美学论贯穿了工程造物活动的全部过程。在美学研究方面，黑格尔认为，绝对精神在近代浪漫艺术的形态中的表现，已经呈现出理念与感性形式、理念与现实之间的分裂。另在人本的感性精神指引下，为了追求美的形式，对"新"的执着追求更加被鼓励。工程美学通过工程的体积、布局、比例、空间和色彩等多维角度表现出来。超级工程的美学主要体现在如下几个方面。

9.5.1 统一

工程中的美，依托工程所要实现的功能、建筑结构、设计材料和工艺需求等，追求功能与美学、建筑与结构的和谐统一。

都江堰既是一座自然造化与人工斧凿浑然天成的建筑物，又是集灌溉、防洪、水运和城市供水等功能于一体的渠系。都江堰正确处理鱼嘴分水堤、飞沙堰泄洪道、宝瓶口引水口（图 9.1）等主体工程的关系，使其相互依赖、功能互补、巧妙配合、浑然一体，形成布局合理的系统工程，联合发挥分流分沙、泄洪排沙、引水疏沙的重要作用，使其枯水不缺、洪水不淹。它体现了古人"天人合一"的美学思想，更是传承千年的水利工程典范。后来的灵渠、它山堰、渔梁坝、戴村坝一批历史性工程，都有都江堰的印记。

图 9.1　都江堰宝瓶口引水口

　　曾主持超级工程设计的专家特别提到："结构展现建筑之美要求结构布置要与建筑相协调，通过结构构件的有序排列产生节奏感和韵律美，重视细部节点设计的精细化。"在当前客观条件的限制下，寻求建筑与结构的统一非常重要。建筑的美感可以通过结构的布置、构件的造型、细部的构造来体现。建筑与结构的和谐统一，也决定了超级工程的最终质量。古代的阿尔忒弥斯神庙其规模相当宏大（图 9.2），底部最上层台长约 100m，宽约 55m，神殿三面环绕着两排共计127 根巨大的圆柱，每根高达 18m。整个建筑看上去俨然是一个廊柱之林。这些巨大的圆柱在建筑中既是结构元素，也是美学装饰元素，二者在平衡统一中相互成就。圆柱支撑着建筑的巨大屋顶，保证了建筑的结构稳固和安全，同时也展现了建筑的韵律之美和文化传承。大理石圆柱的柱身上部和下部均有形态各异的浮雕，神殿四周的柱子上还环绕着一条雕刻精美的中楣，屋顶的三角楣饰也相当精美，具有很高的艺术价值。无论从建筑的设计上还是结构的布置上，都给人以庄重、优雅的美学享受。

图 9.2　阿尔忒弥斯神庙

9.5.2　和谐

在《走向新建筑》一书中，柯布西耶提出的机器美学仍然是试图建立个人与外在世界之间的一种和谐秩序，他认为，建筑应与外在世界和谐，是有关精神的创造。工程美学体现人与自然的和谐。中国建筑追求"天人合一"观念，是古人的审美观和自然观的体现。秦始皇修筑万里长城时总结出了"因地形，用险制塞"的重要经验（图9.3）。在建筑材料和建筑结构上遵循"就地取材、因材施用"的原则。修建后的长城，因地制宜，达到了"一夫当关，万夫莫开"的效果。

图9.3 因势而建的万里长城

澳大利亚的悉尼歌剧院（图9.4）的设计师丹麦建筑家伍重强调，现代建筑应当从属于自然环境，崇尚"有机建筑"理论，认为建筑应与周围环境有机融合在一起，仿佛是自然而然"生长"出来的一样，努力使建筑与环境有机地结合。在海滩上设计建造的悉尼歌剧院，远远望去，似大海在万顷碧波中的片片白帆，又如荷花盛开，充满浪漫的诗情画意。

图9.4 悉尼歌剧院

9.5.3 风格

　　超级工程从古至今，工程的建造模式不断变化，使超级工程呈现出一种独特的时代精神和人文之美。工程的建造方式受民族文化心理、意识形态和思维方式等影响比较大。如中国建筑讲究"外圆内方"，它既是一种设计理念，又是一种哲学思想。源自中国古代智慧贤者对"外圆内方"物象的"格物致知"，体现出中国人注重环境与顺应自然的审美心性，例如北京天坛（图9.5）。同时，中国古代建筑多以众多的单体建筑组合而成为一组建筑群体，方正严整，大到宫殿，小到宅院，莫不如此。建筑群以一条主要的中轴线为主，将主要建筑物布置在主轴线上，次要建筑物则布置在主要建筑物前的两侧，组成为一个方形或长方形院落，形成"对称和谐"的建筑风格，这些风格主要是受宗教信仰或风水思想的影响。

图9.5　北京天坛

西方古代超级工程建设也都受到宗教的影响，工程的设计通常遵循"宗教教义"，带有浓重的宗教神秘主义的意味。比如金字塔的形态有着宗教和象征的意义，它代表着太阳的光芒或世界初始时的形态，也作为权力等级的象征。它象征了太阳的光线，同时也是帮助法老到达天堂的阶梯，意味着复活和重生。它不仅在建筑艺术上创造了辉煌的业绩，还体现了古埃及人在天文学和几何学等方面的伟大成就。而基督教认为万物由造物主创造，带有造物主本身某些特征，比如光、美丽，极大提高了自然万物本身存在的积极意义，具有了对万物、人类共同命运关怀的视野。天主教堂中的局部和整体都体现出了基督教当时的彼岸精神和灵性理想。法国基督教建筑外观的显著特点是有许多大大小小的尖塔，代表是巴黎圣母院（图9.6）。德国基督教堂与一般的巴西利卡式教堂很不一样，中厅和侧厅高度相同，既无高侧窗，又无飞扶壁，完全靠侧厅外墙瘦高的窗户采光，代表为科隆大教堂。意大利教堂不强调高度和垂直感，没有高钟塔，而采用屏幕式的山墙构图，屋顶窗户不大，尖券和半圆券并用，代表为米兰大教堂。

图 9.6　巴黎圣母院

9.5.4　对称

中国古代工程建筑的"对称和谐"以工程中轴对称为骨架，承托起"整齐严肃、有条不紊"的视觉感受，使建筑结构本身既富有美学表现力，又顺应力学规律，完成建筑适用、安全、经济和美观的目的，如黄鹤楼（图9.7）。《吕氏春秋》云："古之王者，择天下之中而立国，择国之中而立宫，择宫之中而立庙"。

图 9.7　黄鹤楼

世界古代的建筑也注重对称性。印度的泰姬陵在建筑美学上，最引人注意的是其完全对称（图9.8）。以主殿为中心向两边布局，可以看到与中轴线距离相等之处的雕饰在数量、尺寸及样式上完全对称。其中轴线贯穿园区各门、水池及道

图 9.8　印度泰姬陵

路等的中线。泰姬陵代表了印度建筑成就的高峰，充分体现了伊斯兰建筑艺术庄严肃穆、气势宏伟的特点，它的和谐对称、花园和水中倒影融合在一起，创造了令无数参观者惊叹不已的奇观。"它是光阴面颊上一颗永恒的眼泪。"大文豪泰戈尔曾用这样的诗句形容美丽的泰姬陵。

9.6 从伦理视角认识超级工程

工程体现了人类的设计和创造。超级工程中包含着一系列选择问题，如工程目标的选择、实施方法和路径等的选择、利益分配方式的选择等，这些选择的背后其实是价值规范和伦理原则的权衡与排序。在超级工程中各利益相关者之间、工程与自然之间、工程与社会之间不可避免会存在伦理问题，要实现超级工程向好向善与高质量发展，就必须解决这些伦理问题，处理好与利益相关者、与自然、与社会间的关系。因此，人们不但要对超级工程进行科学评价、技术评价、经济评价，同时必须进行伦理评价，包括工程的目的、期望、手段等是好是坏、是否正当，这些都是超级工程中重要的问题，伦理在超级工程中起到了重要的定向和调节作用[795]。

9.6.1 伦理观

工程伦理是工程管理者针对工程管理行为和工程管理实践活动，处理工程全生命周期中管理者与利益相关者、与技术、与工程、与环境之间的相互关系时应遵循的道德准则。伦理问题的考量和伦理关系的冲突在整个超级工程的决策、设计、施工和运维过程中都会出现，例如，在设计阶段要考虑产品设计对环境或者社会公众是否会有负面影响；在施工阶段要考虑工作场所是否符合安全标准、能否保证工人的安全与健康；在运维阶段要考虑产品是否会对使用者存在风险、是否保证了使用者拥有对这些风险的知情权；在工程拆除阶段要考虑建筑垃圾对自然环境的影响以及是否对有价值的材料进行再利用等问题。

工程伦理观是一种实践的伦理观。超级工程实践中的伦理难题不是简单地搬用原则就可以解决的，不是简单的逻辑演绎，而需要实践主体在特定的社会文化背景下，基于现实问题的具体情况，进行分析、判断、权衡，并利用丰富的实践经验和独到的伦理智慧做出最佳的伦理选择。工程师与管理者是超级工程中最重要的实践主体。

9.6.2 伦理责任

对于超级工程的工程师来说，他们通常并不掌握工程的决策权。然而，由于工程师直接参与了工程活动，并且掌握着专业知识，他们了解更多的具体情况，可以有更多的"发言权"，因而理应比"外行人"承担更大的伦理责任。工程师的职业伦理规范表明了他们在职业行为上对社会的承诺。公众期待工程师能够在以下几个方面的伦理问题上承担积极的伦理责任。

第一，质量与安全。质量是超级工程发挥功能、实现其内在价值和外在价值的基础，保证良好的工程质量是维护公众的安全、健康与福祉的基础。质量安全与风险有着密切联系，而超级工程在各个环节涉及诸多风险。工程师应该在质量安全标准的施行与工程风险的控制方面发挥重要作用，并利用专业知识降低风险、提升质量与改善安全。

第二，诚信。在超级工程中，诚信（包括诚实、正直、严谨）是基本的行为规范，也是工程师所必须具备的一种基本道德素养。超级工程改造自然，塑造社会关系，影响到千百万人的利益，这要求工程师以严谨求实的态度对待全生命周期的工程活动，以诚实守信的操守提供专业的负责任的工程服务。

第三，职业角色冲突。工程师在社会中有着多种角色，承担着多种责任。工程师所面临的职业角色冲突源于对雇主（管理者或决策者）的责任与对社会公众道德法规或生态环境保护的责任之间的冲突。作为雇员，工程师应该对雇主忠诚；作为超级工程最重要的实践者之一，工程师应该坚持其专业所要求的道德准则，承担起社会责任，对公众的安全、健康与福祉负责，对生态环境负责。在事关重大的原则问题（如违反法律、直接危害公众利益）上，工程师应该坚持自己的主张，承受得起伦理和"良心"的考验，这应该被视为工程师的一项基本权利。坚持原则可能给个人利益带来损失，它需要勇气和自我牺牲精神。工程师在这样做时，应当采取适当的和负责任的方式，并寻求法律的支持和保护。

9.6.3 伦理原则

在超级工程实践中，掌握决策权的工程管理者在对工程进行决策、计划、组织、指挥、协调与控制的工程管理过程中处于核心地位，也在解决工程活动的多元价值冲突中发挥核心作用。工程管理者比工程师拥有更大更广泛的权力和影响力，成为超级工程中最重要的实践主体之一。我们希望工程管理者能够遵循以下五项原则，在伦理问题的应对过程中发挥应有的作用。

第一，工程管理者应当将人的安全、健康与福祉置于首位，包括最终用户、从业人员以及社会公众。在工程管理过程中始终重视对人的生命安全、生理和心理健康的保护，并积极促进人的福祉；当与其他利益发生冲突时，不能牺牲人的安全、健康与福祉。

第二，工程管理者应当以公正的原则对待各利益相关者。一方面在处理人际关系和利益分配方面"一视同仁"和"得所应得"，前者要求避免歧视，后者要求公平分配权利与义务、资源与机会；另一方面维护工程管理决策过程的程序公正，包括合法性、包容性、公开性、问责和监督等，并且抵制各种形式的腐败行为。

第三，工程管理者应当尊重科学规律，秉持职业良心，维护职业荣誉。尊重科学、实事求是，不断提升专业素养，追求创新，与时俱进；自觉守德，忠于职守，克服私心，秉持公心，将外在伦理要求内化为道德自觉；通过良好的管理能力的提升与表现，提升职业形象，促进工程管理知识体系的完善和行业的持续良性发展。

第四，工程管理者应当以和谐共赢的原则追求工程目标。一方面，工程管理者应该平衡工程多目标间的关系，平衡利益、成本与各种风险，从而促进实践主体内部、不同主体之间以及主体与自然之间的和谐；另一方面，工程管理者应该运用伦理智慧，在实践中选择恰当的协商方式，妥善解决各相关方之间的冲突，在不同利益关系之中寻求平衡，以达成共赢。

第五，工程管理者应当保护人文历史与自然环境，促进可持续发展。工程管理者不仅应该避免破坏生态平衡，还应该在防治污染、节约能源、清洁生产、资源循环利用等自然环境保护方面，人文历史遗存、文化传承推进等人文环境保护方面承担积极责任。工程管理者应该将"双碳"目标融入工程管理全过程，始终关注并有目的地进行管控，通过低碳或无碳技术的研发与应用，促进节能减排和"双碳"目标的实现。

9.7 超级工程的哲学与管理启示

罗马不是一天建成的，超级工程不是一蹴而就的。超级工程的建造需要通过有系统地组织，调动大量的人力物力，花费较长的时间来建设。在其漫长的建设和运营过程中，超级工程充分展示了人类通过科技进步改造自然的能力，是人类最先进生产力的代表。从古代到现代，人类所建设的超级工程经历了从"征服自然"到人与自然和谐发展的理性变迁。生产力的进步与社会发展促生新的科学发现，科学发现促进新的技术发明，先进的技术发明推动了超级工程的建设与发展。科技、技术与工程之间相互促进，从而推动生产力的螺旋式进步。

9.7.1 哲学启示

1. 工程三元论指导超级工程，超级工程又诠释了工程三元论

科学是对自然界客观规律的探索，科学的任务是要有所发现，从而增加人类的知识和精神财富。科学知识的基本形式是科学概念、科学假说和科学定律，科学活动的最典型的形式是基础科学研究，包括科学实验和理论研究，进行科学活动的主要社会角色是科学家。技术是改造世界的手段、方法和过程，它是要在科学认识的基础之上有所发明，从而增加人类的物质财富并使人类生活得更美好。技术知识的基本形式是技术原理和操作方法，技术活动的最典型方式是技术开发，包括发明、创新和转移。工程是实际的改造世界的物质实践活动和建造实施过程。工程是要有所创造，从而为人类生存发展建造所需要的人工自然。工程知识的主要形式是工程原理、设计和施工方案等，工程活动的基本方式是计划、预算、执行、管理、评估等。

一般认为"三元论"是工程造物活动的理论基础。"三元论"是指科学、技术、工程三个不同的对象、三种不同性质的活动，虽有本质的区别，但也存在密切的联系，将这种联系以相互交叉、融合的形式组成新的系统，称之为"科学、技术、工程三元论"（图9.9）。科学是基础，技术是手段，工程是应用，三者为统一整体，不可分割。例如，爱因斯坦发现了光电效应（科学理论），然后通过单晶硅或多晶硅的技术（技术手段）实现了光发电，再把这种技术应用于工程实践现实，形成了太阳能发电工程（工程应用）。反映到超级工程中亦是如此。首先，超级工程需要完成具体的设计与建设任务，这些具体任务通过抽象可以提炼为新的科学问题，研究新的科学问题产生新的具有普适性的科学成果；其次，科学成果需要经过转化成共性技术，带有一定普适性和可重复性的方法才能应用于实践，技术是科学向实践的转化，二者都具有通用性和可重复性；最后，超级工程都是唯一的独立个体，共性技术需要结合超级工程本身的特点进行量身定制，解决具体工程环境带来的新要求，实现技术在超级工程中的典型应用。同样，超

级工程的工程实践反过来促进共性技术和科学研究的发展。科学、技术、工程在超级工程的建设过程中相辅相成、分工协作，保障超级工程最终的建设目标[796]。

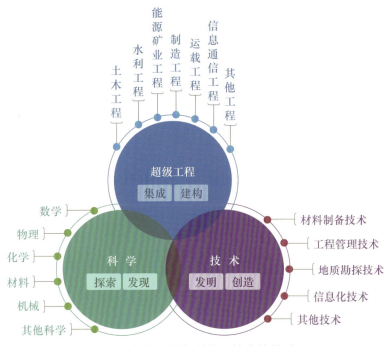

图 9.9 超级工程与科学、技术的关系

超级工程的重要标志是具有创新水平。工程创新是创新活动的主战场，工程的竞争力很大程度上取决于技术创新的竞争力。先进的具有自主知识产权的技术是超级工程的内在要求，掌握自主核心技术是建造超级工程的关键。技术创新的背后需要有科学理论的指导，只有基础理论取得突破，科学问题得到解决，科学才能转化为技术并在工程实施中得到印证。

从投入和产出来看，科学、技术、工程存在着循环关系。科学是一种对自然界和社会本质及其运行规律的探索与发现，并不一定要有直接的、明确的经济目标，科学评价原则是基于对科学发现、新科学理论和学术原创性的承认，而技术、工程则有着明显的经济目标或社会公益目标，在很大程度上是为了获得经济效益、社会效益并改善人民的物质文化生活水平。超级工程一方面通过投入大量的资金进行建设，在运营过程中又转化为现实生产力，从而获得经济效益、社会效益；另一方面在建设和运营中又促进科学和技术的发展，也会产生投入和产出。因此，投入和产出关系伴随着超级工程的全生命周期循环往复，同样阐释了科学、技术、工程的统一。

2. 社会发展产生超级工程，超级工程促进社会发展

超级工程建造过程既是改造自然、构建人工实在的活动，同时又是一定综合环境下的构建社会实在的活动。从超级工程的建造规律看，其与社会发展阶段密切相关。各种类型超级工程的建造源于社会发展的迫切需要，又回归于社会发展之中。超级工程不仅仅是规模浩大，最主要的是它紧扣社会发展最需要解决的重大问题，往往影响着整个社会发展的进程，具有牵动全局的功能。从超级工程演化的过程来看，满足社会发展需求是建造超级工程的本因，不同的社会背景和社会发展阶段产生不同的超级工程，社会发展成为超级工程产生的重要基础和条件。人类社会的发展离不开科技的进步和创新，而超级工程作为科技进步和创新的体现，也必然随着社会的发展而产生。超级工程的产生不仅是技术水平的提升，更是人类对自身价值的追求和探索。在这一过程中，超级工程不仅推动着社会的进步，反过来又受到社会发展的影响，双方形成了一种相互促进的关系。

历史上，统治者为了谋求全局的主动权和长久的控制能力，往往不惜耗费巨大的人力和巨额的钱财来建造超级工程，其本质上也体现出社会发展的需求。社会发展需求有多个方面，如经济需求、政治需求、文化需求、军事需求等。秦始皇修筑长城的目的是在军事上抵御北方民族的入侵，在政治上巩固秦王朝的统治，着眼点是解决战争与和平的问题，因此，军事和政治需求促使了长城的修筑。都江堰修建的初衷也是为了满足秦国军事上的需求。秦吞并巴蜀后，占据长江上游的有利地形，准备以此蚕食下游的楚国。但是由于补给无法直接从成都由水路进入长江，运往与楚国交战的前线，秦军无法继续深入进攻楚国腹地。正是在这种背景下，统治者决定修建都江堰，将岷江改道，引水穿过成都，使其成为真正的战争补给线。虽然都江堰修建的初衷是为了军事需求，但随着社会的发展和工程的演化，都江堰在防洪、灌溉、航运等方面也起到了重要的作用，发挥了超级工程的最大功效。

超级工程在某种程度上可以被视为一种追求最大化功利的行动，因为其建设和运营都是从社会效益和经济效益出发的。超级工程建设运营不仅可以改善社会基础设施，提升国家竞争力，还可以创造就业机会，促进社会经济发展，从而带来更多的快乐。实用主义的核心思想是追求实际、可行的解决方案。超级工程在实践中的建设，一定程度上也反映了实用主义的理念。超级工程作为庞大的工程项目，需要在实践中不断调整、完善，从而使其达到预期的效益。超级工程的建设和运营需要依赖现代科学技术和先进的管理理念，因此，这些工程项目的成功

建设和运营，必然能够促进科技和管理的发展，进而促进社会的进步和发展。社会契约论认为，社会的存在是基于个体之间的契约和协议，人们应该以社会和集体利益为出发点，为社会贡献自己的力量。超级工程的建设，本质上也是一种社会契约的体现。政府、企业、社会以及个人等各方面的参与者，通过合作达成共识，协力推进超级工程的建设。在这个过程中，每个参与者都应该为社会奉献自己的力量，最终实现超级工程建设的顺利推进，从而促进社会发展。

对于人类社会而言，生产力是一种客观的物质力量，是人类社会存在的基础和发展的根本动力。人类在物质文明上所取得的成果和进步，人类经济活动所运行的轨迹，都同生产力有密切的关联。生产力发展的水平代表着一个国家或地区在某一个时代的发达程度。近现代三次工业革命推动了生产力的巨大变革，促进了社会的进步，为大量不同类型的超级工程建设创造了先导条件。第一次工业革命在生产领域产生重要变革，推动了机器的普及以及大工厂制的建立，也推动了交通运输领域的革新，进而为交通领域的铁路、汽船等超级工程建造奠定了重要的基础。同第一次工业革命一样，第二次工业革命促进了社会经济的迅速发展，将工业化推进到一个新阶段，电器开始运用，成为补充和取代以蒸汽机为动力的新能源，以采矿、冶金为代表的重工业得到了迅速的发展。电子计算机、原子能、航天航空技术、生物基因工程共同推动了第三次工业革命。航空航天技术把人类的活动空间从地球拓宽到了太空，实施了阿波罗登月计划等超级工程。原子能技术为电子时代的电子设备提供了超级能源，也促进了能源领域超级工程的成功实施。

超级工程是人类改造自然的一种强有力的手段，在人类社会发展变迁的过程中起到非常重要的作用，是社会发展的重要驱动力。超级工程的展开对变革时期的政治、经济、军事等往往有着不可低估的影响，甚至在某种程度上成为改变社会进程的关键。超级工程对社会发展还会形成场效应，通过共同的利益将不同的社会集团、生产要素聚集在一起，形成一个高密度、高浓度的场，形成更好的氛围，推动各领域的共同发展。超级工程在科学技术成果向生产力转化过程中起着非常关键的作用，是科学技术转化为生产力的重要桥梁。二战后期，美国投入一万五千多名科学家，二十三亿美元，开展震惊世界的"曼哈顿"工程。这一超级工程在科学技术上拉开了人类进入原子能时代的序幕，积累利用核能的第一手资料，为世界核能工业的诞生打下了基础，促进了社会生产力的发展。超级工程无论从政治、军事，还是从科技、经济等各方面都对人类社会的发展变迁产生重大影响。

超级工程的产生和发展不仅为社会提供了新的基础设施和技术手段,还促进了各行各业的协同发展和创新,为社会的发展注入了新的动力。超级工程推动着作为先进生产力代表的各种技术和产业的发展,为新的产业结构、新的经济秩序的确立,提供一个广阔的实验基地。从这个意义上说,超级工程也是社会发展变迁的强力导轨。新中国成立70多年特别是改革开放40多年来,中国经济社会快速发展,其中超级工程带来的科学技术创新驱动功不可没。"两弹一星"、载人航天、探月工程等一批超级工程的科技成就,大幅度提升了中国的综合国力和国际地位。三峡水利工程、西气东输、西电东送、南水北调、青藏铁路、京沪高铁等一大批超级工程建设成功,使得基础设施空间得到有效扩展,形成完善、安全、高效、互联互通的现代基础设施网络,为整个社会的运行提供了重要的基础,同时也带动了国民经济其他行业,促进了经济社会全面快速发展。超级工程带来科学技术每一次的重大突破,都会催发社会生产力的深刻变革,都会推动人类文明迈向新的更高的台阶。以超级工程带动科学技术发展是当前各国推进科技发展和社会进步的重要引擎,在创新驱动发展中具有重大的作用。

3. 超级工程支撑经济发展,经济发展成就超级工程

超级工程是随着时代的进步发展起来的。从超级工程的经济属性看,超级工程随着经济社会发展而发展,随着经济社会衰退而衰落,超级工程成为一个社会发展阶段和一国经济发展水平和经济实力的重要标志。从超级工程的演变规律看,当一个社会处于鼎盛时期,也是超级工程出现较多的时期;当一个国家处于经济快速发展时期,也是超级工程建造活跃时期;一个国家的经济发达地区,也是超级工程建造最多的地区。而超级工程的建设又带动了一国或一个地区的经济发展。可以说,超级工程支撑经济发展,经济发展成就了超级工程。

古埃及的金字塔、玛雅遗址、古巴比伦的空中花园,这些超级工程的出现都得益于当时当地社会经济发展的繁荣和昌盛,无论是政权稳固的需要,还是人类文明延续的需要,这些超级工程也同样支撑了人类社会经济、科技、文明发展。改革开放后的40多年间,中国经济得到快速发展,超级工程如雨后春笋般涌现,且随着中国科技发展和工程建设经验的积累,在2000年后呈快速上升趋势,京沪高铁、港珠澳大桥、北京大兴国际机场等一系列投资规模巨大的超级工程得以建成。这些百花齐放的超级工程,带动了相关工业产业的

发展，为中国培养了一大批经验丰富、技术过硬的设计师和工程师。如果没有中国改革开放后的经济腾飞，这些超级工程出现的时间必定延后，中国工程科技、工程管理、工程建设的相关发展，也依然落后于西方国家，无法支撑伟大中国梦的实现。

4. 自然支撑了超级工程，超级工程又改造了自然

超级工程是自然环境下的典型人造工程，是人类为了满足自身发展需要而改造自然的重要载体。超级工程的基础是自然物质和自然环境，超级工程的建造必须服从自然规律与法则，与自然环境相互协调。超级工程由于规模巨大、技术复杂、目标多样，对自然环境改造得最为彻底，只有与自然环境相互协调，达到超级工程与自然环境的和谐共处，才能发挥超级工程的最佳效用，服务于更多更广的人类物质文明与精神文明的需求。

超级工程的建造必然会改变其周围的自然环境。将保护自然环境、解决自然灾害与超级工程的建造合而为一，实现自然与工程的完美统一，成就了一些伟大的超级工程。

都江堰水利工程是自然环境与超级工程的高度协调统一的典范。面对岷江造成成都平原的洪灾，以及玉垒山造成的东部旱情，利用工程所在的自然地理、特殊地形、水脉和水势，因势利导，无坝引水，自流灌溉，使工程多目标（如堤防、分水、泄洪、排沙、控流）相互关联，并利用系统工程的思想统一成一个体系，保证了都江堰水利工程的建设目标的实现效果，即防洪、灌溉、水运和社会用水等综合效益。正是以不破坏自然环境为前提，变害为利，正确解读自然环境，顺应自然规律，成就了都江堰工程的 2000 多年经久不衰，成为世界最佳水资源利用的典范，更是年代最久、唯一留存、以无坝引水为特征的宏大水利工程。都江堰工程同时极大改变了岷江水的自然流向，通过分水堤将岷江分成内江和外江，内江用于灌溉，外江用于排洪，实现水旱从人，造就了成都平原沃野千里的局面。它集中体现了超级工程与自然之间的哲学关系，即自然支撑了超级工程，超级工程改造了自然。根据自然环境，因势利导地设计、开发的超级工程，有助于超级工程实现造福人类的目标；反之则违背自然规律，不仅超级工程本身无法实现规划目标，还会对工程周围的自然环境造成不可逆转的破坏。

"生态优先、绿色发展"理念也在金沙江下游的干热河谷焕发着勃勃生机。由于金沙江中栖息着许多喜流水生境的鱼类，每到繁殖季节就会逆流而上，洄

游到上游进行产卵。白鹤滩水电站、乌东德水电站等筑起的高坝，成了它们回家的"拦路虎"。为鱼儿打开一条生命通道，是每一项水电工程都要解决的难题。在乌东德水电站，300m 的高坝矗立江中，一部专用"电梯"成了解开难题的钥匙。在此之前，这样的过鱼方式国内并无先例。白鹤滩水电站建成后，正常蓄水位将达到理想高度。这意味着，一部分海拔较低的栗喉蜂虎营巢地将被抬升的水位淹没。工程建设者对淹没区外的巢穴进行"旧屋改造"，将淹没区内的栗喉蜂虎成功乔迁。超级水电站的建设者不仅打造了最大的世界级清洁能源走廊，还用智慧和担当护佑着脆弱的生态系统和其中的生物种群，在保护生物多样性方面做出贡献。

5. 科技革命催生超级工程，超级工程推动科技革命

从人类社会的发展足迹来看，超级工程始终处于运动、发展的过程中，表现出进化的特征。超级工程是人类生存、发展历史过程中，为了改善自身生存、生活条件的基本实践活动，通常伴随着人类文明而发展。每一个新的超级工程产生都受到科学革命的推动，往往一批超级工程的诞生都伴随着一次新的科学革命。世界三次工业革命，都是由科学发明和创造而引发的。同时，超级工程的建造又对科学研究提出新的课题，进一步推动了科学革命。

电子和信息技术普及应用开启了新科技革命之门。随着互联网技术的普及和移动互联网的发展，全球正处于半个世纪以来的又一次重大技术周期之中。2019年，中国正式进入 5G 商用元年，无论是政策支撑、网络建设、市场竞争还是应用创新，中国 5G 建设工程都取得长足进步，引领全球信息通信建设高潮。截至2020 年 9 月底，累计建设 5G 基站 69 万个，累计终端连接数已超过 1.6 亿户。固定和移动宽带全面普及，移动通信技术后发赶超，实现了从 1G 空白、2G 跟随、3G 突破、4G 同步到 5G 引领的历史性跨越，网络速率已位居全球中上水平。5G 超级工程加快推进，我国通信业实现了高质量、跨越式发展。

中微子作为组成自然界最基本的粒子之一，体积非常小，在不带电的情况下以接近光速运动，且与其他粒子间的作用极小。科学家提出将中微子应用到通信上，如果成功应用，对网络通信的影响是颠覆性的。中国在江门地区建造了一个世界最大的中微子研究设备，在地下 700m 处建立一座十多层楼高的有机玻璃球，球径为 35.4m。这个中微子实验装置比目前国外的设备大 20 倍。中微子超级工程的建设正是信息通信科技革命催生的超级工程，同时中微子超级工程建

设目的是研究中微子的通信应用，一旦中微子应用成功，将有力推动科技革命的进程。

超级工程不仅在工程规模和技术复杂程度上领先，还引领了各个时代的科技发展。面对超高风险、超难技术，科学家与技术专家需要集中才智，解决超级工程中提出的科学与技术难题，现代化的科技成果被广泛用来解决工程难题。

航天探月工程，作为人类面临的最复杂工程之一，运用了多学科的科学和技术，包括力学、物理、材料、电子信息、机械管理等。同时，面临的难题也对科学技术发展提出新的需求，激发科学家开展新的研究，获得更多的科学技术成果，推动着各个学科的发展。以交叉学科为例，超级工程中的科学问题往往是交叉学科问题，需要多个学科的科学家共同探讨，研究解决方案。以往被学科分裂的研究力量在超级工程研发过程中被联系起来，共同面对交叉新问题，利用各自的专业研究基础，研发超级工程中的新问题，获得新的科学认识，反哺到各个方向，为相关学科发展注入新的思维方式和新的科学发现，推动科学技术革命发展。

载人航天等空间探索活动不仅需要复杂的航天器和探测器设计制造技术，还需要大量的科学数据分析和处理技术。空间探索的发展推动了航天工程、天文学、物理学等多个学科的发展，为人类对宇宙的认识提供了更丰富的信息和知识。超级工程的实践用于检验解决方案的可行性，反馈科技成果的工程应用效果和存在的缺陷，推动科技成果的进一步发展，新的科学与技术成果在超级工程的实践中应运而生。作为科技发展的沃土，超级工程一方面提出新的科学、技术难题，另一方面检验与反馈新的科技成果。因此，每个成功的超级工程都集中了大量的科技成果，同时又产生出很多新的科技成果。

9.7.2 管理启示

1. 正确处理好超级工程建造中投资、工期与质量的关系

超级工程代表着工程建设时期最先进的科学技术与建造工艺，其工程质量必须经得起几十年、几百年甚至上千年的岁月考验，必须承载着科技、文化、经济、政治等要素的积累、传承与发扬。因此，保证超级工程的质量是重中之重，坚实的质量基础可以保障和延长超级工程运行寿命和服务周期。

一方面，超级工程投资规模大，回报周期长，如果质量不过关，必定影响

其运行服务质量，造成资源的严重浪费；另一方面，工程建设不可逆，一旦工程质量出现严重缺陷，发生重大安全事故，人民生命财产安全将受到威胁，甚至会影响社会安定。而超级工程在建造中又有控制造价和按期完工的要求。在满足工程基本质量的前提下，如果追求工程的更高质量，就需要较高的资金或者资源投入，例如使用质量更好的材料，执行更高要求的质量施工标准等，而这些一方面会带来建设成本的大幅度提升，同时也可能导致工期的延后与滞后。

因此，要统筹三者之间的关系。一方面要在确保质量的前提下，确定合理的投资和工期，另一方面在建造过程中科学控制投资和工期，实现三者的有机统一。决不能以牺牲质量为代价赶工和节省投资。例如始建于公元前 7 世纪的马里卜水坝位于也门首都萨那以南约 30km 处，是人类历史上最著名的水利工程之一。该水坝始经过多个世纪的不断修缮和扩建，成为了一个集灌溉、防洪、发电等多种功能于一体的综合性水利工程。该水坝采用了传统的拱坝设计，利用天然岩石和混凝土材料建造而成。水坝的坝体设计合理，能够有效地控制洪水的流量，防止洪水对下游地区的危害。马里卜水坝的工程质量不仅体现在其结构安全性和稳定性上，还表现在其使用功能的发挥上。该水坝投入使用后，为下游农田提供了稳定的灌溉水源，使得农田的产量大幅提高。同时，水坝的防洪功能也有效地减少了洪水对下游地区的灾害影响，为当地的经济和民生发展提供了不可估量的重要支撑，这就是高质量超级工程所具备的有形和无形的价值。

2. 正确认识超级工程的短期价值和长期价值

一般工程项目都存在短期价值与长期价值，价值体现基于使用者的需求和期望。比如沙漠里的水和一堆钞票相比，水的短期价值比较高，钞票的长期价值就比较高，前提条件是如果很快就能走出沙漠的话。而如果走不出沙漠，那么水的长期价值和短期价值都很高，而钞票就一文不值。对于超级工程而言，需要正确认识工程的短期价值和长期价值的问题，这主要包含两个方面的内容：第一，随着时间的推移，超级工程的价值评价原则发生变化，导致了超级工程价值评价发生了变化；第二，有一部分超级工程，为了追求未来更加优质、更加具有长期的效益，放弃了唾手可得的短期效益。

随着世界的发展与变革，政治、经济、文化、科技以及自然环境都会发生变化，社会普遍认同的价值原则也发生着翻天覆地的变化。超级工程的价值评价主要依据特定时代、特定地域以及特定的社会环境认同了的一般价值原则，因此，随着时间的推移以及世界的发展，超级工程价值的评价结果，包括社会效益、经济效益、生态效益和人文价值等也会发生很大的变化。万里长城是中国古代标志性的军事防御工程，用以阻隔敌骑的行动，也是世界历史上修建时间最长、工程量最大的一项古代防御工程。因此，在古代人民的价值评价中，万里长城的价值主要体现军事价值方面。然而，现在的万里长城，成了中国乃至世界上著名的旅游景点和地标性建筑。因此，万里长城的价值属性就从过去的军事价值转变为了现今的经济价值和文化价值。埃及金字塔是古埃及文明的杰出代表，被誉为世界七大奇迹之一，1979 年被联合国教科文组织列入《世界遗产名录》。金字塔的形态有着宗教和象征的意义，它代表着太阳的光芒或世界初始时的形态，同时，也作为权力等级的象征。因此，在古埃及时代，金字塔发挥了重要的政治价值和宗教价值。而现在，金字塔成了埃及重要的旅游收入来源和文化标签，其价值属性转变成为经济价值与文化价值。

超级工程一般都是百年工程，建设时间长，服务年限久，很多情况下，需要正确认识和处理短期效益和长期效益的问题。有些超级工程，建设和服务的前期看不到价值效益，但是随着时间的推移，其经济价值和社会价值等方面会在其长生命周期中慢慢地突显出来。港珠澳大桥是 21 世纪中国标志性的超级工程，其在工程技术等方面都处于世界领先地位。但是，由于工程处于初期投运与服务阶段，大桥的车流量还达不到预期的设计水平，这就在社会舆论方面产生了一些不同的看法与质疑，但是，这些都是短期价值的问题。港珠澳大桥是一项百年工程，工程会在其长生命周期内对大湾区未来发展发挥巨大的带动作用，产生巨大的长期价值。因此，随着大桥管理层面的提升、服务质量的提高，未来的车流量会大大增加，大桥本身的经济效益和社会效益也会逐渐显现出来。因此，任何一项超级工程都不应该仅仅关注其短期价值，同时应该更加长远地看待超级工程全生命周期的价值属性。

3. 超级工程的决策建造既要注重战略，又要注重细节

超级工程决策是一项重大而复杂的任务，在整个超级工程中占有头等重要的地位，其具有全局性、决定性的影响，直接关系国家的发展战略和未来的发展方向。因此，在决策过程中必须注意战略思维，在国家意志和政策指导下，充分考虑各种因素，细致论证，保证决策的科学性和可行性。

超级工程决策的第一要义是高度，必须站得高才能看得远。因为只有对超级

工程发展战略有清晰的认知，才能为之制订合理、有效的决策。同时，超级工程的决策也要注重细节，这在可行性研究阶段尤为重要。在这一阶段，需要进行实质性的技术经济比较，同等深度比较不同的工程方案、投融资方案、建设时间等问题。只有将每一个细节都考虑清楚，才有可能做出科学的决策，使工程建设更加顺利。

超级工程的决策无疑是战略性的重大决策，需要从战略层面研究问题和考虑问题，一旦决策失误将会给国家造成重大损失。在超级工程的决策过程中，需要注重战略、注重长远，要站得高才能看得远。决策者需要充分了解国家发展的需要和政策要求，认真研究各项技术指标，综合考虑工程的经济效益、社会效益等多方面因素，全面论证项目的可行性和必要性。只有在这样的基础上，才能做出准确、科学和可行的决策。以秦王嬴政时期所建造的超级工程为例，他在完成统一大业之前便开始着手修建万里长城、郑国渠等诸多利于军事和农业的超级工程。这些超级工程的建造消耗了大量人力、物力和财力，由此进一步加重了百姓的负担。在这种背景下，嬴政又做出了兴建秦始皇陵和阿房宫的决策，使得原本就已经过重的徭役雪上加霜，同时政治制度和社会环境也日趋变得封闭和苛刻。虽然阿房宫是世界建筑史上重要的超级工程，但我们辩证地看，其建造时机并不符合当时人民生活发展需要，因此超级工程在决策中必须要注重全局和战略思维，全面综合社会、经济、科技等各方面因素并进行论证，避免决策失误。与之形成鲜明对比，20世纪70年代，中国领导人对国情进行了深入的辨析，决定不平均使用力量，而是集中力量办大事，实现量变中的部分质变、质变中的量的扩张。在这种情况下，做出了针对宝钢主厂区建设工程的决策。这个超级工程在我国钢铁工业现代化道路上具有里程碑意义，同时也为国家引进国外技术，在消化引进基础上自主创新，实现对外开放战略方针提供有力支撑。这表明，从战略层面出发，科学论证和制订超级工程决策，可以使其更好地推动国家的经济发展和社会进步。

超级工程决策的制订与实施需要严格遵循科学决策、科学论证的原则，从细节出发，核实每一个数据，考虑到每个细节，确保进行科学论证、科学决策。以中国特高压工程的决策为例，在决策过程中，国家统一组织电力、机械等领域的高校、有关部门和企业产学研用联合，共同开展研究论证。在这个过程中，全国范围内的2000多位学者专家直接参与相关工作，其中包括30多位院士、300多位教授及教授级高工、800多位高级工程师及博士，以及超过1000人的工程师、在校研究生及其他人员。可以看出，在超级工程的决策过程中，需要广泛地凝聚各方力量，充分调动社会资源。在这个过程中，由于特高压输电技术本身就是一个十分复杂的系统工程，还存在着一系列风险和不确定性因素，所以论证的深度和广度都必须非常充分和全面。因此，针对发展特高压输电的必要性、技术可行性、关键技术原则、设备国产化方案、示范工程选择和远景规划等重大问题，共召开了200多次专题会议，与会专家和代表超过7000人次。这些会议旨在全面、系统地研究诸如技术指标、环境影响、经济效益等方面的数据，深入剖析技术难点，加强各方之间的沟通和协调，从而确保决策的科学性和可靠性。通过充分论证，社会各界达成了广泛共识，认为我国发展特高压输电十分必要、技术可行、非常紧迫。这种共识给了政府做出政策决策的信心和支持，同时也为超级工程建设提供了坚实的社会基础和资源保障。正是由于在中国特高压工程的决策论证阶段秉承兼听则明、偏信则暗的原则，其后续的建设和运营都取得了巨大成功，得到了国际上的广泛认可。在超级工程决策的过程中需要广泛调动社会各界的力量和资源，促进各方之间的沟通和协调，以确保决策的科学性和可靠性，最终为超级工程的建设与发展提供强有力的支撑。

综上所述，超级工程决策具有头等重要的地位、作用和重要性。必须从战略层面研究问题和考虑问题，综合考虑各种因素，避免因决策失误给国家造成损失。超级工程的决策需要站在国家的高度、长远的角度，注重社会效益和经济效益的统一，同时也需要与时俱进，适应时代的发展需求，为国家的现代化建设贡献力量。

4. 超级工程的建造既要关注系统和整体，又要重视个体和局部

超级工程的建造是一个极其复杂和庞大的系统，由各个子系统组成一个完整的整体。因此，在超级工程的建造中，需要建造者有系统思维和整体意识，从系统看个体，从整体看局部，实现系统协调和有效衔接。

为了实现系统协调和有效衔接，需要按照整体设计和要求进行总体安排和资源的优化配置。当系统性地看待超级工程的整体时，就需要对超级工程的各个子系统进行有效的配置，并平衡工程建设的成本、建设周期等问题。由于超级工程的子系统众多，建设周期长，如果不能有效地从整体视角对超级工程进行整体设计，过分突出某个或某些子系统，可能导致资源配置无法优化和平衡，最终导致工程建设失败。因此，超级工程的建设需要注重整体性和系统性，实现各个子系

统之间的协调和衔接。在建设过程中，建造者需要进行充分的系统规划和设计，对超级工程的各个子系统在时间、空间上进行有效的协调和布局。这样才能保证在工程建设过程中，各个子系统之间能够依据整体设计和要求，相互协调和衔接，从而实现超级工程建设的总体目标。此外，超级工程的建设也需要注重各个子系统之间的互动和影响。超级工程的每个子系统都是相互依存、相互影响的，因此必须在超级工程的整体设计中进行资源优化配置，保证各个子系统之间的协调和衔接，解决可能出现的矛盾和问题，并且有效降低超级工程建设风险，确保项目可以按计划完成。总之，在超级工程的建造过程中，充分运用系统思维和整体意识，将各个子系统有机地结合在一起，才能实现资源的优化配置和工程建设目标的有效达成。只有这样才能够克服建设中的各种困难和挑战，保证超级工程建设的成功实现。

另外，在建造过程中，必须同时关注工程整体和个体、局部的具体施工建造，以确保每个单体都能成为精品。这是超级工程建设成功的前提。针对超级工程的复杂性，不同专业需要共同参与建造单体，并将不同单体组合成子系统，同时将各个子系统组合成完整的大系统，确保各个子系统之间的衔接和协调。在超级工程的建造过程中，会遇到各种问题需要处理和解决。因此，必须抓住主要矛盾和次要矛盾的主要方面，分清主次，分工负责，有条不紊地高效完成任务。运用哲学思想组织超级工程的建设，可以在处理问题和解决问题时产生更好的效果。例如，可以采用辩证唯物主义思想来分析项目建设中出现的各种问题及其发展趋势，从而更好地规划和实施相关建设措施。此外，还可以采用集体主义思想来鼓励团队合作，激发员工积极性和创造性，提高工作效率和质量。总之，在超级工程建设过程中，必须兼顾整体与局部，并注重各个子系统之间的衔接和协调。

西气东输工程是中国距离最长、管径最大、投资最多、输气量最大、施工条件最复杂的天然气管道工程，由三条输气管道组成。其中，"西一线"连接新疆塔里木的轮南和上海市西郊的白鹤镇，于 2005 年全线贯通；"西二线"从新疆霍尔果斯口岸开始连接至广州，西段于 2009 年投产，东段于 2011 年建成投产；"西三线"包括 1 条干线和 8 条支线，连接新疆霍尔果斯和福建福州，建设时间为 2012 年至 2016 年。面对这样一个战线长、环节多、难度大的超级工程，实现项目建设目标需要运用系统思维，从工程整体进行设计与施工计划，并分阶段、分工序进行高效紧凑的组织管理。只有建立高效紧凑的组织管理体系，对项目进行整体管控，才能完成如此复杂的超级任务。为了达到这个目标，中国政府成立了西气东输工程建设领导小组，实行统一领导、统一规划、统一组织和统筹协调等措施，并且及时解决进程中出现的问题和矛盾。这些举措有效地统筹协调了各个子系统之间的关系，实现了整体与局部的协调和衔接。总之，超级工程建设需要充分运用系统思维，从整体性和系统性角度出发，对各个子系统进行有效配置和整体设计，并实行高效紧凑的组织管理体系，既注重全局又注重局部，以确保项目能够顺利完成。只有如此，才能达到优化资源分配、降低风险、提高项目建设效率和效益等多方面目标。

　　总体而言，超级工程是一个庞大而复杂的系统，其建造需要充分考虑系统性、整体性和局部性，并通过运用系统思维、哲学思想等，进行科学的设计、管理和施工，才能够有效实现超级工程的建设目标。

5. 辩证地看待超级工程建设的利与弊

　　任何一件事都不可能是完美无缺的，有利就有弊。作为一项超级工程，利与弊体现得更为明显。在一项超级工程的论证和决策过程中，往往工程的有利方面非常明显，但是不利方面也很突出，造成决策困难。辩证地看待利与弊，对决策很有帮助。有时在短期看是弊，长期看可能是利，从一个角度看是弊，另一个角度看可能是利。这也是超级工程决策产生争议的原因之一。有时利弊是可能转换的，决策者往往能从弊中看到利，从挑战中看到机遇，做出正确的决策。

　　例如南水北调工程解决了我国北方地区，尤其是黄淮海流域的水资源短缺问题；西气东输工程东西横贯9个省，满足了西部、中部、东部地区人民生活对天然气的迫切需要。一方面，它们都极大程度地解决了我国由于地域资源储备的差异，导致经济发展不均衡的重大矛盾。另一方面，这样的超级工程也带来了诸多新的挑战。由于需要修建丹江口水库和大坝，南水北调工程中的移民工作从2008年持续到2012年。移民群体结构复杂，由不同年龄、不同性别、不同社会文化背景的人所组成。在非自愿前提下，迁离世代居住的家园，离开熟悉的土地、社区和生活环境，解体原有的社会经济系统和社会联系网络，改变千百年形成的生产和生活方式，重新构建个人和家庭的生计系统，经历与亲邻分离的精神痛苦和心灵煎熬，对社会、家庭和个人来说，这都是一个极为艰难的过程。随着移民工作的结束，移民群体工作生活日趋平稳，移民所带来的种种矛盾被逐渐化解。但南水北调工程依然发挥着重要作用，解决了资源短缺问题，保障了北方地区的生产生活的基本需求，解决了更大范围内的经济、就业等发展问题。

　　任何一个超级工程设计都不可能做到十全十美，人类在改造自然的同时，必然对自然造成一定程度的影响，这是人类发展中必须面临的矛盾问题。但随着科技的不断进步，人类对生态环境保护的意识越来越强，超级工程建设的决策越来越慎重，可行性分析越来越严谨，对周围环境的影响越来越小，人类一直在努力寻找发展与保护自然之间的平衡。客观地看待超级工程的利与弊，有利于我们更好地认识超级工程，同时保护人类赖以生存的自然环境。

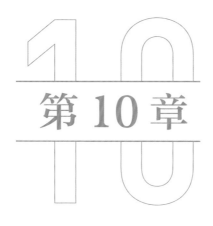

第 10 章

发展规律与趋势

　　不论是中国古代、近现代超级工程，还是世界古代、近现代超级工程，均具有"文明迁徙、需求拉动、演化渐进、经济基础、科技进步、自然力影响"六大规律；具有"决策者青睐、统治者喜好、时代大势选择、同道模仿与竞争、民间创造与积累、贪大求奇"六大特点。满足人类社会发展需求，解决人类社会发展中的问题，是建造超级工程的大势所趋。

超级工程的建设发展涵盖了中国至世界范围，容纳各行各业、各种类型。从古代到现代，随着科技的不断进步和人类对工程建设的需求不断提高，超级工程的技术含量不断提高，在规模、复杂度、技术含量和影响力方面不断进步，成为国家和人类工程建设史上的重要里程碑。从古代的万里长城、秦岭隧道，到现代的三峡水利工程，超级工程在规模和技术上都有了质的飞跃。同时超级工程的建设规模在不断扩大，从单个建筑物到整个城市的规划和建设，甚至到跨国大型基础设施的建设。超级工程的规模扩大也带来了更大的挑战，需要更加高效、智能的工程管理和施工方式。随着人们对环境保护和可持续发展的重视，超级工程建设在向环保、节能、低碳、智能等方向发展。随着科技的发展和社会的变革，超级工程的发展规律和趋势也在不断演变和扩展。未来的超级工程将更加注重环保、数字化、智能化和人性化，为人类创造更加舒适、便利和可持续的生活和发展环境。总体而言，超级工程的发展正朝着更加复杂、高效和可持续的方向发展。同时，随着技术的不断进步和社会需求的不断变化，超级工程所涉及的领域和范畴也在不断扩展和深化。未来超级工程将面临更大的挑战和机遇，需要不断创新和发展，以推动人类社会的进步和发展。

本章从需求、演化、社会、行业、技术和效益六个方面总结超级工程的发展规律，分析超级工程的发展趋势，对未来超级工程的建设提出指导建议。

10.1 从需求看发展规律与趋势

古往今来，超级工程体现了世界各国劳动人民的聪明才智和历史文化，满足人类赖以生存的物质文化需求。超级工程的发展规律与趋势主要表现在多学科交叉融合、数字化和智能化、生态友好、大型化和复杂化、国际化和合作性等多个方面。

10.1.1 满足社会发展的需求

古代超级工程的建造大多为了改善地理条件。由于社会经济发展条件所限，古代超级工程总量少，间隔的周期更长，多集中于建筑、水利等关键领域。为解决居民生存问题，防止自然灾害的发生（例如洪涝或干旱），修建大坝，治理河道，灌溉农田，充分利用自然资源为人类服务。为巩固政权，抵御侵略，建立了万里长城这样的超级工程。为促进各地区经济联系，发展航运，修建运河，沿途逐渐形成了城市，造就了更加繁荣的商业景象。崇山峻岭竖立巍巍铁塔，悬崖深涧架起悬索大桥，茫茫戈壁建成光伏电站，千年冻土修筑高原天路……一项项刷新世界纪录的超级工程，不仅代表着经济实力，更传递着民生温度，补齐"民生短板"，提高"民生质量"，满足"民生期待"，为社会稳定创造了条件。

现代超级工程的建造受益于科学技术的高度发展，使得过去无法实现的技术难题得到了解决，航空、航海、交通运输、能源矿业、水利水电工程等领域均建造了典型超级工程。例如，宝成铁路、滇藏公路、日本新干线等交通设施，北斗卫星等航天工程。以宝成铁路为例，它位于陕西省、甘肃省和四川省境内，北起陕西省宝鸡市，向南穿越秦岭到达四川省成都市，是中国第一条电气化铁路[797]，也是新中国第一条工程艰巨的铁路。作为一条连接中国西北地区和西南地区的交通动脉，这条铁路的建成，改变了"蜀道难"的局面，为发展西南地区经济建设创造了重要条件。

放眼世界，高标准的抗震抗腐蚀材料使得海底桥隧建设成为可能；2013 年投入使用的伦敦阵列是世界上最大的近海风发电厂，满足了至少 50 万家庭的供电需求；美国胡佛水坝和中国三峡水利工程，均起到发电、航运、供水的作用，为资源优势变为经济优势创造了条件，为国家带来巨大的经济效益。

未来超级工程改善地理条件的发展趋势是多元化、可持续、高效、智能和协同化的。多种超级工程系统的联动协同建设，改善了区域内的整体生态环境、水文地质环境、交通网络、居民区配套设施等，并促进了整个区域的繁荣；更加强调对生态环境的保护和可持续发展，包括海洋保护、节能环保、低碳经济等方面，从而实现物质与非物质的高度统一。同时，更注重从区域整体发展角度思考问题，摒弃过度集中在某些地区的倾向，以实现区域发展的均衡。

10.1.2 满足人类精神文明的需求

古代不少超级工程的建造受到宗教思想的影响，例如中国的布达拉宫、英国的圣保罗大教堂等，其建筑风格充满了宗教色彩和民族特色。这些建筑满足当地居民进行宗教活动的需求，还带动了当地旅游业的发展，提高了当地经济发展水平。另外，超级工程也可能为宗教带来一些机会和挑战。例如，超级工程的建造过程汇集宗教场所和文化遗产，将零散的文化遗产组合成更大规模的工程建筑。

工业革命以后，世界格局发生了变化，旧的制度和思想受到了挑战，一些超级工程的建造反映人类对精神文明的新需求。法国的埃菲尔铁塔建成于 1889 年，是法国的著名建筑之一，用以庆祝法国大革命一百周年，其整体结构上窄下宽，造型精致，给人以美的感受。历史上有许多庆祝活动在这里举办，体现出积极向上的人文气息。超级工程体现了设计师和建造者的高超技术与智慧，艺术与工程融合于这两个杰作中，反映了当时人民的精神追求。

此外，很多超级工程的建设是对文化和历史的传承和保护。例如，埃及的金字塔、中国的敦煌莫高窟、印度的泰姬陵等，代表了世界人类文明的辉煌和智慧，在其建造过程中凝聚了人类的智慧和勤奋，是人类文化的珍贵遗产。这些超级工程的建设，有助于更好地传承和保护人类的物质文明和精神文明，让后人更好地了解和感知人类智慧的积淀。

未来的超级工程建设将带动城市、区域基础设施建设的升级，例如修建大型的博物馆、公园、体育场馆等，改善人民生活质量，增进民众幸福感。作为国家综合实力的体现，超级工程可以促进区域发展，增强人们的民族自豪感和荣誉感。

10.1.3 满足世界各国国防安全的需求

20 世纪 40 年代，为了提高国家的军事实力，西方国家开始研制核武器。美国政府曾经聚集了大量科学人才，并给予充足的资金支持，最终使得美国在二战期间研发出核武器，并向日本投放了两枚原子弹。而苏联为了在冷战期间保持军力平衡，当时也积极地发展核武器，在 50 年代实现了相关技术突破，并在 60 年代增加了导弹的数量与品种，最终在 70 年代赶超美国。

中国曾面临着西方国家的武力威胁，为保卫国家安全，做出了独立自主研制"两弹一星"的战略决策[798]。大量的中国科学家集思广益、奋发图强，克服种种苦难，用相对较少的投入成功造出原子弹、导弹和人造地球卫星，向世界证明了中国人的民族精神。"两弹一星"的成功，为中国战略核力量的建立和发展提供了有力的武器装备保障，促进了中国战略威慑体系的形成。随着时代脉搏的跳动，中国在军事领域的超级工程融合多学科的力量积极发展，取得一个又一个举世瞩目的成就，在新的征程上朝着新目标不断迈进，结束了"落后就要挨打"的历史。

在军事战略中，超级工程的建设可以有效地推动一个国家的各项军事发展计划。例如，建造大型军港可以提高海军的远洋作战能力，建设超长隧道可以加强陆上军事机动性，建造远程火箭发射基地可以增强对外部势力的威慑力和反制能力等。因此，超级工程的建设往往伴随着一个国家的军队现代化建设、军备装备更新和质量提升等。

同时超级工程的建设向外界展示一个国家强大的军事实力和战略意图。例如，美国的阿巴拉契亚山隧道、核潜艇基地等军事超级工程，彰显了美国打造全球力量投射与战略威慑的实力。

在当前国际形势下，超级工程的建设可以为国家提供更多的军事资源和优势，增强国家的军事实力，拥有更强大的军事竞争力，提高国际地位和话语权。因此各国在追求和平、安全、发展、保护环境和人类生存的目标的基础上，仍将投入资金和人力进行超级工程建设，以展现强大的军事实力和发展潜力。

10.1.4　满足区域经济可持续发展的需求

超级工程在区域可持续发展中扮演着重要角色，人们往往将超级工程视为高效、现代、先进的象征。超级工程的建设有助于提升区域经济活力，不仅大大增加该地区的市场需求，同时也能够带来更多全球化、多元化的经济合作，增强当地的主要行业竞争力和市场影响力，有效地促进工业快速发展和经济稳定增长。

超级工程的建设可以提高工业领域的生产能力。例如，建造超大型的电厂、高速铁路、航空机场等，可以满足工业领域对能源、交通的需求，促进工业发展和经济繁荣。这些超级工程所采用的高科技材料、先进技术和管理方法，也可以引领工业领域的技术创新和生产模式的转变。

为提升经济发展水平，新的生产技术和生产方式得以传播，流水线生产方式出现，极大地提高了生产效率、降低生产成本。例如，得益于福特公司的汽车生产流水线，汽车工业成为当时美国的一大支柱产业，带来了极大的经济效益。为了发展对外贸易，部分国家兴建港口，如韩国釜山港，既是区域内海陆空交通的枢纽，又是金融和商业中心，在一定程度上促进了国家的发展。

超级工程的建设有助于改善环境，满足可持续发展需求。现代化工业发展往往伴随着大量的污染排放和环境损害，而超级工程的建设可以通过节能减排、绿化造林等方式改善环境。例如，中国的南水北调工程不仅可以解决北方地区的水资源短缺问题，还可以减少水灾、旱灾等灾害。三峡水利工程在保护长江流域生态环境方面发挥了重要作用，同时带动当地经济发展，创造就业机会，提高地区经济水平。

未来超级工程建造将把"科技创新""区域整合""工业升级""低碳高效"

等要素有机结合在一起，成为社会综合发展的重要推动力，助力区域经济的进步，带来更多的就业机会和市场机遇，同时有利于国家整体工业升级，提升国际竞争力，实现人类与自然和谐共处。

10.1.5 满足太空探索的需求

超级工程的建设推动太空探索和利用。20 世纪末，美国、加拿大、俄罗斯等 16 个国家开始联合建造国际空间站，满足人类对外太空探索的需求。作为迄今世界上最大的航天工程，它为开发利用宇宙资源、开展相关科学研究和实验创造了机会。而当时的中国也制定了航天发展战略，建造空间站是中国需要实现的重要目标。在中国科研人员的不懈努力之下，如今中国的载人航天工程已经进入空间站时代[799]，中国的航天员可以在空间站进行任务训练。同时，中国空间站也积极欢迎国际合作，欢迎其他国家的航天员进入其中，实现开展舱内外搭载实验等合作。空间站不仅可以作为航天器的停靠点和物资转移中心，还可以进行多种太空实验和观测，促进太空资源的科学研究和开发利用。

未来的超级空间站将搭建在更高的科技水平和更强的国际合作基础上，成为人类太空探索和利用的重要支撑点，实现更多的经济效益和社会效益。

展望未来，随着世界各国越来越重视区域经济效益、生态可持续发展、国家安全等方面的建设，科学技术的迅猛发展将促使超级工程在医疗工程、绿色生态工程及航空航天航海工程等方面大放异彩。为使人民对健康的需求得以满足，农业、畜牧业摆脱对环境的依赖，海上城市、太空养殖将成为可能；超级空间站不仅可以作为科学实验基地，还可以作为太空旅游和商业活动的运营平台，为经济发展注入新的活力。总之，超级工程的建设不仅满足了社会稳定和物质文化需求，更凝聚着人类的文化和智慧，是人类社会发展和进步的重要标志和动力。随着人类社会不断发展和进步，超级工程的建设也将不断发展和更新，为人类文明的进步和发展发挥积极的作用。

10.2　从演化看发展规律与趋势

工程活动伴随着人类历史的发展而不断发展，为了利用自然资源改善生存条件、发展生产、防御外敌入侵、进行宗教祭祀，人类历史上建设了许多不同类型的超级工程。超级工程的演化过程，主要体现了人类改善生活条件和居住安全的需要，建造了一系列基础设施和防御设施。超级工程一般都是为了解决某些特定的问题而建的，如防御自然灾害、抵御外族入侵、提高和发展生活质量等，建造这些工程可以大大改善人们的生存条件[612]。

超级工程是人类自然和社会活动的结果，是不断演变、逐步进化的。其演化过程通常会表现出自然属性（新材料与新技术发展）和社会属性（社会需求变化）两个方面，这两个方面互相约束、互相促进，构成了超级工程演化的全部进程[800]。通过对不同领域超级工程的演化过程进行分析，我们可以发现以下的规律。

10.2.1 基于所处时代的政治需要

超级工程的领域是从一般的民生、水利、教堂不断向更加复杂的大型现代建设工程演化。这些大型现代工程包括高速公路、高速铁路、大型水利工程、城市轨道交通、航空航天等领域，是国家加快经济发展、提高国际竞争力和提高人民生活水平方面的重要举措之一。在这些超级工程的决策过程中，国家的领导阶层起到了决定性的作用，反映的是国家和领导者的意志。

始建于 1994 年的三峡水利工程是世界上规模最大的水利工程之一，在修建过程中涉及大量的技术、资金和人力资源，修建这种规模的超级工程所需的人力物力和资金需求，需要举国体制下的国家意志才能充分满足。修建完成后的三峡水利工程可以有效地控制长江上游的水流，减少洪水灾害的发生，在推动当地经济发展等方面均有积极作用，从而增强国家的安全，提升国家综合实力，具有重要的政治意义。

2008 年全球金融危机爆发，给全球经济带来了严重冲击，政府面临着经济增长放缓和就业压力加大的严峻形势。在这种情况下，我国进一步加大超级工程建设计划，旨在通过大型基础设施建设来推动经济发展和扩大内需，以稳定经济增长和促进就业。此外，超级工程还与国家利益和战略安全密切相关。加强国家基础设施建设、提高国际竞争力和维护国家安全是国家发展的重要战略目标。因此，超级工程计划被视为国家实现现代化建设和国家崛起的重要举措，它的提出和实施与所处时代的政治需要密切相关。

2018 年完工的港珠澳大桥，被英国《卫报》誉为"现代世界七大奇迹"之一，横卧伶仃洋上连接起了香港、珠海和澳门，大桥的建成从根本上改变珠江西岸地区与香港、澳门之间以水运为主和陆路绕行的客货运输通道，从而进一步完善国家和粤港澳三地的综合运输体系和高速公路网络，对香港、珠海、澳门的协调发展具有重要的战略意义。这样一座连接两个经济特区、三个关税区的大桥，必然要满足、协调三地的建设目标和建设标准，其投融资模式和管理模式的系统性与复杂性，绝非一般基础设施项目可比。这里遇到的烦琐而棘手的体制机制、法律法规问题，无不需要国家层面以高度政治智慧化解。

这一规律在未来的超级工程决策过程中还将继续发挥作用，同时我们也可以看到，当前超级工程的决策过程也正在向民主和科学的方向发展，这也将在一定程度上为超级工程的成功提供有力保障。

10.2.2 科技进步的巨大推动作用

超级工程的演化过程中体现了科技的不断演化和进步，例如，随着建筑工艺和材料科技的进步，桥梁等超级工程从木桥、石桥不断向能够实现跨江的斜拉桥、跨海的复合轻型结构桥等现代化超大型桥梁发展。此外，科技进步对现代超级工程的工程规模、施工周期、工程质量、安全可靠性等方面的提升都起到了重要推动的作用[801]。

首先，在建筑规模和施工周期方面，建筑材料、机械设备、施工技术等在科技进步的推动下不断得到提升和改进。例如，在高速铁路建设方面，高速铁路建设不断采用新的技术和材料，使得运行速度和安全性都有了大幅度的提高。在大型水利工程方面，科技的进步使得水利工程的效率和安全性都有了很大的提高。

其次，科技进步对超级工程的工程质量和安全可靠性演化方面也起到了推动的作用。例如，科技进步可以通过提升建筑材料、机械设备、施工技术等的质量和安全性，从根本上预防和解决各种安全事故和质量问题。

此外，科技进步对超级工程的外观形态演进有着重要的促进作用。自 20 世纪 50 年代以来，第三次科技革命促使人们对超级工程的外观形态审美提升，工程外观形象在设计中的地位越来越突出，城市建筑的造型也由传统单一的古板方盒子，开始向多变的结构造型转变。超级工程中的高科技风格就是在这样的社会背景下产生的，即高技派。建筑中的高技派，不仅采用高技术手段，还在形式上极力表现高技术的结构、材料、设备、工艺等。高技派典型的实例有香港中银大厦、北京大兴机场等。

因此，从宏观的历史视野来看，不同领域的超级工程都受到了不同时期工业革命所带来的技术革新力量的强力推动，这绝不是偶然的巧合，而是深刻地反映了科学技术发展与超级工程演化进程的内在联系。技术创新推动了生产工具和工程材料的不断革新，使得超级工程的类型也不断发展，超级工程的设计、建造的理论和方法不断创新和完善，质量和性能都不断提高，规模日益宏大。

10.2.3 规模、技术、功能是演化的体现形式

纵观世界和我国超级工程的历史发展过程可以发现，规模、技术、功能是超级工程演化的体现形式。在规模上，超级工程经历了从小到大的演化过程；在技术上，超级工程经历了从简单到复杂的演化过程；在功能上，超级工程经历了从满足一般民生到适应区域经济发展需求，直到满足国民经济发展需求的演化过程[802]。

首先，在规模上，古代的超级工程通常规模较小，超级工程在初期主要集中在一般的桥梁、建筑以及水利等领域中，例如公元前的嘉德水道桥、马里卜水坝、欧洲的宗教建筑等。随着社会经济和技术的发展，超级工程在规模上不断扩大。例如，在水利上，从古代的都江堰工程到隋唐大运河，以及现在的三峡水利工程；在建筑上，从一般的大型宫殿到故宫；在桥梁上，从古代的赵州桥等石桥到近代的长江大桥以及当前的港珠澳大桥；在机场建设上，从新中国建造的第一个北京首都机场到规模宏大的北京大兴机场；在体育场馆设施建设上，从北京工人体育场到鸟巢体育场；在楼宇建设上，从广州白云宾馆到上海中心大厦的建造完成。从不同类型超级工程的规模演化可以看出，这些超级工程的规模随着时间不断从小到大，未来的超级工程在规模上也将变得更大。

其次，在技术上，古代的超级工程由于规模较小，并且使用的材料主要是木材和石头等简单材料，因而在工程建设中使用的技术通常较为简单。随着社会经济和技术的进步，新的材料和工艺进步使得超级工程的规模变大、功能变得复杂，因而对工程的建造技术的要求不断提高，成为一个复杂的综合系统，单纯使用人工经验已经远远不能满足需求，特别是在现代的超级工程中，通常需要综合应用多种新型技术才能完成超级工程的建造全部过程。今后的超级工程中，基于大数据和人工智能技术的工程设计、管理将会是超级工程的一个新亮点。例如，上海中心大厦在建造地基过程中，为了浇筑大型底板，动用了580辆搅拌车，历时63h，才为这座超级建筑打下了坚实的地基。另外，上海中心大厦表面幕墙共有20357块玻璃，其形状都各不相同，为了使每一块玻璃都放置在自己的位置上以及消除建筑在高空中承受的风压，专家研发出了能够用于超高层建筑物上的新

式滑移支座。此外，内置的分布式能源的利用技术、变风量空气调节技术、余热回收利用技术等均体现了技术在超级工程建造过程中的突出作用。

最后，在功能上，超级工程也从原来简单的满足一般的民生需求向满足国民经济发展需求的方向演化。例如，桥梁超级工程的演化，经历了从古代满足通过一般河流的需求的石桥，到满足通过较大河流的需求的混凝土桥和钢桥，再到满足通过大江大河的需求的大跨悬索桥，桥梁超级工程从一般的民生需求转变为满足区域社会经济发展的需求。到了现在，像港珠澳大桥这样的超级工程，则承担起实现大湾区经济融合发展的国家战略需求的责任。可以说，超级工程的功能逐渐丰富，承担的社会责任也更大，超级工程也将沿着这一方向继续发展。

10.2.4 未来超级工程的重点地区与领域

从以往的超级工程的演化过程可以看出，新材料和技术创新在超级工程的演化过程中起到了重要的推动作用。因此，随着区域经济的不断融合，从不同国家和地区的科技创新来看，超级工程将重点在满足多区域融合的交通超级工程（例如超级桥梁）、信息互联超级工程（例如面向全省或部分大型区域的工业信息互联）、满足大型工业生产装备的超级工程（智能制造技术创新），以及满足国家经济战略发展需求的半导体超级工程（材料创新与智能技术创新）等。

社会需求是超级工程演化的重要拉动力，这使得超级工程的分布演化呈现出从发达国家向发展中国家迁移的趋势。因此，未来超级工程在全球的布局也会更加受到世界上发展中国家社会需求的拉动和牵引。具体来说，在国际上，随着我国所提出的"一带一路"倡议的推进，"一带一路"共建国家将会产生更多与中国合作建设大型基础设施的需求，因而该区域将会是未来一段时间内超级工程重点发展的区域。此外，由于非洲、南美洲的发展中国家较多，随着经济的发展，这些地区相对于北美洲和欧洲，将会产生更多的大型工程的社会需求，因而在这些地区的超级工程的数量将会显著增长。同时，在国内，在国家"西部大开发""振兴东北老工业基地"等战略指导下，以及西北与东北地区的资源和工业基础的优势，更多的超级工程将会在中国西部地区及东北地区出现[803]。

然而，需要指出的是，超级工程的发展会更加注重满足真正的社会和经济发展需求，更加注重科学规划和决策。例如，在建筑超级工程方面，不会追求规模越大越好、高度越高越好等，而是转向更加符合社会与经济发展、功能适应、环境保护等多维度的综合发展需求。

10.3　从社会看发展规律与趋势

超级工程以规模宏大、技术复杂、投入巨大、影响深远为特征，集中出现在交通运输、建筑、水利、军事和能源等领域，影响着人类社会的方方面面。从社会层面来看，超级工程不仅在推动产业升级、科技进步、经济发展、均衡资源和保护环境等民生方面具有重大意义，还在调整国际国内政治经济格局、外交国防、文化传播等国家战略层面起着不可替代的重要作用。

随着人类社会的经济、文化、科技的不断发展，超级工程表现出新的发展规律和趋势。超级工程既蕴含深刻历史逻辑，又带来重大发展机遇。我们需要对过往实践探索进行科学分析和理论总结，在此基础上形成更具前瞻性的战略思维。尤其是当前全球经济格局深刻调整、中国经济发展进入新常态的时代背景下，超级工程的发展规律和趋势，已经成为国内外各界高度关注、广泛研究的重大议题。这里从社会层面对超级工程的发展规律和趋势进行论述。

10.3.1　满足国家和人民重大需求

超级工程以满足经济民生、科技进步等国家和人民重大需求为主，超级工程与社会发展是相互影响和相互促进的共生关系。超级工程往往是一个国家或地区经济实力、科技水平、文化素质的集中体现，也是国家和人民追求美好生活的重要体现。

在过去几十年中，绝大多数的超级工程都是关于能源、交通、通信、水利等国民经济的基础产业方面。大型水利工程可以保障饮水和灌溉，交通超级工程可以方便出行，大型能源工程可以保障能源供应，这些都是日常生活的基本需求。超级工程的建设可以提高生活质量和舒适度，改善生活环境。同时超级工程需要大量的技术和人才支持，这可以促进科技创新和人才培养。例如，中国的高铁工程建设就催生了一批高铁技术研究和应用的专业人才，推动了中国高速铁路技术的发展。

当社会发展达到一定的规模和层级之后，尤其是在科技高速发展的当代社会，对现有的资源利用手段和经济科技水平产生了更高的要求，伴随而来的是一系列资源紧缺等发展瓶颈，对能够以规模级效应重组甚至颠覆性利用自然、社会和经济等资源的超级工程的需求会日益迫切。国家和人民的重大需求也可能发生持续的结构变化和调整，例如芯片、人工智能、量子物理等高科技领域等的国家战略需求和发展规划，超级工程投入的侧重点可能会发生相应的调整，但超级工程在核心方向上仍将以国家和人民的重大需求为导向，超级工程的建设需要科技创新和人才支持，推动国民经济和社会的发展。

超级工程能够极大地促进社会经济结构的重大调整和工程科技的重要发展，从而为人类社会的进步提供不竭的动力源泉。目前，我国超级工程建设在工程技术、装备、材料和管理等方面取得了重大突破，但在一些关键技术领域还存在短板。"十四五"期间，我国将进一步加强科技创新，提升工程科技自主创新能力。超级工程的建设将对我国经济社会发展产生广泛而深刻的影响，最值得关注的就是可以大大提升我国工程建设的整体水平。我国超级工程将以新技术、新材料、新工艺和新装备为支撑，进一步提升工程建设水平，加快相关产业的转型升级。此外，超级工程还可以促进产业结构调整，促进我国经济发展方式的转变。超级工程的发展，在满足国家和人民重大需求的同时，积极促进新兴产业和高技术产业发展，更好地服务于中国式现代化建设。

超级工程是人类社会从古至今实现社会经济发展进步的重要工具和满足国家人民重大需求的必然选择，也将会一直伴随人类社会的发展。

10.3.2　遵循创新、协调、绿色、开放、共享的新发展理念

随着社会的发展，我们将不仅关注超级工程在经济效益方面的巨大效能，也会关注超级工程对生态、人文等各方面的重大影响。大多数超级工程的建设目标都是多目标、多效益和综合性的，而非单一性的目标。这就要求在超级工程的建设过程中，要注重整体性、协调性和可持续性，既要提高工程的经济效益，又要最大限度地减少对环境和社会的影响，实现经济、社会和环境的协调发展。在技术不断进步的推动下，我们有能力在总体目标效能不变的前提下，既提升资源利用的效率，又能将其对生态环境的影响降至最低。

超级工程建设中注重人、文化、环境之间的关系。在超级工程建设中，人文因素是一个非常重要的方面，它涉及地域文化、历史遗产、民族特色等方面。因此，在超级工程建设过程中，应该注重保护和传承地域文化和历史遗产，尊重民族特色和传统文化，实现文化多样性和文化繁荣。同时，在超级工程建设中，应该注重环境保护和生态平衡，遵循绿色发展理念，采用绿色技术和材料，减少对生态环境的影响，实现资源的可持续利用和生态环境的可持续发展。

超级工程建设需要推进开放共享，促进全社会的可持续发展。超级工程的建

设不仅是一个国家或地区的事情，它关乎全球的发展和利益。因此，超级工程建设需要注重国际合作和开放共享，吸收全球的优秀经验和资源，促进国际交流与合作，推动全球可持续发展。只有注重开放共享，才能够实现超级工程的可持续发展。

在未来的发展中，我们应该将超级工程与自然生态系统和谐共生、动态平衡的长期发展目标相结合，建设资源节约型、环境友好型社会，形成人与自然和谐发展现代化建设新格局。只有这样才能够实现超级工程的可持续发展，为人类社会未来更好地生存、发展提供坚实的价值基石。

绿色发展是在经济社会发展的过程中，以保护生态环境为前提和保障，致力于实现经济、社会、环境三方面的协调发展。绿色发展是构建现代化经济体系的必然要求和新时代国家发展的战略要求，是解决污染问题的根本之策。在超级工程建设中，我们需要坚定不移贯彻创新、协调、绿色、开放、共享的新发展理念，坚持绿色发展，节约资源和能源，助力推进产业结构绿色低碳转型和能源结构优化，促进全社会的整体和可持续发展。

超级工程的建设必须以绿色发展为导向，积极探索和应用绿色技术和绿色材料，减少对环境的影响，实现资源的可持续利用和生态环境的可持续发展。同时，要注重绿色供应链的建设，从源头上控制环境污染和能源消耗，推进循环经济和资源回收利用，实现产业链的绿色低碳化和可持续发展。

超级工程建设需要实现产业结构的绿色低碳转型和能源结构的优化。在超级工程建设过程中，要促进新能源、清洁能源、可再生能源等绿色能源的发展和应用，减少对传统能源的依赖，推动能源结构的转型和优化，实现能源的高效利用和低碳排放。同时，要加强环保产业和节能减排产业的发展，培育和壮大绿色产业，推动产业结构的绿色化和可持续发展。

10.3.3　以人为本、科学高效的工程管理

超级工程将体现更强的民众性，意味着超级工程的建设将更加注重公众的参与和利益保障。超级工程将兼顾各方利益，通过优化制度设计，建立健全社会监督机制和反馈机制，以便及时发现和解决公众关切的问题。同时，在超级工程建设过程中，应该重视公众的意见和建议，充分听取公众的声音，确保超级工程建设符合公众的期望和需求，得到公众的认可和支持，这是超级工程民众性基础。另外，通过功能优化设计，尽可能扩大超级工程的直接受益群体范围，尽可能实

现公平受益。在超级工程的规划和设计中，需要充分考虑公众的需求和利益，确保超级工程建设不会给周边居民带来负面影响，同时最大程度地提高超级工程的社会效益。为了更好地实现超级工程的民众性，我们需要鼓励公众对超级工程实行合理意见表达，让公众能够参与到超级工程的决策、设计、融资、建设乃至后续运行管理中。超级工程建设过程中，需要加强公众参与的透明度和公正性，充分保障公众的知情权、参与权、表达权和监督权。只有这样，才能够实现超级工程的民众性，让公众真正成为超级工程的建设者和受益者。

由于超级工程的复杂性，涉及的因素多、范围广，需要科学的工程管理方法对时间、资金、材料等资源进行合理利用，并对工程建设和人力资源进行高效组织和管理。对超级工程而言，因已有的管理理论和技术难以全部涵盖，工程策划和工程管理将成为逼近工程管理者认知极限的突破性创新工作，工程管理者需要采用系统思维和科学方法，对超级工程的各个方面进行综合考虑和优化。这包括项目目标的明确、风险管理的有效、资源的合理利用、进度的控制、质量的保障、沟通协调的顺畅等方面。只有这样才能够保证超级工程的建设顺利进行，达到预期的效果。只有经历持续的风险、冲突和挫折锤炼，以开拓创新和大无畏的精神持续进行探索，工程管理者才有可能跨越当下，面对未来更加复杂的超级工程。

10.3.4 成为培育未来人才的重要摇篮

超级工程是战略性产业，其人才培养与未来科技发展息息相关。在超级工程中培养出来的人才不仅是我国科技创新、产业发展、技术突破的生力军，更是未来人才培养的摇篮。

从历史发展角度看，在超级工程创新驱动人类文明向前发展的历史洪流中，以工程师、工程巨匠为代表的各类工程人才都是至关重要的创新驱动因素。每一项超级工程的成功实施，都标志着人类在工程极限方向迈出超越自身的重要一步，超级工程中每一个专业上的技术革新，都标志着行业在技术上的突破，造就了一批批的技术和管理人才。

从中国超级工程长期发展的实践看，超级工程一直是国家人才培养的重要摇篮，工程师具有精于常人的专业知识，有严谨周密的工程思维，有敢于创新的活跃思想，有运筹帷幄的组织天赋，有脚踏实地的实干专注，这种独特的精神特质，让工程师成为几千年来跨越时间和文明的职业存在，成为人类文明和国家力量的有力传承者，也是这种精神特质，让工程人才成为国家发展的重要基础性支撑。

中国的崛起强盛需要一批大国重器做支撑，更需要一大批大国工匠和工程领军人才做后盾。这些工程领军人才不仅需要具备过硬的专业技能和工程实践经验，更需要拥有创新意识和战略眼光，能够在技术上不断突破和创新，在管理上不断提高效率和质量，为国家的工程建设和产业发展贡献力量。在中国超级工程集中涌现的时代，领军人才的培养更不可能脱离各类超级工程的现场历练，通过参与超级工程的建设和实践，工程领军人才能够深入了解超级工程背后的技术和管理难题，掌握一系列解决问题的方法和技巧，不断提升自身的实践能力和创新能力。中国工程师的科研创新要服务于国家超级工程特别是大国重器的实践，这需要工程师具备高度的责任心和使命感，将科研成果转化为实际的工程应用，为国家的工程建设和产业发展创造更多的价值。同时超级工程也有义务、有责任为国家接续培养一代又一代的工程和产业领军人才，通过各种培训、交流和实践机会，为工程领军人才的成长提供支持和帮助。

工程领军人才是中国超级工程建设和国家产业发展的重要支撑，是中国工程技术实力的重要代表，也是中国工程人才队伍建设的重点和关键。在未来的工程建设和产业发展中，超级工程需要继续加强对工程领军人才的培养和引进，打造更加优秀的工程人才队伍，为中国的崛起强盛贡献更多力量。

当今世界正经历百年未有之大变局，我国正处于实现中华民族伟大复兴的关键时期，超级工程是国家实力的重要标志，是培育未来人才的重要摇篮。在经济科技快速发展的背景下，超级工程和人才对我国的重要性更为凸显。我国需要加快培养一批能够解决"卡脖子"问题、代表国家参与国际竞争、引领世界科技发展、为国家重大需求和经济社会发展做出突出贡献的卓越科学家。超级工程和人才的培育与建设应立足于世界科技发展的前沿，坚持高标准、高起点、高水平、国际化的原则，为实现中华民族伟大复兴的中国梦提供人才支撑。

10.4 从行业看发展规律与趋势

随着时代的进步，各行各业都涌现出诸多超级工程。基于行业历史经验的积累，我们可以分析出行业中超级工程的内在特征，对其发展规律进行总结，进而可以预测未来行业中超级工程的发展趋势。对于不同行业的超级工程来说，也是可以相互影响、相互借鉴的，聚焦于某个具体行业的超级工程发展规律，也可以迁移到其他不同行业领域中，同时也能对其他行业中的超级工程起到促进作用。以下将围绕几个典型行业分析超级工程发展规律和趋势。

10.4.1 能源行业

迄今为止，人类社会共发生了三次世界工业革命和三次能源革命。在每一次工业革命发生之前，必然有一次主导能源的变化、更替。第一次能源革命大约发生在 40 万年前，人类的祖先发现并使用了火。用于烹饪的火提高了人类对食物中能量的吸收率，使人类脱离茹毛饮血的时代；在夜晚能够用于照明的火，一定程度延长了人类从事日常活动的时间。第二次能源革命始于 18 世纪的英国，以蒸汽机的发明和煤炭的大规模使用为主要标志，蒸汽机的发明和使用使得人类开始利用大机器组织生产和运输，使得人类可以大规模利用森林能源和煤炭，推动能源的商品化和有组织的大工业生产，迎来了人类的第一次工业革命。正是在对煤炭的大量需求下，人类开始从事大规模商业采矿，从此，能源工程与矿业工程成为密不可分的共同体。全长 653km，列车最大牵引质量 2 万 t 的大秦铁路；年产量达 6000 万 t 的卡迈克尔大型煤矿便是早期煤炭的超级工程。第三次能源革命开始于 19 世纪下半期，以电力、内燃机的发明和使用为标志。此外，大规模水电的开发利用，核电、石油、天然气的发现与利用，开启了能源利用的网络化时代，催生人类历史上的第二次工业革命。最高年产量 2.8 亿 t 的加瓦尔油田，年平均发电量 640 亿 kW·h 的白鹤滩水电站，输气量 550 亿 m³、长度 1200km 的"北溪 -2"天然气管道项目，这是近现代能源矿业超级工程的缩影。

能源是人类社会存在和发展的重要物质基础。作为一次能源的煤、石油、天然气等化石燃料，极大地促进了全球经济发展，进而促进了能源消费的快速增长。随之产生了大量使用化石燃料而带来的环境污染问题。优化能源结构、调整能源产业布局、推进能源体制改革和寻找替代性清洁能源成为解决能源危机和环境污染问题的最佳策略[804,805]。

未来超级工程建设必须结合能源工业概况、能量存储系统、联合发电工程等技术，其中新能源部分主要包含太阳能、地热能、海洋能、风能、氢能、核能等来源。超级工程的建设中高效利用先进技术，在该领域有广阔的发展前景。中国的科学家首次实现二氧化碳合成淀粉，在碳达峰碳中和的大背景下，该技术应用前景很可观。中长期来看，以"东方超环"为代表的可控核聚变技术，极大可能成为能源矿业领域超级工程的核心，并推动人类下一场能源革命与工业革命。

10.4.2 水利行业

水利行业的发展与人类文明有着密切的关系，在灌溉、排水、防洪及水能利用等领域都出现了许多超级工程。以灌溉为例，人类很早就利用河水发展灌溉，早期的灌溉都是引洪淤灌，后来发展为引水灌溉或建造水库、调洪灌溉。非洲尼罗河流域早在公元前4000年就利用尼罗河水位变化的规律开展洪水漫灌。公元前2300年前后，在法尤姆盆地建造了美利斯水库，通过优素福水渠引来了尼罗河洪水，经调蓄后用于灌溉。这种灌溉方式持续了数千年。19世纪初，埃及引种棉花和甘蔗等经济作物。1826年开始改建旧的引洪漫灌系统，进行常年灌溉。1902年阿斯旺坝建成以后，又由水库引水进行常年灌溉。1970年建成新的阿斯旺高坝，常年灌溉渠道系统得到进一步的发展，使灌溉更有保证，每年还可发电100亿kW·h。水直接影响人类的生存和社会的发展。在发展水利的同时，人类还必须与水害作斗争。早期的防洪措施主要是修筑堤防、建造水库及整治河道。公元前3400年左右，埃及人就修建了尼罗河左岸大堤，以保护城市和农田。而在我国春秋战国时期，赵、魏、齐等国均修建了黄河的堤防工程。人类在同洪水的斗争中逐渐认识到：要想通过筑堤、挖河、修水库等工程措施完全控制洪水、免除洪灾是不现实的，最佳途径是工程和非工程结合，对洪水灾害进行综合预防与管理，将洪水损失降到最低限度，取得最佳的防洪效益。于是在进入20世纪之后由国家组织的现代化防洪工程开始出现，俄国在1915年修建了阿塞拜疆防洪工程，美国在1917年通过了第一个防洪法案，授权陆军工程兵团在密西西比河和萨克拉门托河上修建防洪工程，并研究其他河流的防洪问题。

我国传统水利按照建设的规律和技术特点，可大致分为三个时期：大禹治水时期至秦汉，这是各种类型的灌排水工程的建立和兴盛时期；三国至唐宋，是传统水利高度发展时期；元明清，为水利建设普及和传统水利的总结时期。21世纪以来，南水北调是国之大事，是世纪工程、民心工程。我国水资源分布北缺南丰，南水北调工程对促进南北方地区均衡、可持续发展具有重要战略作用。西线工程从长江上游调水到黄河上游，是真正解决黄河流域水资源短缺的生命工程。

纵观世界历史，古代的埃及、巴比伦和印度的水利事业可上溯到公元前四五千年。美洲的玛雅文明和印加文明的水利遗迹距今也有两三千年以上。埃及和巴比伦的水利技术传播到希腊和罗马，文艺复兴以后传遍欧美各国。公元前3世纪的阿基米德对水的浮力理论和后来文艺复兴时期的达·芬奇的水流理论都为水利工程的发展奠定了理论基础。1824 年，英国人阿斯普丁发明了硅酸盐水泥，从而带动了混凝土结构的发展，使水利工程的建设进入一个新的发展阶段。19 世纪下半叶出现了钢筋混凝土，进一步推动了轻型混凝土建筑物的发展。进入 20 世纪以后，许多新兴科学技术已开始在水利工程中得到广泛应用。例如，利用电子计算机对技术经济方案进行评估；利用系统分析方法全面安排施工进度和评价区域性水资源；利用光弹模型分析和设计水工结构；利用喷灌、滴灌和渗灌等技术节省灌溉用水；利用遥感、超声波等手段分析、鉴定大型水利枢纽工程的水文地质及工程地质情况等。

随着现代工业的不断发展，国民经济的各个部门都对水利事业提出了更高的要求。由于全球性水资源短缺，城市防洪标准日趋提高，水质污染越来越严重，这就要求水利部门在对河流开发规划阶段即注意水资源综合利用，兼顾各个用水单位的利益，实施河流梯级开发。现代水利的发展不仅要解决工程技术问题，还必须注意解决人类活动对水的不良影响。未来的水利工程将是技术、经济、生物等多学科的结合，以便取得更好的经济效益、社会效益和环境生态效益，智慧水利随着科技发展，具备越来越坚实的基础，将会是水利工程发展的重要趋势。这种多目标的综合利用将是世界水利发展的总趋势。

超级工程中水利设施的长期运行可以使工程保持良好工作状态，发挥积极作用，确保设施安全，并维护好水质健康，这也是超级水利工程发展的重点。超级水利工程建设的信息化涉及规划、设计、建设、运行的整个生命周期，涉及各个管控环节，信息化建设为水利行业发展起到了推动作用，为改变超级水利工程传统模式做出了改变，而且随着水利业务的不断拓展、智慧水利的持续推进以及生态文明的建设，超级水利工程实现了自我创新，也成了引领行业发展的存在。

目前超级水利工程智慧化运行处于初级阶段，与信息化、现代化和智慧化要求存在一定差距，缺乏规划、信息程度不高、运维难度大、水平尚需提高，上述问题需要重点关注并解决。智慧水利是以物联感知、互联互动、科学角色以及智能为核心开展的，是利用现代化通信技术和网络技术构建集中调控、安全监测等全方位的水利概念监测监控系统，通过智慧水利平台整合信息，并实现水资源调配、数据挖掘和移动互联等工作，进而使物理工程和数字工程能够实现无缝集成 [806]。超级水利工程的智慧化运行利用信息技术构建了感知、分析、控制这一闭环运行模式，并在中央和地方政府以及全社会的支持下进行水利工程智慧化运行 [807]。

10.4.3 建筑行业

国内外的土木工程发展一般可以划分为古代、近现代两个历史时期。古代土木工程有着很长的时间跨度，它大致从新石器时代（公元前 6000 ~ 前 5000 年算起）至 17 世纪中叶。在这个历史时期内，土木工程的特点为：没有设计理论，依靠经验修造，材料取自自然，工具简单原始。在这一时期，国外比较有代表性的建筑有埃及金字塔、雅典卫城等，国内比较有代表性的建筑有万里长城、元上都及明十三陵等。从古代 7000 余年的历史跨度看，中国的土木工程水平在全世界范围内一直是领先的。近代土木工程跨越 17 世纪中叶至 20 世纪中叶的 300 年。这一时期是土木工程发展最迅猛的时期，不仅出现了以钢筋混凝土为代表的很多新型建筑材料，更为重要的是一些比较系统的指导性理论的提出，使土木工程基本形成一门独立的学科。遗憾的是，在这一时期由于封建制度的延续，限制了我国包括土木工程在内的生产力的进一步发展，直到清末出现洋务运动，才引进一些西方技术，修建了中山陵、上海国际饭店以及浙赣铁路、粤汉铁路等近代土木工程。而西方在这一时期不仅修筑了比较完善的公路和铁路体系，还修建了以水晶宫和埃菲尔铁塔这两座在 19 世纪规模最大、高度最高的钢结构建筑为代表的很多近代土木工程。现代土木工程始于 20 世纪中叶第二次世界大战结束直至如今。这一时期，许多国家经济腾飞、现代科学技术迅猛发展，为土木工程的进一步发展提供了强大的物质基础和技术手段，开始了以现代科学技术为后盾的土木工程新时期。这一时期，国外的土木工程水平进一步发展，修建了如加拿大国家电视塔、英法海底隧道及迪拜哈利法塔等土木超级工程，而我国自改革开放以来，土木工程迅猛发展，铁路、公路、桥梁、隧道及港口等土木工程一个接一个地落成，发展速度之快为全世界所瞩目。近年来，我国的土木工程建设不仅在数量上持续增加，在质量上也得到了国际社会的认可，众多世界级的超级工程逐一落成，三峡水利工程、青藏铁路、港珠澳大桥等都彰显了我国土木工程建设的实力。

近年来，随着社会的发展，城市建设与交通运输行业对土木工程提出了更高的要求。在城市建设中，要求大量兴建高层建筑，快速发展地下工程，进一步完善城市市政以及持续建造高架道路、轻轨铁路、立交桥等城市交通设施。在交通运输行业中，运输的高速化已经是一个必然的趋势，这就要求修建大量高速公路、发展电气化铁路以及兴建长距离海底隧道。除了要满足以上的发展需求，土木工程还日益与使用功能、生产工艺紧密结合。主要体现在公共和住宅建筑不但要求建筑、结构和给排水、暖通、供热、供电等功能结合，而且还要求与智能化功能相结合，如具有通信、办公、服务、防火、保卫等自动化功能；工业和科技建筑不仅要求恒温、恒湿、防震、防腐、防爆、防磁、除尘、耐高（低）温、耐高湿，还有大跨度、超重量、灵活空间发展的需求；核能、海洋、生态、节能建筑等设施在建设时提出的一些高标准要求。

超级工程中的土木工程系统是超级工程建设推进的关键性载体，而与其相适应的土木工程管理则是保障超级工程运营系统安全、协调、长久运转的物质基础。在国内土木工程产业阶段瓶颈的综合影响下，现阶段我国超级工程的土木工程管理运营体系还存在一些问题，其中包括土木建设流程机制不够完善、原材料管理操作水平有待提升、运输配送体系不够规范等。这些问题已经很大程度上影响了超级工程中土木工程建设管理运营体系的安全、稳定、协调发展。因此，必须改进土木建设的流程机制、提高流程作业水平、完善运输配送体系等，继而逐步提升土木建设工程系统的整体竞争力，稳步实现超级土木工程建设管理体系的稳定、持续、长效发展。未来建筑行业的超级工程发展，可能会从消耗资源、人力和财力的超高层建筑转向智能建筑，出现更多智能大楼；桥梁行业的发展会向海洋进军，长距离桥梁、跨海大桥等超级工程会越来越多地出现。

10.4.4　信息通信行业

近代信息通信技术产生于 1835 年，这一年莫尔斯（Morse）发明了电报。1858 年，世界上第一条洲际海底电缆在爱尔兰与纽芬兰之间铺设，这项超级工程意味着洲际间的即时通信诞生。1886 年，马可尼发明了无线电报机，人类进入无线通信时代。1977 年，美国在芝加哥市内建成光纤通信系统，并随后在东北走廊和西北走廊各建成一条长 1000km 的光缆干线，其通信容量为电话双程10 万路，光纤通信具备的大容量低延时特性，昭示了日后取代电缆，成为有线通信主流。1978 年，互联网协议 TCP/IP 诞生，这为现代互联网技术的蓬勃发展奠定了基础。1998 年，摩托罗拉公司用数十颗卫星完成的"铱星计划"，正式开通全球无线通信业务，这开启了个人卫星通信时代。信息通信技术在传输方式上由有线到无线，在传输速率上由小到超大，在覆盖范围上由小区域到全球甚至星际。

针对信息通信工程的未来发展趋势，短期来看，将围绕新兴移动通信技术和物联网展开，例如针对个人端的 5G 通信基站、针对商用端的 5G 网络、工业物联网，还有基于物联网对行业信息传递的升级，如工业互联网。2016 年 8 月，中国科学家将世界首颗量子通信卫星"墨子号"发射升空；2021 年 1 月，中国科学技术大学宣布中国科研团队成功实现了跨越 4600km 的星地量子密钥分发，标志着中国已构建出天地一体化广域量子通信网雏形。基于"量子纠缠"原理的量子通信，将极大提高通信的安全保密程度，其在商业和军事上的应用场景很广，将是信息通信工程的中长期发展方向。

我国的网络信息环境处于高速发展状态，在这一背景下我国的信息技术得到了更加多元化的发展及升级[808]。一般说来，我们普遍将传输技术划分为两大类别：无线传输和有线传输。无线传输技术可以利用电磁波来传递信息数据，有线传输则可以借助物理介质来传递信息。无线传输技术的缺点是较容易受到外界因素的干扰，现阶段被广泛应用于特定环境中。信息通信工程指的是为了适应现代科学技术的发展需求，对信息传输进行相关研究并将其应用于卫星通信、个人通信及数字通信中的一种通信手段。随着时代的发展，电子信息技术的应用范围逐渐扩大，电子光纤设备及移动终端设备中也应用了大量的电子信息技术，为我国超级工程的发展带来了极大的便利。除此以外，若将现代化信息技术有效应用于超级工程中，超级工程的科学性能及安全性能也能更符合时代的要求。

10.5 从技术看发展规律与趋势

超级工程是当时各种先进技术的集大成者，每个时代的技术发明和创造会首先运用在超级工程之中。从古代的土木建筑到钢铁出现后的诸多技术，再到蒸汽机发明之后的技术应用，超级工程一直是技术创新的重要领域。

技术发展规律与趋势是超级工程发展的重要指导。超级工程建设需要运用各种技术，这些技术的发展规律和趋势对超级工程的建设具有重要的指导作用。比如，随着信息技术的发展，超级工程建设中的数字化设计、智能化施工、远程监控等技术得到了广泛应用；随着新材料的发展，超级工程建设中的高强度钢材、高性能混凝土等材料得到了广泛应用；随着节能环保要求的提出，超级工程建设中的节能环保技术得到了广泛应用[809]。这些技术的发展规律和趋势对超级工程的建设具有重要的指导作用。

超级工程的技术发展规律与趋势是一个不断变化和发展的过程。在未来的超级工程建设中，我们需要不断探索和创新，运用最先进的技术，推动超级工程建设的发展，为人类社会的发展做出更大的贡献。

随着世界范围内新一轮科技革命和产业变革的孕育兴起，超级工程技术也在不断创新和发展[810]。新兴科学技术对超级工程的影响越来越显著[811]。新一代信息技术的发展非常迅速，大数据、云计算、物联网和信息技术的深度应用使得超级工程的规划、设计、建设、运行和管理都更加高效和精准。此外，新材料、3D打印等技术为超级工程的实现提供了基础支撑。同时，非常规油气开采等技术可以进一步从资源和成本方面为国家开展超级工程提供保障。本节将从技术进步、安全设计、材料技术、集成共生态、颠覆创新、科学技术化、支撑体系等方面，探讨超级工程技术发展的重要趋势和影响，以及超级工程建造对世界科技发展水平的推动作用。

10.5.1 技术运用转向引导未来科技发展

超级工程的技术复杂性与学科的交叉性运用显著，这种特征重点存在于超级工程建设过程中，三峡水利工程与青藏铁路等是技术复杂性的典型代表。但伴随着国家建设社会主义科技强国与工程强国，超级工程逐步由单一成熟技术的运用指向科学新发现与新技术研发，即超级工程不仅是工程本身技术应用，更重要体现在以现代科技发展为目标的工程建设。国家重大科技设施的布局与实施，更清楚地指明超级工程建设的方向转变。

按照国家建设科技强国战略要求，立足科学领域未来发展与竞争需要，进一步兴建利于科技创新与持久发展的重大科技设施与基础工程，材料领域、能源领域、通信领域、机械制造领域与人工智能领域的大型复杂性集成试验基地建设成为技术性超级工程的新趋势与新特点。

10.5.2 综合性、多功能的跨学科集成技术开发

历史上，各工程领域的学科界限比较分明，很多工程主要是取决于具体一种或几种工艺技术。随着社会科技的发展，从20世纪70年代开始，世界超级工程领域的发展特点是学科交叉。当前的超级工程建设过程，更需要多个学科进行交叉融合才能顺利完成，学科之间的相互交流、领域方面的相互渗透已经成为必然趋势。例如，港珠澳大桥、航空母舰、大飞机等现代超级工程，需要数学、计算机、机械、材料、物理、管理学等多学科的技术人员进行合作交叉融合。因此，

新的颠覆性的人工智能技术将出现在超级工程的建造过程中。

10.5.3 "全生命周期"综合决策

随着信息技术的发展，超级工程的组织管理逐步转变为"全生命周期"综合管理与决策。"全生命周期"主要包括超级工程的设计、建造、使用和老化的全过程。在不同的阶段，超级工程的风险来源不完全相同。建造阶段的风险主要来自对未完成结构和它的支撑系统缺乏分析，以及对人为错误的失控；而老化阶段的风险则主要来自结构或材料功能在长期自然环境和使用环境的逐渐退化。相对而言，超级工程使用阶段的平均风险率是最低的。传统的超级工程在设计阶段通常只考虑使用阶段的安全，今后的超级工程在设计过程中还要考虑安全以外更多的内容，如结构的功能能否得到保证、耐久性，以及更多地考虑超级工程对整个环境可持续发展的影响等，同时，要在综合建造、使用、老化三个阶段全部综合考虑后，才做最后的决策。

10.5.4 设计、建设与人工智能等信息技术全方位融合

超级工程的建设效率严重依赖于工程各相关方面大量的技术、经济、管理信息的高效处理、交换和表达。在以往超级工程的建设过程中，技术与管理的信息化已经展示出存在的潜力。一方面，通过超级工程的信息化，可以显著提高工程建设的工作效率和工程质量，并降低建设成本；另一方面，信息化技术在超级工程设计和建设过程中的全方位融合，可以帮助实现更加宏大和复杂的超级工程。

例如，在超级工程的设计阶段，可以采用可视化、虚拟现实仿真等计算机技术，对超级工程的设计全过程进行可视化与虚拟现实仿真，这样可以大大降低超级工程建造的风险，同时，通过设计过程的可视化，可以对超级工程进行更充分的论证，使得拟建造的超级工程具有非常高的技术水平。超级工程设计全过程的可视化与虚拟现实仿真技术的应用，改变了传统超级工程的决策模式与评价方式，降低了超级工程的决策风险；同时，设计可视化与现实仿真技术改变了超级工程的投资模式，工程建设期的大规模资金投入要求改变了超级工程的融资模式，并且催生了新的技术形态与产业模式。

此外，在超级工程的建造阶段，也可以使用新型实时仿真与监控技术，通过对建造过程的实时仿真和监控，可以实时了解超级工程建造的进展、对存在的风险进行预判分析，提出在建造过程中的管理水平。上海中心大厦为中国首座在建

筑全生命周期中应用建筑信息模型（BIM）技术的建筑，使用 BIM 技术进行了复杂形态外幕墙参数化设计、异形空间密集管线综合、三维辅助出图、钢结构深化对接、幕墙深化对接、3D 打印等应用，有效推进了此高难度项目的进程，提高了设计质量，保证施工有效对接，成功减少 80% 的返工，节省投资 3 亿元。

新兴科学技术对超级工程的影响更加显著，新一代信息技术的发展非常迅速，大数据、云计算、物联网和信息技术的深度应用使得超级工程的规划、设计、建设、运行和管理都更加高效和精准。

10.5.5　材料的发展日趋活跃

从超级工程的历史发展可以看出，超级工程领域的每一次飞跃，都离不开工程材料的变革。工程材料的变革和进步，通常会使超级工程出现质的变化。例如，古代由于材料技术的限制，超级工程中通常使用的土、木、石等传统材料，随着近现代材料技术的发展与进步，超级工程中开始使用的钢材、混凝土，土木工程、水利工程、交通运输工程等领域的超级工程已经实现了许多质的飞跃。当前，超级工程的发展对能够大量使用的、具有极高稳定性能的、符合环保要求的全新工程材料提出了更高的需求，使得超级工程材料的发展日趋活跃。

10.5.6　工程技术形成集成共生态

超级工程以工程规模的浩大性、工程难度的艰巨性和工程影响的持久性，决定了超级工程在技术选择中呈现多样技术的集成与传统技术的继承。在这种继承与集成过程中，超级工程体现出对传统工程技术的继承与发扬，对新工程技术的使用与创新，由此超级工程表现出的工程形态不是单独的某一领域工程技术的最新使用，而更加注重在工程背景下对多样技术的集中整合，形成异质性技术与同质性技术的相互耦合，以新的集成方式与手段形成工程技术共生态。

10.5.7　行业技术与工程技术的颠覆创新

工程的行业背景与工程的技术属性在超级工程中表现出某一具体行业下工程技术的集成创新与新工程下新技术的传承创新。因此，在新的历史条件下，超级工程往往以继承的方式，对技术进行进一步凝练，以保持技术的长久生命力；同时，又会以新的历史眼光选择对技术进行筛选，采用新技术，淘汰旧技术。超级工程在行业中的里程碑式意义就表现在对技术的颠覆创新上，从而形成对新技术推广的拉力与对旧技术削弱的推力。

对我国来说，以超级工程带动科技创新，是一种具有鲜明特色的科技创新方法和路径。超级工程，从设计到施工，往往极其复杂，技术挑战巨大。我们自己不掌握的技术，不可能都靠引进、购买，而且关键核心技术也买不来。只有通过建设重大工程，带动协同创新，攻克技术难关，从而掌握核心技术，才能掌握创新和发展的主动权。这种"颠覆式创新"，在我国的超级工程建设史上得到一次又一次成功实践。如三峡水利工程建设之前，我国只能设计制造 30 万 kW 的水轮发电机组，在工程建设中，通过科技攻关，我们在较短时间内实现了水利水电重大装备和关键材料的技术自主能力；在青藏铁路建设过程中，曾面对多年冻土、高寒缺氧、生态脆弱这三大世界性难题，而这一铁路的最终建成，创造了世界铁路建设史上的奇迹，使中国在相关技术领域跻身国际先进行列。

从桥梁、大坝、隧道，到航天、探月、深海探测，上天入地，跨江跨海，这一系列重大工程，一系列新空间探索，都是科技创新突破的推动器，展现中国想象力、创造力的广阔舞台。我们相信，随着未来中国在超级工程建设方面不断取得更丰硕的成果，中国科技将不断攀越新的高峰。

10.5.8 科学技术化—技术科学化—工程产业化的未来导向

超级工程从科学意义上表现为人类对科学规律把握能力的进一步增强，从技术层面表现出对科学规律的现实化呈现，从工程层面表现出对行业工程的分时代标识，以工程开启新产业。由此，超级工程对科学发现、技术发明与工程创造的综合作用表现出对工程问题的科学化表达，与工程技术的继承式颠覆，对工程领域的产业化推广，构建起科学—技术—工程—产业的全路径方式，从而加速工程以生产力形式促进人类社会向前发展。

人工智能是计算机科学的一个分支，它企图了解智能的本质，并生产一种新的能以人类智能相似的方式做出反应的智能机器，该领域的研究包括机器人、语言识别、图像识别、自然语言处理和专家系统等。人工智能从诞生以来，理论和技术日益成熟，应用领域也不断扩大，可以设想，未来人工智能带来的科技产品，将会是人类智慧的"容器"。机器学习正在改变我们的生活、工作和娱乐方式，就像改变其他领域那样，工程建造领域也将被机器学习改变，人工智能被定义为使计算机执行需要人类完成的智能任务科学，工程领域大量应用了人的智能及经验，因此使用人工智能代替人的智能在工程领域是必然趋势。

综上所述，技术进步是促使工程发展的重要方面。全球科技创新呈现新的发展态势，科技创新链条更为灵巧，技术更新和成果转化更为快捷，产业更新换代不断加速。超级工程技术逐渐走向综合性、多功能的跨学科集成技术开发，这种趋势将会成为未来科技发展的重要方向。超级工程的安全设计逐步转变为"全生命周期"综合决策，这将为超级工程的可持续发展提供更加坚实的保障。超级工程的设计与建设与人工智能等信息技术全方位融合，这种融合将推动超级工程技术的发展，同时也将带来更多的机遇和挑战。超级工程材料的发展日趋活跃，这将为超级工程的设计和建设提供更加先进的材料支持。工程技术的集成共生态将成为超级工程技术发展的重要方向，这种集成共生态将推动超级工程技术的不断创新和发展。行业技术与工程技术的颠覆创新将成为超级工程技术发展的重要推动力量，这种颠覆创新将带来更加广阔的发展空间和机遇。科学技术化—技术科学化—工程产业化的未来导向将会成为超级工程技术发展的重要趋势，这种导向将会推动超级工程技术的不断创新和发展。科学—技术—工程—管理—教育的螺旋网状结构将成为超级工程技术发展的重要支撑体系，这种支撑体系将为超级工程技术的不断发展提供更加坚实的基础。

10.6　从效益看发展规律与趋势

超级工程在建造和运营过程中，总是以有形和无形的方式对社会产生各方面的影响，其效益是指工程实施后为社会所作的贡献。科学分析超级工程的效益可以揭示超级工程发展规律与趋势。

10.6.1　古代超级工程的效益体现

古代超级工程在建造时多注重其影响功能，较少有明确定量化的效益评估。万里长城是我国古代伟大的工程之一，其建造初衷主要出于军事用途，目的是预警和阻挡北方少数民族的入侵，没有明确的效益评估。但在历史发展过程中，万里长城作为一项超级工程本身促进了经济发展，带来了综合社会效益。一方面，万里长城作为军事防御体系，是戍守沿边地区人们生活的重要的生活载体，从秦朝开始，我国历代王朝采取移民戍边政策来提高边境经济建设。另一方面，戍边地区的军民也构成了特定的具有军事聚集特征的社会组织结构和社会关系，对社会经济和文化具有持续的影响，形成了重要社会影响力。当代社会中，万里长城作为重要的文化遗产，具有重要的文化价值。通过增进公众对长城历史文化的认知与理解来推动文化遗产保护，进一步通过合理的保护与开发来带动周边区域经济文化的发展，这也是发挥其综合效益的一种方式。

古代修建的部分超级水利工程沿用至今，不仅发挥了重要的工程本体功能，同时对社会、经济、文化和环境发展做出重要贡献。作为全世界至今为止年代最久、唯一留存的超级水利工程，都江堰为成都平原及周边丘陵山区的耕地灌溉和居民饮水提供了重要的保障，灌区规模位居全国首位。都江堰水利工程成就了成都平原"天府之国"的美誉，持续发挥着防洪、供水、生态等综合效益。历朝历代针对都江堰灌区持续建设和管理，也促进了农业、工业生产的发展，带来了难以估量的经济效益。

还有一些古代的超级工程，例如北京故宫、埃及金字塔等，在建造之初主要是为统治者提供居所和陵寝等目的，其具体的效益经千年后才展现出来，例如供游客参观、门票收入、文化效益等。

10.6.2　近现代超级工程的效益体现

现代超级工程效益巨大，在考虑战略性、社会性的基础上，同时要进行效益分析与评估，能够取得看得见、可期的经济效益和社会效益，同时考虑投入的回报。现代超级工程通常具备功能多元性和效益巨大性的特征，对保障国家安全、推动国家富强、造福百姓民生、提升综合国力、展示科技实力等方面都产生深远影响。

三峡水利工程作为世界上规模最大的水利工程，其社会效益主要是指防洪、航运、供水与生态等方面的效益，直接经济效益主要体现在发电效益上。从国家大局出发，三峡水利工程需要从全局统筹兼顾社会效益和经济效益，发电服从于防洪和生态，电调服从于水调，充分发挥骨干水源工程作用，提高水资源配置与综合利用能力。

南水北调作为我国一项重要的水利工程，自通水以来带来了巨大的经济与社会效益。南水北调工程西线调水后对受水区产生的经济效益主要包括农业灌溉效益、城镇供水效益（工业和生活供水）以及黄河梯级增加的电能效益。受测算数据、测算方法和测算标准的影响，综合经济效益难以具体估算，但南水北调工程无疑取得了巨大的经济效益。在社会效益方面，南水北调工程同时也为京津冀协同发展、雄安新区建设、黄河流域生态保护和高质量发展等重大战略实施，提供可靠的水资源保障，社会效益远超预期。

京沪高铁作为交通领域的典型性超级工程，总投资超过 2200 亿元。从 2011 年开通运营以来，仅用三年就实现盈利，2015 年成为我国首条为社会资本出资股东分红的高铁，体现出超级工程也可以在短期实现经济效益。从社会效益来看，京沪高铁正式运营后对沿线区域的经济有非常大的拉动作用，在优化产业布局和资源配置、协调区域发展、构建高效综合运输体系等方面，也充分发挥出巨大的作用和综合效益。京沪高铁将与之互相配套的通信、机械、信息、电子以及环保等许多行业拉动起来，共同发展，也促进了社会效益的发挥。作为国家战略，京沪高铁还构建了中国高铁标准体系与技术体系，支撑了中国高速铁路的快速发展，打造了技术先进、安全可靠、性价比高的中国高铁品牌。

航天超级工程一方面是维护国家安全利益、巩固提升大国地位的需要，另一方面也是促进人类文明进步、推动社会经济发展的需要。航天超级工程对其他产业、行业的带动而产生的经济效益，将远远超出其直接产生的经济效益。20 世纪 90 年代，航天超级工程催生微电子、光纤通信等产业的发展，使传统产业发生了革命性的变化，随之而来的经济效益更是异常巨大。当前，航天超级工程的部分研究成果已经反馈到了民用技术中，如热控、遥控、遥测技术等，推动了第三产业的发展。目前还很难测算出具体的经济效益，但人们生活的方方面面已经离不开航天技术。

虽然不同类型的超级工程有着不同的目标，对人类社会的不同方面产生不同的影响，但就共性特征而言，它们大多都是通过支撑国家战略来发挥社会效益，通过促进国民经济和行业发展来发挥经济效益。在宏观层面，超级工程对国家战略和国民经济具有直接正效应，也能够直接推动经济增长；在中观层面，超级工程与许多产业密切相关，由于其运行具有非竞争性和局部排他性，在达到"拥挤点"之前能体现其规模效应，并由此促进区域经济发展；在微观层面，超级工程投资建设对企业效益和劳动就业产生影响，可以创造更多的工作机会，扩大就业，从而改善居民收入。

10.6.3 从效益看未来超级工程的发展

超级工程虽然一次性投资巨大，但会对多个相关产业形成带动作用，更重要的是对经济产生难以估量的强力助推作用，以及后续催发的一系列深刻产业变革。发展中国家的基础设施存量的增加与经济增长呈现显著的正相关同步增长关系。中国的经济建设正在大规模进行，基础设施领域的超级工程将成为经济持续健康增长的重要引擎之一。一方面经济高速发展为超级工程提供了旺盛的市场需求，另一方面超级工程以技术创新提振了产业链。港口、铁路、码头、桥梁、互联网等基础设施作为一个国家和地区经济发展的基本条件，与社会经济发展所有的生产过程和生活福利都息息相关，基础设施的建设和发展水平对经济发展有着十分重要的作用，甚至被视为一国经济"起飞"的先决条件。因此，未来超级工程发展趋势将是经济效益和社会效益并重，更加关注长远效益，其建设目标和功能效益是多样化的，覆盖区域也会越来越广。

超级工程由于投入巨大，合理的效益评估是决策阶段的重要工作。当针对超级工程的成本和效益评估不合理时，通常会导致工程的投资回报不满足利益相关者的预期，进而导致难以决策。但超级工程不同于常规意义上的投资建设项目，其投资巨大，运行时间长，有时候可能短期内效益难以显现。有的超级工程属于国家基础设施，具有公益的性质；有的超级工程社会效果显著，经济效益不明显；有的超级工程短期内看不到收益，多年后效益才能显现出来。超级工程在体现效益方面的这些特点，按照通常的经济评价方法已难以进行科学的效益评估。在未来的超级工程建造中，除注重投资的经济效益外，需要更多关注投资的社会功能和社会效益；需要创新投资模式，制定有吸引力的政策，鼓励社会资本参与超级工程建设；要对产生的社会效益、间接效益进行量化评价；要研究适合各类超级工程的效益评价指标和效益评价方法，建立一套更加科学合理的效益评估体系，科学评价超级工程的综合效益。

参考文献

[1] Flyvbjerg B, Priemus H, Wee B. Decision-Making on Mega-Projects: Cost-Benefit Analysis, Planning and Innovation. Cheltenham and Camberley, Northampton: Edward Elgar Publishing, 2008.

[2] Sergeeva N, Zanello C. Championing and promoting innovation in UK megaprojects. International Journal of Project Management, 2018, 36: 1068-1081.

[3] Davies A, Mackenzie I. Project complexity and systems integration: Constructing the London 2012 Olympics and Paralympics Games. International Journal of Project Management, 2014, 32: 773-790.

[4] Altshuler A, Luberoff D. Mega-Projects: The Changing Politics of Urban Public Investment. Washington, D. C. : Brookings Institution Press, 2003.

[5] 张梓轩, 曹玉梅. 现代化中国的不同形象呈现——纪录片《建筑奇观》《超级工程》比较研究. 中国电视, 2015, (2): 5.

[6] 刘云. 以超级工程项目引领"一带一路"建设. 国际工程与劳务, 2017, (8): 94, 95.

[7] 樊明亚. 形式逻辑. 第 2 版. 北京: 高等教育出版社, 2009.

[8] 殷瑞钰, 汪应洛, 李伯聪. 工程哲学. 北京: 高等教育出版社, 2007.

[9] Flyvbjerg B. The Oxford Handbook of Megaproject Management. Oxford: Oxford University Press, 2017.

[10] Naomi B. Delivering European Megaprojects: A Guide for Policy Makers and Practitioners. Leeds: University of Leeds, 2015.

[11] Brookes N J , Locatelli G. Power plants as megaprojects: Using empirics to shape policy, planning, and construction management. Utilities Policy, 2015, 36: 57-66.

[12] Flyvbjerg B. What you should know about megaprojects and why: An overview. Project Management Journal, 2014, 45(2): 6-19.

[13] Vickerman R, Alan A, Luberoff D. Mega-projects: The changing politics of urban public investment. Washington, D. C. : Brookings Institution, 2003.

[14] 人民政协报. 南水北调中线工程从这里起步: "十万大军"奋战丹江口. (2018-02-01) [2023-06-14]. https://culture.china.com/11170623/20180201/32036504.html.

[15] 中国石油. 西气东输管道公司介绍. (2015-09-29) [2023-06-14]. http://www.cnpc.com.cn/cnpc/zgsyqhjs/201509/41319d24d56742c7947b2653a84cd140.shtml.

[16] 湖北省建设武钢一米七轧机工程指挥部. 武钢一米七轧机工程技术总结. 第一册: 工程设计. 北京: 冶金工业出版社, 1981.

[17] 陈佩尧. "星球大战"的现实与未来. 国际问题资料, 1983, (5): 19-21.

[18] 陆佑楣. 长江三峡工程. 北京: 中国水利水电出版社, 2010.

[19] 李英, 陈越. 港珠澳大桥岛隧工程的意义及技术难点. 工程力学, 2011, 28(A02): 11.

[20] 钟茂初. 如何表征区域生态承载力与生态环境质量——兼论以胡焕庸线生态承载力涵义重新划分东中西部. 中国地质大学学报: 社会科学版, 2016, 16(1): 9.

[21] 中华人民共和国住房和城乡建设部, 中华人民共和国国家质量监督检验检疫总局.《建设工程分类标准》(GB/T 50841-2013). 北京: 中国计划出版社, 2013.

[22] 黄汉江. 投资大辞典. 上海: 上海社会科学院出版社, 1990.

[23] Heidelberg S B. Linné, Carlvon (1707-1778). Encyclopedia of Parasitology, 2008: 720.

[24] 傅温. 建筑工程常用术语详解. 北京: 中国电力出版社, 2014.

[25] 辛全才, 牟献友. 水利工程概论. 郑州: 黄河水利出版社, 2011.

[26] 中国工程院. 能源与矿业工程的可持续发展. 北京: 高等教育出版社, 2016.

[27] 姚立根, 王学文. 工程导论. 北京: 电子工业出版社, 2012.

[28] 杨艳明, 赵云, 邵珠峰, 等. 机械与运载工程领域颠覆性技术战略研究. 中国工程科学, 2018, 20(6): 27-33.

[29] 国家发展和改革委员会. 国家发展改革委关于修改《产业结构调整指导目录(2019年本)》的决定. 2021.

[30] 中华人民共和国国家质量监督检验检疫总局, 中国国家标准化管理委员会. 国民经济行业分类(GB/T 4754—2017). 北京: 中国质检出版社, 2017.

[31] 许树柏. 层次分析法原理. 天津: 天津大学出版社, 1988.

[32] 陈平留, 郑德祥. 林木资产评估中的重置成本法的研究. 华东森林经理, 1999, 13(1): 25-27, 45.

[33] 晁坤. 对探矿权评估方法中重置成本法的思考. 中国矿业, 2006, 15(2): 23-25.

[34] 秦始皇修万里长城, 究竟花多少钱. (2018-04-17) [2023-07-04]. https://cj.sina.com.cn/articles/view/6409704920/17e0c55d80010092oh?finpagefr=p_104.

[35] 郑学工, 马佳. 从德国经验看我国不变价GDP核算. 中国统计, 2014, (6): 12-14.

[36] 徐世香. 对我国1978年-2009年的GDP时间序列分析——基于1978年不变价格. 中国商界月刊, 2013, (3): 193.

[37] 朱之鑫, 许宪春. 中国不变价国内生产总值核算方法研究. 北京: 北京大学出版社, 2012.

[38] 胡幼文. 古今米价如何折算——中国货币购买力研究中的一个瓶颈. 钱币博览, 2008, (1): 2.

[39] 徐秋阳. 谈谈国际比较中人民币购买力估值问题. 南开管理评论, 1993.

[40] 鲍学英, 王起才. 基于信息熵和价值工程的工程评标方法研究. 兰州交通大学学报, 2015.

[41] 李应南, 陈向科. 基于层次分析法和专家打分法的交叉口交通安全评价研究. 中华民居(下旬刊), 2014, (15): 245-248.

[42] 陈章鑫, 林海, 应兴华, 等. 万年稻作农业文化系统的开发、保护及发展对策. 中国稻米, 2012, 18(6): 23-26.

[43] 湖南省文物考古研究所. 澧县城头山——新石器时代遗址发掘报告(上). 北京: 文物出版社, 2007.

[44] 浙江新闻. 央视关注余姚施岙遗址: 世界上最早最大的稻田在这里. (2022-03-27). https://wenku.baidu.com/view/ec5e5fd487868762caaedd3383c4bb4cf7ecb7d5.html?_wkts_=170006042 1670&bdQuery=%E4%B8%96%E7%95%8C%E6%96%87%E5%8C%96%E9%81%97%E4% BA%A7%E7%8F%8D%E8%B4%B5%E6%96%87%E7%89%A9%E6%95%B0%E5%AD% 97%E5%8C%96%E4%BF%9D%E6%8A%A4%E5%88%A9%E7%94%A8%E5%88%9D %E6%8E%A2.

[45] 王宜涛. 半坡遗址在中国考古学中的地位、意义和作用. 史前研究, 2013: 26-31.

[46] 张雪菲. 江苏常州青城墩遗址. 大众考古, 2019, (9): 12-15.

[47] 佚名. 良渚古城遗址. 小学生导读, 2021, (11): 2.

[48] 米艾尼. 探秘三星堆. 北京日报, 2016-09-06(013).

[49] 赵阳, 姜含章. 山西陶寺遗址: 寻找最初的"中国". 支部建设, 2022, (36): 54.

[50] 秦毅. 石峁遗址: 打造新时代历史文化遗存保护的标杆. 中国文化报, 2023-05-29(001).

[51] 何毓灵. "日用而不觉"的殷墟——"考古中国之河南篇"之四. 博览群书, 2022, (12): 25-31.

[52] 周敬飞. 晋祠探源. 中国民族博览, 2022, (18): 20-26.

[53] 郭志清. 在保护中发展, 让平遥古城绽放异彩. 中国文化报, 2022-03-03(001).

[54] 中国政府网. 世界文化遗产——苏州古典园林. (2006-03-28) [2022-08-01]. https://www.gov.cn/test/2006-03/28/content_238532.htm.

[55] 侯全亮. 中华民族的黄河治理史. 炎黄春秋, 2022, (3): 59-64.

[56] 陈军, 吕珂, 吴芳. 安丰塘: 天下第一塘. 河北水利, 2015, (9): 20, 21.

[57] 花山国家级风景名胜区核心景区——宁明花山岩画风景区. (2017-05-02) [2022-08-01]. 花山国家级风景名胜区核心景区——宁明花山岩画风景区 – 人文旅游 – 广西崇左市宁明县人民政府门户网站. http://www.ningming.gov.cn/zjnm/nmgk/rwly/t1819731.shtml.

[58] 杪桫. 广府新韵. 河北日报, 2021-10-22(009).

[59] 吴雨阳, 于锋. 大运河, 贯穿江南文脉的一道活水. (2018-12-14) [2022-08-01]. http://www.jsthinktank. com/special/dyhwhddjs/201812/t20181214_5936775.shtml.

[60] 吴恩培. 吴掘邗沟及其深厚的历史文化背景——春秋吴国国家战略的演变. 苏州教育学院学报, 2016, 33(4): 31-35.

[61] 苏锐. 山东曲阜"三孔": 活起来的文化遗产, 火起来的旅游市场. 中国文化报, 2023-04-21(001).

[62] 刘晨星. 阆中古城宗教建筑研究. 雅安: 四川农业大学, 2016.

[63] 王健. 是水利工程还是人造生态灾难——从《水经注》"白起渠"史料解读说到古史真伪. 南京林业大学学报 (人文社会科学版), 2013, 13(3): 74-78.

[64] 肖延高, 李代天, 程励, 等. 都江堰千年延续的管理解码: 重大工程可持续发展视角. 管理世界, 2023, 39(4): 175-195.

[65] 涂莲英, 李红浪. 浅谈世界遗产之秦始皇陵. 科技信息 (学术版), 2006, (3): 222, 223.

[66] 孙艳艳. 浅析秦始皇兵马俑. 大众文艺, 2013, (10): 122, 123.

[67] 侯全亮, 郑国渠: 间谍成就的宏伟水利工程. 文史天地, 2022, (12): 57-59.

[68] 冯旭光, 崔海洋. 民族村寨旅游开发的人类学思考——以西江千户苗寨为例. 教育文化论坛, 2013, 5(2): 69-74.

[69] 牟祥雷. 从抵御洪水到抵御兵侵: 万里长城的前世今生. 中国三峡建设, 2008, (8): 14-22.

[70] 康清莲. 秦驰道直道考议. 晋阳学刊, 2011, (4): 136-138.

[71] 蒋原伦. 灵渠. 民主, 2020, (11): 47-54.

[72] 姚生民. 秦直道起点及相关问题. 咸阳师范学院学报, 2002, (1): 8-11.

[73] 王学理. 拨开"阿房宫"遗址上的雾障. 咸阳师范学院学报, 2019, 34(5): 1-7.

[74] 汪一鸣. 试论宁夏秦渠的成渠年代——兼谈秦代宁夏平原农业生产. 宁夏大学学报 (社会科学版), 1981, (4): 89-94.

[75] 孙珍. 武当山古建筑群价值试探. 贵州民族大学学报 (哲学社会科学版), 2014, (3): 147-150.

[76] 陈建徽, 王海鹏, 刘言, 等. 丝绸之路过去 2000 年温度变化历史: 集成和展望. 中国科学: 地球科学, 2023(53): 1-11.

[77] 徐龙国. 汉长安城考古的收获、进展与思考. 南方文物, 2022, (2): 11–27.

[78] 骆曼. 宋代襄阳和樊城的历史地理研究. 长春: 东北师范大学, 2017.

[79] 陈苏镇. 未央宫四殿考. 历史研究, 2016, (5): 165–175.

[80] 姜继兴, 张华. 东岳神府——岱庙. 建筑工人, 2014, 35(12): 27, 28.

[81] 田晓. 青岛崂山太清宫文创产品设计. 青岛: 青岛科技大学, 2021.

[82] 姜正成. 史家之魂(司马迁)/中华圣贤传奇系列. 北京: 中国财富出版社, 2016: 16–18.

[83] 黄河志编撰委员会. 黄河志—黄河大事记. 郑州: 河南人民出版社, 2017: 14–16.

[84] 王萌萌. 沉睡的文明——高句丽遗址 [J]. 新长征, 2017(08): 64.

[85] 中国农业博物馆农史研究室. 中国古代农业科技史图说. 北京: 农业出版社, 1989: 182.

[86] 畲田. 美丽中国行史之志. 长春: 北方妇女儿童出版社, 2013: 162, 163.

[87] 袁一锋, 郑石平, 马立群. 中国宗教名胜事典. 上海: 上海三联书店, 2009: 66–70.

[88] 汪本学, 张海天. 浙江农业文化遗产调查研究. 上海: 上海交通大学出版社, 2018: 71.

[89] 汪受宽, 屈直敏. 中华优秀传统文化精要. 兰州: 甘肃人民出版社, 2019: 430–431.

[90] 王慧峰. 登封"天地之中"建筑群申遗成功. 人民政协报, 2010–08–02(01).

[91] 冯步云. 云游寄语. 北京: 教育科学出版社, 2007: 289–291.

[92] 鱼米之乡 江苏编写组. 鱼米之乡 江苏. 北京: 中国旅游出版社, 2015: 71, 72.

[93] 武红丽. 中国美术考古学概论. 北京: 中国电影出版社, 2021: 168, 169.

[94] 吴言生, 辛鹏宇. 通识中国佛教. 西安: 陕西人民出版社, 2019: 255–257.

[95] 陈建路. 指尖上的经典 中国世界遗产随行影记. 上海: 上海文化出版社, 2017: 80, 81.

[96] 王晓岗, 裴炜. 山西实用导游词一本全. 太原: 山西经济出版社, 2014: 12.

[97] 温玉成. 河洛文化与宗教. 郑州: 河南人民出版社, 2018: 215–217.

[98] 张武, 陈学军. 旅游资源学. 哈尔滨: 哈尔滨地图出版社, 2007: 82–84.

[99] 无可主编. 山西旅游980景点. 太原: 山西科学技术出版社, 2004: 362.

[100] 宿白. 魏晋南北朝唐宋考古文稿辑丛. 北京: 生活·读书·新知 三联书店, 2019: 54–69.

[101] 胡春良. 解州关帝庙古代铸造文物. 铸造设备与工艺, 2022, (1): 57–63.

[102] 李承刚. 美国土木工程师学会选定中国赵州桥为"国际历史土木工程里程碑". 土木工程学报, 1991, (4): 92.

[103] 罗志. 考古者眼中隋唐大运河湮没的辉煌. 大众考古, 2015, (3): 79–85.

[104] 蔡世琛. 洛阳桥简介. 公路, 1958, (10): 41.

[105] 雒晓辉. 永济渠的兴衰对唐代河北道水利建设的影响. 邢台学院学报, 2017, 32(1): 130–133.

[106] 车明怀. 布达拉宫"世界屋脊"上的国宝. 中国民族, 2021, (7): 66–70.

[107] 郭谦. 大明宫文化遗产保护中的艺术创新——以《时间中的宫殿》为例. 文博学刊, 2020, (3): 102–111.

[108] 马海舰. 殷仲容昭陵书石考述. 文物鉴定与鉴赏, 2023, (4): 6–11.

[109] 耿纪朋, 郑小红. 大足石刻的历史发展. 旅游纵览(下半月), 2013, (5): 225, 227.

[110] 凌翼. 湖徽滕王阁. 中国三峡, 2018, (11): 108–115.

[111] 白泽琦. 论高音萨克斯管在《越王楼歌》中的运用. 民族音乐, 2021, (3): 23–25.

[112] 王恒. 优质旅游背景下乾陵景区旅游发展研究. 咸阳师范学院学报, 2019, 34(2): 9–12.

[113] 宗晓萌. 外来文化影响下的大昭寺多元化建筑风格. 华中建筑, 2011, (7): 162–165.

[114] 月明日. 乐山大佛藏宝洞之谜. 文史博览, 2016, (6): 56, 57.

[115] 郑永华. 从天长观到白云观——"北京第一道观"的历史变迁与文化传承. 前线, 2019, (8): 88-90.

[116] 蒋志松. 它山堰. 宁波通讯, 2015, (20): 84, 85.

[117] 肖波, 巩佳佳. 西湖断桥与传说的聚焦——论白蛇传说与断桥的融合. 荆楚理工学院学报, 2012, 27(12): 22-26.

[118] 李志庭. "罗刹石"考. 浙江学刊, 1995, (1): 100-103.

[119] 曾小琴, 吴圳锋. 泉州洛阳桥: 披风砺雨 屹立千年. (2021-04-12). https://m.thepaper.cn/baijiahao_12159662,2021

[120] 杜成辉, 胡玉平. 辽金文献中的应县木塔. 北方工业大学学报, 2021, 33(5): 102-109.

[121] 邹雨洁. 蓬莱阁古建筑群现状调查及保护利用. 南京: 南京师范大学, 2021.

[122] 黄丽明, 蔡佰孝. 福建土楼文物建筑活化利用初探——以南靖县田中赋土楼群为例. 文物鉴定与鉴赏, 2022, 237(18): 162-165.

[123] 陈芳冰, 曹伦. 以宏村为例谈风水对古村落选址建造的影响. 四川建筑, 2015, 35(5): 66-68.

[124] 邱俊霖. 天下无桥长此桥 宋代的"超级工程"——安平桥. 科学大众, 2022, (Z2): 58-61.

[125] 曾丽洁. 潮州广济桥的艺术和人文意蕴赏析. 沈阳建筑大学学报 (社会科学版), 2013, 15(1): 5-8, 32.

[126] 郝玉芳. 卢沟桥以中国古代"四大"名桥之一有石狮501个可载重429吨名彩逸誉环球. 中国地名, 2012, 228(7): 36-38.

[127] 郑莉颖. 永乐宫: 道教宫殿式建筑. 科学中国人, 2017, 374(26): 72-74.

[128] 晟楠. 元上都遗址: 游牧文明的发祥地之一. 阅读, 2020, 767(43): 52-55.

[129] 李飞, 周必素, 彭万. 贵州遵义市海龙囤遗址. 考古, 2013, 550(7): 2, 69-82.

[130] 三摄. 文化遗产——丽江古城. 红蜻蜓, 2023, (12): 18-21.

[131] 贺献林. 河北涉县旱作梯田的起源、类型与特点. 中国农业大学学报 (社会科学版), 2017, 34(6): 84-94.

[132] 央视网. 世遗旅游: 广东开平碉楼. (2017-08-01) [2022-08-01]. http://travel.cctv.com/2017/08/01/ARTIuyqGVwaXehNiComp9IAP170801.shtml.

[133] 陆琦. 南京明孝陵. 广东园林, 2017, 39(6): 96-100.

[134] 何国卫. 郑和宝船尺度之谜. 中国船检, 2019, 230(7): 102-107.

[135] 孙红芬, 许建华. 明代香山帮工匠的辉煌杰作——紫禁城. 古建园林技术, 2011, 113(4): 74-77.

[136] 陈玲玲, 霍斯佳, 范文静. 世界文化遗产地可持续发展研究——以北京明十三陵为例. 资源开发与市场, 2011, 27(3): 228-231, 270.

[137] 来昕, 刘阳, 张雅茹, 等. 层积性视角下北京天坛遗产价值评估. 北京规划建设, 2022, 206(5): 75-79.

[138] 英子. 风貌独特的澳门历史城区. 阅读 (高年级版), 2016, (9): 48-51.

[139] 冯道信. 中南第一陵——明显陵. 决策与信息, 1995, (2): 38, 39.

[140] 姚昶宇. 大院的秘密. 北京: 中央民族大学, 2019.

[141] 佟福贵. 盛京三陵之首——永陵. 辽宁档案, 1992, (2): 48.

[142] 李声能. 沈阳故宫的营建与空间布局特色分析. 中国文化遗产, 2016, 75(5): 4-13.

[143] 宋晓一, 王肖宇, 隋欣, 等. 沈阳清福陵文化遗产现状勘察及保护修缮. 建筑设计管理, 2017, 34(11): 80-84.

[144] 任海生. 清东陵——世界上最大的陵园. 冀东学刊, 1995, (2): 2.

[145] 王颖, 刘晴. 二十年避暑山庄研究综述. 承德民族师专学报, 2007, 111(3): 1–5.

[146] 解秀清. 圆明园中的中西文化融合. 国际人才交流, 2020, 356(1): 57–59.

[147] 吴迪, 郭巍. 自然环境与人工点缀: 清西陵圈层式景观研究. 北京规划建设, 2021, 201(6): 101–106.

[148] 边巴卓玛. 世界文化遗产珍贵文物数字化保护利用初探——以西藏罗布林卡珍贵文物为例. 西藏艺术研究, 2020, 138(4): 69–73, 88.

[149] 徐士岐. 颐和园文物保护修复与园林式博物馆社会价值实现 // 第 15, 16 届全国文物修复技术研讨会, 中国文物学会, 2018.

[150] 徐胤嫣. 乔家大院在晋派建筑艺术文化传承中的地位和作用. 晋阳学刊, 2022, 251(2): 130–133.

[151] 李伯聪. 略论中国近现代工程史的开端. 山东科技大学学报 (社会科学版), 2015, 2: 1–8, 59.

[152] 孙晔飞, 陈娜. 江南制造局的前世今生. 中国国情国力, 2005, 11: 48–51.

[153] 嵇刊, 吴宇. 金陵机器制造局里的甲午往事. 科学大众, 2021, 20: 36, 37.

[154] 一舟. 承载强国梦的百年船厂. 中国水运, 2007, 1: 42, 43.

[155] 王琳琳. 西兰公路 削陡峻 扩反险 通甘陕. 中国公路, 2017, 498(14): 88, 89.

[156] 王丽娜. 吴淞铁路修筑始末. 吕梁教育学院学报, 2018, 35(4): 43, 44, 48.

[157] 开滦矿务局史志办公室编. 开滦煤矿志 (1–6 卷). 北京: 新华出版社, 1995.

[158] 何守伦. 梓里铁桥: 金沙江上第一桥. 社会主义论坛, 2017, 391(9): 54, 55.

[159] 姜晔. 近代清政府对旅顺港的建设. 中国近代史及史料研究, 2010: 8.

[160] 唐山机车车辆厂志编审委员会. 唐山机车车辆厂志 (1881–1992). 北京: 中国铁道出版社, 1999.

[161] 杨琦. 上海杨树浦水厂被核定为全国重点文物保护单位. 给水排水, 2013, 49(10): 122.

[162] 黄华平. 晚清名臣刘铭传与台湾的第一条铁路. 文史天地, 2022, (10): 53–57.

[163] 大连机车车辆工厂厂志编纂委员会. 铁道部大连机车车辆工厂志 (1899—1987). 大连: 大连出版社, 1993.

[164] 何太平. 汉阳铁厂与洋务运动时期的其他钢厂——中国近代钢铁工业蹒跚起步. 冶金经济与管理, 2020, 2: 13–16.

[165] 王丰. 新时代百年老站换新颜——首都北京丰台站巡记. 中外企业文化, 2022, 636(11): 31, 32.

[166] 苏轩. 大生纱厂的纺织技术转移 (1895-1937). 工程研究——跨学科视野中的工程, 2018, 10(4): 419–427.

[167] 张子君. 京汉铁路与近代驻马店城市发展研究 (1906-1949). 郑州: 郑州大学, 2018.

[168] 贾勇. 铁路与近代河南经济社会研究 (1897—1937). 武汉: 武汉大学, 2020.

[169] 孙章. 京张铁路三部曲: 中国轨道交通技术进步与产业振兴的缩影. 城市轨道交通研究, 2022, 25(2): 160, 161.

[170] 肖邦振. 南苑机场的接收和开国大典受阅飞行. 军事文摘, 2019, 453(21): 68–70.

[171] 李兴仁. 中国第一个水电站: 石龙坝水电站. 中国建材, 2014, 1: 137.

[172] 张芝林. 上海杨树浦发电厂志 1911–1990. 北京: 中国电力出版社, 1999.

[173] 钟国文. 细说国家博物馆馆址变迁. 文史天地, 2015, 209(2): 62–66.

[174] 高国骥. 抚顺西露天矿开采技术. 北京: 煤炭工业出版社, 1993.

[175] 闫觅. 中国工业遗产故事永利碱厂故事. 南京: 南京出版社, 2019.

[176] 刘长太. 匠勋. 哈尔滨: 北方文艺出版社. 2020: 1.

[177] 耀华玻璃厂志编纂委员会. 耀华玻璃厂志. 北京: 中国建筑材料工业出版社, 1992.

[178] 石油企业管理编辑部. 回望百年中国石油石化. 石油企业管理, 200, 1(Z1): 22–35.

[179] 刘元燕. 泾惠渠灌区生态环境健康评估模型及系统研究. 西安: 西安理工大学, 2022.

[180] 邢建榕. 称雄上海五十年的国际饭店. 世纪, 2000, (4): 32, 33.

[181] 徐裕茹. 钱塘江大桥正桥桥式设计方案的形成与技术要点. 广西民族大学学报 (自然科学版), 2020, 26(3): 39-44.

[182] 李沛霖. 民国时期远东第一——南京永利铔厂影像志. 江苏地方志, 2010, (6): 42-44.

[183] 文热心. 矮寨公路奇观. 中国地名, 2017, 291(10): 72, 73.

[184] 谢建平. "二十四道拐" 抗战公路. 文史天地, 2020, 268(1): 100.

[185] 陈瑜. "百年老店" 独山子石化. 中国石油企业, 2022, 451(11): 113.

[186] 公孙纪东. 二九八厂: 中国光学工业的摇篮和故乡. 军工文化, 2020, 6: 82, 83.

[187] 严海建. 中国机械工业的摇篮——中央机器厂. 史话, 2008, (5): 89-91.

[188] 彭连港. 关于吉林丰满水电站的历史. 吉林大学社会科学学报, 1982, 2: 30-34.

[189] 抚顺铝厂志编辑委员会. 抚顺铝厂志. 沈阳: 辽宁人民出版社, 1988.

[190] 琢莹. 在那遥远的地方——一位老档案工作者的回忆录 (之四) 八千里路云和月. 中国档案, 2002, (4): 49, 50.

[191] 崔丽霞, 张亚楠. 黄崖洞兵工厂与中国人民军工精神之铸就. 史料研究, 2022, (2): 36-43.

[192] 邢正锋. 关于鸳鸯池水库管理的思考. 甘肃农业, 2012, 19(9): 26, 27.

[193] 徐希进. 山东省治淮沂沭泗河洪水东调南下工程建设回顾与展望. 山东水利, 2005, 7(1): 11.

[194] 史海滨, 杨树青, 李瑞平, 等. 内蒙古河套灌区节水灌溉与水肥高效利用研究展望. 灌溉排水学报, 2020, 39(11): 1-12.

[195] 杨占峰. 从白云鄂博稀土资源开发利用谈稀土再认识. 包钢科技, 2017, 43(3): 7.

[196] 陈寅生. 国道318六十年祭. 杭州金融研修学院学报, 2015, (2): 76-78.

[197] 廖粤军. 大通湖百年环境演化历史及治理策略. 广州: 广州大学, 2021.

[198] 治黄工程中的伟大创造——黄河大堤的雏探工作. 科学通报, 1953, 4(1): 100.

[199] 徐俊仁. 治淮五十年—苏北换新颜. 江苏水利, 2000, 21(10): 6-8.

[200] 王封礼. 新中国修建的第一条铁路——成渝铁路. 文史天地, 2023, 307(4): 95.

[201] 黑龙江龙煤矿业股份集团有限责任公司. 百年矿区 红色记忆. 当代矿工, 2022, 5(11): 7-11.

[202] 苏北灌溉总渠工程. 人民水利, 1952, 3(2): 71, 72.

[203] 宗荷. 凌空啸长风——我国第一架喷气式歼击机歼-5诞生记. 国防科技工业, 2014, (8): 3.

[204] 荆江分洪工程—蓄泄兼筹江湖两利. 中国防汛抗旱, 2020, 30(6): 3.

[205] 中文. 学习、调研、实干: 宝成铁路建设回顾. 党史博览, 2018, 283(1): 2, 65.

[206] 辽宁省档案馆编研展览处. 新中国工业第一系列沈阳重型造出我国第一台5吨蒸汽锤. 兰台世界, 2014, (7): 13.

[207] 张柏春, 张久春, 姚芳. 20世纪50年代苏联援建第一汽车制造厂概述. 哈尔滨工业大学学报 (社会科学版), 2004, (6): 11-17.

[208] 鞍钢集团有限公司党委. 新中国工业化道路的第一块基石——"一五" 期间鞍钢建设发展情况. 企业文明, 2021, (7): 27-29.

[209] 光旭敏. 农业类遗产保护研究. 太原: 山西大学, 2018.

[210] 张玉坤. 发展中的北京铁路枢纽. 铁道知识, 2006, (1): 11-13.

[211] 中央政府门户网站. 共和国的足迹——1953年: 向工业国的目标迈进. (2009-08-03) [2023-07-01]. https://www.gov.cn/govweb/zhuanti/2009-08/03/content_2752502.htm.

[212] 董慧涵. 北江大堤防洪效益及维护. 广州师院学报 (自然科学版), 1998, 5(9): 34–37.

[213] 王娜. 西北新兴工业城市 "156 项工程" 源流演变与规划响应研究. 兰州: 兰州交通大学, 2022.

[214] 冯立波, 于万夫. 吉化: 新中国化工长子. 化工管理, 2014, 4: 36–43.

[215] 王宗志. 天堑变通途——万里长江第一桥武汉长江大桥建设始末. 共产党员 (河北), 2020, (20): 54, 55.

[216] 吴浩宁, 解北大. 迎接新世纪的挑战——北京首都国际机场航站区扩建工程. 民航经济与技术, 1997, (9): 56, 57.

[217] 周石. 新疆克拉玛依市经济社会发展历程回顾. 实事求是, 2011, (4): 95, 96.

[218] 刘羽燕. 胜利油田的开发建设研究 (1961–1992). 北京: 中共中央党校, 2021.

[219] 茂名石化. 人民之声, 2018, 313(1): 58.

[220] 白雪. 第一拖拉机制造厂建设历史研究. 广州: 华南理工大学, 2016.

[221] 崔荣旺. 大庆油气地球物理技术发展史例: 1955–2002. 北京: 石油工业出版社, 2003.

[222] 张继超, 曹生利. 为民族直升机工业和通航发展贡献 "哈飞力量". 军工文化, 2017, 9: 97–99.

[223] 谢泽, 田宗伟. 梦启新安江. 中国三峡, 2019, 9: 104–111.

[224] 胡文励. 三门峡库区冲淤演变分析及上游河网水沙数值模拟研究. 天津: 天津大学, 2021.

[225] 邓诗利. 中华人民共和国化学工业部南京化工厂志. 北京: 方志出版社, 1997.

[226] 林楠. 周恩来与人民大会堂的建设. 党史纵览, 2023, (2): 7–9.

[227] 张弛. 告别故园为 "革命"——丹江口水库移民问题研究. 理论月刊, 2007, 23(12): 88–91.

[228] 张树奇. 水利、移民与政治: 密云水库研究 (1958–1965). 保定: 河北大学, 2017.

[229] 高佩佩. 刘家峡库区移民的生活现状及发展问题研究. 卷宗, 2018, 1: 278.

[230] 钟山. 半个世纪的相处永不磨灭的记忆. 太空探索, 2012, 1: 8, 9.

[231] 我国最后一架强 5 飞机完成总装交付. 航空世界, 2012, 12: 10.

[232] 赵玲. 浩瀚太空与子偕行——纪念中国酒泉卫星发射中心成立 60 年. 中国科技奖励, 2018, 12: 26–29.

[233] 何悦, 周莲. 革命英雄主义精神对成昆铁路建设的推动作用研究. 现代商贸工业, 2023, 44(10): 39–41.

[234] 王菁珩. 金银滩往事: 在我国第一个核武器研制基地的日子. 北京: 原子能出版社, 2009.

[235] 张通. 万吨水压机: 七十年前的 "大国重器". 中国工业和信息化, 2020, (9): 74–77.

[236] 胡伯鑫, 胡予芳. 第一颗原子弹爆炸幕后的保卫工作. 人民公安, 2001, 14: 52–55.

[237] 韩雪, 章成霞. 我国第一艘万吨级远洋货轮 "东风号" 通过验收. 央广网, (2021-01-08) [2022-07-30]. http://m.news.cctv.com/2021/01/08/ARTIFWaNAE2okAJeYVsWwvr0210108.shtml.

[238] 陈向阳. 彪炳史册的丰碑——南京长江大桥精神的凝炼与传承. 档案与建设, 2021, (8): 4–10.

[239] 任羊成, 侯新民. 难忘修建红旗渠. 协商论坛, 2022, 453(12): 46–49.

[240] 金川镍矿. 金川集团股份有限公司官网. http://www.jnmc.com/index/about/index.html.

[241] 刘羽燕. 20 世纪 50 年代末 60 年代初大庆油田开发建设的决策与准备历程. 中国石油大学学报: 社会科学版, 2021, 37(2): 35–44.

[242] 程昭武. 国产轰 6 宝刀不老. 航空知识, 2006, (4): 28, 29.

[243] 鼹鼠. 中国美男歼 -8. 航空世界, 2003, 45(3): 38, 39.

[244] 三线建设中国中共党史学会. 中国共产党历史系列辞典. 北京: 中共党史出版社, 党建读物出版社, 2019.

[245] 钱丽芳, 谭喜堂, 申朝旭. 北京地铁 1 号线运能现状及提高措施. 城市轨道交通研究, 2012, 15(2): 69–73.

[246] 刘畅, 陈琛, 来肖华. 从 "581" 任务到 "502" 会议——东方红一号卫星方案制定历程. 国际太空, 2020, 496(4): 15–19.

[247] 重庆市涪陵区档案馆. 深埋山间的和氏璧——816 地下核工程. 四川档案, 2021, 3: 46.

[248] 索俐. 建设东方红炼油厂. 中国石化, 2015, 4: 51–53.

[249] 吴殿卿. 中国第一艘 HQT 诞生记. 党史博览, 2014, 3: 4–10.

[250] 李森, 杨万杰. 乌江渡水电站扩机工程施工地质预报的体会 // 岩土工程学术交流会文集. 湖南浏阳: 中南大学岩土工程所, 2004: 79–82.

[251] 董述春. 岗南水电站抽水蓄能机组的经济效益. 水利水电技术, 1981, 2: 14–18.

[252] 《舰船知识》杂志. 1968 年 11 月我国首艘自行研制核潜艇开工建造. (2008–08–12) [2022–08–01]. http://mil.news.sina.com.cn/p/2008–08–12/0743516052.html.

[253] 佚名. 长庆油田: 崛起在鄂尔多斯盆地的我国重要油气生产基地. 党建文汇, 2010: F0004.

[254] 程不时. 实践、集成、创新——运 –10 飞机集中了大型飞机的典型技术. 民用飞机设计与研究, 2000, (3): 22–26.

[255] 马正茂. "八三" 管道纪事. 石油政工研究, 2010, (4): 70–71.

[256] 王孙高, 杨桃萍, 孔维琳. 葛洲坝水利枢纽工程建设对宜昌市土地利用格局影响. 南水力发电, 2021, 37(3): 12–16.

[257] 邓华凤. 杂交水稻知识大全. 北京: 中国科学技术出版社, 2014: 2, 3.

[258] 敬业. 我国最高的建筑白云宾馆. 建筑工人, 1980, (4): 44, 45.

[259] 尚施雯. 如椽之笔抒写石油化工华丽篇章——上海石化 47 年发展历程纪实. 上海化工, 2019, 44(9): 3, 4.

[260] 萧跃. 河南郭亮: 穿越天险的绝壁长廊. 华北国土资源, 2015, (3): 8–11.

[261] 罗金强. 武钢 "一米七" 引进谈判纪实. 国企, 2010, (3): 116–119.

[262] 杨建文. 浅析引大入秦工程对农田水利经济发展的启示. 农业科技与信息, 2019, 570(13): 104, 105.

[263] 《宝钢志》编撰委员会. 宝钢志. 上海: 上海古籍出版社, 2010.

[264] 文素素, 赵宽. 三北工程建设 40 年森林覆盖率提高 8.5 个百分点. 海外网. (2018–11–30) [2023–07–01]. http://news.haiwainet.cn/n/2018/1130/c3541083–31449668.html?baike.

[265] 吴达才. "热" "冷" 遐思——关于山西能源重化工基地建设的随感. 山西能源与节能, 2004, (3): 4–7.

[266] 卢震. 天津城市水荒与引滦入津工程研究 (1981–1984). 北京: 中共中央党校, 2021.

[267] 侯良泽. 无为大堤加固工程建设管理工作思考. 人民长江, 2010, 41(14): 4.

[268] 刘奎乡, 柏懋秋, 姚文煜. 沈大高速公路营运调研报告. 公路交通科技, 2000, (2): 72–74.

[269] 李明安. 平朔矿区和安太堡露天煤矿. 中国煤炭, 1996, (10): 30–32.

[270] 彭喆. 秦山核电站中国核电从这里起步. 中国核工业, 2011, 6: 30, 31.

[271] 中国铁路太原局集团有限公司党委宣传部, 中国铁路太原局集团有限公司湖东电力机务段党委. 大秦重载精神负重争先扛起重载铁路旗帜勇于超越打造运输战略通道. 人民铁道, 2021–08–24(002).

[272] 国务院国有资产监督管理委员会. 全球第一煤矿——神华神东大柳塔煤矿特大型矿井建设. (2017–08–30) [2023–07–01]. http://www.sasac.gov.cn/n4470048/n4470081/n7799730/n7799735/

n7799750/c7806029/content.html.

[273] 孙浩. 大亚湾核电站安全运行 25 年. 新能源经贸观察, 2019, 5: 93, 94.

[274] 周居霞, 赵咏峰. 世界煤炭企业的领跑者——记神东集团补连塔煤矿党委. 实践: 党的教育版, 2011, (10): 2.

[275] 任旭初. 宁波舟山港主通道项目助力品质工程建设树立桥梁建设新标杆. 建设机械技术与管理, 2020, 33(6): 26, 37.

[276] 刘启明, 严明. 北仑发电自加压力攀高峰. 中国电力报, 2006-11-13(001).

[277] 陈小平. 难忘福建第一桶油. 政协天地, 2009, 10: 38, 39.

[278] 中国石油新闻中心. 中国石油塔里木油田打造我国最大超深油气生产基地纪略. (2022-03-10). http://news.cnpc.com.cn/system/2022/03/10/030061390.shtml.

[279] 北京市规划和自然资源委员会. 高碑店污水处理厂: 污水变清流夙愿成现实. (2020-11-30) [2023-07-01]. https://baijiahao.baidu.com/s?id=1684771517926693670&wfr=spider&for=pc.

[280] 中国矿业网. 神华准格尔能源集团黑岱沟露天煤矿. (2017-02-13) [2023-06-28]. http://www.chinamining.org.cn/index.php?a=show&c=index&catid=124&id=19643&m=content.

[281] 孟庆丰. 40 年见证: 科学规划引领中国公路历史性跨越. 中国日报网. (2018-11-18). https://baijiahao.baidu.com/s?id=1617714308278118295&wfr=spider&for=pc.

[282] 江欢成. 合理的结构造就建筑的美——东方明珠塔、雅加达塔及广州塔的方案设计 // 中国工程院土木水利与建筑工程学部, 中国土木工程学会, 中国建筑学会. 我国大型建筑工程设计的发展方向论文集, 2005: 16.

[283] 程为和. 上海杨浦大桥设计简介. 城市道桥与防洪, 1993, (4): 7-10.

[284] 殷保合. 小浪底工程建设及运行管. 中国水利, 2004, (12): 5-10.

[285] 深部岩土力学与地下工程国家重点实验室. 深部岩土力学与地下工程国家重点实验室概况. https://gdue.cumtb.edu.cn/sysgk.htm.

[286] 杨家笙. 陕京输气管道工程经济分析. 天然气工业, 1998, (1): 14, 91-95.

[287] 孟令先, 刘忠明, 张志宏, 等. 超临界/超超临界火电机组齿轮调速传动装置研究与应用. 机械传动, 2012, 36(11): 19-21, 26.

[288] 邸乃庸. 中国载人航天工程概述. 载人航天, 2003, 5(5): 8-10, 16.

[289] 陈丽君. 天地人和成就蓄能之巅. 安吉新闻, 2019-01-04(001).

[290] 赵峰. 沪蓉大动脉昨夜全线通车. 湖北日报, 2014-12-28.

[291] 刘军. 香港国际机场: 高效友好的新门户. 建筑, 2011, 04.

[292] 程安东. 长河回望 (5). 西安晚报, 2012-12-02.

[293] 付华. 南北铁路大通道: 京九铁路. 中国地名, 2009, 193(11): 61-62.

[294] 廉民, 王朝晖. "死亡之海"的绿色天路——塔里木沙漠公路绿化纪实. 国土绿化, 2018, 02.

[295] 左婕. 三峡工程建设对洞庭湖区生态环境的影响. 长沙: 湖南师范大学, 2012.

[296] 钟和. "歼-10 之父"——宋文骢. 小康, 2016, (8): 40-41.

[297] 中国卫星导航系统管理办公室. 北斗卫星导航系统发展报告, 2018.

[298] 香港特别行政区政府环境保护署. 净化海港计划第一期. [2023-07-01]. https://www.epd.gov.hk/epd/sc_chi/environmentinhk/water/cleanharbour/milestones.html.

[299] 朱健强, 陈绍和, 郑玉霞, 等. 神光 II 激光装置研制. 中国激光, 2019, 46(1): 15-22.

[300] 朱森. 践行高质量发展——内蒙古大唐国际托克托发电有限责任公司工作纪实. 实践 (思想理

论版), 2019, 11: 60, 61.

[301] 蒋云开, 王琥. "西电东送" 的前哨阵地——贵州安顺发电厂概况. 中国经贸导刊, 2002, 4: 56.

[302] 夏克强. 浦东国际机场——上海民航发展新的里程碑. 上海公路, 1999, (2): 2-4.

[303] 牛保田. 中国铁路大提速. 经济与信息, 1997, (7): 21.

[304] 杨冬. 长江口深水航道. 上海: 上海文艺出版集团, 2011.

[305] 赵业荣, 刘硕琼, 雷桐. 长庆苏里格气田天然气欠平衡钻井实践. 石油钻采工艺, 2004, (4): 13-16, 82, 83.

[306] 齐琪. 雄雄铁骑 心心相传——记 99A 坦克总师毛明和他的 "心防" 保密. 保密工作, 2017, (6): 23-25.

[307] 青岛河钢新材料科技有限公司. 河钢新材. (2016-10-26). https://www.hbisco.com/site/group/hghg/info/2016/10841.html.

[308] 《秦沈客运专线工程总结》编委会. 秦沈客运专线工程总结. 北京: 中国铁道出版社, 2006.

[309] 余学群. 广播电视村村通工程实施回眸. 有线电视技术, 2006, 13(9): 109, 110, 115.

[310] 惢斋书法. 百龙天梯, 运行高度 326 米只需 66 秒时间, 耗资 1.8 亿建成. 新浪网, 2020-11-25.

[311] 亚洲最大的污水处理厂——白龙港污水处理厂. (2022-11-29) [2023-07-01]. https://m.thepaper.cn/baijiahao_20950058.

[312] 段冬生. 广州白云国际机场安全快捷文明的南方航空港 (多图). 人民网 - 华南新闻, 2001-07-06.

[313] 李思慎. 长江重要堤防隐蔽工程建设中的防渗处理. 长江科学院院报, 2000, 17(B12): 5.

[314] 中国水力发电工程学会. 截至 2000 年底水电前期工作完成情况. 水力发电, 2001, 4: 5.

[315] 林培栋. "西气东输" 工程. 航天技术与民品, 2000, (9): 36.

[316] 贺冲. 江泽民中亚之行获得丰硕成果. (2000-07-10) [2022-08-01]. https://news.sina.com.cn/china/2000-07-10/106112.html.

[317] 李建刚, 赵君煜, 彭子龙. 全超导托卡马克核聚变实验装置. 中国科学院院刊, 2008, 23(5): 474-477.

[318] 大剧院网站管理员. 国家大剧院立项和建设过程. (2016-07-04) [2022-08-01]. http://www.bjzaji.cn/ShowNews.asp?id=1662.

[319] 董恒, 曹森. 一项伟大的世界级工程秦岭终南山公路隧道向祖国人民汇报. 中国交通报, 2010-05-07(002).

[320] 青藏铁路编写委员会. 青藏铁路: 综合卷. 北京: 中国铁道出版社, 2016.

[321] 涂露芳. 鸟巢、水立方下月破土动工. 北京日报, 2003-11-24.

[322] 汪易森, 杨元月. 中国南水北调工程. 人民长江, 2005, 36(7): 4.

[323] 上海市地方志编纂委员会. 上海市志: 交通运输分志港口卷 (1978-2010). 上海: 上海交通大学出版社, 2017.

[324] 刘峰, 李向阳. 中国载人深潜蛟龙号研发历程. 北京: 海洋出版社, 2016.

[325] 中国石油化工集团公司. 上海赛科 90 万吨乙烯工程投产创多项行业奇迹. (2005-07-05) [2023-07-03]. http://www.sasac.gov.cn/n2588025/n2588124/c4009406/content.html.

[326] 黄娟. 壮丽 70 年·奋斗新时代 | 榆林: 做高端煤化产业引领者. (2019-06-15) [2023-07-03]. https://www.sohu.com/a/320857881_120053963.

[327] 杨芝. 傲立潮头勇创新杭州湾跨海大桥开启时代新篇章. 宁波通讯, 2019, 512(17): 35-38.

[328] 胡昆鹏, 李昊天, 鲜亮, 等. 十年磨剑 描绘天堑宏图 百年大桥 终成长江巨龙——2011 年度鲁班奖工程苏通长江公路大桥. 工程质量, 2012, 30(4): 45-60.

[329] 刘林波. 国内 300MW 及以上容量大型循环流化床电站锅炉发展及应用. 湖北电力, 2014, 8: 42–46.

[330] 中国载人航天工程官方网站. 神舟五号载人航天飞行任务准备情况. (2008–09–17) [2023–06–29]. http://www.cmse.gov.cn/art/2008/9/17/art_490_3836.html.

[331] 马元月. 点燃智造产业高科技"人才引擎"——记东旭集团科技人才发展之路. 中外企业文化, 2019, (8): 24–26.

[332] 张雷, 陆丽萍. IGCC 联产甲醇变换与燃气热回收工艺的选择. 中氮肥, 2008, 6: 38, 39.

[333] 郑本文, 张慧. 三门核电站前世与前期. 能源, 2014, 71(10): 102–105.

[334] 何雁, 刘鑫毅. 海南炼化: 书写"一号工程"战略篇章. 今日海南, 2006, 9: 17–19.

[335] 陈和生, 张闯, 李卫国. 北京正负电子对撞机重大改造工程. 工程研究 – 跨学科视野中的工程, 2009, 1(3): 275–281.

[336] 尹怀勤. 我国的嫦娥工程和探月卫星. 天津科技, 2007, 34(4): 5–7.

[337] 中央政府门户网站. CRH380 系列高速动车组安全运营里程超过 4 亿公里. (2014–06–07) [2023–07–03]. http://www.gov.cn/xinwen/2014–06/07/content_2696194.htm.

[338] 王琪. 央视总部大楼. 集邮博览, 2015, 11: 48.

[339] 史博臻. "从零到百"增自信, 蛟龙出海腾云起 | "上海制造"出海记③. (2023–04–03) [2023–07–03]. https://baijiahao.baidu.com/s?id=1762105419770090541&wfr=spider&for=pc.

[340] 周晓玲. 中哈石油管道将在 2005 年底前铺成. 中亚信息, 2004, 1: 44.

[341] 舒歌平. 神华煤直接液化工艺开发历程及其意义. 神华科技, 2009, 7(1): 78–82.

[342] 徐洪杰, 肖体乔. 上海光源建设历程及其发展现状. 复旦学报 (自然科学版), 2023, 62(3): 310–321.

[343] 王乐文, 李宏庆. 广州新电视塔项目进度管理研究. 广州建筑, 2008, 200(4): 33–35.

[344] 中国代表性跨海海底隧道工程. 科技导报, 2016, 34(21): 121.

[345] 李晓华, 黄中华. 石太客运专线太行山隧道进入正洞施工. 人民铁道, 2006–08–06(001).

[346] 刘文朝, 刘群昌, 程先军, 等. 2005 ~ 2006 年农村饮水安全应急工程规划要点. 中国水利, 2005, 3: 33–37.

[347] 林雪梅. 二滩: 共和国水电建设史上的辉煌. 四川水力发电, 2009, 28(5): 125–128.

[348] 郭震宇, 陶御檑. "辽宁"号航空母舰. 科学大众 (小学版), 2022, (Z2): 62, 63.

[349] 首钢京唐公司. 首钢京唐公司十年发展历程回顾. (2019–05–11) [2023–07–03]. https://www.sohu.com/a/313329374_313737.

[350] 刘伟, 徐剑华. 上海国际航运中心洋山深水港区工程及其建设意义. 物流科技, 2006, 29(3): 54–57.

[351] 任军川. 神华布尔台煤矿在内蒙古伊金霍洛旗建成. 经济参考报, (2008–11–11) [2023–06–29]. http://www.jjckb.cn/cjxw/2008–11/11/content_127458.htm.

[352] 游锐. 上海虹桥综合交通枢纽工程进度管理的实践. 管理观察, 2009, (30): 2.

[353] 秦玉清, 庞兴, 郭云峰, 等. 青岛大炼油工程建成中交. 中国石化报, 2008–01–04(001).

[354] 韩先才, 孙昕, 陈海波, 等. 中国特高压交流输电工程技术发展综述. 中国电机工程学报, 2020, 40(14): 4371–4386, 4719.

[355] 周妍. 奔涌绿色激情. 中国电力报, 2010–06–21(002).

[356] 张圣龙, 向锐. 柔性直流输电系统研究. 电气开关, 2019, 57(1): 56, 57, 65.

[357] 尤放, 杜志炎. 百万吨乙烯落子镇海. 中国石油石化, 2006, 22: 46, 47.

[358] 李正清. 中信重工 18500t 油压机进入安装. 锻造与冲压, 2009, 1(14): 1672.

[359] 郭刚. 甘肃省构建"风电走廊". 人民日报海外版, 2008-03-31(005).

[360] 中国政府门户网站. 十项工程夯实广东经济根基 3 条铁路同时开工建设. (2005-12-18) [2023-06-30]. https://www.gov.cn/jrzg/2005-12/18/content_130461.htm.

[361] 丁海中. 中交隧道局: 上海地铁 11 号线项目开工. 中国工程建设通讯, 2010, (3): 1.

[362] 余瑞冬. 中国将造世界最大规模液压机支撑国产大飞机. 中国新闻网. (2007-04-04) [2022-08-01]. https://www.chinanews.com/it/kjdt/news/2007/04-04/907210.shtml.

[363] 李承明. 国之重器陕西造 我国首款大型运输机——运-20 正式列装. 西部大开发, 2016, 191(9): 99.

[364] 林宏武, 周在友, 程建新, 等. SWDW165 高性能航道疏浚钻机的开发. 矿山机械, 2008, 36(9): 11-14.

[365] 林祖锐, 常江, 王卫. 城乡统筹下徐州矿区塌陷地生态修复规划研究. 现代城市研究, 2009(10): 91-95.

[366] 肖介光, 熊祥. 川气东送长输管道工程见闻. 电焊机, 2007, 9: 106, 107.

[367] 杨金鹏. 中国石油钦州千万吨级炼油项目 2009 年投产. 炼油技术与工程, 2009, 39(1): 44.

[368] 晨阳. 上海中心大厦. 上海集邮, 2016, 8: 9.

[369] 黄锰钢. 李步康. BIM 深度应用: 天津 117 大厦项目管理集成平台. 建筑, 2016, 3: 65-67.

[370] 成都艾斯工程机械有限公司. 国产 WK-55 型矿用电铲. https://esmachinery.com/index.php?route=extension/news/news&news_id=24.

[371] 中国中铁. 国产盾构的故事, 从"中国中铁 1 号"说起. (2021-11-10) [2023-06-30]. https://m.thepaper.cn/baijiahao_15327539.

[372] 林瑶生, 粟井, 刘华祥, 等. "海洋石油 981"深水钻井平台设计与创新. 中国造船, 2013, 54(S1): 237-244.

[373] 马宁, 袁红良. 中国造"大鹏昊"号 LNG 船横空出世. 船舶经济贸易, 2008, 4: 24-26.

[374] 刘非小. 中联重科: 自主研制全球最大吨位履带起重机即将下线. 经济参考报, (2011-05-20) [2023-06-30]. http://www.jjckb.cn/invest/2011-05/20/content_309906.htm.

[375] 李金玲, 张瑞晨. 黄陵矿业智能化开采助推高质量发展. 黄陵矿业集团责任有限公司. (2018-10-10) [2023-06-29]. http://www.hlkyjt.com.cn/info/1017/23798.htm.

[376] 新华社. 温家宝出席京沪高速铁路开工典礼. (2008-04-18) [2023-06-30]. https://www.gov.cn/jrzg/2008-04/18/content_948040.htm.

[377] 匡光力, 邵淑芳. 稳态强磁场技术与科学研究. 中国科学: 物理学 力学 天文学, 2014, (10): 1049-1062.

[378] 中国建筑集团有限公司. 深圳平安金融中心. 城乡建设, 2019, (9): 68, 69.

[379] 韦东庆, 郭晓康, 张鸣功. 港珠澳大桥"工程文创"开发路径及创新实践. 广东经济, 2022, 10: 6-15.

[380] 刘洁. 记者探访"网红"重庆最复杂立交桥: 或成为新景点. (2017-06-04) [2023-06-30]. http://news.cctv.com/2017/06/04/ARTIYXSyfYmEYNMopoYrD70P170604.shtml.

[381] 王楠. 中俄石油管道合作的战略分析. 北京: 外交学院, 2011.

[382] 苏伟. 华能开建国内首座 IGCC 电站. 中国电力报, 2009-07-08(001).

[383] 郭军. 在西部崛起的中国绿色能源之都. 酒泉日报, 2021-07-06(001).

[384] 全国乙烯工业协会秘书处. 2010 年我国乙烯生产情况简述. 乙烯工业, 2011, 23(1): 63.

[385] 中国工程机械信息网. 扬民族品牌三"泵王"力铸中国第一高楼. (2010-03-29) [2023-06-30].

http://www.6300.net/info/detail_20418.html.

[386] 曹凯旋, 梁军, 成亚光. 奋进山核乘风破浪. 中国电力报, 2011-01-24(002).

[387] 开颜. 中缅油气管道项目正式开工. 石油工业技术监督, 2010, 26(6): 8.

[388] 秦海岩. 我国海上风电发展回顾与展望. 海洋经济, 2022, 2: 50-58.

[389] 梁立新. 风光储输示范电站: 从荒原崛起到荣获工业大奖. 华北电业, 2018, 11: 50-53.

[390] 拉专措. 西藏电力发展大事记. 西藏日报, 2021-06-23(6).

[391] 岳书华. 展大国翅翔翼 圆百年飞天梦——习近平会见 C919 大型客机项目团队代表并参观项目成果展览. 军工文化, 2002, 10: F0002.

[392] 贾连辉, 陈帅, 贾正文, 等. 钻爆法隧道智能建造体系及关键技术研究. 隧道建设 (中英文), 2023, 3: 392-407.

[393] 王丹容. 国最大单体围垦开工 围垦 20 万亩再造一个温州城. 浙江新闻, 2012-12-11.

[394] 闫文杰, 宁波. 昆明铁路枢纽东南环线工程开工建设. 中国日报云南记者站. (2010-05-21) [2023-06-30]. http://www.chinadaily.com.cn/dfpd/yn/2010-05/21/content_9878814.htm.

[395] 王翔, 王为. 我国天宫空间站研制及建造进展. 科学通报, 2022, 34: 4017-4028.

[396] Whitlock R, 李磊, 邵韦平, 等. 中信大厦. 建筑学报, 2019, 3: 6-11.

[397] 中国隐形战斗机研制掀开新篇章歼 -20 成功进行首次试飞. 共产党员, 2011, 3: 51.

[398] 王祝堂. "天宫一号" 资源舱铝 - 锂合金打造. 轻合金加工技术, 2012, 40(1): 61, 62.

[399] 徐远源, 朱勤. 创新引领超越——记中国化学总承包伊犁新天煤制天然气项目. 石油化工建设, 2011, 33(5): 16-19.

[400] 赵政坤. 中国预警机的前世今生. 湘潮, 2010, 336(7): 52-56.

[401] 严俊, 张海燕. 500 米口径球面射电望远镜 (FAST) 主要应用目标概述. 深空探测学报, 2022, 2: 128-135.

[402] 王庆国. 浅析 12000 吨起重船的应用实践. 航海, 2016, (3): 47-49.

[403] 曹克顺. 敢问路在何方——世界最大 WK-75 型矿用挖掘机诞生记. 机械管理开发, 2013, (136): 7-9.

[404] 彭承志, 潘建伟. 量子科学实验卫星—— "墨子号". 中国科学院院刊, 2016, 31(9): 1096-1104.

[405] 陈和生. 中国散裂中子源: 探秘微观世界的 "超级显微镜". 科技日报, 2021-06-03 (005).

[406] 王语. 京新高速公路韩呼段开建. 筑路机械与施工机械化, 2011, 28(6): 2.

[407] 中国土木工程学会. 国家会展中心 (上海). (2017-03-29) [2023-06-27]. http://123.57.212.98/topie/portal/content/5300.htm.

[408] 骆晓飞. 青海光伏发电产业面临电网支撑薄弱等问题. 瞭望, (2012-04-28) [2023-06-01]. https://news.sina.com.cn/c/sd/2012-04-28/142024345196.shtml.

[409] 面向世界的复兴号编委会. 面向世界的复兴号. 北京: 中国铁道出版社, 2020.

[410] 宏华集团开工建设全球起重能力最大的移动式起重机. 现代制造, 2012, 45: 24.

[411] 舟永平, 蒋建科, 丁怡婷. 全球首座第四代核电机组华能石岛湾高温气冷堆示范工程并网发电. 人民日报, 2021-12-21(001).

[412] 周国围. 让中国装备享誉世界. 中国青年报, 2022-07-18(02).

[413] 文研中. 为国铸舰 逐梦深蓝——记山东舰总建造师马瑞云, 军工文化, 2022, 7: 31-33.

[414] 全国煤化工信息总站. 全球单体规模最大煤炭间接液化项目竣工验收. 煤化工, 2022, 50(5): 64.

[415] 黄云, 胡其高, 张硕云. 南海海洋环境对岛礁工程结构与设施影响研究. 国防科技, 2018, 39(3): 14.

[416] 世界第一高桥北盘江大桥合龙. 当代贵州, 2016, (36): 6.

[417] 郝智伟. 阿里行云. IT 经理世界, 2014, (1): 60–62.

[418] 罗琼. 协同治理视角下白鹤滩水电站巧家县移民搬迁安置研究. 昆明: 云南财经大学, 2022.

[419] 浙江浙能嘉华发电有限公司. 燃煤机组超低排放技术. 北京: 中国电力出版社, 2016.

[420] 吕振刚. 矿建二公司小保当 1 号副斜井顺利贯通. 陕西煤业化工建设 (集团) 有限公司. (2017–09–20) [2023–06–29]. http://www.shxmhjs.com/gongchengzhanshi/gongchengdongtai/2017–09–20/31546.html?from=timeline.

[421] 伊然. 试采可燃冰的大国重器——“蓝鲸 1 号”. 石油知识, 2017: 4, 5.

[422] 湖北省交通运输厅. 打造长江黄金水道综合立体交通走廊. (2015–12–29) [2023–06–30]. http://www.zgsyb.com/news.html?aid=339825.

[423] 杨德虎, 孟丹, 李雨露, 等. 大型工程建设前后周边地区生态质量遥感评估——以北京大兴国际机场为例. 地球科学与环境学报, 2022, (5): 44.

[424] 欧阳德辉, 匡湘鄂, 冯丽均, 等. 惠州大亚湾石化区再添巨无霸. 惠州日报, 2023–05–22(002).

[425] 樊曦. 川藏铁路成都至雅安段开工建设全长 42 公里. (2014–12–06) [2023–06–30]. https://www.gov.cn/govweb/xinwen/2014–12/06/content_2787576.htm.

[426] 人民网. 全球首个“华龙一号”示范工程今天在福建开工. (2015–05–07) [2023–06–30]. https://www.csgc.com.cn/s/1138–3780–30797.html.

[427] 李坤. 贵州大数据发展大事记. 当代贵州, 2016, 10: 22, 23.

[428] 金姝彤, 王海军, 陈劲, 等. 模块化数字平台对企业颠覆性创新的作用机制研究——以海尔 COSMOPlat 为例. 研究与发展管理, 2021, 33(6): 18–30.

[429] 闫杰. 全球首条 10.5 代线投产的意义, 应该这样理解. (2017–12–23) [2023–07–04]. http://www.cena.com.cn/smartt/20171223/91022.html.

[430] 佚名. 世界首个 ±1100kV 特高压直流输电工程成功启动双极全压送电. 变压器, 2019, 56(2): 4.

[431] 赵炎平. 中国极地研究中心. 驭“龙”有术——“雪龙 2”号船长赵炎平剪影. 航海, 2019, (2): 2.

[432] 胡萌伟. 国之重器筑牢中国梦. 天津日报, 2021–07–01(T18).

[433] 李鹏. 天问将如何问天?揭秘中国首次火星探测任务“天问一号”. 北京科技报客户端. (2020–04–25) [2023–06–30]. https://baijiahao.baidu.com/s?id=1664909973923050567&wfr=spider&for=pc.

[434] 徐国平, 黄清飞. 深圳至中山跨江通道工程总体设计. 隧道建设 (中英文), 2018, 38(4): 627–637.

[435] 尤肖虎, 潘志文, 高西奇, 等. 5G 移动通信发展趋势与若干关键技术. 中国科学: 信息科学, 2014, 44(5): 551–563.

[436] 北京冬奥场馆全面开工. 北京日报, (2017–03–29) [2023–06–27]. https://www.beijing.gov.cn/ywdt/zwzt/dah/bxyw/201711/t20171102_1815522.html.

[437] 庞昌伟. 中俄天然气合作及东线、西线及远东天然气管道建设. 黑河学院学报, 2018, 9(9): 93–96.

[438] 王新东. 以“绿色化、智能化、品牌化”为目标规划设计河钢唐钢新区. 钢铁, 2021, 2: 12–21.

[439] 范琪妍. 国内首条跨海高铁——福厦高铁湄洲湾跨海大桥首孔移动梁顺利完成浇筑. (2019–06–14) [2023–07–04]. https://news.cri.cn/20190614/67189568-d71a-6003-7339-d6ee47a3e234.html.

[440] 杨海军, 陈永权, 田军, 等. 塔里木盆地轮探 1 井超深层油气勘探重大发现与意义. 中国石油勘探. 2020, 25(2): 62–72.

[441] 陈鹏. 我国首个深水自营大气田陵水 17–2 开钻深海自主擒气龙. 中国石油石化, 2020, (2): 52–53.

[442] 帆 923. 山河智能, 中国智造. (2022−07−06) [2023−07−04]. https://mp.weixin.qq.com/s?__biz= MzA4MDM5NTk0MQ==&mid=2651669387&idx=1&sn=87a00dd0751b524394550389c3a 64790&chksm=845d0841b32a81576c401647490ea8a30c4a33073c74beeeb0e404d352145 c2700be1e9632e6&scene=27.

[443] 马梦璇. 全球最大集装箱船首航苏伊士运河. 中国航务周刊, 2021, (36): 21.

[444] 王路, 李蔚, 陈车, 等. 武汉火神山医院供配电系统设计分析. 智能建筑, 2020, 236(4): 17−21.

[445] 佚名. 再攀巅峰! 三一 SCC98000TM 刷新全球最大吨位起重机纪录. 建筑机械, 2021, 11: 44.

[446] 周馥隆. 大塔时代开拓者中联重科首发全球最大上回转塔机 W12000−450. 今日工程机械, 2021, 6: 66, 67.

[447] 伍玲. "全球第一钻"长沙造! 山河智能研制世界最大旋挖钻机. 长沙晚报社, (2023−04−23) [2023−07−04]. https://baijiahao.baidu.com/s?id=1763921890840748474&wfr=spider&for=pc.

[448] 中联重科起重机. 大国重器! 全球量产最大吨位全地面起重机中联重科 ZAT18000H753 成功 交付. (2020−10−26) [2023−07−04]. https://www.sohu.com/a/427487450_197415.

[449] 何宝新. 重磅时刻 中国第一艘国产大型邮轮"爱达·魔都号"出坞. 国防科技工业, 2023, (6): 46, 47.

[450] Veenhof K R. Ancient Assur: The city, its traders, and its commercial network. Journal of the Economic and Social History of the Orient, 2010, 53(1/2): 39−82.

[451] Thomas H. 1978. The Engineering of large dams (version 1). University of Tasmania. https://doi. org/10.25959/23241434.v1.

[452] 孙华. 法老金字塔工程的产业辐射效应. 石家庄: 河北师范大学, 2014.

[453] Ray B C. Stonehenge: A new theory. History of Religions, 1987, 26(3): 225−278.

[454] UNESCO World Heritage Convention. Rice terraces of the philippine cordilleras. (2023−06−28) [2023−06−28]. https://whc.unesco.org/en/list/722.

[455] Chichen Itza. Chichen itza history. (2023−06−28) [2023−06−28]. https://www.chichenitza.com/history.

[456] 水知识助手. 希腊古代水利工程. 北京: 中国水利水电出版社. (2020−04−09) [2023−06−28]. https://www.shuizhishi.cn/c/2020−04−09/523522.shtml.

[457] 埃及旅游管理局. 阿布辛贝神庙. (2023−06−28) [2023−06−28]. https://egypt.travel/zh/regions/ the−nile/abu−simbel−temples.

[458] Afkhami B. Phenomenology of Chogha Zanbīl Ziggurat. Journal of Ancient History and Archaeology, 2019, 6(1): 5−13.

[459] Wells C M. Recent excavations at Carthage: A review article. American Journal of Archaeology, 1982, 86(2): 293−296.

[460] Zuiderhoek A. The Ancient City (Key Themes in Ancient History). Cambridge: Cambridge University Press, 2016.

[461] Ganchikov V G. Munavvarov Z I. The Marib Dam (history and the present time). Hydrotechnical Constructio, 1991, (25): 242−248.

[462] Britannica, The Editors of Encyclopaedia. Hanging Gardens of Babylon. Encyclopedia Britannica, (2023−05−30) [2023−06−28]. https://www.britannica.com/place/Hanging−Gardens−of−Babylon.

[463] UNESCO World Heritage Convention. Acropolis, Athens. (2023−06−28) [2023−06−28]. https:// whc.unesco.org/en/list/404/.

[464] Britannica, The Editors of Encyclopaedia. Temple of Artemis. Encyclopedia Britannica, (2023−04−01) [2023−06−28]. https://www.britannica.com/topic/Temple−of−Artemis−temple−Ephesus−Turkey.

[465] Britannica, The Editors of Encyclopaedia. Theatre of Dionysus. Encyclopedia Britannica. (2016−02−22) [2023−06−28]. https://www.britannica.com/topic/Theatre−of−Dionysus.

[466] McWilliam J, Puttock S, Stevenson T, et al. The Statue of Zeus at Olympia: New Approaches. Cambridge: Cambridge Scholars Publishing, 2011: 9−11.

[467] British Museum. An introduction to the Parthenon and its sculptures. (2018−01−11) [2023−06−28]. https://www.britishmuseum.org/blog/introduction−parthenon−and−its−sculptures.

[468] British Museum. Mausoleum of Halikarnassos. (2023−06−28) [2023−06−28]. https://www.britishmuseum.org/collection/galleries/mausoleum−halikarnassos.

[469] 冯定雄. 欧美学者对罗马道路史的研究述论. 古代文明, 2011, 5(4): 12−20, 110.

[470] David Rymer BA MBT. Ancient Port of Alexandria. (2020−06−15) [2023−06−28]. https://www.givemehistory.com/alexandria.

[471] Hammond P C. Petra. The Biblical Archaeologist, 1960, 23(1): 29−32. https://doi.org/10.2307/3209195.

[472] Matera J J. Ancient Rome's water supply. The Military Engineer, 1977, 69(450): 252−255. http://www.jstor.org/stable/44558595.

[473] Rosicrucian Egyptian Museum. Pharos: The Lighthouse at Alexandria. (2023−06−28) [2023−06−28]. http://penelope.uchicago.edu/ ~ grout/encyclopaedia_romana/greece/paganism/pharos.html.

[474] Maryon H. The Colossus of Rhodes. The Journal of Hellenic Studies, 1956, 76: 68−86.

[475] UNESCO World Heritage Convention. Advisory Body Evaluation (ICOMOS)/Évaluation de l'organisation consultative (ICOMOS). Ajanta Caves. (1982−10−15). https://whc.unesco.org/document/153027.

[476] Plunkett J W. The Roman Pantheon: Scale−model collapse analyses, 2017. https://dspace.mit.edu/bitstream/handle/1721.1/107867/976389981−MIT.pdf?sequence=1.

[477] UNESCO World Heritage Convention. Advisory Body Evaluation (ICOMOS)/Évaluation de l'organisation consultative (ICOMOS). Pont du Gard (Roman Aqueduct). (1984−12−20). https://whc.unesco.org/document/153228.

[478] Hopkins K, Beard M. The Colosseum. Cambridge, MA: Harvard University Press, 2005.

[479] Hagos M, Koeberl C, Jourdan F. Geochemistry and geochronology of phonolitic and trachytic source rocks of the Axum Obelisks and other stone artifacts, Axum, Ethiopia. Geoheritage, 2017, 9(4): 479−494.

[480] Higuchi T, Barnes G. Bamiyan: Buddhist cave temples in Afghanistan. World Archaeology, 1995, 27(2): 282−302.

[481] History & Society. Britannica. (2023−09−15)[2023−09−28]. https://www.britannica.com/topic/hagia−sophia.

[482] Mango C. Constantinople//Kazhdan A P. The Oxford Dictionary of Byzantium. Oxford and New York: Oxford University Press, 1991: 508−512.

[483] Blänsdorf C, Nadeau M J, Grootes P M, et al. Dating of the Buddha statues−AMS ^{14}C dating of organic materials. Monuments and Sites, 2009, 19: 231−236.

[484] Ratnam K, Delhi N E W. Horyuji: The dawn of Buddhist culture in Japan. Studies in Indo−Asian Art and Culture, 1972, 1: 181.

[485] Watt W M. Islam and the Integration of Society. East Sussex: Psychology Press, 2003: 5.

[486] Sukawi S. Arsitektur Bizantium Pada Dome of the Rock. Jurnal Jurusan Arsitektur, 2004, 1(2): 1−12.

[487] Liphschitz N, Biger G, Bonani G, et al. Comparative dating methods: Botanical identification and ^{14}C dating of carved panels and beams from the Al−Aqsa Mosque in Jerusalem. Journal of Archaeological science, 1997, 24(11): 1045−1050.

[488] Mass J P. The Future and the past: A translation and study of the Gukanshō, an interpretative history of Japan written in 1219. Berkeley: University of California Press, 1979.

[489] Miksic J. Borobudur: Golden Tales of the Buddhas. North Clarendon: Tuttle Publishing, 2012.

[490] Al−Amid T M. The Abbasid Architecture of Samarra in the Reign of both Al−Mu'tasim and Al−Mutawakkil. Baghdad: Al−Ma'aref Press, 1973: 156−193.

[491] Cuasay P. Borders on the fantastic: Mimesis, violence, and landscape at the temple of Preah Vihear. Modern Asian Studies, 1998, 32(4): 849−890.

[492] Hall J. Queen Elizabeth II and Her Church: Royal Service at Westminster Abbey. Edinburgh: A&C Black, 2012.

[493] Kampgen S. Remarks on the patron's inscription of the boyana church: Reproductions and unicode−based wikipedia representation. Wayback Machine, Bamberg, 2014: 11.

[494] Nydal R. A critical review of radiocarbon dating of a norse settlement at L'Anse Aux Meadows, Newfoundland Canada. Radiocarbon, 1989, (3): 976−985.

[495] 吴景文. 最大的罗马风教堂. 科学大观园, 2010, 369(24): 14−16.

[496] 陈逸博. 泰晤士河上的璀璨明珠. 发明与革新, 2000, (12): 33.

[497] 李长锁. 走笔温莎堡. 中国地名, 2019, (2): 68−69.

[498] 李宗斌. 中国电视剧的跨文化传播研究——以柬埔寨市场为例. 新闻研究导刊, 2021, 12(24): 49−51.

[499] 杨云宝. 寻梦俄罗斯. 创造, 2007, (1): 70−75.

[500] 吴卫群, 李君娜. "走"进巴黎圣母院历史, 成为世界文明见证人. 解放日报, 2022−12−15(005).

[501] 孙全民. 从佛罗伦萨到比萨. 世界文化, 2021, (7): 55−58.

[502] 刘贝拉. 独石凿成的拉利贝拉岩石教堂. 中国地名, 2016, (2): 60, 61.

[503] 鲍月. 中世纪法国哥特式教堂的建筑和装饰艺术. 美与时代 (城市版), 2019, (10): 1−5.

[504] 陈广. 折叠思维的当代博物馆建筑公共空间设计策略研究. 广州: 华南理工大学, 2022.

[505] 王树刚. 艺术宗教学视野中的哥特式艺术解读. 合肥学院学报 (社会科学版), 2012, 29(5): 74−76.

[506] 刘海龙. 文化遗产的"突围"——德国科隆大教堂周边文化环境的保护与步行区的营造. 国际城市规划, 2009, 24(5): 100−105.

[507] 卡米拉·米莱托, 费尔南多·维加斯, 顾心怡. 阿尔罕布拉宫: 历史、修复与保护. 建筑遗产, 2019, 15(3): 67−79.

[508] 马月兰. 文艺复兴建筑的开端——意大利佛罗伦萨大教堂. 世界文化, 2007, 156(8): 22−24.

[509] 于畅泳. 日本的三大名城. 日语知识, 1997, (4): 46, 47.

[510] 闫晶. 解读米兰大教堂. 华中建筑, 2007, 122(8): 24−27.

[511] 杨婧, 晟楠. 童话中的木屋小城——走进芬兰劳马古城. 阅读, 2018, 559(27): 46−49.

[512] 艾昕. 失落的帝国, 马丘比丘. 中华民居, 2010, 27(11): 82−97.

[513] 胡启力, 聂志勇. 浅谈集中式穹顶教堂和纵向式巴西利卡教堂形式——以文艺复兴时期圣彼得大教堂为例. 建筑与文化, 2019, 187(10): 105−107.

[514] 杨菁, 康博超, 郝一丹. 从罗马耶稣教堂到北京南堂: 作为一种范式的"耶稣会风格"教堂研究. 世界建筑, 2021(11): 90−95, 127.

[515] 卓刚华. 穿梭德里新德里. 中国自行车, 2018, 477(10): 54−61.

[516] 王泽壮, 张越涵. 阿巴斯一世对艺术事业的重视及成就. 内蒙古民族大学学报 (社会科学版), 2020, 46(4): 44−50.

[517] 孟昭毅. 情系泰姬陵. 中国三峡, 2018, 258(11): 94−97.

[518] 周鼎. 奇迹是如何诞生的 圣保罗大教堂: 诞生于谎言的奇迹. 家族企业, 2020, (10): 19−21.

[519] 周江林. 白金汉宫演变史. 华夏时报, 2015−10−22(023).

[520] 阚四进. 法国爱丽舍宫的参谋辅助体制. 秘书工作, 2020, (10): 78, 79.

[521] Goch L M, 顾文诰. 美国阿巴拉契亚煤田的浅层垂直地震剖面研究. 国外煤田地质, 1999, (4): 49−53.

[522] 穆瑞凤. 大英博物馆概览. 中国美术馆, 2017, (5): 105−111.

[523] 李慧秋, 杨慧. 圣彼得堡城市建筑对我国城市建筑的启示. 现代交际, 2019, (8): 38, 39.

[524] 苑金生. 法国巴黎凯旋门及"马赛曲"石雕艺术欣赏. 石材, 2003, (6): 46, 47.

[525] 蒋吕一. 新加坡港港口发展及政策研究. 上海: 上海师范大学, 2015.

[526] 李杰. 世界航道的"十字路口"——苏伊士运河. 现代军事, 2000, (6): 54.

[527] 刘少才. 巴黎歌剧院: 剧场建筑的精品. 上海房地, 2013, (8): 58.

[528] UNESCO. Works of Antoni Gaudí. UNESCO World Heritage Centre, 2010. https://whc.unesco.org/en/list/320.

[529] 孙建伟. 埃菲尔铁塔的诞生. 东方剑, 2009, (9): 5.

[530] 陈秋杰. 西伯利亚大铁路修建及其影响研究 (1917 年前). 长春: 东北师范大学, 2011.

[531] Chirnside M. RMS Olympic: Titanic's Sister. Cheltenham: The History Press, 2015: 34−246.

[532] Ford H, Crowther S. My Life and Work. Garden City: Garden City Publishing, 1922: 1−172.

[533] Cadbury D. Seven Wonders of the Industrial World. London and New York: Fourth Estate, 2003: 201−204.

[534] McBride K. Warship, Annapolis. Maryland: Naval Institute Press, 1994: 71−87.

[535] Nash E, McGrath N. Manhattan Skyscrapers. Hudson: Princeton Architectural Press, 1999: 63.

[536] Douglas G H. Skyscrapers: A Social History of the Very Tall Building in America. Jefferson: McFarland, 2004: 107−116.

[537] Hiltzik M A. Colossus: Hoover Dam and the Making of the American Century. New York: Free Press, 2010: 20−68.

[538] History.com Editors. Golden gate bridge. (2015−2−17). https://www.history.com/topics/landmarks/golden−gate−bridge.

[539] Hewlett R G, Anderson O E. The New World: A History of the United States Atomic Energy Commission, Vol. 1, Oakland. California: University of California Press, 1962: 1−781.

[540] Ship−technology. com Editors. The world's 10 biggest ports. (2013−10−13). http://www.ship-technology.com/features/feature−the−worlds−10−biggest−ports/.

[541] Lewis W, Balderstone S, Bowan J. Events that Shaped Australia, Chatswood. New South Wales: New Holland Publishers, 2006: 189−194.

[542] Durham L S. The elephant of all elephants. AAPG Exploer, 2005, 26(1): 4.

[543] 本刊编辑部. 大狄克桑斯坝. 湖北水力发电, 2009, (3): 87, 88.

[544] 李原. 世界最长的运河在哪里. 世界知识, 1986, (12): 17.

[545] 韩·梅尔, 周静, 彭晖. 荷兰三角洲: 寻找城市规划和水利工程新的融合. 国际城市规划, 2009, 24(2): 4−13.

[546] 徐子恺, 张玉山. 加利福尼亚州调水工程的法制建设与资金筹措. 南水北调与水利科技, 2006, 4(6): 13−16.

[547] 周以蕴, 李瑞晨. 苏联的五种运载火箭. 国外导弹与宇航, 1982, (6): 10−19.

[548] 裘振宇.《营造法式》与未完成的悉尼歌剧院——尤恩·伍重的成与败. 建筑学报, 2015, (10): 18−25.

[549] 佚名. 全球排名前15大坝中, 中国占几个, 你绝对想不到. (2018−01−31)[2023−7−04]. https://cj.sina.com.cn/articles/view/6435185050/17f91219a00100352l?autocallup=no&isfromsina=no.

[550] 聂云. 世界最大氢弹研制最新内幕. 航空档案, 2004, (1): 27, 28.

[551] 于远航. 载人航天探索太空的60年. 军事文摘, 2021, (12): 56−61.

[552] 黄志澄. 发展载人航天的经验教训. 科技导报, 1993, (7): 3.

[553] 徐耀明. 委内瑞拉建成世界最大水电站. 瞭望周刊, 1987, (8): 31.

[554] 左辅强. 日本新干线高速铁路发展历程及其文化特征研究. 城市轨道交通研究, 2012, 15(11): 37−39.

[555] 晨光. 神奇的高新科技. 北京: 国家行政学院出版社, 2012.

[556] 《世界飞机手册》编写组. 世界飞机手册. 北京: 航空工业出版社, 2011.

[557] 罗丹. 最大的火箭"土星五号". 国外科技动态, 2003, (8): 1.

[558] 佚名. 萨扬舒申斯克水电站——20世纪俄罗斯已建的最大水电站. 河北水利, 2020, (1): 26.

[559] 杨绍初. "阿斯旺"——一座成功的高坝. 水利天地, 2002, (12): 38.

[560] 鄢泰宁, 张涛, 刘天乐. 俄罗斯СГ−3超深井钻探工程的启示. 探矿工程(岩土钻掘工程), 2013, 40(9): 1−5.

[561] Gordon Y, Komissarov D. Tupolev Tu−160: Soviet Strike Force Spearhead. Pennsylvania: Schiffer Publishing Ltd, 2016.

[562] 郝建中. 韩国核电现状. 辐射防护通讯, 1998, (5): 61.

[563] 杨金玉, 杨艳秋, 赵青芳, 等. 北海盆地油气分布特点及石油地质条件. 海洋地质前沿, 2011, (12): 1−9.

[564] 吉隆坡. 世界著名摩天大楼. 大自然探索, 2008, 175(9): 30.

[565] 肖庸. 正在兴建的世界上最高的坝——苏联罗贡坝. 水利水电技术, 1987, (5): 62−64.

[566] 张志会, 贾金生. 水电开发国际合作的典范——伊泰普水电站. 中国三峡, 2012, (3): 69−76. \

[567] 東京電力株式会社. 原子力発電所建屋への採用をめざした鋼板コンクリート構造の開発・実用化について〜柏崎刈羽原子力発電所雑固体廃棄物焼却炉建屋に日本で初めて全面採用〜. 2002−7−25. http://www.tepco.co.jp/cc/press/02072501−j.html.

[568] Knock NEVIS−The world's largest ship ever. Vinalogs Container Transportation, 2019.

[569] Mir EO−2. Encyclopedia Astronautica. (2012−07−29) [2023−07−04].

[570] 吴国栋, 李碧波. 法国 TGV 的发展历史和技术特点. 国外铁道车辆, 2007, 44(1): 1-4.

[571] 舰船知识杂志社. 二战后苏俄潜艇全记录. 舰船知识, 2006, (增刊): 50-55.

[572] Ramos S J. Dubai amplified: The engineering of a port geography. Journal of Urbanism, 2011, 4(2): 195-197.

[573] International Atomic Energy Agency. Nuclear power reactors in the world. Reference Data Series No. 2, IAEA, Vienna, 2020.

[574] Alta Wind Energy Center (AWEC), California. (2014-07-15)[2023-07-04]. https://www.power-technology.com/projects/alta-wind-energy-center-awec-california/.

[575] NASA-Space Shuttle Overview: Columbia (OV-102). (2005-01-31)[2023-07-04]. https://www.nasa.gov/centers/kennedy/shuttleoperations/orbiters/columbia_info.html.

[576] 卡扎菲的"世界第八大奇迹": 让沙漠变绿洲. 共产党员, 2011, 643(10): 41.

[577] 《乌克兰核能概况》(1994-2022). 微亮译. 北京: 中国学术期刊电子出版社.

[578] 国际热核实验反应堆. 大辞海. (2020-11-03). www.clacihai.com.cn/classify.

[579] 李炎, 牟焕森. 英法海底隧道工程: 历史过程和成功经验. 工程研究-跨科学视野中的工程, 2009, 1(1): 90-96.

[580] AN-225 "MRIYA". Antonov. (2016-05-17) [2023-07-04]. https://www.antonov.com/en/history/an-225-mriya.

[581] 王燕, 吴富贵. 伊斯兰建筑艺术的骄傲——水上清真寺美轮美奂. 阿拉伯世界, 1996, (3): 51.

[582] 陈小金. 能源号——苏联的巨型运载火箭. 国外导弹与航天运载器, 1988, (7): 82-84.

[583] 张胜. 日本明石海峡大桥. 交通与运输, 2000, (2): 17, 18.

[584] 张晨东, 唐庆如, 赵军, 等. GE90 大涵道比涡扇发动机动态性能研究. 西安航空学院学报, 2018, 36(1): 28-33.

[585] 李济民. ICE(高速铁路) 在德国 (七)——德国传统工业的高科技标识. 中国铁路, 1995, (11): 44, 45.

[586] 张振威. 和平号: 第一座"长寿"的空间站. 太空探索, 2021, (5): 42-47.

[587] 杨帆. 世界上最豪华的酒店——阿拉伯塔酒店. 饭店现代化, 2004, (3): 71.

[588] 王芳, 周桂钧. 大型察打一体无人机体系化运用研究. 飞航导弹, 2014, (9): 66-70.

[589] 郭树棠. 当代最先进的"欧洲之星"高速列车. 铁道知识, 1996, (1): 26, 27.

[590] 刘思静. "超级大白鲸"从造出来到用起来. 大飞机, 2020, (5): 45-49.

[591] 张民庆. 由新圣哥达隧道思考高黎贡山隧道的修建. 铁道工程学报, 2016, 33(7): 36-40, 53.

[592] 董维武. 美国典型煤矿介绍. 中国煤炭, (3): 3.

[593] 王楠楠. 空客 A380 来了. 交通建设与管理, 2011, (10): 19.

[594] 赵洁. HELLO! 阿莫西 HONDA ROBOTICS ASIMO. 世界汽车, 2011, (12): 120-123.

[595] 海天. 美国航空母舰之六十五 CVN-77"乔治·布什"号. 舰载武器, 2008, (1): 46-49.

[596] 佚名. 世界上最高的建筑迪拜哈利法塔. 历史百科. (2023-03-09) [2023-07-01]. https://www.lishibaike.net/page/72377.html.

[597] 东方. 多个关键性系统可靠性不足"福特"号千呼万唤始出来. 舰船知识, 2017, (8): 46-51.

[598] 黄永明. 大型强子对撞机正式启动. 科技导报. 2008, 26(18): 8.

[599] 于江艳. 中亚天然气管道今年向我国输气超 400 亿立方米. (2022-11-29) [2023-07-01]. https://www.btzx.com.cn/web/2022/11/29/ARTI1669686347389749.html.

[600] 佚名. 全球最大风电场伦敦阵列首期发电. 华北电力技术, 2012, (11): 29.

[601] 佚名. 关于与沙特阿拉伯 Sadara 化学公司相关的合作项目. (2017−12−28) [2023−07−01]. http://xyzh.xupt.edu.cn/info/1037/1854.htm.

[602] 佚名. 首飞成功! 马斯克卧薪七年终于再次改写历史. (2018−02−07) [2023−07−01]. http://tech.sina.com.cn/d/s/2018−02−07/doc−ifyreyvz9649752.shtml.

[603] 周媛. 俄罗斯的新型液体战略导弹 "萨尔马特". 中国航天, 2015, (10): 42−44.

[604] 佚名. 地下超级巨兽! 全球最大隧道盾构机破土而出, 场面震撼. (2019−03−21) [2023−07−01]. http://www.360doc.com/content/19/0321/11/845605_823108490.shtml.

[605] 国家能源局. 我国在沙特最大投资项目——延布炼厂创历史最好效益水平. (2022−12−23) [2023−07−01]. http://www.nea.gov.cn/2022−12/23/c_1310685746.htm.

[606] 佚名. 中石油签署巴西两大油田区块项目产品分成合同. (2023−04−15) [2023−07−01]. https://www.brasilcn.com/article/article_48580.html.

[607] 李金. 苹果公司的绿色 "太空船". 城市住宅, 2013, (7): 102, 103.

[608] 佚名. 海上风力发电. 电力工程技术, 2019, 38(2): 2.

[609] 吴邦辉. 俄罗斯天然气工业公司可立即动工修建北溪 2 号输气管道. 天然气勘探与开发, 2018, 41(1): 1.

[610] 龙 de 船人. 全球最大豪华邮轮交付. (2021−11−05) [2023−07−01]. https://www.163.com/dy/article/GO2MDMS30514DFG0.html.

[611] 刘国光. 中国第十个五年计划研究报告. 北京: 人民出版社, 2006.

[612] 马鸿芸, 刘凯俐, 崔家滢, 等. 从工程传统、创新及阶梯式发展看工程演化. 工程研究, 2018, 10(5): 511−517.

[613] 张寿荣. 钢铁冶金工程的演化过程与规律. 工程研究, 2010, 2(3): 251−263.

[614] 管红梅. 钢铁冶金工程演化过程与规律分析. 山东工业技术, 2014, (23): 53.

[615] 薛金科, 刘弋. 我国桥梁类型及发展史简介. 商业文化, 2010, 5: 65.

[616] 何大韧. 复杂系统与复杂网络. 北京: 高等教育出版社, 2009: 107−123.

[617] Newman M E J. Networks: An Introduction. Oxford: Oxford University Press, 2010: 7−9.

[618] Cohen R, Havlin S. Complex Networks: Structure, Robustness and Function. Cambridge: Cambridge University Press, 2010: 15−18.

[619] 林森森. 重大工程技术创新合作网络的动态演化分析. 科技与创新, 2017, 4: 91−93.

[620] 蔡乾和. 什么是工程: 一种演化论的观点. 长沙理工大学学报 (社会科学版), 2011, 26(1): 83−88.

[621] 王来贵, 朱旺喜. 试论工程系统演化过程研究内涵. 中国基础科学, 2013, (15)2: 3−6.

[622] 李伯聪. 略谈工程演化论. 工程研究: 跨学科视野中的工程, 2010, 2(3): 233−242.

[623] 殷瑞钰. 工程演化与产业结构优化. 中国工程科学, 2012, 14(3): 8−14.

[624] 蔡乾和. 哲学视野下的工程演化研究. 沈阳: 东北大学出版社, 2013.

[625] 沈琪. 京杭大运河对我国经济发展史的影响. 科技经济市场, 2017, (1): 56, 57.

[626] 黄勇. 探究大航海时代的历史动因与历史影响. 文化创新比较研究, 2018, 2(30): 186, 187.

[627] 杨露斯, 黎炼. 论计算机发展史及展望. 信息与电脑: 理论版, 2010, 216(12): 188.

[628] 方圆, 张万益, 马芬, 等. 全球页岩油资源分布与开发现状. 矿产保护与利用, 2019, 39(5): 126−134.

[629] 《考古与文物》编辑部. 神木石峁遗址座谈会纪要. 考古与文物, 2013, (3): 107−112.

[630] 国家文物局. 陕西神木石峁遗址. (2022−03−19) [2022−08−20]. http://www.ncha.gov.cn/art/2022/3/19/art_2587_84.html.

[631] 孙周勇, 邵晶, 邸楠. 石峁遗址的考古发现与研究综述. 中原文物, 2020, (1): 39-62.

[632] 裴安平. 史前聚落的群聚形态研究. 考古, 2007, (8): 2, 45-56.

[633] 戴应新. 陕西神木县石峁龙山文化遗址调查. 考古, 1977, (3): 154-157, 172, 217-220.

[634] 吕智荣. 陕西神木县石峁遗址发现细石器. 文博, 1989, (2): 82-84, 100.

[635] 郭青, 曹瑞. 石峁遗址: 再揭四千年前北方王国奥秘. 陕西日报, 2015-10-23(015).

[636] 王晖. 一部优秀的不可移动文物志——《石峁遗址志》. 广西地方志, 2022, (3): 28, 29, 35.

[637] 司晋丽. 石峁, 相隔千年宛如初见. 人民政协报, 2022-09-22(003).

[638] 宋婧怡. 文化遗产活化利用与旅游营销的策略——以神木石峁遗址为例. 文物鉴定与鉴赏, 2023, (3): 157-161.

[639] 段春娥. 论石峁遗址的保护开发与神木地区的协同发展. 遗产与保护研究, 2018, 3(1): 37-42.

[640] 沈长云. 石峁遗址与华夏民族的发祥. 考古, 2019, (6): 10-15, 153.

[641] 吕卓民. 石峁古城: 人类早期文明发展与环境选择. 中国历史地理理论丛, 2016, 31(3): 63-68, 139.

[642] 文物局. 国务院关于公布第一批全国重点文物保护单位名单的通知. (2014-07-21) [2023-06-25]. https://www.gov.cn/guoqing/2014-07/21/content_2721152.htm.

[643] 央视网. 中国世界文化遗产——长城. (2017-08-01) [2023-06-28]. http://travel.cctv.com/2017/08/01/ARTIfjiAcc3f2dPB2ooLjDsL170801.shtml.

[644] 国家文物局. 国家文物局关于印发第一批国家级长城重要点段名单的通知. (2020-11-26) [2023-06-25]. http://www.ncha.gov.cn/art/2020/11/26/art_2318_44254.html.

[645] 郭桢. 世界文化遗产——长城. 国家文物局网站. (2006-03-28) [2023-06-25]. https://www.gov.cn/test/2006/03/28/content_238209.htm.

[646] 熊大靠. 秦朝和明朝长城的研究. 考试周刊, 2012, (71): 31.

[647] 侯猛. 《长城保护条例》实施10周年了! 河北这13处最美长城一定要看. (2016-11-30) [2023-6-28]. https://hebei.hebnews.cn/2016/11/30/content_6111528.htm.

[648] 刘贝. 薪火相传, 陕西古长城秦直道遗址保护特展开展. 北京: 中国社会科学院. (2016-11-02)[2023-6-28]. https://baike.baidu.com/reference/20606341/601cH9IK1AMbSys6c2c9zg1sx4_jaDvhLZqOsXfL25_itKzVtq1P7k-A716Rsv95JtIzA7Rt_ND7LM8vPCAxfRXScWoTqzuLyYOP61myG06TnvoUfOWwJw.

[649] 华政. 陕西古长城秦直道遗址保护特展在陕历博开展. (2016-10-24) [2023-06-25]. http://www.xinhuanet.com/politics/2016-10/24/c_129335618.htm.

[650] 南方钱邮中心. 钱币邮票上的旅游景点系列之《普21万里长城》上的万里长城. (2017-7-13) [2023-6-28]. https://www.nfqbyp.com/xwzx/qianyouwenhua/18650.html.

[651] 杨婷. 新华调查: 长城, 常识背后藏有几多误区. (2015-11-05) [2023-06-25]. http://www.xinhuanet.com/politics/2015-11/05/c_1117052486.htm.

[652] 徐秀丽. 长城的修缮和保护 (文明之声). (2020-09-24) [2023-06-25]. http://gongyi.people.com.cn/n1/2020/0924/c151132-31873399.html.

[653] 鲁楠. 八达岭长城游客爆满. (2013-07-22) [2023-06-25]. http://v.china.com.cn/news/2013-07/22/content_29495767.htm.

[654] 葛党生. 规模宏伟 世界上修建时间最长始于中国古代春秋战国时期 气势磅礴 世界上工程量最大仅秦始皇时期就投入近百万劳动力 绵延起伏 世界最长全长达十万多公里 长城以世界"七大"奇迹之一中华民族的象征中国古代最伟大军事防御工程赋予其名无限的光彩. 中国地名, 2013, (1): 30, 31.

[655] 马欣. 天津明长城新发现118处遗存包含完整防御体系. (2009-06-08) [2023-06-25]. http://news.enorth.com.cn/system/2009/06/08/004083609.shtml.

[656] 邓涛. 长城是清代民族融合的纽带. 历史评论,2022, (3):36-39.

[657] 徐凌玉. 明长城军事防御体系整体性保护策略. 天津: 天津大学, 2018.

[658] 王小玲. 明长城文化遗产整体性价值评估研究. 中国民族博览, 2019, (4): 225, 226.

[659] 岚橙昳. 长城是不是用来防御南蛮入侵的. (2022-06-07) [2023-06-28]. https://zhidao.baidu.com/question/1711666838600550580.html.

[660] 董耀会. 以险制塞——长城修建的空间原则. 中国文物报, 2016-04-08(003).

[661] 高杰. 浅论长城因地制宜就地取材的意义和价值. 汉字文化, 2018, (9): 103, 106.

[662] Zhang B J. "糯米砂浆"令古建筑坚固不倒. 四川省地理学会. (2010-06-12) [2023-06-28]. http://schgeo.imde.ac.cn/kptd/201006/t20100612_633133.html.

[663] 宋圭武. 研究长城文化, 弘扬民族精神. (2019-09-16) [2023-07-04]. https://epaper.gmw.cn/gmrb/html/2019-09/16/nw.D110000gmrb_20190916_3-15.htm.

[664] 张靳. 长城与400毫米等降水线——神奇的巧合. 大科技 (百科探索), 2006, (1): 19.

[665] 张伟龙. 浅谈砌体结构的历史发展与趋势. 吉林画报·新视界, 2012(6).

[666] 王光谦, 钟德钰. 创新、和谐、发展——都江堰水利工程的启示. 中国水利, 2020, (3): 10-12.

[667] 王国平. 都江堰水利工程的巨大贡献. (2023-03-31) [2023-06-28]. https://baijiahao.baidu.com/s?id=1761864019916305172&wfr=spider&for=pc.

[668] 倪振先. 世界水利文化的鼻祖 世界水利工程的经典 中国古代"四大"工程之一 都江堰一个令世界皆赞扬赞美赞誉的名字. 中国地名, 2013, (1): 32-33.

[669] 黄玉. 发掘内涵 激活历史——以都江堰为例谈如何挖掘教学资源. 中学历史教学参考, 2008, (9): 43-45.

[670] 四川省都江堰管理局. 生态水利都江堰 润泽天府两千年. 四川环境, 2020, 39(3): 208.

[671] 邓正龙, 张宁生. 中华民族最辉煌的文明成就——都江堰水利工程及核心价值. 今日中国论坛, 2013, (7): 17-19.

[672] 尹卫霞, 苗湃林, 王婧. 中学地理人地协调观核心素养培养途径探究——以"都江堰水利工程"为例. 北京教育学院学报, 2023, 37(2): 29-34.

[673] 李巾. 奋进七十年 古堰换新颜. 人民长江报, 2019-10-19(008).

[674] 张泉. 尖端工程科技打造世界桥梁奇迹——港珠澳大桥科技攻关记. 河南科技, 2017, (23): 7.

[675] 卢梦君, 梁旭, 韦毅. 港珠澳大桥超级工程的背后 桥梁界的珠穆朗玛峰是怎样炼成的. 环球人文地理, 2018, (1): 46-55.

[676] 金帅, 盛昭瀚, 丁翔. 港珠澳大桥项目协调决策体系演变与启示. 建筑经济, 2013, (12): 27-31.

[677] 杨佳昀. 港珠澳大桥对区域经济及地区合作的影响研究. 中国商论, 2020, (13): 11, 12.

[678] 尹海卿. 港珠澳大桥岛隧工程设计施工关键技术. 隧道建设, 2014, 34(1): 60-66.

[679] 林鸣. 建造世界一流超大型跨海通道工程——港珠澳大桥岛隧工程管理创新. 管理世界, 2020, 36(12): 202-212.

[680] 邱大灿, 程书萍, 张劲文, 等. 大型工程投融资模式决策研究——港珠澳大桥投融资决策思考. 建筑经济, 2011, (3): 28-31.

[681] 高星林, 张鸣功, 方明山, 等. 港珠澳大桥工程创新管理实践. 重庆交通大学学报 (自然科学版), 2016, 35(S1): 12-26.

[682] 吴旗韬, 张虹鸥, 苏泳娴, 等. 2013. 港珠澳大桥对珠江口两岸经济发展的影响. 海洋开发与管理, 2013, 30(6): 96–99.

[683] 陈宏权, 曾赛星, 苏权科. 重大工程全景式创新管理——以港珠澳大桥工程为例. 管理世界, 2020, 36(12): 212–227.

[684] 官华, 何力武. 港珠澳大桥的建设及其启示. 广东开放大学学报, 2019, 28(1): 28–33.

[685] 发扬青藏铁路精神, 创造更多中国奇迹——论中国共产党人的精神谱系之四十四. 人民日报, 2021–11–30(006).

[686] 孟红. 世界屋脊上建"天路"——青藏铁路. 党史文汇, 2019, (4): 10–18.

[687] 王圣志, 熊言豪. 新华时评: 大力弘扬青藏铁路精神. (2006–06–29) [2023–06–25]. https://news.sina.con.cn/c/2006–06–29/183893312185.shtml.

[688] 苏志加. 青藏铁路的工程哲学思考. 理论学习与探索, 2020, (4): 54–56.

[689] 胡锦涛. 胡锦涛在青藏铁路通车庆祝大会上的讲话. (2006–07–01) [2023–06–28]. https://www.gov.cn/govweb/ldhd/2006–07–01/content_325067.htm.

[690] 黄海. 进一步加快推进福建省特高压电网建设的探讨. 能源与环境, 2021, (3): 29–31.

[691] 张国宝. "西电东送"工程: 中国电力史上的重要篇章. 中国经济周刊, 2019, (12): 48–52.

[692] 李清华. 西部大开发政策对西部地区城乡收入差距的影响研究. 西安: 西北大学, 2020.

[693] 王梓宇. 我国电力装备企业国际业务的拓展与对策研究. 长春: 吉林大学, 2018.

[694] 何慈武, 刘鹏华. 特高压直流输电技术的应用探究. 科技创新与应用, 2020, 20: 177–179, 182.

[695] 张国宝. 亲历"西电东送"工程的决策和实施. 中国经济周刊, 2016, (7): 58–62.

[696] 黄超, 武韩青, 王峰. 青海—河南 ±800 千伏特高压直流工程项目. 电力勘测设计, 2020, (S2): 2.

[697] 颜悦. 我国养老文化的发展及现实意义. 大众文艺, 2020, (19): 223, 224.

[698] 董丝雨, 刘温馨. 贯彻新发展理念, 助力碳达峰碳中和. 人民日报, 2023–04–11(10).

[699] 李凤龙, 周玉勇, 赵东杰, 等. 基于特高压直流输电工程数字孪生应用探索. 电气时代, 2021, (6): 24, 25, 28.

[700] Edwards I E S. The Pyramids of Egypt. New York: Penguin Books, 1991: 97–99.

[701] Hawass Z. Mountains of the Pharaohs. New York: Doubleday, 2006: 157.

[702] 孙志坚. 古埃及法老崇拜的原因、影响及其文化蕴含. 石家庄: 河北师范大学, 2015.

[703] 李晓东. 世界文化史知识: 第一卷 古代文明的金字塔——法老的埃及. 沈阳: 辽宁大学出版社, 1996.

[704] 张建明. 金字塔与古埃及神权政治. 飞碟探索. 2011, (10): 56, 57.

[705] 郭子林. 古埃及文明根本特征探析. 外国问题研究, 2016, (2): 87–96, 119.

[706] Johnson P. The Civilization of Ancient Egypt. London: Weidenfeld and Nicolson, 1978: 9–16.

[707] 赵克仁. 古埃及巨石文化的内涵与成因探析. 西亚非洲, 2011, 213(1): 29–36, 80.

[708] 王杏丹. 超大型建筑的权力美学话语. 成都: 四川师范大学, 2013.

[709] Alomary A Y. Hanging Gardens of Babylon or Hanging Gardens of Ninewa: A comparative study of their landscape spatial characteristics. Al–Rafidain Engineering Journal (AREJ), 2014, 22(2): 1–15.

[710] Dalley S. Nineveh Babylon and the Hanging Gardens: Cuneiform and classical sources reconciled. IRAQ, 1994, 56: 45–58.

[711] Finkel I L. The Hanging Gardens of Babylon//The Seven Wonders of the Ancient World. Routledge, 2013: 38–58.

[712] Reade J. Alexander the Great and the Hanging Gardens of Babylon. Iraq, 2000, 62: 195−217.

[713] Tuan Y F. Space and Place: The Perspective of Experience. Minneapolis: Universtiy of Minnesota Press, 2001.

[714] Motloch J L. Introduction to Landscape Design. Hoboken: John Wiley & Sons Inc, 2000.

[715] Garnham H. Maintaining the Spirit of Place: A Process for the Preservation of Town Character. Mesa, Ariz: PDA Pub Corp, 1985.

[716] Lynch K. The Image of the City. Cambridge: MIT Press, 1964.

[717] Bedford M. The Meaning of the Built Environment. Amos Rapoport: Sage Publications, 1982.

[718] Irving F, Michael S. 2008. Babylon. New York: Oxford University Press.

[719] Layard A H. Discoveries in the Ruins of Nineveh and Babylon: With Travels in Armenia, Kurdistan and the Desert: Being the Result of a Second Expedition Undertaken for the Trustees of the British Museums. Cambridge: Cambridge University Press, 2010.

[720] Dalley S. Ancient Mesopotamian gardens and the identification of the hanging gardens of Babylon resolved. Garden History, 1993, 21(1): 1−13.

[721] Alomary A Y. Regeneration of Nineveh Cultural Landscape. ECLAS European Council of Landscape Architecture Schools, ISTANBUL, 2010.

[722] Ur J. Sennacherib's northern Assyrian canals: New insights from satellite imagery and aerial photography. Iraq, 2005, 67(1): 317−345.

[723] Ur J. State Sponsored Irrigation System in Assyrian Hartland, Reconstruction using Declassified Intelligence Satellite images. Harvard: Harvard University, 2006.

[724] Speiser E A. Sennacherib's Aqueduct at Jerwan. Chicago: University of Chicago Press, 1936, 24: 394.

[725] Breasted J H. The Annals of Sennacherib. Chicago: University of Chicago Press, 1924.

[726] Reade J E. Assyrian Sculpture. London: The British Museum Press, 1998.

[727] Olmstead A T. History of the Persian empire. Chicago: University of Chicago Press, 2022.

[728] Rogers R W, Luckenbill D D. Ancient Records of Assyria and Babylonia. Westport: Greenwood Press, 1968.

[729] Al Haialy Y Y. Plants views in ancient Iraqi. Mosul: College of Art, Mosul University, 2006.

[730] 闻明, 彭萍萍. 空中花园的故乡: 巴比伦. 北京: 中国环境科学出版社, 2006.

[731] 高晓昧. 基于和谐自然理念的建筑空中花园设计. 建筑结构, 2020, 50(18): 159.

[732] 习近平. 建设中国特色中国风格中国气派的考古学更好认识源远流长博大精深的中华文明. 求是网, (2020−11−30) [2023−06−15]. http://www.qstheory.cn/dukan/qs/2020−11/30/c_1126799145.htm.

[733] 刘玉珠. 加强考古和历史文化遗产保护. (2020−12−01) [2023−06−28]. https://www.gov.cn/xinwen/2020−12/01/content_5566161.htm.

[734] Kostof S. A History of Architecture. Oxford: Oxford University Press, 1985.

[735] Curtis J, André−Salvini B, Tallis N. Forgotten empire: the world of ancient Persia. London: The British Museum Press, 2005.

[736] Kleiner F S, Colvin H. Architecture and the after life. American Journal of Archaeology, 1993, 97(3): 594.

[737] O'Toole C H. The Long Weekend: Pittsburgh, Three Ways. The Washington Post, 2009−09−20.

[738] 闻婷. 图说世界著名教堂. 北京: 北京工业大学出版社, 2015.

[739] 房芳. 圣保罗大教堂. 艺术品鉴, 2017, 4: 15.

[740] 马月兰. 圣保罗大教堂的"雷恩风格". 世界文化, 2005, (12): 19, 20.

[741] 詹姆斯·W·P·坎贝尔, 潘一婷. 英国圣保罗大教堂重建时期石材采运研究 (1675–1710 年). 中国名城, 2020, (4): 51–65.

[742] 游品莲. 英国伦敦的圣保罗大教堂. 福建宗教, 2002, (5): 2.

[743] 陈煊, 魏小春. 解读英国城市景观控制规划——以伦敦圣保罗大教堂战略性眺望景观为例. 国际城市规划, 2008, (2): 118–123.

[744] 崔云兰. 对风景型滨水城市视觉景观控制的探讨. 转型与重构: 2011 中国城市规划年会论文集. 南京: 东南大学出版社, 2011.

[745] 吴庆洲. 伦敦圣保罗大教堂. 世界建筑, 1994, 1: 2.

[746] 赵晖. 圣保罗大教堂. 写作: 中, 2005, (Z1): 96.

[747] Борзунов В Ф. Пролетариат Сибири и Дальнего Востока накануне Первой Русской Революции. По Материалам Строительства Транссибирской Магистрали (1891-1904 гг.), 1965: 65–67.

[748] 陈秋杰. 西伯利亚大铁路建设方案述评. 西伯利亚研究, 2012, 39(3): 69–76.

[749] 陈秋杰. 西伯利亚大铁路修建中的主要问题及应对措施. 西伯利亚研究, 2012, 39(1): 47–52.

[750] 世界上最长的铁路: 西伯利亚大铁路. 西部交通科技, 2016, (1): 116.

[751] 马蔚云. 俄国的远东政策与西伯利亚大铁路的修筑. 俄罗斯学刊, 2012, 2(1): 73–82.

[752] Борзунов В Ф. К Вопросу об Экономическом Значении Сибирской Железной Дороги в Конце 19-Начале 20 вв . Вопросы Истории Сибири и Дальнего Востока. Новосибирск, 1961, 3: 175.

[753] 陈秋杰. 西伯利亚大铁路对俄国东部地区开发的意义. 西伯利亚研究, 2011, 38(2): 69–75.

[754] Борзунов В Ф. Рабочая Сила на Строительстве Сибирской Железной Магистрали (1891–1905 гг.). Исторические Записки: Т. 70. М., 1961: 150.

[755] 任秀娟. 西伯利亚大铁路在国家经济发展中的作用. 北方论丛, 2009, (4): 146–148.

[756] 刘学锋. 荷兰水资源开发利用与管理——各国水概况系列之五. 水利发展研究, 2007, (2): 53–60.

[757] 何起祥, 赵洪伟, 刘健. 荷兰海岸带综合治理. 海洋地质前沿, 2002, 18(8): 29–33.

[758] 迈耶. 荷兰三角洲. 上海: 上海社会科学院出版社, 2021.

[759] 张志会. 国家空间规划和生态保护的融合: 荷兰围海造陆工程的启示. 中国三峡, 2013, (5): 4, 66–71.

[760] 钟瑚穗. 防洪与环保紧密结合的荷兰三角洲工程. 水利水电科技进展, 1998, 18(1): 22–25.

[761] 陈扬友. 水利工程中的惊人创举——记荷兰三角洲拦海工程. 人民长江, 1986, (7): 49–51.

[762] 邓家泉. 荷兰西南部三角洲的堤坝工程. 珠江水电情报, 1992, (2): 14–16.

[763] 杨洁勉. 荷兰"三角洲"堤坝访问记. 国际展望, 1987, (12): 12, 13.

[764] 武平. 荷兰的治水经验. 中国水利, 1997, (9): 46, 47.

[765] 中工网. "超级工程"的当下效益和长远使命. (2016-07-12) [2023-06-15]. https://www.sohu.com/a/104728946_257321.

[766] 王芳芳, 吴时强. 都江堰工程思考及其启示. 水资源保护, 2017, 33(5): 19–24.

[767] 罗锋, 赵忠德, 西昕, 等. 长输管道工程项目建设经验启示. 石油规划设计, 2013, 24(3): 7–10.

[768] 王晰. 京沪高铁全线开工 温家宝出席典礼并为铁路奠基. (2008-04-18) [2023-06-15]. http://news.enorth.com.cn/system/2008/04/18/003158562_01.shtml.

[769] 殷瑞钰, 汪应洛, 李伯聪. 工程生态观的基本思想. 中国三峡建设: 工程科技版, 2008, (7): 16–18.

[770] 孟光, 周徐斌, 苗军. 航天重大工程中的力学问题. 力学进展, 2016, 46: 267−232.

[771] 金璧成. 浅析力学对航空航天发展的作用. 山东工业技术, 2019, 298(20): 83.

[772] 中国腐蚀与防护网. 港珠澳大桥长寿的秘诀: 先进的防腐蚀技术. (2018−12−04) [2023−06−15]. https://mp.weixin.qq.com/s?__biz=MjM5MTU4Nzg3NA==&mid=2653470912&idx=2&sn=787d851ad742472be87396e6a920467b&chksm=bd6f2b8d8a18a29b63353c117167f2f86a4343cce6fba658341b689ccace15b8f9533d61c0ae&scene=27.

[773] 张哲, 刘继忠, 刘彤杰, 等. 航天重大工程项目卓越管理模式研究. 航天器工程, 2017, 26(2): 130−138.

[774] 北京市科学技术协会信息中心. 大型强子对撞机的 5 个发现. (2017−10−26) [2023−06−15]. https://baijiahao.baidu.com/s?id=1582300203653870568&wfr=spider&for=pc.

[775] 新华网. 我国第一代中微子实验装置完成科学使命正式退役. (2020−12−13) [2023−06−15]. https://m.gmw.cn/baijia/2020−12/13/34458231.html.

[776] 刘振亚. 中国特高压交流输电技术创新. 电网技术, 2013, 37(3): 567−574.

[777] 马婧, 刘人杰. 传统建筑文化在现代建筑设计中的传承与发展. 建筑设计与研究, 2022, 3(4): 124−126.

[778] 卢广彦, 付超, 吴金园. 国家重大工程决策机制的构建. 科技进步与对策, 2010, 27(6): 81−85.

[779] 卢广彦, 付超, 吴金园, 等. 重大工程决策过程与决策特征研究——以三峡工程为例. 中国科技论坛, 2008, 8: 20−24.

[780] 卢广彦. 重大工程决策失误与重大工程决策机制构建. 中国科技论坛, 2009, (4): 30−35.

[781] 梁茹, 盛昭瀚. 基于综合集成的重大工程复杂问题决策模式. 中国软科学, 2015, (11): 123−135.

[782] 胡象明, 罗立. 逆向论证: 完善大型工程项目决策论证机制的有效途径. 理论探讨, 2015, (5): 134−137.

[783] 周永明, 解超. 浅谈建筑工程竣工验收的方法. 黑龙江科技信息, 2010, (19): 54, 299.

[784] 朱美平. 浅谈 10kV 配网工程项目管理的质量控制管理. 广东科技, 2010, 19(24): 97−99.

[785] 林达. 10kV 配网工程质量控制管理. 广东科技, 2011, 20(10): 126, 127.

[786] 梁枫. 论述电力工程施工安全管理及质量控制. 科技与企业, 2011, (9): 99, 101.

[787] 郭大为. 国外高速铁路建设与运营组织模式. 铁道运输与经济, 2004, (8): 79−81.

[788] 齐庆祝. 铁路投资公司经营模式及发展路径研究. 北京交通大学学报, 2011, 10(3): 24−28.

[789] 宋丹丹. 京沪高速铁路委托运输管理模式发展研究. 铁道运输与经济, 2019, 41(7): 28−32.

[790] 殷瑞钰, 傅志寰, 李伯聪. 从"两类物质世界"出发看工程知识——工程知识论研究之一. 自然辩证法研究, 2018, 34(9): 31−38.

[791] 殷瑞钰, 傅志寰, 李伯聪. 工程哲学新进展——工程方法论研究. 工程研究: 跨学科视野中的工程, 2016, 8(5): 455−471.

[792] 殷瑞钰, 李伯聪. 关于工程本体论的认识. 自然辩证法研究, 2013, 29(7): 43−48.

[793] 田海平. 工程价值论的基础定位, 问题谱系和价值方式. 工程研究: 跨学科视野中的工程, 2022, 14(1): 11, 12.

[794] 闫波. 现代审美视野下的工程美学. 哈尔滨工业大学学报: 社会科学版, 2007, 9(1): 17−22.

[795] 李伯聪. 工程伦理学的若干理论问题. 哲学研究, 2006, 4: 95−100.

[796] 殷瑞钰. 科学发展观中的工程哲学. 中国科技奖励, 2011.

[797] 王靖. 宝成铁路地质灾害整治工程方案研究. 铁道勘察, 2021, 47(4): 80−84.

[798] 崔美杰, 张庆伟. "两弹一星"精神的四维探索. 领导科学论坛, 2023, (2): 118–121.

[799] 申超波. 开启新征程, 中国迈入空间站时代. 国防科技工业, 2021, (5): 18–22.

[800] 李永胜. 工程演化论的研究内容、范畴、方法与意义. 自然辩证法研究, 2011, 27(8): 33–39.

[801] 赵建军, 吴保来, 卢艳玲. 技术演化与工程演化的比较研究. 科学技术哲学研究, 2012, 29(4): 50–57.

[802] 李永胜. 论工程演化的系统观. 辽东学院学报 (社会科学版), 2014, 16(6): 1–9.

[803] 曹小荣, 何飞燕, 张政. 超级工程的超级挑战. 建筑, 2019, (13): 64–66.

[804] 徐良才, 郭英海, 公衍伟, 等. 浅谈中国主要能源利用现状及未来能源发展趋势. 能源技术管理, 2010, 35(3): 155–157.

[805] 齐学军.《能源工程概论》教学内容改革探究. 科技经济导刊, 2019, (11): 2.

[806] 李林. 水利工程智慧化运行管理策略探析 // 河海大学, 福建省幸福河湖促进会, 福建省水利学会. 2022(第十届) 中国水利信息化技术论坛, 莆田.

[807] 蒋云钟, 刘家宏, 梅超, 等. 智慧水利 DIS 体系构建研究与展望. 中国水利水电科学研究院学报, 2022, 20(6): 492–496.

[808] 陈经纬. 传输技术在信息通信工程中的有效应用分析. 科技创新导报. 2013, (1): 129.

[809] 汪奎. 节能环保技术在建筑工程施工中的应用. 中华建设, 2021, (6): 126, 127.

[810] 冯鹏志. 坚持创新在现代化建设全局中的核心地位. 中国党政干部论坛, 2020, (12): 21–25.

[811] 郑旺. "新基建" 发展形势下建筑企业面临的机遇和挑战研究. 北京: 北京交通大学, 2021.

总后记

古往今来，著作可以留世，其过程很少记录。为此，公开记录开创性"超级工程研究"的基本过程和所有参与的研究人员，应该是一件非常有意义的事情，其最大的价值是还原学术研究的公正。

2017 年，秋冬之交，中国工程院"工程哲学理论体系"和"工程管理理论"研究获得了重大的学术成就，鼓舞了工程管理学部一批热心工程建造的院士，提出系统研究超级工程的设想，得到了工程管理学部主任孙永福院士的首肯，也得到了殷瑞钰院士、何继善院士、翟光明院士、傅志寰院士、王礼恒院士的赞许和积极支持，2018 年还得到了中国工程院副院长何华武院士的支持。

为此，2018 年 6 月 25 日，在中国工程院 316 会议室，胡文瑞院士召开了首次"超级工程研究"会商会议，参与会商的有殷瑞钰院士、何继善院士、王礼恒院士、王基铭院士、黄维和院士、杨善林院士、丁烈云院士、凌文院士、金智新院士、向巧院士、卢春房院士、刘合院士，以及东北大学唐立新教授、中国石油吕建中教授和杨虹首席专家等，就立项"超级工程研究"和"超级工程排行榜"研究，初步达成一致，特别是殷瑞钰院士认为，这是"继'工程哲学理论体系'和'工程管理理论'研究之后又一重大学术研究，对工程管理学部学科建设有着重要的现实意义"。何继善院士认为，这是"工程管理学部职责所在"。凌文院士提议，"将研究成果作为向中华人民共和国国庆 70 周年献礼"项目。

为了加快进度，2018 年 7 月 1 日，胡文瑞院士在亚运村无名居召开了"超级工程研究"立项筹备小组会议，同意设立"超级工程研究"课题组，确定由胡文瑞院士任课题组组长，请王基铭院士、刘合院士担任课题组副组长，唐立新教授担任课题组秘书长，初步确定课题组成员由中国石油、中国国际工程咨询有限公司（以下简称中咨公司）、东北大学、中国石化、清华大学、北京大学、天津大学等单位专家和学者组成，由中国石油和东北大学承担主要研究任务。

2018 年 8 月 5 日，课题组在中国工程院 218 会议室召开了"超级工程研究"会议，初步确定研究内容为古今中外四大板块，即中国古代和近现代、世界古代和近现代超级工程。会议根据王基铭院士提议，确定先期立项研究"中国近现代超级工程"，同时就"中国近现代超级工程研究"的目的意义、主要背景、主要框架、预期成果等进行了讨论。委托东北大学积极准备课题立项和启动研讨会事宜，建议课题组长胡文瑞院士作主题报告，唐立新教授作专题理论报告。2018年8月14日，唐立新教授在沈阳召开了课题立项和启动研讨会筹备工作首次会议。

在两年多的咨询和组织准备基础上，2019年，经中国工程院工程管理学部七届十八次常委会通过立项，正式设立"超级工程研究"课题。2019年4月26日，在中国工程院316会议室召开"超级工程研究"启动研讨会，会议由课题组副组长王基铭院士主持，胡文瑞、殷瑞钰、何继善、翟光明、袁晴棠、傅志寰、王礼恒、陆佑楣、孙永福、黄维和、杨善林、周建平、丁烈云、凌文、向巧、金智新、卢春房、陈晓红、刘合等20位院士，中国工程院三局高战军副局长及聂淑琴主任和来自中国石油、中咨公司、中国石化、国家能源集团、清华大学、天津大学、同济大学、东北大学、中南大学、上海交通大学、北京交通大学、中国石油经济技术研究院、中国石油西南油气田公司等单位的领导专家和学者共50余人出席了启动研讨会。胡文瑞院士代表课题组作了"中国近现代超级工程研究"主题报告，唐立新教授作了"中国近现代超级工程研究"理论专题报告。启动研讨会经过热烈讨论、思想碰撞和智慧交锋，认为"超级工程研究"是一项开创性的填补空白的学术研究，具有极强的学术价值和极高的现实意义，值得组织力量进行深入的科学研究。

2019年12月8日，由中国工程院工程管理学部主办，东北大学承办的"中国近现代超级工程前沿技术研讨会"在北京五洲皇冠国际酒店召开。会议由七届工程管理学部主任胡文瑞院士主持，新当选的东北大学唐立新院士和清华大学方东平教授、河海大学王慧敏教授分别作了专题报告。中国工程院王玉普、孙永福、黄维和、刘合、卢春房、孙丽丽、唐立新等9位院士，中国工程院三局高战军副局长、聂淑琴主任和常军乾副主任，来自清华大学、北京航空航天大学、中国空间技术研究院、中国水利水电科学研究院、苏州科技大学、河海大学、华东理工大学等单位的40余名专家学者出席研讨会。与会院士、专家、学者针对课题研究提出了中肯的意见和建议，包括分行业细化完善超级工程筛选标准，做到既反映行业特征，又符合超级工程筛选标准；重点突出超级工程价值的部分；案例研究与整体研究内容中的共性解析、系统解析之间的联系要进一步凝练；加强超级工程发展演化规律研究，如超级工程与国家发展阶段、经济水平以及超级工程群之间的协同效应研究；加强超级工程认识规律的凝练，争取上升到工程哲学的高度。

2020 年 3 月 7 日，在北京西藏大厦召开了"超级工程研究"骨干研究团队会议，来自中国石油、东北大学、中咨公司、中国石化、清华大学的专家学者参加了本次会议。会议根据"超级工程研究"先后次序问题，进行了认真的讨论，最终形成一致意见。研究的目标以中国超级工程建造为重点，涵盖古今、覆盖国内外的超级工程建造，总架构为"1+4"（总研究课题 + 四个专题研究课题），即一个总研究课题为"超级工程研究"课题，四个专题研究课题为"中国古代超级工程研究""中国近现代超级工程研究""世界古代超级工程研究"和"世界近现代超级工程研究"课题。除 2019 年已经立项的"中国近现代超级工程研究"外，同步开展中国古代超级工程研究、世界古代超级工程研究和世界近现代超级工程研究，立项工作分别于 2020 年、2021 年、2022 年按程序启动。

天有不测风云，人有旦夕祸福。在"超级工程研究"紧张有序进行之时，2020 年初突如其来的一场新冠疫情，给超级工程后续研究带来了极大的冲击。课题组马上调整了工作方式，通过线上线下结合的方式，增加沟通次数，召开视频研讨会，保证研究工作持续进行。同时，不失时机地召开线下研讨会议，千方百计地推进"超级工程研究"深入进行。

2020 年 8 月 30 日，"中国近现代超级工程研究及排行榜汇报研讨会"在中国工程院 316 会议室成功举行。会议由胡文瑞院士主持，唐立新院士受项目组委托作了专题报告，王基铭院士对研讨会进行了系统总结。中国工程院殷瑞钰、傅志寰、王礼恒、孙永福、陆佑楣、袁晴棠、黄其励、苏义脑、周建平、黄维和、柴洪峰、刘合、卢春房、孙丽丽等 20 位院士参加了会议，来自中国石油、东北大学、中国交通建设集团有限公司（以下简称中国交建）、中国空间技术研究院、北京理工大学、北京航空航天大学、清华大学、中国海油、中国铁道科学研究院集团有限公司、中国水利水电科学研究院等企业与研究机构的 30 余名专家学者出席了研讨会。研讨会的主要成果是对中国近现代超级工程研究项目做出较高的评价，走出了"超级工程研究"第一步，并通过中国工程院工程管理学部的评审，顺利结题。

"中国近现代超级工程研究"结题后，除了分板块研究外，工作量最大的是超级工程案例研究、案例筛选工作，采取的方式分为行业，按照超级工程的定义、分类、标准进行筛选，同行对比，归类梳理，最后形成一致意见。

比较突出的示例，黄其励院士带领的电力系统超级工程案例研究团队，从2020年9月到2021年2月，历经6个月，组织国家能源集团、中国华能集团有限公司（以下简称华能）、中国大唐集团有限公司（以下简称大唐）、中国华电集团有限公司（以下简称华电）、国家电力投资集团有限公司（以下简称国电投）等电力行业中的知名企业专家学者，组成超级工程案例研究课题组，共同针对电力行业的超级工程案例进行系统遴选，并召开多次专题超级工程案例线上线下会议，审定电力系统超级工程经典案例，起了非常好的带头作用。

值得特别记述的是钢铁超级工程案例审定会。2021年8月27日，钢铁冶金行业超级工程案例审查会在北京举行，殷瑞钰院士主持会议。中国工程院胡文瑞院士、刘合院士、唐立新院士，中国石油王俊仁教授，河钢集团有限公司（以下简称河钢）王新东副总经理，以及来自河钢、首钢集团（以下简称首钢）、东北大学30多位专家学者参加审定会。著名冶金学家殷瑞钰院士的一席话，给参会专家留下了非常深刻印象。他说："在中国钢铁行业够得上超级工程案例的就是鞍钢、宝钢、武钢（一米七轧机）和首钢，它们最具代表性，代表了一个时代建设成就，代表了一个时代民族不屈的精神，将超级工程经典案例记述下来是非常有意义的。"

2021年4月24日，在湖南长沙召开了"超级工程研究"专题研讨会。胡文瑞院士主持会议，唐立新院士作专题报告。刘合院士、黄维和院士、陈晓红院士、范国滨院士和东北大学、湖南工商大学等20余名专家学者出席了研讨会。在热烈讨论的基础上，最后形成一致意见，一是加快超级工程整体研究报告的撰写；二是完善和确定"古今中外"超级工程名录名称；三是积极开展对部分超级工程案例进行调研；四是积极策划"超级工程丛书出版物"事宜。

2021年8月29日，石油煤炭行业超级工程案例审查讨论会在中国石油勘探开发研究院举行，胡文瑞院士主持，刘合院士、金智新院士、赵文智院士、唐立新院士等参加。来自中国石油、中咨公司、东北大学、大庆油田、长庆油田、胜利油田、新疆油田、玉门油田勘探开发研究院、中煤平朔集团有限公司（以下简称中煤平朔）、国能神东煤炭集团、中原油田分公司、普光分公司等40多位院士、专家学者出席了本次研讨会，系统梳理了该领域超级工程案例，特别是对大庆油田、玉门油田、平朔露天煤矿的历史地位给予了高度的评价。

2021年10月18日，在中国工程院218会议室召开了超级工程案例撰写讨论会，胡文瑞院士主持会议，重点讨论了超级工程案例撰写的原则要求和组织形式，在坚持超级工程定义、分类、标准的基础上，必须坚持案例撰写的统一模式，先期撰写超级工程案例示范篇，委托中国交建试写"港珠澳大桥工程"，东北大学试写"万里长城"工程，中国长江三峡集团有限公司试写"三峡水利枢纽工程"，北京理工大学试写"两弹一星"工程，作为超级工程案例撰写示范篇，为全面开展案例撰写提供经验和参考。黄维和院士、刘合院士、唐立新院士、孙丽丽院士、林鸣院士、王自力院士，以及王俊仁教授、方东平教授、宋洁教授、许特博士、鲍敬伟博士等参加了会议。

2021年10月28日，在中国石油研究总院小范围召开《超级工程概论》第五版审稿会议，对目录进行了较大幅度的修改，增加了理论部分和补充工程哲学启示方面的内容。参加会议的有胡文瑞院士、王俊仁教授、许特教授、鲍敬伟博士等，最后建议王俊仁教授抽时间到东北大学与唐立新院士团队协商落实，尽快使《超级工程概论》进入审稿和修改阶段，总体要求不断打磨，使《超级工程概论》成为精品学术著作。

2021年12月16日，在北京西藏大厦召开《超级工程概论》研讨会，胡文瑞院士主持会议，专题讨论《超级工程概论》目录，一致确定"古今中外"四个板块研究著作，为了"四个板块"著作与《超级工程概论》有所区别，统统由"概论"改为"概览"，即《中国古代超级工程概览》《中国近现代超级工程概览》《世界古代超级工程概览》《世界近现代超级工程概览》，并且委托王俊仁教授牵头，与许特、郎劲、赵任、赵国栋老师继续修改完善"四个概览"目录。

2022年2月17日，在六铺炕石油大楼8楼第一会议室，召开了有关排行榜学术"名称"会议，即关于超级工程"排行榜"名称问题，依据清华大学方东平教授建议，并征求各方意见，有四个可供选择名称，①超级工程排行榜；②超级工程榜；③超级工程名录；④超级工程年表。多数专家认为"超级工程排行榜"比较提气，具有较强的吸引力，其他"名称"显得比较平淡。最终建议：所有超级工程以公认的开始建设时间为起点，按历史年代时间顺序排行，统统称之为"超级工程排行榜"，避免了超级工程地位、重要程度、大小的争议。会议由胡文瑞院士主持，唐立新院士、王俊仁教授、吕建中教授、方东平教授、宋洁教授、杨虹首席专家等25人参加了会议。

2022年4月19日，在北京召开"超级工程研究调整实施方案和案例撰写"视频会议，唐立新院士在沈阳主持会议，胡文瑞院士在北京作"超级工程研究"

课题调整实施方案和案例撰写报告，特别强调：这是超级工程研究四年来规模最大、内容非常重要的一次视频会议，希望各研究、撰写团队给予高度关注。视频会议在全国设 23 个分会场。参加视频会议的院士有：胡文瑞、王基铭、唐立新、黄其励、杨善林、丁烈云、邵安林、金智新、卢春房、向巧、陈晓红、范国滨、王坚、李贤玉、孙丽丽、王自力、孙友宏、张来斌、林鸣、杨宏、杨长风等。刘合院士、黄维和院士、谢玉洪院士请假委托团队代表参加了会议。中国工程院工程管理学部办公室聂淑琴主任参加了会议。中国石油天然气集团、中国石化集团、中国国际工程咨询有限公司、中国铁路集团公司、中国航天科技集团公司、中国交建集团公司、国家能源投资公司、中国鞍钢集团公司、河钢集团公司、中国工程物理研究院、中国海洋集团公司、中国航发集团公司、阿里巴巴公司、华为公司、中国中车股份有限公司（以下简称中国中车）、能新科国际有限公司、中国石油国家高端智库研究中心、中国石油长庆油田公司、解放军 301 医院、陕西盛世唐人文化产业集团有限公司（以下简称唐人文化公司）、中国卫星通信有限责任公司、火箭军研究院、国家安全部科技委、冶金工业规划研究院、东旭集团有限公司、东北大学、清华大学、北京大学、华中科技大学、河海大学、北京航空航天大学、合肥工业大学、北京理工大学、太原理工大学、中国石油大学（北京）、北京建筑大学、中南大学、湖南工商大学、中国地质大学（北京）、西安交通大学、成都理工大学等 24 家国内知名企业、16 所知名大学、40 多个超级工程案例撰写团队的 250 多位专家学者出席了视频会议（见附 5："超级工程研究"调整实施方案与超级工程案例撰写报告）。

2022 年 7 月 1 日，在北京六铺炕 8 楼第一会议室召开"超级工程研究"视频会议，唐立新院士（沈阳）主持，胡文瑞院士作"超级工程研究"报告与出版物编辑编审方案报告，王基铭院士（上海）总结讲话，刘合院士（北京）做了发言。聂建国院士、王自力院士参加了会议，研究团队主要成员王俊仁、方东平、宋洁、王新东、许特、郎劲、赵国栋、赵任、吕建中、杨虹、魏一鸣、付金华、钟晟、杨虹、鲍敬伟、祝磊、张磊、何欣、徐立坤、王京峰、贾枝桦、罗平平等 70 多人参加了会议。会议主题是"超级工程研究出版物编辑编审"。

2022 年 8 月 31 日，在北京召开"超级工程排行榜及名录"案例最终版本审定会议，胡文瑞院士主持，唐立新院士、刘合院士参加，主要研究成员王俊仁、方东平、宋洁、杨虹、许特、郎劲、赵国栋、赵任、鲍敬伟、祝磊、何欣、徐立坤等参加。"超级工程排行榜及名录"是超级工程研究课题重点工作之一，超级工程案例选取工作，以超级工程定义、分类、标准为依据，在组织多场行业领域超级工程案例的遴选与研讨会议的基础上，采取专家论证、同行对比、专家打分等方法，结合不同历史年代、不同国家地区、不同民族文化特征、不同行业领域的超级工程在工程规模、工程科技、工程价值方面自身的特点，最终确定了"超级工程排行榜及名录"（编辑编审方案报告见附6："超级工程研究"出版物编辑编审方案报告）。

2022年9月5日到9月15日，超级工程研究团队连续11天通过视频形式讨论"超级工程排行榜名录"问题。视频会议分别由胡文瑞院士和唐立新院士主持，郎劲、许特、赵国栋、赵任老师对古今中外入选"超级工程排行榜及名录"的各案例名称、建设时间和入选理由作了报告。参加视频会议的有王俊仁（中国石油）、方东平（清华大学）、宋洁（北京大学）、许特（东北大学，后同）、郎劲、赵国栋、赵任、王新东（河钢）、钟晟（西安交通大学）、祝磊（北京建筑大学）、张磊［中国石油大学（北京）］、贾枝桦（唐人文化公司）、杨虹（中国石油，后同）、鲍敬伟、何欣、徐立坤等46人，在北京、沈阳、唐山、西安设6个分会场，由于沈阳疫情严重，大部分研究人员都在各自的家里参加视频会议，由于5G网络发达，视频效果非常好。

视频会议对入选超级工程的古今中外600多个案例，逐一进行了审查和讨论，对每项超级工程逐一做出评定性用语，特别是对每个入选的超级工程地位的评价文字进行了认真严格的审查，有权威机构评价的选择权威机构评语，没有权威机构评语的，根据专家讨论给出评语。如中国的"村村通工程"，是中国近现代299个超级工程中唯一用"伟大"一词形容的超级工程，其评语为"人类历史上最伟大的惠民工程"。由于对超级工程案例逐个审查，这次视频会议持续了11天。

为了保证入选超级工程排行榜案例的权威性与可靠性，会议对如下问题达成了共识：①对大运河工程、万里长城工程的起始时间，确定为以隋唐大运河建设时间为起始时间，万里长城以秦朝建设时间为起始时间；②对苏联建设的超级工程分别归属于独立后的国家，如苏联的超级工程分别标注为苏联（俄罗斯）、苏联（乌克兰）、苏联（土库曼斯坦）等；③凡是超级工程名称使用"工厂"或"公司"字样，统统改为"工程"，保证超级工程的研究对象是工程本体，而非公司或企业；④不同时期的同一类型且相互之间有联系的超级工程，考虑将两个案例进行合并，避免重复，同时，也反映其不断升级与更新趋势；⑤所有超级工程都应该具备"地标性""标志性"的地位,"第一、最大、最早"是超级工程最重要评价用语,"唯一性""誉谤性"是影响极大的超级工程的基本特征;⑥课题组在视频会议期间邀请了三一重工股份有限公司(以下简称三一重工)、中联重科股份有限公司(以下简称中联重科)、中国铁建重工集团股份有限公司(以下简称铁建重工)、山河智能装备股份有限公司等企业参加视频讨论,对准备入选超级工程的24项现代装备制造工程案例进行了讨论,如中国第一台盾构机、1号盾构机、859号掘进机、DZ101号掘进机、隧道钻爆法施工智能成套装备、极寒盾构机、"京华号"盾构机、"深江1号"盾构机、HBT9050CH超高压混凝土输送泵等;⑦入选的古代超级工程案例,在历史中确实存在过,已经没有实体保存,依据史料证明和考古验证,则依然可以入选古代超级工程排行榜。

2023年5月23日至24日,在沈阳东北大学工业智能与系统优化国家级前沿科学中心S23会议室,胡文瑞院士主持召开了超级工程研究阶段检查与讨论会。会议对《超级工程概论》、"古今中外超级工程概览""超级工程排行榜""超级工程图册""系列丛书出版""编辑编审"等问题进行了讨论,对分工和完成时间均做出具体的安排,可以说是一次重要的会议,确定的问题如何落实,关系超级工程研究的成败。会议请王俊仁教授做总执笔人,负责本次会议确定事项逐一落实(会议纪要见附7:中国工程院"超级工程研究"课题组沈阳工作会议纪要)。

2023年5月27日上午,在西安华邑酒店咖啡厅,胡文瑞院士主持召开了"超级工程研究"图册审定讨论会。罗平平副总经理汇报了"超级工程研究"图册设计进展。经过讨论,会议形成了以下共识:①图册中地图部分与文字占比最好符合0.618的黄金比例,以求和谐美观。要以淡蓝色的中国地图和世界地图为背景底图。②排行榜中每个案例最关键的要素是时间,时间要突出排在首位。古代超级工程地理分布图要出两套线图,标明其地理位置。③图册要注明设计单位、审核人、制图人、研究单位等关键信息,同时增加中国工程院标志以及"中国工程院重大战略咨询研究项目"文字内容。④重大的历史转折点要清晰注明,如1840年(晚清时期)、1912年(民国时期)、1949年(新中国成立)以及1978年(改革开放)。⑤图册要设计两套,一套在书中作为插页,另一套图集合成册出版。单独出版的图册,考虑更大规格,可以上墙挂示。

2023年6月1日,按照胡文瑞院士的总体部署要求,在中国石油勘探开发研究院廊坊科技园区会议中心第二会议室,编辑编审小组召开了《超级工程概论》编辑编审研讨会，会议结合《超级工程概论》初稿基本情况及科学出版社对书稿的要求，针对编辑编审需要完善的工作进行了讨论，落实责任人和参与人员、途径、时间节点、工作要求、工作标准，并安排部署下一步工作任务。

2023年6月3日下午，在西安未央区唐人文化公司会议室召开图册修改讨论会，罗平平副总经理详细解说了修改内容。会议形成了三项修改共识：①图册封面重新优化设计，封面语录要注明作者；②中国近现代案例较多，平分为上下两册设计；③图册封面设计时考虑下面用万里长城，上面用中国空间站的背景照片，分别作为古代及近现代超级工程的典型代表。何欣博士、闫丽娜、李晓飞等参加了会议。

2023年6月5日，为落实胡文瑞院士近期对《超级工程概论》编辑编审工作的批示和要求，在中国石油勘探开发研究院廊坊科技园区会议中心518会议室，编辑编审团队、东北大学、科学出版社及唐人文化公司的相关人员召开了《超级工程概论》编辑编审工作交流协调会。会议针对《超级工程概论》编辑编审工作所遇到的一些困难和问题进行了交流和协调。

2023年6月12日，胡文瑞院士组织编辑编审团队、东北大学、科学出版社及唐人文化公司相关人员，在中国石油勘探开发研究院廊坊科技园区会议中心第二会议室召开《超级工程概论》编辑编审工作研讨会。参会人员包括胡文瑞、王俊仁、闫建文、于鸿春、王焕弟、何军、何欣、徐立坤、张杰、韩墨言、张剑峰、朱德明、耿建业、吴凡洁、赵国栋、苏丽杰、沈芬、罗平平。会议针对《超级工程概论》编辑编审工作进展进行了审查，并针对工作中所遇到的一些困难和问题进行了沟通协调，本次会议有效地推动了《超级工程概论》编辑编审工作的顺利完成。

2023年6月21日，在中国石油勘探开发研究院主楼第九会议室，中国石油团队、东北大学团队、科学出版社团队及唐人文化公司相关人员召开超级工程研究有关工作沟通协调会。会议针对超级工程研究相关成果进入空间站以及《超级工程概论》交接备忘录中未尽事宜的完善情况进行了沟通和协调。

2023年6月25日，在中国工程院318会议室召开"超级工程研究与排行榜"项目深化研究讨论会，会议采用线上线下结合方式，刘合院士主持会议，胡文瑞院士在会议开始做了重要发言，充分肯定了超级工程四年的研究成果，并对后续工作开展做出了详细的部署和安排。中国工程院参加视频会议的院士有：胡文瑞（现场）、王基铭（线上）、刘合（现场）、唐立新（线上）。中国石油团队、东北大学团队、清华大学（含北京建筑大学）团队、北京大学团队、合肥工业大学团队、河钢集团团队、成都理工大学团队、北京航空航天大学团队、长庆油田团队、东北石油大学团队、西安交通大学团队、中国石油化工集团公司、中国石油大学（北京）、中国石油企业杂志社、中国科学院科创发展办公室、中石化勘探开发研究、北京博奥问道企业管理咨询有限公司等 17 个研究团队或单位（学校）的 70 多位专家学者出席了本次会议。会议针对项目研究及编辑编审工作提出了具体的建议及安排。

2023 年 7 月 6 日，为了推动"超级工程研究与排行榜"项目稳步实施，胡文瑞院士组织相关人员，在北京中国石油勘探开发研究院科技会议中心第一会议室召开专题研讨会。王俊仁、付金华、鲍敬伟、何欣、徐立坤线下参会，许特、朗劲、赵国栋线上参会。会议针对"超级工程研究与排行榜"项目实施中的一些具体问题进行了讨论并达成共识。

2023 年 7 月 23 日，胡文瑞院士组织相关人员，在北京大学博雅国际酒店大学堂 2 号厅召开"超级工程研究与排行榜"推进会，针对"中国古代超级工程排行榜"进行研讨。会议采用线上和线下结合的方式召开。参加会议的院士有胡文瑞、王基铭、刘合、杨善林和唐立新等。中国石油团队、东北大学团队、清华大学（北京建筑大学）团队、北京大学团队、合肥工业大学团队、河钢集团团队、成都理工大学团队、唐人文化公司、科学出版社 9 个团队或单位的共 75 位院士、专家参加会议。通过本次会议：①完成了"中国古代超级工程排行榜"编审交接工作；②明确了"超级工程概览"的撰写与编辑编审工作；③明确了各研究团队关于"超级工程排行榜"编辑编审的下一步工作任务；④提出了编辑编审工作的具体要求。

2023 年 7 月 26 日，胡文瑞院士在西安组织相关人员召开"超级工程地理分布图和历史年代时间轴图研究"出版讨论会。会议完成了"超级工程地理分布图和历史年代时间轴图研究"的设计委托，并针对图册设计的相关期望和要求进行了讨论，达成一致意见。设计需要从受众的角度出发，以扩大影响为目标。由唐人文化团队，发挥自己专业的设计思路，进一步提升单册出版的地理分布图和历史年代时间轴图的设计水平和设计质量，兼顾封面和内容，按照合同完成 12 张基础图的设计内容，每张图给出两套方案，与科学出版社进一步商讨图册的组合出版方式，提出整体的设计方案。

2023 年 8 月 6 日，针对"超级工程研究与排行榜"研究项目，胡文瑞院士组织相关人员在北京邯钢宾馆二楼会议室召开"世界近现代超级工程排行榜"编辑编审讨论会，中国石油团队王俊仁、付金华、张磊、鲍敬伟、何欣、徐立坤，河钢集团王新东、钟金红、王凡、张倩、杨楠、郝良元、刘金哲、侯长江，东北大学许特、张颜颜，科学出版社吴凡洁，北京大学何冠楠、王宗宪，北京建筑大学祝磊，合肥工业大学李霄剑，成都理工大学王丹，唐人文化罗平平共24人参加了会议。会议完成了"世界近现代超级工程排行榜"编辑编审交接工作，胡院士作了总结讲话，对编辑编审工作提出了具体要求，细化明确了"超级工程研究与排行榜"各研究团队在编辑编审过程中的注意事项。

2023年8月8日，为了进一步推动"超级工程研究与排行榜"稳步实施，胡文瑞院士在清华大学新土木馆429会议室组织并召开"中国近现代超级工程排行榜"（案例1～150）编辑编审讨论会。会议完成了"中国与世界古代、近现代超级工程名录"与"中国近现代超级工程排行榜"（案例1～150）编辑编审交接工作。胡文瑞院士对编辑编审工作提出了具体要求，并进一步细化明确了"超级工程研究与排行榜"各研究团队在编辑编审过程中的注意事项。中国石油团队胡文瑞、王俊仁、付金华、张磊、何欣、徐立坤，清华大学方东平、冯鹏、施刚、马吉明、胡羿霖、沈宇斌、刘年凯、刘磊、黄玥诚、王尧、张桎淮、李泊宁，东北大学朗劲、赵国栋，科学出版社耿建业，北京大学陆胤、王剑晓、黄静思，河钢集团王新东，北京建筑大学祝磊、易伟同、蒋永慧、刘兴奇、路鸣宇，合肥工业大学李霄剑，成都理工大学王丹，唐人文化贾枝桦、罗平平共34人参加了本次会议。

2023年8月15日，课题组针对"超级工程研究与排行榜"研究项目，在成都理工大学行政楼三楼第三会议室，组织召开"世界古代超级工程排行榜"编辑编审讨论会，会议由王俊仁教授主持，胡文瑞院士在会议中作了重要讲话，王基铭院士作了总结讲话，通过本次会议完成了"世界古代超级工程排行榜"编辑编审交接工作。中国工程院胡文瑞院士、王基铭院士，中国石油团队王俊仁、付金华、张磊、鲍敬伟、任利明、陆浩、李莉、何欣、徐立坤，成都理工大学刘清友、许强、范宣梅、李智武、罗永红、赵伟华、吉锋、马春驰、崔圣华、张岩、罗璟、林汐璐、王丹，东北大学许特、赵国栋，科学出版社吴凡洁，北京大学宋洁、吴林瀚、黄晶、袁业浩，河钢集团王新东、郝良元，北京建筑大学祝磊，合肥工业大学李霄剑，唐人文化贾枝桦、罗平平共37人参加了本次讨论会。

2023年8月17日，胡文瑞院士组织相关人员在合肥工业大学工程管理与智能制造研究中心第三报告厅，针对"超级工程研究与排行榜"研究项目召开"中国近现代超级工程排行榜"（案例151～299）编辑编审讨论会，会上胡文瑞院士作了重要讲话，丁烈云院士作了院士发言，杨善林院士作了会议总结。本次会议顺利完成了"中国近现代超级工程排行榜"（案例151～299）编辑编审交接工作，并结合历次排行榜编辑编审讨论会的要求，针对编辑编审工作提出了综合的具体要求。中国工程院胡文瑞院士、丁烈云院士、杨善林院士，中国石油团队王俊仁、付金华、张磊、何欣、徐立坤，合肥工业大学刘心报、梁昌勇、刘业政、胡笑旋、张强、付超、姜元春、焦建玲、裴军、李霄剑、丁帅、周开乐、顾东晓、罗贺、莫杭杰、彭张林、王国强、王浩、李玲、郅伦海、汪亦显、张爱勇、袁海平、项乃亮、李贝贝、高鹏、刘佩贵、韩丁、刘武、刘广、刘用、丁卓越，东北大学许特、苏丽杰，科学出版社吴凡洁，北京大学何冠楠、王剑晓，北京建筑大学祝磊，河钢集团郝良元，成都理工大学赵伟华，唐人文化贾枝桦、罗平平共50人参加了本次研讨会。

2023年8月26日至27日，受胡文瑞院士委托，为进一步推进"超级工程概览"撰写工作，课题组在沈阳东北大学易购大厦S23会议室，组织召开了"中国古代超级工程概览"研讨会。会议明确"概览"在系列丛书中的定位和作用，并针对《中国古代超级工程概览》书稿中八个章节，针对性地从逻辑架构、案例分析、研究方法、规律总结、价值提炼、经验启示等多个方面，提出了几十条具体的补充、删减、调整及修改的建议；会议同时要求中国近现代、世界古代以及世界近现代"超级工程概览"参照进行修改。中国石油团队王俊仁、付金华、张磊、徐立坤、陈潇，东北大学许特、朗劲、赵任、赵国栋、高振、陈宏志、杨阳、刘文博、郭振飞、董志明、齐曦、王显鹏、汪恭书、王佳惠、张颜颜、苏丽杰、杜金铭、张家宁、王坤、车平、宋光、秦诗悦、常爽爽、纪东、杨钟毓，科学出版社吴凡洁，北京大学高锋，北京建筑大学祝磊共33人参加了本次讨论会。

"超级工程研究"本身就是一项"超级工程"，先后组织43个研究团队，其中3个为骨干研究团队；参与研究的人员共计751人，其中院士49位、专家学者200余人；105家各类企业、研究院所，其中世界500强企业15家；19所大学，其中著名大学9所。4年来召开大中型研讨会议126场次，其中大型研讨会议54场次，时间最长的连续11天，小规模内部研讨会几百场次，查阅了大量的资料，走访了许多企业、研究机构、档案馆所和专业人士，试图将超级工程的各个层面完整地展现出来，但人类历史发展的漫长岁月里，有太多的伟大工程值得被记录和研究。

在"超级工程研究"进入了关键时期，中国石油集团公司为了支持"超级工程研究"，专项设立"超级工程研究与排行榜"深化研究课题，包括 8 个子课题，进一步提升超级工程研究的质量和水平。中国石油编辑编审团队集中于廊坊研究院密闭研究，争取 2023 年底出版《超级工程概论》，向伟大的中华人民共和国成立 73 周年献礼。同时，在中国石油集团公司支持下，使超级工程研究成果、系列丛书和系列图册，尽快与广大读者见面。

最后，代表中国工程院"超级工程研究"课题组，衷心感谢"超级工程研究"的顾问团队、骨干团队和参与研究的企业、院校、研究机构全体人员。

特别感谢中国石油天然气集团公司在关键时刻的大力支持。

特别感谢许特副教授和鲍敬伟主任、何欣博士、徐立坤博士。

附 1　中国工程院"超级工程研究"领导小组名单

附 2　中国工程院"超级工程研究"顾问团队名单

附 3　中国工程院"超级工程研究"主要成员名单

附 4　中国工程院"超级工程研究"全体参与人员名单

附 5　"超级工程研究"调整实施方案与超级工程案例撰写报告

附 6　"超级工程研究"出版物编辑编审方案报告

附 7　中国工程院"超级工程研究"课题组沈阳工作会议纪要

胡文瑞

2023 年 6 月 17 日于辛店路 1 号林楠院初稿

2023 年 8 月 27 日（农历七月十二）于东坡居二稿

2023 年 11 月 29 日于中国石油勘探开发研究院终稿

附1 中国工程院"超级工程研究"领导小组名单

胡文瑞：中国石油天然气集团有限公司，中国工程院院士、教授级高级工程师、博士生导师、中国工程院工程管理学部第六届副主任和第七届主任、全国企业管理现代化创新成果评审委员会主任，丛书主编（课题组组长）、总策划人、总审稿人

王基铭：中国石化集团公司，中国工程院院士、教授级高级工程师、博士生导师、中国工程院工程管理学部第五届主任，丛书副主编（课题组副组长）、总审稿人

刘　合：中国石油勘探开发研究院，中国工程院院士、教授级高级工程师、博士生导师、国际石油工程师协会专家咨询委员会委员、SPE东南亚区域执行主席，丛书副主编（课题组副组长）、总审稿人

唐立新：东北大学，中国工程院院士、副校长、教授、博士生导师、第十四届全国人大代表、智能工业数据解析与优化教育部重点实验室主任、工业智能与系统优化国家级前沿科学中心主任、首席科学家，丛书副主编（课题组副组长）兼秘书长、总审稿人

王俊仁：中国石油天然气集团有限公司，曾任中亚地区公司副总经理、西非地区公司总经理、中国石油国家高端智库特聘专家、教授级高级经济师，丛书副秘书长（执行）[课题组（执行）副秘书长]、总执笔人

聂淑琴：中国工程院，工程管理学部办公室主任，丛书副秘书长（课题组副秘书长）

鲍敬伟：中国石油勘探开发研究院，科技中心副主任、高级工程师，丛书副秘书长（课题组副秘书长）

许　特：东北大学，国家前沿科学中心副主任、副教授，丛书副秘书长（课题组副秘书长）、主要撰稿人

特别说明：领导小组主要负责丛书总的策划、设计和组织工作；负责《超级工程概论》《中国古代超级工程概览》《中国近现代超级工程概览》《世界古代超级工程概览》《世界近现代超级工程概览》设计、撰写、编辑编审工作；负责"超级工程排行榜""超级工程排行榜名录""超级工程地理分布图""超级工程历史年代时间轴图"设计、编辑编审工作。

附2 中国工程院"超级工程研究"顾问团队名单

徐匡迪：第十届全国政协副主席、中国工程院原院长、中国工程院院士

朱高峰：原国家邮电部副部长、中国工程院原副院长、中国工程院院士

何华武：中国工程院原副院长、中国工程院院士

殷瑞钰：原国家冶金部副部长，原总工程师，中国工程院工程管理学部第一、第二、第三届主任，中国工程院院士

翟光明：中国石油勘探开发研究院原院长、中国工程院院士

何继善：中南大学原校长、教授、中国工程院院士、能源与矿业工程学部原主任

袁晴棠：中国石化集团总公司原总工程师、中国工程院院士

傅志寰：原国家铁道部部长、中国工程院院士

王玉普：应急管理部原部长、中国工程院原副院长、党组副书记、中国工程院院士

汪应洛：西安交通大学教授、中国工程院院士

陆佑楣：水利部原副部长、三峡水利枢纽建设原总指挥、中国工程院院士

王礼恒：中国航天科技集团原总经理、中国工程院工程管理学部第四届主任、中国工程院院士

孙永福：原国家铁道部正部长级副部长、中国工程院工程管理学部第六届主任、中国工程院院士

许庆瑞：浙江大学教授，中国工程院院士

特别说明：顾问团队排序遵循中国工程院工程管理学部传统习惯。顾问团队职责为负责课题设计、定向、咨询、研究和研讨工作，多数顾问参与了超级工程研讨和排行榜案例撰写工作。

附3 中国工程院"超级工程研究"主要成员名单

胡文瑞：中国石油天然气集团有限公司，中国工程院院士、教授级高级工程师、博士生导师、中国工程院工程管理学部第六届副主任和第七届主任、全国企业管理现代化创新成果评审委员会主任，丛书主编（课题组组长）、总策划人、总审稿人

王基铭：中国石化集团公司，中国工程院院士、教授级高级工程师、博士生导师、中国工程院工程管理学部第五届主任，丛书副主编（课题组副组长）、总审稿人

刘　合：中国石油勘探开发研究院，中国工程院院士、教授级高级工程师、博士生导师、国际石油工程师协会专家咨询委员会委员、SPE东南亚区域执行主席，丛书副主编（课题组副组长）、总审稿人

唐立新：东北大学，中国工程院院士、副校长、教授、博士生导师、第十四届全国人大代表、智能工业数据解析与优化教育部重点实验室主任、工业智能与系统优化国家级前沿科学中心主任、首席科学家，丛书副主编（课题组副组长）兼秘书长、总审稿人

卢春房：国家铁道部原副部长、中国国家铁路集团有限公司原常务副总经理、中国铁道学会第七届会长、正高级工程师、博导、中国工程院工程管理学部第八届主任、中国工程院院士，铁路工程案例撰稿人

黄其励：国家电网公司一级顾问、国家能源集团电力首席科学家、教授级高级工程师、博士生导师、能源与矿业工程学部第八届主任、中国工程院院士，能源工程案例撰稿人

黄维和：中国石油原副总裁、中国石油企业协会学术委员会主任、国家管网公司技术委员会主任、教授级高级工程师、博士生导师、中国工程院院士，管道工程案例撰稿人

丁烈云：华中科技大学原校长、教授、博士生导师、中国工程院院士，建筑工程案例撰稿人

戴厚良：中国石油天然气集团公司董事长、党组书记、教授级高级工程师、博士生导师、中国工程院院士，重点支持超级工程研究

孙丽丽：中国石化炼化工程集团和中国石化工程建设有限公司董事长、全国工程勘察设计大师、正高级工程师、博士、博士生导师、北京市科协副主席、中国工程院院士，石化工程案例撰稿人

曹建国：中国航空发动机研究院集团董事长、教授级高级工程师、博士生导师、中国工程院院士，参与研究

杨善林：合肥工业大学教授、博士生导师、中国工程院院士，综合工程案例撰稿人

谢玉洪：中国海油集团首席科学家、科学技术委员会主席、教授级高级工程师、博士生导师、中国工程院院士，海洋工程案例撰稿人

特别说明：该名单不包括顾问团队名单。"超级工程研究"主要成员按参与超级工程研究先后时间、承担任务权重排序。均参与了超级工程概论、古今中外超级工程概览部分的研究，有些还是超级工程排行榜的撰稿人或超级工程图册的设计者。

陈晓红：湖南工商大学校长、教授、博士生导师、中国工程院院士，制造工程案例撰稿人

范国滨：中国工程物理研究院、教授、博士生导师、中国工程院院士，军工工程案例撰稿人

金智新：太原理工大学学术委员会主任、教授级高级工程师、博士生导师、中国工程院院士，煤炭工程案例撰稿人

凌　文：山东省人民政府副省长、教授级高级工程师、博士生导师、中国工程院院士，参与超级工程研究

向　巧：中国航发副总经理、教授、博士生导师、中国工程院院士，航空工程案例撰稿人

林　鸣：中国交建总工程师、首席科学家、教授、博士生导师、中国工程院院士，交通工程案例撰稿人

王自力：北京航空航天大学教授、博士生导师、中国工程院院士，军工工程案例撰稿人

李贤玉：解放军火箭军研究院某所所长、研究员、解放军少将、军队卓越青年、中国工程院院士，导弹工程案例撰稿人

王俊仁：中国石油天然气集团有限公司教授级高级经济师，曾任中亚地区公司副总经理、西非地区公司总经理，中国石油国家高端智库特聘专家，丛书副秘书长（执行）[课题组（执行）副秘书长]、总执笔人

许　特：东北大学国家前沿科学中心副主任、副教授，丛书副秘书长（课题组副秘书长）、"超级工程丛书"主要撰稿人

方东平：清华大学土木水利学院院长、教授、博士生导师，土木工程案例撰稿人

宋　洁：北京大学工学院党委书记、长江学者、北京大学博雅特聘教授、博士生导师，信息工程案例撰稿人

郎　劲：东北大学副教授、博士，"超级工程丛书"主要撰稿人

赵国栋：东北大学国家前沿科学中心主任助理、博士，"超级工程丛书"主要撰稿人

赵　任：东北大学副教授，"超级工程丛书"主要撰稿人

聂淑琴：中国工程院工程管理学部办公室主任，丛书副秘书长（课题组副秘书长）

鲍敬伟：中国石油勘探开发研究院科技中心副主任、高级工程师，丛书副秘书长（课题组副秘书长）

王新东：河钢集团专家委员会副主任和首席技术官、河北金属学会理事长、正高级工程师，钢铁等工程案例撰稿人

钟　晟：国家发改委与西安交通大学共建改革试点探索与评估协同创新中心研究员、陕西省决咨委委员，工程案例撰稿人

刘清友：成都理工大学书记、长江学者、博士、教授、博士生导师，地质工程案例撰稿人

梁　樑：合肥工业大学原校长、杰青、长江学者、教授、博士生导师，综合工程案例撰稿人

祝　磊：北京建筑大学土木与交通学院、教授、博士生导师，土木工程案例撰稿人

罗平平：唐人文化公司副总经理，超级工程地理分布图等主要设计人

邵安林：鞍钢集团副总经理、教授级高级工程师、中国工程院院士，工程案例撰稿人

李家彪：自然资源部第二海洋研究所原所长、浙江省海洋科学院院长、浙江省科协副主席、中国海洋学会副理事长、联合国海洋十年大科学计划首席科学家、博士、研究员、中国工程院环境与轻纺工程学部副主任、中国工程院院士，海洋工程案例撰稿人

黄殿中：中国信息安全测评中心教授、中国工程院院士，信息工程案例撰稿人

　　孙友宏：中国地质大学（北京）校长、博士、教授、中国工程院院士，钻井工程案例撰稿人

　　张来斌：中国石油大学（北京）原校长、全国政协常委、国家应急部油气生产安全及技术重点实验室主任、教授、博士生导师、中国工程院院士，石油工程案例撰稿人

　　赵文智：中国石油勘探开发研究院原院长、工学博士、石油地质勘探专家、教授级高级工程师、博士生导师、国家能源局油气战略研究中心专家委员会主任、中国工程院院士，油田工程审稿人

　　聂建国：清华大学学术委员会主任、杰青、长江学者、教授、博士生导师、中国土木工程学会副理事长、中国工程院土木建工程学部主任、中国工程院院士，土木工程审稿人

　　杨　宏：中国航天集团空间技术研究院（五院）研究员、中国载人航天工程空间站系统总设计师、工学博士、中国工程院院士，空间站工程案例撰稿人

　　王　坚：阿里巴巴集团公司技术委员会主席、教授级高级工程师、中国工程院院士，信息工程案例撰稿人

　　王金南：生态环境部环境规划院原院长、研究员、中国环境科学学会理事长、全国政协常委、人资环委副主任、中国工程院院士，环境工程案例撰稿人

　　杨长风：中国卫星导航系统工程管理办公室原主任、北斗卫星导航系统工程总设计师、正高级工程师、中国工程院院士，卫星工程案例撰稿人

　　郭庆新：东北大学教授，超级工程撰稿人

　　孟　盈：东北大学教授，超级工程撰稿人

　　王显鹏：东北大学教授，超级工程撰稿人

　　汪恭书：东北大学教授，超级工程撰稿人

　　苏丽杰：东北大学副教授，超级工程撰稿人

　　吴　剑：东北大学讲师，超级工程撰稿人

　　宋　光：东北大学讲师，超级工程撰稿人

　　刘　畅：东北大学讲师，超级工程撰稿人

　　杜金铭：东北大学副教授，超级工程撰稿人

　　高　振：东北大学副教授，超级工程撰稿人

　　许美玲：东北大学讲师，超级工程撰稿人

　　陈宏志：东北大学副教授，超级工程撰稿人

　　李开孟：中国国际工程咨询有限公司总经济师、研究员，参与研究

　　张秀东：中国石化集团工程公司副总经理、教授级高级工程师，石化工程案例撰稿人

　　张颜颜：东北大学副教授，超级工程案例撰稿人

　　宋相满：东北大学讲师，超级工程案例撰稿人

　　魏一鸣：北京理工大学副校长、教授、博士生导师，参与研究

　　贾枝桦：唐人文化董事长、中国工业设计协会常务理事、中国油画学会理事、经济学博士、独立艺术家、教授级高级工程师，超级工程地理分布图设计人

　　李新创：冶金工业规划研究院院长、教授、中国钢铁论坛创始人，钢铁工程案例撰稿人

　　王慧敏：河海大学教授、博士生导师、长江学者，水利工程案例撰稿人、参与超级工程研究

　　张家宁：东北大学副教授，超级工程撰稿人

　　郭振飞：东北大学讲师，超级工程撰稿人

董志明：东北大学博士后，超级工程撰稿人

白　敏：东北大学讲师，超级工程撰稿人

王佳惠：东北大学工业智能与系统优化国家级前沿科学中心副主任，超级工程撰稿人

王　尧：清华大学博士生，超级工程审稿人

马琳瑶：清华大学博士生，超级工程审稿人

曹思涵：清华大学博士生，工程案例撰稿人

王丽颖：清华大学博士生，工程案例撰稿人

何冠楠：北京大学助理教授、博士生、国家级青年人才，工程案例撰稿人

赵伟华：成都理工大学副教授，工程案例撰稿人

王剑晓：北京大学助理研究员、科技部国家重点研发计划青年科学家，工程案例撰稿人

张　磊：中国石油大学（北京）副教授，石油工程案例撰稿人

杨钟毓：东北大学科研与教学科科长，超级工程撰稿人

常军乾：中国工程院正处级巡视员、工程管理学部办公室副主任，参与超级工程研究

吕建中：中国石油国家高端智库专职副主任、学术委员会秘书长、教授级高级经济师，参与超级工程研究

杨　虹：中国石油经济技术研究院首席专家、教授级高级工程师，古建筑工程案例撰稿人

徐文伟：华为技术有限公司科学家咨询委员会主任、教授级高级工程师，信息工程案例撰稿人

张建勇：能新科能源技术股份有限公司创始人，能源工程案例撰稿人

林　枫：中国船舶集团第七〇三所所长、研究员，船舶工程案例撰稿人

曲天威：中国中车副总经理兼总工程师、教授级高级工程师，制造工程案例撰稿人

王　军：中国中车集团有限公司副总裁、教授级高级工程师，制造工程案例撰稿人

李　青：东旭光电科技集团总工程师、博士生导师、教授级高级工程师，工程案例撰稿人

王京峰：中国石油长庆油田公司巡察办处长、高级经济师，石油工程案例撰稿人

何江川：中国石油天然气股份有限公司副总裁、教授级高级工程师，石油工程案例审稿人

王建华：中国水利水电科学研究院副院长、正高级工程师，水利工程案例撰稿人

王安建：中国地质科学研究院矿产资源战略研究所首席科学家、教授、博士生导师，矿产工程案例撰稿人

王荣阳：中国航空工业集团公司政研室主任、研究员，航空工程案例审稿人

李　达：中国海油研究总院结构总师、教授级高级工程师，海洋工程案例撰稿人

徐宿东：东南大学东港航工程系主任、教授级高级工程师、博士生导师，工程案例撰稿人

刘泽洪：国家电网原副总经理、教授级高级工程师，能源工程案例审稿人

张来勇：中国寰球工程有限公司首席技术专家、技术委员会主任、正高级工程师，石化工程案例撰稿人

傅　强：中集（烟台）来福士海洋工程公司设计研究院副院长、高级工程师，海洋工程案例撰稿人

王道军：火箭军研究院室副主任、研究员、博士，导弹工程案例撰稿人

李晓雪：解放军总医院医学创新研究部灾害医学研究中心主任、上校、副主任医师，医院建造工程案例审稿人

陈晓明：上海建工集团股份有限公司总工程师、教授级高级工程师，建筑工程案例撰稿人

　袁红良：沪东中华造船（集团）有限公司研究所副所长、教授级高级工程师，船舶工程案例撰稿人

　邵　茂：北京城建集团有限责任公司工程总承包部项目总工程师、高级工程师，建筑工程案例撰稿人

　王定洪：冶金工业规划研究院总设计师、正高级工程师，冶金工程案例撰稿人

　关中原：国家管网研究总院《油气储运》杂志社社长、教授级高级工程师，管道工程案例撰稿人

　何　欣：中国石油勘探开发研究院高级工程师，编辑编审人

　徐立坤：中国石油勘探开发研究院高级工程师，编辑编审人

　范体军：华东理工大学教授，工程案例撰稿人

　李妍峰：西南交通大学教授，工程案例撰稿人

　罗　彪：合肥工业大学教授，工程案例撰稿人

　翁修震：合肥工业大学硕士生，工程案例撰稿人

　陈佳仪：合肥工业大学硕士生，工程案例撰稿人

　张　勇：国家能源投资集团科技与信息化部经理、教授级高级工程师，能源矿业工程案例撰稿人

　李　治：北京大学博士生，工程案例撰稿人

　王宗宪：北京大学博士后，工程案例撰稿人

　钟金红：河钢集团有限公司科技创新部副总经理、正高级工程师，钢铁工程案例撰稿人

　王　凡：河钢集团有限公司科技创新部高级经理、高级工程师，钢铁工程案例撰稿人

　任　羿：北京航空航天大学可靠性工程研究所副所长、研究员，军工案例撰稿人

　冯　强：北京航空航天大学可靠性工程研究所工程技术中心主任、副研究员，军工案例撰稿人

　田京芬：中国铁道出版社原社长和总编辑、中国铁道学会副秘书长、铁路科技图书出版基金委员会秘书长、高级工程师，铁道工程案例撰稿人

　贾光智：中国铁道科学研究院信息所副所长、研究员，铁道工程案例撰稿人

附4 中国工程院"超级工程研究"全体参与人员名单

1. 东北大学团队（骨干团队，负责理论研究、案例撰写、编辑编审）

唐立新：东北大学，中国工程院院士，副校长

许　特：东北大学，副教授

郎　劲：东北大学，副教授

赵　任：东北大学，副教授

赵国栋：东北大学，讲师

张颜颜：东北大学，副教授

苏丽杰：东北大学，副教授

杜金铭：东北大学，副教授

宋　光：东北大学，讲师

吴　剑：东北大学，讲师

宋相满：东北大学，讲师

刘　畅：东北大学，讲师

孟　盈：东北大学，教授

郭庆新：东北大学，教授

王显鹏：东北大学，教授

汪恭书：东北大学，教授

杨　阳：东北大学，副教授

高　振：东北大学，副教授

陈宏志：东北大学，副教授

张家宁：东北大学，副教授

许美玲：东北大学，讲师

赵胜楠：东北大学，讲师

白　敏：东北大学，讲师

王　坤：东北大学，副教授

秦诗悦：东北大学，讲师

常爽爽：东北大学，讲师

郭振飞：东北大学，讲师

纪　东：东北大学，讲师

董志明：东北大学，博士后

特别说明：该名单包括"超级工程研究"领导小组成员、顾问团队成员、主要研究成员、案例撰写成员、编辑编审成员，称之为"'超级工程研究'全体参与人员名单"。按照承担任务权重、参与研究先后排序。

王佳惠：东北大学，副主任，副处长

杨钟毓：东北大学，科长

齐　曦：东北大学，科研助理

2. 中国石油团队（骨干团队、负责策划设计、理论研究、案例撰写、编辑编审）

胡文瑞：中国石油天然气集团公司，中国工程院院士

翟光明：中国石油天然气集团公司，中国工程院院士

赵文智：中国石油勘探开发研究院，中国工程院院士

刘　合：中国石油勘探开发研究院，中国工程院院士

戴厚良：中国石油天然气集团公司，中国工程院院士

黄维和：中国石油规划总院，中国工程院院士

孙焕泉：中国石化集团公司，中国工程院院士

王俊仁：中国石油国家高端智库特聘专家，教授级高级经济师

马新华：中国石油勘探开发研究院，教授级高级工程师

何江川：中国石油天然气股份有限公司，教授级高级工程师

李国欣：中国石油天然气集团公司，教授级高级工程师

付金华：中国石油长庆油田，教授级高级工程师

刘新社：中国石油长庆油田勘探开发研究院，副院长，教授级高级工程师

孙新革：中国石油新疆油田，首席技术专家，教授级高级工程师

王玉华：中国石油玉门油田党委宣传部，副部长，教授级高级工程师

王　鹏：中国石油大庆油田勘探开发研究院，常务副院长，高级工程师

闫建文：中国石油勘探开发研究院，文献档案馆书记，高级工程师

鲍敬伟：中国石油勘探开发研究院，科技中心副主任，高级工程师

何　欣：中国石油勘探开发研究院，高级工程师

徐立坤：中国石油勘探开发研究院，高级工程师

于鸿春：中国石油辽河油田，教授级高级工程师

何　军：中国石油规划总院，教授级高级工程师

张　杰：中国石油勘探开发研究院，美术编辑

王焕弟：石油工业出版社，编审

戴　娜：中国石油长庆油田，教授级高级工程师

陈　潇：中国石油规划总院，中级编辑

3. 清华大学团队（骨干团队、负责理论研究、综合案例撰写、编辑编审）

聂建国：清华大学，中国工程院院士

方东平：清华大学，教授

祝　磊：北京建筑大学，教授

曹思涵：清华大学，博士生

王　尧：清华大学，博士生

马琳瑶：清华大学，博士生

黄玥诚：清华大学，助理研究员

王丽颖：清华大学，博士生

徐意然：清华大学，博士生

傅远植：清华大学，硕士生

徐健朝：清华大学，本科生

张思嘉：清华大学，本科生

尹　飞：北京建筑大学，博士后

易伟同：北京建筑大学，博士生

蒋永慧：北京建筑大学，博士生

刘兴奇：北京建筑大学，博士生

路鸣宇：北京建筑大学，博士生

郭天裕：北京建筑大学，硕士生

白　杨：北京建筑大学，硕士生

申民宇：北京建筑大学，硕士生

左凌霄：北京建筑大学，硕士生

张福瑶：北京建筑大学，硕士生

吕冬霖：北京建筑大学，硕士生

李　湛：北京建筑大学，硕士生

张建勋：北京建筑大学，硕士生

吴　尧：北京建筑大学，硕士生

杨立晨：北京建筑大学，硕士生

陈　宇：北京建筑大学，硕士生

潘天童：北京建筑大学，硕士生

黄春程：北京建筑大学，硕士生

李隆郅：北京建筑大学，硕士生

姚　宇：北京建筑大学，硕士生

吴宇航：北京建筑大学，硕士生

孙博文：北京建筑大学，硕士生

刘　振：北京建筑大学，博士生

戚正浩：北京建筑大学，硕士生

谭信睿：北京建筑大学，硕士生

徐新瑞：北京建筑大学，硕士生

刘靖宇：北京建筑大学，硕士生

4. 中国石油国家高端智库团队（参与理论研究、案例撰写）

吕建中：中国石油国家高端智库研究中心，专职副主任，教授级高级工程师

杨　虹：中国石油集团经济技术研究院，首席专家，教授级高级工程师

吴　潇：中国石油集团经济技术研究院，高级工程师

孙乃达：中国石油集团经济技术研究院，高级工程师

5. 现代电力团队（电力工程案例撰写）

黄其励：国家电网公司，一级顾问，中国工程院院士

刘泽洪：国家电网公司，全球能源互联网合作组织驻会副主席，教授级高级工程师

张 勇：国家能源投资集团公司科技与信息化部，经理，教授级工程师

田汇冬：国家电网公司设备监造中心，高级主管，高级工程师

张 进：国家电网公司特高压部技术处，处长，高级工程师

刘 杰：国家电网公司特高压部技术处，副处长，高级工程师

韩先才：国家电网公司交流建设部，副主任，教授级高级工程师

李燕雷：国家电网公司特高压部线路处，处长，高级工程师

吕 铎：国家电网公司，高级主管，高级工程师

程述一：国家电网公司经济技术研究院，高级工程师

杜晓磊：国家电网公司经济技术研究院，高级工程师

卢亚军：国家电网经济技术研究院青豫工程成套设计项目，经理，高级工程师

臧 鹏：国家电网公司国外工程公司，经理，高级工程师

刘前卫：国家电网公司科技创新部，副主任，高级工程师

付 颖：国家电网公司，副处长，高级工程师

崔军立：国家电网青海省电力公司，董事长，党委书记，教授级高级工程师

周 杨：国家电网公司直流建设部，高级工程师

魏 争：国家电网经济技术研究院，高级工程师

张亚迪：国家电网公司西南分部，高级工程师

王彦兵：国家电网经研院设计咨询中心水电技术处，副处长，高级工程师

田云峰：国家电网新源张家口风光储示范电站公司，总经理，高级工程师

刘宇石：中国电力科学研究院，高级工程师

陈海波：国家电网智能电网研究院，副院长，教授级高级工程师

郝 峰：国家电网内蒙古东部电力有限公司，高级工程师

黄 坤：国家电网运检部高级主管，高级工程师

刘永奇：国家电网抽水蓄能和新能源部，主任，教授级高级工程师

朱法华：国家能源集团科学技术研究院有限公司，副总经理，教授级高级工程师

许月阳：国家能源集团科学技术研究院有限公司，三级主管，高级工程师

管一明：国家能源集团科学技术研究院有限公司，高级工程师

陆 烨：国家能源集团浙江北仑电厂，高级工程师

许科云：国家能源集团浙江北仑电厂，高级工程师

陈 笔：国家能源集团浙江北仑电厂，高级工程师

闫国春：中国神华煤制油化工有限公司，党委书记、董事长，教授级高级工程师

王 海：国家能源集团浙江公司安全生产部，主任

杨萌萌：国家能源集团大港发电厂，总工程师，高级工程师

周保精：国家能源集团，高级主管，高级工程师

尧 顺：陕西榆林能源集团有限公司，副总经理，教授级高级工程师

杨 文：国家能源集团神东煤炭公司，高级工程师

许联航：国家能源集团神东煤炭公司，高级工程师

郭洋楠：神东煤炭技术研究院，高级工程师

王学深：四川白马循环流化床示范电站公司，董事长，教授级高级工程师

甘　政：四川白马循环流化床示范电站公司，高级工程师

谢　雄：四川白马循环流化床示范电站公司，高级工程师

许世森：华能集团科技部，主任，教授级高级工程师

刘入维：华能集团科技部，副处长，高级工程师

陈　锋：华能国际电力股份有限公司玉环电厂，董事长、党委书记，教授级高级工程师

张　欢：华能集团清洁能源技术研究院有限公司，高级工程师

曹学兴：华能集团华能澜沧江水电公司，高级主管，高级工程师

余记远：华能集团华能澜沧江水电公司，高级主管，高级工程师

任永强：华能集团华能清洁能源研究院，绿色煤电部主任，高级工程师

王瑞超：华能（天津）煤气化发电有限公司，高级工程师

王　超：华能澜沧江水电公司，高级主管，高级工程师

王鹤鸣：大唐集团科技创新部，主任，教授级高级工程师

赵兴安：大唐集团，高级工程师

唐宏芬：大唐集团新能源科学技术研究院太阳能研究所，副所长，高级工程师

李国华：大唐集团科学技术研究总院，院长，教授级高级工程师

李兴旺：内蒙古大唐国际托克托发电有限责任公司，副总经理，教授级高级工程师

董树青：大唐集团，高级主管，高级工程师

赵计平：内蒙古大唐国际托克托发电有限责任公司，高级工程师

龙　泉：大唐集团，主任工程师，高级工程师

夏怀祥：大唐集团新能源科学技术研究院，副院长，教授级高级工程师

陈晓彬：华电集团华电山西公司，党委书记、董事长，教授级高级工程师

杨宝银：华电集团华电乌江公司，副总经理，教授级高级工程师

湛伟杰：华电集团华电乌江公司工程管理部，主任，教授级高级工程师

6. 唐人文化团队（图册设计、综合案例撰写）

贾枝桦：唐人文化，董事长，教授级高级工程师

罗平平：唐人文化，副总经理

沈　芬：唐人文化，副总经理

苏　威：唐人文化，常务副总经理

李晓飞：唐人文化，设计总监

闫丽娜：唐人文化，经理

王浩平：唐人文化，经理

蔺苗苗：唐人文化，设计师

牛玲玲：唐人文化，经理

雷　蕾：唐人文化，设计师

7. 北京航空航天大学团队（军工系统案例撰写）

王礼恒：中国航天科技集团有限公司，中国工程院院士

王自力：北京航空航天大学，中国工程院院士

任　羿：北京航空航天大学可靠性工程研究所，副所长，研究员

冯　强：北京航空航天大学可靠性工程研究所，工程技术中心主任，副研究员

张　悦：北京航空航天大学，博士生

郭　星：北京航空航天大学，博士生

王荣阳：中国航空工业集团有限公司，政研室主任，研究员（审核人员）

汪亚卫：中国航空工业集团有限公司，原集团总工程师，研究员

张聚恩：中国航空工业集团有限公司，原集团科技部部长，航空研究院副院长，研究员

李　志：中国航空工业集团有限公司沈阳飞机设计研究所，科技委专职委员，研究员

8. 中国交建团队（交通行业案例撰写）

林　鸣：中国交建集团，中国工程院院士

刘　攀：东南大学，校党委副书记，教授级高级工程师

陈　峻：东南大学交通学院院长，教授级高级工程师

董　政：中国交建集团港珠澳项目部，副总工程师，高级工程师

徐宿东：东南大学东港航工程系，系主任，教授级高级工程师

冒刘燕：东南大学，博士生

郝建新：东南大学，博士生

刘春雨：东南大学，博士生

谢　雯：东南大学，博士生

刘考凡：东南大学，博士生

陈香橦：东南大学，博士生

韩鹏举：东南大学，博士生

刘佰文：东南大学，博士生

王奕然：东南大学，博士生

何俐烨：东南大学，博士生

吴世双：东南大学，博士生

9. 中国海油团队（海洋工程案例撰写）

谢玉洪：中国海洋石油集团有限公司，中国工程院院士

李　达：中海油研究总院工程研究设计院，结构总师，教授级高级工程师

陈国龙：中海油研究总院工程研究设计院，浮体结构高级工程师

易　从：中海油研究总院工程研究设计院，浮体结构资深高级工程师

谢文会：中海油研究总院工程研究设计院，深水浮体首席工程师

蒋梅荣：中海油研究总院工程研究设计院，浮体高级工程师

时光志：中海油能源发展股份有限公司 LNG 船务分公司，副经理，高级工程师

傅　强：中集（烟台）来福士海洋工程有限公司设计研究院，副院长，高级工程师

仝　刚：中海油研究总院钻采研究院，工程师

王杏娜：中海石油（中国）有限公司勘探部，主管，工程师

沈怀磊：中海石油（中国）有限公司勘探部，高级主管，高级工程师

王　晨：中海油研究总院勘探开发研究院，部门秘书，经济师

张春宇：中海油研究总院勘探开发研究院，沉积储层工程师

冯晨阳：中海油研究总院勘探开发研究院，实习生

10. 河钢集团团队（钢铁行业案例撰写、参与编辑编审）

殷瑞钰：钢铁研究总院，中国工程院院士

王新东：河钢集团，副总经理，首席技术官，教授级高级工程师

钟金红：河钢集团科技创新部，副总经理，正高级工程师

王　凡：河钢集团科技创新部，高级经理，高级工程师

张　倩：河钢集团《河北冶金》杂志社，社长，高级工程师

杨　楠：河钢集团科技创新部，经理，高级工程师

刘金哲：河钢集团低碳发展研究中心，研究员，高级工程师

侯长江：河钢集团低碳发展研究中心，研究员，高级工程师

郝良元：河钢集团低碳发展研究中心，研究员，高级工程师

李国涛：河钢集团低碳发展研究中心，研究员，高级工程师

刘宏强：河钢集团科技创新部，总经理，教授级高级工程师

田京雷：河钢集团低碳发展研究中心，主任，首席研究员，高级工程师

马　成：河钢材料技术研究院，博士

曹宏玮：河钢材料技术研究院，博士

刘帅峰：河钢材料技术研究院，博士

侯环宇：河钢材料技术研究院低碳发展研究中心，研究员，高级工程师

王雪琦：河钢材料技术研究院，工程师

王耀祖：北京科技大学，副教授

11. 河海大学团队（水利工程案例撰写）

王慧敏：河海大学，教授

薛刘宇：河海大学，副处长

仇　蕾：河海大学，教授

赖小莹：天津大学，副教授

薛　诗：河海大学，硕士生

吴星妍：河海大学，硕士生

庞甜甜：河海大学，硕士生

李天骄：河海大学，硕士生

马蓓文：河海大学，硕士生

王子勍：河海大学，硕士生

蔡思琴：河海大学，硕士生

贺子高：河海大学，硕士生

朱锦迪：河海大学，硕士生

刘　艺：河海大学，硕士生

余　潞：河海大学，硕士生

李佳静：河海大学，硕士生

张子千：河海大学，硕士生

陈　红：河海大学，硕士生

12. 阿里巴巴团队（云计算案例撰写）

王　坚：阿里巴巴集团技术委员会，主席，中国工程院院士

王中子：阿里巴巴集团科研项目支持办公室，高级专家，博士

13. 华为公司团队（信息行业案例撰写）

徐文伟：华为技术有限公司战略研究院，院长，正高级工程师

张宏喜：华为技术有限公司 ICT Marketing，部长

王敬源：华为技术有限公司，高级专家

金　铭：华为技术有限公司，营销专家

乔　卿：华为技术有限公司，营销专家

14. 北京大学团队（综合案例撰写、编辑编审、参与理论研究）

宋　洁：北京大学工学院，党委书记，教授

何冠楠：北京大学，助理教授

王剑晓：北京大学，助理研究员

李　治：北京大学，工程管理博士

黄　晶：北京大学，工程管理博士

王宗宪：北京大学，博士后

高　锋：北京大学，博士后

黄静思：北京大学，博士后

何　璇：北京大学，工程管理硕士

赵　岳：北京大学，工程管理硕士

佀　庚：北京大学，工程管理硕士

郑耀坤：北京大学，工程管理硕士

王先阳：北京大学，工程管理硕士

李胤臣：北京大学，工程管理硕士

王伟明：北京大学，工程管理硕士

方　隆：北京大学，工程管理硕士

冯　伟：北京大学，工程管理硕士

汪志星：北京大学，工程管理硕士

李颖溢：北京大学，工程管理硕士

赵　耀：北京大学，工程管理硕士

徐少龙：北京大学，工程管理硕士

张栩萌：北京大学，工程管理硕士

麦艺海：北京大学，工程管理硕士

肖亨波：北京大学，机械硕士

高晨宇：北京大学，中国史硕士

李逸飞：北京大学，中国史硕士

王娇培：北京大学，中国史硕士

陈榕欣：北京大学，中国史硕士

15. 中国石化团队（石化案例撰写）

孙丽丽：中国石化炼化工程集团，中国工程院院士

王基铭：中国石化集团，中国工程院院士

袁晴棠：中国石化集团，中国工程院院士

张秀东：中国石化集团工程公司，副总经理，教授级高级工程师

门宽亮：中国石化集团工程公司，高级工程师

蔡晓红：中国石油抚顺石化公司，主办，政工师

陈国瑜：中国石油抚顺石化公司，科长，政工师

毛　军：中国石油抚顺石化公司，处长，正高级政工师

张志军：中国石油独山子石化公司乙烯厂，总工程师，教授级高级工程师

周湧涛：中国石化工程建设有限公司，专业副总监，高级工程师

吴佳晨：中国石化工程建设有限公司，主办，政工师

李　真：中国石化工程建设有限公司，主办，助理经济师

范传宏：中国石化工程建设有限公司，副总经理，正高级工程师

高云忠：中国石化工程建设有限公司，副总裁，正高级工程师

王卫军：中国石化工程建设有限公司，高级项目经理，高级工程师

崔一帆：中国石化工程建设有限公司，项目经理，高级工程师

霍宏伟：中国石化工程建设有限公司，首席专家，正高级工程师

苏胜利：中国石化工程建设有限公司，首席专家，高级工程师

李可梅：中国石化工程建设有限公司，项目设计经理，高级工程师

秦永强：中国石化工程建设有限公司，总经理助理，正高级工程师

魏志强：中国石化工程建设有限公司，主任助理，正高级工程师

简　铁：中国石化工程建设有限公司，控制部副经理，高级工程师

秦有福：中国石化工程建设有限公司，项目经理，高级工程师

张宝海：中国石化工程建设有限公司施工管理部，原经理，高级工程师

邵　壮：中国石化工程建设有限公司项目执行部，副经理，高级工程师

宁　波：中国石化工程建设有限公司，高级项目经理，正高级工程师

马洪波：中国石化工程建设有限公司施工管理部，经理，高级工程师

卫　刚：中国石化工程建设有限公司土建室，主任，高级工程师

费宏民：中国石油大庆石化公司，副处长，高级工程师

杜海平：中国石化燕山石化公司，部长，高级经济师

宋鸿礼：中国石化燕山石化公司，科长，高级政工师

赵书萱：中国石化燕山石化公司，高级业务主管，高级政工师

朱嬿萍：中国石化上海石化公司，调研主管，馆员

杨祖寿：中国石化上海石化公司党委办公室，调研保密科科长，高级政工师

胡燕芳：中国石化上海石化公司党委宣传部，宣教文化科科长，经济师

李　娟：中国石化上海石化公司党委宣传部，新闻舆情科科长，记者

严　峻：上海赛科石油化工有限责任公司党群工作部，政工师

付卫东：中海油惠州石化有限公司，项目副总经理，高级工程师

赵明昌：中海油惠州石化有限公司项目设计管理部，经理，高级工程师

王辅臣：华东理工大学，博士生导师，教授

范体军：华东理工大学人文社会科学处，处长，教授

张来勇：中国寰球工程有限公司，首席技术专家，技术委员会主任，正高级工程师

李胜山：中国石油华东设计院有限公司，原总经理，正高级工程师

何　勇：中国石油广西石化分公司，常务副总经理，正高级工程师

邢忠起：中沙（天津）石化有限公司，专业经理，高级工程师

曹　群：中石化炼化工程（集团）沙特有限责任公司，部门经理，工程师

刘克伟：中石化炼化工程（集团）沙特有限责任公司，副总经理，高级工程师

俞家生：中石化炼化工程（集团）沙特有限责任公司，副总经理，高级工程师

姜　明：中国石化天津分公司，党委副书记，纪委书记，高级工程师

刘旭军：国家能源集团宁夏煤业有限责任公司建设指挥部，总指挥，正高级工程师

丁永平：国家能源集团宁夏煤业有限责任公司，副科长，高级工程师

李　丽：中国天辰工程有限公司，业务主任助理，高级工程师

石小进：中国石化集团南京化学工业有限公司化机公司党群部，副部长，高级经济师

陈登茂：中国石化集团南京化学工业有限公司，政工师

叶晓东：中国石化集团南京化学工业有限公司，执行董事，党委书记，正高级工程师

叶迎春：中国石化集团南京化学工业有限公司，党群管理高级主管，高级政工师

谭　晶：中国石化集团南京化学工业有限公司，党群管理高级专家，高级政工师

王世华：中国石化集团南京化学工业有限公司，副总经理，高级政工师

16. 湖南工商大学团队（制造工程案例撰写）

陈晓红：湖南工商大学，中国工程院院士

何继善：中南大学，中国工程院院士

唐湘博：湖南工商大学环境管理与环境政策评估中心，主任，副教授

易国栋：湖南工商大学前沿交叉学院学科科研办公室，主任，副教授

张威威：湖南工商大学前沿交叉学院教师，讲师

苏翠侠：铁建重工科技发展部，高级工程师，副总经理

龙　斌：铁建重工科技发展部掘进机事业部，执行总经理兼总工程师，高级工程师

郝蔚祺：铁建重工科技发展部，高级工程师，副总经理

秦念稳：铁建重工电气与智能研究设计院，副院长，高级工程师

张海涛：铁建重工交通工程装备事业部，总工程师兼院长，高级工程师

肖正航：铁建重工基础与前沿技术研究设计院，副院长，高级工程师

孙雪峰：铁建重工掘进机总厂，副总经理，总工程师，高级工程师

李鹏华：铁建重工科技发展部科技成果所，负责人，工程师

张帅坤：铁建重工掘进机研究设计院，副院长，高级工程师

周方建：铁建重工掘进机研究设计院，工程师，技术员

姚　满：铁建重工掘进机研究设计院，院长，高级工程师

杨书勤：铁建重工掘进机研究设计院前沿与基础所，所长，高级工程师

黄运明：三一重工泵路事业部泵送公司研究院，院长

何志伟：三一重工泵路事业部泵送公司研究院隧装研究所，所长
曹思林：三一重起事业部 CEO 办公室，副主任
李利斌：浙江三一装备有限公司研究院臂架研究所，副所长
周　平：中联重工建筑起重机械分公司研究院，科管室主任，工程
张玉柱：中联重科工程起重机分公司研发中心，技术总监，高级工程师
罗贤智：中联重科工程起重机分公司研发中心，副主任，高级工程师
屈乐宏：山河智能装备股份有限公司基础装备研究院工法研究所，副所长，工程师
彭　诚：山河智能装备股份有限公司技术中心技术市场支持部，市场调研员
赵宏强：山河智能装备股份有限公司，研究员，资深专家
陈冬良：山河智能特种装备有限公司特种装备研究总院，院长，正高级工程师

17. 能新科团队（综合案例撰写）

张建勇：能新科国际有限公司，董事长兼 CEO
张　娟：能新科国际有限公司，北美区域执行合伙人
张　英：能新科国际有限公司专家委员会，资深委员，高级建筑师，国家一级注册建筑师，注册城乡规划师
王腾飞：能新科国际有限公司，中国区联席总裁，教授级高级工程师

18. 合肥工业大学团队（综合案例撰写、编辑编审）

杨善林：合肥工业大学管理学院，中国工程院院士
梁　樑：合肥工业大学，原校长，教授
王静峰：合肥工业大学土木与水利工程学院，院长，教授
刘心报：合肥工业大学管理学院，校长助理，教授
张　强：合肥工业大学管理学院，院长，教授
张振华：合肥工业大学土木与水利工程学院，副院长，教授
胡笑旋：合肥工业大学管理学院研究生院，常务副院长，教授
李　早：合肥工业大学建筑与艺术学院，原院长，教授
李霄剑：合肥工业大学管理学院，研究员
丁　帅：合肥工业大学管理学院，教授
顾东晓：合肥工业大学管理学院，教授
项乃亮：合肥工业大学土木与水利工程学院道桥地下系副主任，研究员
汪亦显：合肥工业大学土木与水利工程学院道桥地下系副主任，教授
张爱勇：合肥工业大学土木与水利工程学院，教授
刘　武：合肥工业大学土木与水利工程学院，副教授
钟　剑：合肥工业大学土木与水利工程学院，副教授
王艳巧：合肥工业大学土木与水利工程学院水利系，支部书记，副教授
刘　广：合肥工业大学土木与水利工程学院水利系，副主任，副教授
刘佩贵：合肥工业大学土木与水利工程学院，副教授
韩　丁：合肥工业大学土木与水利工程学院，副教授
梁昌勇：合肥工业大学管理学院研究生院，副院长，教授
徐宝才：合肥工业大学食品与生物工程学院，院长，教授

陈从贵：合肥工业大学食品与生物工程学院，书记，教授

付　超：合肥工业大学管理学院，副院长，教授

姜元春：合肥工业大学管理学院，副院长，教授

高伟清：合肥工业大学物理学院，常务副院长，教授

李中军：合肥工业大学物理学院，副院长，教授

宣　蔚：合肥工业大学建筑与艺术学院，院长，教授

蒋翠清：合肥工业大学管理学院，教授

刘业政：合肥工业大学管理学院，教授

罗　贺：合肥工业大学管理学院，教授

焦建玲：合肥工业大学管理学院，教授

周开乐：合肥工业大学管理学院，教授

李贝贝：合肥工业大学土木与水利工程学院，研究员

郅伦海：合肥工业大学土木与水利工程学院建工系，主任，教授

赵春风：合肥工业大学土木与水利工程学院建工系，副主任，教授

袁海平：合肥工业大学土木与水利工程学院，教授

欧阳波：合肥工业大学管理学院，研究员

高　鹏：合肥工业大学土木与水利工程学院，研究员

蒋翠侠：合肥工业大学管理学院，教授

赵　菊：合肥工业大学管理学院，教授

周　谧：合肥工业大学管理学院，教授

柴一栋：合肥工业大学管理学院，教授

周　啸：合肥工业大学土木与水利工程学院，副研究员

胡中停：合肥工业大学土木与水利工程学院，副教授

莫杭杰：合肥工业大学管理学院，副教授

彭张林：合肥工业大学管理学院，副教授

蔡正阳：合肥工业大学管理学院，副研究员

马华伟：合肥工业大学管理学院，副教授

王国强：合肥工业大学管理学院，副教授

周志平：合肥工业大学管理学院，副教授

孙见山：合肥工业大学管理学院，副教授

丁　勇：合肥工业大学管理学院，副教授

孙春华：合肥工业大学管理学院，副教授

陆文星：合肥工业大学管理学院，副教授

赵树平：合肥工业大学管理学院，副教授

刘军航：合肥工业大学管理学院，副教授

付　红：合肥工业大学管理学院，副教授

王晓佳：合肥工业大学管理学院，副教授

李方一：合肥工业大学管理学院，副教授

杨冉冉：合肥工业大学管理学院，副教授

李兰兰：合肥工业大学管理学院，副研究员

罗　彪：合肥工业大学管理学院，教授

杨远俊：合肥工业大学物理学院，副研究员

黎启国：合肥工业大学建筑与艺术学院，副教授

唐晓凤：合肥工业大学食品与生物工程学院，副教授

苗　敏：合肥工业大学食品与生物工程学院，副教授

贺为才：合肥工业大学建筑与艺术学院，副教授

徐　震：合肥工业大学建筑与艺术学院，副教授

曹海婴：合肥工业大学建筑与艺术学院，副教授

19. 解放军火箭军研究院团队（导弹系统工程案例撰写）

李贤玉：解放军火箭军研究院，中国工程院院士，教授

王道军：解放军火箭军研究院，室副主任，研究员

张连伟：解放军火箭军研究院，室副主任，副研究员

安庆杰：解放军火箭军研究院，副研究员

王　昊：解放军火箭军研究院，副研究员

皮嘉立：解放军火箭军研究院，助理研究员

姜　伟：解放军火箭军研究院，副研究员

20. 中国铁路总公司团队（铁道工程案例撰写）

卢春房：中国铁道科学研究院，中国工程院院士

傅志寰：中国铁道科学研究院，中国工程院院士

孙永福：中国铁道科学研究院，中国工程院院士

何华武：中国工程院，中国工程院院士

田京芬：中国铁道学会，副秘书长，高级工程师

贾光智：中国铁道科学研究院信息所，副所长，研究员

史俊玲：中国铁道科学研究院，部门副主任，研究员

李子豪：中国铁道科学研究院，研究实习员

杜晓洁：中国铁道科学研究院，助理研究员

刘　坦：中国铁道科学研究院，研究实习员

方　奕：中国铁道科学研究院，副研究员

刘曲星：中国铁道科学研究院，研究实习员

郭　静：中国铁道学会，工程师

马成贤：中国铁道学会，高级工程师

王　德：中国铁道学会，正高级工程师

苏全利：国家铁路局，原副局长，正高级工程师

张　航：国家铁路局，工程师

才　凡：中国铁路文联，原秘书长，正高级政工师

21. 煤炭团队（煤炭行业案例撰写）

金智新：太原理工大学，中国工程院院士

凌　文：国家能源投资公司，中国工程院院士

韩　进：中煤平朔集团有限公司，总工程师，高级工程师

刘俊昌：中煤平朔集团有限公司，副总工程师兼生产技术部主管，高级工程师

张荣江：中煤平朔集团有限公司生产技术部，技术员，工程师

肖　平：抚顺矿业集团有限责任公司，总经理，教授级高级工程师

张千宇：抚顺矿业集团有限责任公司，科长，高级工程师

王世军：抚顺矿业集团有限责任公司，调研员，工程师

杨　真：国能神东煤炭集团布尔台煤矿，矿长，高级工程师

曹　军：国能神东煤炭集团布尔台煤矿，总工程师，工程师

杨永亮：国能神东煤炭集团布尔台煤矿，副总工程师，工程师

刘兆祥：国能神东煤炭集团补连塔煤矿，总工程师，工程师

李金刚：国能神东煤炭集团补连塔煤矿生产办，主任，工程师

范文胜：国能神东煤炭集团补连塔煤矿生产办，副主任，高级工程师

王　炜：国能准能集团有限责任公司，高级主管，高级工程师

李福平：国能准能集团有限责任公司，高级主管，高级工程师

李海滨：国能准能集团有限责任公司，副科长，工程师

何长文：黑龙江龙煤鸡西矿业集团有限责任公司宣传部，常务副部长，高级工程师

刘维久：黑龙江龙煤鸡西矿业集团有限责任公司，原《鸡西矿工报》编辑，主任记者

王　学：黑龙江龙煤鸡西矿业集团有限责任公司，原《鸡西矿工报》编辑，主任编辑

毛培柱：黑龙江龙煤鹤岗矿业有限责任公司兴安煤矿综合办公室，副主任，助理政工师

张茂秋：黑龙江龙煤鹤岗矿业有限责任公司兴安煤矿宣传部，原部长，教授级高级政工师

关立国：黑龙江龙煤鹤岗矿业有限责任公司兴安煤矿技术部，副部长，高级工程师

闫朝斌：开滦（集团）有限责任公司开滦档案馆，馆长，高级工程师

许　斌：开滦（集团）有限责任公司开滦档案馆，副馆长，高级政工师

赵　彤：开滦（集团）有限责任公司开滦档案馆，科长，英语副译审

刘树弟：开滦（集团）有限责任公司开滦技术中心，主任，正高级工程师

王福强：开滦（集团）有限责任公司开滦技术中心，科长，高级经济师

雷贵生：陕煤集团黄陵矿业集团有限责任公司，党委书记，董事长，教授级高级工程师

王鹏飞：陕煤集团黄陵矿业集团有限责任公司，党委副书记，总经理，教授级高级工程师

李团结：陕煤集团黄陵矿业集团有限责任公司，总工程师，高级工程师

闫敬旺：陕煤集团神木柠条塔矿业有限公司，党委书记，董事长，正高级政工师

王建文：陕煤集团神木柠条塔矿业有限公司，总工程师，正高级工程师

陈　菲：陕煤集团神木柠条塔矿业有限公司，副部长，工程师

杨　征：陕西小保当矿业有限公司，党委书记，董事长，总经理，高级工程师

梁　旭：陕西小保当矿业有限公司，副总经理，总工程师，高级工程师

张慧峰：陕西小保当矿业有限公司，主管，工程师

王向阳：徐州矿务集团有限公司资产开发管理部，部长，研究员，高级工程师

任　毅：徐州矿务集团有限公司资产开发管理部资产开发科，副科长，中级经济师

蔡光琪：中煤平朔集团有限公司，矿长，教授级高级工程师

李国君：抚顺矿业集团有限责任公司，总工程师，教授级高级工程师

贺安民：国能神东煤炭集团布尔台煤矿，院长，教授级高级工程师

22. 中国空间技术研究院团队（空间站案例撰写）

杨　宏：中国空间技术研究院，中国工程院院士

陈国宇：航天科技集团五院人力资源部，副部长，研究员

周昊澄：中国空间技术研究院，工程师

张　昊：中国空间技术研究院，空间站系统主任设计师，研究员

23. 船舰团队（舰船案例撰写）

刘　合：中国石油勘探开发研究院，中国工程院院士

张金麟：中国船舶集团有限公司，中国工程院院士

林　枫：中国船舶集团有限公司七○三所，所长，研究员

李名家：中国船舶集团有限公司燃气轮机事业部，党总支书记，研究员

徐文燕：中国船舶集团有限公司院士办，主任，研究员

李雅军：中国船舶集团有限公司燃烧技术中心，主任，研究员

刘　勋：中国船舶集团有限公司，高级工程师

刘世铮：中国船舶集团有限公司，工程师

张智博：中国船舶集团有限公司，高级工程师

纪宏志：中国船舶集团有限公司，副总冶金师，高级工程师

左艳军：中国船舶集团有限公司，副主任，研究员

潘　俊：中国船舶集团有限公司，研究员

吴　炜：中国船舶集团有限公司，副主任，研究员

刘　薇：中国船舶集团有限公司，高级工程师

胡　震：中国船舶集团有限公司，船舶集团首席专家，研究员

王　帅：中国船舶集团有限公司，高级工程师

韩　龙：中国船舶集团有限公司，高级工程师

吴思伟：中国船舶集团有限公司，高级工程师

袁红良：沪东中华造船（集团）有限公司，副所长，教授级高级工程师

屠佳樱：沪东中华造船（集团）有限公司，工程师

24. 华中科技大学团队（建筑行业等案例撰写，参与理论研究）

丁烈云：华中科技大学，中国工程院院士

孙　峻：华中科技大学，副教授

陈晓明：上海建工集团股份有限公司，总工程师，教授级高级工程师

樊　剑：华中科技大学，副教授

陈　珂：华中科技大学，副教授

董贺轩：华中科技大学，教授

高　翔：华中科技大学，博士生

杨清章：华中科技大学，硕士生

郁政华：上海市机械施工集团有限公司，副主任，高级工程师

郑　俊：上海市机械施工集团有限公司，高级工程师

邵　泉：广州市建筑集团有限公司，副总工程师，教授级高级工程师

邵　茂：北京城建集团有限责任公司，工程总承包项目总工程师，高级工程师

25. 鞍钢集团团队（冶金工程案例撰写）

邵安林：鞍钢集团矿业有限公司，中国工程院院士

雷平喜：鞍钢集团矿业有限公司，总工程师，教授级高级工程师

尹升华：北京科技大学，院长，教授

柳小波：北京科技大学，主任，教授

寇　玉：北京科技大学，副主任，教授

韩　斌：北京科技大学，副教授

曲福明：北京科技大学，副主任，副教授

荆洪迪：北京科技大学，副研究员

张永存：鞍钢集团矿业有限公司，工会副主席，高级经济师

丛培勇：鞍钢集团矿业有限公司，调研主任，政工师

26. 中国中车团队（机车等案例撰写）

王　军：中国中车，副总裁，教授级高级工程师

曲天威：中国中车，副总兼总工师，教授级高级工程师

李　敏：中国中车，行政部长，教授级高级工程师

吴胜权：中国中车，副总兼总工师，教授级高级工程师

沙　淼：中国中车，总工程师，教授级高级工程师

梁建英：中国中车，主任，教授级高级工程师

于跃斌：中国中车，主任，教授级高级工程师

赵明元：中国中车，副院长，教授级高级工程师

张新宁：中国中车，总工程师，教授级高级工程师

侯　波：中国中车，副主任，教授级高级工程师

田　钢：中车工业研究院有限公司，技术总监，教授级高级工程师

刘　昱：中车工业研究院有限公司，行政部长，教授级高级工程师

汪琳娜：中车工业研究院有限公司，工程师

徐　磊：中车青岛四方机车车辆股份有限公司，总工师，教授级高级工程师

林　松：中车青岛四方机车车辆股份有限公司，主任设计师，教授级高级工程师

王　浩：中车青岛四方机车车辆股份有限公司，首席设计师，教授级高级工程师

林　鹏：中车青岛四方机车车辆股份有限公司，技术中心书记，教授级高级工程师

王树宾：中车长春轨道客车股份有限公司，总体部部长，教授级高级工程师

邓　海：中车长春轨道客车股份有限公司，中车科学家，教授级高级工程师

王　超：中车长春轨道客车股份有限公司，技术专家，教授级高级工程师

陈澍军：中车唐山机车车辆有限公司，总体部部长，教授级高级工程师

宋焕民：中车唐山机车车辆有限公司，总体部副部长，高级政工师

吴可超：中车唐山机车车辆有限公司，主管，高级政工师

张宗康：中车大连机车车辆有限公司，总体部副部长，高级工程师

苏屹峰：中车大连机车车辆有限公司，工程师

宁　娜：中车大连机车车辆有限公司，高级经济师

27. 核武器团队（核武案例撰写）

范国滨：中国工程物理研究院，中国工程院院士

李　静：中国工程科技创新战略研究院，助理研究员

毛朋成：中国工程科技创新战略研究院，研究生

彭现科：中国工程科技创新战略研究院，副秘书长

曹晓阳：中国工程科技创新战略研究院，副研究员

28. 中国信息安全测评中心团队（信息工程案例撰写）

黄殿中：中国信息安全测评中心国际关系学院，中国工程院院士

王　标：中国信息安全测评中心国际关系学院，教授

巩朋贤：中国信息安全测评中心国际关系学院，研究生

信　欣：中国信息安全测评中心国际关系学院，研究生

袁　艺：中国信息安全测评中心国际关系学院，研究生

29. 解放军总医院（301 医院）团队（医院建设案例撰写）

李晓雪：解放军总医院（301 医院），主任，副主任医师

王彬华：解放军总医院（301 医院），工程师

郝昱文：解放军总医院（301 医院），副主任，高级工程师

马延爱：解放军总医院（301 医院），主管护师

南　杰：解放军总医院（301 医院），助理工程师

吉巧丽：解放军总医院（301 医院），助理研究员

30. 中国石油大学（北京）团队（能源案例撰写）

张来斌：中国石油大学（北京），中国工程院院士

张　磊：中国石油大学（北京），副教授

徐凌波：中国石油大学（北京），硕士生

赵潇楠：中国石油大学（北京），硕士生

杨　潇：中国石油大学（北京），硕士生

聂中华：中国石油大学（北京），硕士生

31. 中国地质大学（北京）团队（深井工程案例撰写）

孙友宏：中国地质大学（北京），中国工程院院士

李　冰：中国地质大学（北京），副教授

李亚洲：中国地质大学（北京），讲师

PavelTalalay：吉林大学极地科学与工程研究院，院长，教授

孙宝江：中国石油大学（华东），教授

刘洪涛：塔里木油田公司油气工程研究院，院长，高级工程师

周　波：塔里木油田公司油气工程研究院，副院长，高级工程师

赵　力：塔里木油田公司油气工程研究院，副所长，高级工程师

唐　斌：塔里木油田公司油气工程研究院，副主任，工程师

张绪亮：塔里木油田公司油气工程研究院，副主任，工程师

32. 卫星团队（卫星案例撰写）

杨长风：中国卫星导航系统管理办公室，中国工程院院士，正高级工程师

王慧林：中国卫星导航系统管理办公室，主管

蔡洪亮：中国卫星导航系统管理办公室，高级工程师

曹坤梅：中国卫星导航系统管理办公室，高级工程师

33. 东旭集团团队（综合案例撰写）

李　青：旭新光电科技有限公司，董事长

斯沿阳：旭新光电科技有限公司，技术总监，高级工程师

王世岚：东旭集团有限公司，高级经理，工程师

郝　艺：东旭集团有限公司，高级经理，工程师

王丽红：东旭集团有限公司，技术总监，高级工程师

李瑞佼：东旭集团有限公司，高级经理，工程师

郑　权：东旭集团有限公司，总经理，工程师

王耀君：东旭集团有限公司精密玻璃研究院，院长，高级工程师

张紫辉：河北工业大学，教授

张勇辉：河北工业大学，教授

王玉乾：石家庄旭新光电科技有限公司，项目部部长

史　俭：石家庄旭新光电科技有限公司，项目部职员

陈志强：石家庄旭新光电科技有限公司，工程师

任晟冲：石家庄旭新光电科技有限公司，技术部主管

刘广旺：石家庄旭新光电科技有限公司，工程师

何怀胜：芜湖东旭光电科技有限公司，副总经理，高级工程师

34. 冶金工业规划研究院团队（综合案例撰写）

殷瑞钰：钢铁研究总院，中国工程院院士

李新创：冶金工业规划研究院，原院长，正高级工程师

姜晓东：冶金工业规划研究院，副院长，正高级工程师

王定洪：冶金工业规划研究院，总设计师，正高级工程师

高　升：冶金工业规划研究院，总设计师，处长，高级工程师

李　阁：冶金工业规划研究院，总设计师，正高级工程师

李晋岩：冶金工业规划研究院，总设计师，高级工程师

安成钢：冶金工业规划研究院，总设计师，高级工程师

周园园：冶金工业规划研究院，高级工程师

樊　鹏：冶金工业规划研究院，副处长，高级工程师

高　金：冶金工业规划研究院，高级工程师

谢　迪：冶金工业规划研究院，高级工程师

刘彦虎：冶金工业规划研究院，高级工程师

张　明：冶金工业规划研究院，副主任，高级工程师

武建国：冶金工业规划研究院，高级工程师

35. 中国石油规划总院团队（管道系统工程案例撰写）

黄维和：中国石油规划总院，国家管网研究总院，中国工程院院士，教授级高级工程师

关中原：国家管网研究总院，《油气储运》杂志社社长，教授级高级工程师

（工作人员未计入名单）

36. 中国航发团队（航天飞行器案例撰写）

曹建国：中国航空发动机研究院，集团董事长，中国工程院院士

向　巧：中国航空发动机研究院，副总经理，中国工程院院士

李　明：中国航空发动机研究院，高级工程师

朱大明：中国航空发动机研究院，教授级高级工程师

付　玉：中国航空发动机研究院，工程师

谭　米：中国航空发动机研究院，工程师

刘翠玉：中国航空发动机研究院，工程师

廖忠权：中国航空发动机研究院，高级工程师

刘博维：中国航空发动机研究院，工程师

晏武英：中国航空发动机研究院，高级工程师

37. 环境规划院团队（环境工程案例撰写）

王金南：生态环境部环境规划院，中国工程院院士

雷　宇：生态环境部环境规划院，所长，研究员

王夏晖：生态环境部环境规划院，副总工，研究员

王　东：生态环境部环境规划院，副总工，研究员

徐　敏：生态环境部环境规划院，首席专家，研究员

张文静：生态环境部环境规划院，研究员

彭硕佳：生态环境部环境规划院，高级工程师

张　鹏：生态环境部环境规划院，工程师

王　波：生态环境部环境规划院，主任，副研究员

郑利杰：生态环境部环境规划院，工程师

车璐璐：生态环境部环境规划院，助理研究员

颜亦磊：浙江省能源集团有限公司，主管，工程师

吕佳慧：浙江天地环保科技股份有限公司，经济师

金　军：浙江浙能嘉华发电有限公司，主管，高级工程师

38. 中国水利科学研究院团队（水利工程案例撰写）

王建华：中国水利水电科学研究院，副院长，正高级工程师

张　诚：国际洪水管理大会常设秘书处，主任，正高级工程师

吕　娟：中国水利水电科学研究院减灾中心，主任，正高级工程师

李文洋：中国水利水电科学研究院国际合作处，翻译

陈　娟：中国水利水电科学研究院际合作处，高级工程师

张洪斌：中国水利水电科学研究院减灾中心，高级工程师

毕吴瑕：中国水利水电科学研究院减灾中心，高级工程师

穆　杰：中国水利水电科学研究院减灾中心，高级工程师

王　刚：中国水利水电科学研究院减灾中心，正高级工程师

王　力：中国水利水电科学研究院减灾中心，高级工程师

李云鹏：中国水利水电科学研究院减灾中心，高级工程师

周　波：中国水利水电科学研究院减灾中心，正高级工程师

39. 成都理工大学团队（综合案例撰写、参与编辑编审）

刘清友：成都理工大学，书记，教授

许　强：成都理工大学，校长，教授

范宣梅：成都理工大学地质灾害防治与地质环境保护国家重点实验室，副主任，研究员

赵伟华：成都理工大学环境与土木工程学院地质工程系，系副主任，副教授

王运生：成都理工大学环境与土木工程学院地质工程系，教授

林汐璐：成都理工大学地质灾害防治与地质环境保护国家重点实验室，讲师

罗永红：成都理工大学环境与土木工程学院地质工程系，系主任，教授

吉　锋：成都理工大学环境与土木工程学院地质工程系，教授

马春驰：成都理工大学环境与土木工程学院地质工程系，教授

张　岩：成都理工大学环境与土木工程学院地质工程系，研究员

罗　璟：成都理工大学环境与土木工程学院地质工程系，研究员

崔圣华：成都理工大学环境与土木工程学院地质工程系，副教授

陈婉琳：成都理工大学环境与土木工程学院地质工程系，讲师

刘　明：成都理工大学环境与土木工程学院地质工程系，讲师

王　丹：成都理工大学环境与土木工程学院地质工程系，讲师

汤明高：成都理工大学环境与土木工程学院土木工程系，系主任，教授

赵　华：成都理工大学环境与土木工程学院土木工程系，系副主任，副教授

高涌涛：成都理工大学环境与土木工程学院土木工程系，副教授

朱思宇：成都理工大学环境与土木工程学院土木工程系，副教授

武东生：成都理工大学环境与土木工程学院土木工程系，研究员

李　延：成都理工大学环境与土木工程学院土木工程系，副教授

焦　彤：成都理工大学环境与土木工程学院土木工程系，副教授

李龙起：成都理工大学环境与土木工程学院土木工程系，教授

吕　龙：成都理工大学环境与土木工程学院土木工程系，副教授

陈　旭：成都理工大学环境与土木工程学院土木工程系，副教授

钟志彬：成都理工大学环境与土木工程学院土木工程系，副教授

袁维光：成都理工大学环境与土木工程学院土木工程系，讲师

魏振磊：成都理工大学环境与土木工程学院土木工程系，研究员

黄　健：成都理工大学环境与土木工程学院土木工程系，副主任，副教授

解明礼：成都理工大学环境与土木工程学院地质工程系，讲师

夏明垚：成都理工大学地质灾害防治与地质环境保护国家重点实验室，研究员

赖琪毅：成都理工大学地质灾害防治与地质环境保护国家重点实验室，助理研究员

闫帅星：成都理工大学地质灾害防治与地质环境保护国家重点实验室，研究员

陈　政：成都理工大学地质灾害防治与地质环境保护国家重点实验室，研究员

陈　明：成都理工大学地质灾害防治与地质环境保护国家重点实验室，研究员

王剑超：成都理工大学地质灾害防治与地质环境保护国家重点实验室，助理研究员

赵建军：成都理工大学地质灾害防治与地质环境保护国家重点实验室，副主任，教授

高继国：成都理工大学党委组织部，副部长，学校党校副校长，副教授

黄　寰：成都理工大学学术期刊中心、商学院应用经济系，教授

40. 中国地质科学研究院团队（有色金属矿产案例撰写）

王安建：中国地质科学研究院，首席科学家，教授

刘　云：中国地质科学研究院，教授级高级工程师

41. 中国石油长庆油田团队（综合案例撰写、参与编辑编审）

何江川：中国石油天然气股份有限公司，教授级高级工程师

王京锋：长庆油田，教授级高级工程师

刘　涛：长庆油田党委办公室，副主任，政工师

杨　卫：长庆油田企管法规部，副主任，高级政工师

王　浩：长庆油田政策研究二室，主管，工程师

范　敏：长庆油田机关党总支，书记，工会主席，高级政工师

杨彦春：长庆油田党委宣传部，干事，高级政工师

何昕睿：长庆油田党委办公室，副主任，工程师

李　林：长庆油田党委办公室，副主任，工程师

李云鹏：长庆油田，工程师，干事

王　琳：长庆油田党委宣传部，干事，助理政工师

42. 西安交通大学团队（综合案例撰写）

汪应洛：西安交通大学，中国工程院院士，教授，博士生导师

钟　晟：国家发改委与西安交通大学共建改革试点探索与评估协同创新中心，研究员

徐立国：国家发改委与西安交通大学共建改革试点探索与评估协同创新中心，研究员

郑维博：国家发改委与西安交通大学共建改革试点探索与评估协同创新中心，研究员

周　勇：西安交通大学汪应洛院士研究团队，高级工程师

魏　航：西安交通大学汪应洛院士研究团队，高级工程师

43. 上海外高桥团队（邮轮案例撰写）

王　琦：上海外高桥造船有限公司，党委书记（董事长），正高级工程师

陈　刚：上海外高桥造船有限公司，总经理，正高级工程师

周　琦：上海外高桥造船有限公司，副总经理，高级工程师

许艳霞：上海外高桥造船有限公司，成本总监／企划部部长，正高级经济师

附5 "超级工程研究"调整实施方案与超级工程案例撰写报告

胡文瑞院士就"超级工程研究"调整实施方案与超级工程案例撰写作了详细介绍，特别是对"超级工程研究"预期成果和超级工程案例撰写提出了六个方面的具体意见。

一是总报告＋专题报告。

向中国工程院提交的报告有《超级工程研究》总报告（第三稿）、《中国近现代超级工程研究》专题报告（第二稿）、《世界近现代超级工程研究》专题报告（第二稿）、《中国古代超级工程研究》专题报告（第一稿）、《世界古代超级工程研究》专题报告（第一稿）。在总报告、专题报告的基础上，编辑五份结题报告及相应的成果报告，上报中国工程院、工程管理学部常委会。

二是可预期的主要成果。

在完成总报告和专题报告的基础上，按照出版要求的格式，向社会公开发行科普性、学术性出版物。主要出版物如下：①《超级工程概论》；②《中国近现代超级工程概览》；③《世界近现代超级工程概览》；④《中国古代超级工程概览》；⑤《世界古代超级工程概览》；⑥《超级工程排行榜名录与时空演化》；⑦《中国近现代超级工程排行榜》（共六册）；⑧《世界近现代超级工程排行榜》（共三册）；⑨《中国古代超级工程排行榜》（共二册）；⑩《世界古代超级工程排行榜》（共二册）；⑪《中国古代、近现代超级工程排行榜地理分布图》；⑫《世界古代、近现代超级工程排行榜地理分布图》；⑬《世界古代、近现代超级工程排行榜历史年代时间轴图》（单页）；⑭《中国古代、近现代超级工程排行榜历史年代时间轴图》。

三是主要（骨干）研究单位的调整。

中国工程院工程管理学部约50位院士参与研究和案例撰写，占学部院士总数的75%；东北大学参与研究的有约50位老师和研究生；中国石油集团公司参与研究的有5位院士、19教授级高级工程师和高级工程师（博士），中国石油长庆油田分公司11位专家，中国石油集团国家高端智库研究中心4位专家，中国石油规划总院2位专家，共41位专家，分为四个撰写团队；清华大学15位教授、博士参与研究。特别明确东北大学、中国石油、清华大学为超级工程研究三个骨干团队，主要承担理论研究和50%的超级工程案例撰写任务。

四是理论研究、案例撰写及编审团队。

共43个团队，承担理论研究和案例撰写，参与者均属于"友情合作"（名单以权重、参加时间排序）。

（1）东北大学团队（理论研究、案例撰写、编辑编审）。

唐立新院士牵头，许特、郎劲、赵国栋、赵任等50多人参加。

（2）中国石油团队（策划设计、理论研究、案例撰写、编辑编审）。

胡文瑞院士总牵头。

A组：王俊仁教授牵头，何欣、徐立坤博士等25人参加。

（3）清华大学团队（理论研究、案例撰写、编辑编审）。

A组：方东平院长牵头。

B组：祝磊教授（北京建筑大学）牵头。

（4）中石油国家高端智库团队（理论研究、案例撰写）。

B组：吕建中主任牵头，杨虹首席专家等参加。

（5）唐人文化团队（超级工程图册设计、综合案例撰写）。

贾枝桦董事长牵头、罗平平参与。

（6）现代电力团队（电力系统案例撰写）。

黄其励院士牵头。

（7）北京航空航天大学团队（军工系统超级工程案例撰写）。

王自力院士牵头。

（8）中国交建团队（道路、桥梁超级工程案例撰写）。

林鸣院士牵头，包括东南大学团队。

（9）中国海油团队（海洋工程案例撰写）。

谢玉洪、李家彪院士牵头。

（10）河钢集团团队（钢铁、冶金系统案例撰写）。

王新东首席技术官牵头。

（11）河海大学团队（水利系统案例撰写）。

王慧敏教授牵头。

（12）阿里巴巴团队（数据、计算、信息系统案例撰写）。

王坚院士牵头。

（13）华为公司团队（信息系统案例撰写）。

徐文伟院长牵头。

（14）北京大学团队（理论研究、综合案例撰写、编辑编审）。

宋洁教授牵头。

（15）中国石化团队（石化案例撰写）。

王基铭院士、孙丽丽院士牵头。

（16）湖南工商大学团队（近现代制造领域撰写）。

陈晓红院士牵头。

（17）能新科团队（综合案例撰写）。

张建勇总经理牵头。

（18）合肥工业大学团队（综合案例撰写、编辑编审）。

杨善林院士、梁樑校长牵头（案例数量不限）。

（19）解放军火箭军研究院团队（军工系统案例撰写）。

李贤玉院士牵头。

（20）中国铁路总公司团队（铁道工程案例撰写）。

卢春房院士牵头。

（21）煤炭团队（煤炭行业案例撰写）。

金智新院士牵头。

（22）中国空间技术研究院团队（航天系统案例撰写）。

杨宏院士牵头。

（23）舰船团队（船舶系统案例撰写）。

刘合院士、林枫总工程师牵头。

（24）华中科技大学团队（建筑系统案例撰写）。

丁烈云院士牵头。

（25）鞍钢集团团队（冶金工程案例撰写）。

邵安林院士牵头。

（26）中国中车集团团队（机车等案例撰写）。

王军副总裁牵头。

（27）核武器团队（核武案例撰写）。

范国滨院士牵头。

（28）中国信息安全测评中心团队（信息工程案例撰写）。

黄殿中院士牵头。

（29）解放军总医院（301医院）团队（医院建设案例撰写）。

李晓雪主任牵头。

（30）中国石油大学（北京）团队（能源案例撰写）。

张来斌院士、张磊牵头。

（31）中国地质大学（北京）团队（深井工程案例撰写）。

孙友宏院士牵头。

（32）卫星团队（卫星案例撰写）。

杨长风院士牵头。

（33）东旭集团团队。

李青董事长牵头。

（34）冶金工业规划研究院团队（综合案例撰写）。

李新创院长、姜晓东牵头。

（35）中国石油规划总院团队（管道系统工程案例撰写）。

黄维和院士牵头。

（36）中国航发团队（航空飞行器案例撰写）。

曹建国院士、向巧院士牵头（安225、图160、航天飞机）。

（37）环境规划院团队（环境工程案例撰写）。

王金南院士牵头。

（38）中国水利科学研究院团队（水利工程案例撰写）。

王建华院长牵头。

（39）成都理工大学团队（水利工程案例撰写）。

刘清友书记牵头。

（40）中国地质科学研究院团队（有色金属矿产案例撰写）。

王安建教授牵头。

（41）中国石油长庆油田团队（综合案例撰写、编辑编审）。

何江川书记、王京锋教授牵头。

（42）西安交通大学团队（综合案例撰写）。

汪应洛院士、钟晟研究员牵头。

（43）上海外高桥团队（邮轮案例撰写）

王琦董事长牵头。

各个案例撰写团队，根据自己的专业和资料掌握的权威性，可以提出增加或删除案例的建议。

五是超级工程案例撰写模板大纲。

"超级工程研究"案例撰写，包括世界和中国的古代、近现代超级工程案例600多项（中国古代、近现代部分案例部分进入世界古代、近现代），已经撰写了部分案例，为了加快进度和撰写的统一性和规范性，特修订案例撰写模板大纲，希望按此撰写，已经撰写成稿的如不符合撰写规范要求均须修改。

通俗地讲，撰写就是回答"是什么？"说清楚即可。

特别注意：以下六个方面属于超级工程基本概况，不编序号、不列标题，以自然段形式出现即可，具体参考近现代、古代"范例"示范篇。

［第1自然段］：超级工程名称（不出现在自然段，下同）。

包括全称、简称，以及其他演化的名称；外文名称。

超级工程案例名称，一般采用简称，例如，三峡工程。

［第2自然段］：简述超级工程地位。

古代、近现代超级工程的地位，例如：当时人类或世界第一、中国第一；当时人类或世界、中国最大、最早等。同时，描述工程性质及分类，如能源、电力、土木、制造等；最好引用权威机构或社会公认的评语，例如，"世界古代、近现代七大奇迹之一或十大奇迹之一"等。

［第3自然段］：简述超级工程建设时间。

最早什么时候提出，什么时候开始设计论证；从哪年动工建设到哪年建成，中间停工时间等；时间通用阿拉伯数字表示。古代超级工程建造时间以公元计年（括弧标注朝代及农历年代）。

［第4自然段］：超级工程规模，投入的人力、物力和财力。

可以证明超级工程建造的规模，包括工程总投资额（包含直接和间接投资），投入的人力（反映参与人员数）、物力（水泥、钢铁、沙石等）、财力等。其中投资规模，古代投资以米价折算；中国近现代按照基于GDP的方法进行折算；世界近现代以美元折算。同时说明投资来源，是国家投资，还是民间投资，或其他投资？所有资料都要标注来源。

［第5自然段］：超级工程建造者。

包括决策者、策划者（单位）、设计者（著名设计师）及工程组织者或单位、工程批准机构或单位、工程施工者单位（一般都是几十家或几百家企业参与）、工程甲方单位和工程隶属单位等。

［第6自然段］：超级工程影响力。

简要概括超级工程在科技、经济、环境等方面所产生的重要影响。例如，对区域经济发展、工业产业、居民生活等方面的直接或间接影响及支撑作用。

（上述六个方面的自然段，为"超级工程"案例必不可少的组成部分，必须简明扼要、可读，使读者看后，认可这就是"超级工程"）

一、工程背景。

（加入连接上下文的过渡语）

结合超级工程的性质和特点，简述工程背景和当时的环境条件。有些工程背景比较复杂，也比较敏感，从尊重客观现实的原则，尽可能实事求是地描述，如西方列强殖民中国和抗日战争时期的近代工程。

特别注意挖掘超级工程背后的人文价值、人文故事，梳理超级工程从策划到建设中经历的重大和关键性事件。例如在筹划和建造期间，领袖、伟人、统治者、名人曾经给予的重要指示、讲话、关注、评价及考察、视察等情况。

注意中国超级工程建造背景，如古代中国所处朝代的历史背景。中国近现代，如洋务运动、新中国成立、改革开放、举国体制、大会战形式、四面八方支援、民工／农民工群体、人海战术、动员能力、人民的热情，以及当时的政治背景、国际背景等。

（可以根据撰写内容多少、丰富程度，可设二级小标题）

二、工程价值。

（加入连接上下文的过渡语）

（下面尽可能简述或概括，紧紧扣住自身的工程而挖掘，有就写，没有不勉强，避免官样话语）

工程主要成果：包括国际大奖（权威机构授予）、国家级三大奖项（自然科学、科技进步、技术发明）；鲁班奖、何梁何利基金科学与技术进步奖等其他国家级行业大奖项；发明专利数量等。

工程主要技术：针对工程难度的挑战，工程重要技术的突破与创新，或原创性的技术，或技术发明，或者说人们利用现有事物形成新的事物，或者是改变现有事物功能、性能的方法。

工程管理创新：自由发挥地写即可。

工程科学价值：挖掘工程建造过程，发现（自然界）客观存在的事物或规律；或者说前人没有看到的事物和没有找到的规律（结合各自超级工程，进行梳理或总结）。

工程社会价值：充分反映超级工程对经济、社会、民生、环境带来的辐射效应。特别注意描述经济价值（结合各自工程，可以自由地发挥）。

工程生态价值：根据各自工程自然生态环境特点，可以选择性地撰写。

工程文化价值：结合各自工程，可以自由的发挥。

（有些工程具有极强的政治、军事价值，可根据工程的性质选择性描述，不是每一项工程的必答题）

三、工程启示。

（加入连接上下文的过渡语）

（上升到认识、理论及思考、分析）

成功关键因素：从管理创新、科技创新、交叉融合创新、社会、经济、生态等多角度分析成功要素。

工程哲学启示：从工程认识论、工程价值论、工程本体论、工程演化论、工程方法论等方面进行启示性分析。特别注意古代超级工程的启示，从工程哲学层面挖掘与失败相关的教训和启示。

工程立国思考：路甬祥院士说："第二次世界大战后，美国依靠科学立国，日本依靠技术立国，中国依靠工程立国"（来自中国科学院大学工程科学学院院长李家春院士的报告）。

未来发展指导：对未来超级工程的规划、设计、实施、运营等方面的指导，并结合信息技术、人工智能等技术的应用和前景。

（也可以根据各自工程特点延伸撰写）

六是案例撰写总要求。

仔细研究超级工程"案例撰写模板"和"案例撰写要求",并阅读和研究"近现代、古代案例撰写示范篇"。弄清楚撰写案例的三个关键:撰写什么?怎么撰写?如何撰写好?

总要求如下:共15条。

(1)严格执行按案例撰写模板要求,并参考案例示范篇。

(2)案例撰写,古代、近现代以3000~5000字为宜。

(3)撰写要求内容翔实、清晰,层次分明,标题突出。

(4)资料来源,主要是各类权威刊物公开出版的资料、案例单位网站(权威)、东北大学超级工程资料库、行业协会资料库或网站、中咨公司编撰的《重大重大工程档案》、清华大学内部资料《建国以来五年计划重大工程清单》《三线建设重大工程清单》,其他网络媒体资料和现场调查、考察收集。

(5)所使用的单位统一使用国际标准单位。

(6)专有学术名词或行业专用名称,如第一次使用,要有解释性说明;重要数据、资料来源必须注明参考文献(非常重要),避免出版后产生法律纠纷。

(7)每项案例撰写,都要标引参考文献,否则有法律风险。

(8)涉及内部资料(不含保密)需要注明来源。

(9)选择最能反映该项超级工程的代表性经典照片,一般以1张为宜,特殊工程可选1~3张(照片要注明来源,如果是个人作品,还需征得本人同意,否则存在法律风险)。

(10)撰写完成需提交文字稿、电子文档稿各一份。

(11)撰写过程中认为未列入排行榜的超级工程可以提出增加,列入排行榜的也可以建议删除。

(12)可以邀请外籍专家、学者参与。

(13)超级工程案例选择是以截止日期为2022年已经完工的工程。

(14)撰写过程有四个敏感性问题,即排行榜时间问题、投资折算问题、地位评价问题、资料来源问题。两个容易雷同问题,即工程价值、工程启示。

(15)附案例示范篇:港珠澳大桥、万里长城。

附6 "超级工程研究"出版物编辑编审方案报告

一、编辑、编审总体要求

（1）同心协力、友情合作。

（2）提升研究水平、提高撰写质量。

（3）力争高质量研究报告、力争一流社会出版物。

（4）避免可能出现的知识产权纠纷和涉密情况。

二、编辑、编审主要任务

（一）向中国工程院、工程管理学部常委会提交的报告

（1）"超级工程研究"总报告（终审稿）。

（2）"中国近现代超级工程研究"专题报告（终审稿）。

（3）"世界近现代超级工程研究"专题报告（终审稿）。

（4）"中国古代超级工程研究"专题报告（终审稿）。

（5）"世界古代超级工程研究"专题报告（终审稿）。

在总报告、专题报告的基础上，编辑五份多媒体结题报告，即5+5（多媒体），分别上报中国工程院和工程管理学部常委会。

（二）在完成总报告、专题报告、案例撰写的基础上，按照出版要求的格式，编辑、编审向社会公开发行的科普性、学术性出版物。主要出版物如下：

（1）《超级工程概论》（终审稿）。

（2）《中国近现代超级工程概览》（准终审稿）。

（3）《世界近现代超级工程概览》（准终审稿）。

（4）《中国古代超级工程概览》（准终审稿）。

（5）《世界古代超级工程概览》（准终审稿）。

（6）《中国近现代超级工程排行榜》（共六册）。

（7）《世界近现代超级工程排行榜》（共三册）。

（8）《中国古代超级工程排行榜》（共二册）。

（9）《世界古代超级工程排行榜》（共二册）。

（10）《超级工程排行榜名录与时空演化》（单册）。

（11）《世界古代超级工程排行榜地理分布图》（单页）。

（12）《世界近现代超级工程排行榜地理分布图》（单页）。

（13）《中国古代超级工程排行榜地理分布图》（单页）。

（14）《中国近现代超级工程排行榜地理分布图》（单页）。

（15）《世界古代超级工程排行榜历史年代时间轴图》（折叠单页）。

注：胡文瑞院士在"超级工程研究"出版物编辑编审视频会议上的报告。

（16）《世界近现代超级工程排行榜历史年代时间轴图》（折叠单页）。

（17）《中国古代超级工程排行榜历史年代时间轴图》（折叠单页）。

（18）《中国近现代超级工程排行榜历史年代时间轴图》（折叠单页）。

特别说明：（11）～（18）可以考虑正反面

（11）～（18）单页分别编辑到总报告、专题报告（1）～（5）和出版物［（2）～（9）］之中，其中（11）～（18）单页分别要编辑到《超级工程概论》有关章节之中，并与章节内容形成一体。

最终建议：所有超级工程按历史年代时间顺序排行，即以开始建设时间为起点，统称之为"超级工程排行榜"。

"超级工程研究"系列研究报告、系列出版物和系列图册，其编辑编审过程浩繁，科学性、学术性、知识性、研究性、争议性极强，而且是跨专业编辑编审，需要团队通力合作，特别要吃透编辑编审的基本要求，重点在"主题观点、文字、语法、结构"上下功夫。

"超级工程研究"与出版"超级工程丛书"，经网查属于填补空白（中国、世界）的一项工作，其学术和现实意义极大，值得认真对待和深情地期待。

三、"超级工程研究"报告、出版物编辑编审团队

在前期研究和43个案例撰写团队工作的基础上，结合任务目标，组成若干团队分别完成"总报告、专题报告、结题报告、系列出版物、图册"编辑编审任务，称得上是"'超级工程研究'的'超级工程'"（王基铭院士之语）。

"超级工程研究"最终要体现在编辑编审的质量上，争取一流出版物，希望各编辑编审团队继续保持"友情合作"的精神，做好各自的编辑编审工作任务。

编辑编审总审稿人：胡文瑞院士、王基铭院士、刘合院士、唐立新院士。

编辑编审总执笔人：王俊仁教授。

（一）东北大学团队

唐立新院士、许特教授审稿（原团队人员）。

主要任务（主体承担者，共24项）：

（1）"超级工程研究"总报告（终审稿）。

（2）"中国近现代超级工程研究"专题报告（一次终审稿）。

（3）"世界近现代超级工程研究"专题报告（一次终审稿）。

（4）"中国古代超级工程研究"专题报告（一次终审稿）。

（5）"世界古代超级工程研究"专题报告（一次终审稿）。

（在总报告、专题报告的基础上，编辑5份多媒体结题报告（终审稿）上报中国工程院工程管理学部常委会）

（6）《超级工程概论》（准终审稿）。

（7）《中国近现代超级工程概览》（准终审稿）。

（8）《世界近现代超级工程概览》（准终审稿）。

（9）《中国古代超级工程概览》（准终审稿）。

（10）《世界古代超级工程概览》（准终审稿）。

（11）《中国近现代超级工程排行榜》（共六册）（负责编辑、汇总初稿）。

（12）《世界近现代超级工程排行榜》（共三册）（负责编辑、汇总初稿）。

（13）《中国古代超级工程排行榜》（共二册）（负责编辑、汇总初稿）。

（14）《世界古代超级工程排行榜》（共二册）（负责编辑、汇总初稿）。

（15）《超级工程排行榜名录与时空演化》（单册）（权威准终审稿、基础稿）。

（16）《世界古代超级工程排行榜地理分布图》（提供名录时间）。

（17）《中国古代超级工程排行榜地理分布图》。

（18）《世界近现代超级工程排行榜地理分布图》（提供名录时间）。

（19）《中国近现代超级工程排行榜地理分布图》。

（20）《世界古代超级工程排行榜历史年代时间轴图》（提供名录时间）。

（21）《世界近现代超级工程排行榜历史年代时间轴图》（名录时间）。

（22）《中国古代超级工程排行榜历史年代时间轴图》（提供名录时间）。

（23）《中国近现代超级工程排行榜历史年代时间轴图》（名录时间）。

（这部分的相互关系要说明）

（24）其他未尽事宜，均由该团队承担。

（二）中国石油团队

胡文瑞院士、王俊仁教授为审稿人，吕建中教授、杨虹首席专家、鲍敬伟博士、何欣博士、张磊博士参与（后附团队名单），在东北大学提供的准终审稿基础上编辑编审，并指导东北大学团队。

主要任务［A 和 B 系列，共 5+5（结题报告）+6］：

A 系列：

（1）"超级工程研究"总报告（最终审稿）（明确最终审稿人）。

（2）"中国近现代超级工程研究"专题报告（最终审稿）。

（3）"世界近现代超级工程研究"专题报告（最终审稿）。

（4）"中国古代超级工程研究"专题报告（最终审稿）。

（5）"世界古代超级工程研究"专题报告（最终审稿）。

在总报告、专题报告的基础上，编辑 5 份多媒体结题报告（最终审稿）上报中国工程院工程管理学部常委会。

B 系列：

（1）《超级工程概论》（最终审稿）。

（2）《中国近现代超级工程概览》（最终审稿）。

（3）《世界近现代超级工程概览》（最终审稿）。

（4）《中国古代超级工程概览》（最终审稿）。

（5）《世界古代超级工程概览》（最终审稿）。

（6）《超级工程排行榜名录与时空演化》（单册）（权威最终审稿）。

（三）清华大学团队（含北京建筑大学研究人员）、合肥工业大学团队

聂建国院士指导，方东平教授（院长）审稿，祝磊教授等参与。

东北大学中国近现代超级工程研究组长郎劲老师负责初稿编辑、汇集《中国近现代超级工程排行榜》（共六册）案例，并提供指导。在中国石油团队编辑编审基础上交叉审定排行榜名录。

主要编辑编审任务：

（1）《中国近现代超级工程排行榜》（共六册）。

（2）《超级工程排行榜名录与时空演化》（单册）（交叉权威最终审稿）。

（四）北京大学团队（参考案例撰写质量而确定）

胡文瑞院士指导，宋洁教授（院长）审稿，河钢集团公司参与（成员自定）。

东北大学世界近现代超级工程研究组长许特教授负责编辑、汇集《世界近现代超级工程排行榜》（共三册）案例初稿，并提供指导。

主要编辑编审任务：

《世界近现代超级工程排行榜》（共三册）。

（五）西安交通大学团队

胡文瑞院士指导，钟晟研究员审稿（成员自定）。

东北大学世界古代超级工程研究组长赵任老师负责编辑、汇集《世界古代超级工程排行榜》（共二册）案例初稿，并提供指导。

主要编辑编审任务：

《世界古代超级工程排行榜》（共二册）。

（六）长庆油田团队

胡文瑞院士指导，何江川书记、付金华教授、王京峰教授审稿（成员自定）。

东北大学中国古代超级工程研究组长赵国栋老师编辑、汇集《中国古代超级工程排行榜》（共二册）案例初稿，并提供指导。

主要编辑编审任务：

《中国古代超级工程排行榜》（共二册）

（七）唐人文化团队

胡文瑞院士、唐立新院士、王俊仁教授指导，贾枝桦总经理策划（成员自定）。

在东北大学提供的超级工程名录、时间的基础上设计、编辑，参考《中国地图》《中国国家地理》杂志样式。

准备召开研讨会，中国工程院工程管理学部、东北大学、清华大学、中国石油、北京大学、唐人文化公司等单位院士、教授、专家、学者参加的研讨会。邀请地图出版社专家参加（需考察其能力）。

主要任务：

（1）《世界古代超级工程排行榜地理分布图》（单页）。

（2）《中国古代超级工程排行榜地理分布图》（单页）。

（3）《世界近现代超级工程排行榜地理分布图》（单页）。

（4）《中国近现代超级工程排行榜地理分布图》（单页）。

（5）《世界古代超级工程排行榜历史年代时间轴图》（折叠单页）。

（6）《世界近现代超级工程排行榜历史年代时间轴图》（折叠单页）。

（7）《中国古代超级工程排行榜历史年代时间轴图》（折叠单页）。

（8）《中国近现代超级工程排行榜历史年代时间轴图》（折叠单页）。

（八）出版团队（以东北大学为主）

胡文瑞院士、唐立新院士、王俊仁教授指导，咨询北京理工大学魏一鸣教授，东北大学许特教授负责。

主要任务：

（1）联系出版事宜。

（2）策划出版宣传事宜。

（九）综合团队（待商定具体任务）

聂淑琴主任、鲍敬伟博士、许特教授牵头（参与人员自定）。

主要任务：

（1）确定参加单位（企业、大学、研究机构），要求提供使参加的函件或书面认可，以具体参与院士、教授、专家单位为基本依据，并负责整理成附件材料。

（2）确定参加研究和案例撰写人员名单，所有参加人员需提供单位和技术、学术职称信息，并负责整理成附件材料。

（3）负责将有关"超级工程研究"成果送课题组顾问团队成员阅读、审阅，并提出修改的指导意见。

（十）院士建议起草团队

在"超级工程研究"成果基础上，起草"院士建议"，上报国务院、国家发展改革委、工信部等。请刘合院士负责起草。如何起草、切入点选择、起什么作用、达到什么目的，请刘合院士定。

四、编辑编审注意事项

（1）最大区别是跨专业编辑编审，有一定难度。

（2）编辑编审主要是文字、语法、结构、主要观点提炼，以及价值提升和对超级工程建设、人文社会的启示等。

（3）《超级工程概论》主要是理论、主体观点的提升，文本结构的逻辑合理性；"世界、中国古代、近现代超级工程概览"，突出综合分析及不同时期超级工程特点、特征的描述。同时，注意世界古代、近现代超级工程要站在世界立场看超级工程，而不是站在中国立场看世界超级工程。

（4）超级工程排行榜编辑编审，主要是以超级工程案例撰写模板、撰写要求、示范篇为基本条件，不是参考，而是对照是否符合基本条件。

（5）知识产权、资料来源是严肃的法律问题，为了避免出版后不必要的纠纷，在编辑编审过程中必须做到合法。

（6）图幅是超级工程案例点龙画睛之处，图片选择一定要有代表性，一般要求是鲜艳、清晰、观感好，具有震撼性。特别要注明图片来源及选用要求。

（7）超级工程案例前面六个自然段，基本是简述；后面三个问题，"工程背景"体现策划、建设过程及故事性，"工程价值"体现社会性、公益性、人文性，"工程启示"体现哲学性、对当今的启示以及问题的分析。

（8）时间要求：

"超级工程研究"报告（5+5，共10份报告），争取10月份完稿。

《超级工程概论》，力争8月份完稿，年底出版。

"古今中外超级工程概览"（4本，世界与中国古代、近现代），10月份完稿。

《超级工程排行榜名录与时空演化》（世界与中国古代、近现代）争取8月份。

"超级工程排行榜"（世界与中国古代、近现代）时间待商定。

"超级工程地图、时间轴图"（世界与中国古代、近现代）时间待商定。

（9）近期必须落实的有关事宜。

超级工程研究，待疫情好转后，有五个会急需面对面讨论：

①四个概览提纲目录讨论审定；②案例撰写完，召开编辑编审团队会议，讨论分配任务；③四

455

板块超级工程名录与排行讨论审定；④名录确定后，召开超级工程地图、时间轴图讨论会；⑤《超级工程概论》目录提纲和内容也需要讨论一下。

五、其他事项

（1）出版社选择（时间安排，优选科学出版社，其次是行业出版社或综合出版社）。

（2）出版基金申请（选择出版社后与其商定）。

（3）课题研究资金问题（中国工程院经费杯水车薪，东北大学唐立新院士积极支持）。

（4）项目级别问题（2023年已经申请为中国工程院战略咨询重点研究项目）。

（5）出版物发行安排（发行仪式，媒体宣传，借助新华社平台，国家出版机构）。

（6）出版后可能获得报酬的分配问题，均需做出安排（请东北大学团队提出建议方案，供课题组研究讨论）。

（7）后续研究方案商定（出版后根据社会反响再确定），在现在研究的基础上，申报"超级工程研究"，研究级别重大或重点，最好是重大课题。

附 7 中国工程院"超级工程研究"课题组
沈阳工作会议纪要

项目组秘书处 2023 年 5 月 23 日 –24 日

会议名称： 中国工程院"超级工程研究"课题组工作会

时　　间： 2023 年 5 月 23 日（星期二）8:30–17:30

2023 年 5 月 24 日（星期三）8:30–17:30

地　　点： 沈阳东北大学

主 持 人： 胡文瑞院士

参会人员： 唐立新院士、王俊仁教授、宋洁教授、王新东总经理、罗平平副总经理、许特教授、祝磊教授、鲍敬伟博士、郎劲副教授（视频）、赵国栋副主任、赵任副教授、闫建文教授、张磊教授、何欣博士等，以及清华大学、北京大学、西安交通大学、合肥工业大学、成都理工大学参与研究的代表共 45 人

会议对"超级工程研究"工作进行了阶段审查，针对"超级工程概论"、"古今中外超级工程概览"和"超级工程排行榜"问题，分别提出了具体完善意见和建议，同时对下步"超级工程研究"工作做出了具体的部署安排。具体如下：

一、《超级工程概论》

《超级工程概论》是超级工程研究的重要研究成果之一，也是超级工程研究即将出版的首部著作，计划于 2023 年年底由科学出版社出版，抢占研究位置。按照出版时间要求，请东北大学研究团队全力以赴、集中力量在 6 月 1 日之前完成《超级工程概论》初稿，并提交中国石油《超级工程概论》编辑编审团队，继续进一步修改完善。

中国石油《超级工程概论》编辑编审团队成员具体包括：

组　长：胡文瑞院士（最终审稿人）；

副组长：王俊仁（总执笔人）；

注：该纪要为 126 次大型会议纪要中的一次，仅做课题组织研究分析。

成　员：闫建文（执笔人）、王焕弟（执笔人）、于鸿春（执笔人）、何军（执笔人）、徐立坤（执笔人）；

联络人：鲍敬伟、何欣。

编辑编审团队用 30 天的时间，通过集中封闭办公，在 6 月 30 日之前完成编辑编审工作，具体包括：

1、序

"超级工程概论、古今中外超级工程概览、超级工程排行榜"采用同一序。胡文瑞院士已经执笔完成序的撰写，编辑编审团队负责进一步审核。

2、后记

分两个层次重新改写后记：

第一部分，撰写超级工程的来龙去脉及整个的研究过程。详细记载开始的策划、中间的实施以及团队的研究工作。

第二部分，记载参与研究的人员和团队名单，未提供资料和数据的研究人员不予记载。首先，记载研究人员，从项目长开始记载。其次，记载研究团队，按照中国工程院工程管理学部、东北大学、中国石油、清华大学、北京大学的顺序依次记载。

记载过程中，将研究人员的单位以及职称反映出来。东北大学团队、中国石油团队、清华大学团队、北京大学团队、西安交通大学团队、河钢团队的研究人员名单全部列出；其余案例撰写团队，由负责人列出前 5 名放入书中。

单独列出参与了 15～20 个超级工程案例撰写的主要研究人员，由胡文瑞院士专门撰写一段文字来表述研究贡献。

整个后记由许特、何欣、赵国栋提供材料，胡文瑞院士负责执笔撰写。

3、超级工程排行榜案例

对已经进入《超级工程概论》和"四个板块概览"的排行榜案例进一步补充：

一是超级工程打分表。由东北大学结合四个板块超级工程各自的特点，分别设计相应打分表（规定最低打分不得低于 80 分），并交给专家进行打分，要求在规定时间内反馈打分结果，未反馈的按作废处理。汇总所有有效打分表后，形成打分列放入排行榜表格当中。

二是在概论中的四个板块超级工程案例选取结果表之前增加开篇语，针对案例进行总结分析，在表之后增加结束语，提升研究认识（参考胡文瑞院士对超级工程排行榜的具体分析和认识）。

本部分由东北大学负责完成，编辑编审团队进行修改完善。

4、超级工程图册插页

完成概论正文中超级工程地理分布图 4 张，超级工程历史年代时间轴图 4 张。地理分布图做成大的折叠图；历史年代时间轴图做成手拉卷图或折叠页。采用两种排版设计，分别放入概论和概览。

本部分由唐人文化完成。

5、团队名单

完成封面 4 位作者的简介。每位作者提供 150 字左右的个人介绍，介绍中包括承担过的职务、现任职务及个人的标准照片。

在序之前，增加顾问团队（按工程管理学部传统习惯排名）和主要研究团队人员名单（按照贡献排名）。

由胡文瑞院士负责修改作者介绍，撰写顾问团队、主要研究团队人员名单。

6、封底

在封底列出超级工程丛书。将《世界与中国古代、近现代超级工程排行榜地理分布、时间轴图册》拆分为《世界古代超级工程排行榜地理分布图》、《世界近现代超级工程排行榜地理分布图》、《中国古代超级工程排行榜地理分布图》、《中国近现代超级工程排行榜地理分布图》，以及《世界古代超级工程排行榜历史年代时间轴图》、《世界近现代超级工程排行榜历史年代时间轴图》、《中国古代超级工程排行榜历史年代时间轴图》、《中国近现代超级工程排行榜历史年代时间轴图》。

由东北大学负责修改封底。

7、图片选材

《超级工程概论》是严肃的学术性著作，全书采用具有代表性的彩色图片，同时保证图片质量并获取图片版权。

由唐人文化公司和编辑编审团队负责。

8、出版社

东北大学与科学出版社保持联系，编辑编审团队通过东北大学与科学出版社进行联系（科学出版社负责本书的编辑为吴凡洁副编审），通过科学出版社针对概论做到5个提升：

（1）提升整体质量水平；

（2）提升文字语言水平，语言要生动、丰满、与众不同；

（3）提升逻辑结构水平，目录要做到关系层次清晰、逻辑结构严密，提升每一段文字的逻辑结构水平；

（4）提升标题表述水平，书名、目录要吸引人；

（5）提升排版设计水平，排版采用新颖的设计。

二、"超级工程概览"

"超级工程概览"是仅次于《超级工程概论》的重要创作性理论著作。针对概览的总体要求如下：

1、明确概览是研究性著作，而不是编著；

2、全书字符、图幅共25万～35万字；

3、编辑编审团队针对研究内容进行大幅度修改需要与撰写团队协商讨论；

4、东北大学在6月底针对概览与中国石油编辑编审团队交换一次意见；

5、概览中出现的所有超级工程名称和顺序都与概论保持一致；

6、东北大学继续修改完善超级工程案例；

7、"超级工程概览"封面作者、作者简介、内封名单、序、后记、封底全部与概论保持一致。

"超级工程概览"由王俊仁牵头，徐立坤负责组织。

三、"超级工程排行榜"

"超级工程排行榜"是超级工程研究的重要成果之一，性质以著为主，以编著为辅。具体意见如下：

1、"超级工程排行榜"的封面作者、作者简介、内封名单、序、后记、封底与《超级工程概论》和"超级工程概览"保持一致；

2、从学术角度来研究"超级工程排行榜"是著，还是编著，需商定，具体以查重而确定；

3、仔细研究设计超级工程打分表，针对古今中外超级工程四个板块，结合各自特点设计一个打分标准，且分数不能低于 80 分。参与打分的必须是研究超级工程的专家或学者；

4、尽快撰写完成中国近现代和世界近现代未完成的 38 个案例，具体撰写分配如下：

中国近现代超级工程未完成的 28 个案例：

东北大学团队（6 个）：

16（南通大生纱厂）

17（京汉铁路）

26（东三省兵器制造）

110（郭亮挂壁公路）

114（三北防护林工程）

183（嫦娥工程）

清华大学团队（4 个）：

61（156 工程）

92（三线建设）

186（中央电视台总部大楼）

263（腾讯北京总部大楼）

合肥大学团队（5 个）：

160（上海白龙港污水处理厂）

187（"先行号"盾构机）

193（二滩水电站）

207（上海 11 号地铁站）

267（川藏铁路）

杨宏院士航天团队（3 个）：

81（酒泉卫星发射中心）

244（天宫一号）

275（天问一号）

北京大学宋洁教授团队（2 个）：

253（阿里云平台）

265（贵州国家数据中心）

谢玉洪院士海洋团队（3 个）：

218（"大鹏昊"运输船）

261（蓝鲸 1 号）

272（雪龙 2 号）

石油大学团队（1 个）：

242（1000 吨龙门吊）

河钢团队（3 个）：

101（长征一号核潜艇）

196（首钢京唐）

273（天鲲号）

林鸣院士团队（1 个）：

276（深中通道）

世界近现代超级工程未完成的 9 个案例：

东北大学团队（4 个）：

20（胡佛大坝）

44（日本新干线）

83（"欧洲之星"高速列车）

88（空客 A380）

成都理工大学团队（2 个）：

5（阿巴拉契亚煤田）

39（美国罗切斯特煤矿）

杨宏院士航天团队（1 个）：

79（国际空间站）

西安交大团队（2 个）：

56（美国世贸大厦）

73（哈桑二世清真寺）

由于里贝拉油田与布兹奥斯油田存在重复，所以取消。

针对未完成撰写的案例，要求如下：

（1）由东北大学负责联系撰写团队，发送撰写模板，告知具体撰写案例并严格按照撰写模板来写，给出案例反馈时间；

（2）针对本次案例分配的撰写团队，进一步电话通知后，到截止日期仍未能完成撰写的案例，由东北大学负责完成撰写；

（3）除去本次列出的 37 个超级工程案例，如果仍有未完成的，全部由东北大学负责完成。

四、整体建议

1、概论、概览所有的注释，全书统一编号集中放到最后，排行榜注释放在每个超级工程案例之后；

2、富媒体与电子书同时出版。

五、会议安排

筹备出版发行会。通过发行会，进一步扩大超级工程研究的影响。

1、会议举办的基本条件

《超级工程概论》已经正式出版，超级工程研究在一定范围内产生影响。

2、会议由许特、鲍敬伟筹备

3、会议准备

（1）调研如何准备发行会，形成发行会策划方案；

（2）策划形成会议扩大影响的具体可实施方案；

一是在同行当中扩大影响；二是舆论要扩大。邀请有影响的机构，明确哪些记者要参会，哪些地方要报道，是否邀请中央电视台等。

（3）会议展示

展示《超级工程概论》；

展示"超级工程概览"（只展示，不能带走）；

展示"超级工程排行榜"（只展示，不能带走）；

挂示"超级工程地理分布图"和"超级工程历史时间轴图"（只展示，不能带走）；

4、会议持续时间一个小时左右。

5、会议地点

调研选取合适的地点（王府井新华书店、工程院一楼大厅、中国科技馆等）。